CTN

CÓDIGO TRIBUTÁRIO NACIONAL

2025

O livro é a porta que se abre para a realização do homem.

Jair Lot Vieira

Supervisão editorial
JAIR LOT VIEIRA

CTN

CÓDIGO TRIBUTÁRIO NACIONAL

Para conferir as atualizações publicadas após a data de fechamento desta edição*, acesse:

* Acesso válido até 31.12.2025.

coleção mini códigos

edipro

Grafia conforme o novo Acordo Ortográfico da Língua Portuguesa.

1ª edição, 2025.

Data de fechamento da edição: 11.3.2025.

Editores: Jair Lot Vieira e Maíra Lot Vieira Micales

Coordenação editorial: Karine Moreto de Almeida

Revisão técnica e notas: Georgia Evelyn Franco

Revisão: Equipe Edipro

Diagramação: Carlos Renato e Karine Moreto de Almeida

Capa: Ana Luísa Regis Segala

Dados Internacionais de Catalogação na Publicação (CIP)
(Câmara Brasileira do Livro, SP, Brasil)

Código tributário nacional / supervisão editorial Jair Lot Vieira. – 1. ed. – São Paulo : Edipro, 2025. – (Coleção mini-códigos)

ISBN 978-65-5660-178-6

1. Brasil – Constituição (1988) 2. Direito tributário – Legislação – Brasil I. Vieira, Jair Lot. II. Série.

25-257727 CDU-34:336.2(81)(094.4)

Índices para catálogo sistemático:
1. Brasil : Código tributário : 34:336.2(81)(094.4)
2. Código tributário : Brasil : 34:336.2(81)(094.4)

Aline Graziele Benitez – Bibliotecária – CRB-1/3129

edipro

São Paulo: (11) 3107-7050 • Bauru: (14) 3234-4121
www.edipro.com.br • edipro@edipro.com.br
@editoraedipro @editoraedipro

SUMÁRIO

CÓDIGO TRIBUTÁRIO NACIONAL

LEI Nº 5.172, DE 25 DE OUTUBRO DE 1966

Atualizada até a Lei Complementar nº 214, de 16.1.2025.

Livro Segundo
NORMAS GERAIS DE DIREITO TRIBUTÁRIO
(arts. 96 a 218)

DISPOSIÇÕES FINAIS E TRANSITÓRIAS
(arts. 209 a 218)

ANEXOS

CÓDIGO TRIBUTÁRIO NACIONAL

LEI Nº 5.172, DE 25 DE OUTUBRO DE 1966

Atualizada até a Lei Complementar nº 214, de 16.1.2025.

Esta Lei passou a ser denominada "Código Tributário Nacional" por força do art. 7º do Ato Complementar nº 36, de 13.3.1967.

Dispõe sobre o Sistema Tributário Nacional e institui normas gerais de direito tributário aplicáveis à União, Estados e Municípios.

O Presidente da República,

Faço saber que o Congresso Nacional decreta e eu sanciono a seguinte Lei:

DISPOSIÇÃO PRELIMINAR

Art. 1º. Esta Lei regula, com fundamento na Emenda Constitucional nº 18, de 1º de dezembro de 1965, o sistema tributário nacional e estabelece, com fundamento no art. 5º, inciso XV, alínea "b", da Constituição Federal,♦ as normas gerais de direito tributário aplicáveis à União, aos Estados, ao Distrito Federal e aos Municípios, sem prejuízo da respectiva legislação complementar, supletiva ou regulamentar.

♦ Refere-se à Constituição dos Estados Unidos do Brasil/1946. V. art. 24, I, da CF/1988.

Livro Primeiro
SISTEMA TRIBUTÁRIO NACIONAL

TÍTULO I
DISPOSIÇÕES GERAIS

- V. art. 145, § 3º, da CF.
- V. Emenda Constitucional nº 132/2023 (Reforma Tributária).
- V. Lei Complementar nº 208/2024 (Altera a Lei nº 4.320, de 17 de março de 1964, para dispor sobre a cessão de direitos creditórios originados de créditos tributários e não tributários dos entes da Federação, e a Lei nº 5.172, de 25 de outubro de 1966 (Código Tributário Nacional), para prever o protesto extrajudicial como causa de interrupção da prescrição e para autorizar a administração tributária a requisitar informações a entidades e órgãos públicos ou privados).
- V. Lei Complementar nº 214/2025 (Institui o Imposto sobre Bens e Serviços (IBS), a Contribuição Social sobre Bens e Serviços (CBS) e o Imposto Seletivo (IS); cria o Comitê Gestor do IBS e altera a legislação tributária).

Art. 2º. O sistema tributário nacional é regido pelo disposto na Emenda Constitucional nº 18, de 1º de dezembro de 1965, em leis complementares, em resoluções do Senado Federal e, nos limites das respectivas competências, em leis federais, nas Constituições e em leis estaduais, e em leis municipais.

- V. art. 96 do CTN.

Art. 3º. Tributo é toda prestação pecuniária compulsória, em moeda ou cujo valor nela se possa exprimir, que não constitua sanção de ato ilícito, instituída em lei e cobrada mediante atividade administrativa plenamente vinculada.

- V. art. 97 do CTN.
- V. Súmula 545 do STF.

Art. 4º. A natureza jurídica específica do tributo é determinada pelo fato gerador da respectiva obrigação, sendo irrelevantes para qualificá-la:

- V. arts. 97, III; e 114 a 118 do CTN.

I – a denominação e demais características formais adotadas pela lei;

II – a destinação legal do produto da sua arrecadação.

Art. 5º. Os tributos são impostos, taxas e contribuições de melhoria.

- V. arts. 16 a 76 do CTN (impostos).
- V. arts. 77 a 80 do CTN (taxas).
- V. arts. 81 e 82 do CTN (contribuição de melhoria).
- V. art. 148 da CF (empréstimos compulsórios).
- V. art. 149 da CF (contribuições sociais).
- V. Súmula 667 do STF.

TÍTULO II
COMPETÊNCIA TRIBUTÁRIA

CAPÍTULO I
DISPOSIÇÕES GERAIS

Art. 6º. A atribuição constitucional de competência tributária compreende a competência legislativa plena, ressalvadas as limitações contidas na Constituição Federal, nas Constituições dos Estados e nas Leis Orgânicas do Distrito Federal e dos Municípios, e observado o disposto nesta Lei.

Parágrafo único. Os tributos cuja receita seja distribuída, no todo ou em parte, a outras pessoas jurídicas de direito público pertencerá à competência legislativa daquela a que tenham sido atribuídos.

- V. Súmula 69 do STF.

Art. 7º. A competência tributária é indelegável, salvo atribuição das funções de arrecadar ou fiscalizar tributos, ou de executar leis, serviços, atos ou decisões administrativas em matéria tributária, conferida por uma pessoa jurídica de direito público a outra, nos termos do § 3º do art. 18 da Constituição♦.

♦ Refere-se à Constituição dos Estados Unidos do Brasil/1946. V. art. 24, I, da CF/1988.

§ 1º. A atribuição compreende as garantias e os privilégios processuais que competem à pessoa jurídica de direito público que a conferir.

- V. arts. 183 a 193 do CTN.

§ 2º. A atribuição pode ser revogada, a qualquer tempo, por ato unilateral da pessoa jurídica de direito público que a tenha conferido.

§ 3º. Não constitui delegação de competência o cometimento, a pessoas de direito privado, do encargo ou da função de arrecadar tributos.

- V. art. 84 do CTN.

Art. 8º. O não exercício da competência tributária não a defere a pessoa jurídica de direito público diversa daquela a que a Constituição a tenha atribuído.

CAPÍTULO II
LIMITAÇÕES DA COMPETÊNCIA TRIBUTÁRIA

Seção I
DISPOSIÇÕES GERAIS

Art. 9º. É vedado à União, aos Estados, ao Distrito Federal e aos Municípios:

I – instituir ou majorar tributos sem que a lei o estabeleça, ressalvado, quanto à majoração, o disposto nos arts. 21, 26 e 65;

- V. art. 97, I e II, do CTN.
- V. art. 413, II, da Lei Complementar nº 214/2025.

II – cobrar imposto sobre o patrimônio e a renda com base em lei posterior à data inicial do exercício financeiro a que corresponda;

- V. Súmula Vinculante 50 do STF.

III – estabelecer limitações ao tráfego, no território nacional, de pessoas ou mercadorias, por meio de tributos interestaduais ou intermunicipais;

- V. art. 150, VI, da CF.

IV – cobrar impostos e a contribuição de que trata o inciso V do art. 195 da Constituição Federal sobre:

- Inciso IV, *caput*, com redação dada pela Lei Complementar nº 214/2025. Com vigência a partir de 1º de janeiro de 2026.
- Texto anterior à alteração promovida pela Lei Complementar nº 214/2025: ***Art. 9º.*** *[...]* ***IV –*** *cobrar imposto sobre: [...].*
- V. § 1º deste artigo.
- V. arts. 12 a 14 do CTN.

a) o patrimônio, a renda ou os serviços uns dos outros;

- V. § 2º deste artigo.

b) entidades religiosas e templos de qualquer culto, inclusive suas organizações assistenciais e beneficentes;

- Alínea "b" com redação dada pela Lei Complementar nº 214/2025. Com vigência a partir de 1º de janeiro de 2026.
- Texto anterior à alteração promovida pela Lei Complementar nº 214/2025: ***Art. 9º.*** *[...]* ***IV –*** *[...];* ***b)*** *templos de qualquer culto; [...].*

c) o patrimônio, a renda ou serviços dos partidos políticos, inclusive suas fundações, das entidades sindicais dos trabalhadores, das instituições de educação e de assistência social, sem fins lucrativos, observados os requisitos fixados na Seção II deste Capítulo;

- Alínea "c" com redação dada pela Lei Complementar nº 104/2001.
- V. arts. 12 a 15 do CTN.
- V. Súmulas 724 e 730 do STF.
- V. Súmula Vinculante 52 do STF.
- V. Súmula 612 do STJ.

d) papel destinado exclusivamente à impressão de jornais, periódicos e livros.

- V. Súmulas 657 e 662 do STF.
- V. Súmula Vinculante 57 do STF.

§ 1º. O disposto no inciso IV não exclui a atribuição, por lei, às entidades nele referidas, da condição de responsáveis pelos tributos que lhes caiba reter na fonte, e não as dispensa da prática de atos, previstos em lei, assecuratórios do cumprimento de obrigações tributárias por terceiros.

- V. arts. 12; 13, parágrafo único; e 14, § 1º, do CTN.

§ 2º. O disposto na alínea "a" do inciso IV aplica-se, exclusivamente, aos serviços próprios das pessoas jurídicas de direito público a que se refere este artigo, e inerentes aos seus objetivos.

- V. art. 12 do CTN.

Art. 10. É vedado à União instituir tributo que não seja uniforme em todo o território nacional, ou que importe distinção ou preferência em favor de determinado Estado ou Município.

Art. 11. É vedado aos Estados, ao Distrito Federal e aos Municípios estabelecer diferença tributária entre bens de qualquer natureza, em razão da sua procedência ou do seu destino.

Seção II
DISPOSIÇÕES ESPECIAIS

Art. 12. O disposto na alínea "a" do inciso IV do art. 9º, observado o disposto nos seus §§ 1º e 2º, é extensivo às autarquias criadas pela União, pelos Estados, pelo Distrito Federal ou pelos Municípios, tão somente no que se refere ao patrimônio, à renda ou aos serviços vinculados às suas finalidades essenciais, ou delas decorrentes.

- V. Súmulas 73, 74, 76, 336 e 583 do STF.

Art. 13. O disposto na alínea "a" do inciso IV do art. 9º não se aplica aos serviços públicos concedidos, cujo tratamento tributário é estabelecido pelo poder concedente, no que se refere aos tributos de sua competência, ressalvado o que dispõe o parágrafo único.

Parágrafo único. Mediante lei especial e tendo em vista o interesse comum, a União pode instituir isenção de tributos federais, estaduais e municipais para os serviços públicos que conceder, observado o disposto no § 1º do art. 9º.

- V. Súmulas 78 e 79 do STF.

Art. 14. O disposto na alínea "c" do inciso IV do art. 9º é subordinado à observância dos seguintes requisitos pelas entidades nele referidas:

- V. Súmula 612 do STJ.

I – não distribuírem qualquer parcela de seu patrimônio ou de suas rendas, a qualquer título;

- Inciso I com redação dada pela Lei Complementar nº 104/2001.

II – aplicarem integralmente, no País, os seus recursos na manutenção dos seus objetivos institucionais;

III – manterem escrituração de suas receitas e despesas em livros revestidos de formalidades capazes de assegurar sua exatidão.

§ 1º. Na falta de cumprimento do disposto neste artigo, ou no § 1º do art. 9º, a autoridade competente pode suspender a aplicação do benefício.

§ 2º. Os serviços a que se refere a alínea "c" do inciso IV do art. 9º são exclusivamente, os diretamente relacionados com os objetivos institucionais das entidades de que trata este artigo, previstos nos respectivos estatutos ou atos constitutivos.

Art. 15. Somente a União, nos seguintes casos excepcionais, pode instituir empréstimos compulsórios:

- V. art. 148 da CF.

I – guerra externa, ou sua iminência;

II – calamidade pública que exija auxílio federal impossível de atender com os recursos orçamentários disponíveis;

III – conjuntura que exija a absorção temporária de poder aquisitivo.

Parágrafo único. A lei fixará obrigatoriamente o prazo do empréstimo e as condições de seu resgate, observando, no que for aplicável, o disposto nesta Lei.

- V. Súmula 418 do STF.

TÍTULO III
IMPOSTOS

CAPÍTULO I
DISPOSIÇÕES GERAIS

- V. Lei Complementar nº 214/2025 (Institui o Imposto sobre Bens e Serviços (IBS), a Contribuição Social sobre Bens e Serviços (CBS) e o Imposto Seletivo (IS); cria o Comitê Gestor do IBS e altera a legislação tributária).

Art. 16. Imposto é o tributo cuja obrigação tem por fato gerador uma situação independente de qualquer atividade estatal específica, relativa ao contribuinte.

- V. art. 125 da Lei Complementar nº 214/2025.

Art. 17. Os impostos componentes do sistema tributário nacional são exclusivamente os que constam deste Título, com as competências e limitações nele previstas.

- V. art. 217 do CTN.
- V. Lei Complementar nº 214/2025 (Institui o Imposto sobre Bens e Serviços (IBS), a Contribuição Social sobre Bens e Serviços (CBS) e o Imposto Seletivo (IS); cria o Comitê Gestor do IBS e altera a legislação tributária).

Art. 18. Compete:

I – à União, instituir, nos Territórios Federais, os impostos atribuídos aos Estados e, se aqueles não forem divididos em Municípios, cumulativamente, os atribuídos a estes;

II – ao Distrito Federal e aos Estados não divididos em Municípios, instituir, cumulativamente, os impostos atribuídos aos Estados e aos Municípios.

Art. 18-A. Para fins da incidência do imposto de que trata o inciso II do *caput* do art. 155 da Constituição Federal, os combustíveis, o gás natural, a energia elétrica, as comunicações e o transporte coletivo são considerados bens e serviços essenciais e indispensáveis, que não podem ser tratados como supérfluos.

- Art. 18-A, *caput*, acrescido pela Lei Complementar nº 194/2022.
- V. art. 413, II, da Lei Complementar nº 214/2025.

Parágrafo único. Para efeito do disposto neste artigo:

- Parágrafo único, *caput*, acrescido pela Lei Complementar nº 194/2022.

I – é vedada a fixação de alíquotas sobre as operações referidas no *caput* deste artigo em patamar superior ao das operações em geral, considerada a essencialidade dos bens e serviços;

- Inciso I acrescido pela Lei Complementar nº 194/2022.

II – é facultada ao ente federativo competente a aplicação de alíquotas reduzidas em relação aos bens referidos no *caput* deste artigo, como forma de beneficiar os consumidores em geral; e

- V. art. 125 e Título IV da Lei Complementar nº 214/2025.
- Inciso II acrescido pela Lei Complementar nº 194/2022.

III – (revogado).

- Inciso III revogado pela Lei Complementar nº 201/2023.

CAPÍTULO II
IMPOSTOS SOBRE O COMÉRCIO EXTERIOR

Seção I
IMPOSTOS SOBRE A IMPORTAÇÃO

Art. 19. O imposto, de competência da União, sobre a importação de produtos estrangeiros tem como fato gerador a entrada destes no território nacional.

- V. art. 74, II, do CTN.
- V. Súmulas 48, 83, 85, 86, 88, 89 e 577 do STF.
- V. Súmula Vinculante 48 do STF.

Art. 20. A base de cálculo do imposto é:

I – quando a alíquota seja específica, a unidade de medida adotada pela lei tributária;

II – quando a alíquota seja *ad valorem*, o preço normal que o produto, ou seu similar, alcançaria, ao tempo da importação, em uma venda em condições de livre concorrência, para entrega no porto ou lugar de entrada do produto no País;

- V. art. 47, I, do CTN.
- V. Súmula 124 do STJ.

III – quando se trate de produto apreendido ou abandonado, levado a leilão, o preço da arrematação.

Art. 21. O Poder Executivo pode, nas condições e nos limites estabelecidos em lei, alterar as alíquotas ou as bases de cálculo do imposto, a fim de ajustá-lo aos objetivos da política cambial e do comércio exterior.

- V. arts. 9º, I; e 97, II e IV, do CTN.

Art. 22. Contribuinte do imposto é:

I – o importador ou quem a lei a ele equiparar;

II – o arrematante de produtos apreendidos ou abandonados.

Seção II
IMPOSTO SOBRE A EXPORTAÇÃO

Art. 23. O imposto, de competência da União, sobre a exportação, para o estrangeiro, de produtos nacionais ou nacionalizados tem como fato gerador a saída destes do território nacional.

- V. arts. 444, 445 e 455 da Lei Complementar nº 214/2025.
- V. Súmula 640 do STJ.

Art. 24. A base de cálculo do imposto é:

I – quando a alíquota seja específica, a unidade de medida adotada pela lei tributária;

II – quando a alíquota seja *ad valorem*, o preço normal que o produto, ou seu similar, alcançaria, ao tempo da exportação, em uma venda em condições de livre concorrência.

Parágrafo único. Para os efeitos do inciso II, considera-se a entrega como efetuada no porto ou lugar da saída do produto, deduzidos os tributos diretamente incidentes sobre a operação de exportação e, nas vendas efetuadas a prazo superior aos correntes no mercado internacional o custo do financiamento.

Art. 25. A lei pode adotar como base de cálculo a parcela do valor ou do preço, referidos no artigo anterior, excedente de valor básico, fixado de acordo com os critérios e dentro dos limites por ela estabelecidos.

Art. 26. O Poder Executivo pode, nas condições e nos limites estabelecidos em lei, alterar as alíquotas ou as bases de cálculo do imposto, a fim de ajustá-los aos objetivos da política cambial e do comércio exterior.

- V. arts. 9º, I; e 97, II e IV, do CTN.

Art. 27. Contribuinte do imposto é o exportador ou quem a lei a ele equiparar.

Art. 28. A receita líquida do imposto destina-se à formação de reservas monetárias, na forma da lei.

CAPÍTULO III
IMPOSTOS SOBRE O PATRIMÔNIO E A RENDA

Seção I
IMPOSTO SOBRE A PROPRIEDADE TERRITORIAL RURAL

Art. 29. O imposto, de competência da União, sobre a propriedade territorial rural tem como fato gerador a propriedade, o domínio útil ou a posse de imóvel por natureza, como definido na lei civil, localização fora da zona urbana do Município.

- V. arts. 32, § 1º; e 85, I, do CTN.

Art. 30. A base do cálculo do imposto é o valor fundiário.

- V. Súmula 595 do STF.

Art. 31. Contribuinte do imposto é o proprietário do imóvel, o titular de seu domínio útil, ou o seu possuidor a qualquer título.

Seção II
IMPOSTO SOBRE A PROPRIEDADE PREDIAL E TERRITORIAL URBANA

Art. 32. O imposto, de competência dos Municípios, sobre a propriedade predial e territorial urbana tem como fato gerador a propriedade, o domínio útil ou a posse de bem imóvel por natureza ou por acessão física, como definido na lei civil, localizado na zona urbana do Município.

- V. Súmula 724 do STF.
- V. Súmula 614 do STJ.

§ 1º. Para os efeitos deste imposto, entende-se como zona urbana a definida em lei municipal; observado o requisito mínimo da existência de melhoramentos indicados em pelo menos 2 (dois) dos incisos seguintes, construídos ou mantidos pelo Poder Público:

I – meio-fio ou calçamento, com canalização de águas pluviais;

II – abastecimento de água;

III – sistema de esgotos sanitários;

IV – rede de iluminação pública, com ou sem posteamento para distribuição domiciliar;

V – escola primária ou posto de saúde a uma distância máxima de 3 (três) quilômetros do imóvel considerado.

- V. Súmula 626 do STJ.

§ 2º. A lei municipal pode considerar urbanas as áreas urbanizáveis, ou de expansão urbana, constantes de loteamentos aprovados pelos órgãos competentes, destinados à habitação, à indústria ou ao comércio, mesmo que localizados fora das zonas definidas nos termos do parágrafo anterior.

Art. 33. A base do cálculo do imposto é o valor venal do imóvel.

Parágrafo único. Na determinação da base de cálculo, não se considera o valor dos bens móveis mantidos, em caráter permanente ou temporário, no imóvel, para efeito de sua utilização, exploração, aformoseamento ou comodidade.

- V. Súmulas 589 e 668 do STF.
- V. Súmula 160 do STJ.

Art. 34. Contribuinte do imposto é o proprietário do imóvel, o titular do seu domínio útil, ou o seu possuidor a qualquer título.

- V. Súmulas 74, 539 e 583 do STF.
- V. Súmulas 399 e 614 do STJ.

Seção III
IMPOSTO SOBRE A TRANSMISSÃO DE BENS IMÓVEIS E DE DIREITOS A ELES RELATIVOS

Art. 35. O imposto, de competência dos Estados, sobre a transmissão de bens imóveis e de direitos a eles relativos tem como fato gerador:

I – a transmissão, a qualquer título, da propriedade ou do domínio útil de bens imóveis por natureza ou por acessão física, como definidos na lei civil;

II – a transmissão, a qualquer título, de direitos reais sobre imóveis, exceto os direitos reais de garantia;

III – a cessão de direitos relativos às transmissões referidas nos incisos I e II.

Parágrafo único. Nas transmissões *causa mortis*, ocorrem tantos fatos geradores distintos quantos sejam os herdeiros ou legatários.

- V. Súmulas 110 a 115, 326, 328, 329, 331, 435, 470 e 590 do STF.

Art. 36. Ressalvado o disposto no artigo seguinte, o imposto não incide sobre a transmissão dos bens ou direitos referidos no artigo anterior:

I – quando efetuada para sua incorporação ao patrimônio de pessoa jurídica em pagamento de capital nela subscrito;

II – quando decorrente da incorporação ou da fusão de uma pessoa jurídica por outra ou com outra.

Parágrafo único. O imposto não incide sobre a transmissão aos mesmos alienantes, dos bens e direitos adquiridos na forma do inciso I deste artigo, em decorrência da sua desincorporação do patrimônio da pessoa jurídica a que foram conferidos.

- V. art. 116, parágrafo único, do CTN.

Art. 37. O disposto no artigo anterior não se aplica quando a pessoa jurídica adquirente tenha como atividade preponderante a venda ou locação de propriedade imobiliária ou a cessão de direitos relativos à sua aquisição.

- V. Súmulas 108, 110, 111, 113, 326, 328, 329, 470 e 590 do STF.

§ 1º. Considera-se caracterizada a atividade preponderante referida neste artigo quando mais de 50% (cinquenta por cento) da receita operacional da pessoa jurídica adquirente, nos 2 (dois) anos anteriores e nos 2 (dois) anos subsequentes à aquisição, decorrer de transações mencionadas neste artigo.

§ 2º. Se a pessoa jurídica adquirente iniciar suas atividades após a aquisição, ou menos de 2 (dois) anos antes dela, apurar-se-á a preponderância referida no parágrafo anterior levando em conta os 3 (três) primeiros anos seguintes à data da aquisição.

§ 3º. Verificada a preponderância referida neste artigo, tornar-se-á devido o imposto, nos termos da lei vigente à data da aquisição, sobre o valor do bem ou direito nessa data.

§ 4º. O disposto neste artigo não se aplica à transmissão de bens ou direitos, quando realizada em conjunto com a da totalidade do patrimônio da pessoa jurídica alienante.

Art. 38. A base de cálculo do imposto é o valor venal dos bens ou direitos transmitidos.

- V. art. 130, parágrafo único, do CTN.
- V. Súmulas 112 a 115 do STF.

Art. 39. A alíquota do imposto não excederá os limites fixados em resolução do Senado Federal, que distinguirá, para efeito de aplicação de alíquota mais baixa, as transmissões que atendam à política nacional de habitação.

- V. art. 97, II e IV, do CTN.

Art. 40. O montante do imposto é dedutível do devido à União, a título do imposto de que trata o art. 43, sobre o provento decorrente da mesma transmissão.

Art. 41. O imposto compete ao Estado da situação do imóvel transmitido, ou sobre que versarem os direitos cedidos, mesmo que a mutação patrimonial decorra de sucessão aberta no estrangeiro.

Art. 42. Contribuinte do imposto é qualquer das partes na operação tributada, como dispuser a lei.

- V. Súmula 108 do STF.

Seção IV
IMPOSTO SOBRE A RENDA E PROVENTOS DE QUALQUER NATUREZA

Art. 43. O imposto, de competência da União, sobre a renda e proventos de qualquer natureza tem como fato gerador a aquisição da disponibilidade econômica ou jurídica:

- V. arts. 40; 45; 83; e 85, II, do CTN.
- V. Súmulas 215, 386 e 498 do STJ.

I – de renda, assim entendido o produto do capital, do trabalho ou da combinação de ambos;

- V. Súmulas 125, 136, 447 e 463 do STJ.

II – de proventos de qualquer natureza, assim entendidos os acréscimos patrimoniais não compreendidos no inciso anterior.

- V. Súmula 587 do STF.
- V. Súmulas 125 e 136 do STJ.

§ 1º. A incidência do imposto independe da denominação da receita ou do rendimento, da localização, condição jurídica ou nacionalidade da fonte, da origem e da forma de percepção.

- § 1º acrescido pela Lei Complementar nº 104/2001.

§ 2º. Na hipótese de receita ou de rendimento oriundos do exterior, a lei estabelecerá as condições e o momento em que se dará sua disponibilidade, para fins de incidência do imposto referido neste artigo.

- § 2º acrescido pela Lei Complementar nº 104/2001.

Art. 44. A base de cálculo do imposto é o montante, real, arbitrado ou presumido, da renda ou dos proventos tributáveis.

- V. Súmula 584 do STF.

Art. 45. Contribuinte do imposto é o titular da disponibilidade a que se refere o art. 43, sem prejuízo de atribuir a lei essa condição ao possuidor, a qualquer título, dos bens produtores de renda ou dos proventos tributáveis.

Parágrafo único. A lei pode atribuir à fonte pagadora da renda ou dos proventos tributáveis a condição de responsável pelo imposto cuja retenção e recolhimento lhe caibam.

- V. Súmula 94 do STF.

CAPÍTULO IV
IMPOSTOS SOBRE A PRODUÇÃO E A CIRCULAÇÃO

Seção I
IMPOSTO SOBRE PRODUTOS INDUSTRIALIZADOS

Art. 46. O imposto, de competência da União, sobre produtos industrializados tem como fato gerador:

I – o seu desembaraço aduaneiro, quando de procedência estrangeira;

- V. art. 47, I, do CTN.

II – a sua saída dos estabelecimentos a que se refere o parágrafo único do art. 51;

- V. art. 47, II, do CTN.

III – a sua arrematação, quando apreendido ou abandonado e levado a leilão.

- V. art. 47, III, do CTN.

Parágrafo único. Para os efeitos deste imposto, considera-se industrializado o produto que tenha sido submetido a qualquer operação que lhe modifique a natureza ou a finalidade, ou o aperfeiçoe para o consumo.

- V. arts. 74, I; e 83 do CTN.
- V. Súmula 536 do STF.

Art. 47. A base de cálculo do imposto é:

I – no caso do inciso I do artigo anterior, o preço normal, como definido no inciso II do art. 20, acrescido do montante:

a) do imposto sobre a importação;

b) das taxas exigidas para entrada do produto no País;

c) dos encargos cambiais efetivamente pagos pelo importador ou dele exigíveis;

II – no caso do inciso II do artigo anterior:

a) o valor da operação de que decorrer a saída da mercadoria;

b) na falta do valor a que se refere a alínea anterior, o preço corrente da mercadoria, ou sua similar, no mercado atacadista da praça do remetente;

III – no caso do inciso III do artigo anterior, o preço da arrematação.

Art. 48. O imposto é seletivo em função da essencialidade dos produtos.

Art. 49. O imposto é não cumulativo, dispondo a lei de forma que o montante devido resulte da diferença a maior, em determinado período, entre o imposto referente aos produtos saídos do estabelecimento e o pago relativamente aos produtos nele entrados.

- V. Súmulas Vinculantes 57 e 58 do STF.
- V. Súmulas 494 e 495 do STJ.

Parágrafo único. O saldo verificado, em determinado período, em favor do contribuinte transfere-se para o período ou períodos seguintes.

Art. 50. Os produtos sujeitos ao imposto, quando remetidos de um para outro Estado, ou do ou para o Distrito Federal, serão acompanhados de nota fiscal de modelo especial, emitida em séries próprias e contendo, além dos elementos necessários ao controle fiscal, os dados indispensáveis à elaboração da estatística do comércio por cabotagem e demais vias internas.

- V. art. 195 do CTN.

Art. 51. Contribuinte do imposto é:

I – o importador ou quem a lei a ele equiparar;

II – o industrial ou quem a lei a ele equiparar;

III – o comerciante de produtos sujeitos ao imposto, que os forneça aos contribuintes definidos no inciso anterior;

IV – o arrematante de produtos apreendidos ou abandonados, levados a leilão.

Parágrafo único. Para os efeitos deste imposto, considera-se contribuinte autônomo qualquer estabelecimento de importador, industrial, comerciante ou arrematante.

- V. art. 46, II, do CTN.

Seção II
IMPOSTO ESTADUAL SOBRE OPERAÇÕES RELATIVAS À CIRCULAÇÃO DE MERCADORIAS

- V. Súmulas 536, 569, 572 a 574, 576, 578 e 579 do STF.
- V. Súmulas Vinculantes 32, 47 e 48 do STF.
- V. Súmulas 95, 129, 334, 640 e 649 do STJ.

Arts. 52 a 58. (Revogados).

- Arts. 52 a 58 revogados pelo Decreto-Lei nº 406/1968.

Seção III
IMPOSTO MUNICIPAL SOBRE OPERAÇÕES RELATIVAS À CIRCULAÇÃO DE MERCADORIAS

Arts. 59 a 62. (Revogados).

- Arts. 59 a 62 revogados pelo Ato Complementar nº 31/1966.
- V. Lei Complementar nº 214/2025 (Institui o Imposto sobre Bens e Serviços (IBS), a Contribuição Social sobre Bens e Serviços (CBS) e o Imposto Seletivo (IS); cria o Comitê Gestor do IBS e altera a legislação tributária).

Seção IV
IMPOSTO SOBRE OPERAÇÕES DE CRÉDITO, CÂMBIO E SEGURO, E SOBRE OPERAÇÕES RELATIVAS A TÍTULOS E VALORES MOBILIÁRIOS

Art. 63. O imposto, de competência da União, sobre operações de crédito, câmbio e seguro, e sobre operações relativas a títulos e valores mobiliários tem como fato gerador:

I – quanto às operações de crédito, a sua efetivação pela entrega total ou parcial do montante ou do valor que constitua o objeto da obrigação, ou sua colocação à disposição do interessado;

- V. Súmula 664 do STF.
- V. Súmula 185 do STJ.

II – quanto às operações de câmbio, a sua efetivação pela entrega de moeda nacional ou estrangeira, ou de documento que a represente, ou sua colocação à disposição do interessado em montante equivalente à moeda estrangeira ou nacional entregue ou posta à disposição por este;

III – quanto às operações de seguro, a sua efetivação pela emissão da apólice ou do documento equivalente, ou recebimento do prêmio, na forma da lei aplicável;

IV – quanto às operações relativas a títulos e valores mobiliários, a emissão, transmissão, pagamento ou resgate destes, na forma da lei aplicável.

Parágrafo único. A incidência definida no inciso I exclui a definida no inciso IV, e reciprocamente, quanto à emissão, ao pagamento ou resgate do título representativo de uma mesma operação de crédito.

- V. Súmula 588 do STF.

Art. 64. A base de cálculo do imposto é:

I – quanto às operações de crédito, o montante da obrigação, compreendendo o principal e os juros;

II – quanto às operações de câmbio, o respectivo montante em moeda nacional, recebido, entregue ou posto à disposição;

III – quanto às operações de seguro, o montante do prêmio;

IV – quanto às operações relativas a títulos e valores mobiliários:

a) na emissão, o valor nominal mais o ágio, se houver;

b) na transmissão, o preço ou o valor nominal, ou o valor da cotação em Bolsa, como determinar a lei;

c) no pagamento ou resgate, o preço.

Art. 65. O Poder Executivo pode, nas condições e nos limites estabelecidos em lei, alterar as alíquotas ou as bases de cálculo do imposto, a fim de ajustá-lo aos objetivos da política monetária.

- V. arts. 9º, I; e 97, II e IV, do CTN.

Art. 66. Contribuinte do imposto é qualquer das partes na operação tributada, como dispuser a lei.

Art. 67. A receita líquida do imposto destina-se a formação de reservas monetárias, na forma da lei.

Seção V
IMPOSTO SOBRE SERVIÇOS DE TRANSPORTES E COMUNICAÇÕES

Art. 68. O imposto, de competência da União, sobre serviços de transportes e comunicações tem como fato gerador:

I – a prestação do serviço de transporte, por qualquer via, de pessoas, bens, mercadorias ou valores, salvo quando o trajeto se contenha inteiramente no território de um mesmo Município;

II – a prestação do serviço de comunicações, assim se entendendo a transmissão e o recebimento, por qualquer processo, de mensagens escritas, faladas ou visuais, salvo quando os pontos de transmissão e de recebimento se situem no território de um mesmo Município e a mensagem em curso não possa ser captada fora desse território.

- V. Súmulas 334 e 350 do STJ.

Art. 69. A base de cálculo do imposto é o preço do serviço.

Art. 70. Contribuinte do imposto é o prestador do serviço.

Seção VI
IMPOSTO SOBRE SERVIÇOS DE QUALQUER NATUREZA

- V. Súmula Vinculante 31 do STF.

Arts. 71 a 73. (Revogados).

- Arts. 71 a 73 revogados pelo Decreto-Lei nº 406/1968.

CAPÍTULO V
IMPOSTOS ESPECIAIS

Seção I
IMPOSTO SOBRE OPERAÇÕES RELATIVAS A COMBUSTÍVEIS, LUBRIFICANTES, ENERGIA ELÉTRICA E MINERAIS DO PAÍS

Art. 74. O imposto, de competência da União, sobre operações relativas a combustíveis, lubrificantes, energia elétrica e minerais do País tem como fato gerador:

- V. art. 413, II, da Lei Complementar nº 214/2025.

I – a produção, como definida no art. 46 e seu parágrafo único;

II – a importação, como definida no art. 19;

III – a circulação, como definida no art. 52♦;

♦ O art. 52 foi revogado pelo Decreto-Lei nº 406/1968.

IV – a distribuição, assim entendida a colocação do produto no estabelecimento consumidor ou em local de venda ao público;

V – o consumo, assim entendida a venda do produto ao público.

§ 1º. Para os efeitos deste imposto a energia elétrica considera-se produto industrializado.

- V. art. 413, II, da Lei Complementar nº 214/2025.

§ 2º. O imposto incide, uma só vez sobre uma das operações previstas em cada inciso deste artigo, como dispuser a lei, e exclui quaisquer outros tributos, sejam quais forem sua natureza ou competência, incidentes sobre aquelas operações.

- V. art. 217 do CTN.

Art. 75. A lei observará o disposto neste Título relativamente:

I – ao imposto sobre produtos industrializados, quando a incidência seja sobre a produção ou sobre o consumo;

- V. arts. 46 a 51 do CTN.

II – ao imposto sobre a importação, quando a incidência seja sobre essa operação;

- V. arts. 19 a 22 do CTN.

III – ao imposto sobre operações relativas à circulação de mercadorias, quando a incidência seja sobre a distribuição.

Seção II
IMPOSTOS EXTRAORDINÁRIOS

Art. 76. Na iminência ou no caso de guerra externa, a União pode instituir, temporariamente, impostos extraordinários compreendidos ou não entre os referidos nesta Lei, suprimidos, gradativamente, no prazo máximo de 5 (cinco) anos, contados da celebração da paz.

TÍTULO IV
TAXAS

Art. 77. As taxas cobradas pela União, pelos Estados, pelo Distrito Federal ou pelos Municípios, no âmbito de suas respectivas atribuições, têm como fato gerador o exercício regular do poder de polícia, ou a utilização, efetiva ou potencial, de serviço público específico e divisível, prestado ao contribuinte ou posto à sua disposição.

Parágrafo único. A taxa não pode ter base de cálculo ou fato gerador idênticos aos que correspondam a imposto nem ser calculada em função do capital das empresas.

- Parágrafo único com redação dada pelo Ato Complementar nº 34/1967.
- V. arts. 79 e 217 do CTN.
- V. Súmulas 126 a 134, 137, 140 a 142, 302, 324, 348, 437, 595, 665, 667 e 670 do STF.
- V. Súmulas Vinculantes 19, 29 e 41 do STF.
- V. Súmula 80 do STJ.

Art. 78. Considera-se poder de polícia atividade da administração pública que, limitando ou disciplinando direito, interesse ou liberdade, regula a prática de ato ou abstenção de fato, em razão de interesse público concernente à segurança, à higiene, à ordem, aos costumes, à disciplina da produção e do mercado, ao exercício de atividades econômicas dependentes de concessão ou autorização do Poder Público, à tranquilidade pública ou ao respeito à propriedade e aos direitos individuais ou coletivos.

- Art. 78, *caput*, com redação dada pelo Ato Complementar nº 31/1966.

Parágrafo único. Considera-se regular o exercício do poder de polícia quando desempenhado pelo órgão competente nos limites da lei aplicável, com observância do processo legal e, tratando-se de atividade que a lei tenha como discricionária, sem abuso ou desvio de poder.

Art. 79. Os serviços públicos a que se refere o art. 77 consideram-se:

I – utilizados pelo contribuinte:

a) efetivamente, quando por ele usufruídos a qualquer título;

b) potencialmente, quando, sendo de utilização compulsória, sejam postos à sua disposição mediante atividade administrativa em efetivo funcionamento;

- V. Súmula 670 do STF.

II – específicos, quando possam ser destacados em unidades autônomas de intervenção, de utilidade, ou de necessidades públicas;

III – divisíveis, quando suscetíveis de utilização, separadamente, por parte de cada um dos seus usuários.

Art. 80. Para efeito de instituição e cobrança de taxas, consideram-se compreendidas no âmbito das atribuições da União, dos Estados, do Distrito Federal ou dos Municípios, aquelas que, segundo a Constituição Federal, as Constituições dos Estados, as Leis Orgânicas do Distrito Federal e dos Municípios e a legislação com elas compatível, competem a cada uma dessas pessoas de direito público.

TÍTULO V
CONTRIBUIÇÃO DE MELHORIA

Art. 81. A contribuição de melhoria cobrada pela União, pelos Estados, pelo Distrito Federal ou pelos Municípios, no âmbito de suas respectivas atribuições, é instituída para fazer face ao custo de obras públicas de que decorra valorização imobiliária, tendo como limite total a despesa realizada e como limite individual o acréscimo de valor que da obra resultar para cada imóvel beneficiado.

Art. 82. A lei relativa à contribuição de melhoria observará os seguintes requisitos mínimos:

I – publicação prévia dos seguintes elementos:

a) memorial descritivo do projeto;

b) orçamento do custo da obra;

c) determinação da parcela do custo da obra a ser financiada pela contribuição;

d) delimitação da zona beneficiada;

e) determinação do fator de absorção do benefício da valorização para toda a zona ou para cada uma das áreas diferenciadas, nela contidas;

II – fixação de prazo não inferior a 30 (trinta) dias, para impugnação pelos interessados, de qualquer dos elementos referidos no inciso anterior;

III – regulamentação do processo administrativo de instrução e julgamento da impugnação a que se refere o inciso anterior, sem prejuízo da sua apreciação judicial.

§ 1º. A contribuição relativa a cada imóvel será determinada pelo rateio da parcela do custo da obra a que se refere a alínea "c", do inciso I, pelos imóveis situados na zona beneficiada em função dos respectivos fatores individuais de valorização.

§ 2º. Por ocasião do respectivo lançamento, cada contribuinte deverá ser notificado do montante da contribuição, da forma e dos prazos de seu pagamento e dos elementos que integram o respectivo cálculo.

- V. Seção I: "Lançamento" (arts. 142 a 146 do CTN).

TÍTULO VI
DISTRIBUIÇÕES DE RECEITAS TRIBUTÁRIAS

CAPÍTULO I
DISPOSIÇÕES GERAIS

Art. 83. Sem prejuízo das demais disposições deste Título, os Estados e Municípios que celebrem com a União convênios destinados a assegurar ampla e eficiente coordenação dos respectivos programas de investimentos e serviços públicos, especialmente no campo da política tributária, poderão participar de até 10% (dez por cento) da arrecadação efetuada, nos respectivos territórios, proveniente do imposto referido no art. 43, incidente sobre o rendimento das pessoas físicas, e no art. 46, excluído o incidente sobre o fumo e bebidas alcoólicas.

- V. art. 409, III e IV, da Lei Complementar nº 214/2025.

Parágrafo único. O processo das distribuições previstas neste artigo será regulado nos convênios nele referidos.

Art. 84. A lei federal pode cometer aos Estados, ao Distrito Federal ou aos Municípios o encargo de arrecadar os impostos de competência da União cujo produto lhes seja distribuído no todo ou em parte.

- V. arts. 6º e 7º do CTN.

Parágrafo único. O disposto neste artigo, aplica-se à arrecadação dos impostos de competência dos Estados, cujo produto estes venham a distribuir, no todo ou em parte, aos respectivos Municípios.

CAPÍTULO II
IMPOSTO SOBRE A PROPRIEDADE TERRITORIAL RURAL E SOBRE A RENDA E PROVENTOS DE QUALQUER NATUREZA

Art. 85. Serão distribuídos pela União:

I – aos Municípios da localização dos imóveis, o produto da arrecadação do imposto a que se refere o art. 29;

II – aos Estados, ao Distrito Federal e aos Municípios, o produto da arrecadação, na fonte, do imposto a que se refere o art. 43, incidente sobre a renda das obrigações de sua dívida pública e sobre os proventos dos seus servidores e dos de suas autarquias.

§ 1º. Independentemente de ordem das autoridades superiores e sob pena de demissão, as autoridades arrecadadoras dos impostos a que se refere este artigo farão entrega, aos Estados, ao Distrito Federal e aos Municípios, das importâncias recebidas, à medida que forem sendo arrecadadas, em prazo não superior a 30 (trinta) dias, a contar da data de cada recolhimento.

§ 2º. A lei poderá autorizar os Estados, o Distrito Federal e os Municípios a incorporar definitivamente à sua receita o produto da arrecadação do imposto a que se refere o inciso II, estipulando as obrigações acessórias a serem cumpridas por aqueles no interesse da arrecadação, pela União, do imposto a ela devido pelos titulares da renda ou dos proventos tributados.

§ 3º. [–].

- § 3º com execução suspensa pela Resolução nº 337/1983 do Senado Federal.

CAPÍTULO III
FUNDOS DE PARTICIPAÇÃO DOS ESTADOS E DOS MUNICÍPIOS

Seção I
CONSTITUIÇÃO DOS FUNDOS

Arts. 86 e 87. (Revogados).

- Arts. 86 e 87 revogados pela Lei Complementar nº 143/2013.

Seção II
CRITÉRIO DE DISTRIBUIÇÃO DO FUNDO DE PARTICIPAÇÃO DOS ESTADOS

Arts. 88 e 89. (Revogados).

- Arts. 88 e 89 revogados pela Lei Complementar nº 143/2013.

Art. 90. O fator representativo do inverso da renda *per capita*, a que se refere o inciso II do art. 88♦, será estabelecido da seguinte forma:

♦ O art. 88 foi revogado pela Lei Complementar nº 143/2013.

Inverso do índice relativo à renda *per capita* da entidade participante:	Fator
Até 0,0045	0,4
Acima de 0,0045 até 0,0055	0,5
Acima de 0,0055 até 0,0065	0,6
Acima de 0,0065 até 0,0075	0,7
Acima de 0,0075 até 0,0085	0,8
Acima de 0,0085 até 0,0095	0,9
Acima de 0,0095 até 0,0110	1,0
Acima de 0,0110 até 0,0130	1,2
Acima de 0,0130 até 0,0150	1,4
Acima de 0,0150 até 0,0170	1,6
Acima de 0,0170 até 0,0190	1,8
Acima de 0,0190 até 0,0220	2,0
Acima de 0,220	2,5

Parágrafo único. Para os efeitos deste artigo, determina-se o índice relativo à renda *per capita* de cada entidade participante, tomando-se como 100 (cem) a renda *per capita* média do País.

Seção III
CRITÉRIO DE DISTRIBUIÇÃO DO FUNDO DE PARTICIPAÇÃO DOS MUNICÍPIOS

Art. 91. Do Fundo de Participação dos Municípios a que se refere o art. 86♦, serão atribuídos:

♦ O art. 86 foi revogado pela Lei Complementar nº 143/2013.

I – 10% (dez por cento) aos Municípios das Capitais dos Estados;

II – 90% (noventa por cento) aos demais Municípios do País.

- Art. 91, *caput*, com redação dada pelo Ato Complementar nº 35/1967.

§ 1º. A parcela de que trata o inciso I será distribuída proporcionalmente a um coeficiente individual de participação, resultante do produto dos seguintes fatores:

- § 1º, *caput*, com redação dada pelo Ato Complementar nº 35/1967.

a) fator representativo da população, assim estabelecido:

Percentual da População de cada Município em relação à do conjunto das Capitais:	Fator
Até 2%	2
Mais de 2% até 5%:	
Pelos primeiros 2%	2
Cada 0,5%, ou fração excedente, mais	0,5
Mais de 5%	5

- Alínea "a" acrescida pelo Ato Complementar nº 35/1967.

b) Fator representativo do inverso da renda *per capita* do respectivo Estado, de conformidade com o disposto no art. 90.

- Alínea "b" acrescida pelo Ato Complementar nº 35/1967.

§ 2º. A distribuição da parcela a que se refere o item II deste artigo, deduzido o percentual referido no art. 3º do Decreto-Lei que estabelece a redação deste parágrafo, far-se-á atribuindo-se a cada Município um coeficiente individual de participação determinado na forma seguinte:

Categoria do Município, segundo seu número de habitantes	Coeficiente
a) Até 16.980	
Pelos primeiros 10.188	0,6
Para cada 3.396, ou fração excedente, mais	0,2
b) Acima de 16.980 até 50.940	
Pelos primeiros 16.980	1,0
Para cada 6.792, ou fração excedente, mais	0,2
c) Acima de 50.940 até 101.880	
Pelos primeiros 50.940	2,0
Para cada 10.188, ou fração excedente, mais	0,2
d) Acima de 101.880 até 156.216	
Pelos primeiros 101.880	3,0
Para cada 13.584, ou fração excedente, mais	0,2
e) Acima de 156.216	4,0

- § 2º com redação dada pelo Decreto-Lei nº 1.881/1981.

§ 3º. Para os efeitos deste artigo, consideram-se os municípios regularmente instalados, fazendo-se a revisão das quotas anualmente, a partir de 1989, com base em dados oficiais de população produzidos pela Fundação Instituto Brasileiro de Geografia e Estatística – IBGE.

- § 3º com redação dada pela Lei Complementar nº 59/1988.

§ 4º. (Revogado).

- § 4º revogado pela Lei Complementar nº 91/1997.

§ 5º. (Revogado).

- § 5º revogado pela Lei Complementar nº 91/1997.

Seção IV
CÁLCULO E PAGAMENTO DAS QUOTAS ESTADUAIS E MUNICIPAIS

Art. 92. O Tribunal de Contas da União comunicará ao Banco do Brasil S.A., conforme os prazos a seguir especificados, os coeficientes individuais de participação nos fundos previstos no art. 159, inciso I, alíneas "a", "b" e "d", da Constituição Federal que prevalecerão no exercício subsequente:

- Art. 92, *caput*, com redação dada pela Lei Complementar nº 143/2013.

I – até o último dia útil do mês de março de cada exercício financeiro, para cada Estado e para o Distrito Federal;

- Inciso I acrescido pela Lei Complementar nº 143/2013.

II – até o último dia útil de cada exercício financeiro, para cada Município.

- Inciso II acrescido pela Lei Complementar nº 143/2013.

Parágrafo único. Far-se-á nova comunicação sempre que houver, transcorrido o prazo fixado no inciso I do *caput*, a criação de novo Estado a ser implantado no exercício subsequente.

- Parágrafo único acrescido pela Lei Complementar nº 143/2013.

Art. 93. (Revogado).

- Art. 93 revogado pela Lei Complementar nº 143/2013.

Seção V
COMPROVAÇÃO DA APLICAÇÃO DAS QUOTAS ESTADUAIS E MUNICIPAIS

Art. 94. (Revogado).

- Art. 94 revogado pela Lei Complementar nº 143/2013.

CAPÍTULO IV
IMPOSTO SOBRE OPERAÇÕES RELATIVAS A COMBUSTÍVEIS, LUBRIFICANTES, ENERGIA ELÉTRICA E MINERAIS DO PAÍS

Art. 95. (Revogado).

- Art. 95, *caput*, revogado pela Lei Complementar nº 143/2013.

Parágrafo único. (Revogado).

- Parágrafo único revogado pelo Ato Complementar nº 35/1967.

Livro Segundo
NORMAS GERAIS DE DIREITO TRIBUTÁRIO

TÍTULO I
LEGISLAÇÃO TRIBUTÁRIA

CAPÍTULO I
DISPOSIÇÕES GERAIS

Seção I
DISPOSIÇÃO PRELIMINAR

Art. 96. A expressão "legislação tributária" compreende as leis, os tratados e as convenções internacionais, os decretos e as normas complementares que versem, no todo ou em parte, sobre tributos e relações jurídicas a eles pertinentes.

Seção II
LEIS, TRATADOS E CONVENÇÕES INTERNACIONAIS E DECRETOS

Art. 97. Somente a lei pode estabelecer:

I – a instituição de tributos, ou a sua extinção;

II – a majoração de tributos, ou sua redução, ressalvado o disposto nos arts. 21, 26, 39, 57♦ e 65;

♦ O art. 57 foi revogado pelo Decreto-Lei nº 406/1968.

III – a definição do fato gerador da obrigação tributária principal, ressalvado o disposto no inciso I do § 3º do art. 52♦, e do seu sujeito passivo;

♦ O art. 52 foi revogado pelo Decreto-Lei nº 406/1968.

- V. § 2º deste artigo.

IV – a fixação de alíquota do tributo e da sua base de cálculo, ressalvado o disposto nos arts. 21, 26, 39, 57 e 65;

♦ O art. 57 foi revogado pelo Decreto-Lei nº 406/1968.

V – a cominação de penalidades para as ações ou omissões contrárias a seus dispositivos, ou para outras infrações nela definidas;

VI – as hipóteses de exclusão, suspensão e extinção de créditos tributários, ou de dispensa ou redução de penalidades.

§ 1º. Equipara-se à majoração do tributo a modificação da sua base de cálculo, que importe em torná-lo mais oneroso.

§ 2º. Não constitui majoração de tributo, para os fins do disposto no inciso II deste artigo, a atualização do valor monetário da respectiva base de cálculo.

Art. 98. Os tratados e as convenções internacionais revogam ou modificam a legislação tributária interna, e serão observados pela que lhes sobrevenha.

- V. art. 2º do CTN.
- V. Súmulas 20 e 71 do STJ.

Art. 99. O conteúdo e o alcance dos decretos restringem-se aos das leis em função das quais sejam expedidos, determinados com observância das regras de interpretação estabelecidas nesta Lei.

Seção III
NORMAS COMPLEMENTARES

Art. 100. São normas complementares das leis, dos tratados e das convenções internacionais e dos decretos:

I – os atos normativos expedidos pelas autoridades administrativas;

- V. art. 103, I, do CTN.

II – as decisões dos órgãos singulares ou coletivos de jurisdição administrativa, a que a lei atribua eficácia normativa;

- V. art. 103, II, do CTN.

III – as práticas reiteradamente observadas pelas autoridades administrativas;

- V. art. 108 do CTN.

IV – os convênios que entre si celebrem a União, os Estados, o Distrito Federal e os Municípios.

- V. art. 103, III, do CTN.

Parágrafo único. A observância das normas referidas neste artigo exclui a imposição de penalidades, a cobrança de juros de mora e a atualização do valor monetário da base de cálculo do tributo.

CAPÍTULO II
VIGÊNCIA DA LEGISLAÇÃO TRIBUTÁRIA

Art. 101. A vigência, no espaço e no tempo, da legislação tributária rege-se pelas disposições legais aplicáveis às normas jurídicas em geral, ressalvado o previsto neste Capítulo.

Art. 102. A legislação tributária dos Estados, do Distrito Federal e dos Municípios vigora, no País, fora dos respectivos territórios, nos limites em que lhe reconheçam extraterritorialidade os convênios de que participem, ou do que disponham esta ou outras leis de normas gerais expedidas pela União.

Art. 103. Salvo disposição em contrário, entram em vigor:

I – os atos administrativos a que se refere o inciso I do art. 100, na data da sua publicação;

II – as decisões a que se refere o inciso II do art. 100, quanto a seus efeitos normativos, 30 (trinta) dias após a data da sua publicação;

III – os convênios a que se refere o inciso IV do art. 100, na data neles prevista.

Art. 104. Entram em vigor no primeiro dia do exercício seguinte àquele em que ocorra a sua publicação os dispositivos de lei, referentes a impostos sobre o patrimônio ou a renda:

I – que instituem ou majoram tais impostos;

II – que definem novas hipóteses de incidência;

III – que extinguem ou reduzem isenções, salvo se a lei dispuser de maneira mais favorável ao contribuinte, e observado o disposto no art. 178.

• V. Súmula 669 do STF.

CAPÍTULO III
APLICAÇÃO DA LEGISLAÇÃO TRIBUTÁRIA

Art. 105. A legislação tributária aplica-se imediatamente aos fatos geradores futuros e aos pendentes, assim entendidos aqueles cuja ocorrência tenha tido início mas não esteja completa nos termos do art. 116.

Art. 106. A lei aplica-se a ato ou fato pretérito:

I – em qualquer caso, quando seja expressamente interpretativa, excluída a aplicação de penalidade à infração dos dispositivos interpretados;

II – tratando-se de ato não definitivamente julgado:

a) quando deixe de defini-lo como infração;

b) quando deixe de tratá-lo como contrário a qualquer exigência de ação ou omissão, desde que não tenha sido fraudulento e não tenha implicado em falta de pagamento de tributo;

c) quando lhe comine penalidade menos severa que a prevista na lei vigente ao tempo da sua prática.

CAPÍTULO IV
INTERPRETAÇÃO E INTEGRAÇÃO DA LEGISLAÇÃO TRIBUTÁRIA

Art. 107. A legislação tributária será interpretada conforme o disposto neste Capítulo.

Art. 108. Na ausência de disposição expressa, a autoridade competente para aplicar a legislação tributária utilizará sucessivamente, na ordem indicada:

I – a analogia;

II – os princípios gerais de direito tributário;

• V. art. 145, § 3º, da CF.

III – os princípios gerais de direito público;

IV – a equidade.

§ 1º. O emprego da analogia não poderá resultar na exigência de tributo não previsto em lei.

• V. art. 97, I, do CTN.

§ 2º. O emprego da equidade não poderá resultar na dispensa do pagamento de tributo devido.

Art. 109. Os princípios gerais de direito privado utilizam-se para pesquisa da definição, do conteúdo e do alcance de seus institutos, conceitos e formas, mas não para definição dos respectivos efeitos tributários.

Art. 110. A lei tributária não pode alterar a definição, o conteúdo e o alcance de institutos, conceitos e formas de direito privado, utilizados, expressa ou implicitamente, pela Constituição Federal, pelas Constituições dos Estados, ou pelas Leis Orgânicas do Distrito Federal ou dos Municípios, para definir ou limitar competências tributárias.

Art. 111. Interpreta-se literalmente a legislação tributária que disponha sobre:

I – suspensão ou exclusão do crédito tributário;

- V. arts. 151 a 155-A do CTN (suspensão do crédito tributário).
- V. arts. 175 a 182 do CTN (exclusão do crédito tributário).

II – outorga de isenção;

- V. arts. 176 a 179 do CTN.

III – dispensa do cumprimento de obrigações tributárias acessórias.

- V. Súmula 627 do STJ.

Art. 112. A lei tributária que define infrações, ou lhe comina penalidades, interpreta-se da maneira mais favorável ao acusado, em caso de dúvida quanto:

I – à capitulação legal do fato;

II – à natureza ou às circunstâncias materiais do fato, ou à natureza ou extensão dos seus efeitos;

III – à autoria, imputabilidade, ou punibilidade;

IV – à natureza da penalidade aplicável, ou à sua graduação.

TÍTULO II
OBRIGAÇÃO TRIBUTÁRIA

CAPÍTULO I
DISPOSIÇÕES GERAIS

Art. 113. A obrigação tributária é principal ou acessória.

§ 1º. A obrigação principal surge com a ocorrência do fato gerador, tem por objeto o pagamento de tributo ou penalidade pecuniária e extingue-se juntamente com o crédito dela decorrente.

- V. art. 114 do CTN.

§ 2º. A obrigação acessória decorre da legislação tributária e tem por objeto as prestações, positivas ou negativas, nela previstas no interesse da arrecadação ou da fiscalização dos tributos.

- V. art. 115 do CTN.
- V. art. 411, *caput*, da Lei Complementar nº 214/2025.

§ 3º. A obrigação acessória, pelo simples fato da sua inobservância, converte-se em obrigação principal relativamente à penalidade pecuniária.

CAPÍTULO II
FATO GERADOR

Art. 114. Fato gerador da obrigação principal é a situação definida em lei como necessária e suficiente à sua ocorrência.

- V. art. 113, § 1º, do CTN.
- V. art. 410 da Lei Complementar nº 214/2025 (fato gerador do IBS e do CBS).

Art. 115. Fato gerador da obrigação acessória é qualquer situação que, na forma da legislação aplicável, impõe a prática ou a abstenção de ato que não configure obrigação principal.

- V. art. 113, § 2º, do CTN.

Art. 116. Salvo disposição de lei em contrário, considera-se ocorrido o fato gerador e existentes os seus efeitos:

I – tratando-se de situação de fato, desde o momento em que se verifiquem as circunstâncias materiais necessárias a que produza os efeitos que normalmente lhe são próprios;

II – tratando-se de situação jurídica, desde o momento em que esteja definitivamente constituída, nos termos de direito aplicável.

Parágrafo único. A autoridade administrativa poderá desconsiderar atos ou negócios jurídicos praticados com a finalidade de dissimular a ocorrência do fato gerador do tributo ou a natureza dos elementos constitutivos da obrigação tributária, observados os procedimentos a serem estabelecidos em lei ordinária.

- Parágrafo único acrescido pela Lei Complementar nº 104/2001.

Art. 117. Para os efeitos do inciso II do artigo anterior e salvo disposição de lei em contrário, os atos ou negócios jurídicos condicionais reputam-se perfeitos e acabados:

I – sendo suspensiva a condição, desde o momento de seu implemento;

II – sendo resolutória a condição, desde o momento da prática do ato ou da celebração do negócio.

Art. 118. A definição legal do fato gerador é interpretada abstraindo-se:

I – da validade jurídica dos atos efetivamente praticados pelos contribuintes, responsáveis, ou terceiros, bem como da natureza do seu objeto ou dos seus efeitos;

II – dos efeitos dos fatos efetivamente ocorridos.

CAPÍTULO III
SUJEITO ATIVO

Art. 119. Sujeito ativo da obrigação é a pessoa jurídica de direito público, titular da competência para exigir o seu cumprimento.

Art. 120. Salvo disposição de lei em contrário, a pessoa jurídica de direito público, que se constituir pelo desmembramento territorial de outra, sub-roga-se nos direitos desta, cuja legislação tributária aplicará até que entre em vigor a sua própria.

CAPÍTULO IV
SUJEITO PASSIVO

Seção I
DISPOSIÇÕES GERAIS

Art. 121. Sujeito passivo da obrigação principal é a pessoa obrigada ao pagamento de tributo ou penalidade pecuniária.

Parágrafo único. O sujeito passivo da obrigação principal diz-se:

I – contribuinte, quando tenha relação pessoal e direta com a situação que constitua o respectivo fato gerador;

II – responsável, quando, sem revestir a condição de contribuinte, sua obrigação decorra de disposição expressa de lei.

- V. art. 128 do CTN.

Art. 122. Sujeito passivo da obrigação acessória é a pessoa obrigada às prestações que constituam o seu objeto.

Art. 123. Salvo disposições de lei em contrário, as convenções particulares, relativas à responsabilidade pelo pagamento de tributos, não podem ser opostas à Fazenda Pública, para modificar a definição legal do sujeito passivo das obrigações tributárias correspondentes.

- V. Súmula 614 do STJ.

Seção II
SOLIDARIEDADE

Art. 124. São solidariamente obrigadas:

I – as pessoas que tenham interesse comum na situação que constitua o fato gerador da obrigação principal;

- V. Lei nº 13.467/2017 (Grupo Econômico).

II – as pessoas expressamente designadas por lei.

Parágrafo único. A solidariedade referida neste artigo não comporta benefício de ordem.

Art. 125. Salvo disposição de lei em contrário, são os seguintes os efeitos da solidariedade:

I – o pagamento efetuado por um dos obrigados aproveita aos demais;

II – a isenção ou remissão de crédito exonera todos os obrigados, salvo se outorgada pessoalmente a um deles, subsistindo, nesse caso, a solidariedade quanto aos demais pelo saldo;

III – a interrupção da prescrição, em favor ou contra um dos obrigados, favorece ou prejudica aos demais.

Seção III
CAPACIDADE TRIBUTÁRIA

Art. 126. A capacidade tributária passiva independe:

I – da capacidade civil das pessoas naturais;

II – de achar-se a pessoa natural sujeita a medidas que importem privação ou limitação do exercício de atividades civis, comerciais ou profissionais, ou da administração direta de seus bens ou negócios;

III – de estar a pessoa jurídica regularmente constituída, bastando que configure uma unidade econômica ou profissional.

Seção IV
DOMICÍLIO TRIBUTÁRIO

Art. 127. Na falta de eleição, pelo contribuinte ou responsável, de domicílio tributário, na forma da legislação aplicável, considera-se como tal:

I – quanto às pessoas naturais, a sua residência habitual, ou, sendo esta incerta ou desconhecida, o centro habitual de sua atividade;

II – quanto às pessoas jurídicas de direito privado ou às firmas individuais, o lugar da sua sede, ou, em relação aos atos ou fatos que derem origem à obrigação, o de cada estabelecimento;

III – quanto às pessoas jurídicas de direito público, qualquer de suas repartições no território da entidade tributante.

§ 1º. Quando não couber a aplicação das regras fixadas em qualquer dos incisos deste artigo, considerar-se-á como domicílio tributário do contribuinte ou responsável o lugar da situação dos bens ou da ocorrência dos atos ou fatos que deram origem à obrigação.

§ 2º. A autoridade administrativa pode recusar o domicílio eleito, quando impossibilite ou dificulte a arrecadação ou a fiscalização do tributo, aplicando-se então a regra do parágrafo anterior.

CAPÍTULO V
RESPONSABILIDADE TRIBUTÁRIA

Seção I
DISPOSIÇÃO GERAL

Art. 128. Sem prejuízo do disposto neste capítulo, a lei pode atribuir de modo expresso a responsabilidade pelo crédito tributário a terceira pessoa, vinculada ao fato gerador da respectiva obrigação, excluindo a responsabilidade do contribuinte ou atribuindo-a a este em caráter supletivo do cumprimento total ou parcial da referida obrigação.

Seção II
RESPONSABILIDADE DOS SUCESSORES

Art. 129. O disposto nesta Seção aplica-se por igual aos créditos tributários definitivamente constituídos ou em curso de constituição à data dos atos nela referidos, e aos constituídos posteriormente aos mesmos atos, desde que relativos a obrigações tributárias surgidas até a referida data.

- V. Súmula 554 do STJ.

Art. 130. Os créditos tributários relativos a impostos cujo fato gerador seja a propriedade, o domínio útil ou a posse de bens imóveis, e bem assim os relativos a taxas pela prestação de serviços referentes a tais bens, ou a contribuições de melhoria, sub-rogam-se na pessoa dos respectivos adquirentes, salvo quando conste do título a prova de sua quitação.

Parágrafo único. No caso de arrematação em hasta pública, a sub-rogação ocorre sobre o respectivo preço.

Art. 131. São pessoalmente responsáveis:

I – o adquirente ou remitente, pelos tributos relativos aos bens adquiridos ou remidos;

- Inciso I com redação dada pelo Decreto-Lei nº 28/1966.

II – o sucessor a qualquer título e o cônjuge meeiro, pelos tributos devidos pelo *de cujus* até a data da partilha ou adjudicação, limitada esta responsabilidade ao montante do quinhão do legado ou da meação;

III – o espólio, pelos tributos devidos pelo *de cujus* até a data da abertura da sucessão.

Art. 132. A pessoa jurídica de direito privado que resultar de fusão, transformação ou incorporação de outra ou em outra é responsável pelos tributos devidos até à data do ato pelas pessoas jurídicas de direito privado fusionadas, transformadas ou incorporadas.

Parágrafo único. O disposto neste artigo aplica-se aos casos de extinção de pessoas jurídicas de direito privado, quando a exploração da respectiva atividade seja continuada por qualquer sócio remanescente, ou seu espólio, sob a mesma ou outra razão social, ou sob firma individual.

- V. Súmula 554 do STJ.

Art. 133. A pessoa natural ou jurídica de direito privado que adquirir de outra, por qualquer título, fundo de comércio ou estabelecimento comercial, industrial ou profissional, e continuar a respectiva exploração, sob a mesma ou outra razão social ou sob firma ou nome individual, responde pelos tributos, relativos ao fundo ou estabelecimento adquirido, devidos até à data do ato:

- V. art. 123 do CTN.
- V. Súmula 554 do STJ.

I – integralmente, se o alienante cessar a exploração do comércio, indústria ou atividade;

II – subsidiariamente com o alienante, se este prosseguir na exploração ou iniciar dentro de 6 (seis) meses a contar da data da alienação, nova atividade no mesmo ou em outro ramo de comércio, indústria ou profissão.

§ 1º. O disposto no *caput* deste artigo não se aplica na hipótese de alienação judicial:

I – em processo de falência;

- V. Lei nº 11.101/2005 (Recuperação judicial, extrajudicial e falências).

II – de filial ou unidade produtiva isolada, em processo de recuperação judicial.

- § 1º acrescido pela Lei Complementar nº 118/2005.

§ 2º. Não se aplica o disposto no § 1º deste artigo quando o adquirente for:

I – sócio da sociedade falida ou em recuperação judicial, ou sociedade controlada pelo devedor falido ou em recuperação judicial;

II – parente, em linha reta ou colateral até o 4º (quarto) grau, consanguíneo ou afim, do devedor falido ou em recuperação judicial ou de qualquer de seus sócios; ou

III – identificado como agente do falido ou do devedor em recuperação judicial com o objetivo de fraudar a sucessão tributária.

- § 2º acrescido pela Lei Complementar nº 118/2005.

§ 3º. Em processo da falência, o produto da alienação judicial de empresa, filial ou unidade produtiva isolada permanecerá em conta de depósito à disposição do juízo de falência pelo prazo de 1 (um) ano, contado da data de alienação, somente podendo ser utilizado para o pagamento de créditos extraconcursais ou de créditos que preferem ao tributário.

- § 3º acrescido pela Lei Complementar nº 118/2005.

Seção III
RESPONSABILIDADE DE TERCEIROS

Art. 134. Nos casos de impossibilidade de exigência do cumprimento da obrigação principal pelo contribuinte, respondem solidariamente com este nos atos em que intervierem ou pelas omissões de que forem responsáveis:

• V. art. 137, III, "a", do CTN.

I – os pais, pelos tributos devidos por seus filhos menores;

II – os tutores e curadores, pelos tributos devidos por seus tutelados ou curatelados;

III – os administradores de bens de terceiros, pelos tributos devidos por estes;

IV – o inventariante, pelos tributos devidos pelo espólio;

V – o síndico e o comissário, pelos tributos devidos pela massa falida ou pelo concordatário;

VI – os tabeliães, escrivães e demais serventuários de ofício, pelos tributos devidos sobre os atos praticados por eles, ou perante eles, em razão do seu ofício;

VII – os sócios, no caso de liquidação de sociedade de pessoas.

• V. Súmulas 430 e 435 do STJ.

Parágrafo único. O disposto neste artigo só se aplica, em matéria de penalidades, às de caráter moratório.

Art. 135. São pessoalmente responsáveis pelos créditos correspondentes a obrigações tributárias resultantes de atos praticados com excesso de poderes ou infração de lei, contrato social ou estatutos:

I – as pessoas referidas no artigo anterior;

II – os mandatários, prepostos e empregados;

III – os diretores, gerentes ou representantes de pessoas jurídicas de direito privado.

Seção IV
RESPONSABILIDADE POR INFRAÇÕES

Art. 136. Salvo disposição de lei em contrário, a responsabilidade por infrações da legislação tributária independe da intenção do agente ou do responsável e da efetividade, natureza e extensão dos efeitos do ato.

• V. Súmula 509 do STJ.

Art. 137. A responsabilidade é pessoal ao agente:

I – quanto às infrações conceituadas por lei como crimes ou contravenções, salvo quando praticadas no exercício regular de administração, mandato, função, cargo ou emprego, ou no cumprimento de ordem expressa emitida por quem de direito;

II – quanto às infrações em cuja definição o dolo específico do agente seja elementar;

III – quanto às infrações que decorram direta e exclusivamente de dolo específico:

a) das pessoas referidas no art. 134, contra aquelas por quem respondem;

b) dos mandatários, prepostos ou empregados, contra seus mandantes, preponentes ou empregadores;

c) dos diretores, gerentes ou representantes de pessoas jurídicas de direito privado, contra estas.

Art. 138. A responsabilidade é excluída pela denúncia espontânea da infração, acompanhada, se for o caso, do pagamento do tributo devido e dos juros de mora, ou do depósito da importância arbitrada pela autoridade administrativa, quando o montante do tributo dependa de apuração.

- V. Súmula 360 do STJ.

Parágrafo único. Não se considera espontânea a denúncia apresentada após o início de qualquer procedimento administrativo ou medida de fiscalização, relacionados com a infração.

- V. art. 328 da Lei Complementar nº 214/2025 (Institui o Imposto sobre Bens e Serviços (IBS), a Contribuição Social sobre Bens e Serviços (CBS) e o Imposto Seletivo (IS); cria o Comitê Gestor do IBS e altera a legislação tributária).

TÍTULO III
CRÉDITO TRIBUTÁRIO

CAPÍTULO I
DISPOSIÇÕES GERAIS

Art. 139. O crédito tributário decorre da obrigação principal e tem a mesma natureza desta.

- V. art. 113, § 1º, do CTN.

Art. 140. As circunstâncias que modificam o crédito tributário, sua extensão ou seus efeitos, ou as garantias ou os privilégios a ele atribuídos, ou que excluem sua exigibilidade não afetam a obrigação tributária que lhe deu origem.

Art. 141. O crédito tributário regularmente constituído somente se modifica ou extingue, ou tem sua exigibilidade suspensa ou excluída, nos casos previstos nesta Lei, fora dos quais não podem ser dispensadas, sob pena de responsabilidade funcional na forma da lei, a sua efetivação ou as respectivas garantias.

- V. arts. 151 a 155-A do CTN (suspensão do crédito tributário).
- V. arts. 156 e 170 a 172 do CTN (extinção do crédito tributário).
- V. arts. 175 a 182 do CTN (exclusão do crédito tributário).

CAPÍTULO II
CONSTITUIÇÃO DE CRÉDITO TRIBUTÁRIO

Seção I
LANÇAMENTO

Art. 142. Compete privativamente à autoridade administrativa constituir o crédito tributário pelo lançamento, assim entendido o procedimento administrativo tendente a verificar a ocorrência do fato gerador da obrigação correspondente, determinar a matéria tributável, calcular o montante do tributo devido, identificar o sujeito passivo e, sendo caso, propor a aplicação da penalidade cabível.

- V. arts. 121 e 122 do CTN (sujeito passivo).
- V. art. 173 do CTN (prazo para constituição do crédito tributário).
- V. art. 196 do CTN.
- V. Súmula Vinculante 24 do STF.
- V. Súmulas 436, 446 e 622 do STJ.

Parágrafo único. A atividade administrativa de lançamento é vinculada e obrigatória, sob pena de responsabilidade funcional.

Art. 143. Salvo disposição de lei em contrário, quando o valor tributário esteja expresso em moeda estrangeira, no lançamento far-se-á sua conversão em moeda nacional ao câmbio do dia da ocorrência do fato gerador da obrigação.

Art. 144. O lançamento reporta-se à data da ocorrência do fato gerador da obrigação e rege-se pela lei então vigente, ainda que posteriormente modificada ou revogada.
- V. art. 156, parágrafo único, do CTN.

§ 1º. Aplica-se ao lançamento a legislação que, posteriormente à ocorrência do fato gerador da obrigação, tenha instituído novos critérios de apuração ou processos de fiscalização, ampliado os poderes de investigação das autoridades administrativas, ou outorgado ao crédito maiores garantias ou privilégios, exceto, neste último caso, para o efeito de atribuir responsabilidade tributária a terceiros.

§ 2º. O disposto neste artigo não se aplica aos impostos lançados por períodos certos de tempo, desde que a respectiva lei fixe expressamente a data em que o fato gerador se considera ocorrido.

Art. 145. O lançamento regularmente notificado ao sujeito passivo só pode ser alterado em virtude de:

I – impugnação do sujeito passivo;

II – recurso de ofício;

III – iniciativa de ofício da autoridade administrativa, nos casos previstos no art. 149.

Art. 146. A modificação introduzida, de ofício ou em consequência de decisão administrativa ou judicial, nos critérios jurídicos adotados pela autoridade administrativa no exercício do lançamento somente pode ser efetivada, em relação a um mesmo sujeito passivo, quanto a fato gerador ocorrido posteriormente à sua introdução.
- V. arts. 121 e 122 do CTN (sujeito passivo).

Seção II
MODALIDADES DE LANÇAMENTO

Art. 147. O lançamento é efetuado com base na declaração do sujeito passivo ou de terceiro, quando um ou outro, na forma da legislação tributária, presta à autoridade administrativa informações sobre matéria de fato, indispensáveis à sua efetivação.
- V. arts. 121 e 122 do CTN (sujeito passivo).

§ 1º. A retificação da declaração por iniciativa do próprio declarante, quando vise a reduzir ou a excluir tributo, só é admissível mediante comprovação do erro em que se funde, e antes de notificado o lançamento.

§ 2º. Os erros contidos na declaração e apuráveis pelo seu exame serão retificados de ofício pela autoridade administrativa a que competir a revisão daquela.

Art. 148. Quando o cálculo do tributo tenha por base, ou tome em consideração, o valor ou o preço de bens, direitos, serviços ou atos jurídicos, a autoridade lançadora, mediante processo regular, arbitrará aquele valor ou preço, sempre que sejam omissos ou não mereçam fé as declarações ou os esclarecimentos prestados, ou os documentos expedidos pelo sujeito passivo ou pelo terceiro legalmente obrigado, ressalvada, em caso de contestação, avaliação contraditória, administrativa ou judicial.

Art. 149. O lançamento é efetuado e revisto de ofício pela autoridade administrativa nos seguintes casos:

- V. arts. 145, III; 150, § 4º; e 156, parágrafo único, do CTN.

I – quando a lei assim o determine;

II – quando a declaração não seja prestada, por quem de direito, no prazo e na forma da legislação tributária;

III – quando a pessoa legalmente obrigada, embora tenha prestado declaração nos termos do inciso anterior, deixe de atender, no prazo e na forma da legislação tributária, a pedido de esclarecimento formulado pela autoridade administrativa, recuse-se a prestá-lo ou não o preste satisfatoriamente, a juízo daquela autoridade;

IV – quando se comprove falsidade, erro ou omissão quanto a qualquer elemento definido na legislação tributária como sendo de declaração obrigatória;

V – quando se comprove omissão ou inexatidão, por parte da pessoa legalmente obrigada, no exercício da atividade a que se refere o artigo seguinte;

VI – quando se comprove ação ou omissão do sujeito passivo, ou de terceiro legalmente obrigado, que dê lugar à aplicação de penalidade pecuniária;

VII – quando se comprove que o sujeito passivo, ou terceiro em benefício daquele, agiu com dolo, fraude ou simulação;

VIII – quando deva ser apreciado fato não conhecido ou não provado por ocasião do lançamento anterior;

IX – quando se comprove que, no lançamento anterior, ocorreu fraude ou falta funcional da autoridade que o efetuou, ou omissão, pela mesma autoridade, de ato ou formalidade especial.

- V. art. 142, parágrafo único, do CTN.

Parágrafo único. A revisão do lançamento só pode ser iniciada enquanto não extinto o direito da Fazenda Pública.

Art. 150. O lançamento por homologação, que ocorre quanto aos tributos cuja legislação atribua ao sujeito passivo o dever de antecipar o pagamento sem prévio exame da autoridade administrativa, opera-se pelo ato em que a referida autoridade, tomando conhecimento da atividade assim exercida pelo obrigado, expressamente a homologa.

- V. art. 162, § 3º, do CTN.

§ 1º. O pagamento antecipado pelo obrigado nos termos deste artigo extingue o crédito, sob condição resolutória da ulterior homologação ao lançamento.

§ 2º. Não influem sobre a obrigação tributária quaisquer atos anteriores à homologação, praticados pelo sujeito passivo ou por terceiro, visando à extinção total ou parcial do crédito.

§ 3º. Os atos a que se refere o parágrafo anterior serão, porém, considerados na apuração do saldo porventura devido e, sendo o caso, na imposição de penalidade, ou sua graduação.

§ 4º. Se a lei não fixar prazo a homologação, será ele de 5 (cinco) anos, a contar da ocorrência do fato gerador; expirado esse prazo sem que a Fazenda Pública se tenha pronunciado, considera-se homologado o lançamento e definitivamente extinto o crédito, salvo se comprovada a ocorrência de dolo, fraude ou simulação.

CAPÍTULO III
SUSPENSÃO DO CRÉDITO TRIBUTÁRIO

Seção I
DISPOSIÇÕES GERAIS

Art. 151. Suspendem a exigibilidade do crédito tributário:

- V. art. 191-A do CTN.
- V. Súmula 437 do STJ.

I – moratória;

- V. arts. 152 a 155-A do CTN.

II – o depósito do seu montante integral;

- V. Súmula 112 do STJ.

III – as reclamações e os recursos, nos termos das leis reguladoras do processo tributário administrativo;

- V. Súmula Vinculante 21 do STF.

IV – a concessão de medida liminar em mandado de segurança;

- V. Súmula Vinculante 28 do STF.

V – a concessão de medida liminar ou de tutela antecipada, em outras espécies de ação judicial;

- Inciso V acrescido pela Lei Complementar nº 104/2001.
- V. Súmula Vinculante 28 do STF.

VI – o parcelamento.

- Inciso VI acrescido pela Lei Complementar nº 104/2001.
- V. art. 3º, § 2º, da Lei nº 13.988/2020.

Parágrafo único. O disposto neste artigo não dispensa o cumprimento das obrigações acessórias dependentes da obrigação principal cujo crédito seja suspenso, ou dela consequentes.

- V. art. 113 do CTN (obrigação principal e acessória).

Seção II
MORATÓRIA

Art. 152. A moratória somente pode ser concedida:

I – em caráter geral:

a) pela pessoa jurídica de direito público competente para instituir o tributo a que se refira;

b) pela União, quanto a tributos de competência dos Estados, do Distrito Federal ou dos Municípios, quando simultaneamente concedida quanto aos tributos de competência federal e às obrigações de direito privado;

II – em caráter individual, por despacho da autoridade administrativa, desde que autorizada por lei nas condições do inciso anterior.

Parágrafo único. A lei concessiva de moratória pode circunscrever expressamente a sua aplicabilidade à determinada região do território da pessoa jurídica de direito público que a expedir, ou a determinada classe ou categoria de sujeitos passivos.

Art. 153. A lei que conceda moratória em caráter geral ou autorize sua concessão em caráter individual especificará, sem prejuízo de outros requisitos:

I – o prazo de duração do favor;

II – as condições da concessão do favor em caráter individual;

III – sendo caso:

a) os tributos a que se aplica;

b) o número de prestações e seus vencimentos, dentro do prazo a que se refere o inciso I, podendo atribuir a fixação de uns e de outros à autoridade administrativa, para cada caso de concessão em caráter individual;

c) as garantias que devem ser fornecidas pelo beneficiado no caso de concessão em caráter individual.

Art. 154. Salvo disposição de lei em contrário, a moratória somente abrange os créditos definitivamente constituídos à data da lei ou do despacho que a conceder, ou cujo lançamento já tenha sido iniciado àquela data por ato regularmente notificado ao sujeito passivo.

• V. art. 111 do CTN.

Parágrafo único. A moratória não aproveita aos casos de dolo, fraude ou simulação do sujeito passivo ou do terceiro em benefício daquele.

Art. 155. A concessão da moratória em caráter individual não gera direito adquirido e será revogado de ofício, sempre que se apure que o beneficiado não satisfazia ou deixou de satisfazer as condições ou não cumprira ou deixou de cumprir os requisitos para a concessão do favor, cobrando-se o crédito acrescido de juros de mora:

• V. arts. 161, § 1º; 172, parágrafo único; 179, § 2º; e 182, parágrafo único, do CTN.

I – com imposição da penalidade cabível, nos casos de dolo ou simulação do beneficiado, ou de terceiro em benefício daquele;

II – sem imposição de penalidade, nos demais casos.

Parágrafo único. No caso do inciso I deste artigo, o tempo decorrido entre a concessão da moratória e sua revogação não se computa para efeito da prescrição do direito à cobrança do crédito; no caso do inciso II deste artigo, a revogação só pode ocorrer antes de prescrito o referido direito.

• V. art. 174 do CTN.

Art. 155-A. O parcelamento será concedido na forma e condição estabelecidas em lei específica.

• Art. 155-A, *caput*, acrescido pela Lei Complementar nº 104/2001.

§ 1º. Salvo disposição de lei em contrário, o parcelamento do crédito tributário não exclui a incidência de juros e multas.

• § 1º acrescido pela Lei Complementar nº 104/2001.

§ 2º. Aplicam-se, subsidiariamente, ao parcelamento as disposições desta Lei, relativas à moratória.

• § 2º acrescido pela Lei Complementar nº 104/2001.

§ 3º. Lei específica disporá sobre as condições de parcelamento dos créditos tributários do devedor em recuperação judicial.

- § 3º acrescido pela Lei Complementar nº 118/2005.

§ 4º. A inexistência da lei específica a que se refere o § 3º deste artigo importa na aplicação das leis gerais de parcelamento do ente da Federação ao devedor em recuperação judicial, não podendo, neste caso, ser o prazo de parcelamento inferior ao concedido pela lei federal específica.

- § 4º acrescido pela Lei Complementar nº 118/2005.

CAPÍTULO IV
EXTINÇÃO DO CRÉDITO TRIBUTÁRIO

Seção I
MODALIDADES DE EXTINÇÃO

Art. 156. Extinguem o crédito tributário:

I – o pagamento;

- V. arts. 157 a 164 do CTN.

II – a compensação;

- V. arts. 170 e 170-A do CTN.
- V. arts. 477 a 479 da Lei Complementar nº 214/2025.

III – a transação;

- V. art. 171 do CTN.
- V. Lei nº 13.988/2020 (Transação tributária).

IV – remissão;

- V. art. 172 do CTN.

V – a prescrição e a decadência;

- V. arts. 173 e 174 do CTN.

VI – a conversão de depósito em renda;

VII – o pagamento antecipado e a homologação do lançamento nos termos do disposto no art. 150 e seus §§ 1º e 4º;

VIII – a consignação em pagamento, nos termos do disposto no § 2º do art. 164;

IX – a decisão administrativa irreformável, assim entendida a definitiva na órbita administrativa, que não mais possa ser objeto de ação anulatória;

- V. arts. 327; e 411, parágrafo único; da Lei Complementar nº 214/2025.

X – a decisão judicial passada em julgado;

XI – a dação em pagamento em bens imóveis, na forma e condições estabelecidas em lei.

- Inciso XI acrescido pela Lei Complementar nº 104/2001.

Parágrafo único. A lei disporá quanto aos efeitos da extinção total ou parcial do crédito sobre a ulterior verificação da irregularidade da sua constituição, observado o disposto nos arts. 144 e 149.

Seção II
PAGAMENTO

Art. 157. A imposição de penalidade não ilide o pagamento integral do crédito tributário.

- V. Súmula 560 do STF.

Art. 158. O pagamento de um crédito não importa em presunção de pagamento:

I – quando parcial, das prestações em que se decomponha;

II – quando total, de outros créditos referentes ao mesmo ou a outros tributos.

Art. 159. Quando a legislação tributária não dispuser a respeito, o pagamento é efetuado na repartição competente do domicílio do sujeito passivo.

- V. art. 96 do CTN (legislação tributária).
- V. art. 127 do CTN (domicílio tributário).

Art. 160. Quando a legislação tributária não fixar o tempo do pagamento, o vencimento do crédito ocorre 30 (trinta) dias depois da data em que se considera o sujeito passivo notificado do lançamento.

Parágrafo único. A legislação tributária pode conceder desconto pela antecipação do pagamento, nas condições que estabeleça.

Art. 161. O crédito não integralmente pago no vencimento é acrescido de juros de mora, seja qual for o motivo determinante da falta, sem prejuízo da imposição das penalidades cabíveis e da aplicação de quaisquer medidas de garantia previstas nesta Lei ou em lei tributária.

§ 1º. Se a lei não dispuser de modo diverso, os juros de mora são calculados à taxa de 1% (um por cento) ao mês.

- V. Súmula 523 do STJ.

§ 2º. O disposto neste artigo não se aplica na pendência de consulta formulada pelo devedor dentro do prazo legal para pagamento do crédito.

Art. 162. O pagamento é efetuado:

I – em moeda corrente, cheque ou vale postal;

II – nos casos previstos em lei, em estampilha, em papel selado, ou por processo mecânico.

- V. Súmula 547 do STF.

§ 1º. A legislação tributária pode determinar as garantias exigidas para o pagamento por cheque ou vale postal, desde que não o torne impossível ou mais oneroso que o pagamento em moeda corrente.

§ 2º. O crédito pago por cheque somente se considera extinto com o resgate deste pelo sacado.

§ 3º. O crédito pagável em estampilha considera-se extinto com a inutilização regular daquela, ressalvado o disposto no art. 150.

§ 4º. A perda ou destruição da estampilha, ou o erro no pagamento por esta modalidade, não dão direito a restituição, salvo nos casos expressamente previstos na legislação tributária, ou naquelas em que o erro seja imputável à autoridade administrativa.

- V. art. 165 do CTN.

§ 5º. O pagamento em papel selado ou por processo mecânico equipara-se ao pagamento em estampilha.

Art. 163. Existindo simultaneamente dois ou mais débitos vencidos do mesmo sujeito passivo para com a mesma pessoa jurídica de direito público, relativos ao mesmo ou a diferentes tributos ou provenientes de penalidade pecuniária ou juros de mora, a autoridade administrativa competente para receber o pagamento determinará a respectiva imputação, obedecidas as seguintes regras, na ordem em que enumeradas:

I – em primeiro lugar, aos débitos por obrigação própria, e em segundo lugar aos decorrentes de responsabilidade tributária;

II – primeiramente, às contribuições de melhoria, depois às taxas e por fim aos impostos;

III – na ordem crescente dos prazos de prescrição;

IV – na ordem decrescente dos montantes.

Art. 164. A importância de crédito tributário pode ser consignada judicialmente pelo sujeito passivo, nos casos:

I – de recusa de recebimento, ou subordinação deste ao pagamento de outro tributo ou de penalidade, ou ao cumprimento de obrigação acessória;

II – de subordinação do recebimento ao cumprimento de exigências administrativas sem fundamento legal;

III – de exigência, por mais de uma pessoa jurídica de direito público, de tributo idêntico sobre um mesmo fato gerador.

§ 1º. A consignação só pode versar sobre o crédito que o consignante se propõe pagar.

§ 2º. Julgada procedente a consignação, o pagamento se reputa efetuado e a importância consignada é convertida em renda; julgada improcedente a consignação no todo ou em parte, cobra-se o crédito acrescido de juros de mora, sem prejuízo das penalidades cabíveis.

Seção III
PAGAMENTO INDEVIDO

Art. 165. O sujeito passivo tem direito, independentemente de prévio protesto, à restituição total ou parcial do tributo, seja qual for a modalidade do seu pagamento, ressalvado o disposto no § 4º do art. 162, nos seguintes casos:

- V. Súmula 546 do STF.
- V. Súmulas 162, 188, 447 e 461 do STJ.

I – cobrança ou pagamento espontâneo de tributo indevido ou maior que o devido em face da legislação tributária aplicável, ou da natureza ou circunstâncias materiais do fato gerador efetivamente ocorrido;

- V. art. 168, I, do CTN.

II – erro na edificação♦ do sujeito passivo, na determinação da alíquota aplicável, no cálculo do montante do débito ou na elaboração ou conferência de qualquer documento relativo ao pagamento;

♦ Publicação oficial: "edificação". Entendemos que seria: "identificação". (N.E.)

- V. art. 168, I, do CTN.

III – reforma, anulação, revogação ou rescisão de decisão condenatória.

- V. art. 168, II, do CTN.

Art. 166. A restituição de tributos que comportem, por sua natureza, transferência do respectivo encargo financeiro somente será feita a quem prove haver assumido o referido encargo, ou, no caso de tê-lo transferido a terceiro, estar por este expressamente autorizado a recebê-la.

- V. Súmula 614 do STJ.

Art. 167. A restituição total ou parcial do tributo dá lugar à restituição, na mesma proporção, dos juros de mora e das penalidades pecuniárias, salvo as referentes a infrações de caráter formal não prejudicadas pela causa da restituição.

Parágrafo único. A restituição vence juros não capitalizáveis, a partir do trânsito em julgado da decisão definitiva que a determinar.

- V. Súmula 188 do STJ.

Art. 168. O direito de pleitear a restituição extingue-se com o decurso do prazo de 5 (cinco) anos, contados:

- V. Súmula 625 do STJ.

I – nas hipóteses dos incisos I e II do art. 165, da data da extinção do crédito tributário;

II – na hipótese do inciso III do art. 165, da data em que se tornar definitiva a decisão administrativa ou passar em julgado a decisão judicial que tenha reformado, anulado, revogado ou rescindido a decisão condenatória.

Art. 169. Prescreve em 2 (dois) anos a ação anulatória da decisão administrativa que denegar a restituição.

Parágrafo único. O prazo de prescrição é interrompido pelo início da ação judicial, recomeçando o seu curso, por metade, a partir da data da intimação validamente feita ao representante judicial da Fazenda Pública interessada.

Seção IV
DEMAIS MODALIDADES DE EXTINÇÃO

Art. 170. A lei pode, nas condições e sob as garantias que estipular, ou cuja estipulação em cada caso atribuir à autoridade administrativa, autorizar a compensação de créditos tributários com créditos líquidos e certos, vencidos ou vincendos, do sujeito passivo contra a Fazenda Pública.

Parágrafo único. Sendo vincendo o crédito do sujeito passivo, a lei determinará, para os efeitos deste artigo, a apuração do seu montante, não podendo, porém, cominar redução maior que a correspondente ao juro de 1% (um por cento) ao mês pelo tempo a decorrer entre a data da compensação e a do vencimento.

Art. 170-A. É vedada a compensação mediante o aproveitamento de tributo, objeto de contestação judicial pelo sujeito passivo, antes do trânsito em julgado da respectiva decisão judicial.

- Art. 170-A acrescido pela Lei Complementar nº 104/2001.
- V. Súmulas 213, 460 e 464 do STJ.

Art. 171. A lei pode facultar, nas condições que estabeleça, aos sujeitos ativo e passivo da obrigação tributária celebrar transação que, mediante concessões mútuas, importe em determinação♦ de litígio e consequente extinção de crédito tributário.

♦ Publicação oficial: "determinação". Entendemos que seria: "terminação". (N.E.)

Parágrafo único. A lei indicará a autoridade competente para autorizar a transação em cada caso.

Art. 172. A lei pode autorizar a autoridade administrativa a conceder, por despacho fundamentado, remissão total ou parcial do crédito tributário, atendendo:

I – à situação econômica do sujeito passivo;

II – ao erro ou ignorância excusáveis do sujeito passivo, quanto a matéria de fato;

III – à diminuta importância do crédito tributário;

IV – a considerações de equidade, em relação com as características pessoais ou materiais do caso;

V – a condições peculiares a determinada região do território da entidade tributante.

Parágrafo único. O despacho referido neste artigo não gera direito adquirido, aplicando-se, quando cabível, o disposto no art. 155.

Art. 173. O direito de a Fazenda Pública constituir o crédito tributário extingue-se após 5 (cinco) anos, contados:

- V. Súmula Vinculante 8 do STF.
- V. Súmula 555 do STJ.

I – do primeiro dia do exercício seguinte àquele em que o lançamento poderia ter sido efetuado;

II – da data em que se tornar definitiva a decisão que houver anulado, por vício formal, o lançamento anteriormente efetuado.

Parágrafo único. O direito a que se refere este artigo extingue-se definitivamente com o decurso do prazo nele previsto, contado da data em que tenha sido iniciada a constituição do crédito tributário pela notificação, ao sujeito passivo, de qualquer medida preparatória indispensável ao lançamento.

- V. arts. 142 a 150 do CTN (constituição do crédito tributário).
- V. Súmula 210 do STJ.

Art. 174. A ação para a cobrança do crédito tributário prescreve em 5 (cinco) anos, contados da data da sua constituição definitiva.

- V. Súmulas 210, 314 e 622 do STJ.

Parágrafo único. A prescrição se interrompe:

I – pelo despacho do juiz que ordenar a citação em execução fiscal;

- Inciso I com redação dada pela Lei Complementar nº 118/2005.

II – pelo protesto judicial ou extrajudicial;

- Inciso II com redação dada pela Lei Complementar nº 208/2024.

III – por qualquer ato judicial que constitua em mora o devedor;

IV – por qualquer ato inequívoco ainda que extrajudicial, que importe em reconhecimento do débito pelo devedor.

- V. Súmula 625 do STJ.

CAPÍTULO V
EXCLUSÃO DE CRÉDITO TRIBUTÁRIO

Seção I
DISPOSIÇÕES GERAIS

Art. 175. Excluem o crédito tributário:

I – a isenção;

- V. arts. 176 a 179 do CTN (isenção).

II – a anistia.

- V. arts. 180 a 182 do CTN (anistia).

Parágrafo único. A exclusão do crédito tributário não dispensa o cumprimento das obrigações acessórias dependentes da obrigação principal cujo crédito seja excluído, ou dela consequente.

Seção II
ISENÇÃO

Art. 176. A isenção, ainda quando prevista em contrato, é sempre decorrente de lei que especifique as condições e requisitos exigidos para a sua concessão, os tributos a que se aplica e, sendo caso, o prazo de sua duração.

- V. art. 413, II e III, da Lei Complementar nº 214/2025.
- V. Súmula 544 do STF.

Parágrafo único. A isenção pode ser restrita a determinada região do território da entidade tributante, em função de condições a ela peculiares.

Art. 177. Salvo disposição de lei em contrário, a isenção não é extensiva:

I – às taxas e às contribuições de melhoria;

II – aos tributos instituídos posteriormente à sua concessão.

Art. 178. A isenção, salvo se concedida por prazo certo e em função de determinadas condições, pode ser revogada ou modificada por lei, a qualquer tempo, observado o disposto no inciso III do art. 104.

- Art. 178 com redação dada pela Lei Complementar nº 24/1975.

Art. 179. A isenção, quando não concedida em caráter geral, é efetivada, em cada caso, por despacho da autoridade administrativa, em requerimento com o qual o interessado faça prova do preenchimento das condições e do cumprimento dos requisitos previstos em lei ou contrato para sua concessão.

§ 1º. Tratando-se de tributo lançado por período certo de tempo, o despacho referido neste artigo será renovado antes da expiração de cada período, cessando automaticamente os seus efeitos a partir do primeiro dia do período para o qual o interessado deixar de promover a continuidade do reconhecimento da isenção.

§ 2º. O despacho referido neste artigo não gera direito adquirido, aplicando-se, quando cabível, o disposto no art. 155.

Seção III
ANISTIA

Art. 180. A anistia abrange exclusivamente as infrações cometidas anteriormente à vigência da lei que a concede, não se aplicando:

I – aos atos qualificados em lei como crimes ou contravenções e aos que, mesmo sem essa qualificação, sejam praticados com dolo, fraude ou simulação pelo sujeito passivo ou por terceiro em benefício daquele;

II – salvo disposição em contrário, às infrações resultantes de conluio entre 2 (duas) ou mais pessoas naturais ou jurídicas.

Art. 181. A anistia pode ser concedida:

I – em caráter geral;

II – limitadamente:

a) às infrações da legislação relativa a determinado tributo;

b) às infrações punidas com penalidades pecuniárias até determinado montante, conjugadas ou não com penalidades de outra natureza;

c) a determinada região do território da entidade tributante, em função de condições a ela peculiares;

d) sob condição do pagamento de tributo no prazo fixado pela lei que a conceder, ou cuja fixação seja atribuída pela mesma lei à autoridade administrativa.

Art. 182. A anistia, quando não concedida em caráter geral, é efetivada, em cada caso, por despacho da autoridade administrativa, em requerimento com a qual o interessado faça prova do preenchimento das condições e do cumprimento dos requisitos previstos em lei para sua concessão.

Parágrafo único. O despacho referido neste artigo não gera direito adquirido, aplicando-se, quando cabível, o disposto no art. 155.

CAPÍTULO VI
GARANTIAS E PRIVILÉGIOS DO CRÉDITO TRIBUTÁRIO

Seção I
DISPOSIÇÕES GERAIS

Art. 183. A enumeração das garantias atribuídas neste Capítulo ao crédito tributário não exclui outras que sejam expressamente previstas em lei, em função da natureza ou das características do tributo a que se refiram.

Parágrafo único. A natureza das garantias atribuídas ao crédito tributário não altera a natureza deste nem a da obrigação tributária a que corresponda.

Art. 184. Sem prejuízo dos privilégios especiais sobre determinados bens, que sejam previstos em lei, responde pelo pagamento do crédito tributário a totalidade dos bens e das rendas, de qualquer origem ou natureza, do sujeito passivo, seu espólio ou sua massa falida, inclusive os gravados por ônus real ou cláusula de inalienabilidade ou impenhorabilidade, seja qual for a data da constituição do ônus ou da cláusula, excetuados unicamente os bens e rendas que a lei declare absolutamente impenhoráveis.

Art. 185. Presume-se fraudulenta a alienação ou oneração de bens ou rendas, ou seu começo, por sujeito passivo em débito para com a Fazenda Pública, por crédito tributário regularmente inscrito como dívida ativa.

Parágrafo único. O disposto neste artigo não se aplica na hipótese de terem sido reservados, pelo devedor, bens ou rendas suficientes ao total pagamento da dívida inscrita.

- Art. 185 com redação dada pela Lei Complementar nº 118/2005.
- V. art. 204 do CTN.

Art. 185-A. Na hipótese de o devedor tributário, devidamente citado, não pagar nem apresentar bens à penhora no prazo legal e não forem encontrados bens penhoráveis, o juiz determinará a indisponibilidade de seus bens e direitos, comunicando a decisão, preferencialmente por meio eletrônico, aos órgãos e entidades que promovem registros de transferência de bens, especialmente ao registro público de imóveis e às autoridades supervisoras do mercado bancário e do mercado de capitais, a fim de que, no âmbito de suas atribuições, façam cumprir a ordem judicial.

• V. Súmula 560 do STJ.

§ 1º. A indisponibilidade de que trata o *caput* deste artigo limitar-se-á ao valor total exigível, devendo o juiz determinar o imediato levantamento da indisponibilidade dos bens ou valores que excederem esse limite.

§ 2º. Os órgãos e entidades aos quais se fizer a comunicação de que trata o *caput* deste artigo enviarão imediatamente ao juízo a relação discriminada dos bens e direitos cuja indisponibilidade houverem promovido.

• Art. 185-A acrescido pela Lei Complementar nº 118/2005.

Seção II
PREFERÊNCIAS

Art. 186. O crédito tributário prefere a qualquer outro, seja qual for sua natureza ou o tempo de sua constituição, ressalvados os créditos decorrentes da legislação do trabalho ou do acidente de trabalho.

• Art. 186, *caput*, com redação dada pela Lei Complementar nº 118/2005.

Parágrafo único. Na falência:

I – o crédito tributário não prefere aos créditos extraconcursais ou às importâncias passíveis de restituição, nos termos da lei falimentar, nem aos créditos com garantia real, no limite do valor do bem gravado;

II – a lei poderá estabelecer limites e condições para a preferência dos créditos decorrentes da legislação do trabalho; e

III – a multa tributária prefere apenas aos créditos subordinados.

• Parágrafo único acrescido pela Lei Complementar nº 118/2005.

Art. 187. A cobrança judicial do crédito tributário não é sujeita a concurso de credores ou habilitação em falência, recuperação judicial, concordata, inventário ou arrolamento.

• Art. 187, *caput*, com redação dada pela Lei Complementar nº 118/2005.

Parágrafo único. O concurso de preferência somente se verifica entre pessoas jurídicas de direito público, na seguinte ordem:

I – União;

II – Estados, Distrito Federal e Territórios, conjuntamente e *pro rata*;

III – Municípios, conjuntamente e *pro rata*.

• V. Súmula 563 do STF.

Art. 188. São extraconcursais os créditos tributários decorrentes de fatos geradores ocorridos no curso do processo de falência.

• Art. 188, *caput*, com redação dada pela Lei Complementar nº 118/2005.

§ 1º. Contestado o crédito tributário, o juiz remeterá as partes ao processo competente, mandando reservar bens suficientes à extinção total do crédito e seus acrescidos, se a massa não puder efetuar a garantia da instância por outra forma, ouvido, quanto à natureza e valor dos bens reservados, o representante da Fazenda Pública interessada.

§ 2º. O disposto neste artigo aplica-se aos processos de concordata.

Art. 189. São pagos preferencialmente a quaisquer créditos habilitados em inventário ou arrolamento, ou a outros encargos do monte, os créditos tributários vencidos ou vincendos, a cargo do *de cujus* ou de seu espólio, exigíveis no decurso do processo de inventário ou arrolamento.

Parágrafo único. Contestado o crédito tributário, proceder-se-á na forma do disposto no § 1º do artigo anterior.

Art. 190. São pagos preferencialmente a quaisquer outros os créditos tributários vencidos ou vincendos, a cargo de pessoas jurídicas de direito privado em liquidação judicial ou voluntária, exigíveis no decurso da liquidação.

Art. 191. A extinção das obrigações do falido requer prova de quitação de todos os tributos.

- Art. 191 com redação dada pela Lei Complementar nº 118/2005.

Art. 191-A. A concessão de recuperação judicial depende da apresentação da prova de quitação de todos os tributos, observado o disposto nos arts. 151, 205 e 206 desta Lei.

- Art. 191-A acrescido pela Lei Complementar nº 118/2005.

Art. 192. Nenhuma sentença de julgamento de partilha ou adjudicação será proferida sem prova da quitação de todos os tributos relativos aos bens do espólio, ou às suas rendas.

Art. 193. Salvo quando expressamente autorizado por lei, nenhum departamento da administração pública da União, dos Estados, do Distrito Federal, ou dos Municípios, ou sua autarquia, celebrará contrato ou aceitará proposta em concorrência pública sem que o contratante ou proponente faça prova da quitação de todos os tributos devidos à Fazenda Pública interessada, relativos à atividade em cujo exercício contrata ou concorre.

TÍTULO IV
ADMINISTRAÇÃO TRIBUTÁRIA

CAPÍTULO I
FISCALIZAÇÃO

Art. 194. A legislação tributária, observado o disposto nesta Lei, regulará, em caráter geral, ou especificamente em função da natureza do tributo de que se tratar, a competência e os poderes das autoridades administrativas em matéria de fiscalização da sua aplicação.

- V. art. 96 do CTN.

Parágrafo único. A legislação a que se refere este artigo aplica-se às pessoas naturais ou jurídicas, contribuintes ou não, inclusive às que gozem de imunidade tributária ou de isenção de caráter pessoal.

- V. art. 150, VI, da CF.

- V. arts. 8º a 10 da Lei Complementar nº 214/2025.
- V. Súmulas 591, 724 e 730 do STF.
- V. Súmula Vinculante 57 do STF.

Art. 195. Para os efeitos da legislação tributária, não têm aplicação quaisquer disposições legais excludentes ou limitativas do direito de examinar mercadorias, livros, arquivos, documentos, papéis e efeitos comerciais ou fiscais, dos comerciantes industriais ou produtores, ou da obrigação destes de exibi-los.

Parágrafo único. Os livros obrigatórios de escrituração comercial e fiscal e os comprovantes dos lançamentos neles efetuados serão conservados até que ocorra a prescrição dos créditos tributários decorrentes das operações a que se refiram.

- V. Súmula 439 do STF.

Art. 196. A autoridade administrativa que proceder ou presidir a quaisquer diligências de fiscalização lavrará os termos necessários para que se documente o início do procedimento, na forma da legislação aplicável, que fixará prazo máximo para a conclusão daquelas.

Parágrafo único. Os termos a que se refere este artigo serão lavrados, sempre que possível, em um dos livros fiscais exibidos; quando lavrados em separado deles se entregará, à pessoa sujeita à fiscalização, cópia autenticada pela autoridade a que se refere este artigo.

Art. 197. Mediante intimação escrita, são obrigados a prestar à autoridade administrativa todas as informações de que disponham com relação aos bens, negócios ou atividades de terceiros:

I – os tabeliães, escrivães e demais serventuários de ofício;

II – os bancos, casas bancárias, Caixas Econômicas e demais instituições financeiras;

III – as empresas de administração de bens;

IV – os corretores, leiloeiros e despachantes oficiais;

V – os inventariantes;

VI – os síndicos, comissários e liquidatários;

VII – quaisquer outras entidades ou pessoas que a lei designe, em razão de seu cargo, ofício, função, ministério, atividade ou profissão.

Parágrafo único. A obrigação prevista neste artigo não abrange a prestação de informações quanto a fatos sobre os quais o informante esteja legalmente obrigado a observar segredo em razão de cargo, ofício, função, ministério, atividade ou profissão.

Art. 198. Sem prejuízo do disposto na legislação criminal, é vedada a divulgação, por parte da Fazenda Pública ou de seus servidores, de informação obtida em razão do ofício sobre a situação econômica ou financeira do sujeito passivo ou de terceiros e sobre a natureza e o estado de seus negócios ou atividades.

- Art. 198, *caput*, com redação dada pela Lei Complementar nº 104/2001.

§ 1º. Excetuam-se do disposto neste artigo, além dos casos previstos no art. 199, os seguintes:

- § 1º, *caput*, com redação dada pela Lei Complementar nº 104/2001.

I – requisição de autoridade judiciária no interesse da justiça;

- Inciso I acrescido pela Lei Complementar nº 104/2001.

II – solicitações de autoridade administrativa no interesse da Administração Pública, desde que seja comprovada a instauração regular de processo administrativo, no órgão ou na entidade respectiva, com o objetivo de investigar o sujeito passivo a que se refere a informação, por prática de infração administrativa.

- Inciso II acrescido pela Lei Complementar nº 104/2001.

§ 2º. O intercâmbio de informação sigilosa, no âmbito da Administração Pública, será realizado mediante processo regularmente instaurado, e a entrega será feita pessoalmente à autoridade solicitante, mediante recibo, que formalize a transferência e assegure a preservação do sigilo.

- § 2º acrescido pela Lei Complementar nº 104/2001.
- V. art. 37, XXII, da CF.
- V. art. 325, II, da Lei Complementar nº 214/2025 (Institui o Imposto sobre Bens e Serviços (IBS), a Contribuição Social sobre Bens e Serviços (CBS) e o Imposto Seletivo (IS); cria o Comitê Gestor do IBS e altera a legislação tributária).
- V. Lei nº 13.709/2018 (Lei Geral de Proteção de Dados).

§ 3º. Não é vedada a divulgação de informações relativas a:

- § 3º, *caput*, acrescido pela Lei Complementar nº 104/2001.

I – representações fiscais para fins penais;

- Inciso I acrescido pela Lei Complementar nº 104/2001.

II – inscrições na Dívida Ativa da Fazenda Pública;

- Inciso II acrescido pela Lei Complementar nº 104/2001.

III – parcelamento ou moratória; e

- Inciso III com redação dada pela Lei Complementar nº 187/2021.

IV – incentivo, renúncia, benefício ou imunidade de natureza tributária cujo beneficiário seja pessoa jurídica.

- Inciso IV acrescido pela Lei Complementar nº 187/2021.

§ 4º. Sem prejuízo do disposto no art. 197, a administração tributária poderá requisitar informações cadastrais e patrimoniais de sujeito passivo de crédito tributário a órgãos ou entidades, públicos ou privados, que, inclusive por obrigação legal, operem cadastros e registros ou controlem operações de bens e direitos.

- § 4º acrescido pela Lei Complementar nº 208/2024.

§ 5º. Independentemente da requisição prevista no § 4º deste artigo, os órgãos e as entidades da administração pública direta e indireta de qualquer dos Poderes colaborarão com a administração tributária visando ao compartilhamento de bases de dados de natureza cadastral e patrimonial de seus administrados e supervisionados.

- § 5º acrescido pela Lei Complementar nº 208/2024.

Art. 199. A Fazenda Pública da União e as dos Estados, do Distrito Federal e dos Municípios prestar-se-ão mutuamente assistência para a fiscalização dos tributos respectivos e permuta de informações, na forma estabelecida, em caráter geral ou específico, por lei ou convênio.

- V. art. 37, XXII, da CF.
- V. art. 325 da Lei Complementar nº 214/2025 (Institui o Imposto sobre Bens e Serviços (IBS), a Contribuição Social sobre Bens e Serviços (CBS) e o Imposto Seletivo (IS); cria o Comitê Gestor do IBS e altera a legislação tributária).

Parágrafo único. A Fazenda Pública da União, na forma estabelecida em tratados, acordos ou convênios, poderá permutar informações com Estados estrangeiros no interesse da arrecadação e da fiscalização de tributos.

- Parágrafo único acrescido pela Lei Complementar nº 104/2001.

Art. 200. As autoridades administrativas federais poderão requisitar o auxílio da força pública federal, estadual ou municipal, e reciprocamente, quando vítimas de embaraço ou desacato no exercício de suas funções, ou quando necessário à efetivação de medida prevista na legislação tributária, ainda que não se configure fato definido em lei como crime ou contravenção.

CAPÍTULO II
DÍVIDA ATIVA

Art. 201. Constitui dívida ativa tributária a proveniente de crédito dessa natureza, regularmente inscrita na repartição administrativa competente, depois de esgotado o prazo fixado, para pagamento, pela lei ou por decisão final proferida em processo regular.

Parágrafo único. A fluência de juros de mora não exclui, para os efeitos deste artigo, a liquidez do crédito.

Art. 202. O termo de inscrição da dívida ativa, autenticado pela autoridade competente, indicará obrigatoriamente:

- V. Súmula 392 do STJ.

I – o nome do devedor e, sendo caso, o dos corresponsáveis, bem como, sempre que possível, o domicílio ou a residência de um e de outros;

II – a quantia devida e a maneira de calcular os juros de mora acrescidos;

III – a origem e natureza do crédito, mencionada especificamente a disposição da lei em que seja fundado;

IV – a data em que foi inscrita;

V – sendo caso, o número do processo administrativo de que se originar o crédito.

Parágrafo único. A certidão conterá, além dos requisitos deste artigo, a indicação do livro e da folha da inscrição.

Art. 203. A omissão de quaisquer dos requisitos previstos no artigo anterior, ou o erro a eles relativo, são causas de nulidade da inscrição e do processo de cobrança dela decorrente, mas a nulidade poderá ser sanada até a decisão de primeira instância, mediante substituição da certidão nula, devolvido ao sujeito passivo, acusado ou interessado o prazo para defesa, que somente poderá versar sobre a parte modificada.

Art. 204. A dívida regularmente inscrita goza da presunção de certeza e liquidez e tem o efeito de prova pré-constituída.

Parágrafo único. A presunção a que se refere este artigo é relativa e pode ser ilidida por prova inequívoca, a cargo do sujeito passivo ou do terceiro a que aproveite.

CAPÍTULO III
CERTIDÕES NEGATIVAS

Art. 205. A lei poderá exigir que a prova da quitação de determinado tributo, quando exigível, seja feita por certidão negativa, expedida à vista de requerimento do interessado, que contenha todas as informações necessárias à identificação de sua pessoa, domicílio fiscal e ramo de negócio ou atividade e indique o período a que se refere o pedido.

Parágrafo único. A certidão negativa será sempre expedida nos termos em que tenha sido requerida e será fornecida dentro de 10 (dez) dias da data da entrada do requerimento na repartição.

- V. art. 191-A do CTN.
- V. Súmula 446 do STJ.

Art. 206. Tem os mesmos efeitos previstos no artigo anterior a certidão de que conste a existência de créditos não vencidos, em curso de cobrança executiva em que tenha sido efetivada a penhora, ou cuja exigibilidade esteja suspensa.

- V. art. 191-A do CTN.

Art. 207. Independentemente de disposição legal permissiva, será dispensada a prova de quitação de tributos, ou o seu suprimento, quando se tratar de prática de ato indispensável para evitar a caducidade de direito, respondendo, porém, todos os participantes no ato pelo tributo porventura devido, juros de mora e penalidades cabíveis, exceto as relativas a infrações cuja responsabilidade seja pessoal ao infrator.

Art. 208. A certidão negativa expedida com dolo ou fraude, que contenha erro contra a Fazenda Pública, responsabiliza pessoalmente o funcionário que a expedir, pelo crédito tributário e juros de mora acrescidos.

Parágrafo único. O disposto neste artigo não exclui a responsabilidade criminal e funcional que no caso couber.

DISPOSIÇÕES FINAIS E TRANSITÓRIAS

Art. 209. A expressão "Fazenda Pública", quando empregada nesta Lei sem qualificação, abrange a Fazenda Pública da União, dos Estados, do Distrito Federal e dos Municípios.

Art. 210. Os prazos fixados nesta Lei ou legislação tributária serão contínuos, excluindo-se na sua contagem o dia de início e incluindo-se o de vencimento.

Parágrafo único. Os prazos só se iniciam ou vencem em dia de expediente normal na repartição em que corra o processo ou deva ser praticado o ato.

Art. 211. Incumbe ao Conselho Técnico de Economia e Finanças, do Ministério da Fazenda, prestar assistência técnica aos governos estaduais e municipais, com o objetivo de assegurar a uniforme aplicação da presente Lei.

Art. 212. Os Poderes Executivos federal, estaduais e municipais expedirão, por decreto, dentro de 90 (noventa) dias da entrada em vigor desta Lei, a consolidação, em texto único, da legislação vigente, relativa a cada um dos tributos, repetindo-se esta providência até o dia 31 de janeiro de cada ano.

Art. 213. Os Estados pertencentes a uma mesma região geoeconômica celebrarão entre si convênios para o estabelecimento de alíquota uniforme para o imposto a que se refere o art. 52♦.

♦ O art. 52 foi revogado pelo Decreto-Lei nº 404/1968.

Parágrafo único. Os Municípios de um mesmo Estado procederão igualmente, no que se refere à fixação da alíquota de que trata o art. 60♦.

♦ O art. 60 foi revogado pelo Ato Complementar nº 31/1966.

Art. 214. O Poder Executivo promoverá a realização de convênios com os Estados, para excluir ou limitar a incidência do imposto sobre operações relativas à circulação de mercadorias, no caso de exportação para o exterior.

• V. Lei Complementar nº 214/2025 (Institui o Imposto sobre Bens e Serviços (IBS), a Contribuição Social sobre Bens e Serviços (CBS) e o Imposto Seletivo (IS); cria o Comitê Gestor do IBS e altera a legislação tributária).

Art. 215. A lei estadual pode autorizar o Poder Executivo a reajustar, no exercício de 1967, a alíquota de imposto a que se refere o art. 52♦, dentro de limites e segundo critérios por ela estabelecidos.

♦ O art. 52 foi revogado pelo Decreto-Lei nº 404/1968.

Art. 216. O Poder Executivo proporá as medidas legislativas adequadas a possibilitar, sem compressão dos investimentos previstos na proposta orçamentária de 1967, o cumprimento do disposto no art. 21 da Emenda Constitucional nº 18, de 1965.

Art. 217. As disposições desta Lei, notadamente as dos arts. 17, 74, § 2º, e 77, parágrafo único, bem como a do art. 54 da Lei nº 5.025, de 10 de junho de 1966, não excluem a incidência e a exigibilidade:

I – da "contribuição sindical", denominação que passa a ter o imposto sindical de que tratam os arts. 578 e seguintes, da Consolidação das Leis do Trabalho, sem prejuízo do disposto no art. 16 da Lei nº 4.589, de 11 de dezembro de 1964;

II – das denominadas "quotas de previdência" a que aludem os arts. 71 e 74 da Lei nº 3.807, de 26 de agosto de 1960 com as alterações determinadas pelo art. 34 da Lei nº 4.863, de 29 de novembro de 1965, que integram a contribuição da União para a previdência social, de que trata o art. 157, item XVI, da Constituição Federal♦;

♦ Refere-se à Constituição dos Estados Unidos do Brasil/1946. V. art. 201 da CF/1988.

III – da contribuição destinada a constituir o "Fundo de Assistência" e "Previdência do Trabalhador Rural", de que trata o art. 158 da Lei nº 4.214, de 2 de março de 1963;

IV – da contribuição destinada ao Fundo de Garantia do Tempo de Serviço, criada pelo art. 2º da Lei nº 5.107, de 13 de setembro de 1966;

V – das contribuições enumeradas no § 2º do art. 34 da Lei nº 4.863, de 29 de novembro de 1965, com as alterações decorrentes do disposto nos arts. 22 e 23 da Lei nº 5.107, de 13 de setembro de 1966, e outras de fins sociais criadas por lei.

- Art. 217 acrescido pelo Decreto-Lei nº 27/1966.

Art. 218. Esta Lei entrará em vigor, em todo o território nacional, no dia 1º de janeiro de 1967, revogadas as disposições em contrário, especialmente a Lei nº 854, de 10 de outubro de 1949.

- Art. 218 renumerado pelo Decreto-Lei nº 27/1966.

Brasília, 25 de outubro de 1966; 145º da Independência e 78º da República.

H. Castello Branco

DOU de 27.10.1966
Retificação DOU de 31.10.1966

ANEXOS

Anexo I
CONSTITUIÇÃO DA REPÚBLICA FEDERATIVA DO BRASIL
(*Excertos*)

Atualizada até a Emenda Constitucional nº 135, de 20.12.2024.

....

TÍTULO I
DOS PRINCÍPIOS FUNDAMENTAIS

Art. 1º. A República Federativa do Brasil, formada pela união indissolúvel dos Estados e Municípios e do Distrito Federal, constitui-se em Estado Democrático de Direito e tem como fundamentos:

- V. Lei nº 14.197/2021 (Crimes contra o Estado Democrático de Direito).

I – a soberania;

II – a cidadania;

- V. Lei nº 10.216/2001 (Política Antimanicomial).
- V. Lei nº 12.764/2012 (Política Nacional de Proteção dos Direitos da Pessoa com Transtorno do Espectro Autista).
- V. Lei nº 14.534/2023 (CPF como número único de identificação do cidadão).

III – a dignidade da pessoa humana;

- V. Lei nº 14.321/2022 (Violência institucional – crime).
- V. art. 11.1 do Decreto nº 678/1992 (Pacto de São José da Costa Rica).

IV – os valores sociais do trabalho e da livre iniciativa;

- V. arts. 7º e 170 da CF.
- V. Lei nº 13.874/2019 (Liberdade Econômica).

V – o pluralismo político.

Parágrafo único. Todo o poder emana do povo, que o exerce por meio de representantes eleitos, ou diretamente, nos termos desta Constituição.

Art. 2º. São Poderes da União, independentes e harmônicos entre si, o Legislativo, o Executivo e o Judiciário.

Art. 3º. Constituem objetivos fundamentais da República Federativa do Brasil:

I – construir uma sociedade livre, justa e solidária;

- V. Preâmbulo.

II – garantir o desenvolvimento nacional;

III – erradicar a pobreza e a marginalização e reduzir as desigualdades sociais e regionais;

IV – promover o bem de todos, sem preconceitos de origem, raça, sexo, cor, idade e quaisquer outras formas de discriminação.

- V. art. 5º, *caput* e I, da CF.
- V. Lei nº 12.288/2010 (Estatuto da Igualdade Racial).
- V. Lei nº 14.532/2023 (Tipificação da injúria racial como racismo).
- V. arts. 11, XVII; e 201, § 7º, da Lei nº 14.597/2023 (Lei Geral do Esporte).

....

CAPÍTULO II
DOS DIREITOS SOCIAIS

Art. 6º. São direitos sociais a educação, a saúde, a alimentação, o trabalho, a moradia, o transporte, o lazer, a segurança, a previdência social, a proteção à maternidade e à infância, a assistência aos desamparados, na forma desta Constituição.

- Art. 6º, *caput*, com redação dada pela EC nº 90/2015.
- V. arts. 196 a 200 da CF.
- V. art. 83, § 2º, da Lei nº 7.210/1984 (Lei de Execução Penal).
- V. Lei nº 8.069/1990 (Estatuto da Criança e do Adolescente).

- V. Lei nº 8.212/1991 (Seguridade Social).
- V. Lei nº 8.245/1991 (Locação de imóveis urbanos).
- V. Lei nº 8.742/1993 (Assistência Social).
- V. Lei nº 13.872/2019 (Amamentação durante concursos públicos).
- V. Lei nº 14.442/2022 (Auxílio-alimentação e teletrabalho).
- V. Lei nº 14.510/2022 (Serviços de saúde à distância – telessaúde).
- V. Lei nº 14.533/2023 (Política Nacional de Educação Digital).
- V. art. 409, § 1º, da Lei Complementar nº 214/2025 (Institui o Imposto sobre Bens e Serviços (IBS), a Contribuição Social sobre Bens e Serviços (CBS) e o Imposto Seletivo (IS); cria o Comitê Gestor do IBS e altera a legislação tributária).

Parágrafo único. Todo brasileiro em situação de vulnerabilidade social terá direito a uma renda básica familiar, garantida pelo poder público em programa permanente de transferência de renda, cujas normas e requisitos de acesso serão determinados em lei, observada a legislação fiscal e orçamentária.

- Parágrafo único acrescido pela EC nº 114/2021.

....

TÍTULO IV
DA ORGANIZAÇÃO DOS PODERES

- Título IV com denominação dada pela EC nº 80/2014.

CAPÍTULO I
DO PODER LEGISLATIVO

....

Seção VIII
DO PROCESSO LEGISLATIVO

....

Subseção II
Da Emenda à Constituição

- V. Lei Complementar nº 95/1998.

Art. 60. A Constituição poderá ser emendada mediante proposta:

I – de um terço, no mínimo, dos membros da Câmara dos Deputados ou do Senado Federal;

II – do Presidente da República;

III – de mais da metade das Assembleias Legislativas das unidades da Federação, manifestando-se, cada uma delas, pela maioria relativa de seus membros.

....

§ 4º. Não será objeto de deliberação a proposta de emenda tendente a abolir:

I – a forma federativa de Estado;

II – o voto direto, secreto, universal e periódico;

- V. art. 23 do Decreto nº 678/1992 (Pacto de São José da Costa Rica).

III – a separação dos Poderes;

IV – os direitos e garantias individuais.

....

TÍTULO VI
DA TRIBUTAÇÃO E DO ORÇAMENTO

CAPÍTULO I
DO SISTEMA TRIBUTÁRIO NACIONAL

- V. EC nº 132/2023 (Reforma Tributária).

Seção I
DOS PRINCÍPIOS GERAIS

- V. arts. 1º, *caput*; e 145, § 3º, da CF.
- V. Lei nº 4.320/1964 (Normas gerais de direito financeiro).
- V. Lei nº 5.172/1966 (Código Tributário Nacional).
- V. Decreto nº 11.379/2023 (Institui o Conselho de Acompanhamento e Monitoramento de Riscos Fiscais Judiciais).

Art. 145. A União, os Estados, o Distrito Federal e os Municípios poderão instituir os seguintes tributos:

I – impostos;

II – taxas, em razão do exercício do poder de polícia ou pela utilização, efetiva ou potencial, de serviços públicos específicos e divisíveis, prestados ao contribuinte ou postos a sua disposição;

III – contribuição de melhoria, decorrente de obras públicas.

- V. arts. 148 e 149 da CF.
- V. Decreto-Lei nº 195/1967.

§ 1º. Sempre que possível, os impostos terão caráter pessoal e serão graduados segundo a capacidade econômica do contribuinte, facultado à administração tributária, especialmente para conferir efetividade a esses objetivos, identificar, respeitados os direitos individuais e nos termos da lei, o patrimônio, os rendimentos e as atividades econômicas do contribuinte.

§ 2º. As taxas não poderão ter base de cálculo própria de impostos.

§ 3º. O Sistema Tributário Nacional deve observar os princípios da simplicidade, da transparência, da justiça tributária, da cooperação e da defesa do meio ambiente.

- § 3º acrescido pela EC nº 132/2023.
- V. art. 2º da Lei Complementar nº 214/2025 (Institui o Imposto sobre Bens e Serviços (IBS), a Contribuição Social sobre Bens e Serviços (CBS) e o Imposto Seletivo (IS); cria o Comitê Gestor do IBS e altera a legislação tributária).

§ 4º. As alterações na legislação tributária buscarão atenuar efeitos regressivos.

- § 4º acrescido pela EC nº 132/2023.
- V. Lei Complementar nº 214/2025 (Institui o Imposto sobre Bens e Serviços (IBS), a Contribuição Social sobre Bens e Serviços (CBS) e o Imposto Seletivo (IS); cria o Comitê Gestor do IBS e altera a legislação tributária).

Art. 146. Cabe à lei complementar:

- V. Lei nº 5.172/1966 (Código Tributário Nacional).
- V. Lei Complementar nº 214/2025 (Institui o Imposto sobre Bens e Serviços (IBS), a Contribuição Social sobre Bens e Serviços (CBS) e o Imposto Seletivo (IS); cria o Comitê Gestor do IBS e altera a legislação tributária).

I – dispor sobre conflitos de competência em matéria tributária, entre a União, os Estados, o Distrito Federal e os Municípios;

II – regular as limitações constitucionais ao poder de tributar;

III – estabelecer normas gerais em matéria de legislação tributária, especialmente sobre:

a) definição de tributos e de suas espécies, bem como, em relação aos impostos discriminados nesta Constituição, a dos respectivos fatos geradores, bases de cálculo e contribuintes;

b) obrigação, lançamento, crédito, prescrição e decadência tributários;

c) adequado tratamento tributário ao ato cooperativo praticado pelas sociedades cooperativas, inclusive em relação aos tributos previstos nos arts. 156-A e 195, V;

- Alínea "c" com redação dada pela EC nº 132/2023.

d) definição de tratamento diferenciado e favorecido para as microempresas e para as empresas de pequeno porte, inclusive regimes especiais ou simplificados no caso dos impostos previstos nos arts. 155, II, e 156-A, das contribuições sociais previstas no art. 195, I e V, e § 12 e da contribuição a que se refere o art. 239.

- Alínea "d" com redação dada pela EC nº 132/2023.
- A EC nº 132/2023, em seu art. 3º, altera esta alínea "d" para, a partir de 2027, nos termos de seu art. 23, I, vigorar com a seguinte redação: ***Art. 146.*** *[...]* ***III –*** *[...]* ***d)*** *definição de tratamento diferenciado e favorecido para as microempresas e para as empresas de pequeno porte, inclusive regimes especiais ou simplificados no caso dos impostos previstos nos arts. 155, II, e 156-A e das contribuições previstas no art. 195, I e V. [...].*
- A EC nº 132/2023, em seu art. 4º, altera esta alínea "d" para, a partir de 2033, nos termos de seu art. 23, II, vigorar com a seguinte redação: ***Art. 146.*** *[...]* ***III –*** *[...]* ***d)*** *definição de tratamento diferenciado e favorecido para as microempresas e para as empresas de pequeno porte, inclusive regimes especiais ou simplificados no caso do imposto previsto no art. 156-A e das contribuições sociais previstas no art. 195, I e V. [...].*
- V. art. 94 do ADCT.
- V. Lei Complementar nº 48/1984 (Isenção do ICMS e do ISS para as Microempresas).

- V. Lei Complementar nº 123/2006 (Estatuto Nacional da Microempresa e da Empresa de Pequeno Porte); e Decreto nº 8.538/2015, que regulamenta os arts. 42 a 45 e 47 a 49 da Lei Complementar nº 123/2006.
- V. Lei Complementar nº 147/2014.
- V. Lei Complementar nº 162/2018 (Programa Especial de Regularização Tributária das Microempresas e Empresas de Pequeno Porte optantes pelo Simples Nacional – Pert-SN).
- V. Lei Complementar nº 168/2019 (Retorno ao Regime Especial Unificado de Arrecadação de Tributos e Contribuições devidos pelas Microempresas e Empresas de Pequeno Porte – Simples Nacional – dos optantes excluídos desse regime tributário em 1º de janeiro de 2018).
- V. Lei Complementar nº 188/2021.

§ 1º. A lei complementar de que trata o inciso III, "d", também poderá instituir um regime único de arrecadação dos impostos e contribuições da União, dos Estados, do Distrito Federal e dos Municípios, observado que:

- § 1º renumerado pela EC nº 132/2023.

I – será opcional para o contribuinte;

- Inciso I acrescido pela EC nº 42/2003.

II – poderão ser estabelecidas condições de enquadramento diferenciadas por Estado;

- Inciso II acrescido pela EC nº 42/2003.

III – o recolhimento será unificado e centralizado e a distribuição da parcela de recursos pertencentes aos respectivos entes federados será imediata, vedada qualquer retenção ou condicionamento;

- Inciso III acrescido pela EC nº 42/2003.

IV – a arrecadação, a fiscalização e a cobrança poderão ser compartilhadas pelos entes federados, adotado cadastro nacional único de contribuintes.

- Inciso IV acrescido pela EC nº 42/2003.

§ 2º. É facultado ao optante pelo regime único de que trata o § 1º apurar e recolher os tributos previstos nos arts. 156-A e 195, V, nos termos estabelecidos nesses artigos, hipótese em que as parcelas a eles relativas não serão cobradas pelo regime único.

- § 2º acrescido pela EC nº 132/2023.

§ 3º. Na hipótese de o recolhimento dos tributos previstos nos arts. 156-A e 195, V, ser realizado por meio do regime único de que trata o § 1º, enquanto perdurar a opção:

I – não será permitida a apropriação de créditos dos tributos previstos nos arts. 156-A e 195, V, pelo contribuinte optante pelo regime único; e

II – será permitida a apropriação de créditos dos tributos previstos nos arts. 156-A e 195, V, pelo adquirente não optante pelo regime único de que trata o § 1º de bens materiais ou imateriais, inclusive direitos, e de serviços do optante, em montante equivalente ao cobrado por meio do regime único.

- § 3º acrescido pela EC nº 132/2023.

Art. 146-A. Lei complementar poderá estabelecer critérios especiais de tributação, com o objetivo de prevenir desequilíbrios da concorrência, sem prejuízo da competência de a União, por lei, estabelecer normas de igual objetivo.

- Art. 146-A acrescido pela EC nº 42/2003.

Art. 147. Competem à União, em Território Federal, os impostos estaduais e, se o Território não for dividido em Municípios, cumulativamente, os impostos municipais; ao Distrito Federal cabem os impostos municipais.

Art. 148. A União, mediante lei complementar, poderá instituir empréstimos compulsórios:

- V. art. 34, § 1º, do ADCT.

I – para atender a despesas extraordinárias, decorrentes de calamidade pública, de guerra externa ou sua iminência;

II – no caso de investimento público de caráter urgente e de relevante interesse nacional, observado o disposto no art. 150, III, "b".

- V. art. 34, § 12, do ADCT.

Parágrafo único. A aplicação dos recursos provenientes do empréstimo compulsório será vinculada à despesa que fundamentou sua instituição.

Art. 149. Compete exclusivamente à União instituir contribuições sociais, de intervenção no domínio econômico e de interesse das categorias profissionais ou econômicas, como instrumento de sua atuação nas respectivas áreas, observado o disposto nos arts. 146, III, e 150, I e III, e sem prejuízo do previsto no art. 195, § 6º, relativamente às contribuições a que alude o dispositivo.

- V. arts. 34, § 1º; 75 a 76-B; e 79 a 83 (Instituição do Fundo de Combate e Erradicação da Pobreza) do ADCT.

§ 1º. A União, os Estados, o Distrito Federal e os Municípios instituirão, por meio de lei, contribuições para custeio de regime próprio de previdência social, cobradas dos servidores ativos, dos aposentados e dos pensionistas, que poderão ter alíquotas progressivas de acordo com o valor da base de contribuição ou dos proventos de aposentadoria e de pensões.

- § 1º com redação dada pela EC nº 103/2019. Com vigência a partir da data de publicação da lei de iniciativa do respectivo Poder Executivo que a referende integralmente.
- Texto anterior à alteração promovida pela EC nº 103/2019: ***Art. 149.*** *[...]* ***§ 1º.*** *Os Estados, o Distrito Federal e os Municípios instituirão contribuição, cobrada de seus servidores, para o custeio, em benefício destes, do regime previdenciário de que trata o art. 40, cuja alíquota não será inferior à da contribuição dos servidores titulares de cargos efetivos da União. [...].*

§ 1º-A. Quando houver *deficit* atuarial, a contribuição ordinária dos aposentados e pensionistas poderá incidir sobre o valor dos proventos de aposentadoria e de pensões que supere o salário mínimo.

- § 1º-A acrescido pela EC nº 103/2019. Com vigência a partir da data de publicação da lei de iniciativa do respectivo Poder Executivo que a referende integralmente.

§ 1º-B. Demonstrada a insuficiência da medida prevista no § 1º-A para equacionar o *deficit* atuarial, é facultada a instituição de contribuição extraordinária, no âmbito da União, dos servidores públicos ativos, dos aposentados e dos pensionistas.

- § 1º-B acrescido pela EC nº 103/2019. Com vigência a partir da data de publicação da lei de iniciativa do respectivo Poder Executivo que a referende integralmente.
- V. art. 9º, § 8º, da EC nº 103/2019.

§ 1º-C. A contribuição extraordinária de que trata o § 1º-B deverá ser instituída simultaneamente com outras medidas para equacionamento do *deficit* e vigorará por período determinado, contado da data de sua instituição.

- § 1º-C acrescido pela EC nº 103/2019. Com vigência a partir da data de publicação da lei de iniciativa do respectivo Poder Executivo que a referende integralmente.
- V. art. 9º, § 8º, da EC nº 103/2019.

§ 2º. As contribuições sociais e de intervenção no domínio econômico de que trata o *caput* deste artigo:

- § 2º, *caput*, acrescido pela EC nº 33/2001.

I – não incidirão sobre as receitas decorrentes de exportação;

- Inciso I acrescido pela EC nº 33/2001.

II – incidirão também sobre a importação de produtos estrangeiros ou serviços;

- Inciso II com redação dada pela EC nº 42/2003.

III – poderão ter alíquotas:

a) *ad valorem*, tendo por base o faturamento, a receita bruta ou o valor da operação e, no caso de importação, o valor aduaneiro;

b) específica, tendo por base a unidade de medida adotada.

- Inciso III acrescido pela EC nº 33/2001.

§ 3º. A pessoa natural destinatária das operações de importação poderá ser equiparada a pessoa jurídica, na forma da lei.

- § 3º acrescido pela EC nº 33/2001.

§ 4º. A lei definirá as hipóteses em que as contribuições incidirão uma única vez.

- § 4º acrescido pela EC nº 33/2001.

Art. 149-A. Os Municípios e o Distrito Federal poderão instituir contribuição, na forma das respectivas leis, para o custeio, a expansão e a melhoria do serviço de iluminação pública e de sistemas de monitoramento para segurança e preservação de logradouros públicos, observado o disposto no art. 150, I e III.

- Art. 149-A, *caput*, com redação dada pela EC nº 132/2023.
- V. Súmula 670 do STF.

Parágrafo único. É facultada a cobrança da contribuição a que se refere o *caput*, na fatura de consumo de energia elétrica.

- Parágrafo único acrescido pela EC nº 39/2002.
- V. Lei nº 14.300/2022 (Marco legal da microgeração e minigeração distribuída; Sistema de Compensação de Energia Elétrica – SCEE).
- V. Súmula Vinculante 41 do STF.

Art. 149-B. Os tributos previstos nos arts. 156-A e 195, V, observarão as mesmas regras em relação a:

I – fatos geradores, bases de cálculo, hipóteses de não incidência e sujeitos passivos;

II – imunidades;

III – regimes específicos, diferenciados ou favorecidos de tributação;

IV – regras de não cumulatividade e de creditamento.

Parágrafo único. Os tributos de que trata o *caput* observarão as imunidades previstas no art. 150, VI, não se aplicando a ambos os tributos o disposto no art. 195, § 7º.

- Art. 149-B acrescido pela EC nº 132/2023.

Art. 149-C. O produto da arrecadação do imposto previsto no art. 156-A e da contribuição prevista no art. 195, V, incidentes sobre operações contratadas pela administração pública direta, por autarquias e por fundações públicas, inclusive suas importações, será integralmente destinado ao ente federativo contratante, mediante redução a zero das alíquotas do imposto e da contribuição devidos aos demais entes e equivalente elevação da alíquota do tributo devido ao ente contratante.

§ 1º. As operações de que trata o *caput* poderão ter alíquotas reduzidas de modo uniforme, nos termos de lei complementar.

§ 2º. Lei complementar poderá prever hipóteses em que não se aplicará o disposto no *caput* e no § 1º.

§ 3º. Nas importações efetuadas pela administração pública direta, por autarquias e por fundações públicas, o disposto no art. 150, VI, "a", será implementado na forma do disposto no *caput* e no § 1º, assegurada a igualdade de tratamento em relação às aquisições internas.

- Art. 149-C acrescido pela EC nº 132/2023.

Seção II
DAS LIMITAÇÕES DO PODER DE TRIBUTAR

- V. art. 34 do ADCT.
- V. Lei Complementar nº 178/2021 (Programa de Acompanhamento e Transparência Fiscal e Plano de Promoção do Equilíbrio Fiscal).
- V. Lei nº 5.172/1966 (Código Tributário Nacional).
- V. Lei nº 13.988/2020 (Transação tributária).

Art. 150. Sem prejuízo de outras garantias asseguradas ao contribuinte, é vedado à União, aos Estados, ao Distrito Federal e aos Municípios:

- V. art. 34, § 1º, do ADCT.

I – exigir ou aumentar tributo sem lei que o estabeleça;

II – instituir tratamento desigual entre contribuintes que se encontrem em situação equivalente, proibida qualquer distinção em razão de ocupação profissional ou função por eles exercida, independentemente da denominação jurídica dos rendimentos, títulos ou direitos;

III – cobrar tributos:

a) em relação a fatos geradores ocorridos antes do início da vigência da lei que os houver instituído ou aumentado;

b) no mesmo exercício financeiro em que haja sido publicada a lei que os instituiu ou aumentou;

- V. § 1º deste artigo.

- V. art. 34, § 6º, do ADCT.
- V. art. 2º da EC nº 3/1993.

c) antes de decorridos noventa dias da data em que haja sido publicada a lei que os instituiu ou aumentou, observado o disposto na alínea "b";

- Alínea "c" acrescida pela EC nº 42/2003.
- V. § 1º deste artigo.

IV – utilizar tributo com efeito de confisco;

- V. art. 5º, *caput* e XXII, da CF.

V – estabelecer limitações ao tráfego de pessoas ou bens, por meio de tributos interestaduais ou intermunicipais, ressalvada a cobrança de pedágio pela utilização de vias conservadas pelo Poder Público;

VI – instituir impostos sobre:

a) patrimônio, renda ou serviços, uns dos outros;

- V. §§ 2º e 3º deste artigo.
- V. art. 2º da EC nº 3/1993.

b) entidades religiosas e templos de qualquer culto, inclusive suas organizações assistenciais e beneficentes;

- Alínea "b" com redação dada pela EC nº 132/2023.
- V. § 4º deste artigo.
- V. art. 156, § 1º-A, da CF.
- V. Súmula Vinculante 51 do STF.

c) patrimônio, renda ou serviços dos partidos políticos, inclusive suas fundações, das entidades sindicais dos trabalhadores, das instituições de educação e de assistência social, sem fins lucrativos, atendidos os requisitos da lei;

- V. § 4º deste artigo.

d) livros, jornais, periódicos e o papel destinado à sua impressão;

- V. Súmula Vinculante 57 do STF.

e) fonogramas e videofonogramas musicais produzidos no Brasil contendo obras musicais ou literomusicais de autores brasileiros e/ou obras em geral interpretadas por artistas brasileiros bem como os suportes materiais ou arquivos digitais que os contenham, salvo na etapa de replicação industrial de mídias ópticas de leitura a *laser*.

- Alínea "e" acrescida pela EC nº 75/2013.

§ 1º. A vedação do inciso III, "b", não se aplica aos tributos previstos nos arts. 148, I, 153, I, II, IV e V; e 154, II; e a vedação do inciso III, "c", não se aplica aos tributos previstos nos arts. 148, I, 153, I, II, III e V; e 154, II, nem à fixação da base de cálculo dos impostos previstos nos arts. 155, III, e 156, I.

- § 1º com redação dada pela EC nº 42/2003.

§ 2º. A vedação do inciso VI, "a", é extensiva às autarquias e às fundações instituídas e mantidas pelo poder público e à empresa pública prestadora de serviço postal, no que se refere ao patrimônio, à renda e aos serviços vinculados a suas finalidades essenciais ou às delas decorrentes.

- § 2º com redação dada pela EC nº 132/2023.

§ 3º. As vedações do inciso VI, "a", e do parágrafo anterior não se aplicam ao patrimônio, à renda e aos serviços, relacionados com exploração de atividades econômicas regidas pelas normas aplicáveis a empreendimentos privados, ou em que haja contraprestação ou pagamento de preços ou tarifas pelo usuário, nem exonera o promitente comprador da obrigação de pagar imposto relativamente ao bem imóvel.

§ 4º. As vedações expressas no inciso VI, alíneas "b" e "c", compreendem somente o patrimônio, a renda e os serviços, relacionados com as finalidades essenciais das entidades nelas mencionadas.

§ 5º. A lei determinará medidas para que os consumidores sejam esclarecidos acerca dos impostos que incidam sobre mercadorias e serviços.

§ 6º. Qualquer subsídio ou isenção, redução de base de cálculo, concessão de crédito presumido, anistia ou remissão, relativos a impostos, taxas ou contribuições, só poderá ser concedido mediante lei específica, federal, estadual ou municipal, que regule exclusivamente as matérias acima enumeradas ou o correspondente tributo ou contribuição, sem prejuízo do disposto no art. 155, § 2º, XII, "g".

- § 6º com redação dada pela EC nº 3/1993.
- A EC nº 132/2023, em seu art. 4º, altera este § 6º para, a partir de 2033, nos termos de seu art. 23, II, vigorar com a seguinte redação: ***Art. 150.*** *[...]* ***§ 6º.*** *Qualquer subsídio ou isenção, redução de base de cálculo, concessão de crédito presumido, anistia ou remissão, relativos a impostos, taxas ou contribuições, só poderá ser concedido mediante lei específica, federal, estadual ou municipal, que regule exclusivamente as matérias acima enumeradas ou o correspondente tributo ou contribuição. [...].*

§ 7º. A lei poderá atribuir a sujeito passivo de obrigação tributária a condição de responsável pelo pagamento de imposto ou contribuição, cujo fato gerador deva ocorrer posteriormente, assegurada a imediata e preferencial restituição da quantia paga, caso não se realize o fato gerador presumido.

- § 7º acrescido pela EC nº 3/1993.

Art. 151. É vedado à União:

I – instituir tributo que não seja uniforme em todo o território nacional ou que implique distinção ou preferência em relação a Estado, ao Distrito Federal ou a Município, em detrimento de outro, admitida a concessão de incentivos fiscais destinados a promover o equilíbrio do desenvolvimento socioeconômico entre as diferentes regiões do País;

II – tributar a renda das obrigações da dívida pública dos Estados, do Distrito Federal e dos Municípios, bem como a remuneração e os proventos dos respectivos agentes públicos, em níveis superiores aos que fixar para suas obrigações e para seus agentes;

III – instituir isenções de tributos da competência dos Estados, do Distrito Federal ou dos Municípios.

Art. 152. É vedado aos Estados, ao Distrito Federal e aos Municípios estabelecer diferença tributária entre bens e serviços, de qualquer natureza, em razão de sua procedência ou destino.

Seção III
DOS IMPOSTOS DA UNIÃO

Art. 153. Compete à União instituir impostos sobre:

I – importação de produtos estrangeiros;

- V. § 1º deste artigo.
- V. art. 62, § 2º, da CF.

II – exportação, para o exterior, de produtos nacionais ou nacionalizados;

- V. § 1º deste artigo.
- V. art. 62, § 2º, da CF.
- V. Súmula 649 do STJ.

III – renda e proventos de qualquer natureza;

- V. § 2º deste artigo.
- V. art. 34, § 2º, I, do ADCT.
- V. art. 3º da EC nº 3/1993.
- V. Decreto nº 9.580/2018 (Regulamento do Imposto de Renda).

IV – produtos industrializados;

- V. §§ 1º e 3º deste artigo.
- V. art. 62, § 2º, da CF.
- V. art. 34, § 2º, I, do ADCT.
- V. art. 69, § 2º, da Lei Complementar nº 214/2025 (Institui o Imposto sobre Bens e Serviços (IBS), a Contribuição Social sobre Bens e Serviços (CBS) e o Imposto Seletivo (IS); cria o Comitê Gestor do IBS e altera a legislação tributária).
- V. Decreto nº 7.212/2010 (Regulamento do Imposto sobre Produtos Industrializados).
- V. Decreto nº 8.950/2016 (TIPI – Tabela de Incidência do Imposto sobre Produtos Industrializados).
- V. Súmula Vinculante 58 do STF.

V – operações de crédito, câmbio e seguro, ou relativas a títulos ou valores mobiliários;

- A EC nº 132/2023, em seu art. 3º, altera este inciso V para, a partir de 2027, nos termos de seu art. 23, I, vigorar com a seguinte redação: ***Art. 153.*** *[...]* ***V –*** *operações de crédito e câmbio ou relativas a títulos ou valores mobiliários; [...].*
- V. §§ 1º e 5º deste artigo.
- V. art. 62, § 2º, da CF.

VI – propriedade territorial rural;
- V. § 4º deste artigo.

VII – grandes fortunas, nos termos de lei complementar;

VIII – produção, extração, comercialização ou importação de bens e serviços prejudiciais à saúde ou ao meio ambiente, nos termos de lei complementar.
- Inciso VIII acrescido pela EC nº 132/2023.

§ 1º. É facultado ao Poder Executivo, atendidas as condições e os limites estabelecidos em lei, alterar as alíquotas dos impostos enumerados nos incisos I, II, IV e V.

§ 2º. O imposto previsto no inciso III:

I – será informado pelos critérios da generalidade, da universalidade e da progressividade, na forma da lei;

II – (revogado).
- Inciso II revogado pela EC nº 20/1998.

§ 3º. O imposto previsto no inciso IV:

I – será seletivo, em função da essencialidade do produto;
- V. arts. 409 a 411 da Lei Complementar nº 214/2025.

II – será não cumulativo, compensando-se o que for devido em cada operação com o montante cobrado nas anteriores;

III – não incidirá sobre produtos industrializados destinados ao exterior;

IV – terá reduzido seu impacto sobre a aquisição de bens de capital pelo contribuinte do imposto, na forma da lei.
- Inciso IV acrescido pela EC nº 42/2003.

§ 4º. O imposto previsto no inciso VI do *caput*:
- § 4º, *caput*, com redação dada pela EC nº 42/2003.

I – será progressivo e terá suas alíquotas fixadas de forma a desestimular a manutenção de propriedades improdutivas;
- Inciso I acrescido pela EC nº 42/2003.

II – não incidirá sobre pequenas glebas rurais, definidas em lei, quando as explore o proprietário que não possua outro imóvel;
- Inciso II acrescido pela EC nº 42/2003.

III – será fiscalizado e cobrado pelos Municípios que assim optarem, na forma da lei, desde que não implique redução do imposto ou qualquer outra forma de renúncia fiscal.
- Inciso III acrescido pela EC nº 42/2003.
- V. Lei nº 11.250/2005, que regulamenta este inciso.

§ 5º. O ouro, quando definido em lei como ativo financeiro ou instrumento cambial, sujeita-se exclusivamente à incidência do imposto de que trata o inciso V do *caput* deste artigo, devido na operação de origem; a alíquota mínima será de um por cento, assegurada a transferência do montante da arrecadação nos seguintes termos:
- V. art. 2º da EC nº 3/1993.

I – trinta por cento para o Estado, o Distrito Federal ou o Território, conforme a origem;

II – setenta por cento para o Município de origem.
- V. arts. 72, § 3º; 74, § 2º; 75; e 76 do ADCT.

§ 6º. O imposto previsto no inciso VIII do *caput* deste artigo:

I – não incidirá sobre as exportações nem sobre as operações com energia elétrica e com telecomunicações;

II – incidirá uma única vez sobre o bem ou serviço;

III – não integrará sua própria base de cálculo;

IV – integrará a base de cálculo dos tributos previstos nos arts. 155, II, 156, III, 156-A e 195, V;
- A EC nº 132/2023, em seu art. 4º, altera este inciso IV para, a partir de 2033, nos termos de seu art. 23, II, vigorar com a seguinte redação: ***Art. 153.*** *[...]* ***§ 6º.*** *[...]* ***IV –*** *integrará a base de cálculo dos tributos previstos nos arts. 156-A e 195, V; [...].*

V – poderá ter o mesmo fato gerador e base de cálculo de outros tributos;

VI – terá suas alíquotas fixadas em lei ordinária, podendo ser específicas, por unidade de medida adotada, ou *ad valorem*;

VII – na extração, o imposto será cobrado independentemente da destinação, caso em que a alíquota máxima corresponderá a 1% (um por cento) do valor de mercado do produto.

- § 6º acrescido pela EC nº 132/2023.

Art. 154. A União poderá instituir:

I – mediante lei complementar, impostos não previstos no artigo anterior, desde que sejam não cumulativos e não tenham fato gerador ou base de cálculo próprios dos discriminados nesta Constituição;

- V. arts. 34, § 1º; 74; 75; 84; e 85 do ADCT.
- V. art. 2º da EC nº 3/1993.

II – na iminência ou no caso de guerra externa, impostos extraordinários, compreendidos ou não em sua competência tributária, os quais serão suprimidos, gradativamente, cessadas as causas de sua criação.

- V. art. 62, § 2º, da CF.

Seção IV
DOS IMPOSTOS DOS ESTADOS E DO DISTRITO FEDERAL

- V. Lei Complementar nº 214/2025 (Institui o Imposto sobre Bens e Serviços (IBS), a Contribuição Social sobre Bens e Serviços (CBS) e o Imposto Seletivo (IS); cria o Comitê Gestor do IBS e altera a legislação tributária).

Art. 155. Compete aos Estados e ao Distrito Federal instituir impostos sobre:

- Art. 155, *caput*, com redação dada pela EC nº 3/1993.

I – transmissão *causa mortis* e doação, de quaisquer bens ou direitos;

- Inciso I com redação dada pela EC nº 3/1993.
- V. § 1º deste artigo.

II – operações relativas à circulação de mercadorias e sobre prestações de serviços de transporte interestadual e intermunicipal e de comunicação, ainda que as operações e as prestações se iniciem no exterior;

- Inciso II com redação dada pela EC nº 3/1993.
- A EC nº 132/2023, em seu art. 22, II, "a", revoga este inciso II a partir de 2033.
- V. § 1º deste artigo.
- V. Lei Complementar nº 87/1996.
- V. Lei Complementar nº 99/1999.
- V. Lei Complementar nº 102/2000.
- V. Lei Complementar nº 115/2002.
- V. Lei Complementar nº 120/2005.
- V. Súmula Vinculante 48 do STF.

III – propriedade de veículos automotores.

- Inciso III com redação dada pela EC nº 3/1993.
- V. art. 34, § 10, do ADCT.

§ 1º. O imposto previsto no inciso I:

- § 1º, *caput*, com redação dada pela EC nº 3/1993.

I – relativamente a bens imóveis e respectivos direitos, compete ao Estado da situação do bem, ou ao Distrito Federal;

II – relativamente a bens móveis, títulos e créditos, compete ao Estado onde era domiciliado o *de cujus*, ou tiver domicílio o doador, ou ao Distrito Federal;

- Inciso II com redação dada pela EC nº 132/2023.

III – terá a competência para sua instituição regulada por lei complementar:

a) se o doador tiver domicílio ou residência no exterior;

b) se o *de cujus* possuía bens, era residente ou domiciliado ou teve o seu inventário processado no exterior;

IV – terá suas alíquotas máximas fixadas pelo Senado Federal.

V – não incidirá sobre as doações destinadas, no âmbito do Poder Executivo da União, a projetos socioambientais ou destinados a mitigar os efeitos das mudanças climáticas e às instituições federais de ensino.

- Inciso V acrescido pela EC nº 126/2022.

VI – será progressivo em razão do valor do quinhão, do legado ou da doação;

- Inciso VI acrescido pela EC nº 132/2023.

VII – não incidirá sobre as transmissões e as doações para as instituições sem fins lucrativos com finalidade de relevância pública e social, inclusive as organizações assistenciais e beneficentes de entidades religiosas e institutos científicos e tecnológicos, e por elas realizadas na consecução dos seus objetivos sociais, observadas as condições estabelecidas em lei complementar.

- Inciso VII acrescido pela EC nº 132/2023.

§ 2º. O imposto previsto no inciso II, atenderá ao seguinte:

- § 2º, *caput*, com redação dada pela EC nº 3/1993.
- A EC nº 132/2023, em seu art. 22, II, "a", revoga este § 2º a partir de 2033.

I – será não cumulativo, compensando-se o que for devido em cada operação relativa à circulação de mercadorias ou prestação de serviços com o montante cobrado nas anteriores pelo mesmo ou outro Estado ou pelo Distrito Federal;

II – a isenção ou não incidência, salvo determinação em contrário da legislação:

a) não implicará crédito para compensação com o montante devido nas operações ou prestações seguintes;

b) acarretará a anulação do crédito relativo às operações anteriores;

III – poderá ser seletivo, em função da essencialidade das mercadorias e dos serviços;

- V. Lei Complementar nº 194/2022 (Incidência do ICMS sobre bens e serviços essenciais e indispensáveis).

IV – resolução do Senado Federal, de iniciativa do Presidente da República ou de um terço dos Senadores, aprovada pela maioria absoluta de seus membros, estabelecerá as alíquotas aplicáveis às operações e prestações, interestaduais e de exportação;

- V. Resolução do Senado Federal nº 22/1989.

V – é facultado ao Senado Federal:

a) estabelecer alíquotas mínimas nas operações internas, mediante resolução de iniciativa de um terço e aprovada pela maioria absoluta de seus membros;

b) fixar alíquotas máximas nas mesmas operações para resolver conflito específico que envolva interesse de Estados, mediante resolução de iniciativa da maioria absoluta e aprovada por dois terços de seus membros;

VI – salvo deliberação em contrário dos Estados e do Distrito Federal, nos termos do disposto no inciso XII, "g", as alíquotas internas, nas operações relativas à circulação de mercadorias e nas prestações de serviços, não poderão ser inferiores às previstas para as operações interestaduais;

- V. art. 4º, § 5º, da EC nº 123/2022.

VII – nas operações e prestações que destinem bens e serviços a consumidor final, contribuinte ou não do imposto, localizado em outro Estado, adotar-se-á a alíquota interestadual e caberá ao Estado de localização do destinatário o imposto correspondente à diferença entre a alíquota interna do Estado destinatário e a alíquota interestadual;

- Inciso VII com redação dada pela EC nº 87/2015.
- V. art. 99 do ADCT.

a) (revogada);

- Alínea "a" revogada pela EC nº 87/2015.

b) (revogada);

- Alínea "b" revogada pela EC nº 87/2015.

VIII – a responsabilidade pelo recolhimento do imposto correspondente à diferença entre a alíquota interna e a interestadual de que trata o inciso VII será atribuída:

- Inciso VIII, *caput*, com redação dada pela EC nº 87/2015.

a) ao destinatário, quando este for contribuinte do imposto;

- Alínea "a" acrescida pela EC nº 87/2015.

b) ao remetente, quando o destinatário não for contribuinte do imposto;

- Alínea "b" acrescida pela EC nº 87/2015.

IX – incidirá também:

a) sobre a entrada de bem ou mercadoria importados do exterior por pessoa física ou jurídica, ainda que não seja contribuinte habitual do imposto, qualquer que seja a sua finalidade, assim como sobre o serviço prestado no exterior, cabendo o imposto ao Estado onde estiver situado o domicílio ou o estabelecimento do destinatário da mercadoria, bem ou serviço;

- Alínea "a" com redação dada pela EC nº 33/2001.

b) sobre o valor total da operação, quando mercadorias forem fornecidas com serviços não compreendidos na competência tributária dos Municípios;

X – não incidirá:

a) sobre operações que destinem mercadorias para o exterior, nem sobre serviços prestados a destinatários no exterior, assegurada a manutenção e o aproveitamento do montante do imposto cobrado nas operações e prestações anteriores;

- Alínea "a" com redação dada pela EC nº 42/2003.
- V. Lei Complementar nº 65/1991.

b) sobre operações que destinem a outros Estados petróleo, inclusive lubrificantes, combustíveis líquidos e gasosos dele derivados, e energia elétrica;

- V. Lei nº 14.300/2022 (Marco legal da microgeração e minigeração distribuída; Sistema de Compensação de Energia Elétrica – SCEE).

c) sobre o ouro, nas hipóteses definidas no art. 153, § 5º;

d) nas prestações de serviço de comunicação nas modalidades de radiodifusão sonora e de sons e imagens de recepção livre e gratuita;

- Alínea "d" acrescida pela EC nº 42/2003.

XI – não compreenderá, em sua base de cálculo, o montante do imposto sobre produtos industrializados, quando a operação, realizada entre contribuintes e relativa a produto destinado à industrialização ou à comercialização, configure fato gerador dos dois impostos;

XII – cabe à lei complementar:

- V. art. 4º da EC nº 42/2003.

a) definir seus contribuintes;

b) dispor sobre substituição tributária;

c) disciplinar o regime de compensação do imposto;

d) fixar, para efeito de sua cobrança e definição do estabelecimento responsável, o local das operações relativas à circulação de mercadorias e das prestações de serviços;

e) excluir da incidência do imposto, nas exportações para o exterior, serviços e outros produtos além dos mencionados no inciso X, "a";

f) prever casos de manutenção de crédito, relativamente à remessa para outro Estado e exportação para o exterior, de serviços e de mercadorias;

g) regular a forma como, mediante deliberação dos Estados e do Distrito Federal, isenções, incentivos e benefícios fiscais serão concedidos e revogados;

- V. Lei Complementar nº 160/2017.

h) definir os combustíveis e lubrificantes sobre os quais o imposto incidirá uma única vez, qualquer que seja a sua finalidade, hipótese em que não se aplicará o disposto no inciso X, "b";

- Alínea "h" acrescida pela EC nº 33/2001.
- V. § 4º deste artigo.
- V. art. 4º da EC nº 33/2001.
- V. EC nº 123/2022 (Regime fiscal favorecido dos biocombustíveis e estado de emergência dos preços dos combustíveis).

i) fixar a base de cálculo, de modo que o montante do imposto a integre, também na importação do exterior de bem, mercadoria ou serviço.

- Alínea "i" acrescida pela EC nº 33/2001.

§ 3º. À exceção dos impostos de que tratam o inciso II do *caput* deste artigo e os arts. 153, I e II, e 156-A, nenhum outro imposto poderá incidir sobre operações relativas a energia elétrica e serviços de telecomunicações e, à exceção destes e do previsto no art. 153, VIII, nenhum outro imposto poderá incidir sobre operações relativas a derivados de petróleo, combustíveis e minerais do País.

- § 3º com redação dada pela EC nº 132/2023.
- A EC nº 132/2023, em seu art. 22, II, "a", revoga este § 3º a partir de 2033.
- V. Lei nº 14.300/2022 (Marco legal da microgeração e minigeração distribuída; Sistema de Compensação de Energia Elétrica – SCEE).

§ 4º. Na hipótese do inciso XII, "h", observar-se-á o seguinte:

I – nas operações com os lubrificantes e combustíveis derivados de petróleo, o imposto caberá ao Estado onde ocorrer o consumo;

II – nas operações interestaduais, entre contribuintes, com gás natural e seus derivados, e lubrificantes e combustíveis não incluídos no inciso I deste parágrafo, o imposto será repartido entre os Estados de origem e de destino, mantendo-se a mesma proporcionalidade que ocorre nas operações com as demais mercadorias;

III – nas operações interestaduais com gás natural e seus derivados, e lubrificantes e combustíveis não incluídos no inciso I deste parágrafo, destinadas a não contribuinte, o imposto caberá ao Estado de origem;

IV – as alíquotas do imposto serão definidas mediante deliberação dos Estados e Distrito Federal, nos termos do § 2º, XII, "g", observando-se o seguinte:

a) serão uniformes em todo o território nacional, podendo ser diferenciadas por produto;

b) poderão ser específicas, por unidade de medida adotada, ou *ad valorem*, incidindo sobre o valor da operação ou sobre o preço que o produto ou seu similar alcançaria em uma venda em condições de livre concorrência;

c) poderão ser reduzidas e restabelecidas, não se lhes aplicando o disposto no art. 150, III, "b".

- § 4º acrescido pela EC nº 33/2001.
- A EC nº 132/2023, em seu art. 22, II, "a", revoga este § 4º a partir de 2033.

§ 5º. As regras necessárias à aplicação do disposto no § 4º, inclusive as relativas à apuração e à destinação do imposto, serão estabelecidas mediante deliberação dos Estados e do Distrito Federal, nos termos do § 2º, XII, "g".

- § 5º acrescido pela EC nº 33/2001.
- A EC nº 132/2023, em seu art. 22, II, "a", revoga este § 5º a partir de 2033.

§ 6º. O imposto previsto no inciso III:

- § 6º, *caput*, acrescido pela EC nº 42/2003.

I – terá alíquotas mínimas fixadas pelo Senado Federal;

- Inciso I acrescido pela EC nº 42/2003.

II – poderá ter alíquotas diferenciadas em função do tipo, do valor, da utilização e do impacto ambiental;

- Inciso II com redação dada pela EC nº 132/2023.

III – incidirá sobre a propriedade de veículos automotores terrestres, aquáticos e aéreos, excetuados:

a) aeronaves agrícolas e de operador certificado para prestar serviços aéreos a terceiros;

b) embarcações de pessoa jurídica que detenha outorga para prestar serviços de transporte aquaviário ou de pessoa física ou jurídica que pratique pesca industrial, artesanal, científica ou de subsistência;

c) plataformas suscetíveis de se locomoverem na água por meios próprios, inclusive aquelas cuja finalidade principal seja a exploração de atividades econômicas em águas territoriais e na zona econômica exclusiva e embarcações que tenham essa mesma finalidade principal;

d) tratores e máquinas agrícolas.

- Inciso III acrescido pela EC nº 132/2023.

Seção V
DOS IMPOSTOS DOS MUNICÍPIOS

Art. 156. Compete aos Municípios instituir impostos sobre:

I – propriedade predial e territorial urbana;

- V. § 1º deste artigo.

II – transmissão *inter vivos*, a qualquer título, por ato oneroso, de bens imóveis, por natureza ou acessão física, e de direitos reais sobre imóveis, exceto os de garantia, bem como cessão de direitos a sua aquisição;

- V. § 2º deste artigo.

III – serviços de qualquer natureza, não compreendidos no art. 155, II, definidos em lei complementar.

- Inciso III com redação dada pela EC nº 3/1993.
- A EC nº 132/2023, em seu art. 22, II, "a", revoga este inciso III a partir de 2033.
- V. § 3º deste artigo.
- V. art. 34, § 1º, do ADCT.
- V. Lei Complementar nº 116/2003 (ISSQN).

IV – (revogado).

- Inciso IV revogado pela EC nº 3/1993.

§ 1º. Sem prejuízo da progressividade no tempo a que se refere o art. 182, § 4º, inciso II, o imposto previsto no inciso I poderá:

- § 1º com redação dada pela EC nº 29/2000.

I – ser progressivo em razão do valor do imóvel; e

- Inciso I acrescido pela EC nº 29/2000.

II – ter alíquotas diferentes de acordo com a localização e o uso do imóvel;

- Inciso II acrescido pela EC nº 29/2000.

III – ter sua base de cálculo atualizada pelo Poder Executivo, conforme critérios estabelecidos em lei municipal.

- Inciso III acrescido pela EC nº 132/2023.

§ 1º-A. O imposto previsto no inciso I do *caput* deste artigo não incide sobre templos de qualquer culto, ainda que as entidades abrangidas pela imunidade de que trata a alínea "b" do inciso VI do *caput* do art. 150 desta Constituição sejam apenas locatárias do bem imóvel.

- § 1º-A acrescido pela EC nº 116/2022.
- V. art. 150, VI, "b", da CF.

§ 2º. O imposto previsto no inciso II:

I – não incide sobre a transmissão de bens ou direitos incorporados ao patrimônio de pessoa jurídica em realização de capital, nem sobre a transmissão de bens ou direitos decorrente de fusão, incorporação, cisão ou extinção de pessoa jurídica, salvo se, nesses casos, a atividade preponderante do adquirente for a compra e venda desses bens ou direitos, locação de bens imóveis ou arrendamento mercantil;

II – compete ao Município da situação do bem.

§ 3º. Em relação ao imposto previsto no inciso III do *caput* deste artigo, cabe à lei complementar:

- § 3º, *caput*, com redação dada pela EC nº 37/2002.
- A EC nº 132/2023, em seu art. 22, II, "a", revoga este § 3º a partir de 2033.
- V. art. 88 do ADCT.

I – fixar as suas alíquotas máximas e mínimas;

- Inciso I com redação dada pela EC nº 37/2002.

II – excluir da sua incidência exportações de serviços para o exterior;

- Inciso II acrescido pela EC nº 3/1993.

III – regular a forma e as condições como isenções, incentivos e benefícios fiscais serão concedidos e revogados.

- Inciso III acrescido pela EC nº 37/2002.

§ 4º. (Revogado).

- § 4º revogado pela EC nº 3/1993.

Seção V-A
DO IMPOSTO DE COMPETÊNCIA COMPARTILHADA ENTRE ESTADOS, DISTRITO FEDERAL E MUNICÍPIOS

- Seção V-A acrescida pela EC nº 132/2023.

Art. 156-A. Lei complementar instituirá imposto sobre bens e serviços de competência compartilhada entre Estados, Distrito Federal e Municípios.

- V. art. 1º, I, da Lei Complementar nº 214/2025 (Institui o Imposto sobre Bens e Serviços (IBS), a Contribuição Social sobre Bens e Serviços (CBS) e o Imposto Seletivo (IS); cria o Comitê Gestor do IBS e altera a legislação tributária).

§ 1º. O imposto previsto no *caput* será informado pelo princípio da neutralidade e atenderá ao seguinte:

I – incidirá sobre operações com bens materiais ou imateriais, inclusive direitos, ou com serviços;

II – incidirá também sobre a importação de bens materiais ou imateriais, inclusive direitos, ou de serviços realizada por pessoa física ou jurídica, ainda que não seja sujeito passivo habitual do imposto, qualquer que seja a sua finalidade;

III – não incidirá sobre as exportações, assegurados ao exportador a manutenção e o aproveitamento dos créditos relativos às operações nas quais seja adquirente de bem material ou imaterial, inclusive direitos, ou serviço, observado o disposto no § 5º, III;

IV – terá legislação única e uniforme em todo o território nacional, ressalvado o disposto no inciso V;

V – cada ente federativo fixará sua alíquota própria por lei específica;

VI – a alíquota fixada pelo ente federativo na forma do inciso V será a mesma para todas as operações com bens materiais ou imateriais, inclusive direitos, ou com serviços, ressalvadas as hipóteses previstas nesta Constituição;

VII – será cobrado pelo somatório das alíquotas do Estado e do Município de destino da operação;

VIII – será não cumulativo, compensando-se o imposto devido pelo contribuinte com o montante cobrado sobre todas as operações nas quais seja adquirente de bem material ou imaterial, inclusive direito, ou de serviço, excetuadas exclusivamente as consideradas de uso ou consumo pessoal especificadas em lei complementar e as hipóteses previstas nesta Constituição;

IX – não integrará sua própria base de cálculo nem a dos tributos previstos nos arts. 153, VIII, e 195, I, "b", IV e V, e da contribuição para o Programa de Integração Social de que trata o art. 239;

- A EC nº 132/2023, em seu art. 3º, altera este inciso IX para, a partir de 2027, nos termos de seu art. 23, I, vigorar com a seguinte redação: ***Art. 156-A.*** *[...]* ***§ 1º.*** *[...]* ***IX –*** *não integrará sua própria base de cálculo nem a dos tributos previstos nos arts. 153, VIII, e 195, V; [...].*
- A EC nº 132/2023, em seu art. 4º, altera este inciso IX para, a partir de 2033, nos termos de seu art. 23, II, vigorar com a seguinte redação: ***Art. 156-A.*** *[...]* ***§ 1º.*** *[...]* ***IX –*** *não integrará sua própria base de cálculo nem a dos tributos previstos nos arts. 153, VIII, e 195, V; [...].*

X – não será objeto de concessão de incentivos e benefícios financeiros ou fiscais relativos ao imposto ou de regimes específicos, diferenciados ou favorecidos de tributação, excetuadas as hipóteses previstas nesta Constituição;

XI – não incidirá nas prestações de serviço de comunicação nas modalidades de radiodifusão sonora e de sons e imagens de recepção livre e gratuita;

XII – resolução do Senado Federal fixará alíquota de referência do imposto para cada esfera federativa, nos termos de lei complementar, que será aplicada se outra não houver sido estabelecida pelo próprio ente federativo;

XIII – sempre que possível, terá seu valor informado, de forma específica, no respectivo documento fiscal.

§ 2º. Para fins do disposto no § 1º, V, o Distrito Federal exercerá as competências estadual e municipal na fixação de suas alíquotas.

§ 3º. Lei complementar poderá definir como sujeito passivo do imposto a pessoa que concorrer para a realização, a execução ou o pagamento da operação, ainda que residente ou domiciliada no exterior.

§ 4º. Para fins de distribuição do produto da arrecadação do imposto, o Comitê Gestor do Imposto sobre Bens e Serviços:

I – reterá montante equivalente ao saldo acumulado de créditos do imposto não compensados pelos contribuintes e não ressarcidos ao final de cada período de apuração e aos valores decorrentes do cumprimento do § 5º, VIII;

II – distribuirá o produto da arrecadação do imposto, deduzida a retenção de que trata o inciso I deste parágrafo, ao ente federativo de destino das operações que não tenham gerado creditamento.

§ 5º. Lei complementar disporá sobre:

I – as regras para a distribuição do produto da arrecadação do imposto, disciplinando, entre outros aspectos:

a) a sua forma de cálculo;

b) o tratamento em relação às operações em que o imposto não seja recolhido tempestivamente;

c) as regras de distribuição aplicáveis aos regimes favorecidos, específicos e diferenciados de tributação previstos nesta Constituição;

II – o regime de compensação, podendo estabelecer hipóteses em que o aproveitamento do crédito ficará condicionado à verificação do efetivo recolhimento do imposto incidente sobre a operação com bens materiais ou imateriais, inclusive direitos, ou com serviços, desde que:

a) o adquirente possa efetuar o recolhimento do imposto incidente nas suas aquisições de bens ou serviços; ou

b) o recolhimento do imposto ocorra na liquidação financeira da operação;

III – a forma e o prazo para ressarcimento de créditos acumulados pelo contribuinte;

IV – os critérios para a definição do destino da operação, que poderá ser, inclusive, o local da entrega, da disponibilização ou da localização do bem, o da prestação ou da disponibilização do serviço ou o do domicílio ou da localização do adquirente ou destinatário do bem ou serviço, admitidas diferenciações em razão das características da operação;

V – a forma de desoneração da aquisição de bens de capital pelos contribuintes, que poderá ser implementada por meio de:

a) crédito integral e imediato do imposto;

b) diferimento; ou

c) redução em 100% (cem por cento) das alíquotas do imposto;

VI – as hipóteses de diferimento e desoneração do imposto aplicáveis aos regimes aduaneiros especiais e às zonas de processamento de exportação;

VII – o processo administrativo fiscal do imposto;

VIII – as hipóteses de devolução do imposto a pessoas físicas, inclusive os limites e os beneficiários, com o objetivo de reduzir as desigualdades de renda;

IX – os critérios para as obrigações tributárias acessórias, visando à sua simplificação.

§ 6º. Lei complementar disporá sobre regimes específicos de tributação para:

I – combustíveis e lubrificantes sobre os quais o imposto incidirá uma única vez, qualquer que seja a sua finalidade, hipótese em que:

a) serão as alíquotas uniformes em todo o território nacional, específicas por unidade de medida e diferenciadas por produto, admitida a não aplicação do disposto no § 1º, V a VII;

b) será vedada a apropriação de créditos em relação às aquisições dos produtos de que trata este inciso destinados a distribuição, comercialização ou revenda;

c) será concedido crédito nas aquisições dos produtos de que trata este inciso por sujeito passivo do imposto, observado o disposto na alínea "b" e no § 1º, VIII;

II – serviços financeiros, operações com bens imóveis, planos de assistência à saúde e concursos de prognósticos, podendo prever:

- V. Lei nº 14.852/2024 (Marco legal para a indústria de jogos eletrônicos).

a) alterações nas alíquotas, nas regras de creditamento e na base de cálculo, admitida, em relação aos adquirentes dos bens e serviços de que trata este inciso, a não aplicação do disposto no § 1º, VIII;

b) hipóteses em que o imposto incidirá sobre a receita ou o faturamento, com alíquota uniforme em todo o território nacional, admitida a não aplicação do disposto no § 1º, V a VII, e, em relação aos adquirentes dos bens e serviços de que trata este inciso, também do disposto no § 1º, VIII;

III – sociedades cooperativas, que será optativo, com vistas a assegurar sua competitividade, observados os princípios da livre concorrência e da isonomia tributária, definindo, inclusive:

a) as hipóteses em que o imposto não incidirá sobre as operações realizadas entre a sociedade cooperativa e seus associados, entre estes e aquela e pelas sociedades cooperativas entre si quando associadas para a consecução dos objetivos sociais;

b) o regime de aproveitamento do crédito das etapas anteriores;

IV – serviços de hotelaria, parques de diversão e parques temáticos, agências de viagens e de turismo, bares e restaurantes, atividade esportiva desenvolvida por Sociedade Anônima do Futebol e aviação regional, podendo prever hipóteses de alterações nas alíquotas, nas bases de cálculo e nas regras de creditamento, admitida a não aplicação do disposto no § 1º, V a VIII;

V – operações alcançadas por tratado ou convenção internacional, inclusive referentes a missões diplomáticas, repartições consulares, representações de organismos internacionais e respectivos funcionários acreditados;

VI – serviços de transporte coletivo de passageiros rodoviário intermunicipal e interestadual, ferroviário e hidroviário, podendo prever hipóteses de alterações nas alíquotas e nas regras de creditamento, admitida a não aplicação do disposto no § 1º, V a VIII.

§ 7º. A isenção e a imunidade:

I – não implicarão crédito para compensação com o montante devido nas operações seguintes;

II – acarretarão a anulação do crédito relativo às operações anteriores, salvo, na hipótese da imunidade, inclusive em relação ao inciso XI do § 1º, quando determinado em contrário em lei complementar.

§ 8º. Para fins do disposto neste artigo, a lei complementar de que trata o *caput* poderá estabelecer o conceito de operações com serviços, seu conteúdo e alcance, admitida essa definição para qualquer operação que não seja classificada como operação com bens materiais ou imateriais, inclusive direitos.

§ 9º. Qualquer alteração na legislação federal que reduza ou eleve a arrecadação do imposto:

I – deverá ser compensada pela elevação ou redução, pelo Senado Federal, das alíquotas de referência de que trata o § 1º, XII, de modo a preservar a arrecadação das esferas federativas, nos termos de lei complementar;

II – somente entrará em vigor com o início da produção de efeitos do ajuste das alíquotas de referência de que trata o inciso I deste parágrafo.

§ 10. Os Estados, o Distrito Federal e os Municípios poderão optar por vincular suas alíquotas à alíquota de referência de que trata o § 1º, XII.

§ 11. Projeto de lei complementar em tramitação no Congresso Nacional que reduza ou aumente a arrecadação do imposto somente será apreciado se acompanhado de estimativa de impacto no valor das alíquotas de referência de que trata o § 1º, XII.

§ 12. A devolução de que trata o § 5º, VIII, não será considerada nas bases de cálculo de que tratam os arts. 29-A, 198, § 2º, 204, parágrafo único, 212, 212-A, II, e 216, § 6º, não se aplicando a ela, ainda, o disposto no art. 158, IV, "b".

§ 13. A devolução de que trata o § 5º, VIII, será obrigatória nas operações de fornecimento de energia elétrica e de gás liquefeito de petróleo ao consumidor de baixa renda, podendo a lei complementar determinar que seja calculada e concedida no momento da cobrança da operação.

- Art. 156-A acrescido pela EC nº 132/2023.

Art. 156-B. Os Estados, o Distrito Federal e os Municípios exercerão de forma integrada, exclusivamente por meio do Comitê Gestor do Imposto sobre Bens e Serviços, nos termos e limites estabelecidos nesta Constituição e em lei complementar, as seguintes competências administrativas relativas ao imposto de que trata o art. 156-A:

I – editar regulamento único e uniformizar a interpretação e a aplicação da legislação do imposto;

II – arrecadar o imposto, efetuar as compensações e distribuir o produto da arrecadação entre Estados, Distrito Federal e Municípios;

III – decidir o contencioso administrativo.

§ 1º. O Comitê Gestor do Imposto sobre Bens e Serviços, entidade pública sob regime especial, terá independência técnica, administrativa, orçamentária e financeira.

§ 2º. Na forma da lei complementar:

I – os Estados, o Distrito Federal e os Municípios serão representados, de forma paritária, na instância máxima de deliberação do Comitê Gestor do Imposto sobre Bens e Serviços;

II – será assegurada a alternância na presidência do Comitê Gestor entre o conjunto dos Estados e o Distrito Federal e o conjunto dos Municípios e o Distrito Federal;

III – o Comitê Gestor será financiado por percentual do produto da arrecadação do imposto destinado a cada ente federativo;

IV – o controle externo do Comitê Gestor será exercido pelos Estados, pelo Distrito Federal e pelos Municípios;

V – a fiscalização, o lançamento, a cobrança, a representação administrativa e a representação judicial relativos ao imposto serão realizados, no âmbito de suas respectivas competências, pelas administrações tributárias e procuradorias dos Estados, do Distrito Federal e dos Municípios, que poderão definir hipóteses de delegação ou de compartilhamento de competências, cabendo ao Comitê Gestor a coordenação dessas atividades administrativas com vistas à integração entre os entes federativos;

VI – as competências exclusivas das carreiras da administração tributária e das procuradorias dos Estados, do Distrito Federal e dos Municípios serão exercidas, no Comitê Gestor e na representação deste, por servidores das referidas carreiras;

VII – serão estabelecidas a estrutura e a gestão do Comitê Gestor, cabendo ao regimento interno dispor sobre sua organização e funcionamento.

§ 3º. A participação dos entes federativos na instância máxima de deliberação do Comitê Gestor do Imposto sobre Bens e Serviços observará a seguinte composição:

I – 27 (vinte e sete) membros, representando cada Estado e o Distrito Federal;

II – 27 (vinte e sete) membros, representando o conjunto dos Municípios e do Distrito Federal, que serão eleitos nos seguintes termos:

a) 14 (quatorze) representantes, com base nos votos de cada Município, com valor igual para todos; e

b) 13 (treze) representantes, com base nos votos de cada Município ponderados pelas respectivas populações.

§ 4º. As deliberações no âmbito do Comitê Gestor do Imposto sobre Bens e Serviços serão consideradas aprovadas se obtiverem, cumulativamente, os votos:

I – em relação ao conjunto dos Estados e do Distrito Federal:

a) da maioria absoluta de seus representantes; e

b) de representantes dos Estados e do Distrito Federal que correspondam a mais de 50% (cinquenta por cento) da população do País; e

II – em relação ao conjunto dos Municípios e do Distrito Federal, da maioria absoluta de seus representantes.

§ 5º. O Presidente do Comitê Gestor do Imposto sobre Bens e Serviços deverá ter notórios conhecimentos de administração tributária.

§ 6º. O Comitê Gestor do Imposto sobre Bens e Serviços, a administração tributária da União e a Procuradoria-Geral da Fazenda Nacional compartilharão informações fiscais relacionadas aos tributos previstos nos arts. 156-A e 195, V, e atuarão com vistas a harmonizar normas, interpretações, obrigações acessórias e procedimentos a eles relativos.

§ 7º. O Comitê Gestor do Imposto sobre Bens e Serviços e a administração tributária da União poderão implementar soluções integradas para a administração e cobrança dos tributos previstos nos arts. 156-A e 195, V.

§ 8º. Lei complementar poderá prever a integração do contencioso administrativo relativo aos tributos previstos nos arts. 156-A e 195, V.

- Art. 156-B acrescido pela EC nº 132/2023.

Seção VI
DA REPARTIÇÃO DAS RECEITAS TRIBUTÁRIAS

Art. 157. Pertencem aos Estados e ao Distrito Federal:

I – o produto da arrecadação do imposto da União sobre renda e proventos de qualquer natureza, incidente na fonte, sobre rendimentos pagos, a qualquer título, por eles, suas autarquias e pelas fundações que instituírem e mantiverem;

II – vinte por cento do produto da arrecadação do imposto que a União instituir no exercício da competência que lhe é atribuída pelo art. 154, I.

Art. 158. Pertencem aos Municípios:

I – o produto da arrecadação do imposto da União sobre renda e proventos de qualquer natureza, incidente na fonte, sobre rendimentos pagos, a qualquer título, por eles, suas autarquias e pelas fundações que instituírem e mantiverem;

II – cinquenta por cento do produto da arrecadação do imposto da União sobre a propriedade territorial rural, relativamente aos imóveis neles situados, cabendo a totalidade na hipótese da opção a que se refere o art. 153, § 4º, III;

- Inciso II com redação dada pela EC nº 42/2003.
- V. Decreto nº 7.827/2012, que regulamenta este inciso.

III – 50% (cinquenta por cento) do produto da arrecadação do imposto do Estado sobre a propriedade de veículos automotores licenciados em seus territórios e, em relação a veículos aquáticos e aéreos, cujos proprietários sejam domiciliados em seus territórios;

- Inciso III com redação dada pela EC nº 132/2023.
- V. Lei Complementar nº 63/1990.

IV – 25% (vinte e cinco por cento):

- Inciso IV, *caput*, com redação dada pela EC nº 132/2023.
- V. Lei Complementar nº 63/1990.

a) do produto da arrecadação do imposto do Estado sobre operações relativas à circulação de mercadorias e sobre prestações de serviços de transporte interestadual e intermunicipal e de comunicação;

- Alínea "a" acrescida pela EC nº 132/2023.
- A EC nº 132/2023, em seu art. 22, II, "a", revoga esta alínea "a" a partir de 2033.
- V. § 1º deste artigo.

b) do produto da arrecadação do imposto previsto no art. 156-A distribuída aos Estados.

- Alínea "b" acrescida pela EC nº 132/2023.
- V. § 2º deste artigo.

§ 1º. As parcelas de receita pertencentes aos Municípios mencionadas no inciso IV, "a", serão creditadas conforme os seguintes critérios:

- § 1º, *caput*, com redação dada pela EC nº 132/2023.
- A EC nº 132/2023, em seu art. 22, II, "a", revoga este § 1º a partir de 2033.

I – 65% (sessenta e cinco por cento), no mínimo, na proporção do valor adicionado nas operações relativas à circulação de mercadorias e nas prestações de serviços, realizadas em seus territórios;

- Inciso I com redação dada pela EC nº 108/2020.

II – até 35% (trinta e cinco por cento), de acordo com o que dispuser lei estadual, observada, obrigatoriamente, a distribuição de, no mínimo, 10 (dez) pontos percentuais com base em indicadores de melhoria nos resultados de aprendizagem e de aumento da equidade, considerado o nível socioeconômico dos educandos.

- Inciso II com redação dada pela EC nº 108/2020.

§ 2º. As parcelas de receita pertencentes aos Municípios mencionadas no inciso IV, "b", serão creditadas conforme os seguintes critérios:

I – 80% (oitenta por cento) na proporção da população;

II – 10% (dez por cento) com base em indicadores de melhoria nos resultados de aprendizagem e de aumento da equidade, considerado o nível socioeconômico dos educandos, de acordo com o que dispuser lei estadual;

III – 5% (cinco por cento) com base em indicadores de preservação ambiental, de acordo com o que dispuser lei estadual;

IV – 5% (cinco por cento) em montantes iguais para todos os Municípios do Estado.

- § 2º acrescido pela EC nº 132/2023.

Art. 159. A União entregará:

- V. arts. 34, § 2º; 72, §§ 2º e 4º; e 80 do ADCT.
- V. art. 2º da EC nº 55/2007.

I – do produto da arrecadação dos impostos sobre renda e proventos de qualquer natureza e sobre produtos industrializados e do imposto previsto no art. 153, VIII, 50% (cinquenta por cento), da seguinte forma:

- Inciso I, *caput*, com redação dada pela EC nº 132/2023.
- V. art. 3º da EC nº 17/1997.
- V. Lei Complementar nº 62/1989.

a) vinte e um inteiros e cinco décimos por cento ao Fundo de Participação dos Estados e do Distrito Federal;

- V. Decreto nº 7.827/2012, que regulamenta esta alínea.
- V. art. 34, § 2º, II, do ADCT.
- V. Lei Complementar nº 62/1989.
- V. Lei Complementar nº 143/2013.

b) vinte e dois inteiros e cinco décimos por cento ao Fundo de Participação dos Municípios;

- V. Decreto nº 7.827/2012, que regulamenta esta alínea.
- V. art. 34, § 2º, III, do ADCT.
- V. Lei Complementar nº 62/1989.
- V. Lei Complementar nº 91/1997.

c) três por cento, para aplicação em programas de financiamento ao setor produtivo das Regiões Norte, Nordeste e Centro-Oeste, através de suas instituições financeiras de caráter regional, de acordo com os planos regionais de desenvolvimento, ficando assegurada ao semiárido do Nordeste a metade dos recursos destinados à Região, na forma que a lei estabelecer;

- V. Lei nº 7.827/1989, que regulamenta esta alínea e instituiu o FNO, o FNE e o FCO.
- V. art. 34, §§ 1º e 11, do ADCT.

d) um por cento ao Fundo de Participação dos Municípios, que será entregue no primeiro decêndio do mês de dezembro de cada ano;

- Alínea "d" acrescida pela EC nº 55/2007.

e) 1% (um por cento) ao Fundo de Participação dos Municípios, que será entregue no primeiro decêndio do mês de julho de cada ano;

- Alínea "e" acrescida pela EC nº 84/2014.
- V. art. 2º da EC nº 84/2014.

f) 1% (um por cento) ao Fundo de Participação dos Municípios, que será entregue no primeiro decêndio do mês de setembro de cada ano;

- Alínea "f" acrescida pela EC nº 112/2021.
- V. art. 2º da EC nº 112/2021.
- V. art. 3º da EC nº 112/2021 (Vigência: produção de efeitos financeiros a partir de 1º de janeiro do exercício subsequente).

II – do produto da arrecadação do imposto sobre produtos industrializados e do imposto previsto no art. 153, VIII, 10% (dez por cento) aos Estados e ao Distrito Federal, proporcionalmente ao valor das respectivas exportações de produtos industrializados;

- Inciso II com redação dada pela EC nº 132/2023.
- V. Decreto nº 7.827/2012, que regulamenta este inciso.
- V. §§ 2º e 3º deste artigo.
- V. Lei Complementar nº 61/1989.

III – do produto da arrecadação da contribuição de intervenção no domínio econômico prevista no art. 177, § 4º, 29% (vinte e nove por cento) para os Estados e o Distrito Federal, distribuídos na forma da lei, observadas as destinações a que se referem as alíneas "c" e "d" do inciso II do referido parágrafo.

- Inciso III com redação dada pela EC nº 132/2023.
- V. art. 93 do ADCT.

§ 1º. Para efeito de cálculo da entrega a ser efetuada de acordo com o previsto no inciso I, excluir-se-á a parcela da arrecadação do imposto sobre a renda e proventos de qualquer natureza pertencentes aos Estados, ao Distrito Federal e aos Municípios, nos termos do disposto nos arts. 157, I, e 158, I.

§ 2º. A nenhuma unidade federada poderá ser destinada parcela superior a vinte por cento do montante a que se refere o inciso II, devendo o eventual excedente ser distribuído entre os demais participantes, mantido, em relação a esses, o critério de partilha nele estabelecido.

§ 3º. Os Estados entregarão aos respectivos Municípios 25% (vinte e cinco por cento) dos recursos que receberem nos termos do inciso II do *caput* deste artigo, observados os critérios estabelecidos no art. 158, § 1º, para a parcela relativa ao imposto sobre produtos industrializados, e no art. 158, § 2º, para a parcela relativa ao imposto previsto no art. 153, VIII.

- § 3º com redação dada pela EC nº 132/2023.
- A EC nº 132/2023, em seu art. 4º, altera este § 3º para, a partir de 2033, nos termos de seu art. 23, II, vigorar com a seguinte redação: ***Art. 159.** [...] **§ 3º.** Os Estados entregarão aos respectivos Municípios 25% (vinte e cinco por cento) dos recursos que receberem nos termos do inciso II do* caput *deste artigo, observados os critérios estabelecidos no art. 158, § 2º. [...].*
- V. Lei Complementar nº 63/1990.

§ 4º. Do montante de recursos de que trata o inciso III que cabe a cada Estado, vinte e cinco por cento serão destinados aos seus Municípios, na forma da lei a que se refere o mencionado inciso.

- § 4º acrescido pela EC nº 42/2003.

Art. 159-A. Fica instituído o Fundo Nacional de Desenvolvimento Regional, com o objetivo de reduzir as desigualdades regionais e sociais, nos termos do art. 3º, III, mediante a entrega de recursos da União aos Estados e ao Distrito Federal para:

I – realização de estudos, projetos e obras de infraestrutura;

II – fomento a atividades produtivas com elevado potencial de geração de emprego e renda, incluindo a concessão de subvenções econômicas e financeiras; e

III – promoção de ações com vistas ao desenvolvimento científico e tecnológico e à inovação.

§ 1º. É vedada a retenção ou qualquer restrição ao recebimento dos recursos de que trata o *caput*.

§ 2º. Na aplicação dos recursos de que trata o *caput*, os Estados e o Distrito Federal priorizarão projetos que prevejam ações de sustentabilidade ambiental e redução das emissões de carbono.

§ 3º. Observado o disposto neste artigo, caberá aos Estados e ao Distrito Federal a decisão quanto à aplicação dos recursos de que trata o *caput*.

§ 4º. Os recursos de que trata o *caput* serão entregues aos Estados e ao Distrito Federal de acordo com coeficientes individuais de participação, calculados com base nos seguintes indicadores e com os seguintes pesos:

I – população do Estado ou do Distrito Federal, com peso de 30% (trinta por cento);

II – coeficiente individual de participação do Estado ou do Distrito Federal nos recursos de que trata o art. 159, I, "a", da Constituição Federal, com peso de 70% (setenta por cento).

§ 5º. O Tribunal de Contas da União será o órgão responsável por regulamentar e calcular os coeficientes individuais de participação de que trata o § 4º.

- Art. 159-A acrescido pela EC nº 132/2023.

Art. 160. É vedada a retenção ou qualquer restrição à entrega e ao emprego dos recursos atribuídos, nesta Seção, aos Estados, ao Distrito Federal e aos Municípios, neles compreendidos adicionais e acréscimos relativos a impostos.

§ 1º. A vedação prevista neste artigo não impede a União e os Estados de condicionarem a entrega de recursos:

- § 1º, *caput*, renumerado pela EC nº 113/2021.

I – ao pagamento de seus créditos, inclusive de suas autarquias;

- Inciso I acrescido pela EC nº 29/2000.

II – ao cumprimento do disposto no art. 198, § 2º, incisos II e III.

- Inciso II acrescido pela EC nº 29/2000.

§ 2º. Os contratos, os acordos, os ajustes, os convênios, os parcelamentos ou as renegociações de débitos de qualquer espécie, inclusive tributários, firmados pela União com os entes federativos conterão cláusulas para autorizar a dedução dos valores devidos dos montantes a serem repassados relacionados às respectivas cotas nos Fundos de Participação ou aos precatórios federais.

- § 2º acrescido pela EC nº 113/2021.
- V. Súmula Vinculante 47 do STF.

Art. 161. Cabe à lei complementar:

I – definir valor adicionado para fins do disposto no art. 158, § 1º, I;

- Inciso I com redação dada pela EC nº 132/2023.
- A EC nº 132/2023, em seu art. 22, II, "a", revoga este inciso I a partir de 2033.

II – estabelecer normas sobre a entrega dos recursos de que trata o art. 159, especialmente sobre os critérios de rateio dos fundos previstos em seu inciso I, objetivando promover o equilíbrio socioeconômico entre Estados e entre Municípios;

- V. art. 39, parágrafo único, do ADCT.
- V. Lei Complementar nº 62/1989.

III – dispor sobre o acompanhamento, pelos beneficiários, do cálculo das quotas e da liberação das participações previstas nos arts. 157, 158 e 159.

- V. Lei Complementar nº 62/1989.

Parágrafo único. O Tribunal de Contas da União efetuará o cálculo das quotas referentes aos fundos de participação a que alude o inciso II.

Art. 162. A União, os Estados, o Distrito Federal e os Municípios divulgarão, até o último dia do mês subsequente ao da arrecadação, os montantes de cada um dos tributos arrecadados, os recursos recebidos, os valores de origem tributária entregue s e a entregar, e a expressão numérica dos critérios de rateio.

Parágrafo único. Os dados divulgados pela União serão discriminados por Estado e por Município; os dos Estados, por Município.

....

TÍTULO VII
DA ORDEM ECONÔMICA E FINANCEIRA

CAPÍTULO I
DOS PRINCÍPIOS GERAIS DA ATIVIDADE ECONÔMICA

- V. Lei Complementar nº 182/2021 (Marco legal das *startups*).
- V. Lei nº 13.874/2019 (Liberdade Econômica).
- V. Lei nº 14.382/2022 (Sistema Eletrônico dos Registros Públicos – SERP).
- V. Lei nº 14.478/2022 (Serviços de ativos virtuais).

Art. 170. A ordem econômica, fundada na valorização do trabalho humano e na livre iniciativa, tem por fim assegurar a todos existência digna, conforme os ditames da justiça social, observados os seguintes princípios:

- V. Lei nº 15.068/2024 (Lei da Economia Solidária).

I – soberania nacional;

II – propriedade privada;

III – função social da propriedade;

- V. art. 5º, XXIII, da CF.

IV – livre concorrência;

- V. Lei Complementar nº 123/2006 (Estatuto Nacional da Microempresa e da Empresa de Pequeno Porte).
- V. Lei Complementar nº 182/2021 (Marco legal das *startups*).
- V. Súmula Vinculante 49 do STF.
- V. Súmula 649 do STJ.

V – defesa do consumidor;

- V. Lei nº 8.078/1990.

VI – defesa do meio ambiente, inclusive mediante tratamento diferenciado conforme o impacto ambiental dos produtos e serviços e de seus processos de elaboração e prestação;

- Inciso VI com redação dada pela EC nº 42/2003.
- V. arts. 225 ss. da CF.

VII – redução das desigualdades regionais e sociais;

VIII – busca do pleno emprego;

IX – tratamento favorecido para as empresas de pequeno porte constituídas sob as leis brasileiras e que tenham sua sede e administração no País.

- Inciso IX com redação dada pela EC nº 6/1995.
- V. Lei Complementar nº 123/2006 (Estatuto Nacional da Microempresa e da Empresa de Pequeno Porte).
- V. Lei Complementar nº 188/2021.

Parágrafo único. É assegurado a todos o livre exercício de qualquer atividade econômica, independentemente de autorização de órgãos públicos, salvo nos casos previstos em lei.

- V. Lei nº 13.874/2019 (Liberdade Econômica).

....

TÍTULO VIII
DA ORDEM SOCIAL

....

CAPÍTULO VI
DO MEIO AMBIENTE

- V. Lei nº 9.605/1998 (Sanções penais e administrativas derivadas de condutas e atividades lesivas ao meio ambiente).
- V. Lei nº 14.064/2020 (Aumenta as penas cominadas a crime de maus-tratos contra cão ou gato).

Art. 225. Todos têm direito ao meio ambiente ecologicamente equilibrado, bem de uso comum do povo e essencial à sadia qualidade de vida, impondo-se ao Poder Público e à coletividade o dever de defendê-lo e preservá-lo para as presentes e futuras gerações.

- V. art. 145, § 3º, da CF.
- V. art. 409 ss. da Lei Complementar nº 214/2025 (Institui o Imposto sobre Bens e Serviços (IBS), a Contribuição Social sobre Bens e Serviços (CBS) e o Imposto Seletivo (IS); cria o Comitê Gestor do IBS e altera a legislação tributária).
- V. Lei nº 9.605/1998 (Crimes Ambientais).
- V. Lei nº 14.944/2024 (Política Nacional de Manejo Integrado do Fogo).
- V. Lei nº 15.042/2024 (Sistema Brasileiro de Comércio de Emissões de Gases de Efeito Estufa).

§ 1º. Para assegurar a efetividade desse direito, incumbe ao Poder Público:

- V. Lei nº 11.794/2008 (Procedimentos para uso científico de animais e criação do CONCEA).

I – preservar e restaurar os processos ecológicos essenciais e prover o manejo ecológico das espécies e ecossistemas;

- V. Lei nº 9.985/2000, que regulamenta este inciso.

II – preservar a diversidade e a integridade do patrimônio genético do País e fiscalizar as entidades dedicadas à pesquisa e manipulação de material genético;

- V. Lei nº 9.985/2000, que regulamenta este inciso.
- V. Lei nº 11.105/2005, que regulamenta este inciso; e Decreto nº 5.591/2005, que regulamenta a Lei nº 11.105/2005.
- V. Lei nº 13.123/2015, que regulamenta este inciso.

III – definir, em todas as unidades da Federação, espaços territoriais e seus componentes a serem especialmente protegidos, sendo a alteração e a supressão permitidas somente através de lei, vedada qualquer utilização que comprometa a integridade dos atributos que justifiquem sua proteção;

- V. Lei nº 9.985/2000, que regulamenta este inciso.

IV – exigir, na forma da lei, para instalação de obra ou atividade potencialmente causadora de significativa degradação do meio ambiente, estudo prévio de impacto ambiental, a que se dará publicidade;

V – controlar a produção, a comercialização e o emprego de técnicas, métodos e substâncias que comportem risco para a vida, a qualidade de vida e o meio ambiente;

- V. Lei nº 11.105/2005, que regulamenta este inciso.

VI – promover a educação ambiental em todos os níveis de ensino e a conscientização pública para a preservação do meio ambiente;

- V. Lei nº 9.795/1999 (Política Nacional de Educação Ambiental); e Decreto nº 4.281/2002, que regulamenta a Lei nº 9.795/1999.

VII – proteger a fauna e a flora, vedadas, na forma da lei, as práticas que coloquem em risco sua função ecológica, provoquem a extinção de espécies ou submetam os animais a crueldade.

- V. Lei nº 9.985/2000, que regulamenta este inciso.

VIII – manter regime fiscal favorecido para os biocombustíveis e para o hidrogênio de baixa emissão de carbono, na forma de lei complementar, a fim de assegurar-lhes tributação inferior à incidente sobre os combustíveis fósseis, capaz de garantir diferencial competitivo em relação a estes, especialmente em relação às contribuições de que tratam o art. 195, I, "b", IV e V, e o art. 239 e aos impostos a que se referem os arts. 155, II, e 156-A.

- Inciso VIII com redação dada pela EC nº 132/2023.
- A EC nº 132/2023, em seu art. 3º, altera este inciso VIII para, a partir de 2027, nos termos de seu art. 23, I, vigorar com a seguinte redação: ***Art. 225.** [...] **§ 1º.** [...] **VIII –** manter regime fiscal favorecido para os biocombustíveis e para o hidrogênio de baixa emissão de carbono, na forma de lei complementar, a fim de assegurar-lhes tributação inferior à incidente sobre os combustíveis fósseis, capaz de garantir diferencial competitivo em relação a estes, especialmente em relação à contribuição de que trata o art. 195, V, e aos impostos a que se referem os arts. 155, II, e 156-A. [...].*
- A EC nº 132/2023, em seu art. 4º, altera este inciso VIII para, a partir de 2033, nos termos de seu art. 23, II, vigorar com a seguinte redação: ***Art. 225.** [...] **§ 1º.** [...] **VIII –** manter regime fiscal favorecido para os biocombustíveis e para o hidrogênio de baixa emissão de carbono, na forma de lei complementar, a fim de assegurar-lhes tributação inferior à incidente sobre os combustíveis fósseis, capaz de garantir diferencial competitivo em relação a estes, especialmente em relação à contribuição de que trata o art. 195, V, e ao imposto a que se refere o art. 156-A. [...].*
- V. art. 4º, § 4º, da EC nº 123/2022.

§ 2º. Aquele que explorar recursos minerais fica obrigado a recuperar o meio ambiente degradado, de acordo com solução técnica exigida pelo órgão público competente, na forma da lei.

- V. Decreto-Lei nº 227/1967 (Código de Mineração).
- V. Decreto nº 9.406/2018.

§ 3º. As condutas e atividades consideradas lesivas ao meio ambiente sujeitarão os infratores, pessoas físicas ou jurídicas, a sanções penais e administrativas, independentemente da obrigação de reparar os danos causados.

§ 4º. A Floresta Amazônica brasileira, a Mata Atlântica, a serra do Mar, o Pantanal Mato-Grossense e a Zona Costeira são patrimônio nacional, e sua utilização far-se-á, na forma da lei, dentro de condições que assegurem a preservação do meio ambiente, inclusive quanto ao uso dos recursos naturais.

- V. Lei nº 13.123/2015, que regulamenta este parágrafo.

§ 5º. São indisponíveis as terras devolutas ou arrecadadas pelos Estados, por ações discriminatórias, necessárias à proteção dos ecossistemas naturais.

§ 6º. As usinas que operem com reator nuclear deverão ter sua localização definida em lei federal, sem o que não poderão ser instaladas.

- V. Lei nº 12.731/2012 (SIPRON – Sistema de Proteção ao Programa Nuclear Brasileiro).
- V. Lei nº 14.514/2022 (Indústrias Nucleares do Brasil – INB).

§ 7º. Para fins do disposto na parte final do inciso VII do § 1º deste artigo, não se consideram cruéis as práticas desportivas que utilizem animais, desde que sejam manifestações culturais, conforme o § 1º do art. 215 desta Constituição Federal, registradas como bem de natureza imaterial integrante do patrimônio cultural brasileiro, devendo ser regulamentadas por lei específica que assegure o bem-estar dos animais envolvidos.

- § 7º acrescido pela EC nº 96/2017.

CAPÍTULO VII
DA FAMÍLIA, DA CRIANÇA, DO ADOLESCENTE, DO JOVEM E DO IDOSO

- Capítulo VII com denominação dada pela EC nº 65/2010.
- V. Lei nº 8.069/1990 (Estatuto da Criança e do Adolescente).
- V. Lei nº 10.741/2003 (Estatuto da Pessoa Idosa).
- V. Lei nº 11.804/2008 (Alimentos Gravídicos).
- V. Lei nº 12.318/2010 (Alienação parental).
- V. Lei nº 12.852/2013 (Estatuto da Juventude).
- V. Lei nº 14.344/2022 (Prevenção e enfrentamento da violência doméstica e familiar contra a criança e o adolescente).
- V. arts. 19 e 32.1 do Decreto nº 678/1992 (Pacto de São José da Costa Rica).

Art. 226. A família, base da sociedade, tem especial proteção do Estado.

- V. art. 17 do Decreto nº 678/1992 (Pacto de São José da Costa Rica).
- V. RE 883.168 no STF.

§ 1º. O casamento é civil e gratuita a celebração.

§ 2º. O casamento religioso tem efeito civil, nos termos da lei.

§ 3º. Para efeito da proteção do Estado, é reconhecida a união estável entre homem e mulher como entidade familiar, devendo a lei facilitar sua conversão em casamento.

- V. Lei nº 9.278/1996, que regulamenta este parágrafo.
- V. art. 1.723 ss. do Código Civil.
- V. Lei nº 8.971/1994.
- V. Resolução CNJ nº 175/2013.
- V. RE 883.168/SC.

§ 4º. Entende-se, também, como entidade familiar a comunidade formada por qualquer dos pais e seus descendentes.

§ 5º. Os direitos e deveres referentes à sociedade conjugal são exercidos igualmente pelo homem e pela mulher.

- V. art. 5º, I, da CF.

§ 6º. O casamento civil pode ser dissolvido pelo divórcio.

- § 6º com redação dada pela EC nº 66/2010.

§ 7º. Fundado nos princípios da dignidade da pessoa humana e da paternidade responsável, o planejamento familiar é livre decisão do casal, competindo ao Estado propiciar recursos educacionais e científicos para o exercício desse direito, vedada qualquer forma coercitiva por parte de instituições oficiais ou privadas.

- V. art. 1º, III, da CF.
- V. Lei nº 9.263/1996, que regulamenta este parágrafo.

§ 8º. O Estado assegurará a assistência à família na pessoa de cada um dos que a integram, criando mecanismos para coibir a violência no âmbito de suas relações.

- V. arts. 128, IV, e 132, da Lei Complementar nº 214/2025 (Institui o Imposto sobre Bens e Serviços (IBS), a Contribuição Social sobre Bens e Serviços (CBS) e o Imposto Seletivo (IS); cria o Comitê Gestor do IBS e altera a legislação tributária).
- V. arts. 92, § 2º; 121-A; 147, § 1º; 147-B; e 149-A, § 1º, II, do Código Penal.
- V. art. 394-A do Código de Processo Penal.
- V. Lei nº 8.069/1990 (Estatuto da Criança e do Adolescente).
- V. Lei nº 10.741/2003 (Estatuto da Pessoa Idosa).
- V. Lei nº 11.340/2006 (Lei Maria da Penha).
- V. Lei nº 12.764/2012 (Política Nacional de Proteção dos Direitos da Pessoa com Transtorno do Espectro Autista).
- V. Lei nº 12.852/2013 (Estatuto da Juventude).
- V. art. 25, § 9º, I, da Lei nº 14.133/2021 (Lei de Licitações e Contratos Administrativos).
- V. Lei nº 14.232/2021 (Política Nacional de Dados e Informações relacionadas à Violência contra as Mulheres – PNAINFO).
- V. Lei nº 14.344/2022 (Prevenção e enfrentamento da violência doméstica e familiar contra a criança e o adolescente).
- V. Súmulas 600, 669 e 670 do STJ.

Anexo II
EMENDA CONSTITUCIONAL Nº 132, DE 20.12.2023

Altera o Sistema Tributário Nacional.

As Mesas da Câmara dos Deputados e do Senado Federal, nos termos do § 3º do art. 60 da Constituição Federal, promulgam a seguinte Emenda ao texto constitucional:

Art. 1º. A Constituição Federal passa a vigorar com as seguintes alterações:

*"**Art. 43.** (...)*

__§ 4º.__ Sempre que possível, a concessão dos incentivos regionais a que se refere o § 2º, III, considerará critérios de sustentabilidade ambiental e redução das emissões de carbono." (NR)

*"**Art. 50.** A Câmara dos Deputados e o Senado Federal, ou qualquer de suas Comissões, poderão convocar Ministro de Estado, quaisquer titulares de órgãos diretamente subordinados à Presidência da República ou o Presidente do Comitê Gestor do Imposto sobre Bens e Serviços para prestarem, pessoalmente, informações sobre assunto previamente determinado, importando crime de responsabilidade a ausência sem justificação adequada.*

.." (NR)

*"**Art. 105.** (...)*

__I –__ (...)

__j)__ os conflitos entre entes federativos, ou entre estes e o Comitê Gestor do Imposto sobre Bens e Serviços, relacionados aos tributos previstos nos arts. 156-A e 195, V;

.." (NR)

*"**Art. 145.** (...)*

__§ 3º.__ O Sistema Tributário Nacional deve observar os princípios da simplicidade, da transparência, da justiça tributária, da cooperação e da defesa do meio ambiente.

__§ 4º.__ As alterações na legislação tributária buscarão atenuar efeitos regressivos." (NR)

*"**Art. 146.** (...)*

__III –__ (...)

__c)__ adequado tratamento tributário ao ato cooperativo praticado pelas sociedades cooperativas, inclusive em relação aos tributos previstos nos arts. 156-A e 195, V;

__d)__ definição de tratamento diferenciado e favorecido para as microempresas e para as empresas de pequeno porte, inclusive regimes especiais ou simplificados no caso dos impostos previstos nos arts. 155, II, e 156-A, das contribuições sociais previstas no art. 195, I e V, e § 12 e da contribuição a que se refere o art. 239.

__§ 1º.__ (...)

__§ 2º.__ É facultado ao optante pelo regime único de que trata o § 1º apurar e recolher os tributos previstos nos arts. 156-A e 195, V, nos termos estabelecidos nesses artigos, hipótese em que as parcelas a eles relativas não serão cobradas pelo regime único.

__§ 3º.__ Na hipótese de o recolhimento dos tributos previstos nos arts. 156-A e 195, V, ser realizado por meio do regime único de que trata o § 1º, enquanto perdurar a opção:

__I –__ não será permitida a apropriação de créditos dos tributos previstos nos arts. 156-A e 195, V, pelo contribuinte optante pelo regime único; e

__II –__ será permitida a apropriação de créditos dos tributos previstos nos arts. 156-A e 195, V, pelo adquirente não optante pelo regime único de que trata o § 1º de bens materiais ou imateriais, inclusive direitos, e de serviços do optante, em montante equivalente ao cobrado por meio do regime único." (NR)

*"**Art. 149-A.** Os Municípios e o Distrito Federal poderão instituir contribuição, na forma das respectivas leis, para o custeio, a expansão e a melhoria do serviço de iluminação pública e de sistemas de monitoramento para segurança e preservação de logradouros públicos, observado o disposto no art. 150, I e III.*

.." (NR)

*"**Art. 149-B.** Os tributos previstos nos arts. 156-A e 195, V, observarão as mesmas regras em relação a:*

***I** – fatos geradores, bases de cálculo, hipóteses de não incidência e sujeitos passivos;*

***II** – imunidades;*

***III** – regimes específicos, diferenciados ou favorecidos de tributação;*

***IV** – regras de não cumulatividade e de creditamento.*

***Parágrafo único.** Os tributos de que trata o caput observarão as imunidades previstas no art. 150, VI, não se aplicando a ambos os tributos o disposto no art. 195, § 7º."*

*"**Art. 149-C.** O produto da arrecadação do imposto previsto no art. 156-A e da contribuição prevista no art. 195, V, incidentes sobre operações contratadas pela administração pública direta, por autarquias e por fundações públicas, inclusive suas importações, será integralmente destinado ao ente federativo contratante, mediante redução a zero das alíquotas do imposto e da contribuição devidos aos demais entes e equivalente elevação da alíquota do tributo devido ao ente contratante.*

***§ 1º.** As operações de que trata o caput poderão ter alíquotas reduzidas de modo uniforme, nos termos de lei complementar.*

***§ 2º.** Lei complementar poderá prever hipóteses em que não se aplicará o disposto no caput e no § 1º.*

***§ 3º.** Nas importações efetuadas pela administração pública direta, por autarquias e por fundações públicas, o disposto no art. 150, VI, "a", será implementado na forma do disposto no caput e no § 1º, assegurada a igualdade de tratamento em relação às aquisições internas."*

*"**Art. 150.** (...)*

***VI** – (...)*

***b)** entidades religiosas e templos de qualquer culto, inclusive suas organizações assistenciais e beneficentes;*

..

***§ 2º.** A vedação do inciso VI, "a", é extensiva às autarquias e às fundações instituídas e mantidas pelo poder público e à empresa pública prestadora de serviço postal, no que se refere ao patrimônio, à renda e aos serviços vinculados a suas finalidades essenciais ou às delas decorrentes.*

.." (NR)

*"**Art. 153.** (...)*

***VIII** – produção, extração, comercialização ou importação de bens e serviços prejudiciais à saúde ou ao meio ambiente, nos termos de lei complementar.*

..

***§ 6º.** O imposto previsto no inciso VIII do caput deste artigo:*

***I** – não incidirá sobre as exportações nem sobre as operações com energia elétrica e com telecomunicações;*

***II** – incidirá uma única vez sobre o bem ou serviço;*

***III** – não integrará sua própria base de cálculo;*

***IV** – integrará a base de cálculo dos tributos previstos nos arts. 155, II, 156, III, 156-A e 195, V;*

***V** – poderá ter o mesmo fato gerador e base de cálculo de outros tributos;*

***VI** – terá suas alíquotas fixadas em lei ordinária, podendo ser específicas, por unidade de medida adotada, ou ad valorem;*

***VII** – na extração, o imposto será cobrado independentemente da destinação, caso em que a alíquota máxima corresponderá a 1% (um por cento) do valor de mercado do produto." (NR)*

*"**Art. 155.** (...)*
§ 1º. (...)
***II** – relativamente a bens móveis, títulos e créditos, compete ao Estado onde era domiciliado o de cujus, ou tiver domicílio o doador, ou ao Distrito Federal;*

....

***VI** – será progressivo em razão do valor do quinhão, do legado ou da doação;*
***VII** – não incidirá sobre as transmissões e as doações para as instituições sem fins lucrativos com finalidade de relevância pública e social, inclusive as organizações assistenciais e beneficentes de entidades religiosas e institutos científicos e tecnológicos, e por elas realizadas na consecução dos seus objetivos sociais, observadas as condições estabelecidas em lei complementar.*

....

***§ 3º.** À exceção dos impostos de que tratam o inciso II do caput deste artigo e os arts. 153, I e II, e 156-A, nenhum outro imposto poderá incidir sobre operações relativas a energia elétrica e serviços de telecomunicações e, à exceção destes e do previsto no art. 153, VIII, nenhum outro imposto poderá incidir sobre operações relativas a derivados de petróleo, combustíveis e minerais do País.*

....

§ 6º. (...)
***II** – poderá ter alíquotas diferenciadas em função do tipo, do valor, da utilização e do impacto ambiental;*
***III** – incidirá sobre a propriedade de veículos automotores terrestres, aquáticos e aéreos, excetuados:*
***a)** aeronaves agrícolas e de operador certificado para prestar serviços aéreos a terceiros;*
***b)** embarcações de pessoa jurídica que detenha outorga para prestar serviços de transporte aquaviário ou de pessoa física ou jurídica que pratique pesca industrial, artesanal, científica ou de subsistência;*
***c)** plataformas suscetíveis de se locomoverem na água por meios próprios, inclusive aquelas cuja finalidade principal seja a exploração de atividades econômicas em águas territoriais e na zona econômica exclusiva e embarcações que tenham essa mesma finalidade principal;*
***d)** tratores e máquinas agrícolas.*

....*" (NR)*

*"**Art. 156.** (...)*
§ 1º. (...)
***III** – ter sua base de cálculo atualizada pelo Poder Executivo, conforme critérios estabelecidos em lei municipal.*

....*" (NR)*

"Seção V-A DO IMPOSTO DE COMPETÊNCIA COMPARTILHADA ENTRE ESTADOS, DISTRITO FEDERAL E MUNICÍPIOS

***Art. 156-A.** Lei complementar instituirá imposto sobre bens e serviços de competência compartilhada entre Estados, Distrito Federal e Municípios.*

- V. art. 146, III, "a" e "b", da CF.
- V. Lei Complementar nº 214/2025 (Institui o Imposto sobre Bens e Serviços (IBS), a Contribuição Social sobre Bens e Serviços (CBS) e o Imposto Seletivo (IS); cria o Comitê Gestor do IBS e altera a legislação tributária).

***§ 1º.** O imposto previsto no caput será informado pelo princípio da neutralidade e atenderá ao seguinte:*
***I** – incidirá sobre operações com bens materiais ou imateriais, inclusive direitos, ou com serviços;*
***II** – incidirá também sobre a importação de bens materiais ou imateriais, inclusive direitos, ou de serviços realizada por pessoa física ou jurídica, ainda que não seja sujeito passivo habitual do imposto, qualquer que seja a sua finalidade;*
***III** – não incidirá sobre as exportações, assegurados ao exportador a manuten-*

ção e o aproveitamento dos créditos relativos às operações nas quais seja adquirente de bem material ou imaterial, inclusive direitos, ou serviço, observado o disposto no § 5º, III;

IV *– terá legislação única e uniforme em todo o território nacional, ressalvado o disposto no inciso V;*

V *– cada ente federativo fixará sua alíquota própria por lei específica;*

VI *– a alíquota fixada pelo ente federativo na forma do inciso V será a mesma para todas as operações com bens materiais ou imateriais, inclusive direitos, ou com serviços, ressalvadas as hipóteses previstas nesta Constituição;*

VII *– será cobrado pelo somatório das alíquotas do Estado e do Município de destino da operação;*

VIII *– será não cumulativo, compensando-se o imposto devido pelo contribuinte com o montante cobrado sobre todas as operações nas quais seja adquirente de bem material ou imaterial, inclusive direito, ou de serviço, excetuadas exclusivamente as consideradas de uso ou consumo pessoal especificadas em lei complementar e as hipóteses previstas nesta Constituição;*

IX *– não integrará sua própria base de cálculo nem a dos tributos previstos nos arts. 153, VIII, e 195, I, "b", IV e V, e da contribuição para o Programa de Integração Social de que trata o art. 239;*

X *– não será objeto de concessão de incentivos e benefícios financeiros ou fiscais relativos ao imposto ou de regimes específicos, diferenciados ou favorecidos de tributação, excetuadas as hipóteses previstas nesta Constituição;*

XI *– não incidirá nas prestações de serviço de comunicação nas modalidades de radiodifusão sonora e de sons e imagens de recepção livre e gratuita;*

XII *– resolução do Senado Federal fixará alíquota de referência do imposto para cada esfera federativa, nos termos de lei complementar, que será aplicada se outra não houver sido estabelecida pelo próprio ente federativo;*

XIII *– sempre que possível, terá seu valor informado, de forma específica, no respectivo documento fiscal.*

§ 2º. *Para fins do disposto no § 1º, V, o Distrito Federal exercerá as competências estadual e municipal na fixação de suas alíquotas.*

§ 3º. *Lei complementar poderá definir como sujeito passivo do imposto a pessoa que concorrer para a realização, a execução ou o pagamento da operação, ainda que residente ou domiciliada no exterior.*

§ 4º. *Para fins de distribuição do produto da arrecadação do imposto, o Comitê Gestor do Imposto sobre Bens e Serviços:*

I *– reterá montante equivalente ao saldo acumulado de créditos do imposto não compensados pelos contribuintes e não ressarcidos ao final de cada período de apuração e aos valores decorrentes do cumprimento do § 5º, VIII;*

II *– distribuirá o produto da arrecadação do imposto, deduzida a retenção de que trata o inciso I deste parágrafo, ao ente federativo de destino das operações que não tenham gerado creditamento.*

§ 5º. *Lei complementar disporá sobre:*

I *– as regras para a distribuição do produto da arrecadação do imposto, disciplinando, entre outros aspectos:*

a) *a sua forma de cálculo;*

b) *o tratamento em relação às operações em que o imposto não seja recolhido tempestivamente;*

c) *as regras de distribuição aplicáveis aos regimes favorecidos, específicos e diferenciados de tributação previstos nesta Constituição;*

II *– o regime de compensação, podendo estabelecer hipóteses em que o aproveitamento do crédito ficará condicionado à verificação do efetivo recolhimento do imposto incidente sobre a operação com bens materiais ou ima-*

teriais, inclusive direitos, ou com serviços, desde que:

***a)** o adquirente possa efetuar o recolhimento do imposto incidente nas suas aquisições de bens ou serviços; ou*

***b)** o recolhimento do imposto ocorra na liquidação financeira da operação;*

***III** – a forma e o prazo para ressarcimento de créditos acumulados pelo contribuinte;*

***IV** – os critérios para a definição do destino da operação, que poderá ser, inclusive, o local da entrega, da disponibilização ou da localização do bem, o da prestação ou da disponibilização do serviço ou o do domicílio ou da localização do adquirente ou destinatário do bem ou serviço, admitidas diferenciações em razão das características da operação;*

***V** – a forma de desoneração da aquisição de bens de capital pelos contribuintes, que poderá ser implementada por meio de:*

***a)** crédito integral e imediato do imposto;*

***b)** diferimento; ou*

***c)** redução em 100% (cem por cento) das alíquotas do imposto;*

***VI** – as hipóteses de diferimento e desoneração do imposto aplicáveis aos regimes aduaneiros especiais e às zonas de processamento de exportação;*

***VII** – o processo administrativo fiscal do imposto;*

***VIII** – as hipóteses de devolução do imposto a pessoas físicas, inclusive os limites e os beneficiários, com o objetivo de reduzir as desigualdades de renda;*

***IX** – os critérios para as obrigações tributárias acessórias, visando à sua simplificação.*

***§ 6º.** Lei complementar disporá sobre regimes específicos de tributação para:*

- V. art. 113, §§ 2º e 3º, do CTN.
- V. Lei Complementar nº 214/2025 (Institui o Imposto sobre Bens e Serviços (IBS), a Contribuição Social sobre Bens e Serviços (CBS) e o Imposto Seletivo (IS); cria o Comitê Gestor do IBS e altera a legislação tributária).

***I** – combustíveis e lubrificantes sobre os quais o imposto incidirá uma única vez, qualquer que seja a sua finalidade, hipótese em que:*

***a)** serão as alíquotas uniformes em todo o território nacional, específicas por unidade de medida e diferenciadas por produto, admitida a não aplicação do disposto no § 1º, V a VII;*

***b)** será vedada a apropriação de créditos em relação às aquisições dos produtos de que trata este inciso destinados a distribuição, comercialização ou revenda;*

***c)** será concedido crédito nas aquisições dos produtos de que trata este inciso por sujeito passivo do imposto, observado o disposto na alínea "b" e no § 1º, VIII;*

***II** – serviços financeiros, operações com bens imóveis, planos de assistência à saúde e concursos de prognósticos, podendo prever:*

***a)** alterações nas alíquotas, nas regras de creditamento e na base de cálculo, admitida, em relação aos adquirentes dos bens e serviços de que trata este inciso, a não aplicação do disposto no § 1º, VIII;*

***b)** hipóteses em que o imposto incidirá sobre a receita ou o faturamento, com alíquota uniforme em todo o território nacional, admitida a não aplicação do disposto no § 1º, V a VII, e, em relação aos adquirentes dos bens e serviços de que trata este inciso, também do disposto no § 1º, VIII;*

***III** – sociedades cooperativas, que será optativo, com vistas a assegurar sua competitividade, observados os princípios da livre concorrência e da isonomia tributária, definindo, inclusive:*

***a)** as hipóteses em que o imposto não incidirá sobre as operações realizadas entre a sociedade cooperativa e seus* *associados, entre estes e aquela e pelas sociedades cooperativas entre si quando associadas para a consecução dos objetivos sociais;*

***b)** o regime de aproveitamento do crédito das etapas anteriores;*

***IV** – serviços de hotelaria, parques de diversão e parques temáticos, agências de viagens e de turismo, bares e restaurantes, atividade esportiva desenvolvida por Sociedade Anônima do Futebol e aviação regional, podendo prever hipóteses de alterações nas alíquotas, nas bases de cálculo e nas regras de creditamento, admitida a não aplicação do disposto no § 1º, V a VIII;*

***V** – operações alcançadas por tratado ou convenção internacional, inclusive referentes a missões diplomáticas, repartições consulares, representações de organismos internacionais e respectivos funcionários acreditados;*

***VI** – serviços de transporte coletivo de passageiros rodoviário intermunicipal e interestadual, ferroviário e hidroviário, podendo prever hipóteses de alterações nas alíquotas e nas regras de creditamento, admitida a não aplicação do disposto no § 1º, V a VIII.*

***§ 7º.** A isenção e a imunidade:*

- V. art. 150, VI, e § 6º, da CF.

***I** – não implicarão crédito para compensação com o montante devido nas operações seguintes;*

***II** – acarretarão a anulação do crédito relativo às operações anteriores, salvo, na hipótese da imunidade, inclusive em relação ao inciso XI do § 1º, quando determinado em contrário em lei complementar.*

***§ 8º.** Para fins do disposto neste artigo, a lei complementar de que trata o caput poderá estabelecer o conceito de operações com serviços, seu conteúdo e alcance, admitida essa definição para qualquer operação que não seja classificada como operação com bens materiais ou imateriais, inclusive direitos.*

***§ 9º.** Qualquer alteração na legislação federal que reduza ou eleve a arrecadação do imposto:*

***I** – deverá ser compensada pela elevação ou redução, pelo Senado Federal, das alíquotas de referência de que trata o § 1º, XII, de modo a preservar a arrecadação das esferas federativas, nos termos de lei complementar;*

***II** – somente entrará em vigor com o início da produção de efeitos do ajuste das alíquotas de referência de que trata o inciso I deste parágrafo.*

***§ 10.** Os Estados, o Distrito Federal e os Municípios poderão optar por vincular suas alíquotas à alíquota de referência de que trata o § 1º, XII.*

***§ 11.** Projeto de lei complementar em tramitação no Congresso Nacional que reduza ou aumente a arrecadação do imposto somente será apreciado se acompanhado de estimativa de impacto no valor das alíquotas de referência de que trata o § 1º, XII.*

***§ 12.** A devolução de que trata o § 5º, VIII, não será considerada nas bases de cálculo de que tratam os arts. 29-A, 198, § 2º, 204, parágrafo único, 212, 212-A, II, e 216, § 6º, não se aplicando a ela, ainda, o disposto no art. 158, IV, "b".*

***§ 13.** A devolução de que trata o § 5º, VIII, será obrigatória nas operações de fornecimento de energia elétrica e de gás liquefeito de petróleo ao consumidor de baixa renda, podendo a lei complementar determinar que seja calculada e concedida no momento da cobrança da operação.*

***Art. 156-B.** Os Estados, o Distrito Federal e os Municípios exercerão de forma integrada, exclusivamente por meio do Comitê Gestor do Imposto sobre Bens e Serviços, nos termos e limites estabelecidos nesta Constituição e em lei complementar, as seguintes competências administrativas relativas ao imposto de que trata o art. 156-A:*

I – *editar regulamento único e uniformizar a interpretação e a aplicação da legislação do imposto;*
II – *arrecadar o imposto, efetuar as compensações e distribuir o produto da arrecadação entre Estados, Distrito Federal e Municípios;*
III – *decidir o contencioso administrativo.*

- V. arts. 2º; e 60, § 4º, I e III, da CF.

§ 1º. O Comitê Gestor do Imposto sobre Bens e Serviços, entidade pública sob regime especial, terá independência técnica, administrativa, orçamentária e financeira.

- V. art. 37, *caput*, da CF.

§ 2º. Na forma da lei complementar:
I – *os Estados, o Distrito Federal e os Municípios serão representados, de forma paritária, na instância máxima de deliberação do Comitê Gestor do Imposto sobre Bens e Serviços;*
II – *será assegurada a alternância na presidência do Comitê Gestor entre o conjunto dos Estados e o Distrito Federal e o conjunto dos Municípios e o Distrito Federal;*
III – *o Comitê Gestor será financiado por percentual do produto da arrecadação do imposto destinado a cada ente federativo;*
IV – *o controle externo do Comitê Gestor será exercido pelos Estados, pelo Distrito Federal e pelos Municípios;*
V – *a fiscalização, o lançamento, a cobrança, a representação administrativa e a representação judicial relativos ao imposto serão realizados, no âmbito de suas respectivas competências, pelas administrações tributárias e procuradorias dos Estados, do Distrito Federal e dos Municípios, que poderão definir hipóteses de delegação ou de compartilhamento de competências, cabendo ao Comitê Gestor a coordenação dessas atividades administrativas com vistas à integração entre os entes federativos;*
VI – *as competências exclusivas das carreiras da administração tributária e das procuradorias dos Estados, do Distrito Federal e dos Municípios serão exercidas, no Comitê Gestor e na representação deste, por servidores das referidas carreiras;*
VII – *serão estabelecidas a estrutura e a gestão do Comitê Gestor, cabendo ao regimento interno dispor sobre sua organização e funcionamento.*
§ 3º. A participação dos entes federativos na instância máxima de deliberação do Comitê Gestor do Imposto sobre Bens e Serviços observará a seguinte composição:
I – *27 (vinte e sete) membros, representando cada Estado e o Distrito Federal;*
II – *27 (vinte e sete) membros, representando o conjunto dos Municípios e do Distrito Federal, que serão eleitos nos seguintes termos:*
a) 14 (quatorze) representantes, com base nos votos de cada Município, com valor igual para todos; e
b) 13 (treze) representantes, com base nos votos de cada Município ponderados pelas respectivas populações.
§ 4º. As deliberações no âmbito do Comitê Gestor do Imposto sobre Bens e Serviços serão consideradas aprovadas se obtiverem, cumulativamente, os votos:
I – *em relação ao conjunto dos Estados e do Distrito Federal:*
a) da maioria absoluta de seus representantes; e
b) de representantes dos Estados e do Distrito Federal que correspondam a mais de 50% (cinquenta por cento) da população do País; e
II – *em relação ao conjunto dos Municípios e do Distrito Federal, da maioria absoluta de seus representantes.*
§ 5º. O Presidente do Comitê Gestor do Imposto sobre Bens e Serviços deverá ter notórios conhecimentos de administração tributária.

***§ 6º.** O Comitê Gestor do Imposto sobre Bens e Serviços, a administração tributária da União e a Procuradoria-Geral da Fazenda Nacional compartilharão informações fiscais relacionadas aos tributos previstos nos arts. 156-A e 195, V, e atuarão com vistas a harmonizar normas, interpretações, obrigações acessórias e procedimentos a eles relativos.*

***§ 7º.** O Comitê Gestor do Imposto sobre Bens e Serviços e a administração tributária da União poderão implementar soluções integradas para a administração e cobrança dos tributos previstos nos arts. 156-A e 195, V.*

***§ 8º.** Lei complementar poderá prever a integração do contencioso administrativo relativo aos tributos previstos nos arts. 156-A e 195, V."*

*"**Art. 158.** (...)*

***III** – 50% (cinquenta por cento) do produto da arrecadação do imposto do Estado sobre a propriedade de veículos automotores licenciados em seus territórios e, em relação a veículos aquáticos e aéreos, cujos proprietários sejam domiciliados em seus territórios;*

***IV** – 25% (vinte e cinco por cento):*

***a)** do produto da arrecadação do imposto do Estado sobre operações relativas à circulação de mercadorias e sobre prestações de serviços de transporte interestadual e intermunicipal e de comunicação;*

***b)** do produto da arrecadação do imposto previsto no art. 156-A distribuída aos Estados.*

***§ 1º.** As parcelas de receita pertencentes aos Municípios mencionadas no inciso IV, "a", serão creditadas conforme os seguintes critérios:*

....

***§ 2º.** As parcelas de receita pertencentes aos Municípios mencionadas no inciso IV, "b", serão creditadas conforme os seguintes critérios:*

***I** – 80% (oitenta por cento) na proporção da população;*

***II** – 10% (dez por cento) com base em indicadores de melhoria nos resultados de aprendizagem e de aumento da equidade, considerado o nível socioeconômico dos educandos, de acordo com o que dispuser lei estadual;*

***III** – 5% (cinco por cento) com base em indicadores de preservação ambiental, de acordo com o que dispuser lei estadual;*

***IV** – 5% (cinco por cento) em montantes iguais para todos os Municípios do Estado." (NR)*

*"**Art. 159.** (...)*

***I** – do produto da arrecadação dos impostos sobre renda e proventos de qualquer natureza e sobre produtos industrializados e do imposto previsto no art. 153, VIII, 50% (cinquenta por cento), da seguinte forma:*

..." (NR)

***II** – do produto da arrecadação do imposto sobre produtos industrializados e do imposto previsto no art. 153, VIII, 10% (dez por cento) aos Estados e ao Distrito Federal, proporcionalmente ao valor das respectivas exportações de produtos industrializados;*

***III** – do produto da arrecadação da contribuição de intervenção no domínio econômico prevista no art. 177, § 4º, 29% (vinte e nove por cento) para os Estados e o Distrito Federal, distribuídos na forma da lei, observadas as destinações a que se referem as alíneas "c" e "d" do inciso II do referido parágrafo.*

....

***§ 3º.** Os Estados entregarão aos respectivos Municípios 25% (vinte e cinco por cento) dos recursos que receberem nos termos do inciso II do caput deste artigo,observados os critérios estabelecidos no art. 158, § 1º, para a parcela relativa ao imposto sobre produtos industrializados, e no art. 158, § 2º, para a parcela relativa ao imposto previsto no art. 153, VIII.*

..." (NR)

*"**Art. 159-A.** Fica instituído o Fundo Nacional de Desenvolvimento Regional,*

com o objetivo de reduzir as desigualdades regionais e sociais, nos termos do art. 3º, III, mediante a entrega de recursos da União aos Estados e ao Distrito Federal para:

I *– realização de estudos, projetos e obras de infraestrutura;*

II *– fomento a atividades produtivas com elevado potencial de geração de emprego e renda, incluindo a concessão de subvenções econômicas e financeiras; e*

III *– promoção de ações com vistas ao desenvolvimento científico e tecnológico e à inovação.*

§ 1º. *É vedada a retenção ou qualquer restrição ao recebimento dos recursos de que trata o caput.*

§ 2º. *Na aplicação dos recursos de que trata o caput, os Estados e o Distrito Federal priorizarão projetos que prevejam ações de sustentabilidade ambiental e redução das emissões de carbono.*

§ 3º. *Observado o disposto neste artigo, caberá aos Estados e ao Distrito Federal a decisão quanto à aplicação dos recursos de que trata o caput.*

§ 4º. *Os recursos de que trata o caput serão entregues aos Estados e ao Distrito Federal de acordo com coeficientes individuais de participação, calculados com base nos seguintes indicadores e com os seguintes pesos:*

I *– população do Estado ou do Distrito Federal, com peso de 30% (trinta por cento);*

II *– coeficiente individual de participação do Estado ou do Distrito Federal nos recursos de que trata o art. 159, I, "a", da Constituição Federal, com peso de 70% (setenta por cento).*

§ 5º. *O Tribunal de Contas da União será o órgão responsável por regulamentar e calcular os coeficientes individuais de participação de que trata o § 4º."*

*"**Art. 161.** (...)*

I *– definir valor adicionado para fins do disposto no art. 158, § 1º, I;*

..." (NR)

*"**Art. 167.** (...)*

§ 4º. *É permitida a vinculação das receitas a que se referem os arts. 155, 156, 156-A, 157, 158 e as alíneas "a", "b", "d", "e" e "f" do inciso I e o inciso II do caput do art. 159 desta Constituição para pagamento de débitos com a União e para prestar-lhe garantia ou contragarantia.*

..." (NR)

*"**Art. 177.** (...)*

§ 4º. *(...)*

II *– (...)*

d) *ao pagamento de subsídios a tarifas de transporte público coletivo de passageiros." (NR)*

*"**Art. 195.** (...)*

V *– sobre bens e serviços, nos termos de lei complementar.*

...

§ 15. *A contribuição prevista no inciso V do caput poderá ter sua alíquota fixada em lei ordinária.*

§ 16. *Aplica-se à contribuição prevista no inciso V do caput o disposto no art. 156-A, § 1º, I a VI, VIII, X a XIII, § 3º, § 5º, II a VI e IX, e §§ 6º a 11 e 13.*

§ 17. *A contribuição prevista no inciso V do caput não integrará sua própria base de cálculo nem a dos tributos previstos nos arts. 153, VIII, 156-A e 195, I, "b", e IV, e da contribuição para o Programa de Integração Social de que trata o art. 239.*

§ 18. *Lei estabelecerá as hipóteses de devolução da contribuição prevista no inciso V do caput a pessoas físicas, inclusive em relação a limites e beneficiários, com o objetivo de reduzir as desigualdades de renda.*

§ 19. *A devolução de que trata o § 18 não será computada na receita corrente líquida da União para os fins do disposto nos arts. 100, § 15, 166, §§ 9º, 12 e 17, e 198, § 2º." (NR)*

*"**Art. 198.** (...)*

§ 2º. *(...)*

II *– no caso dos Estados e do Distrito Federal, o produto da arrecadação dos* *impostos a que se referem os arts. 155 e 156-A e dos recursos de que tratam os arts. 157 e 159, I, "a", e II, deduzidas as parcelas que forem transferidas aos respectivos Municípios;*

III – no caso dos Municípios e do Distrito Federal, o produto da arrecadação dos impostos a que se referem os arts. 156 e 156-A e dos recursos de que tratam os arts. 158 e 159, I, "b", e § 3º.

..." (NR)

*"**Art. 212-A.** (...)*

II – os fundos referidos no inciso I do caput deste artigo serão constituídos por 20% (vinte por cento):

a) das parcelas dos Estados no imposto de que trata o art. 156-A;

b) da parcela do Distrito Federal no imposto de que trata o art. 156-A, relativa ao exercício de sua competência estadual, nos termos do art. 156-A, § 2º; e

c) dos recursos a que se referem os incisos I, II e III do caput do art. 155, o inciso II do caput do art. 157, os incisos II, III e IV do caput do art. 158 e as alíneas "a" e "b" do inciso I e o inciso II do caput do art. 159 desta Constituição;

..." (NR)

*"**Art. 225.** (...)*

§ 1º. (...)

VIII – manter regime fiscal favorecido para os biocombustíveis e para o hidrogênio de baixa emissão de carbono, na forma de lei complementar, a fim de assegurar-lhes tributação inferior à incidente sobre os combustíveis fósseis, capaz de garantir diferencial competitivo em relação a estes, especialmente em relação às contribuições de que tratam o art. 195, I, "b", IV e V, e o art. 239 e aos impostos a que se referem os arts. 155, II, e 156-A.

..." (NR)

Art. 2º. O Ato das Disposições Constitucionais Transitórias passa a vigorar com as seguintes alterações:

*"**Art. 76-A.** São desvinculados de órgão, fundo ou despesa, até 31 de dezembro de 2032, 30% (trinta por cento) das receitas dos Estados e do Distrito Federal relativas a impostos, taxas e multas já instituídos ou que vierem a ser criados até a referida data, seus adicionais e respectivos acréscimos legais, e outras receitas correntes.*

..." (NR)

*"**Art. 76-B.** São desvinculados de órgão, fundo ou despesa, até 31 de dezembro de 2032, 30% (trinta por cento) das receitas dos Municípios relativas a impostos, taxas e multas, já instituídos ou que vierem a ser criados até a referida data, seus adicionais e respectivos acréscimos legais, e outras receitas correntes.*

..." (NR)

*"**Art. 92-B.** As leis instituidoras dos tributos previstos nos arts. 156-A e 195, V, da Constituição Federal estabelecerão os mecanismos necessários, com ou sem contrapartidas, para manter, em caráter geral, o diferencial competitivo assegurado à Zona Franca de Manaus pelos arts. 40 e 92-A e às áreas de livre comércio existentes em 31 de maio de 2023, nos níveis estabelecidos pela legislação relativa aos tributos extintos a que se referem os arts. 126 a 129, todos deste Ato das Disposições Constitucionais Transitórias.*

§ 1º. Para assegurar o disposto no caput, serão utilizados, isolada ou cumulativamente, instrumentos fiscais, econômicos ou financeiros.

§ 2º. Lei complementar instituirá Fundo de Sustentabilidade e Diversificação Econômica do Estado do Amazonas, que será constituído com recursos da União e por ela gerido, com a efetiva participação do Estado do Amazonas na definição das políticas, com o objetivo de fomentar o desenvolvimento e a diversificação das atividades econômicas no Estado.

§ 3º. A lei complementar de que trata o § 2º:

I – estabelecerá o montante mínimo de aporte anual de recursos ao Fundo, bem como os critérios para sua correção;

II – preverá a possibilidade de utilização dos recursos do Fundo para compensar eventual perda de receita do Estado do Amazonas em função das alterações no sistema tributário decorrentes da instituição dos tributos previstos nos arts. 156-A e 195, V, da Constituição Federal.

§ 4º. *A União, mediante acordo com o Estado do Amazonas, poderá reduzir o alcance dos instrumentos previstos no § 1º, condicionado ao aporte de recursos adicionais ao Fundo de que trata o § 2º, asseguradas a diversificação das atividades econômicas e a antecedência mínima de 3 (três) anos.*

§ 5º. *Não se aplica aos mecanismos previstos no caput o disposto nos incisos III e IV do caput do art. 149-B da Constituição Federal.*

§ 6º. *Lei complementar instituirá Fundo de Desenvolvimento Sustentável dos Estados da Amazônia Ocidental e do Amapá, que será constituído com recursos da União e por ela gerido, com a efetiva participação desses Estados na definição das políticas, com o objetivo de fomentar o desenvolvimento e a diversificação de suas atividades econômicas.*

§ 7º. *O Fundo de que trata o § 6º será integrado pelos Estados onde estão localizadas as áreas de livre comércio de que trata o caput e observará, no que couber, o disposto no § 3º, I e II, sendo, quanto a este inciso, considerados os respectivos Estados, e no § 4º."*

"Art. 104. *(...)*

IV – *os Estados e o Comitê Gestor do Imposto sobre Bens e Serviços reterão os repasses previstos, respectivamente, nos §§ 1º e 2º do art. 158 da Constituição Federal e os depositarão na conta especial referida no art. 101 deste Ato das Disposições Constitucionais Transitórias, para utilização como nele previsto.*

.." (NR)

"Art. 124. *A transição para os tributos previstos no art. 156-A e no art. 195, V, todos da Constituição Federal, atenderá aos critérios estabelecidos nos arts. 125 a 133 deste Ato das Disposições Constitucionais Transitórias.*

Parágrafo único. *A contribuição prevista no art. 195, V, será instituída pela mesma lei complementar de que trata o art. 156-A, ambos da Constituição Federal."*

"Art. 125. *Em 2026, o imposto previsto no art. 156-A será cobrado à alíquota estadual de 0,1% (um décimo por cento), e a contribuição prevista no art. 195, V, ambos da Constituição Federal, será cobrada à alíquota de 0,9% (nove décimos por cento).*

§ 1º. *O montante recolhido na forma do caput será compensado com o valor devido das contribuições previstas no art. 195, I, "b", e IV, e da contribuição para o Programa de Integração Social a que se refere o art. 239, ambos da Constituição Federal.*

§ 2º. *Caso o contribuinte não possua débitos suficientes para efetuar a compensação de que trata o § 1º, o valor recolhido poderá ser compensado com qualquer outro tributo federal ou ser ressarcido em até 60 (sessenta) dias, mediante requerimento.*

§ 3º. *A arrecadação do imposto previsto no art. 156-A da Constituição Federal decorrente do disposto no caput deste artigo não observará as vinculações, repartições e destinações previstas na Constituição Federal, devendo ser aplicada, integral e sucessivamente, para:*

I – *o financiamento do Comitê Gestor do Imposto sobre Bens e Serviços, nos termos do art. 156-B, § 2º, III, da Constituição Federal;*

II – *compor o Fundo de Compensação de Benefícios Fiscais ou Financeiro-Fiscais do imposto de que trata o art. 155, II, da Constituição Federal.*

§ 4º. *Durante o período de que trata o caput, os sujeitos passivos que cumprirem as obrigações acessórias relativas* *aos tributos referidos no caput poderão ser dispensados do seu recolhimento, nos termos de lei complementar."*

*"**Art. 126.** A partir de 2027:*

***I** – serão cobrados:*

***a)** a contribuição prevista no art. 195, V, da Constituição Federal;*

***b)** o imposto previsto no art. 153, VIII, da Constituição Federal;*

***II** – serão extintas as contribuições previstas no art. 195, I, "b", e IV, e a contribuição para o Programa de Integração Social de que trata o art. 239, todos da Constituição Federal, desde que instituída a contribuição referida na alínea "a" do inciso I;*

***III** – o imposto previsto no art. 153, IV, da Constituição Federal:*

***a)** terá suas alíquotas reduzidas a zero, exceto em relação aos produtos que tenham industrialização incentivada na Zona Franca de Manaus, conforme critérios estabelecidos em lei complementar; e*

***b)** não incidirá de forma cumulativa com o imposto previsto no art. 153, VIII, da Constituição Federal."*

*"**Art. 127.** Em 2027 e 2028, o imposto previsto no art. 156-A da Constituição Federal será cobrado à alíquota estadual de 0,05% (cinco centésimos por cento) e à alíquota municipal de 0,05% (cinco centésimos por cento).*

***Parágrafo único.** No período referido no caput, a alíquota da contribuição prevista no art. 195, V, da Constituição Federal, será reduzida em 0,1 (um décimo) ponto percentual."*

*"**Art. 128.** De 2029 a 2032, as alíquotas dos impostos previstos nos arts. 155, II, e 156, III, da Constituição Federal, serão fixadas nas seguintes proporções das alíquotas fixadas nas respectivas legislações:*

***I** – 9/10 (nove décimos), em 2029;*

***II** – 8/10 (oito décimos), em 2030;*

***III** – 7/10 (sete décimos), em 2031;*

***IV** – 6/10 (seis décimos), em 2032.*

***§ 1º.** Os benefícios ou os incentivos fiscais ou financeiros relativos aos impostos previstos nos arts. 155, II, e 156, III, da Constituição Federal não alcançados pelo disposto no caput deste artigo serão reduzidos na mesma proporção.*

***§ 2º.** Os benefícios e incentivos fiscais ou financeiros referidos no art. 3º da Lei Complementar nº 160, de 7 de agosto de 2017, serão reduzidos na forma deste artigo, não se aplicando a redução prevista no § 2º-A do art. 3º da referida Lei Complementar.*

***§ 3º.** Ficam mantidos em sua integralidade, até 31 de dezembro de 2032, os percentuais utilizados para calcular os benefícios ou incentivos fiscais ou financeiros já reduzidos por força da redução das alíquotas, em decorrência do disposto no caput."*

*"**Art. 129.** Ficam extintos, a partir de 2033, os impostos previstos nos arts. 155, II, e 156, III, da Constituição Federal."*

*"**Art. 130.** Resolução do Senado Federal fixará, para todas as esferas federativas, as alíquotas de referência dos tributos previstos nos arts. 156-A e 195, V, da Constituição Federal, observados a forma de cálculo e os limites previstos em lei complementar, de forma a assegurar:*

***I** – de 2027 a 2033, que a receita da União com a contribuição prevista no art. 195, V, e com o imposto previsto no art. 153, VIII, todos da Constituição Federal, seja equivalente à redução da receita:*

***a)** das contribuições previstas no art. 195, I, "b", e IV, e da contribuição para o Programa de Integração Social de que trata o art. 239, todos da Constituição Federal;*

***b)** do imposto previsto no art. 153, IV; e*

***c)** do imposto previsto no art. 153, V, da Constituição Federal, sobre operações de seguros;*

***II** – de 2029 a 2033, que a receita dos Estados e do Distrito Federal com imposto previsto no art. 156-A da Constituição Federal seja equivalente à redução:*

a) da receita do imposto previsto no art. 155, II, da Constituição Federal; e

b) das receitas destinadas a fundos estaduais financiados por contribuições estabelecidas como condição à aplicação de diferimento, regime especial ou outro tratamento diferenciado, relativos ao imposto de que trata o art. 155, II, da Constituição Federal, em funcionamento em 30 de abril de 2023, excetuadas as receitas dos fundos mantidas na forma do art. 136 deste Ato das Disposições Constitucionais Transitórias;

***III** – de 2029 a 2033, que a receita dos Municípios e do Distrito Federal com o imposto previsto no art. 156-A seja equivalente à redução da receita do imposto previsto no art. 156, III, ambos da Constituição Federal.*

***§ 1º.** As alíquotas de referência serão fixadas no ano anterior ao de sua vigência, não se aplicando o disposto no art. 150, III, "c", da Constituição Federal, com base em cálculo realizado pelo Tribunal de Contas da União.*

***§ 2º.** Na fixação das alíquotas de referência, deverão ser considerados os efeitos sobre a arrecadação dos regimes específicos, diferenciados ou favorecidos e de qualquer outro regime que resulte em arrecadação menor do que a que seria obtida com a aplicação da alíquota padrão.*

***§ 3º.** Para fins do disposto nos §§ 4º a 6º, entende-se por:*

***I** – Teto de Referência da União: a média da receita no período de 2012 a 2021, apurada como proporção do PIB, do imposto previsto no art. 153, IV, das contribuições previstas no art. 195, I, "b", e IV, da contribuição para o Programa de Integração Social de que trata o art. 239 e do imposto previsto no art. 153, V, sobre operações de seguro, todos da Constituição Federal;*

***II** – Teto de Referência Total: a média da receita no período de 2012 a 2021, apurada como proporção do PIB, dos impostos previstos nos arts. 153, IV, 155, II e 156, III, das contribuições previstas no art. 195, I, "b", e IV, da contribuição para o Programa de Integração Social de que trata o art. 239 e do imposto previsto no art. 153, V, sobre operações de seguro, todos da Constituição Federal;*

***III** – Receita-Base da União: a receita da União com a contribuição prevista no art. 195, V, e com o imposto previsto no art. 153, VIII, ambos da Constituição Federal, apurada como proporção do PIB;*

***IV** – Receita-Base dos Entes Subnacionais: a receita dos Estados, do Distrito Federal e dos Municípios com o imposto previsto no art. 156-A da Constituição Federal, deduzida da parcela a que se refere a alínea "b" do inciso II do caput, apurada como proporção do PIB;*

***V** – Receita-Base Total: a soma da Receita-Base da União com a Receita-Base dos Entes Subnacionais, sendo essa última:*

a) multiplicada por 10 (dez) em 2029;

b) multiplicada por 5 (cinco) em 2030;

c) multiplicada por 10 (dez) e dividida por 3 (três) em 2031;

d) multiplicada por 10 (dez) e dividida por 4 (quatro) em 2032;

e) multiplicada por 1 (um) em 2033.

***§ 4º.** A alíquota de referência da contribuição a que se refere o art. 195, V, da Constituição Federal será reduzida em 2030 caso a média da Receita-Base da União em 2027 e 2028 exceda o Teto de Referência da União.*

***§ 5º.** As alíquotas de referência da contribuição a que se refere o art. 195, V, e do imposto a que se refere o art. 156-A, ambos da Constituição Federal, serão reduzidas em 2035 caso a média da Receita-Base Total entre 2029 e 2033 exceda o Teto de Referência Total.*

***§ 6º.** As reduções de que tratam os §§ 4º e 5º serão:*

***I** – definidas de forma a que a Receita-Base seja igual ao respectivo Teto de Referência;*

II – no caso do § 5º, proporcionais para as alíquotas de referência federal, estadual e municipal.

§ 7º. A revisão das alíquotas de referência em função do disposto nos §§ 4º, 5º e 6º não implicará cobrança ou restituição de tributo relativo a anos anteriores ou transferência de recursos entre os entes federativos.

§ 8º. Os entes federativos e o Comitê Gestor do Imposto sobre Bens e Serviços fornecerão ao Tribunal de Contas da União as informações necessárias para o cálculo a que se referem os §§ 1º, 4º e 5º.

§ 9º. Nos cálculos das alíquotas de que trata o caput, deverá ser considerada a arrecadação dos tributos previstos nos arts. 156-A e 195, V, da Constituição Federal, cuja cobrança tenha sido iniciada antes dos períodos de que tratam os incisos I, II e III do caput.

§ 10. O cálculo das alíquotas a que se refere este artigo será realizado com base em propostas encaminhadas pelo Poder Executivo da União e pelo Comitê Gestor do Imposto sobre Bens e Serviços, que deverão fornecer ao Tribunal de Contas da União todos os subsídios necessários, mediante o compartilhamento de dados e informações, nos termos de lei complementar."

*"**Art. 131.** De 2029 a 2077, o produto da arrecadação dos Estados, do Distrito Federal e dos Municípios com o imposto de que trata o art. 156-A da Constituição Federal será distribuído a esses entes federativos conforme o disposto neste artigo.*

§ 1º. Serão retidos do produto da arrecadação do imposto de cada Estado, do Distrito Federal e de cada Município apurada com base nas alíquotas de referência de que trata o art. 130 deste Ato das Disposições Constitucionais Transitórias, nos termos dos arts. 149-C e 156-A, § 4º, II, e § 5º, I e IV, antes da aplicação do disposto no art. 158, IV, "b", todos da Constituição Federal:

I – de 2029 a 2032, 80% (oitenta por cento);

II – em 2033, 90% (noventa por cento);

III – de 2034 a 2077, percentual correspondente ao aplicado em 2033, reduzido à razão de 1/45 (um quarenta e cinco avos) por ano.

§ 2º. Na forma estabelecida em lei complementar, o montante retido nos termos do § 1º será distribuído entre os Estados, o Distrito Federal e os Municípios proporcionalmente à receita média de cada ente federativo, devendo ser consideradas:

I – no caso dos Estados:

a) a arrecadação do imposto previsto no art. 155, II, após aplicação do disposto no art. 158, IV, "a", todos da Constituição Federal; e

b) as receitas destinadas aos fundos estaduais de que trata o art. 130, II, "b", deste Ato das Disposições Constitucionais Transitórias;

II – no caso do Distrito Federal:

a) a arrecadação do imposto previsto no art. 155, II, da Constituição Federal; e

b) a arrecadação do imposto previsto no art. 156, III, da Constituição Federal;

III – no caso dos Municípios:

a) a arrecadação do imposto previsto no art. 156, III, da Constituição Federal; e

b) a parcela creditada na forma do art. 158, IV, "a", da Constituição Federal.

§ 3º. Não se aplica o disposto no art. 158, IV, "b", da Constituição Federal aos recursos distribuídos na forma do § 2º, I, deste artigo.

§ 4º. A parcela do produto da arrecadação do imposto não retida nos termos do § 1º, após a retenção de que trata o art. 132 deste Ato das Disposições Constitucionais Transitórias, será distribuída a cada Estado, ao Distrito Federal e a cada Município de acordo com os critérios da lei complementar de que trata o art. 156-A, § 5º, I, da Constituição Federal, nela computada a variação de alíquota fixada pelo ente em relação à de referência.

§ 5º. *Os recursos de que trata este artigo serão distribuídos nos termos estabelecidos em lei complementar, aplicando-se o seguinte:*

I – *constituirão a base de cálculo dos fundos de que trata o art. 212-A, II, da Constituição Federal, observado que:*

a) *para os Estados, o percentual de que trata o art. 212-A, II, será aplicado proporcionalmente à razão entre a soma dos valores distribuídos a cada ente nos termos do § 2º, I, "a", e do § 4º, e a soma dos valores distribuídos nos termos do § 2º, I e do § 4º;*

b) *para o Distrito Federal, o percentual de que trata o art. 212-A, II, será aplicado proporcionalmente à razão entre a soma dos valores distribuídos nos termos do § 2º, II, "a", e do § 4º, e a soma dos valores distribuídos nos termos do § 2º, II, e do § 4º, considerada, em ambas as somas, somente a parcela estadual nos valores distribuídos nos termos do § 4º;*

c) *para os Municípios, o percentual de que trata o art. 212-A, II, será aplicado proporcionalmente à razão entre a soma dos valores distribuídos nos termos do § 2º, III, "b", e a soma dos valores distribuídos nos termos do § 2º, III;*

II – *constituirão as bases de cálculo de que tratam os arts. 29-A, 198, § 2º, 204, parágrafo único, 212 e 216, § 6º, da Constituição Federal, excetuados os valores distribuídos nos termos do § 2º, I, "b";*

III – *poderão ser vinculados para prestação de garantias às operações de crédito por antecipação de receita previstas no art. 165, § 8º, para pagamento de débitos com a União e para prestar-lhe garantia ou contragarantia, nos termos do art. 167, § 4º, todos da Constituição Federal.*

§ 6º. *Durante o período de que trata o caput deste artigo, é vedado aos Estados, ao Distrito Federal e aos Municípios fixar alíquotas próprias do imposto de que trata o art. 156-A da Constituição Federal inferiores às necessárias para garantir as retenções de que tratam o § 1º deste artigo e o art. 132 deste Ato das Disposições Constitucionais Transitórias."*

*"***Art. 132.** *Do imposto dos Estados, do Distrito Federal e dos Municípios apurado com base nas alíquotas de referência de que trata o art. 130 deste Ato das Disposições Constitucionais Transitórias, deduzida a retenção de que trata o art. 131, § 1º, será retido montante correspondente a 5% (cinco por cento) para distribuição aos entes com as menores razões entre:*

I – *o valor apurado nos termos dos arts. 149-C e 156-A, § 4º, II, e § 5º, I e IV, com base nas alíquotas de referência, após a aplicação do disposto no art. 158, IV, "b", todos da Constituição Federal; e*

II – *a respectiva receita média, apurada nos termos do art. 131, § 2º, I, II e III, deste Ato das Disposições Constitucionais Transitórias, limitada a 3 (três) vezes a média nacional por habitante da respectiva esfera federativa.*

§ 1º. *Os recursos serão distribuídos, sequencial e sucessivamente, aos entes com as menores razões de que trata o caput, de maneira que, ao final da distribuição, para todos os entes que receberem recursos, seja observada a mesma a razão entre:*

I – *a soma do valor apurado nos termos do inciso I do caput com o valor recebido nos termos deste artigo; e*

II – *a receita média apurada na forma do inciso II do caput.*

§ 2º. *Aplica-se aos recursos distribuídos na forma deste artigo o disposto no art. 131, § 5º deste Ato das Disposições Constitucionais Transitórias.*

§ 3º. *Lei complementar estabelecerá os critérios para a redução gradativa, entre 2078 e 2097, do percentual de que trata o caput, até a sua extinção."*

*"***Art. 133.** *Os tributos de que tratam os arts. 153, IV, 155, II, 156, III, e 195, I, "b", e IV, e a contribuição para o Programa*

de Integração Social a que se refere o art. 239 não integrarão a base de cálculo do imposto de que trata o art. 156-A e da contribuição de que trata o art. 195, V, todos da Constituição Federal."

*"**Art. 134.** Os saldos credores relativos ao imposto previsto no art. 155, II, da Constituição Federal, existentes ao final de 2032 serão aproveitados pelos contribuintes na forma deste artigo e nos termos de lei complementar.*

***§ 1º.** O disposto neste artigo alcança os saldos credores cujos aproveitamento ou ressarcimento sejam admitidos pela legislação em vigor em 31 de dezembro de 2032 e que tenham sido homologados pelos respectivos entes federativos, observadas as seguintes diretrizes:*

***I –** apresentado o pedido de homologação, o ente federativo deverá se pronunciar no prazo estabelecido na lei complementar a que se refere o caput;*

***II –** na ausência de resposta ao pedido de homologação no prazo a que se refere o inciso I deste parágrafo, os respectivos saldos credores serão considerados homologados.*

***§ 2º.** Aplica-se o disposto neste artigo também aos créditos reconhecidos após o prazo previsto no caput.*

***§ 3º.** O saldo dos créditos homologados será informado pelos Estados e pelo Distrito Federal ao Comitê Gestor do Imposto sobre Bens e Serviços para que seja compensado com o imposto de que trata o art. 156-A da Constituição Federal:*

***I –** pelo prazo remanescente, apurado nos termos do art. 20, § 5º, da Lei Complementar nº 87, de 13 de setembro de 1996, para os créditos relativos à entrada de mercadorias destinadas ao ativo permanente;*

***II –** em 240 (duzentos e quarenta) parcelas mensais, iguais e sucessivas, nos demais casos.*

***§ 4º.** O Comitê Gestor do Imposto sobre Bens e Serviços deduzirá do produto da arrecadação do imposto previsto no art. 156-A devido ao respectivo ente federativo o valor compensado na forma do § 3º, o qual não comporá base de cálculo para fins do disposto nos arts. 158, IV, 198, § 2º, 204, parágrafo único, 212, 212-A, II, e 216, § 6º, todos da Constituição Federal.*

***§ 5º.** A partir de 2033, os saldos credores serão atualizados pelo IPCA ou por outro índice que venha a substituí-lo.*

***§ 6º.** Lei complementar disporá sobre:*

***I –** as regras gerais de implementação do parcelamento previsto no § 3º;*

***II –** a forma pela qual os titulares dos créditos de que trata este artigo poderão transferi-los a terceiros;*

***III –** a forma pela qual o crédito de que trata este artigo poderá ser ressarcido ao contribuinte pelo Comitê Gestor do Imposto sobre Bens e Serviços, caso não seja possível compensar o valor da parcela nos termos do § 3º."*

*"**Art. 135.** Lei complementar disciplinará a forma de utilização dos créditos, inclusive presumidos, do imposto de que trata o art. 153, IV, e das contribuições de que tratam o art. 195, I, "b", e IV, e da contribuição para o Programa de Integração Social a que se refere o art. 239, todos da Constituição Federal, não apropriados ou não utilizados até a extinção, mantendo-se, apenas para os créditos que cumpram os requisitos estabelecidos na legislação vigente na data da extinção de tais tributos, a permissão para compensação com outros tributos federais, inclusive com a contribuição prevista no inciso V do caput do art. 195 da Constituição Federal, ou ressarcimento em dinheiro."*

*"**Art. 136.** Os Estados que possuíam, em 30 de abril de 2023, fundos destinados a investimentos em obras de infraestrutura e habitação e financiados por contribuições sobre produtos primários e semielaborados estabelecidas como condição à aplicação de diferimento, regime especial ou outro tratamento diferenciado, relativos ao imposto de*

que trata o art. 155, II, da Constituição Federal, poderão instituir contribuições semelhantes, não vinculadas ao referido imposto, observado que:
I *– a alíquota ou o percentual de contribuição não poderão ser superiores e a base de incidência não poderá ser mais ampla que os das respectivas contribuições vigentes em 30 de abril de 2023;*
II *– a instituição de contribuição nos termos deste artigo implicará a extinção da contribuição correspondente, vinculada ao imposto de que trata o art. 155, II, da Constituição Federal, vigente em 30 de abril de 2023;*
III *– a destinação de sua receita deverá ser a mesma das contribuições vigentes em 30 de abril de 2023;*
IV *– a contribuição instituída nos termos do caput será extinta em 31 de dezembro de 2043.*
Parágrafo único. *As receitas das contribuições mantidas nos termos deste artigo não serão consideradas como receita do respectivo Estado para fins do disposto nos arts. 130, II, "b", e 131, § 2º, I, "b", deste Ato das Disposições Constitucionais Transitórias."*
"Art. 137. *Os saldos financeiros dos recursos transferidos pelo Fundo Nacional de Saúde e pelo Fundo Nacional de Assistência Social, para enfrentamento da pandemia de Covid-19 no período de 2020 a 2022, aos fundos de saúde e assistência social estaduais, municipais e do Distrito Federal poderão ser aplicados, até 31 de dezembro de 2024, para o custeio de ações e serviços públicos de saúde e de assistência social, observadas, respectivamente, as diretrizes emanadas do Sistema Único de Saúde e do Sistema Único de Assistência Social."*

Art. 3º. A Constituição Federal passa a vigorar com as seguintes alterações:
"Art. 37. *(...)*
§ 17. *Lei complementar estabelecerá normas gerais aplicáveis às administrações tributárias da União, dos Estados, do Distrito Federal e dos Municípios, dispondo sobre deveres, direitos e garantias dos servidores das carreiras de que trata o inciso XXII do caput.*
§ 18. *Para os fins do disposto no inciso XI do caput deste artigo, os servidores de carreira das administrações tributárias dos Estados, do Distrito Federal e dos Municípios sujeitam-se ao limite aplicável aos servidores da União." (NR)*
"Art. 146. *(...)*
III *– (...)*
d) *definição de tratamento diferenciado e favorecido para as microempresas e para as empresas de pequeno porte, inclusive regimes especiais ou simplificados no caso dos impostos previstos nos arts. 155, II, e 156-A e das contribuições previstas no art. 195, I e V.*
.." (NR)
"Art. 153. *(...)*
V *– operações de crédito e câmbio ou relativas a títulos ou valores mobiliários;*
.." (NR)
"Art. 156-A. *(...)*
§ 1º. *(...)*
IX *– não integrará sua própria base de cálculo nem a dos tributos previstos nos arts. 153, VIII, e 195, V;*
.." (NR)
"Art. 195. *(...)*
§ 9º. *As contribuições sociais previstas no inciso I do caput deste artigo poderão ter alíquotas diferenciadas em razão da atividade econômica, da utilização intensiva de mão de obra, do porte da empresa ou da condição estrutural do mercado de trabalho, sendo também autorizada a adoção de bases de cálculo diferenciadas apenas no caso da alínea "c" do inciso I do caput.*
..
§ 17. *A contribuição prevista no inciso V do caput não integrará sua própria base de cálculo nem a dos impostos previstos nos arts. 153, VIII, e 156-A.*
..
§ 19. *A devolução de que trata o § 18:*

I – não será computada na receita corrente líquida da União para os fins do disposto nos arts. 100, § 15, 166, §§ 9º, 12 e 17, e 198, § 2º;
II – não integrará a base de cálculo para fins do disposto no art. 239." (NR)
"Art. 225. (...)
§ 1º. (...)
VIII – manter regime fiscal favorecido para os biocombustíveis e para o hidrogênio de baixa emissão de carbono, na forma de lei complementar, a fim de assegurar-lhes tributação inferior à incidente sobre os combustíveis fósseis, capaz de garantir diferencial competitivo em relação a estes, especialmente em relação à contribuição de que trata o art. 195, V, e aos impostos a que se referem os arts. 155, II, e 156-A.
.. " (NR)
"Art. 239. A arrecadação correspondente a 18% (dezoito por cento) da contribuição prevista no art. 195, V, e a decorrente da contribuição para o Programa de Formação do Patrimônio do Servidor Público, criado pela Lei Complementar nº 8, de 3 de dezembro de 1970, financiarão, nos termos em que a lei dispuser, o programa do seguro-desemprego, outras ações da previdência social e o abono de que trata o § 3º deste artigo.
..
§ 3º. Aos empregados que percebam de empregadores que recolhem a contribuição prevista no art. 195, V, ou a contribuição para o Programa de Formação do Patrimônio do Servidor Público até 2 (dois) salários mínimos de remuneração mensal é assegurado o pagamento de 1 (um) salário mínimo anual, computado neste valor o rendimento das contas individuais, no caso daqueles que já participavam dos referidos programas, até a data de promulgação desta Constituição.
.. " (NR)

Art. 4º. A Constituição Federal passa a vigorar com as seguintes alterações:

"Art. 146. (...)
III – (...)
d) definição de tratamento diferenciado e favorecido para as microempresas e para as empresas de pequeno porte, inclusive regimes especiais ou simplificados no caso do imposto previsto no art. 156-A e das contribuições sociais previstas no art. 195, I e V.
.. " (NR)
"Art. 150. (...)
§ 6º. Qualquer subsídio ou isenção, redução de base de cálculo, concessão de crédito presumido, anistia ou remissão, relativos a impostos, taxas ou contribuições, só poderá ser concedido mediante lei específica, federal, estadual ou municipal, que regule exclusivamente as matérias acima enumeradas ou o correspondente tributo ou contribuição.
.. " (NR)
"Art. 153. (...)
§ 6º. (...)
IV – integrará a base de cálculo dos tributos previstos nos arts. 156-A e 195, V;
.. " (NR)
"Art. 156-A. (...)
§ 1º. (...)
IX – não integrará sua própria base de cálculo nem a dos tributos previstos nos arts. 153, VIII, e 195, V;
.. " (NR)
"Art. 159. (...)
§ 3º. Os Estados entregarão aos respectivos Municípios 25% (vinte e cinco por cento) dos recursos que receberem nos termos do inciso II do caput deste artigo, observados os critérios estabelecidos no art. 158, § 2º.
.. " (NR)
"Art. 195. (...)
§ 17. A contribuição prevista no inciso V do caput não integrará sua própria base de cálculo nem a dos impostos previstos nos arts. 153, VIII, e 156-A.
.. " (NR)
"Art. 212-A. (...)
II – (...)

c) dos recursos a que se referem os incisos I e III do caput do art. 155, o inciso II do caput do art. 157, os incisos II, III e IV do caput do art. 158 e as alíneas "a" e "b" do inciso I e o inciso II do caput do art. 159 desta Constituição;

.." (NR)

*"**Art. 225.** (...)*

§ 1º. (...)

***VIII** – manter regime fiscal favorecido para os biocombustíveis e para o hidrogênio de baixa emissão de carbono, na forma de lei complementar, a fim de assegurar-lhes tributação inferior à incidente sobre os combustíveis fósseis, capaz de garantir diferencial competitivo em relação a estes, especialmente em relação à contribuição de que trata o art. 195, V, e ao imposto a que se refere o art. 156-A.*

.." (NR)

Art. 5º. O Ato das Disposições Constitucionais Transitórias passa a vigorar com as seguintes alterações:

*"**Art. 82.** Os Estados, o Distrito Federal e os Municípios devem instituir Fundos de Combate à Pobreza, devendo os referidos Fundos ser geridos por entidades que contem com a participação da sociedade civil.*

§ 1º. Para o financiamento dos Fundos Estaduais, Distrital e Municipais, poderá ser destinado percentual do imposto previsto no art. 156-A da Constituição Federal e dos recursos distribuídos nos termos dos arts. 131 e 132 deste Ato das Disposições Constitucionais Transitórias, nos limites definidos em lei complementar, não se aplicando, sobre estes valores, o disposto no art. 158, IV, da Constituição Federal.

§ 2º. (Revogado)." (NR)

*"**Art. 104.** (...)*

IV – o Comitê Gestor do Imposto sobre Bens e Serviços reterá os repasses previstos no § 2º do art. 158 da Constituição Federal e os depositará na conta especial referida no art. 101 deste Ato das Disposições Constitucionais Transitórias, para utilização como nele previsto.

.." (NR)

Art. 6º. Até que lei complementar disponha sobre a matéria:

I – o crédito das parcelas de que trata o art. 158, IV, "b", da Constituição Federal, obedecido o § 2º do referido artigo, com redação dada pelo art. 1º desta Emenda Constitucional, observará, no que couber, os critérios e os prazos aplicáveis ao Imposto sobre Operações relativas à Circulação de Mercadorias e sobre Prestação de Serviços de Transporte Interestadual e Intermunicipal e de Comunicação a que se refere a Lei Complementar nº 63, de 11 de janeiro de 1990, e respectivas alterações;

II – a entrega dos recursos do art. 153, VIII, nos termos do art. 159, I, ambos da Constituição Federal, com redação dada pelo art. 1º desta Emenda Constitucional, observará os critérios e as condições da Lei Complementar nº 62, de 28 de dezembro de 1989, e respectivas alterações;

III – a entrega dos recursos do imposto de que trata o art. 153, VIII, nos termos do art. 159, II, ambos da Constituição Federal, com redação dada pelo art. 1º desta Emenda Constitucional, observará a Lei Complementar nº 61, de 26 de dezembro de 1989, e respectivas alterações;

IV – as bases de cálculo dos percentuais dos Estados, do Distrito Federal e dos Municípios de que trata a Lei Complementar nº 141, de 13 de janeiro de 2012, compreenderão também:

a) as respectivas parcelas do imposto de que trata o art. 156-A, com os acréscimos e as deduções decorrentes do crédito das parcelas de que trata o art. 158, IV, "b", ambos da Constituição Federal, com redação dada pelo art. 1º desta Emenda Constitucional;

b) os valores recebidos nos termos dos arts. 131 e 132 do Ato das Disposições Constitucionais Transitórias, com redação dada pelo art. 2º desta Emenda Constitucional.

§ 1º. As vinculações de receita dos impostos previstos nos arts. 155, II, e 156, III, estabelecidas em legislação de Estados, Distrito Federal ou Municípios até a data de promulgação desta Emenda Constitucional serão aplicadas, em mesmo percentual, sobre a receita do imposto previsto no art. 156-A do ente federativo competente.

§ 2º. Aplica-se o disposto no § 1º deste artigo enquanto não houver alteração na legislação dos Estados, Distrito Federal ou Municípios que trata das referidas vinculações.

Art. 7º. A partir de 2027, a União compensará eventual redução no montante dos valores entregues nos termos do art. 159, I e II, em razão da substituição da arrecadação do imposto previsto no art. 153, IV, pela arrecadação do imposto previsto no art. 153, VIII, todos da Constituição Federal, nos termos de lei complementar.

§ 1º. A compensação de que trata o *caput*:

I – terá como referência a média de recursos transferidos do imposto previsto no art. 153, IV, de 2022 a 2026, atualizada:

a) até 2027, na forma da lei complementar;

b) a partir de 2028, pela variação do produto da arrecadação da contribuição prevista no art. 195, V, da Constituição Federal, apurada com base na alíquota de referência de que trata o art. 130 do Ato das Disposições Constitucionais Transitórias; e

II – observará os mesmos critérios, prazos e garantias aplicáveis à entrega de recursos de que trata o art. 159, I e II, da Constituição Federal.

§ 2º. Aplica-se à compensação de que trata o *caput* o disposto nos arts. 167, § 4º, 198, § 2º, 212, *caput* e § 1º, e 212-A, II, da Constituição Federal.

Art. 8º. Fica criada a Cesta Básica Nacional de Alimentos, que considerará a diversidade regional e cultural da alimentação do País e garantirá a alimentação saudável e nutricionalmente adequada, em observância ao direito social à alimentação previsto no art. 6º da Constituição Federal.

Parágrafo único. Lei complementar definirá os produtos destinados à alimentação humana que comporão a Cesta Básica Nacional de Alimentos, sobre os quais as alíquotas dos tributos previstos nos arts. 156-A e 195, V, da Constituição Federal serão reduzidas a zero.

Art. 9º. A lei complementar que instituir o imposto de que trata o art. 156-A e a contribuição de que trata o art. 195, V, ambos da Constituição Federal, poderá prever os regimes diferenciados de tributação de que trata este artigo, desde que sejam uniformes em todo o território nacional e sejam realizados os respectivos ajustes nas alíquotas de referência com vistas a reequilibrar a arrecadação da esfera federativa.

§ 1º. A lei complementar definirá as operações beneficiadas com redução de 60% (sessenta por cento) das alíquotas dos tributos de que trata o *caput* entre as relativas aos seguintes bens e serviços:

I – serviços de educação;

II – serviços de saúde;

III – dispositivos médicos;

IV – dispositivos de acessibilidade para pessoas com deficiência;

V – medicamentos;

VI – produtos de cuidados básicos à saúde menstrual;

VII – serviços de transporte público coletivo de passageiros rodoviário e metroviário de caráter urbano, semiurbano e metropolitano;

VIII – alimentos destinados ao consumo humano;

IX – produtos de higiene pessoal e limpeza majoritariamente consumidos por famílias de baixa renda;

X – produtos agropecuários, aquícolas, pesqueiros, florestais e extrativistas vegetais *in natura*;

XI – insumos agropecuários e aquícolas;

XII – produções artísticas, culturais, de eventos, jornalísticas e audiovisuais nacionais, atividades desportivas e comunicação institucional;

XIII – bens e serviços relacionados a soberania e segurança nacional, segurança da informação e segurança cibernética.

§ 2º. É vedada a fixação de percentual de redução distinto do previsto no § 1º em relação às hipóteses nele previstas.

§ 3º. A lei complementar a que se refere o *caput* preverá hipóteses de:

I – isenção, em relação aos serviços de que trata o § 1º, VII;

II – redução em 100% (cem por cento) das alíquotas dos tributos referidos no *caput* para:

a) bens de que trata o § 1º, III a VI;

b) produtos hortícolas, frutas e ovos;

c) serviços prestados por Instituição Científica, Tecnológica e de Inovação (ICT) sem fins lucrativos;

d) automóveis de passageiros, conforme critérios e requisitos estabelecidos em lei complementar, quando adquiridos por pessoas com deficiência e pessoas com transtorno do espectro autista, diretamente ou por intermédio de seu representante legal ou por motoristas profissionais, nos termos de lei complementar, que destinem o automóvel à utilização na categoria de aluguel (táxi);

III – redução em 100% (cem por cento) da alíquota da contribuição de que trata o art. 195, V, da Constituição Federal, para serviços de educação de ensino superior nos termos do Programa Universidade para Todos (Prouni), instituído pela Lei nº 11.096, de 13 de janeiro de 2005;

IV – isenção ou redução em até 100% (cem por cento) das alíquotas dos tributos referidos no *caput* para atividades de reabilitação urbana de zonas históricas e de áreas críticas de recuperação e reconversão urbanística.

§ 4º. O produtor rural pessoa física ou jurídica que obtiver receita anual inferior a R$ 3.600.000,00 (três milhões e seiscentos mil reais), atualizada anualmente pelo Índice Nacional de Preços ao Consumidor Amplo (IPCA), e o produtor integrado de que trata o art. 2º, II, da Lei nº 13.288, de 16 de maio de 2016, com a redação vigente em 31 de maio de 2023, poderão optar por ser contribuintes dos tributos de que trata o *caput*.

§ 5º. É autorizada a concessão de crédito ao contribuinte adquirente de bens e serviços de produtor rural pessoa física ou jurídica que não opte por ser contribuinte na hipótese de que trata o § 4º, nos termos da lei complementar, observado o seguinte:

I – o Poder Executivo da União e o Comitê Gestor do Imposto de Bens e Serviços poderão revisar, anualmente, de acordo com critérios estabelecidos em lei complementar, o valor do crédito presumido concedido, não se aplicando o disposto no art. 150, I, da Constituição Federal; e

II – o crédito presumido de que trata este parágrafo terá como objetivo permitir a apropriação de créditos não aproveitados por não contribuinte do imposto em razão do disposto no *caput* deste parágrafo.

§ 6º. Observado o disposto no § 5º, I, é autorizada a concessão de crédito ao contribuinte adquirente de:

I – serviços de transportador autônomo de carga pessoa física que não seja contribuinte do imposto, nos termos da lei complementar;

II – resíduos e demais materiais destinados à reciclagem, reutilização ou logística reversa, de pessoa física, cooperativa ou outra forma de organização popular.

§ 7º. Lei complementar poderá prever a concessão de crédito ao contribuinte que adquira bens móveis usados de pessoa física não contribuinte para revenda, desde que esta seja tributada e o crédito seja vinculado ao respectivo bem, vedado o ressarcimento.

§ 8º. Os benefícios especiais de que trata este artigo serão concedidos observando-se o disposto no art. 149-B, III, da Constituição Federal, exceto em relação ao § 3º, III, deste artigo.

§ 9º. O imposto previsto no art. 153, VIII, da Constituição Federal não incidirá sobre os bens ou serviços cujas alíquotas sejam reduzidas nos termos do § 1º deste artigo.

§ 10. Os regimes diferenciados de que trata este artigo serão submetidos a avaliação quinquenal de custo-benefício, podendo a lei fixar regime de transição para a alíquota padrão, não observado o disposto no § 2º, garantidos os respectivos ajustes nas alíquotas de referência.

§ 11. A avaliação de que trata o § 10 deverá examinar o impacto da legislação dos tributos a que se refere o *caput* deste artigo na promoção da igualdade entre homens e mulheres.

§ 12. A lei complementar estabelecerá as operações beneficiadas com redução de 30% (trinta por cento) das alíquotas dos tributos de que trata o *caput* relativas à prestação de serviços de profissão intelectual, de natureza científica, literária ou artística, desde que sejam submetidas a fiscalização por conselho profissional.

§ 13. Para fins deste artigo, incluem-se:

I – entre os medicamentos de que trata o inciso V do § 1º, as composições para nutrição enteral ou parenteral e as composições especiais e fórmulas nutricionais destinadas às pessoas com erros inatos do metabolismo; e

II – entre os alimentos de que trata o inciso VIII do § 1º, os sucos naturais sem adição de açúcares e conservantes.

Art. 10. Para fins do disposto no inciso II do § 6º do art. 156-A da Constituição Federal, consideram-se:

I – serviços financeiros:

a) operações de crédito, câmbio, seguro, resseguro, consórcio, arrendamento mercantil, faturização, securitização, previdência privada, capitalização, arranjos de pagamento, operações com títulos e valores mobiliários, inclusive negociação e corretagem, e outras que impliquem captação, repasse, intermediação, gestão ou administração de recursos;

b) outros serviços prestados por entidades administradoras de mercados organizados, infraestruturas de mercado e depositárias centrais e por instituições autorizadas a funcionar pelo Banco Central do Brasil, na forma de lei complementar;

II – operações com bens imóveis:

a) construção e incorporação imobiliária;

b) parcelamento do solo e alienação de bem imóvel;

c) locação e arrendamento de bem imóvel;

d) administração e intermediação de bem imóvel.

§ 1º. Em relação às instituições financeiras bancárias:

I – não se aplica o regime específico de que trata o art. 156-A, § 6º, II, da Constituição Federal aos serviços remunerados por tarifas e comissões, observado o disposto nas normas expedidas pelas entidades reguladoras;

II – os demais serviços financeiros sujeitam-se ao regime específico de que trata o art. 156-A, § 6º, II, da Constituição Federal, devendo as alíquotas e as bases de cálculo ser definidas de modo a manter, em caráter geral, até o final do quinto ano da entrada em vigor do regime, a carga tributária decorrente dos tributos extintos por esta Emenda Constitucional incidente sobre as operações de crédito na data de sua promulgação, e a manter, em caráter específico, aquela incidente sobre as operações relacionadas ao fundo de garantia por tempo de serviço, podendo, neste caso, definir alíquota e base de cálculo diferenciadas e abranger os serviços de que trata o inciso I deste parágrafo, não se lhes aplicando o prazo previsto neste inciso.

§ 2º. O disposto no § 1º, II, em relação ao fundo de garantia do tempo de serviço, poderá, nos termos da lei complementar, ser estendido para outros fundos garantidores ou executores de políticas públicas previstos em lei.

Art. 11. A revogação do art. 195, I, "b", não produzirá efeitos sobre as contribuições incidentes sobre a receita ou o faturamento vigentes na data de publicação desta Emenda Constitucional que substituam a contribuição de que trata o art. 195, I, "a", ambos da Constituição Federal, e sejam cobradas com base naquele dispositivo, observado o disposto no art. 30 da Emenda Constitucional nº 103, de 12 de novembro de 2019.

Art. 12. Fica instituído o Fundo de Compensação de Benefícios Fiscais ou Financeiro-Fiscais do imposto de que trata o art. 155, II, da Constituição Federal, com vistas a compensar, entre 1º de janeiro de 2029 e 31 de dezembro de 2032, pessoas físicas ou jurídicas beneficiárias de isenções, incentivos e benefícios fiscais ou financeiro-fiscais relativos àquele imposto, concedidos por prazo certo e sob condição.

§ 1º. De 2025 a 2032, a União entregará ao Fundo recursos que corresponderão aos seguintes valores, atualizados, de 2023 até o ano anterior ao da entrega, pela variação acumulada do IPCA ou de outro índice que vier a substituí-lo:

I – em 2025, a R$ 8.000.000.000,00 (oito bilhões de reais);

II – em 2026, a R$ 16.000.000.000,00 (dezesseis bilhões de reais);

III – em 2027, a R$ 24.000.000.000,00 (vinte e quatro bilhões de reais);

IV – em 2028, a R$ 32.000.000.000,00 (trinta e dois bilhões de reais);

V – em 2029, a R$ 32.000.000.000,00 (trinta e dois bilhões de reais);

VI – em 2030, a R$ 24.000.000.000,00 (vinte e quatro bilhões de reais);

VII – em 2031, a R$ 16.000.000.000,00 (dezesseis bilhões de reais);

VIII – em 2032, a R$ 8.000.000.000,00 (oito bilhões de reais).

§ 2º. Os recursos do Fundo de que trata o *caput* serão utilizados para compensar a redução do nível de benefícios onerosos do imposto previsto no art. 155, II, da Constituição Federal, na forma do § 1º do art. 128 do Ato das Disposições Constitucionais Transitórias, suportada pelas pessoas físicas ou jurídicas em razão da substituição do referido imposto por aquele previsto no art. 156-A da Constituição Federal, nos termos deste artigo.

§ 3º. Para efeitos deste artigo, consideram-se benefícios onerosos as isenções, os incentivos e os benefícios fiscais ou financeiro-fiscais vinculados ao imposto referido no *caput* deste artigo concedidos por prazo certo e sob condição, na forma do art. 178 da Lei nº 5.172, de 25 de outubro de 1966 (Código Tributário Nacional).

§ 4º. A compensação de que trata o § 1º:

I – aplica-se aos titulares de benefícios onerosos referentes ao imposto previsto no art. 155, II, da Constituição Federal regularmente concedidos até 31 de maio de 2023, sem prejuízo de ulteriores prorrogações ou renovações, observados o prazo estabelecido no *caput* e, se aplicável, a exigência de registro e depósito estabelecida pelo art. 3º, II, da Lei Complementar nº 160, de 7 de agosto de 2017, que tenham cumprido tempestivamente as condições exigidas pela norma concessiva do benefício, bem como aos titulares de projetos abrangidos pelos benefícios a que se refere o art. 19 desta Emenda Constitucional;

II – não se aplica aos titulares de benefícios decorrentes do disposto no art. 3º,

§ 2º-A, da Lei Complementar nº 160, de 7 de agosto de 2017.

§ 5º. A pessoa física ou jurídica perderá o direito à compensação de que trata o § 2º caso deixe de cumprir tempestivamente as condições exigidas pela norma concessiva do benefício.

§ 6º. Lei complementar estabelecerá:

I – critérios e limites para apuração do nível de benefícios e de sua redução;

II – procedimentos de análise, pela União, dos requisitos para habilitação do requerente à compensação de que trata o § 2º.

§ 7º. É vedada a prorrogação dos prazos de que trata o art. 3º, §§ 2º e 2º-A, da Lei Complementar nº 160, de 7 de agosto de 2017.

§ 8º. A União deverá complementar os recursos de que trata o § 1º em caso de insuficiência de recursos para a compensação de que trata o § 2º.

§ 9º. Eventual saldo financeiro existente em 31 de dezembro de 2032 será transferido ao Fundo de que trata o art. 159-A da Constituição Federal, com a redação dada pelo art. 1º desta Emenda Constitucional, sem redução ou compensação dos valores consignados no art. 13 desta Emenda Constitucional.

§ 10. O disposto no § 4º, I, aplica-se também aos titulares de benefícios onerosos que, por força de mudanças na legislação estadual, tenham migrado para outros programas ou benefícios entre 31 de maio de 2023 e a data de promulgação desta Emenda Constitucional, ou estejam em processo de migração na data de promulgação desta Emenda Constitucional.

Art. 13. Os recursos de que trata o art. 159-A da Constituição Federal, com a redação dada pelo art. 1º desta Emenda Constitucional, corresponderão aos seguintes valores, atualizados, de 2023 até o ano anterior ao da entrega, pela variação acumulada do IPCA ou de outro índice que vier a substituí-lo:

I – em 2029, a R$ 8.000.000.000,00 (oito bilhões de reais);

II – em 2030, a R$ 16.000.000.000,00 (dezesseis bilhões de reais);

III – em 2031, a R$ 24.000.000.000,00 (vinte e quatro bilhões de reais);

IV – em 2032, a R$ 32.000.000.000,00 (trinta e dois bilhões de reais);

V – em 2033, a R$ 40.000.000.000,00 (quarenta bilhões de reais);

VI – em 2034, a R$ 42.000.000.000,00 (quarenta e dois bilhões de reais);

VII – em 2035, a R$ 44.000.000.000,00 (quarenta e quatro bilhões de reais);

VIII – em 2036, a R$ 46.000.000.000,00 (quarenta e seis bilhões de reais);

IX – em 2037, a R$ 48.000.000.000,00 (quarenta e oito bilhões de reais);

X – em 2038, a R$ 50.000.000.000,00 (cinquenta bilhões de reais);

XI – em 2039, a R$ 52.000.000.000,00 (cinquenta e dois bilhões de reais);

XII – em 2040, a R$ 54.000.000.000,00 (cinquenta e quatro bilhões de reais);

XIII – em 2041, a R$ 56.000.000.000,00 (cinquenta e seis bilhões de reais);

XIV – em 2042, a R$ 58.000.000.000,00 (cinquenta e oito bilhões de reais);

XV – a partir de 2043, a R$ 60.000.000.000,00 (sessenta bilhões de reais), por ano.

Art. 14. A União custeará, com posterior ressarcimento pelo Comitê Gestor do Imposto sobre Bens e Serviços de que trata o art. 156-B da Constituição Federal, as despesas necessárias para sua instalação.

Art. 15. Os recursos entregues na forma do art. 159-A da Constituição Federal, com a redação dada pelo art. 1º desta Emenda Constitucional, os recursos de que trata o art. 12 e as compensações de que trata o art. 7º não se incluem em bases de cálculo ou em limites de despesas estabelecidos pela lei complementar de que trata o art. 6º da Emenda Constitucional nº 126, de 21 de dezembro de 2022.

Art. 16. Até que lei complementar regule o disposto no art. 155, § 1º, III, da Constituição Federal, o imposto incidente nas hipóteses de que trata o referido dispositivo competirá:

I – relativamente a bens imóveis e respectivos direitos, ao Estado da situação do bem, ou ao Distrito Federal;

II – se o doador tiver domicílio ou residência no exterior:

a) ao Estado onde tiver domicílio o donatário ou ao Distrito Federal;

b) se o donatário tiver domicílio ou residir no exterior, ao Estado em que se encontrar o bem ou ao Distrito Federal;

III – relativamente aos bens do *de cujus*, ainda que situados no exterior, ao Estado onde era domiciliado, ou, se domiciliado ou residente no exterior, onde tiver domicílio o sucessor ou legatário, ou ao Distrito Federal.

Art. 17. A alteração do art. 155, § 1º, II, da Constituição Federal, promovida pelo art. 1º desta Emenda Constitucional, aplica-se às sucessões abertas a partir da data de publicação desta Emenda Constitucional.

Art. 18. O Poder Executivo deverá encaminhar ao Congresso Nacional:

I – em até 90 (noventa) dias após a promulgação desta Emenda Constitucional, projeto de lei que reforme a tributação da renda, acompanhado das correspondentes estimativas e estudos de impactos orçamentários e financeiros;

II – em até 180 (cento e oitenta) dias após a promulgação desta Emenda Constitucional, os projetos de lei referidos nesta Emenda Constitucional;

III – em até 90 (noventa) dias após a promulgação desta Emenda Constitucional, projeto de lei que reforme a tributação da folha de salários.

Parágrafo único. Eventual arrecadação adicional da União decorrente da aprovação da medida de que trata o inciso I do *caput* deste artigo poderá ser considerada como fonte de compensação para redução da tributação incidente sobre a folha de pagamentos e sobre o consumo de bens e serviços.

Art. 19. Os projetos habilitados à fruição dos benefícios estabelecidos pelo art. 11-C da Lei nº 9.440, de 14 de março de 1997, e pelos arts. 1º a 4º da Lei nº 9.826, de 23 de agosto de 1999, farão jus, até 31 de dezembro de 2032, a crédito presumido da contribuição prevista no art. 195, V, da Constituição Federal.

§ 1º. O crédito presumido de que trata este artigo:

I – incentivará exclusivamente a produção de veículos equipados com motor elétrico que tenha capacidade de tracionar o veículo somente com energia elétrica, permitida a associação com motor de combustão interna que utilize biocombustíveis isolada ou simultaneamente com combustíveis derivados de petróleo;

II – será concedido exclusivamente:

a) a projetos aprovados até 31 de dezembro de 2024 de pessoas jurídicas habilitadas à fruição dos benefícios estabelecidos pelo art. 11-C da Lei nº 9.440, de 14 de março de 1997, e pelos arts. 1º a 4º da Lei nº 9.826, de 23 de agosto de 1999, na data de promulgação desta Emenda Constitucional;

b) a novos projetos, aprovados até 31 de dezembro de 2025, que ampliem ou reiniciem a produção em planta industrial utilizada em projetos ativos ou inativos habilitados à fruição dos benefícios de que trata a alínea "a" deste inciso;

III – poderá ter sua manutenção condicionada à realização de investimentos produtivos e em pesquisa e desenvolvimento de inovação tecnológica;

IV – equivalerá ao nível de benefício estabelecido, para o ano de 2025, pelo art. 11-C da Lei nº 9.440, de 14 de março de 1997, e pelos arts. 1º a 4º da Lei nº 9.826, de 23 de agosto de 1999; e

V – será reduzido à razão de 20% (vinte por cento) ao ano entre 2029 e 2032.

§ 2º. Os créditos apurados em decorrência dos benefícios de que trata o *caput* poderão ser compensados com débitos próprios relativos a tributos administrados pela Secretaria Especial da Receita Federal do Brasil, nos termos da lei, e não poderão ser transferidos a outro estabelecimento da pessoa jurídica, devendo ser utilizados somente pelo estabelecimento habilitado e localizado na região incentivada.

§ 3º. O benefício de que trata este artigo será estendido a projetos de pessoas jurídicas de que trata o § 1º, II, "a", relacionados à produção de veículos tracionados por motor de combustão interna que utilize biocombustíveis isolada ou cumulativamente com combustíveis derivados de petróleo, desde que a pessoa jurídica habilitada:

I – no caso de montadoras de veículos, inicie a produção de veículos que atendam ao disposto no § 1º, I, até 1º de janeiro de 2028; e

II – assuma, nos termos do ato concessório do benefício, compromissos relativos:

a) ao volume mínimo de investimentos;

b) ao volume mínimo de produção; e

c) à manutenção da produção por prazo mínimo, inclusive após o encerramento do benefício.

§ 4º. A lei complementar estabelecerá as penalidades aplicáveis em razão do descumprimento das condições exigidas para fruição do crédito presumido de que trata este artigo.

Art. 20. Até que lei disponha sobre a matéria, a contribuição para o Programa de Formação do Patrimônio do Servidor Público, criado pela Lei Complementar nº 8, de 3 de dezembro de 1970, de que trata o art. 239 da Constituição Federal, permanecerá sendo cobrada na forma do art. 2º, III, da Lei nº 9.715, de 25 de novembro de 1998, e dos demais dispositivos legais a ele referentes em vigor na data de publicação desta Emenda Constitucional.

Art. 21. Lei complementar poderá estabelecer instrumentos de ajustes nos contratos firmados anteriormente à entrada em vigor das leis instituidoras dos tributos de que tratam o art. 156-A e o art. 195, V, da Constituição Federal, inclusive concessões públicas.

Art. 22. Revogam-se:

I – em 2027, o art. 195, I, "b", e IV, e § 12, da Constituição Federal;

II – em 2033:

a) os arts. 155, II, e §§ 2º a 5º, 156, III, e § 3º, 158, IV, "a", e § 1º, e 161,I, da Constituição Federal; e

b) os arts. 80, II, 82, § 2º, e 83 do Ato das Disposições Constitucionais Transitórias.

Art. 23. Esta Emenda Constitucional entra em vigor:

I – em 2027, em relação aos arts. 3º e 11;

II – em 2033, em relação aos arts. 4º e 5º; e

III – na data de sua publicação, em relação aos demais dispositivos.

Brasília, em 20 de dezembro de 2023.

Mesa da Câmara dos Deputados: Deputado Arthur Lira, Presidente – Mesa do Senado Federal: Senador Rodrigo Pacheco, Presidente – DOU de 21.12.2023.

Anexo III
LEI COMPLEMENTAR Nº 214, DE 16 DE JANEIRO DE 2025

Institui o Imposto sobre Bens e Serviços (IBS), a Contribuição Social sobre Bens e Serviços (CBS) e o Imposto Seletivo (IS); cria o Comitê Gestor do IBS e altera a legislação tributária

O Presidente da República,

Faço saber que o Congresso Nacional decreta e eu sanciono a seguinte Lei Complementar:

Livro I
DO IMPOSTO SOBRE BENS E SERVIÇOS (IBS) E DA CONTRIBUIÇÃO SOCIAL SOBRE BENS E SERVIÇOS (CBS)

TÍTULO I
DAS NORMAS GERAIS DO IBS E DA CBS

CAPÍTULO I
DISPOSIÇÕES PRELIMINARES

- V. art. 146, III, "a", da CF.

Art. 1º. Ficam instituídos:

I – o Imposto sobre Bens e Serviços (IBS), de competência compartilhada entre Estados, Municípios e Distrito Federal, de que trata o art. 156-A da Constituição Federal; e

II – a Contribuição Social sobre Bens e Serviços (CBS), de competência da União, de que trata o inciso V do *caput* do art. 195 da Constituição Federal.

Art. 2º. O IBS e a CBS são informados pelo princípio da neutralidade, segundo o qual esses tributos devem evitar distorcer as decisões de consumo e de organização da atividade econômica, observadas as exceções previstas na Constituição Federal e nesta Lei Complementar.

- V. art. 170 da CF.

Art. 3º. Para fins desta Lei Complementar, consideram-se:

I – operações com:

a) bens todas e quaisquer que envolvam bens móveis ou imóveis, materiais ou imateriais, inclusive direitos;

b) serviços todas as demais que não sejam enquadradas como operações com bens nos termos da alínea "a" deste inciso;

II – fornecimento:

a) entrega ou disponibilização de bem material;

b) instituição, transferência, cessão, concessão, licenciamento ou disponibilização de bem imaterial, inclusive direito;

c) prestação ou disponibilização de serviço;

III – fornecedor: pessoa física ou jurídica que, residente ou domiciliado no País ou no exterior, realiza o fornecimento;

IV – adquirente:

a) aquele obrigado ao pagamento ou a qualquer outra forma de contraprestação pelo fornecimento de bem ou serviço;

b) nos casos de pagamento ou de qualquer outra forma de contraprestação por conta e ordem ou em nome de terceiros, aquele por conta de quem ou em nome de quem decorre a obrigação de pagamento ou de qualquer outra forma de contraprestação pelo fornecimento de bem ou serviço; e

V – destinatário: aquele a quem for fornecido o bem ou serviço, podendo ser o próprio adquirente ou não.

§ 1º. Para fins desta Lei Complementar, equiparam-se a bens materiais as energias que tenham valor econômico.

§ 2º. Incluem-se no conceito de fornecedor de que trata o inciso III do *caput* deste artigo as entidades sem personalidade jurídica, incluindo sociedade em comum, sociedade em conta de participação, consórcio, condomínio e fundo de investimento.

CAPÍTULO II
DO IBS E DA CBS SOBRE OPERAÇÕES COM BENS E SERVIÇOS

Seção I
DAS HIPÓTESES DE INCIDÊNCIA

Art. 4º. O IBS e a CBS incidem sobre operações onerosas com bens ou com serviços.

§ 1º. As operações não onerosas com bens ou com serviços serão tributadas nas hipóteses expressamente previstas nesta Lei Complementar.

§ 2º. Para fins do disposto neste artigo, considera-se operação onerosa com bens ou com serviços qualquer fornecimento com contraprestação, incluindo o decorrente de:

I – compra e venda, troca ou permuta, dação em pagamento e demais espécies de alienação;

II – locação;

III – licenciamento, concessão, cessão;

IV – mútuo oneroso;

V – doação com contraprestação em benefício do doador;

VI – instituição onerosa de direitos reais;

VII – arrendamento, inclusive mercantil; e

VIII – prestação de serviços.

§ 3º. São irrelevantes para a caracterização das operações de que trata este artigo:

I – o título jurídico pelo qual o bem encontra-se na posse do fornecedor;

II – a espécie, tipo ou forma jurídica, a validade jurídica e os efeitos dos atos ou negócios jurídicos;

III – a obtenção de lucro com a operação; e

IV – o cumprimento de exigências legais, regulamentares ou administrativas.

§ 4º. O IBS e a CBS incidem sobre qualquer operação com bem ou com serviço realizada pelo contribuinte, incluindo aquelas realizadas com ativo não circulante ou no exercício de atividade econômica não habitual, observado o disposto no § 4º do art. 57 desta Lei Complementar.

§ 5º. A incidência do IBS e da CBS sobre as operações de que trata o *caput* deste artigo não altera a base de cálculo do:

I – Imposto sobre a Transmissão Causa Mortis e Doação de Quaisquer Bens ou Direitos (ITCD), de que trata o inciso I do *caput* do art. 155 da Constituição Federal;

II – Imposto sobre a Transmissão Inter Vivos de Bens Imóveis e Direitos a eles relativos (ITBI), de que trata o inciso II do *caput* do art. 156 da Constituição Federal.

Art. 5º. O IBS e a CBS também incidem sobre as seguintes operações:

I – fornecimento não oneroso ou a valor inferior ao de mercado de bens e serviços, nas hipóteses previstas nesta Lei Complementar;

II – fornecimento de brindes e bonificações;

III – transmissão, pelo contribuinte, para sócio ou acionista que não seja contribuinte no regime regular, por devolução de capital, dividendos *in natura* ou de outra forma, de bens cuja aquisição tenham permitido a apropriação de créditos pelo contribuinte, inclusive na produção; e

IV – demais fornecimentos não onerosos ou a valor inferior ao de mercado de bens e serviços por contribuinte a parte relacionada.

§ 1º. O disposto no inciso II do *caput* deste artigo:

I – não se aplica às bonificações que constem do respectivo documento fiscal e que não dependam de evento posterior; e

II – aplica-se ao bem dado em bonificação sujeito a alíquota específica por unidade de medida, inclusive na hipótese do inciso I deste parágrafo.

§ 2º. Para fins do disposto nesta Lei Complementar, considera-se que as partes são relacionadas quando no mínimo uma delas estiver sujeita à influência, exercida direta ou indiretamente por outra parte, que possa levar ao estabelecimento de termos e de condições em suas transações que divirjam daqueles que seriam estabelecidos entre partes não relacionadas em transações comparáveis.

§ 3º. São consideradas partes relacionadas, sem prejuízo de outras hipóteses que se enquadrem no disposto no § 2º deste artigo:

I – o controlador e as suas controladas;

II – as coligadas;

III – as entidades incluídas nas demonstrações financeiras consolidadas ou que seriam incluídas caso o controlador final do grupo multinacional de que façam parte preparasse tais demonstrações se o seu capital fosse negociado nos mercados de valores mobiliários de sua jurisdição de residência;

IV – as entidades, quando uma delas possuir o direito de receber, direta ou indiretamente, no mínimo 25% (vinte e cinco por cento) dos lucros da outra ou de seus ativos em caso de liquidação;

V – as entidades que estiverem, direta ou indiretamente, sob controle comum ou em que o mesmo sócio, acionista ou titular detiver 20% (vinte por cento) ou mais do capital social de cada uma;

VI – as entidades em que os mesmos sócios ou acionistas, ou os seus cônjuges, companheiros, parentes, consanguíneos ou afins, até o terceiro grau, detiverem no mínimo 20% (vinte por cento) do capital social de cada uma; e

VII – a entidade e a pessoa física que for cônjuge, companheiro ou parente, consanguíneo ou afim, até o terceiro grau, de conselheiro, de diretor ou de controlador daquela entidade.

§ 4º. Para fins da definição de partes relacionadas, o termo entidade compreende as pessoas físicas e jurídicas e as entidades sem personalidade jurídica.

§ 5º. Para fins do disposto no § 3º deste artigo, fica caracterizada a relação de controle quando uma entidade:

I – detiver, de forma direta ou indireta, isoladamente ou em conjunto com outras entidades, inclusive em função da existência de acordos de votos, direitos que lhe assegurem preponderância nas deliberações sociais ou o poder de eleger ou destituir a maioria dos administradores de outra entidade;

II – participar, direta ou indiretamente, de mais de 50% (cinquenta por cento) do capital social de outra entidade; ou

III – detiver ou exercer o poder de administrar ou gerenciar, de forma direta ou indireta, as atividades de outra entidade.

§ 6º. Para fins do disposto no inciso II do § 3º deste artigo, considera-se coligada a entidade que detenha influência significativa sobre outra entidade, conforme previsto nos §§ 1º, 4º e 5º do art. 243 da Lei nº 6.404, de 15 de dezembro de 1976•.

♦ Lei nº 6.404/1976 (Sociedades Anônimas).

§ 7º. O regulamento poderá flexibilizar a exigência de verificação do valor de mercado de que trata o inciso IV do *caput* deste artigo nas operações entre partes relacionadas, desde que essas operações não estejam sujeitas a vedação à apropriação de créditos, no âmbito de programas de conformidade fiscal.

Art. 6º. O IBS e a CBS não incidem sobre:

I – fornecimento de serviços por pessoas físicas em decorrência de:

a) relação de emprego com o contribuinte; ou

b) sua atuação como administradores ou membros de conselhos de administração e fiscal e comitês de assessoramento do conselho de administração do contribuinte previstos em lei;

II – transferência de bens entre estabelecimentos pertencentes ao mesmo contribuinte, observada a obrigatoriedade de emissão de documento fiscal eletrônico, nos termos do inciso II do § 2º do art. 60 desta Lei Complementar;

III – baixa, liquidação e transmissão, incluindo alienação, de participação societária, ressalvado o disposto no inciso III do *caput* do art. 5º desta Lei Complementar;

IV – transmissão de bens em decorrência de fusão, cisão e incorporação e de integralização e devolução de capital, ressalvado o disposto no inciso III do *caput* do art. 5º desta Lei Complementar;

V – rendimentos financeiros, exceto quando incluídos na base de cálculo no regime específico de serviços financeiros de que trata o Capítulo II do Título V deste Livro e da regra de apuração da base de cálculo prevista no inciso II do § 1º do art. 12 desta Lei Complementar;

VI – recebimento de dividendos e de juros sobre capital próprio, de juros ou remuneração ao capital pagos pelas cooperativas e os resultados de avaliação de participações societárias, ressalvado o disposto no inciso III do *caput* do art. 5º desta Lei Complementar;

VII – demais operações com títulos ou valores mobiliários, com exceção do disposto para essas operações no regime específico de serviços financeiros de que trata a Seção III do Capítulo II do Título V deste Livro, nos termos previstos nesse regime e das demais situações previstas expressamente nesta Lei Complementar;

VIII – doações sem contraprestação em benefício do doador;

IX – transferências de recursos públicos e demais bens públicos para organizações da sociedade civil constituídas como pessoas jurídicas sem fins lucrativos no País, por meio de termos de fomento, termos de colaboração, acordos de cooperação, termos de parceria, termos de execução descentralizada, contratos de gestão, contratos de repasse, subvenções, convênios e demais instrumentos celebrados pela administração pública direta, por autarquias e por fundações públicas;

X – destinação de recursos por sociedade cooperativa para os fundos previstos no art. 28 da Lei nº 5.764, de 16 de dezembro de 1971,♦ e reversão dos recursos dessas reservas; e

♦ Lei nº 5.764/1971 (Cooperativismo).

XI – o repasse da cooperativa para os seus associados dos valores decorrentes das operações previstas no *caput* do art. 271 desta Lei Complementar e a distribuição em dinheiro das sobras por sociedade cooperativa aos associados, apuradas em demonstração do resultado do exercício, ressalvado o disposto no inciso III do *caput* do art. 5º desta Lei Complementar.

§ 1º. O IBS e a CBS incidem sobre o conjunto de atos ou negócios jurídicos envolvendo as hipóteses previstas nos incisos III a VII do *caput* deste artigo que constituam, na essência, operação onerosa com bem ou com serviço.

§ 2º. Caso as doações de que trata o inciso VIII do *caput* deste artigo tenham por objeto bens ou serviços que tenham permitido a apropriação de créditos pelo doador, inclusive na produção:

I – a doação será tributada com base no valor de mercado do bem ou serviço doado; ou

II – por opção do contribuinte, os créditos serão anulados.

Art. 7º. Na hipótese de fornecimento de diferentes bens e de serviços em uma mesma operação, será obrigatória a especificação de cada fornecimento e de seu respectivo valor, exceto se:

I – todos os fornecimentos estiverem sujeitos ao mesmo tratamento tributário; ou

II – algum dos fornecimentos puder ser considerado principal e os demais seus acessórios, hipótese em que se considerará haver fornecimento único, aplicando-se a ele o tratamento tributário correspondente ao fornecimento principal.

§ 1º. Para fins do disposto no inciso I do *caput* deste artigo, há tratamento tributário distinto caso os fornecimentos estejam sujeitos a regras diferentes em relação a incidência, regimes de tributação, isenção, momento de ocorrência do fato gerador, local da operação, alíquota, sujeição passiva e não cumulatividade.

§ 2º. Para fins do disposto no inciso II do *caput* deste artigo, consideram-se fornecimentos acessórios aqueles que sejam condição ou meio para o fornecimento principal.

§ 3º. Caso haja a cobrança unificada de diferentes fornecimentos em desacordo com o disposto neste artigo, cada fornecimento será considerado independente para todos os fins e a base de cálculo correspondente a cada um será arbitrada na forma do art. 13 desta Lei Complementar.

Seção II
DAS IMUNIDADES

Art. 8º. São imunes ao IBS e à CBS as exportações de bens e de serviços, nos termos do Capítulo V deste Título.

Art. 9º. São imunes também ao IBS e à CBS os fornecimentos:

- V. art. 150, VI, da CF.

I – realizados pela União, pelos Estados, pelo Distrito Federal e pelos Municípios;

II – realizados por entidades religiosas e templos de qualquer culto, inclusive suas organizações assistenciais e beneficentes;

III – realizados por partidos políticos, inclusive seus institutos e fundações, entidades sindicais dos trabalhadores e instituições de educação e de assistência social, sem fins lucrativos;

IV – de livros, jornais, periódicos e do papel destinado a sua impressão;

V – de fonogramas e videofonogramas musicais produzidos no Brasil contendo obras musicais ou literomusicais de autores brasileiros e/ou obras em geral interpretadas por artistas brasileiros, bem como os suportes materiais ou arquivos digitais que os contenham, salvo na etapa de replicação industrial de mídias ópticas de leitura a *laser*;

VI – de serviço de comunicação nas modalidades de radiodifusão sonora e de sons e imagens de recepção livre e gratuita; e

VII – de ouro, quando definido em lei como ativo financeiro ou instrumento cambial.

§ 1º. A imunidade prevista no inciso I do *caput* deste artigo é extensiva às autarquias e às fundações instituídas e mantidas pelo poder público e à empresa pública prestadora de serviço postal, bem como:

I – compreende somente as operações relacionadas com as suas finalidades essenciais ou as delas decorrentes;

II – não se aplica às operações relacionadas com exploração de atividades econômicas regidas pelas normas aplicáveis a empreendimentos privados ou em que haja contraprestação ou pagamento de preços ou tarifas pelo usuário; e

III – não exonera o promitente comprador da obrigação de pagar tributo relativamente a bem imóvel.

§ 2º. Para efeitos do disposto no inciso II do *caput* deste artigo, considera-se:

I – entidade religiosa e templo de qualquer culto a pessoa jurídica de direito privado sem fins lucrativos que tem como objetivos professar a fé religiosa e praticar a religião; e

II – organização assistencial e beneficente a pessoa jurídica de direito privado sem fins lucrativos vinculada e mantida por entidade religiosa e templo de qualquer culto, que fornece bens e serviços na área de assistência social, sem discriminação ou exigência de qualquer natureza aos assistidos.

§ 3º. A imunidade prevista no inciso III do *caput* deste artigo aplica-se, exclusivamente, às pessoas jurídicas sem fins lucrativos que cumpram, de forma cumulativa, os requisitos previstos no art. 14 da Lei nº 5.172, de 25 de outubro de 1966 (Código Tributário Nacional).

§ 4º. As imunidades das entidades previstas nos incisos I a III do *caput* deste artigo não se aplicam às suas aquisições de bens materiais e imateriais, inclusive direitos, e serviços.

Seção III
DO MOMENTO DE OCORRÊNCIA DO FATO GERADOR

- V. arts. 114 a 118 do CTN.

Art. 10. Considera-se ocorrido o fato gerador do IBS e da CBS no momento do fornecimento nas operações com bens ou com serviços, ainda que de execução continuada ou fracionada.

§ 1º. Para fins do disposto no *caput* deste artigo, considera-se ocorrido o fornecimento no momento:

I – do início do transporte, na prestação de serviço de transporte iniciado no País;

II – do término do transporte, na prestação de serviço de transporte de carga quando iniciado no exterior;

III – do término do fornecimento, no caso dos demais serviços;

IV – em que o bem for encontrado desacobertado de documentação fiscal idônea; e

V – da aquisição do bem nas hipóteses de:

a) licitação promovida pelo poder público de bem apreendido ou abandonado; ou

b) leilão judicial.

§ 2º. Nas aquisições de bens e serviços pela administração pública direta, por autarquias e por fundações públicas, que estejam sujeitas ao disposto no art. 473 desta Lei Complementar, considera-se ocorrido o fato gerador no momento em que se realiza o pagamento.

§ 3º. Nas operações de execução continuada ou fracionada em que não seja possível identificar o momento de entrega ou disponibilização do bem ou do término do fornecimento do serviço, como as relativas a abastecimento de água, saneamento básico, gás canalizado, serviços de telecomunicação, serviços de internet e energia elétrica, considera-se ocorrido o fato gerador no momento em que se torna devido o pagamento.

§ 4º. Para fins do disposto no *caput* deste artigo, caso ocorra pagamento, integral ou parcial, antes do fornecimento:

I – na data de pagamento de cada parcela:

a) serão exigidas antecipações dos tributos, calculadas da seguinte forma:

1. a base de cálculo corresponderá ao valor de cada parcela paga;

2. as alíquotas serão aquelas vigentes na data do pagamento de cada parcela;

b) as antecipações de que trata a alínea "a" deste inciso constarão como débitos na apuração;

II – na data do fornecimento:

a) os valores definitivos dos tributos serão calculados da seguinte forma:

1. a base de cálculo será o valor total da operação, incluindo as parcelas pagas antecipadamente;

2. as alíquotas serão aquelas vigentes na data do fornecimento;

b) caso os valores das antecipações sejam inferiores aos definitivos, as diferenças constarão como débitos na apuração; e

c) caso os valores das antecipações sejam superiores aos definitivos, as diferenças serão apropriadas como créditos na apuração.

§ 5º. Na hipótese do § 4º deste artigo, caso não ocorra o fornecimento a que se refere o pagamento, inclusive em decorrência de distrato, o fornecedor poderá apropriar créditos com base no valor das parcelas das antecipações devolvidas.

Seção IV
DO LOCAL DA OPERAÇÃO

Art. 11. Considera-se local da operação com:

I – bem móvel material, o local da entrega ou disponibilização do bem ao destinatário;

II – bem imóvel, bem móvel imaterial, inclusive direito, relacionado a bem imóvel, serviço prestado fisicamente sobre bem imóvel e serviço de administração e intermediação de bem imóvel, o local onde o imóvel estiver situado;

III – serviço prestado fisicamente sobre a pessoa física ou fruído presencialmente por pessoa física, o local da prestação do serviço;

IV – serviço de planejamento, organização e administração de feiras, exposições, congressos, espetáculos, exibições e congêneres, o local do evento a que se refere o serviço;

V – serviço prestado fisicamente sobre bem móvel material e serviços portuários, o local da prestação do serviço;

VI – serviço de transporte de passageiros, o local de início do transporte;

VII – serviço de transporte de carga, o local da entrega ou disponibilização do bem ao destinatário constante no documento fiscal;

VIII – serviço de exploração de via, mediante cobrança de valor a qualquer título, incluindo tarifas, pedágios e quaisquer outras formas de cobrança, o território de cada Município e Estado, ou do Distrito Federal, proporcionalmente à correspondente extensão da via explorada;

IX – serviço de telefonia fixa e demais serviços de comunicação prestados por meio de cabos, fios, fibras e meios similares, o local de instalação do terminal; e

X – demais serviços e demais bens móveis imateriais, inclusive direitos, o local do domicílio principal do:

a) adquirente, nas operações onerosas;

b) destinatário, nas operações não onerosas.

§ 1º. Para fins do disposto no inciso I do *caput* deste artigo:

I – em operação realizada de forma não presencial, assim entendida aquela em que a entrega ou disponibilização não ocorra na presença do adquirente ou destinatário no estabelecimento do fornecedor, considera-se local da entrega ou disponibilização do bem ao destinatário o destino final indicado pelo adquirente:

a) ao fornecedor, caso o serviço de transporte seja de responsabilidade do fornecedor; ou

b) ao terceiro responsável pelo transporte, caso o serviço de transporte seja de responsabilidade do adquirente;

II – considera-se ocorrida a operação no local do domicílio principal do destinatário, na aquisição de veículo automotor terrestre, aquático ou aéreo;

III – considera-se ocorrida a operação no local onde se encontra o bem móvel material:

a) na aquisição de bem nas hipóteses de:

1. licitação promovida pelo poder público de bem apreendido ou abandonado; ou

2. leilão judicial; e

b) na constatação de irregularidade pela falta de documentação fiscal ou pelo acobertamento por documentação inidônea.

§ 2º. Para fins do disposto no inciso II do *caput* deste artigo, caso o bem imóvel esteja situado em mais de um Município, considera-se local do imóvel o Município onde está situada a maior parte da sua área.

§ 3º. Para fins desta Lei Complementar, considera-se local do domicílio principal do adquirente ou, conforme o caso, do destinatário:

I – o local constante do cadastro com identificação única de que trata o art. 59 desta Lei Complementar, que deverá considerar:

a) para as pessoas físicas, o local da sua habitação permanente ou, na hipótese de inexistência ou de mais de uma habitação permanente, o local onde as suas relações econômicas forem mais relevantes; e

b) para as pessoas jurídicas e entidades sem personalidade jurídica, conforme aplicável, o local de cada estabelecimento para o qual seja fornecido o bem ou serviço;

II – na hipótese de adquirente ou destinatário não regularmente cadastrado, o que resultar da combinação de ao menos 2 (dois) critérios não conflitantes entre si, à escolha do fornecedor, entre os seguintes:

a) endereço declarado ao fornecedor;

b) endereço obtido mediante coleta de outras informações comercialmente relevantes no curso da execução da operação;

c) endereço do adquirente constante do cadastro do arranjo de pagamento utilizado para o pagamento da operação; e

d) endereço de Protocolo de Internet (IP) do dispositivo utilizado para contratação da operação ou obtido por emprego de método de geolocalização;

III – caso não seja possível cumprir o disposto no inciso II deste parágrafo, será considerado o endereço declarado ao fornecedor.

§ 4º. Nas aquisições realizadas de forma centralizada por contribuinte sujeito ao regime regular do IBS e da CBS que possui mais de um estabelecimento e que não estejam sujeitas a vedação à apropriação de créditos:

I – os serviços de que trata o inciso IX do *caput* deste artigo serão considerados prestados no domicílio principal do adquirente; e

II – para fins do disposto no inciso X do *caput* deste artigo e no inciso I deste parágrafo, considera-se como domicílio principal do adquirente o local do seu estabelecimento matriz.

§ 5º. Aplica-se aos serviços de que trata o inciso III do *caput* deste artigo que forem prestados à distância, ainda que parcialmente, o disposto no inciso X do *caput* deste artigo.

§ 6º. Caso a autoridade tributária constate que as informações prestadas pelo adquirente nos termos do § 3º deste artigo estejam incorretas e resultem em pagamento a menor do IBS e da CBS, a diferença será exigida do adquirente, com acréscimos legais.

§ 7º. Nas operações com abastecimento de água, gás canalizado e energia elétrica, considera-se como local da operação:

I – o local da entrega ou disponibilização, nas operações destinadas a consumo;

II – o local do estabelecimento principal do adquirente, definido nos termos do § 4º deste artigo:

a) no fornecimento de serviços de transmissão de energia elétrica; e

b) nas demais operações, inclusive nas hipóteses de geração, distribuição ou comercialização de energia elétrica.

§ 8º. Na hipótese de que trata o inciso X do *caput* deste artigo, caso o adquirente seja residente ou domiciliado no exterior e o destinatário seja residente ou domiciliado no País, considera-se como local da operação o domicílio do destinatário.

§ 9º. Nas aquisições de energia elétrica realizadas de forma multilateral, considera-se local da operação o do estabelecimento ou domicílio do agente que figure com balanço energético devedor.

§ 10. Nas operações de transporte dutoviário de gás natural, o local da operação será o do estabelecimento principal do:

I – fornecedor na contratação de capacidade de entrada de gás natural do duto, nos termos da legislação aplicável; e

II – adquirente, na contratação de capacidade de saída do gás natural do duto.

§ 11. Aplica-se o disposto no inciso X do *caput* deste artigo às operações de cessão de espaço para prestação de serviços publicitários.

Seção V
DA BASE DE CÁLCULO

Art. 12. A base de cálculo do IBS e da CBS é o valor da operação, salvo disposição em contrário prevista nesta Lei Complementar.

§ 1º. O valor da operação compreende o valor integral cobrado pelo fornecedor a qualquer título, inclusive os valores correspondentes a:

I – acréscimos decorrentes de ajuste do valor da operação;

II – juros, multas, acréscimos e encargos;

III – descontos concedidos sob condição;

IV – valor do transporte cobrado como parte do valor da operação, no transporte efetuado pelo próprio fornecedor ou no transporte por sua conta e ordem;

V – tributos e preços públicos, inclusive tarifas, incidentes sobre a operação ou suportados pelo fornecedor, exceto aqueles previstos no § 2º deste artigo; e

VI – demais importâncias cobradas ou recebidas como parte do valor da operação, inclusive seguros e taxas.

§ 2º. Não integram a base de cálculo do IBS e da CBS:

I – o montante do IBS e da CBS incidentes sobre a operação;

II – o montante do Imposto sobre Produtos Industrializados (IPI);

III – os descontos incondicionais;

IV – os reembolsos ou ressarcimentos recebidos por valores pagos relativos a operações por conta e ordem ou em nome de terceiros, desde que a documentação fiscal relativa a essas operações seja emitida em nome do terceiro; e

V – o montante incidente na operação dos tributos a que se referem o inciso II do *caput* do art. 155, o inciso III do *caput* do art. 156 e a alínea "b" do inciso I e o inciso IV do *caput* do art. 195 da Constituição Federal, e da Contribuição para os Programas de Integração Social e de Formação do Patrimônio do Servidor Público (Contribuição para o PIS/Pasep) a que se refere o art. 239 da Constituição Federal, de 1º de janeiro de 2026 a 31 de dezembro de 2032;

VI – a contribuição de que trata o art. 149-A da Constituição Federal.

§ 3º. Para efeitos do disposto no inciso III do § 2º deste artigo, considera-se desconto incondicional a parcela redutora do preço da operação que conste do respectivo documento fiscal e não dependa de evento posterior, inclusive se realizado por meio de programa de fidelidade concedido de forma não onerosa pelo próprio fornecedor.

§ 4º. A base de cálculo corresponderá ao valor de mercado dos bens ou serviços, entendido como o valor praticado em operações comparáveis entre partes não relacionadas, nas seguintes hipóteses:

I – falta do valor da operação;

II – operação sem valor determinado;

III – valor da operação não representado em dinheiro; e

IV – operação entre partes relacionadas, nos termos do inciso IV do *caput* do art. 5º, observado o disposto nos seus §§ 2º a 7º.

§ 5º. Caso o valor da operação esteja expresso em moeda estrangeira, será feita sua conversão em moeda nacional por taxa de câmbio apurada pelo Banco Central do Brasil, de acordo com o disposto no regulamento.

§ 6º. Caso o contribuinte contrate instrumentos financeiros derivativos fora de condições de mercado e que ocultem, parcial ou integralmente, o valor da operação, o ganho no derivativo comporá a base de cálculo do IBS e da CBS.

§ 7º. A base de cálculo relativa à devolução ou ao cancelamento será a mesma utilizada na operação original.

§ 8º. No transporte internacional de passageiros, caso os trechos de ida e volta sejam vendidos em conjunto, a base de cálculo será a metade do valor cobrado.

Art. 13. O valor da operação será arbitrado pela administração tributária quando:

I – não forem exibidos à fiscalização, inclusive sob alegação de perda, extravio, desaparecimento ou sinistro, os elementos necessários à comprovação do valor da operação nos casos em que:

a) for realizada a operação sem emissão de documento fiscal ou estiver acobertada por documentação inidônea; ou

b) for declarado em documento fiscal valor notoriamente inferior ao valor de mercado da operação;

II – em qualquer outra hipótese em que forem omissos, conflitantes ou não merecerem fé as declarações, informações ou documentos apresentados pelo sujeito passivo ou por terceiro legalmente obrigado.

Parágrafo único. Para fins do arbitramento de que trata este artigo, a base de cálculo do IBS e da CBS será:

I – o valor de mercado dos bens ou serviços fornecidos, entendido como o valor praticado em operações comparáveis entre partes não relacionadas; ou

II – quando não estiver disponível o valor de que trata o inciso I deste parágrafo, aquela calculada:

a) com base no custo do bem ou serviço, acrescido das despesas indispensáveis à manutenção das atividades do sujeito passivo ou do lucro bruto apurado com base na escrita contábil ou fiscal; ou

b) pelo valor fixado por órgão competente, pelo preço final a consumidor sugerido pelo fabricante ou importador ou pelo preço divulgado ou fornecido por entidades representativas dos respectivos setores, conforme o caso.

Seção VI
DAS ALÍQUOTAS

Subseção I
Das Alíquotas-Padrão

Art. 14. As alíquotas da CBS e do IBS serão fixadas por lei específica do respectivo ente federativo, nos seguintes termos:

I – a União fixará a alíquota da CBS;

II – cada Estado fixará sua alíquota do IBS;

III – cada Município fixará sua alíquota do IBS; e

IV – o Distrito Federal exercerá as competências estadual e municipal na fixação de suas alíquotas.

§ 1º. Para fins do disposto no inciso III do *caput* deste artigo, o Estado de Pernambuco exercerá a competência municipal relativamente às operações realizadas no

Distrito Estadual de Fernando de Noronha, conforme o art. 15 do Ato das Disposições Constitucionais Transitórias (ADCT).

§ 2º. Ao fixar sua alíquota, cada ente federativo poderá:

I – vinculá-la à alíquota de referência da respectiva esfera federativa, de que trata o art. 18 desta Lei Complementar, por meio de acréscimo ou decréscimo de pontos percentuais; ou

II – defini-la sem vinculação à alíquota de referência da respectiva esfera federativa.

§ 3º. Na ausência de lei específica que estabeleça a alíquota do ente federativo, será aplicada a alíquota de referência da respectiva esfera federativa.

§ 4º. As referências nesta Lei Complementar às alíquotas-padrão devem ser entendidas como remissões às alíquotas fixadas por cada ente federativo nos termos deste artigo.

Art. 15. A alíquota do IBS incidente sobre cada operação corresponderá:

I – à soma:

a) da alíquota do Estado de destino da operação; e

b) da alíquota do Município de destino da operação; ou

II – à alíquota do Distrito Federal, quando este for o destino da operação.

Parágrafo único. Para fins do disposto neste artigo, o destino da operação é o local da ocorrência da operação, definido nos termos do art. 11 desta Lei Complementar.

Art. 16. A alíquota fixada por cada ente federativo na forma do art. 14 desta Lei Complementar será a mesma para todas as operações com bens ou com serviços, ressalvadas as hipóteses previstas nesta Lei Complementar.

Parágrafo único. As reduções de alíquotas estabelecidas nos regimes diferenciados de que trata o Título IV deste Livro serão aplicadas sobre a alíquota de cada ente federativo.

Art. 17. A alíquota aplicada para fins de devolução ou cancelamento da operação será a mesma cobrada na operação original.

Subseção II
Das Alíquotas de Referência

Art. 18. As alíquotas de referência serão fixadas por resolução do Senado Federal:

I – para a CBS, de 2027 a 2035, nos termos dos arts. 353 a 359, 366, 368 e 369 desta Lei Complementar;

II – para o IBS, de 2029 a 2035, nos termos dos arts. 361 a 366 e 369 desta Lei Complementar;

III – para o IBS e a CBS, após 2035, as vigentes no ano anterior.

Art. 19. Qualquer alteração na legislação federal que reduza ou eleve a arrecadação do IBS ou da CBS:

I – deverá ser compensada pela elevação ou redução, pelo Senado Federal, da alíquota de referência da CBS e das alíquotas de referência estadual e municipal do IBS, de modo a preservar a arrecadação das esferas federativas;

II – somente entrará em vigor com o início da produção de efeitos do ajuste das alíquotas de referência de que trata o inciso I deste *caput*.

§ 1º. Para fins do disposto no *caput* deste artigo:

I – deverá ser considerada qualquer alteração na legislação federal que reduza ou eleve a arrecadação do IBS ou da CBS, contemplando, entre outros:

a) alterações nos critérios relativos à devolução geral de IBS e de CBS a pessoas físicas, de que trata o Capítulo I do Título III deste Livro;

b) alterações nos regimes diferenciados, específicos ou favorecidos de tributação previstos nesta Lei Complementar, inclusive em decorrência da avaliação quinquenal de que trata o Capítulo I do Título III do Livro III desta Lei Complementar; e

c) alterações no regime favorecido de tributação do Regime Especial Unificado de Arrecadação de Tributos e Contribuições devidos pelas Microempresas e Empresas de Pequeno Porte (Simples Nacional) e do Microempreendedor Individual (MEI), de que trata a Lei Complementar nº 123, de 14 de dezembro de 2006;

II – não serão consideradas:

a) alterações na alíquota da CBS, nos termos do inciso I do *caput* e do § 2º do art. 14 desta Lei Complementar; e

b) alterações no montante da devolução específica da CBS a pessoas físicas por legislação federal, de que trata o Capítulo I do Título III deste Livro;

III – deverá o ajuste das alíquotas de referência ser estabelecido por resolução do Senado Federal, com base em cálculos elaborados pelo Comitê Gestor do IBS e pelo Poder Executivo da União e homologados pelo Tribunal de Contas da União, observada a anterioridade nonagesimal prevista na alínea "c" do inciso III do *caput* do art. 150 da Constituição Federal e, para o IBS, também a anterioridade anual prevista na alínea "b" do inciso III do *caput* do art. 150 da Constituição Federal.

§ 2º. Para fins do disposto no inciso III do § 1º deste artigo:

I – os cálculos deverão ser enviados ao Tribunal de Contas da União, acompanhados da respectiva metodologia, no prazo de 60 (sessenta) dias após a promulgação da lei que reduzir ou elevar a arrecadação do IBS ou da CBS:

a) pelo Comitê Gestor do IBS, no caso de alterações legais que afetem apenas a receita do IBS;

b) pelo Poder Executivo da União, no caso de alterações legais que afetem apenas a receita da CBS; ou

c) em ato conjunto do Comitê Gestor do IBS e do Poder Executivo da União, no caso de alterações legais que afetem a receita do IBS e da CBS;

II – o Tribunal de Contas da União poderá solicitar ajustes na metodologia ou nos cálculos, no prazo de 60 (sessenta) dias após seu recebimento;

III – o Comitê Gestor do IBS e o Poder Executivo da União terão até 30 (trinta) dias para ajustar a metodologia ou os cálculos;

IV – o Tribunal de Contas da União decidirá de forma definitiva em relação aos cálculos e os encaminhará ao Senado Federal, no prazo de 30 (trinta) dias; e

V – o Senado Federal estabelecerá o ajuste das alíquotas de referência, no prazo de 30 (trinta) dias.

Art. 20. Os projetos de lei complementar que reduzam ou aumentem a arrecadação do IBS ou da CBS, nos termos do art. 19, somente serão apreciados pelo Congresso Nacional se estiverem acompanhados de estimativa de impacto nas alíquotas de referência do IBS e da CBS.

§ 1º. A estimativa de impacto de que trata o *caput* deste artigo, acompanhada da respectiva metodologia, será elaborada:

I – pelo Poder Executivo da União, nos projetos de sua iniciativa, com a manifestação do Comitê Gestor do IBS no prazo de até 30 (trinta) dias; ou

II – pelo autor e pelo relator do projeto perante o órgão responsável por se manifestar em relação aos aspectos financeiros e orçamentários do projeto, nos demais casos.

§ 2º. Para fins do disposto no inciso II do § 1º deste artigo, a Câmara dos Deputados, o Senado Federal, ou quaisquer de suas Comissões, poderão consultar o Poder Executivo da União, o Comitê Gestor do IBS ou o Tribunal de Contas da União, que deverão apresentar a estimativa de impacto no prazo de 60 (sessenta) dias.

Seção VII
DA SUJEIÇÃO PASSIVA

Art. 21. É contribuinte do IBS e da CBS:

I – o fornecedor que realizar operações:

a) no desenvolvimento de atividade econômica;

b) de modo habitual ou em volume que caracterize atividade econômica; ou

c) de forma profissional, ainda que a profissão não seja regulamentada;

II – o adquirente, ainda que não enquadrado no inciso I deste *caput*, na aquisição de bem:

a) apreendido ou abandonado, em licitação promovida pelo poder público; ou

b) em leilão judicial;

III – o importador;

IV – aquele previsto expressamente em outras hipóteses nesta Lei Complementar.

§ 1º. O contribuinte de que trata o *caput* deste artigo é obrigado a se inscrever nos cadastros relativos ao IBS e à CBS.

§ 2º. O fornecedor residente ou domiciliado no exterior fica obrigado a se cadastrar como contribuinte caso realize operações no País ou como responsável tributário no caso de importações, observada a definição do local da operação prevista no art. 11 e o disposto no art. 23 desta Lei Complementar.

§ 3º. O regulamento também poderá exigir inscrição nos cadastros relativos ao IBS e à CBS dos responsáveis pelo cumprimento de obrigações principais ou acessórias previstas nesta Lei Complementar.

§ 4º. Na importação de bens materiais, o disposto no § 2º deste artigo somente se aplica às remessas internacionais sujeitas a regime de tributação simplificada nos termos do art. 95.

Art. 22. As plataformas digitais, ainda que domiciliadas no exterior, são responsáveis pelo pagamento do IBS e da CBS relativos às operações e importações realizadas por seu intermédio, nas seguintes hipóteses:

I – solidariamente com o adquirente ou destinatário e em substituição ao fornecedor, caso este seja residente ou domiciliado no exterior; e

II – solidariamente com o fornecedor, caso este:

a) seja residente ou domiciliado no País;

b) seja contribuinte, ainda que não inscrito nos termos do § 1º do art. 21 desta Lei Complementar; e

c) não registre a operação em documento fiscal eletrônico.

§ 1º. Considera-se plataforma digital aquela que:

I – atua como intermediária entre fornecedores e adquirentes nas operações e importações realizadas de forma não presencial ou por meio eletrônico; e

II – controla um ou mais dos seguintes elementos essenciais à operação:

a) cobrança;

b) pagamento;

c) definição dos termos e condições; ou

d) entrega.

§ 2º. Não é considerada plataforma digital aquela que executa somente uma das seguintes atividades:

I – fornecimento de acesso à internet;

II – serviços de pagamentos prestados por instituições autorizadas a funcionar pelo Banco Central do Brasil;

III – publicidade; ou

IV – busca ou comparação de fornecedores, desde que não cobre pelo serviço com base nas vendas realizadas.

§ 3º. Na hipótese de que trata o inciso I do *caput* deste artigo, o fornecedor residente ou domiciliado no exterior fica dispensado da inscrição de que trata o § 2º do art. 21 desta Lei Complementar se realizar operações exclusivamente por meio de plataforma digital inscrita no cadastro do IBS e da CBS no regime regular.

§ 4º. Para fins de aplicação do disposto no inciso II do *caput* deste artigo, compete ao Comitê Gestor do IBS e à Secretaria Especial da Receita Federal do Brasil (RFB) informar à plataforma digital a condição de contribuinte do fornecedor residente ou domiciliado no País que não esteja inscrito no cadastro.

§ 5º. A plataforma digital apresentará ao Comitê Gestor do IBS e à RFB, na forma do regulamento, informações sobre as operações e importações com bens ou com serviços realizadas por seu intermédio, inclusive identificando o fornecedor, ainda que não seja contribuinte.

§ 6º. Na hipótese em que o processo de pagamento da operação ou importação seja iniciado pela plataforma digital, esta deverá apresentar as informações necessárias para a segregação e o recolhimento dos valores do IBS e da CBS devidos pelo fornecedor na liquidação financeira da operação (*split payment*), quando disponível, inclusive no procedimento simplificado, nos termos dos arts. 31 a 35 desta Lei Complementar.

§ 7º. A plataforma digital que cumprir o disposto nos §§ 5º e 6º deste artigo não será responsável pelo pagamento de eventuais diferenças entre os valores do IBS e da CBS recolhidos e aqueles devidos na operação pelo fornecedor residente ou domiciliado no País.

§ 8º. Na hipótese em que o fornecedor seja residente ou domiciliado no País e o processo de pagamento da operação não seja iniciado pela plataforma digital, esta não será responsável tributária caso cumpra o disposto no § 5º e o fornecedor emita documento fiscal eletrônico pelo valor da operação realizada por meio da plataforma.

§ 9º. Aplica-se o disposto no § 8º, também, caso o processo de pagamento da operação seja iniciado pela plataforma digital e não seja realizado o *split payment*.

§ 10. Nas hipóteses em que a plataforma digital for responsável, nos termos dos incisos I e II do *caput* deste artigo:

I – a plataforma será responsável solidária pelos débitos de IBS e de CBS do fornecedor relativos à operação, de acordo com as regras tributárias a ele aplicáveis, caso o fornecedor seja residente ou domiciliado no País e esteja inscrito como contribuinte do IBS e da CBS, no regime regular ou em regime favorecido; e

II – nos demais casos, os débitos de IBS e de CBS serão calculados pelas regras do regime regular, inclusive quanto às alíquotas, regimes diferenciados e regimes específicos aplicáveis aos bens e serviços.

§ 11. A plataforma digital não será responsável tributária em relação às operações em que ela não controle nenhum dos elementos essenciais, nos termos do inciso II do § 1º deste artigo.

§ 12. A plataforma digital poderá optar, com anuência do fornecedor residente ou domiciliado no País, observados os critérios estabelecidos no regulamento:

I – por emitir documentos fiscais eletrônicos em nome do fornecedor, inclusive de forma consolidada; e

II – por pagar o IBS e a CBS, com base no valor e nas demais informações da operação intermediada pela plataforma, mantida a obrigação do fornecedor em relação a eventuais diferenças.

Art. 23. A plataforma digital, inclusive a domiciliada no exterior, deverá se inscrever no cadastro do IBS e da CBS no regime regular para fins de cumprimento do disposto no art. 22.

Parágrafo único. Caso o fornecedor ou a plataforma digital residentes ou domiciliados no exterior não se inscrevam no cadastro do IBS e da CBS no regime regular de que trata o *caput* deste artigo:

I – o IBS e a CBS serão segregados e recolhidos, pelas alíquotas de referência, nas remessas ao fornecedor ou à plataforma, pela instituição que realiza a operação de câmbio, observados os critérios estabelecidos em regulamento; e

II – eventual diferença do IBS e da CBS devidos na operação ou importação deverá ser:

a) paga pelo adquirente ou importador, caso as alíquotas incidentes sejam maiores que as alíquotas de referência; ou

b) devolvida ao adquirente ou importador, caso as alíquotas incidentes sejam menores que as alíquotas de referência.

Art. 24. Sem prejuízo das demais hipóteses previstas na Lei nº 5.172, de 25 de outubro de 1966 (Código Tributário Nacional) e na legislação civil, são solidariamente responsáveis pelo pagamento do IBS e da CBS:

I – a pessoa ou entidade sem personalidade jurídica que, a qualquer título, adquire, importa, recebe, dá entrada ou saída ou mantém em depósito bem, ou toma serviço, não acobertado por documento fiscal idôneo;

II – o transportador, inclusive empresa de serviço postal ou entrega expressa:

a) em relação a bem transportado desacobertado de documento fiscal idôneo;

b) quando efetuar a entrega de bem em local distinto daquele indicado no documento fiscal;

III – o leiloeiro, pelo IBS e pela CBS devidos na operação realizada em leilão;

IV – os desenvolvedores ou fornecedores de programas ou aplicativos utilizados para registro de operações com bens ou com serviços que contenham funções ou comandos inseridos com a finalidade de descumprir a legislação tributária;

V – qualquer pessoa física, pessoa jurídica ou entidade sem personalidade jurídica que concorra por seus atos e omissões para o descumprimento de obrigações tributárias, por meio de:

a) ocultação da ocorrência ou do valor da operação; ou

b) abuso da personalidade jurídica, caracterizado pelo desvio de finalidade ou pela confusão patrimonial; e

VI – o entreposto aduaneiro, o recinto alfandegado ou estabelecimento a ele equiparado, o depositário ou o despachante, em relação ao bem:

a) destinado para o exterior sem documentação fiscal correspondente;

b) recebido para exportação e não exportado;

c) destinado a pessoa ou entidade sem personalidade jurídica diversa daquela que o tiver importado ou arrematado; ou

d) importado e entregue sem a devida autorização das administrações tributárias competentes.

§ 1º. A imunidade de que trata o § 1º do art. 9º desta Lei Complementar não exime a empresa pública prestadora de serviço postal da responsabilidade solidária nas hipóteses previstas no inciso II do *caput* deste artigo.

§ 2º. A responsabilidade a que se refere a alínea "a" do inciso V do *caput* deste artigo restringe-se ao valor ocultado da operação.

§ 3º. Não enseja responsabilidade solidária a mera existência de grupo econômico quando inexistente qualquer ação ou omissão que se enquadre no disposto no inciso V do *caput* deste artigo.

§ 4º. Os rerrefinadores ou coletores autorizados pela Agência Nacional do Petróleo, Gás Natural e Biocombustíveis (ANP) são solidariamente responsáveis pelo pagamento do IBS e da CBS incidentes na aquisição de óleo lubrificante usado ou contaminado de contribuinte sujeito ao regime regular.

§ 5º. Na hipótese do § 4º, a emissão do documento fiscal eletrônico relativo à operação será efetuada pelos rerrefinadores ou coletores, na forma estabelecida em regulamento, que poderá prever, inclusive, que a emissão ocorra de forma periódica, englobando as operações realizadas no período.

Art. 25. As responsabilidades de que trata esta Lei Complementar compreendem a obrigação pelo pagamento do IBS e da CBS, acrescidos de correção e atualização monetária, multa de mora, multas punitivas e demais encargos.

Art. 26. Não são contribuintes do IBS e da CBS, ressalvado o disposto no inciso II do § 1º do art. 156-A da Constituição Federal:

I – condomínio edilício;

II – consórcio de que trata o art. 278 da Lei nº 6.404, de 15 de dezembro de 1976•;

♦ Lei nº 6.404/1976 (Sociedades Anônimas).

III – sociedade em conta de participação;

IV – nanoempreendedor, assim entendido a pessoa física que tenha auferido receita bruta inferior a 50% (cinquenta por cento) do limite estabelecido para adesão ao regime do MEI previsto no § 1º do art. 18-A observado ainda o disposto nos §§ 4º e 4º-B do referido artigo da Lei Complementar nº 123, de 14 de dezembro de 2006, e não tenha aderido a esse regime; e

V – (vetado);

VI – produtor rural de que trata o art. 164 desta Lei Complementar;

VII – transportador autônomo de carga de que trata o art. 169 desta Lei Complementar;

VIII – entidade ou unidade de natureza econômico-contábil, sem fins lucrativos que presta serviços de planos de assistência à saúde sob a modalidade de autogestão;

IX – entidades de previdência complementar fechada, constituídas de acordo com a Lei Complementar nº 109, de 29 de maio de 2001•; e

♦ Lei Complementar nº 109/2001 (Previdência Complementar).

X – (vetado).

§ 1º. Poderão optar pelo regime regular do IBS e da CBS, observado o disposto no § 6º do art. 41 desta Lei Complementar:

I – as entidades sem personalidade jurídica de que tratam os incisos I a III do *caput* deste artigo;

II – a pessoa física de que trata o inciso IV do *caput* deste artigo; e

III – (vetado);

IV – o produtor rural de que trata o inciso VI do *caput* deste artigo, na forma do art. 165 desta Lei Complementar; e

V – o transportador autônomo de carga de que trata o inciso VII do *caput* deste artigo.

§ 2º. Em relação ao condomínio edilício de que trata o inciso I do *caput* deste artigo:

I – caso exerça a opção pelo regime regular de que trata o § 1º deste artigo, o IBS e a CBS incidirão sobre todas as taxas e demais valores cobrados pelo condomínio dos seus condôminos e de terceiros; e

II – caso não exerça a opção pelo regime regular e desde que as taxas e demais valores condominiais cobrados de seus condôminos representem menos de 80% (oitenta por cento) da receita total do condomínio:

a) ficará sujeito à incidência do IBS e da CBS sobre as operações com bens e com serviços que realizar de acordo com o disposto no inciso I do *caput* do art. 21 desta Lei Complementar; e

b) apropriará créditos na proporção da receita decorrente das operações tributadas na forma da alínea "a" deste inciso, em relação à receita total do condomínio.

§ 3º. Caso o consórcio de que trata o inciso II do *caput* não exerça a opção pelo regime regular de que trata o § 1º deste artigo, os consorciados ficarão obrigados ao pagamento do IBS e da CBS quanto às operações realizadas pelo consórcio, proporcionalmente às suas participações.

§ 4º. Caso a sociedade em conta de participação de que trata o inciso III do *caput* não exerça a opção pelo regime regular de que trata o § 1º deste artigo, o sócio ostensivo ficará obrigado ao pagamento do IBS e da CBS quanto às operações realizadas pela sociedade, vedada a exclusão de valores devidos a sócios participantes.

§ 5º. (Vetado).

§ 6º. (Vetado).

§ 7º. São contribuintes do IBS e da CBS no regime regular os fundos de investimento que liquidem antecipadamente recebíveis, nos termos previstos no art. 193 ou no art. 219 desta Lei Complementar.

§ 8º. (Vetado).

§ 9º. As entidades e as unidades de natureza econômico-contábil referidas nos incisos VIII e IX do *caput* deste artigo serão contribuintes do IBS e da CBS caso descumpram os requisitos previstos no art. 14 do Código Tributário Nacional.

§ 10. Para fins de enquadramento como nanoempreendedor, nos termos do inciso IV do *caput* deste artigo, será considerada como receita bruta da pessoa física prestadora de serviço de transporte privado individual de passageiros ou de entrega de bens intermediado por plataformas digitais 25% (vinte e cinco por cento) do valor bruto mensal recebido.

§ 11. O regulamento poderá estabelecer obrigações acessórias simplificadas para as pessoas e entes sem personalidade jurídica e as unidades de natureza econômico-contábil de que trata este artigo.

Seção VIII
DAS MODALIDADES DE EXTINÇÃO DOS DÉBITOS

Subseção I
Disposições Gerais

Art. 27. Os débitos do IBS e da CBS decorrentes da incidência sobre operações com bens ou com serviços serão extintos mediante as seguintes modalidades:

I – compensação com créditos, respectivamente, de IBS e de CBS apropriados pelo contribuinte, nos termos dos arts. 47 a 56 e das demais disposições desta Lei Complementar;

II – pagamento pelo contribuinte;

III – recolhimento na liquidação financeira da operação (*split payment*), nos termos dos arts. 31 a 35 desta Lei Complementar;

IV – recolhimento pelo adquirente, nos termos do art. 36 desta Lei Complementar; ou

V – pagamento por aquele a quem esta Lei Complementar atribuir responsabilidade.

Parágrafo único. A extinção de débitos de que trata o *caput* deste artigo:

I – nas hipóteses dos incisos I e II do *caput* deste artigo, será imputada aos valores dos débitos não extintos do IBS e da CBS incidentes sobre as operações ocorridas no período de apuração na ordem cronológica do documento fiscal, segundo critérios estabelecidos no regulamento;

II – nas hipóteses dos incisos III e IV do *caput* deste artigo, será vinculada à respectiva operação; e

III – na hipótese do inciso V do *caput* deste artigo, será vinculada à operação específica a que se refere ou, caso não se refira a uma operação específica, será imputada na forma do inciso I deste parágrafo.

Art. 28. Nas operações com energia elétrica ou com direitos a ela relacionados, o recolhimento do IBS e da CBS relativo à geração, comercialização e distribuição e transmissão será realizado exclusivamente:

I – pela distribuidora de energia elétrica, caso ocorra a venda para adquirente atendido no ambiente de contratação regulada;

II – pelo alienante de energia elétrica, caso se trate de aquisição no ambiente de contratação livre de energia para consumo do adquirente ou quando o adquirente não esteja sujeito ao regime regular do IBS e da CBS;

III – pelo adquirente, na condição de responsável, de energia elétrica caso se destine para consumo na aquisição de energia elétrica realizada de forma multilateral; ou

IV – pela transmissora de energia elétrica, na prestação de serviço de transmissão de energia elétrica a consumidor conectado diretamente à rede básica de transmissão.

§ 1º. O recolhimento do IBS e da CBS incidentes nas operações com energia elétrica, ou com direitos a ela relacionados, relativas à geração, comercialização, distribuição e transmissão ocorrerá somente no fornecimento:

I – para consumo; ou

II – para contribuinte não sujeito ao regime regular do IBS e da CBS.

§ 2º. No serviço de transmissão de energia elétrica, considera-se ocorrido o fornecimento no momento em que se tornar devido o pagamento relativo ao serviço de transmissão, nos termos da legislação aplicável.

§ 3º. Exclui-se da base de cálculo da CBS e do IBS a energia elétrica fornecida pela distribuidora à unidade consumidora, na quantidade correspondente à energia injetada na rede de distribuição pela mesma unidade consumidora, acrescidos dos créditos de energia elétrica originados na própria unidade consumidora no mesmo mês, em meses anteriores ou em outra unidade consumidora do mesmo titular.

§ 4º. A exclusão de que trata o § 3º deste artigo:

I – aplica-se somente a consumidores participantes do Sistema de Compensação de Energia Elétrica, de que trata a Lei nº 14.300, de 6 de janeiro de 2022•;

♦ Lei nº 14.300/2022 (Marco Legal da Geração Distribuída – GD).

II – aplica-se somente à compensação de energia elétrica produzida por microgeração e minigeração, cuja potência instalada seja, respectivamente, menor ou igual a 75 kW e superior a 75 kW e menor ou igual a 1 MW; e

III – não se aplica ao custo de disponibilidade, à energia reativa, à demanda de potência, aos encargos de conexão ou uso do sistema de distribuição, aos componentes tarifárias não associadas ao custo da energia e a quaisquer outros valores cobrados pela distribuidora.

Subseção II
Do Pagamento
pelo Contribuinte

Art. 29. O contribuinte deverá, até a data de vencimento, efetuar o pagamento do saldo a recolher de que trata o art. 45 desta Lei Complementar.

§ 1º. Caso o pagamento efetuado pelo contribuinte seja maior do que o saldo a recolher, a parcela excedente, até o montante dos débitos do período de apuração que tenham sido extintos pelas modalidades previstas nos incisos III a V do *caput* do art. 27 desta Lei Complementar entre o final do período de apuração e o dia útil anterior ao do pagamento pelo contribuinte, será transferida ao contribuinte em até 3 (três) dias úteis.

§ 2º. O pagamento efetuado após a data de vencimento será acrescido de:

I – multa de mora, calculada à taxa de 0,33% (trinta e três centésimos por cento), por dia de atraso; e

II – juros de mora, calculados à taxa referencial do Sistema Especial de Liquidação e de Custódia (Selic), a partir do primeiro dia do mês subsequente ao vencimento do prazo até o mês anterior ao do pagamento, e de 1% (um por cento) no mês de pagamento.

§ 3º. A multa de que trata o inciso I do § 2º deste artigo será calculada a partir do primeiro dia subsequente ao do vencimento do prazo previsto para o pagamento do tributo até o dia em que ocorrer o seu pagamento.

§ 4º. O percentual da multa de que trata o inciso I do § 2º deste artigo fica limitado a 20% (vinte por cento).

Art. 30. O Comitê Gestor do IBS e a RFB poderão oferecer, como opção ao contribuinte, mecanismo automatizado de pagamento, respectivamente, do IBS e da CBS.

§ 1º. A utilização do mecanismo previsto no *caput* deste artigo pelo contribuinte fica condicionada à sua prévia autorização.

§ 2º. O mecanismo automatizado de que trata o *caput* deste artigo permitirá a retirada e o depósito de valores em contas de depósito e contas de pagamento de titularidade do contribuinte.

Subseção III
Do Recolhimento na Liquidação Financeira (*Split Payment*)

Art. 31. Nas transações de pagamento relativas a operações com bens ou com serviços, os prestadores de serviços de pagamento eletrônico e as instituições operadoras de sistemas de pagamentos deverão segregar e recolher ao Comitê Gestor do IBS e à RFB, no momento da liquidação financeira da transação (*split payment*), os valores do IBS e da CBS, de acordo com o disposto nesta Subseção.

§ 1º. Os procedimentos do *split payment* previstos nesta Subseção compreenderão a vinculação entre:

I – os documentos fiscais eletrônicos relativos a operações com bens ou com serviços; e

II – a transação de pagamento das respectivas operações.

§ 2º. Atos conjuntos do Comitê Gestor do IBS e da RFB disciplinarão o disposto nesta Subseção, inclusive no que se refere às atribuições dos prestadores de serviços de pagamento eletrônico e das instituições operadoras de sistemas de pagamento, considerando as características de cada arranjo de pagamento e das operações com bens e serviços.

§ 3º. O disposto nesta Subseção aplica-se a todos os prestadores de serviços de pagamento eletrônico de que trata o *caput* deste artigo, participantes de arranjos de pagamento, abertos e fechados, públicos e privados, inclusive os participantes e arranjos que não estão sujeitos à regulação do Banco Central do Brasil.

Art. 32. O procedimento padrão do *split payment* obedecerá ao disposto neste artigo.

§ 1º. O fornecedor é obrigado a incluir no documento fiscal eletrônico informações que permitam:

I – a vinculação das operações com a transação de pagamento; e

II – a identificação dos valores dos débitos do IBS e da CBS incidentes sobre as operações.

§ 2º. As informações previstas no § 1º deste artigo deverão ser transmitidas aos prestadores de serviço de pagamento:

I – pelo fornecedor;

II – pela plataforma digital, em relação às operações e importações realizadas por seu intermédio, nos termos do art. 22 desta Lei Complementar; ou

III – por outra pessoa ou entidade sem personalidade jurídica que receber o pagamento.

§ 3º. Antes da disponibilização dos recursos ao fornecedor, o prestador de serviço de pagamento ou a instituição operadora do sistema de pagamento deverá, com base nas informações recebidas, consultar sistema do Comitê Gestor do IBS e da RFB sobre os valores a serem segregados e recolhidos, que corresponderão à diferença positiva entre:

I – os valores dos débitos do IBS e da CBS incidentes sobre a operação, destacados no documento fiscal eletrônico; e

II – as parcelas dos débitos referidos no inciso I deste parágrafo já extintas por quaisquer das modalidades previstas no art. 27 desta Lei Complementar.

§ 4º. Caso a consulta não possa ser efetuada nos termos do § 3º deste artigo, deverá ser adotado o seguinte procedimento:

I – o prestador de serviços de pagamento ou a instituição operadora do sistema de pagamentos segregará e recolherá ao Comitê Gestor do IBS e à RFB o valor dos débitos do IBS e da CBS incidentes sobre as operações vinculadas à transação de pagamento, com base nas informações recebidas; e

II – o Comitê Gestor do IBS e a RFB:

a) efetuarão o cálculo dos valores dos débitos do IBS e da CBS das operações vinculadas à transação de pagamento, com a dedução das parcelas já extintas por quaisquer das modalidades previstas no art. 27 desta Lei Complementar; e

b) transferirão ao fornecedor, em até 3 (três) dias úteis, os valores recebidos que excederem ao montante de que trata a alínea "a" deste inciso.

Art. 33. O contribuinte poderá optar por procedimento simplificado do *split payment* para todas as operações cujo adquirente não seja contribuinte do IBS e da CBS no regime regular.

§ 1º. No procedimento simplificado de que trata o *caput* deste artigo, os valores do IBS e da CBS a serem segregados e recolhidos pelo prestador de serviço de pagamento ou pela instituição operadora do sistema de pagamentos serão calculados com base em percentual preestabelecido do valor das operações.

§ 2º. O percentual de que trata o § 1º deste artigo:

I – será estabelecido pelo Comitê Gestor do IBS, para o IBS, e pela RFB, para a CBS, vedada a aplicação de procedimento simplificado para apenas um desses tributos;

II – poderá ser diferenciado por setor econômico ou por contribuinte, a partir de cálculos baseados em metodologia uniforme previamente divulgada, incluindo dados da alíquota média incidente sobre as operações e do histórico de utilização de créditos; e

III – não guardará relação com o valor dos débitos do IBS e da CBS efetivamente incidentes sobre a operação.

§ 3º. Os valores do IBS e da CBS recolhidos por meio do procedimento simplificado de que trata o *caput* serão utilizados para pagamento dos débitos não extintos do contribuinte decorrentes das operações de que trata o *caput* ocorridas no período de apuração, em ordem cronológica do documento fiscal, segundo critérios estabelecidos no regulamento.

§ 4º. O Comitê Gestor do IBS e a RFB:

I – efetuarão o cálculo do saldo dos débitos do IBS e da CBS das operações de que trata o *caput* deste artigo, após a dedução das parcelas já extintas por quaisquer das modalidades previstas no art. 27 desta Lei Complementar, no período de apuração; e

II – transferirão ao fornecedor, em até 3 (três) dias úteis contados da conclusão da apuração, os valores recebidos que excederem o montante de que trata o inciso I deste parágrafo.

§ 5º. A opção de que trata o *caput* deste artigo será irretratável para todo o período de apuração.

§ 6º. Ato conjunto do Comitê Gestor do IBS e da RFB poderá determinar a utilização do procedimento simplificado de que trata este artigo para as operações mencionadas no *caput*, enquanto o procedimento padrão descrito no art. 32 não estiver em funcionamento em nível adequado para os principais instrumentos de pagamento eletrônico utilizados nessas operações.

Art. 34. Deverão ser observadas ainda as seguintes regras para o *split payment*:

I – a segregação e o recolhimento do IBS e da CBS ocorrerão na data da liquidação financeira da transação de pagamento, observados os fluxos de pagamento estabelecidos entre os participantes do arranjo;

II – nas operações com bens ou com serviços com pagamento parcelado pelo fornecedor, a segregação e o recolhimento do IBS e da CBS deverão ser efetuados, de forma proporcional, na liquidação financeira de todas as parcelas;

III – a liquidação antecipada de recebíveis não altera a obrigação de segregação e de recolhimento do IBS e da CBS na forma dos incisos I e II deste *caput*;

IV – o disposto nesta Subseção não afasta a responsabilidade do sujeito passivo pelo pagamento do eventual saldo a recolher do IBS e da CBS, observados o momento da ocorrência do fato gerador e o prazo de vencimento dos tributos; e

V – os prestadores de serviços de pagamentos e as instituições operadoras de sistemas de pagamento:

a) serão responsáveis por segregar e recolher os valores do IBS e da CBS de acordo o disposto nesta Subseção; e

b) não serão responsáveis tributários pelo IBS e pela CBS incidentes sobre as operações com bens e com serviços cujos pagamentos eles liquidem.

Art. 35. O Poder Executivo da União e o Comitê Gestor do IBS deverão aprovar orçamento para desenvolvimento, implementação, operação e manutenção do sistema do *split payment*.

§ 1º. O *split payment* deverá entrar em funcionamento de forma simultânea, nas operações com adquirentes que não são contribuintes do IBS e da CBS no regime regular, para os principais instrumentos de pagamento eletrônico utilizados nessas operações.

§ 2º. Ato conjunto do Comitê Gestor do IBS e da RFB:

I – estabelecerá a implementação gradual do *split payment*; e

II – poderá prever hipóteses em que a adoção do *split payment* será facultativa.

§ 3º. São instrumentos de pagamento eletrônico principais, para fins do disposto no § 1º deste artigo, aqueles preponderantemente utilizados no setor de varejo.

Subseção IV
Do Recolhimento pelo Adquirente

Art. 36. O adquirente de bens ou de serviços que seja contribuinte do IBS e da CBS pelo regime regular poderá pagar o IBS e a CBS incidentes sobre a operação caso o pagamento ao fornecedor seja efetuado mediante a utilização de instrumento de pagamento que não permita a segregação e o recolhimento nos termos dos arts. 32 e 33 desta Lei Complementar.

§ 1º. A opção de que trata o *caput* deste artigo será exercida exclusivamente mediante o recolhimento, pelo adquirente, do IBS e da CBS incidentes sobre a operação.

§ 2º. (Vetado).

§ 3º. O valor recolhido na forma deste artigo:

I – será utilizado exclusivamente para pagamento dos valores dos débitos ainda não extintos do IBS e da CBS relativos às respectivas operações; e

II – quando excedente ao valor utilizado nos termos do inciso I deste parágrafo, será transferido ao contribuinte em até 3 (três) dias úteis.

§ 4º. O Comitê Gestor do IBS e a RFB estabelecerão mecanismo para acompanhamento, pelo fornecedor, do recolhimento pelo adquirente.

Subseção V
Do Pagamento pelo Responsável

Art. 37. Aplica-se o disposto no art. 29 desta Lei Complementar, no que couber, ao pagamento do IBS e da CBS por aquele a quem esta Lei Complementar atribuir a condição de responsável.

Seção IX
DO PAGAMENTO INDEVIDO OU A MAIOR

Art. 38. Em caso de pagamento indevido ou a maior, a restituição do IBS e da CBS somente será devida ao contribuinte na hipótese em que:

I – a operação não tenha gerado crédito para o adquirente dos bens ou serviços; e

II – tenha sido observado o disposto no art. 166 da Lei nº 5.172, de 25 de outubro de 1966 (Código Tributário Nacional).

Seção X
DO RESSARCIMENTO

Art. 39. O contribuinte do IBS e da CBS que apurar saldo a recuperar na forma do art. 45 ao final do período de apuração poderá solicitar seu ressarcimento integral ou parcial.

§ 1º. Caso o ressarcimento não seja solicitado ou a solicitação seja parcial, o valor remanescente do saldo a recuperar constituirá crédito do contribuinte, o qual poderá ser utilizado para compensação ou ressarcido em períodos posteriores.

§ 2º. A solicitação de ressarcimento de que trata este artigo será apreciada pelo Comitê Gestor do IBS, em relação ao IBS, e pela RFB, em relação à CBS.

§ 3º. O prazo para apreciação do pedido de ressarcimento será de:

I – até 30 (trinta) dias contados da data da solicitação de que trata o *caput* deste artigo, para pedidos de ressarcimento de contribuintes enquadrados em programas de conformidade desenvolvidos pelo Comitê Gestor do IBS e pela RFB que atendam ao disposto no art. 40 desta Lei Complementar;

II – até 60 (sessenta) dias contados da data de solicitação de que trata o *caput* deste artigo, para pedidos de ressarcimento que atendam ao disposto no art. 40 desta Lei Complementar, ressalvada a hipótese prevista no inciso I deste parágrafo; ou

III – até 180 (cento e oitenta) dias contados da data da solicitação de que trata o *caput* deste artigo, nos demais casos.

§ 4º. Se não houver manifestação do Comitê Gestor do IBS ou da RFB nos prazos previstos no § 3º deste artigo, o crédito será ressarcido ao contribuinte nos 15 (quinze) dias subsequentes.

§ 5º. Caso seja iniciado procedimento de fiscalização relativo ao pedido de ressarcimento antes do encerramento dos prazos estabelecidos no § 3º deste artigo serão:

I – suspensos os prazos; e

II – ressarcidos os créditos homologados em até 15 (quinze) dias contados da conclusão da fiscalização.

§ 6º. O procedimento de fiscalização de que trata o § 5º deste artigo não poderá estender-se por mais de 360 (trezentos e sessenta) dias.

§ 7º. Caso o procedimento de fiscalização não seja encerrado no prazo de que trata o § 6º deste artigo, o crédito será ressarcido ao contribuinte nos 15 (quinze) dias subsequentes.

§ 8º. O ressarcimento efetuado nos termos deste artigo não afasta a possibilidade de fiscalização posterior dos créditos ressarcidos nem prejudica a conclusão do procedimento de que trata o § 6º deste artigo.

§ 9º. O valor dos saldos credores cujo ressarcimento tenha sido solicitado nos termos deste artigo será corrigido, caso o pagamento ocorra a partir do primeiro dia do segundo mês seguinte ao do pedido, pela taxa Selic acumulada mensalmente a partir desta data até o mês anterior ao pagamento, acrescido de 1% (um por cento) no mês de pagamento.

§ 10. Os prazos de que trata o § 3º serão suspensos, por até 5 (cinco) anos, não aplicado o disposto no § 9º deste artigo, caso o contribuinte realize a opção:

I – pelo Simples Nacional ou pelo MEI, exceto na hipótese de que trata o § 3º do art. 41 desta Lei Complementar; ou

II – por não ser contribuinte de IBS e de CBS, nas hipóteses autorizadas nesta Lei Complementar.

§ 11. Na hipótese de descumprimento dos prazos previstos nos §§ 3º a 5º deste artigo, o valor do saldo credor será corrigido diariamente pela taxa Selic a partir do primeiro dia do início do prazo para apreciação do pedido até o dia anterior ao do ressarcimento.

Art. 40. Aplicam-se os prazos de ressarcimento previstos nos incisos I ou II do § 3º do art. 39 desta Lei Complementar para:

I – os créditos apropriados de IBS e de CBS relativos à aquisição de bens e serviços incorporados ao ativo imobilizado do contribuinte;

II – os pedidos de ressarcimento cujo valor seja igual ou inferior a 150% (cento e cinquenta por cento) do valor médio mensal da diferença entre:

a) os créditos de IBS e de CBS apropriados pelo contribuinte; e

b) os débitos de IBS e de CBS incidentes sobre as operações do contribuinte.

§ 1º. O cálculo do valor médio mensal de que trata o inciso II do *caput* será realizado com base nas informações relativas aos 24 (vinte e quatro) meses anteriores ao período de apuração, excluídos do cálculo os créditos apropriados nos termos do inciso I do *caput* deste artigo.

§ 2º. Cabe ao regulamento dispor sobre a forma de aplicação do disposto neste artigo, inclusive quanto:

I – à utilização de estimativas para os valores de que tratam as alíneas "a" e "b" do inciso II do *caput* deste artigo, durante os anos iniciais de cobrança do IBS e da CBS, enquanto as informações referidas nessas alíneas não estiverem disponíveis;

II – à possibilidade de ajuste no cálculo de que trata o inciso II do *caput* deste artigo, em decorrência da elevação da alíquota do IBS entre 2029 e 2033.

§ 3º. O valor calculado nos termos do inciso II do *caput* deste artigo poderá ser ajustado, nos termos do regulamento, de modo a contemplar variações sazonais no valor das operações e das aquisições do contribuinte e variações decorrentes de expansão ou implantação de empreendimento econômico pelo contribuinte.

§ 4º. Para os fins do disposto no inciso I do *caput* deste artigo, também serão considerados como bens e serviços incorporados ao ativo imobilizado aqueles com a mesma natureza que, em decorrência das normas contábeis aplicáveis, forem contabilizados por concessionárias de serviços públicos como ativo de contrato, intangível ou financeiro.

Seção XI
DOS REGIMES DE APURAÇÃO

Art. 41. O regime regular do IBS e da CBS compreende todas as regras de incidência e de apuração previstas nesta Lei Complementar, incluindo aquelas aplicáveis aos regimes diferenciados e aos regimes específicos.

§ 1º. Fica sujeito ao regime regular do IBS e da CBS de que trata esta Lei Complementar o contribuinte que não realizar a opção pelo Simples Nacional ou pelo MEI, de que trata a Lei Complementar nº 123, de 14 de dezembro de 2006•.

♦ Lei Complementar nº 123/2006 (Estatuto Nacional da Microempresa e da Empresa de Pequeno Porte).

§ 2º. Os contribuintes optantes pelo Simples Nacional ou pelo MEI ficam sujeitos às regras desses regimes.

§ 3º. Os optantes pelo Simples Nacional poderão exercer a opção de apurar e recolher o IBS e a CBS pelo regime regular, hipótese na qual o IBS e a CBS serão apurados e recolhidos conforme o disposto nesta Lei Complementar.

§ 4º. A opção a que se refere o § 3º será exercida nos termos da Lei Complementar nº 123, de 14 de dezembro de 2006•.

♦ Lei Complementar nº 123/2006 (Estatuto Nacional da Microempresa e da Empresa de Pequeno Porte).

§ 5º. É vedado ao contribuinte do Simples Nacional ou ao contribuinte que venha a fazer a opção por esse regime retirar-se do regime regular do IBS e da CBS caso tenha recebido ressarcimento de créditos desses tributos no ano-calendário corrente ou anterior, nos termos do art. 39 desta Lei Complementar.

§ 6º. Aplica-se o disposto no § 5º deste artigo, em relação às demais hipóteses em que a pessoa física, pessoa jurídica ou entidade sem personalidade jurídica exerça a opção facultativa pela condição de contribuinte sujeito ao regime regular, nos casos previstos nesta Lei Complementar.

Art. 42. A apuração relativa ao IBS e à CBS consolidará as operações realizadas por todos os estabelecimentos do contribuinte.

§ 1º. O pagamento do IBS e da CBS e o pedido de ressarcimento serão centralizados em um único estabelecimento.

§ 2º. A apuração consolidará todos os débitos e créditos do contribuinte no regime regular, inclusive aqueles decorrentes da apuração dos regimes diferenciados e específicos, salvo nas hipóteses previstas expressamente nesta Lei Complementar.

Art. 43. O período de apuração do IBS e da CBS será mensal.

Art. 44. O regulamento estabelecerá:

I – o prazo para conclusão da apuração; e

II – a data de vencimento dos tributos.

Art. 45. Para cada período de apuração, o contribuinte deverá apurar, separadamente, o saldo do IBS e da CBS, que corresponderá à diferença entre os valores:

I – dos débitos do IBS e da CBS decorrentes dos fatos geradores ocorridos no período de apuração;

II –dos créditos apropriados no mesmo período, incluindo os créditos presumidos, acrescido do saldo a recuperar de período ou períodos anteriores não utilizado para compensação ou ressarcimento.

§ 1º. O contribuinte poderá realizar ajustes positivos ou negativos no saldo apurado na forma do *caput* deste artigo, nos termos previstos no regulamento.

§ 2º. Inclui-se entre os ajustes de que trata o § 1º deste artigo o estorno de crédito apropriado em período de apuração anterior, aplicados os acréscimos de que tratam os §§ 2º a 4º do art. 29 desta Lei Complementar desde a data em que tiver ocorrido a apropriação indevida do crédito.

§ 3º. Do saldo apurado na forma do *caput* e do § 1º deste artigo, serão deduzidos os valores extintos pelas modalidades previstas nos incisos III a V do *caput* do art. 27, que resultará:

I – quando positivo, saldo a recolher que deverá ser pago pelo contribuinte; e

II – quando negativo, saldo a recuperar que poderá ser utilizado para ressarcimento ou compensação na forma prevista nesta Lei Complementar.

§ 4º. A apuração realizada nos termos deste artigo implica confissão de dívida pelo contribuinte e constitui o crédito tributário.

§ 5º. A confissão de dívida de que trata o § 4º é instrumento hábil e suficiente para a exigência do valor do IBS e da CBS incidentes sobre as operações nela consignadas.

§ 6º. A apuração de que trata este artigo deverá ser realizada e entregue ao Comitê Gestor do IBS e à RFB no prazo para conclusão da apuração, de que trata o inciso I do *caput* do art. 44 desta Lei Complementar.

Art. 46. O Comitê Gestor do IBS e a RFB poderão, respectivamente, apresentar ao sujeito passivo apuração assistida do saldo do IBS e da CBS do período de apuração.

§ 1º. O saldo da apuração de que trata o *caput* deste artigo será calculado nos termos do *caput* do art. 45 desta Lei Complementar e terá por base:

I – documentos fiscais eletrônicos;

II – informações relativas à extinção dos débitos do IBS e da CBS por quaisquer das modalidades previstas no art. 27 desta Lei Complementar; e

III – outras informações prestadas pelo contribuinte ou a ele relativas.

§ 2º. Caso haja a apresentação da apuração assistida de que trata o *caput* deste artigo, a apuração pelo contribuinte de que trata o art. 45 desta Lei Complementar somente poderá ser realizada mediante ajustes na apuração assistida.

§ 3º. A apuração assistida realizada nos termos deste artigo, caso o contribuinte a confirme ou nela realize ajustes, implica confissão de dívida e constitui o crédito tributário.

§ 4º. Na ausência de manifestação do contribuinte sobre a apuração assistida no prazo para conclusão da apuração de que trata o inciso I do *caput* do art. 44 desta Lei Complementar, presume-se correto o saldo apurado e considera-se constituído o crédito tributário.

§ 5º. A confissão de dívida e a apuração assistida a que se referem, respectivamente, os §§ 3º e 4º deste artigo, são instrumentos hábeis e suficientes para a exigência dos valores do IBS e da CBS incidentes sobre as operações nelas consignadas.

§ 6º. O saldo resultante da apuração de que trata este artigo constituirá saldo a recolher ou saldo a recuperar, conforme o caso, aplicado o disposto no § 3º do art. 45 desta Lei Complementar.

§ 7º. O disposto neste artigo não afasta a prerrogativa de lançamento de ofício de crédito tributário relativo a diferenças posteriormente verificadas pela administração tributária.

§ 8º. A apuração assistida de que trata o *caput* deste artigo deverá ser uniforme e sincronizada para o IBS e a CBS.

Seção XII
DA NÃO CUMULATIVIDADE

Art. 47. O contribuinte sujeito ao regime regular poderá apropriar créditos do IBS e da CBS quando ocorrer a extinção por qualquer das modalidades previstas no art. 27 dos débitos relativos às operações em que seja adquirente, excetuadas exclusivamente aquelas consideradas de uso ou consumo pessoal, nos termos do art. 57 desta Lei Complementar, e as demais hipóteses previstas nesta Lei Complementar.

§ 1º. A apropriação dos créditos de que trata o *caput* deste artigo:

I – será realizada de forma segregada para o IBS e para a CBS, vedadas, em qualquer hipótese, a compensação de créditos de IBS com valores devidos de CBS e a compensação de créditos de CBS com valores devidos de IBS; e

II – está condicionada à comprovação da operação por meio de documento fiscal eletrônico idôneo.

§ 2º. Os valores dos créditos do IBS e da CBS apropriados corresponderão:

I – aos valores dos débitos, respectivamente, do IBS e da CBS que tenham sido destacados no documento fiscal de aquisição e extintos por qualquer das modalidades previstas no art. 27; ou

II – aos valores de crédito presumido, nas hipóteses previstas nesta Lei Complementar.

§ 3º. O disposto neste artigo aplica-se, inclusive, nas aquisições de bem ou serviço fornecido por optante pelo Simples Nacional.

§ 4º. Nas operações em que o contribuinte seja adquirente de combustíveis tributados no regime específico de que trata o Capítulo I do Título V deste Livro, fica dispensada a comprovação de extinção dos débitos do IBS e da CBS para apropriação dos créditos.

§ 5º. Na hipótese de que trata o § 4º, os créditos serão equivalentes aos valores do IBS e da CBS registrados em documento fiscal eletrônico idôneo.

§ 6º. O adquirente deverá estornar o crédito apropriado caso o bem adquirido venha a perecer, deteriorar-se ou ser objeto de roubo, furto ou extravio.

§ 7º. No caso de roubo ou furto de bem do ativo imobilizado, o estorno de crédito de que trata o § 6º deste artigo será feito proporcionalmente ao prazo de vida útil e às taxas de depreciação definidos em regulamento.

§ 8º. Na devolução e no cancelamento de operações por adquirente não contribuinte no regime regular, o fornecedor sujeito ao regime regular poderá apropriar créditos com base nos valores dos débitos incidentes na operação devolvida ou cancelada.

§ 9º. Na hipótese de o pagamento do IBS e da CBS ser realizado por meio do Simples Nacional, quando não for exercida a opção pelo regime regular de que trata o § 3º do art. 41 desta Lei Complementar:

I – não será permitida a apropriação de créditos do IBS e da CBS pelo optante pelo Simples Nacional; e

II – será permitida ao contribuinte sujeito ao regime regular do IBS e da CBS a apropriação de créditos do IBS e da CBS correspondentes aos valores desses tributos pagos na aquisição de bens e de serviços de optante pelo Simples Nacional, em montante equivalente ao devido por meio desse regime.

§ 10. A realização de operações sujeitas a alíquota reduzida não acarretará o estorno, parcial ou integral, dos créditos apropriados pelo contribuinte em suas aquisições, salvo quando expressamente previsto nesta Lei Complementar.

§ 11. O contribuinte do IBS e da CBS no regime regular poderá creditar-se dos valores dos débitos extintos relativos a fornecimentos de bens e serviços não pagos por adquirente que tenha a falência decretada, nos termos da Lei nº 11.101, de 9 de fevereiro de 2005,• desde que:

♦ Lei nº 11.101/2005 (Recuperação judicial, extrajudicial e falências).

I – a aquisição do bem ou serviço não tenha permitido a apropriação de créditos pelo adquirente;

II – a operação tenha sido registrada na contabilidade do contribuinte desde o período de apuração em que ocorreu o fato gerador do IBS e da CBS; e

III – o pagamento dos credores do adquirente falido tenha sido encerrado de forma definitiva.

Art. 48. Ficará dispensado o requisito de extinção dos débitos para fins de apropriação dos créditos de que trata o *caput* do art. 47 desta Lei Complementar, exclusivamente, se não houver sido implementada nenhuma das seguintes modalidades de extinção:

I – recolhimento na liquidação financeira da operação (*split payment*), nos termos dos arts. 31 e 32 desta Lei Complementar; ou

II – recolhimento pelo adquirente, nos termos do art. 36 desta Lei Complementar.

Parágrafo único. Na hipótese de que trata o *caput* deste artigo, a apropriação dos créditos ficará condicionada ao destaque dos valores corretos do IBS e da CBS no documento fiscal eletrônico relativo à aquisição.

Art. 49. As operações imunes, isentas ou sujeitas a alíquota zero, a diferimento ou a suspensão não permitirão a apropriação de créditos pelos adquirentes dos bens e serviços.

Parágrafo único. O disposto no *caput* deste artigo não impede a apropriação dos créditos presumidos previstos expressamente nesta Lei Complementar.

Art. 50. Nas hipóteses de suspensão, caso haja a exigência do crédito suspenso, a apropriação dos créditos será admitida somente no momento da extinção dos débitos por qualquer das modalidades previstas no art. 27 desta Lei Complementar, vedada a apropriação de créditos em relação aos acréscimos legais.

Art. 51. A imunidade e a isenção acarretarão a anulação dos créditos relativos às operações anteriores.

§ 1º. A anulação dos créditos de que trata o *caput* deste artigo será proporcional ao valor das operações imunes e isentas sobre o valor de todas as operações do fornecedor.

§ 2º. O disposto no *caput* e no § 1º deste artigo não se aplica às:

I – exportações; e

II – operações de que tratam os incisos IV e VI do *caput* do art. 9º desta Lei Complementar.

Art. 52. No caso de operações sujeitas a alíquota zero, serão mantidos os créditos relativos às operações anteriores.

Art. 53. Os créditos do IBS e da CBS apropriados em cada período de apuração poderão ser utilizados, na seguinte ordem, mediante:

I – compensação com o saldo a recolher do IBS e da CBS vencido, não extinto e não inscrito em dívida ativa relativo a períodos de apuração anteriores, inclusive os acréscimos legais; e

II – compensação com os débitos do IBS e da CBS decorrentes de fatos geradores do mesmo período de apuração, observada a ordem cronológica de que trata o inciso I do parágrafo único do art. 27 desta Lei Complementar; e

III – compensação, respectivamente, com os débitos do IBS e da CBS decorrentes de fatos geradores de períodos de apuração subsequentes, observada a ordem cronológica de que trata o inciso I do parágrafo único do art. 27 desta Lei Complementar.

§ 1º. Alternativamente ao disposto no inciso III, o contribuinte poderá solicitar ressarcimento, nos termos da Seção X deste Capítulo.

§ 2º. Os créditos do IBS e da CBS serão apropriados e compensados ou ressarcidos pelo seu valor nominal, vedadas correção ou atualização monetária, sem prejuízo das hipóteses de acréscimos de juros relativos a ressarcimento expressamente previstas nesta Lei Complementar.

Art. 54. O direito de utilização dos créditos extinguir-se-á após o prazo de 5 (cinco) anos, contado do primeiro dia do período subsequente ao de apuração em que tiver ocorrido a apropriação do crédito.

Art. 55. É vedada a transferência, a qualquer título, para outra pessoa ou entidade sem personalidade jurídica, de créditos do IBS e da CBS.

Parágrafo único. Na hipótese de fusão, cisão ou incorporação, os créditos apropriados e ainda não utilizados poderão ser transferidos para a pessoa jurídica sucessora, ficando preservada a data original da apropriação dos créditos para efeitos da contagem do prazo de que trata o art. 54 desta Lei Complementar.

Art. 56. O disposto nesta Seção aplica-se a todas as hipóteses de apropriação e de utilização de créditos do IBS e da CBS previstas nesta Lei Complementar.

Seção XIII
DOS BENS E SERVIÇOS DE USO OU CONSUMO PESSOAL

Art. 57. Consideram-se de uso ou consumo pessoal:

I – os seguintes bens e serviços:

a) joias, pedras e metais preciosos;

b) obras de arte e antiguidades de valor histórico ou arqueológico;

c) bebidas alcoólicas;

d) derivados do tabaco;

e) armas e munições;

f) bens e serviços recreativos, esportivos e estéticos;

II – os bens e serviços adquiridos ou produzidos pelo contribuinte e fornecidos de forma não onerosa ou a valor inferior ao de mercado para:

a) o próprio contribuinte, quando este for pessoa física;

b) as pessoas físicas que sejam sócios, acionistas, administradores e membros de conselhos de administração e fiscal e comitês de assessoramento do conselho de administração do contribuinte previstos em lei;

c) os empregados dos contribuintes de que tratam as alíneas "a" e "b" deste inciso; e

d) os cônjuges, companheiros ou parentes, consanguíneos ou afins, até o terceiro grau, das pessoas físicas referidas nas alíneas "a", "b" e "c" deste inciso.

§ 1º. Para fins do inciso II do *caput* deste artigo, consideram-se bens e serviços de uso ou consumo pessoal, entre outros:

I – bem imóvel residencial e os demais bens e serviços relacionados à sua aquisição e manutenção; e

II – veículo e os demais bens e serviços relacionados à sua aquisição e manutenção, inclusive seguro e combustível.

§ 2º. No caso de sociedade que tenha como atividade principal a gestão de bens das pessoas físicas referidas no inciso II do *caput* deste artigo e dos ativos financeiros dessas pessoas físicas (*family office*), os bens e serviços relacionados à gestão serão considerados de uso e consumo pessoal.

§ 3º. Não se consideram bens e serviços de uso ou consumo pessoal aqueles utilizados preponderantemente na atividade econômica do contribuinte, de acordo com os seguintes critérios:

I – os bens previstos nas alíneas "a" a "d" do inciso I do *caput* deste artigo que sejam comercializados ou utilizados para a fabricação de bens a serem comercializados;

II – os bens previstos na alínea "e" do inciso I do *caput* deste artigo que cumpram o disposto no inciso I deste parágrafo ou sejam utilizados por empresas de segurança;

III – os bens previstos na alínea "f" do inciso I do *caput* deste artigo que cumpram o disposto no inciso I deste parágrafo ou sejam utilizados exclusivamente em estabelecimento físico pelos seus clientes;

IV – os bens e serviços previstos no inciso II do *caput* deste artigo que consistam em:

a) uniformes e fardamentos;

b) equipamentos de proteção individual;

c) alimentação e bebida não alcoólica disponibilizada no estabelecimento do contribuinte para seus empregados e administradores durante a jornada de trabalho;

d) serviços de saúde disponibilizados no estabelecimento do contribuinte para seus empregados e administradores durante a jornada de trabalho;

e) serviços de creche disponibilizados no estabelecimento do contribuinte para seus empregados e administradores durante a jornada de trabalho;

f) serviços de planos de assistência à saúde e de fornecimento de vale-transporte, de vale-refeição e vale-alimentação destinados a empregados e seus dependentes em decorrência de acordo ou convenção coletiva de trabalho, sendo os créditos na aquisição desses serviços equivalentes aos respectivos débitos do fornecedor apurados e extintos de acordo com o disposto nos regimes específicos de planos de assistência à saúde e de serviços financeiros;

g) benefícios educacionais a seus empregados e dependentes em decorrência de acordo ou convenção coletiva de trabalho, inclusive mediante concessão de bolsas de estudo ou de descontos na contraprestação, desde que esses benefícios sejam oferecidos a todos os empregados, autorizada a diferenciação em favor dos empregados de menor renda ou com maior núcleo familiar; e

V – outros bens e serviços que obedeçam a critérios estabelecidos no regulamento.

§ 4º. Os bens e serviços que não estejam relacionados ao desenvolvimento de atividade econômica por pessoa física caracterizada como contribuinte do regime regular serão considerados de uso ou consumo pessoal.

§ 5º. Em relação aos bens e serviços de uso ou consumo pessoal de que trata este artigo, fica vedada a apropriação de créditos.

§ 6º. Caso tenha havido a apropriação de créditos na aquisição de bens ou serviços de uso ou consumo pessoal, serão exigidos débitos em valores equivalentes aos dos créditos, com os acréscimos legais de que trata o § 2º do art. 29, calculados desde a data da apropriação.

§ 7º. Na hipótese de fornecimento de bem do contribuinte para utilização temporária pelas pessoas físicas de que trata o inciso II do *caput* deste artigo, serão exigidos débitos em valores equivalentes aos dos créditos, calculados proporcionalmente ao tempo de vida útil do bem em relação ao tempo utilizado pelo contribuinte, com os acréscimos legais de que trata o § 2º do art. 29, na forma do regulamento.

§ 8º. O regulamento disporá sobre a forma de identificação da pessoa física destinatária dos bens e serviços de que trata este artigo.

CAPÍTULO III
DA OPERACIONALIZAÇÃO DO IBS E DA CBS

Seção I
DISPOSIÇÕES GERAIS

Art. 58. O Comitê Gestor do IBS e a RFB atuarão de forma conjunta para implementar soluções integradas para a administração do IBS e da CBS, sem prejuízo das respectivas competências legais.

§ 1º. O contribuinte acessará as informações da apuração e do pagamento do IBS e da CBS em plataforma eletrônica unificada, com gestão compartilhada entre o Comitê Gestor do IBS e a RFB.

§ 2º. A plataforma eletrônica unificada de que trata o § 1º deste artigo disponibilizará canal de atendimento ao contribuinte para resolução de problemas operacionais relacionados à apuração e pagamento do IBS e da CBS.

§ 3º. Sem prejuízo do disposto nos §§ 1º e 2º deste artigo, o Comitê Gestor do IBS e a RFB poderão manter seus próprios sistemas para administração do IBS e da CBS.

Seção II
DO CADASTRO COM IDENTIFICAÇÃO ÚNICA

Art. 59. As pessoas físicas e jurídicas e as entidades sem personalidade jurídica sujeitas ao IBS e à CBS são obrigadas a se registrar em cadastro com identificação única, observado o disposto nas alíneas "a" e "b" do inciso I do § 3º do art. 11 desta Lei Complementar.

§ 1º. Para efeitos do disposto no *caput* deste artigo, consideram-se os seguintes cadastros administrados pela RFB:

I – de pessoas físicas, o Cadastro de Pessoas Físicas (CPF);

II – de pessoas jurídicas e entidades sem personalidade jurídica, o Cadastro Nacional da Pessoa Jurídica (CNPJ); e

III – de imóveis rurais e urbanos, o Cadastro Imobiliário Brasileiro (CIB).

§ 2º. As informações cadastrais terão integração, sincronização, cooperação e compartilhamento obrigatório e tempestivo em ambiente nacional de dados entre as administrações tributárias federal, estaduais, distrital e municipais.

§ 3º. O ambiente nacional de compartilhamento e integração das informações cadastrais terá gestão compartilhada por meio do Comitê para Gestão da Rede Nacional para Simplificação do Registro e da Legalização de Empresas e Negócios (CGSIM) de que trata o inciso III do *caput* do art. 2º da Lei Complementar nº 123, de 14 de dezembro de 2006♦.

♦ Lei Complementar nº 123/2006 (Estatuto Nacional da Microempresa e da Empresa de Pequeno Porte).

§ 4º. As administrações tributárias federal, estaduais, distrital e municipais poderão tratar dados complementares e atributos específicos para gestão fiscal do IBS e da CBS, observado o disposto no § 2º deste artigo.

§ 5º. O Domicílio Tributário Eletrônico (DTE) previsto no art. 332 desta Lei Complementar será unificado e obrigatório para todas as entidades e demais pessoas jurídicas sujeitas à inscrição no CNPJ.

Seção III
DO DOCUMENTO FISCAL ELETRÔNICO

Art. 60. O sujeito passivo do IBS e da CBS, ao realizar operações com bens ou com serviços, inclusive exportações, e importações, deverá emitir documento fiscal eletrônico.

§ 1º. As informações prestadas pelo sujeito passivo nos termos deste artigo possuem caráter declaratório e constituem confissão do valor devido de IBS e de CBS consignados no documento fiscal.

§ 2º. A obrigação de emissão de documentos fiscais eletrônicos aplica-se inclusive:

I – a operações imunes, isentas ou contempladas com alíquota zero ou suspensão;

II – à transferência de bens entre estabelecimentos pertencentes ao mesmo contribuinte; e

III – a outras hipóteses previstas no regulamento.

§ 3º. Para fins de apuração do IBS e da CBS, o Comitê Gestor do IBS e as administrações tributárias responsáveis pela autorização ou recepção de documentos fiscais eletrônicos observarão a forma, o conteúdo e os prazos previstos em ato conjunto do Comitê Gestor do IBS e da RFB.

§ 4º. Os documentos fiscais eletrônicos relativos às operações com bens ou com serviços deverão ser compartilhados com todos os entes federativos no momento da autorização ou da recepção, com utilização de padrões técnicos uniformes.

§ 5º. O regulamento poderá exigir do sujeito passivo a apresentação de informações complementares necessárias à apuração do IBS e da CBS.

§ 6º. Considera-se documento fiscal idôneo o registro de informações que atenda às exigências estabelecidas no regulamento, observado o disposto nesta Lei Complementar.

Seção IV
DOS PROGRAMAS DE INCENTIVO À CIDADANIA FISCAL

Art. 61. O Comitê Gestor do IBS e a RFB poderão instituir programas de incentivo à cidadania fiscal por meio de estímulo à exigência, pelos consumidores, da emissão de documentos fiscais.

§ 1º. Os programas de que trata o *caput* deste artigo poderão ser financiados pelo montante equivalente a até 0,05% (cinco centésimos por cento) da arrecadação do IBS e da CBS.

§ 2º. O regulamento poderá prever hipóteses em que as informações apresentadas nos termos do inciso I do § 1º do art. 32 desta Lei Complementar poderão ser utilizadas para identificar o adquirente que não seja contribuinte do IBS e da CBS nos respectivos documentos fiscais eletrônicos, garantida a opção do adquirente por outra forma de identificação.

Seção V
DISPOSIÇÕES TRANSITÓRIAS

Art. 62. Ficam a União, os Estados, o Distrito Federal e os Municípios obrigados a:

I – adaptar os sistemas autorizadores e aplicativos de emissão simplificada de documentos fiscais eletrônicos vigentes para utilização de leiaute padronizado, que permita aos contribuintes informar os dados relativos ao IBS e à CBS, necessários à apuração desses tributos; e

II – compartilhar os documentos fiscais eletrônicos, após a recepção, validação e autorização, com o ambiente nacional de uso comum do Comitê Gestor do IBS e das administrações tributárias da União, dos Estados, do Distrito Federal e dos Municípios.

§ 1º. Para fins do disposto no *caput* deste artigo, os Municípios e o Distrito Federal ficam obrigados, a partir de 1º de janeiro de 2026, a:

I – autorizar seus contribuintes a emitir a Nota Fiscal de Serviços Eletrônica de padrão nacional (NFS-e) no ambiente nacional ou, na hipótese de possuir emissor próprio, compartilhar os documentos fiscais eletrônicos gerados, conforme leiaute padronizado, para o ambiente de dados nacional da NFS-e; e

II – compartilhar o conteúdo de outras modalidades de declaração eletrônica, conforme leiaute padronizado definido no regulamento, para o ambiente de dados nacional da NFS-e.

§ 2º. O disposto no § 1º deste artigo aplica-se até 31 de dezembro de 2032.

§ 3º. Os dados do ambiente centralizador nacional da NFS-e deverão ser imediatamente compartilhados em ambiente nacional nos termos do inciso II do § 1º deste artigo.

§ 4º. O padrão e o leiaute a que se referem os incisos I e II do § 1º deste artigo são aqueles definidos em convênio firmado entre a administração tributária da União, do Distrito Federal e dos Municípios que tiver instituído a NFS-e, desenvolvidos e geridos pelo Comitê Gestor da Nota Fiscal de Serviços Eletrônica de padrão nacional (CGNFS-e).

§ 5º. O ambiente de dados nacional da NFS-e é o repositório que assegura a integridade e a disponibilidade das informações constantes dos documentos fiscais compartilhados.

§ 6º. O Comitê Gestor do IBS e a RFB poderão definir soluções alternativas à plataforma NFS-e, respeitada a adoção do leiaute do padrão nacional da NFS-e para fins de compartilhamento em ambiente nacional.

§ 7º. O não atendimento ao disposto no *caput* deste artigo implicará a suspensão temporária das transferências voluntárias.

CAPÍTULO IV
DO IBS E DA CBS SOBRE IMPORTAÇÕES

Seção I
DA HIPÓTESE DE INCIDÊNCIA

Art. 63. O IBS e a CBS incidem sobre a importação de bens ou de serviços do exterior realizada por pessoa física ou jurídica ou entidade sem personalidade jurídica, ainda que não inscrita ou obrigada a se inscrever no regime regular do IBS e da CBS, qualquer que seja a sua finalidade.

Parágrafo único. Salvo disposição específica prevista neste Capítulo, aplicam-se à importação de que trata o *caput* deste artigo as regras relativas às operações onerosas de que trata o Capítulo II deste Título.

Seção II
DA IMPORTAÇÃO DE BENS IMATERIAIS E SERVIÇOS

Art. 64. Para fins do disposto no art. 63 desta Lei Complementar, considera-se importação de serviço ou de bem imaterial, inclusive direitos, o fornecimento realizado por residente ou domiciliado no exterior cujo consumo ocorra no País, ainda que o fornecimento seja realizado no exterior.

§ 1º. Consideram-se consumo de bens imateriais e serviços a utilização, a exploração, o aproveitamento, a fruição ou o acesso.

§ 2º. Considera-se ainda importação de serviço a prestação por residente ou domiciliado no exterior:

I – executada no País;

II – relacionada a bem imóvel ou bem móvel localizado no País; ou

III – relacionada a bem móvel que seja remetido para o exterior para execução do serviço e retorne ao País após a sua conclusão.

§ 3º. Na hipótese de haver consumo de serviços ou de bens imateriais, inclusive direitos, concomitantemente no território nacional e no exterior, apenas a parcela cujo consumo ocorrer no País será considerada importação.

§ 4º. Os bens imateriais, inclusive direitos, e serviços cujo valor esteja incluído no valor aduaneiro de bens materiais importados nos termos do art. 69 desta Lei Complementar sujeitam-se à incidência do IBS e da CBS na forma da Seção III deste Capítulo.

§ 5º. Na importação de bens imateriais ou de serviços a que se refere o *caput* deste artigo:

I – considera-se ocorrido o fato gerador do IBS e da CBS:

a) no momento definido conforme o disposto no art. 10 desta Lei Complementar;

b) no local definido conforme o disposto no art. 11 desta Lei Complementar;

II – a base de cálculo é o valor da operação nos termos do art. 12 desta Lei Complementar;

III – as alíquotas do IBS e da CBS incidentes sobre cada importação de bem imaterial ou de serviço são as mesmas incidentes no fornecimento do mesmo bem imaterial ou serviço no País, observadas as disposições próprias relativas à fixação das alíquotas nas importações de bens imateriais ou de serviços sujeitos aos regimes específicos de tributação;

IV – para fins da determinação das alíquotas estadual, distrital e municipal do IBS, o local da importação é o destino da operação definido nos termos do art. 11 desta Lei Complementar;

V – o adquirente é contribuinte do IBS e da CBS nas aquisições de bens imateriais, inclusive direitos, e serviços de fornecedor residente ou domiciliado no exterior;

VI – caso o adquirente seja residente ou domiciliado no exterior, o destinatário é contribuinte do IBS e da CBS nas aquisições de bens imateriais, inclusive direitos, e serviços de fornecedor residente ou domiciliado no exterior;

VII – o adquirente sujeito ao regime regular do IBS e da CBS pode apropriar e utilizar crédito conforme o disposto nos arts. 47 a 56 desta Lei Complementar;

VIII – o fornecedor residente ou domiciliado no exterior é responsável solidário pelo pagamento do IBS e da CBS com o contribuinte, observando-se o disposto nos arts. 21 e 23 desta Lei Complementar;

IX – as plataformas digitais, ainda que residentes e domiciliadas no exterior, serão responsáveis pelo pagamento do IBS e da CBS nas importações realizadas por seu intermédio, observando-se o disposto nos arts. 22 e 23 desta Lei Complementar.

§ 6º. Aplicam-se também as regras específicas previstas no Título V deste Livro às importações de bens e serviços objeto de regimes específicos.

§ 7º. Não será considerado como importação de serviço ou de bem imaterial, inclusive direitos, o consumo eventual por pessoa física não residente que permaneça temporariamente no País, nos termos do regulamento.

Seção III
DA IMPORTAÇÃO
DE BENS MATERIAIS

Subseção I
Do Fato Gerador

Art. 65. Para fins do disposto no art. 63 desta Lei Complementar, o fato gerador da importação de bens materiais é a entrada de bens de procedência estrangeira no território nacional.

Parágrafo único. Para efeitos do disposto no *caput* deste artigo, presumem-se entrados no território nacional os bens que constem como tendo sido importados e cujo extravio venha a ser apurado pela autoridade aduaneira, exceto quanto às malas e às remessas postais internacionais.

Art. 66. Não constituem fatos geradores do IBS e da CBS sobre a importação os bens materiais:

I – que retornem ao País nas seguintes hipóteses:

a) enviados em consignação e não vendidos no prazo autorizado;

b) devolvidos por motivo de defeito técnico, para reparo ou para substituição;

c) por motivo de modificações na sistemática de importação por parte do país importador;

d) por motivo de guerra ou de calamidade pública; ou

e) por outros fatores alheios à vontade do exportador;

II – que, corretamente descritos nos documentos de transporte, cheguem ao País por erro inequívoco ou comprovado de expedição e que sejam redestinados ou devolvidos para o exterior;

III – que sejam idênticos, em igual quantidade e valor, e que se destinem à reposição de outros anteriormente importados que se tenham revelado, após sua liberação pela autoridade aduaneira, defeituosos ou imprestáveis para o fim a que se destinavam, nos termos do regulamento;

IV – que tenham sido objeto de pena de perdimento antes de sua liberação pela autoridade aduaneira;

V – que tenham sido devolvidos para o exterior antes do registro da declaração de importação;

VI – que sejam considerados como pescado capturado fora das águas territoriais do País por empresa localizada no seu território, desde que satisfeitas as exigências que regulam a atividade pesqueira;

VII – aos quais tenha sido aplicado o regime de exportação temporária;

VIII – que estejam em trânsito aduaneiro de passagem, acidentalmente destruídos; e

IX – que tenham sido destruídos sob controle aduaneiro, sem ônus para o poder público, antes de sua liberação pela autoridade aduaneira.

Subseção II
Do Momento da Apuração

Art. 67. Para efeitos de cálculo do IBS e da CBS, considera-se ocorrido o fato gerador do IBS e da CBS na importação de bens materiais:

I – na liberação dos bens submetidos a despacho para consumo;

II – na liberação dos bens submetidos ao regime aduaneiro especial de admissão temporária para utilização econômica;

III – no lançamento do correspondente crédito tributário, quando se tratar de:

a) bens compreendidos no conceito de bagagem, acompanhada ou desacompanhada;

b) bens constantes de manifesto ou de outras declarações de efeito equivalente, cujo extravio tenha sido verificado pela autoridade aduaneira; ou

c) bens importados que não tenham sido objeto de declaração de importação.

§ 1º. Para efeitos do inciso I do *caput* deste artigo, entende-se por despacho para consumo na importação o despacho aduaneiro a que são submetidos os bens importados a título definitivo.

§ 2º. O disposto no inciso I do *caput* deste artigo aplica-se, inclusive, no caso de despacho para consumo de bens sob regime suspensivo de tributação e de bens contidos em remessa internacional ou conduzidos por viajante, sujeitos ao regime de tributação comum.

Subseção III
Do Local da Importação
de Bens Materiais

Art. 68. Para efeitos do IBS e da CBS incidentes sobre as importações de bens materiais, o local da importação de bens materiais corresponde ao:

I – local da entrega dos bens ao destinatário final, nos termos do art. 11 desta Lei Complementar, inclusive na remessa internacional;

II – domicílio principal do adquirente de mercadoria entrepostada; ou

III – local onde ficou caracterizado o extravio.

Subseção IV
Da Base de Cálculo

Art. 69. A base de cálculo do IBS e da CBS na importação de bens materiais é o valor aduaneiro acrescido de:

I – Imposto sobre a Importação;

II – Imposto Seletivo (IS);

III – taxa de utilização do Sistema Integrado do Comércio Exterior (Siscomex);

IV – Adicional ao Frete para a Renovação da Marinha Mercante (AFRMM);

V – Contribuição de Intervenção no Domínio Econômico incidente sobre a importação e a comercialização de petróleo e seus derivados, gás natural e seus derivados, e álcool etílico combustível (Cide-Combustíveis);

VI – direitos *antidumping*;

VII – direitos compensatórios;

VIII – medidas de salvaguarda; e

IX – quaisquer outros impostos, taxas, contribuições ou direitos incidentes sobre os bens importados até a sua liberação.

§ 1º. A base de cálculo do IBS e da CBS na hipótese de que trata o § 2º do art. 71 desta Lei Complementar será o valor que servir ou que serviria de base para o cálculo do Imposto de Importação acrescido dos valores de que tratam o *caput*, ressalvado o disposto no § 2º deste artigo.

§ 2º. Não compõem a base de cálculo do IBS e da CBS:

I – O Imposto sobre Produtos Industrializados (IPI), previsto no inciso IV do *caput* do art. 153 da Constituição Federal;

II – o Imposto sobre operações relativas à Circulação de Mercadorias e sobre prestações de Serviços de Transporte Interestadual e Intermunicipal e de Comunicação (ICMS), previsto no inciso II do *caput* do art. 155 da Constituição Federal; e

III – o Imposto sobre Serviços de Qualquer Natureza (ISS), previsto no inciso III do *caput* do art. 156 da Constituição Federal.

Art. 70. Para efeitos de apuração da base de cálculo, os valores expressos em moeda estrangeira deverão ser convertidos em moeda nacional pela taxa de câmbio utilizada para cálculo do Imposto sobre a Importação, sem qualquer ajuste posterior decorrente de eventual variação cambial.

Parágrafo único. Na hipótese de não ser devido o Imposto sobre a Importação, deverá ser utilizada a taxa de câmbio que seria empregada caso houvesse tributação.

Subseção V
Da Alíquota

Art. 71. As alíquotas do IBS e da CBS incidentes sobre cada importação de bem material são as mesmas incidentes sobre a aquisição do respectivo bem no País, observadas as disposições próprias relativas à fixação das alíquotas nas importações de bens sujeitos aos regimes específicos de tributação.

§ 1º. Para fins da determinação das alíquotas estadual, distrital e municipal do IBS, o destino da operação é o local da importação, definido nos termos do art. 68 desta Lei Complementar.

§ 2º. Na impossibilidade de identificação do bem material importado, em razão de seu extravio ou consumo, e de descrição genérica nos documentos comerciais e de transporte disponíveis, serão aplicadas, para fins de determinação do IBS e da CBS incidentes na importação, as alíquotas-padrão do destino da operação.

Subseção VI
Da Sujeição Passiva

Art. 72. É contribuinte do IBS e da CBS na importação de bens materiais:

I – o importador, assim considerado qualquer pessoa ou entidade sem personalidade jurídica que promova a entrada de bens materiais de procedência estrangeira no território nacional; e

II – o adquirente de mercadoria entrepostada.

Parágrafo único. Na importação por conta e ordem de terceiro, quem promove a entrada de bens materiais de procedência estrangeira no território nacional é o adquirente dos bens no exterior.

Art. 73. É responsável pelo IBS e pela CBS na importação de bens materiais, em substituição ao contribuinte:

I – o transportador, em relação aos bens procedentes do exterior, ou sob controle aduaneiro, que transportar, quando constatado o extravio até a conclusão da descarga dos bens no local ou recinto alfandegado;

II – o depositário, em relação aos bens procedentes do exterior que se encontrarem sob controle aduaneiro e sob sua custódia, quando constatado o extravio após a conclusão da descarga no local ou recinto alfandegado;

III – o beneficiário de regime aduaneiro especial que não tiver promovido a entrada dos bens estrangeiros no território nacional; e

IV – o beneficiário que der causa ao descumprimento de aplicação de regime aduaneiro suspensivo destinado à industrialização para exportação, no caso de admissão de mercadoria no regime por outro beneficiário, mediante sua anuência, com vistas à execução de etapa da cadeia industrial do produto a ser exportado.

Art. 74. É responsável solidário pelo IBS e pela CBS na importação de bens materiais:

I – a pessoa que registra, em seu nome, a declaração de importação de bens de procedência estrangeira adquiridos no exterior por outra pessoa;

II – o encomendante predeterminado que adquire bens de procedência estrangeira de pessoa jurídica importadora;

III – o representante, no País, do transportador estrangeiro;

IV – o expedidor, o operador de transporte multimodal ou qualquer subcontratado para a realização do transporte multimodal; e

V – o tomador de serviço ou o contratante de afretamento de embarcação ou aeronave, em contrato internacional, em relação aos bens admitidos em regime aduaneiro especial por terceiro.

Art. 75. Os sujeitos passivos a que se referem os arts. 72 a 74 desta Lei Complementar devem se inscrever para cumprimento das obrigações relativas ao IBS e à CBS sobre importações, nos termos do regulamento.

Subseção VII
Do Pagamento

Art. 76. O IBS e a CBS devidos na importação de bens materiais deverão ser pagos até a entrega dos bens submetidos a despacho para consumo, ainda que esta ocorra antes da liberação dos bens pela autoridade aduaneira.

§ 1º. O sujeito passivo poderá optar por antecipar o pagamento do IBS e da CBS para o momento do registro da declaração de importação.

§ 2º. Eventual diferença de tributos gerada pela antecipação do pagamento será cobrada do sujeito passivo na data de ocorrência do fato gerador para efeitos de cálculo do IBS e da CBS, sem a incidência de acréscimos moratórios.

§ 3º. O regulamento poderá estabelecer hipóteses em que o pagamento do IBS e da CBS possa ocorrer em momento posterior ao definido no *caput* deste artigo, para os sujeitos passivos certificados no Programa Brasileiro de Operador Econômico Autorizado (Programa OEA) estabelecido na forma da legislação específica.

§ 4º. O pagamento do IBS e da CBS é condição para a entrega dos bens, observado o disposto no § 3º deste artigo.

§ 5º. O IBS e a CBS devidos na importação serão extintos exclusivamente mediante recolhimento pelo sujeito passivo.

Art. 77. As diferenças percentuais de bens a granel que, por sua natureza ou condições de manuseio, estejam sujeitos a quebra, a decréscimo ou a acréscimo, apuradas pela autoridade aduaneira, não serão consideradas para efeito de exigência do IBS e da CBS, até o limite percentual a ser definido no regulamento, o qual poderá ser diferenciado por tipo de bem.

Subseção VIII
Da Não Cumulatividade

Art. 78. Quando estiverem sujeitos ao regime regular do IBS e da CBS, os contribuintes de que trata o art. 72 e os adquirentes de bens tributados pelo regime de remessa internacional de que trata o art. 95 poderão apropriar e utilizar créditos correspondentes aos valores do IBS e da CBS efetivamente pagos na importação de bens materiais, observado o disposto nos arts. 47 a 56 desta Lei Complementar.

CAPÍTULO V
DO IBS E DA CBS
SOBRE EXPORTAÇÕES

Seção I
DISPOSIÇÕES GERAIS

Art. 79. São imunes ao IBS e à CBS as exportações de bens e de serviços para o exterior, nos termos do art. 8º desta Lei Complementar, asseguradas ao exportador a apropriação e a utilização dos créditos relativos às operações nas quais seja adquirente de bem ou de serviço, observadas as vedações ao creditamento previstas nos arts. 49 e 51, as demais disposições dos arts. 47 e 52 a 57 desta Lei Complementar e o disposto neste Capítulo.

Seção II
DAS EXPORTAÇÕES DE
BENS IMATERIAIS E DE SERVIÇOS

Art. 80. Para fins do disposto no art. 79 desta Lei Complementar, considera-se exportação de serviço ou de bem imaterial, inclusive direitos, o fornecimento para residente ou domiciliado no exterior e consumo no exterior.

§ 1º. Considera-se ainda exportação:

I – a prestação de serviço para residente ou domiciliado no exterior relacionada a:

a) bem imóvel localizado no exterior;

b) bem móvel que ingresse no País para a prestação do serviço e retorne ao exterior após a sua conclusão, observado o prazo estabelecido no regulamento; e

II – a prestação dos seguintes serviços, desde que vinculados direta e exclusivamente à exportação de bens materiais ou associados à entrega no exterior de bens materiais:

a) intermediação na distribuição de mercadorias no exterior (comissão de agente);

b) seguro de cargas;

c) despacho aduaneiro;

d) armazenagem de mercadorias;

e) transporte rodoviário, ferroviário, aéreo, aquaviário ou multimodal de cargas;

f) manuseio de cargas;

g) manuseio de contêineres;

h) unitização ou desunitização de cargas;

i) consolidação ou desconsolidação documental de cargas;

j) agenciamento de transporte de cargas;

k) remessas expressas;

l) pesagem e medição de cargas;

m) refrigeração de cargas;

n) arrendamento mercantil operacional ou locação de contêineres;

o) instalação e montagem de mercadorias exportadas; e

p) treinamento para uso de mercadorias exportadas.

§ 2º. Caso não seja possível ao fornecedor nacional identificar o local do consumo pelas condições e características do fornecimento, presumir-se-á local do consumo o local do domicílio do adquirente no exterior.

§ 3º. Caso o consumo de que trata o § 2º ocorra no País, será considerada importação de serviço ou bem imaterial, inclusive direito, observado o disposto no art. 64 desta Lei Complementar.

§ 4º. A pessoa que não promover a exportação dos bens materiais de que trata o inciso II do § 1º fica obrigada a recolher o IBS e a CBS, acrescidos de juros e multa de mora, na forma do § 2º do art. 29 desta Lei Complementar, contados a partir da data da ocorrência da operação, na condição de responsável.

§ 5º. Na hipótese de haver fornecimento de serviços ou de bens imateriais, inclusive direitos, concomitantemente no território nacional e no exterior, apenas a parcela cuja execução ou consumo ocorrer no exterior será considerada exportação.

§ 6º. Aplica-se o disposto no § 1º do art. 64 desta Lei Complementar para fins da definição de consumo no exterior de serviços ou de bens imateriais, inclusive direitos.

§ 7º. Aplicam-se também as regras específicas previstas no Título V deste Livro às exportações de bens e serviços objeto de regimes específicos.

Seção III
DAS EXPORTAÇÕES DE
BENS MATERIAIS

Art. 81. A imunidade do IBS e da CBS sobre a exportação de bens materiais a que se refere o art. 79 desta Lei Complementar aplica-se às exportações sem saída do território nacional, na forma disciplinada no regulamento, quando os bens exportados forem:

I – totalmente incorporados a bem que se encontre temporariamente no País, de propriedade do comprador estrangeiro, inclusive em regime de admissão temporária sob a responsabilidade de terceiro;

II – entregues a órgão da administração direta, autárquica ou fundacional da União, dos Estados, do Distrito Federal ou dos Municípios, em cumprimento de contrato decorrente de licitação internacional;

III – entregues no País a órgão do Ministério da Defesa, para ser incorporados a produto de interesse da defesa nacional em construção ou fabricação no território nacional, em decorrência de acordo internacional;

IV – entregues a empresa nacional autorizada a operar o regime de loja franca;

V – vendidos para empresa sediada no exterior, quando se tratar de aeronave industrializada no País e entregue a fornecedor de serviços de transporte aéreo regular sediado no território nacional;

VI – entregues no País para ser incorporados a embarcação ou plataforma em construção ou conversão contratada por empresa sediada no exterior ou a seus módulos, com posterior destinação às atividades de exploração, de desenvolvimento e de produção de petróleo, de gás natural e de outros hidrocarbonetos fluidos previstas na legislação específica; e

VII – destinados exclusivamente às atividades de exploração, de desenvolvimento e de produção de petróleo, de gás natural e de outros hidrocarbonetos fluidos previstas na legislação específica, quando vendidos a empresa sediada no exterior e conforme definido em legislação específica, ainda que se faça por terceiro sediado no País.

Art. 82. Poderá ser suspenso o pagamento do IBS e da CBS no fornecimento de bens materiais com o fim específico de exportação a empresa comercial exportadora que atenda cumulativamente aos seguintes requisitos:

I – seja certificada no Programa OEA;

II – possua patrimônio líquido igual ou superior ao maior entre os seguintes valores:

a) R$ 1.000.000,00 (um milhão de reais); e

b) uma vez o valor total dos tributos suspensos;

III – faça a opção pelo DTE, na forma da legislação específica;

IV – mantenha escrituração contábil e a apresente em meio digital; e

V – esteja em situação de regularidade fiscal perante as administrações tributárias federal, estadual ou municipal de seu domicílio.

§ 1º. Para fins do disposto no *caput* deste artigo, a empresa comercial exportadora deverá ser habilitada em ato conjunto do Comitê Gestor do IBS e da RFB.

§ 2º. Para fins da suspensão do pagamento do IBS, a certificação a que se refere o inciso I do *caput* deste artigo será condicionada à anuência das administrações tributárias estadual e municipal de domicílio da empresa.

§ 3º. Consideram-se adquiridos com o fim específico de exportação os bens remetidos para embarque de exportação ou para recintos alfandegados, por conta e ordem da empresa comercial exportadora, sem que haja qualquer outra operação comercial ou industrial nesse interstício.

§ 4º. A suspensão do pagamento do IBS e da CBS prevista no *caput* converte-se em alíquota zero após a efetiva exportação dos bens, desde que observado o prazo previsto no inciso I do § 5º deste artigo.

§ 5º. A empresa comercial exportadora fica responsável pelo pagamento do IBS e da CBS que tiverem sido suspensos no fornecimento de bens para a empresa comercial exportadora, nas seguintes hipóteses:

I – transcorridos 180 (cento e oitenta) dias da data da emissão da nota fiscal pelo fornecedor, não houver sido efetivada a exportação;

II – forem os bens redestinados para o mercado interno;

III – forem os bens submetidos a processo de industrialização; ou

IV – ocorrer a destruição, o extravio, o furto ou o roubo antes da efetiva exportação dos bens.

§ 6º. Para efeitos do disposto no § 5º deste artigo, consideram-se devidos o IBS e a CBS no momento de ocorrência do fato gerador, conforme definido no art. 10 desta Lei Complementar.

§ 7º. Nas hipóteses do § 5º deste artigo, os valores que forem pagos espontaneamente ficarão sujeitos à incidência de multa e juros de mora, na forma do § 2º do art. 29 desta Lei Complementar.

§ 8º. O valor fixado no inciso II do *caput* deste artigo será atualizado pelo Índice Nacional de Preços ao Consumidor Amplo (IPCA), em periodicidade não inferior a 12 (doze) meses, mediante ato conjunto do Comitê Gestor do IBS e da RFB, que fixará os termos inicial e final da atualização.

§ 9º. O regulamento estabelecerá:

I – os requisitos específicos para o procedimento de habilitação a que se refere o § 1º deste artigo;

II – a periodicidade para apresentação da escrituração contábil a que se refere o inciso IV do *caput* deste artigo;

III – hipóteses em que os bens possam ser remetidos para locais diferentes daqueles previstos no § 3º deste artigo, sem que reste descaracterizado o fim específico de exportação; e

IV – requisitos e condições para a realização de operações de transbordo, baldeação, descarregamento ou armazenamento no curso da remessa a que se refere o § 3º deste artigo.

§ 10. O regulamento poderá estabelecer prazo estendido para aplicação do disposto no inciso I do § 5º deste artigo, em razão do tipo de bem.

§ 11. Também fica suspenso o pagamento do IBS e da CBS no fornecimento de produtos agropecuários *in natura* para contribuinte do regime regular que promova industrialização destinada a exportação para o exterior:

I – cuja receita bruta decorrente de exportação para o exterior, nos 3 (três) anos-calendário imediatamente anteriores ao da aquisição, tenha sido superior a 50% (cinquenta por cento) de sua receita bruta total de venda de bens e serviços no mesmo período, após excluídos os tributos incidentes sobre a venda; e

II – que cumpra o disposto nos incisos II a V do *caput* deste artigo.

§ 12. O adquirente a que se refere o § 11 fica responsável pelo pagamento do IBS e CBS suspensos, com os acréscimos previstos no § 2º do art. 29 desta Lei Complementar, caso, no prazo de 180 (cento e oitenta) dias contados da data da emissão da nota fiscal pelo fornecedor:

I – o produto agropecuário *in natura* adquirido com suspensão não seja utilizado para industrialização; ou

II – o produto industrializado resultante dos produtos agropecuários *in natura* adquiridos com suspensão:

a) não seja exportado para o exterior; ou

b) não seja comercializado no mercado doméstico, com a respectiva tributação.

§ 13. O regulamento poderá estabelecer:

I – critérios para enquadramento no disposto neste artigo para o contribuinte em início de atividade ou que tenha iniciado as suas atividades há menos de 3 (três) anos; e

II – hipóteses em que o prazo de que trata o § 12 deste artigo poderá ser estendido.

Art. 83. A habilitação a que se refere o § 1º do art. 82 desta Lei Complementar poderá ser cancelada nas seguintes hipóteses:

I – descumprimento dos requisitos estabelecidos nos incisos I a V do *caput* do art. 82 desta Lei Complementar; ou

II – pendência no pagamento a que se refere o § 5º do art. 82 desta Lei Complementar.

§ 1º. O cancelamento da habilitação será realizado pela autoridade fiscal da RFB ou da administração tributária estadual, distrital ou municipal de domicílio da empresa comercial exportadora.

§ 2º. Nas hipóteses previstas no *caput* deste artigo, será aberto processo de cancelamento da habilitação, instruído com termo de constatação, e a empresa comercial exportadora será intimada a se regularizar ou a apresentar impugnação no prazo de 30 (trinta) dias úteis, contado da data da ciência da intimação.

§ 3º. A intimação a que se refere o § 2º deste artigo será efetuada preferencialmente por meio eletrônico, mediante envio ao domicílio tributário eletrônico da empresa comercial exportadora.

§ 4º. Caso a empresa comercial exportadora se regularize por meio do cumprimento de todos os requisitos e condições estabelecidos no *caput* do art. 82, e desde que não haja pendência de pagamento relativo às hipóteses referidas no § 5º do art. 82 desta Lei Complementar, o processo de cancelamento de que trata o § 2º deste artigo será extinto.

§ 5º. Fica caracterizada a revelia, e será dado prosseguimento ao processo de cancelamento, caso a empresa comercial exportadora não se regularize na forma do § 4º nem apresente a impugnação referida no § 2º deste artigo.

§ 6º. Apresentada a impugnação referida no § 2º deste artigo, a autoridade preparadora terá o prazo de 15 (quinze) dias para remessa do processo a julgamento.

§ 7º. Caberá recurso da decisão que cancelar a habilitação, a ser apresentado no prazo de 20 (vinte) dias úteis, contado da data da ciência da decisão, ao Comitê Gestor do IBS ou à RFB, de acordo com a autoridade fiscal que houver realizado o cancelamento da habilitação nos termos do § 1º deste artigo.

§ 8º. O regulamento poderá prever atos procedimentais complementares ao disposto neste artigo.

TÍTULO II
DOS REGIMES ADUANEIROS ESPECIAIS E DOS REGIMES DE BAGAGEM, DE REMESSAS INTERNACIONAIS E DE FORNECIMENTO DE COMBUSTÍVEL PARA AERONAVES EM TRÁFEGO INTERNACIONAL

CAPÍTULO I
DOS REGIMES ADUANEIROS ESPECIAIS

Seção I
DO REGIME DE TRÂNSITO

Art. 84. Fica suspenso o pagamento do IBS e da CBS incidentes na importação enquanto os bens materiais estiverem submetidos ao regime aduaneiro especial de trânsito aduaneiro, em qualquer de suas modalidades, observada a disciplina estabelecida na legislação aduaneira.

Seção II
DOS REGIMES DE DEPÓSITO

Art. 85. Fica suspenso o pagamento do IBS e da CBS incidentes na importação enquanto os bens materiais estiverem submetidos a regime aduaneiro especial de depósito, observada a disciplina estabelecida na legislação aduaneira.

Parágrafo único. O regulamento discriminará as espécies de regimes aduaneiros especiais de depósito.

Art. 86. O disposto no *caput* do art. 85 desta Lei Complementar não se aplica aos bens admitidos no regime aduaneiro especial de depósito alfandegado certificado.

Parágrafo único. Consideram-se exportados os bens admitidos no regime aduaneiro especial de depósito alfandegado certificado, nos termos do regulamento.

Art. 87. Fica suspenso o pagamento do IBS e da CBS incidentes na importação e na aquisição no mercado interno de bens materiais submetidos a regime aduaneiro especial de lojas franca, observada a disciplina estabelecida na legislação aduaneira.

Parágrafo único. Aplica-se o regime previsto no *caput* ao fornecimento de bens materiais destinados ao uso ou consumo de bordo, em aeronaves exclusivamente em tráfego internacional com destino ao exterior e entregues em zona primária alfandegada ou área de porto organizado alfandegado.

Seção III
DOS REGIMES DE
PERMANÊNCIA TEMPORÁRIA

Art. 88. Fica suspenso o pagamento do IBS e da CBS incidentes na importação enquanto os bens materiais estiverem submetidos a regime aduaneiro especial de permanência temporária no País ou de saída temporária do País, observada a disciplina estabelecida na legislação aduaneira.

Parágrafo único. O regulamento discriminará as espécies de regimes aduaneiros especiais de permanência temporária.

Art. 89. No caso de bens admitidos temporariamente no País para utilização econômica, a suspensão do pagamento do IBS e da CBS será parcial, devendo ser pagos o IBS e a CBS proporcionalmente ao tempo de permanência dos bens no País.

§ 1º. A proporcionalidade a que se refere o *caput* deste artigo será obtida pela aplicação do percentual de 0,033% (trinta e três milésimos por cento), relativamente a cada dia compreendido no prazo de concessão do regime, sobre o montante do IBS e da CBS originalmente devidos.

§ 2º. Na hipótese de pagamento após a data em que seriam devidos, conforme disposto no inciso II do *caput* do art. 67 desta Lei Complementar, o IBS e a CBS serão corrigidos pela taxa Selic, calculados a partir da referida data, sem prejuízo dos demais acréscimos previstos na legislação.

§ 3º. O disposto no *caput* deste artigo não se aplica:

I – até 31 de dezembro de 2040:

a) aos bens destinados às atividades de exploração, de desenvolvimento e de produção de petróleo e de gás natural, cuja permanência no País seja de natureza temporária, constantes de relação especificada no regulamento; e

b) aos bens destinados às atividades de transporte, de movimentação, de transferência, de armazenamento ou de regaseificação de gás natural liquefeito, constantes de relação especificada no regulamento; e

II – até a data estabelecida pelo art. 92-A do Ato das Disposições Constitucionais Transitórias, aos bens importados temporariamente e para utilização econômica por empresas que se enquadrem nas disposições do Decreto-Lei nº 288, de 28 de fevereiro de 1967,• durante o período de sua permanência na Zona Franca de Manaus, os quais serão submetidos ao regime de admissão temporária com suspensão total do pagamento dos tributos.

♦ Decreto-Lei nº 288/1967
(Zona Franca de Manaus).

§ 4º. Na hipótese de a importação temporária de aeronaves ser realizada por contribuinte do regime regular do IBS e da CBS mediante contrato de arrendamento mercantil:

I – será dispensado o pagamento do IBS e da CBS na importação da aeronave; e

II – haverá a incidência do IBS e da CBS no pagamento das contraprestações pelo arrendamento mercantil de acordo com o disposto no regime específico de serviços financeiros para importações.

Seção IV
DOS REGIMES DE APERFEIÇOAMENTO

Art. 90. Fica suspenso o pagamento do IBS e da CBS incidentes na importação enquanto os bens materiais estiverem submetidos a regime aduaneiro especial de aperfeiçoamento, observada a disciplina estabelecida na legislação aduaneira.

§ 1º. O regulamento discriminará as espécies de regimes aduaneiros especiais de aperfeiçoamento.

§ 2º. A suspensão de que trata o *caput* deste artigo poderá alcançar bens materiais importados e aqueles adquiridos no mercado interno.

§ 3º. O regulamento estabelecerá os requisitos e as condições para a admissão de bens materiais e serviços no regime aduaneiro especial de *drawback*, na modalidade de suspensão.

§ 4º. Ficam sujeitos ao pagamento do IBS e da CBS os bens materiais submetidos ao regime aduaneiro especial de *drawback*, na modalidade de suspensão, que, no todo ou em parte:

I – deixarem de ser empregados ou consumidos no processo produtivo de bens finais exportados, conforme estabelecido no ato concessório; ou

II – sejam empregados em desacordo com o ato concessório, caso destinados para o mercado interno, no estado em que foram importados ou adquiridos ou, ainda, incorporados aos referidos bens finais.

§ 5º. Na hipótese prevista no § 4º, caso a destinação para o mercado interno seja realizada após 30 (trinta) dias do prazo fixado para exportação os valores dos tributos devidos serão acrescidos de multa e juros de mora nos termos do § 2º do art. 29 desta Lei Complementarão♦.

♦ Publicação oficial: "Lei Complementarão". Entendemos que seria: "Lei Complementar". (N.E.)

§ 6º. Para fins do disposto nesta Seção, o Regime Aduaneiro Especial de Entreposto Industrial sob Controle Informatizado (Recof) é considerado regime aduaneiro especial de aperfeiçoamento.

Art. 91. Não se aplicam ao IBS e à CBS as modalidades de isenção e de restituição do regime aduaneiro especial de *drawback*.

Art. 92. No caso de os bens nacionais ou nacionalizados saírem, temporariamente, do País para operação de transformação, elaboração, beneficiamento ou montagem ou, ainda, para processo de conserto, reparo ou restauração, o IBS e a CBS devidos no retorno dos bens ao País serão calculados:

I – sobre a diferença entre o valor do IBS e da CBS incidentes sobre o produto da operação de transformação, elaboração, beneficiamento ou montagem e o valor do IBS e da CBS que incidiriam, na mesma data, sobre os bens objeto da saída, se estes estivessem sendo importados do mesmo país em que se deu a operação de exportação temporária; ou

II – sobre o valor dos bens e serviços empregados no processo de conserto, reparo ou restauração.

Parágrafo único. O regulamento poderá estabelecer outras operações de industrialização a que se aplicará o disposto no *caput* deste artigo.

Seção V
DO REGIME ADUANEIRO ESPECIAL APLICÁVEL AO SETOR DE PETRÓLEO E GÁS (REPETRO)

Art. 93. Observada a disciplina estabelecida na legislação aduaneira, fica suspenso o pagamento do IBS e da CBS nas seguintes operações:

I – importação de bens destinados às atividades de exploração, de desenvolvimento e de produção de petróleo, de gás natural e de outros hidrocarbonetos fluidos previstas na legislação específica, cuja permanência no País seja de natureza temporária, constantes de relação especificada no regulamento (Repetro-Temporário);

II – importação de bens destinados às atividades de transporte, movimentação, transferência, armazenamento ou regaseificação de gás natural liquefeito constantes de relação especificada no regulamento (GNL-Temporário);

III – importação de bens constantes de relação especificada no regulamento cuja permanência no País seja definitiva e que sejam destinados às atividades a que se refere o inciso I deste *caput* (Repetro-Permanente);

IV – importação ou aquisição no mercado interno de matérias-primas, produtos intermediários e materiais de embalagem para ser utilizados integralmente no processo produtivo de produto final a ser fornecido a empresa que o destine às atividades a que se refere o inciso I deste *caput* (Repetro-Industrialização);

V – aquisição de produto final a que se refere o inciso IV deste *caput* (Repetro--Nacional); e

VI – importação ou aquisição no mercado interno de bens constantes de relação especificada no regulamento, para conversão ou construção de outros bens no País, contratada por empresa sediada no exterior, cujo produto final deverá ser destinado às atividades a que se refere o inciso I deste *caput* (Repetro-Entreposto).

§ 1º. Fica vedada a suspensão prevista no inciso III do *caput* deste artigo para importação de embarcações destinadas à navegação de cabotagem e à navegação interior de percurso nacional, bem como à navegação de apoio portuário e à navegação de apoio marítimo, nos termos da legislação específica.

§ 2º. A suspensão do pagamento do IBS e da CBS prevista no inciso III do *caput* deste artigo converte-se em alíquota zero após decorridos 5 (cinco) anos contados da data de registro da declaração de importação.

§ 3º. O beneficiário que realizar importação com suspensão do pagamento nos termos do inciso III do *caput* deste artigo e não destinar os bens na forma nele prevista no prazo de 3 (três) anos, contado da data de registro da declaração de importação, fica obrigado a recolher o IBS e a CBS não pagos em decorrência da suspensão usufruída, acrescidos de multa e juros de mora nos termos do § 2º art. 29 desta Lei Complementar, calculados a partir da data de ocorrência dos respectivos fatos geradores.

§ 4º. Fica também suspenso o pagamento do IBS e da CBS na importação ou na aquisição de bens no mercado interno por empresa denominada fabricante intermediário para a industrialização de produto intermediário a ser fornecido a empresa que o utilize no processo produtivo de que trata o inciso IV do *caput* deste artigo.

§ 5º. Efetivado o fornecimento do produto final, as suspensões de que tratam o inciso IV do *caput* e o § 4º deste artigo convertem-se em alíquota zero.

§ 6º. Efetivada a destinação do produto final, a suspensão de que trata o inciso V do *caput* deste artigo converte-se em alíquota zero.

§ 7º. O beneficiário que realizar a aquisição no mercado interno com suspensão do pagamento nos termos do inciso V do *caput* e não destinar o bem às atividades de que trata o inciso I do *caput* deste artigo no prazo de 3 (três) anos, contado da data de aquisição, fica obrigado a recolher o IBS e a CBS não pagos em decorrência da suspensão usufruída, acrescidos de multa de mora e corrigidos pela taxa Selic, calculados a partir da data de ocorrência dos respectivos fatos geradores.

§ 8º. As suspensões do IBS e da CBS previstas no *caput* deste artigo somente serão aplicadas aos fatos geradores ocorridos até 31 de dezembro de 2040.

Seção VI
DOS REGIMES DE BAGAGEM E DE REMESSAS INTERNACIONAIS

Art. 94. São isentas do pagamento do IBS e da CBS na importação de bens materiais:

I – bagagens de viajantes e de tripulantes, acompanhadas ou desacompanhadas; e

II – remessas internacionais, desde que:

a) sejam isentas do Imposto sobre a Importação;

b) o remetente e o destinatário sejam pessoas físicas; e

c) não tenha ocorrido a intermediação de plataforma digital.

Art. 95. Na remessa internacional em que seja aplicado o regime de tributação simplificada, nos termos da legislação aduaneira, é responsável solidário do IBS e da CBS e obrigado a se inscrever no regime regular do IBS e da CBS o fornecedor dos bens materiais de procedência estrangeira, ainda que residente ou domiciliado no exterior, observado o disposto no § 2º do art. 21, no § 3º do art. 22 e no art. 23 desta Lei Complementar.

Art. 96. A plataforma digital, ainda que domiciliada no exterior, é responsável pelo pagamento do IBS e da CBS relativos aos bens materiais objeto de remessa internacional cuja operação ou importação tenha sido realizada por seu intermédio, observado o disposto nos arts. 22 e 23 desta Lei Complementar.

Art. 97. Nas hipóteses dos arts. 95 e 96 desta Lei Complementar, o destinatário de remessa internacional, ainda que não seja o importador, é solidariamente responsável pelo pagamento do IBS e da CBS relativos aos bens materiais objeto de remessa internacional caso:

I – o fornecedor residente ou domiciliado no exterior não esteja inscrito; ou

II – os tributos não tenham sido pagos pelo fornecedor residente ou domiciliado no exterior, ainda que inscrito, ou por plataforma digital.

Seção VII
DO REGIME DE FORNECIMENTO DE COMBUSTÍVEL PARA AERONAVE EM TRÁFEGO INTERNACIONAL

Art. 98. Considera-se exportação o fornecimento de combustível ou lubrificante para abastecimento de aeronaves em tráfego internacional e com destino ao exterior.

Parágrafo único. O disposto neste artigo somente se aplica no abastecimento de combustível ou lubrificante realizados exclusivamente em zona primária alfandegada ou área de porto organizado alfandegado.

CAPÍTULO II
DAS ZONAS DE PROCESSAMENTO DE EXPORTAÇÃO

Art. 99. As importações ou as aquisições no mercado interno de máquinas, de aparelhos, de instrumentos e de equipamentos realizadas por empresa autorizada a operar em zonas de processamento de exportação serão efetuadas com suspensão do pagamento do IBS e da CBS.

§ 1º. A suspensão de que trata o *caput* deste artigo aplica-se apenas aos bens, novos ou usados, necessários às atividades da empresa autorizada a operar em zonas de processamento de exportação, para incorporação ao seu ativo imobilizado.

§ 2º. Na hipótese de importação de bens usados, a suspensão de que trata o *caput* deste artigo será aplicada quando se tratar de conjunto industrial que seja elemento constitutivo da integralização do capital social da empresa.

§ 3º. Na hipótese de utilização dos bens importados ou adquiridos no mercado interno com suspensão do pagamento do IBS e da CBS em desacordo com o disposto nos §§ 1º e 2º, ou de revenda dos bens antes que ocorra a conversão da suspensão em alíquota zero, na forma estabelecida no § 4º deste artigo, a empresa autorizada a operar em zonas de processamento de exportação fica obrigada a recolher o IBS e a CBS que se encontrem com o pagamento suspenso, acrescidos de multa e juros de mora nos termos do § 2º do art. 29 desta Lei Complementar, calculados a partir da data de ocorrência dos respectivos fatos geradores, na condição de:

I – contribuinte, em relação às operações de importação; ou

II – responsável, em relação às aquisições no mercado interno.

§ 4º. Se não ocorrer as hipóteses previstas no § 3º, a suspensão de que trata o *caput* deste artigo converter-se-á em alíquota zero, decorrido o prazo de 2 (dois) anos, contado da data de ocorrência do fato gerador.

§ 5º. Se não for efetuado o pagamento do IBS e da CBS na forma do § 3º deste artigo, caberá a exigência dos valores em procedimento de ofício, corrigidos pela taxa Selic, e das penalidades aplicáveis.

Art. 100. As importações ou as aquisições no mercado interno de matérias-primas, de produtos intermediários e de materiais de embalagem realizadas por empresa autorizada a operar em zonas de processamento de exportação serão efetuadas com suspensão do pagamento do IBS e da CBS.

§ 1º. As matérias-primas, os produtos intermediários e os materiais de embalagem de que trata o *caput* deste artigo deverão ser utilizados integralmente no processo produtivo do produto final a ser exportado, sem prejuízo do disposto no art. 101 desta Lei Complementar.

§ 2º. A suspensão de que trata o *caput* deste artigo converter-se-á em alíquota zero com a exportação do produto final ou da prestação de serviços fornecidos ou destinados exclusivamente para o exterior, observado o disposto no § 4º.

§ 3º. Considera-se matéria-prima para fins do disposto no *caput* a energia elétrica proveniente de fontes renováveis de geração utilizada por empresas instaladas em Zonas de Processamento de Exportação.

§ 4º. A energia elétrica proveniente de fontes renováveis de geração utilizada por empresas prestadoras de serviço instaladas em zonas de processamento de exportação terá tratamento equivalente ao estabelecido no *caput* para matérias-primas, produtos intermediários e materiais de embalagem.

Art. 101. Os produtos industrializados ou adquiridos para industrialização por empresa autorizada a operar em zonas de processamento de exportação poderão ser vendidos para o mercado interno, desde que a pessoa jurídica efetue o pagamento:

I – do IBS e da CBS, na condição de contribuinte, que se encontrem com o pagamento sobre as importações suspenso em razão do disposto nos arts. 99 e 100 desta Lei Complementar, acrescidos de multa de mora e corrigidos pela taxa Selic, calculados a partir da data de ocorrência dos respectivos fatos geradores;

II – do IBS e da CBS, na condição de responsável, que se encontrem com o pagamento relativo a aquisições no mercado interno suspenso em razão do disposto nos arts. 99 e 100 desta Lei Complementar, acrescidos de multa de mora e corrigidos pela taxa Selic, calculados a partir da data de ocorrência dos respectivos fatos geradores;

III – do IBS e da CBS normalmente incidentes na operação de venda.

Art. 102. Aplica-se o tratamento estabelecido nos arts. 99 e 100 desta Lei

Complementar às aquisições de máquinas, de aparelhos, de instrumentos, de equipamentos, de matérias-primas, de produtos intermediários e de materiais de embalagem realizadas entre empresas autorizadas a operar em zonas de processamento de exportação.

Art. 103. Ficam reduzidas a zero as alíquotas do IBS e da CBS incidentes sobre os serviços de transporte:

I – dos bens de que tratam os arts. 99 e 100 desta Lei Complementar, até as zonas de processamento de exportação; e

II – dos bens exportados a partir das zonas de processamento de exportação.

Art. 104. O disposto neste Capítulo observará a disciplina estabelecida na legislação aduaneira para as zonas de processamento de exportação.

CAPÍTULO III
DOS REGIMES DOS BENS DE CAPITAL

Seção I
DO REGIME TRIBUTÁRIO PARA INCENTIVO À MODERNIZAÇÃO E À AMPLIAÇÃO DA ESTRUTURA PORTUÁRIA (REPORTO)

- V. arts. 3º, III; e 170 c/c art. 187, III, da CF.

Art. 105. Observada a disciplina estabelecida na legislação específica, serão efetuadas com suspensão do pagamento do IBS e da CBS as importações e as aquisições no mercado interno de máquinas, equipamentos, peças de reposição e outros bens realizadas diretamente pelos beneficiários do Regime Tributário para Incentivo à Modernização e à Ampliação da Estrutura Portuária (Reporto) e destinadas ao seu ativo imobilizado para utilização exclusiva na execução de serviços de:

I – carga, descarga, armazenagem e movimentação de mercadorias e produtos, inclusive quando realizadas em recinto alfandegado de zona secundária;

II – sistemas suplementares de apoio operacional;

III – proteção ambiental;

IV – sistemas de segurança e de monitoramento de fluxo de pessoas, mercadorias, produtos, veículos e embarcações;

V – dragagens; e

VI – treinamento e formação de trabalhadores, inclusive na implantação de Centros de Treinamento Profissional.

§ 1º. O disposto no *caput* deste artigo aplica-se também aos bens utilizados na execução de serviços de transporte de mercadorias em ferrovias, classificados nas posições 86.01, 86.02 e 86.06 da Nomenclatura Comum do Mercosul baseada no Sistema Harmonizado (NCM/SH), e aos trilhos e demais elementos de vias férreas, classificados na posição 73.02 da NCM/SH.

§ 2º. A suspensão do pagamento do IBS e da CBS prevista no *caput* deste artigo converte-se em alíquota zero após decorridos 5 (cinco) anos contados da data de ocorrência dos respectivos fatos geradores.

§ 3º. A transferência, a qualquer título, de propriedade dos bens importados ou adquiridos no mercado interno ao amparo do Reporto, no prazo de 5 (cinco) anos, contado da data da ocorrência dos respectivos fatos geradores, deverá ser precedida de autorização do Comitê Gestor do IBS e da RFB e do recolhimento do IBS e da CBS com pagamento suspenso, acrescidos de multa e juros de mora nos termos do § 2º do art. 29 desta Lei Complementar.

§ 4º. A transferência a que se refere o § 3º deste artigo, previamente autorizada pelo Comitê Gestor do IBS e pela RFB, para outro beneficiário do Reporto será efetivada com suspensão do pagamento do IBS e da CBS desde que o adquirente assuma a responsabilidade, desde o momento de ocorrência dos respectivos fatos geradores, pelo IBS e pela CBS com pagamento suspenso.

§ 5º. Os bens beneficiados pela suspensão referida no *caput* e no § 1º deste artigo serão relacionados no regulamento.

§ 6º. As peças de reposição referidas no *caput* deverão ter seu valor igual ou superior a 20% (vinte por cento) do valor da máquina ou equipamento ao qual se destinam, de acordo com a respectiva declaração de importação ou nota fiscal.

§ 7º. Os beneficiários do Reporto poderão efetuar importações e aquisições no mercado interno amparadas pelo regime até 31 de dezembro de 2028.

§ 8º. As pessoas jurídicas optantes pelo Simples Nacional não poderão aderir ao Reporto.

Seção II
DO REGIME ESPECIAL DE INCENTIVOS PARA O DESENVOLVIMENTO DA INFRAESTRUTURA (REIDI)

Art. 106. Observada a disciplina estabelecida na legislação específica, serão efetuadas com suspensão do pagamento do IBS e da CBS as importações e as aquisições no mercado interno de máquinas, aparelhos, instrumentos e equipamentos, novos, e de materiais de construção, realizadas diretamente pelos beneficiários do Regime Especial de Incentivos para o Desenvolvimento da Infraestrutura (Reidi) para utilização ou incorporação em obras de infraestrutura destinadas ao ativo imobilizado.

§ 1º. A suspensão do pagamento do IBS e da CBS prevista no *caput* deste artigo aplica-se também:

I – à importação de serviços destinados a obras de infraestrutura para incorporação ao ativo imobilizado;

II – à aquisição no mercado interno de serviços destinados a obras de infraestrutura para incorporação ao ativo imobilizado; e

III – à locação de máquinas, aparelhos, instrumentos e equipamentos destinados a obras de infraestrutura para incorporação ao ativo imobilizado.

§ 2º. A suspensão do pagamento do IBS e da CBS prevista no *caput* e no § 1º deste artigo converte-se em alíquota zero após a utilização ou incorporação do bem, material de construção ou serviço na obra de infraestrutura.

§ 3º. O beneficiário do Reidi que não utilizar ou incorporar o bem, material de construção ou serviço na obra de infraestrutura fica obrigado a recolher o IBS e a CBS que se encontrem com o pagamento suspenso, acrescidos de multa e juros de mora nos termos do § 2º do art. 29 desta Lei Complementar, calculados a partir da data de ocorrência dos respectivos fatos geradores, na condição de:

I – contribuinte, em relação às operações de importação de bens materiais; ou

II – responsável, em relação aos serviços, às locações ou às aquisições de bens materiais no mercado interno.

§ 4º. Os benefícios previstos neste artigo aplicam-se também na hipótese de, em conformidade com as normas contábeis aplicáveis, as receitas das pessoas jurídicas titulares de contratos de concessão de serviços públicos reconhecidas durante a execução das obras de infraestrutura elegíveis ao Reidi terem como contrapartida ativo de contrato, ativo intangível representativo de direito de exploração ou ativo financeiro representativo de direito contratual incondicional de receber caixa ou outro ativo financeiro, estendendo-se, inclusive, aos projetos em andamento já habilitados perante a RFB.

§ 5º. Os benefícios previstos neste artigo poderão ser usufruídos nas importações e aquisições no mercado interno realizadas no período de 5 (cinco) anos, contado da data da habilitação no Reidi da pessoa jurídica titular do projeto de infraestrutura.

§ 6º. As pessoas jurídicas optantes pelo Simples Nacional não poderão aderir ao Reidi.

Seção III
DO REGIME TRIBUTÁRIO PARA INCENTIVO À ATIVIDADE NAVAL – RENAVAL

Art. 107. O Regime Tributário para Incentivo à Atividade Econômica Naval – Renaval permite aos beneficiários previamente habilitados suspensão do pagamento de IBS e CBS:

I – nos fornecimentos de embarcações registradas ou pré-registradas no Registro Especial Brasileiro – REB instituído pelo art. 11 da Lei nº 9.432, de 8 de janeiro de 1997,• para incorporação ao ativo imobilizado de adquirente sujeito ao regime regular do IBS e da CBS;

♦ Lei nº 9.432/1997 (Lei de Cabotagem).

II – nas importações e nas aquisições no mercado interno de máquinas, equipamentos e veículos destinados a utilização nas atividades de que trata o inciso III efetuadas para incorporação a seu ativo imobilizado; e

III – nas importações e nas aquisições no mercado interno de matérias-primas, produtos intermediários, partes, peças e componentes para utilização na construção, conservação, modernização e reparo de embarcações pré-registradas ou registradas no REB.

§ 1º. Somente contribuintes sujeitos ao regime regular do IBS e da CBS que exercem precipuamente as atividades de construção, conservação, modernização e reparo de embarcações poderão ser habilitados como beneficiários do Renaval, nos termos do regulamento.

§ 2º. A suspensão do pagamento do IBS e da CBS prevista no *caput* deste artigo converte-se em alíquota zero após:

I – 12 (doze) meses de permanência do bem no ativo imobilizado do adquirente, no caso do inciso I do *caput*;

II – 5 (cinco) anos de permanência do bem no ativo imobilizado do adquirente, no caso do inciso II do *caput*; e

III – a incorporação ou consumo nas atividades de que trata o inciso III do *caput*.

§ 3º. O beneficiário do Renaval que não cumprir a condição estabelecida nos incisos I a III do *caput* fica obrigado a recolher o IBS e a CBS suspensos, com os acréscimos de que trata o § 2º do art. 29 desta Lei Complementar, calculados a partir da data de ocorrência dos respectivos fatos geradores, na condição de:

I – contribuinte, em relação às operações de importação de bens materiais; ou

II – responsável, em relação às operações no mercado interno.

§ 4º. Aplica-se o disposto no § 3º ao beneficiário que transferir, a qualquer título, a propriedade dos bens importados ou adquiridos no mercado interno sob amparo do Renaval antes da conversão em alíquota zero.

§ 5º. Para os fins do disposto neste artigo, também serão considerados como bens e serviços incorporados ao ativo imobilizado aqueles com a mesma natureza e que, em decorrência das normas contábeis aplicáveis, forem contabilizados por concessionárias de serviços públicos como ativo de contrato, intangível ou financeiro.

Seção IV
DA DESONERAÇÃO DA AQUISIÇÃO DE BENS DE CAPITAL

Art. 108. Fica assegurado o crédito integral e imediato de IBS e CBS, na forma do disposto nos arts. 47 a 56, na aquisição de bens de capital.

Art. 109. Ato conjunto do Poder Executivo da União e do Comitê Gestor do IBS poderá definir hipóteses em que importações e aquisições no mercado interno de bens de capital por contribuinte no regime regular serão realizadas com suspensão do pagamento do IBS e da CBS, não se aplicando o disposto no art. 108 desta Lei Complementar.

§ 1º. O ato conjunto de que trata o *caput* deste artigo discriminará os bens alcançados e o prazo do benefício.

§ 2º. A suspensão do pagamento do IBS e da CBS prevista no *caput* deste artigo converte-se em alíquota zero após a incorporação do bem ao ativo imobilizado do adquirente, observado o prazo de que trata o § 1º deste artigo.

§ 3º. O beneficiário que não incorporar o bem ao seu ativo imobilizado fica obrigado a recolher o IBS e a CBS que se encontrem com o pagamento suspenso, acrescidos de multa e juros de mora na forma do § 2º do art. 29 desta Lei Complementar, calculados a partir da data de ocorrência dos respectivos fatos geradores, na condição de:

I – contribuinte, em relação às importações; ou

II – responsável, em relação às aquisições no mercado interno.

§ 4º. O disposto neste artigo aplica-se também às pessoas jurídicas optantes pelo Simples Nacional inscritas no regime regular de que trata esta Lei Complementar.

Art. 110. Ficam reduzidas a zero as alíquotas do IBS e da CBS no fornecimento e na importação:

I – de tratores, máquinas e implementos agrícolas, destinados a produtor rural não contribuinte de que trata o art. 164; e

II – de veículos de transporte de carga destinados a transportador autônomo de carga pessoa física não contribuinte de que trata o art. 169.

Parágrafo único. O disposto neste artigo se aplica aos bens de capital listados no regulamento.

Art. 111. Para fins desta Seção, também serão considerados bens incorporados ao ativo imobilizado aqueles com a mesma natureza e que, em decorrência das normas contábeis aplicáveis, forem contabilizados por concessionárias de serviços públicos como ativo de contrato, intangível ou financeiro.

TÍTULO III
DA DEVOLUÇÃO PERSONALIZADA DO IBS E DA CBS (*CASHBACK*) E DA CESTA BÁSICA NACIONAL DE ALIMENTOS

CAPÍTULO I
DA DEVOLUÇÃO PERSONALIZADA DO IBS E DA CBS (*CASHBACK*)

Art. 112. Serão devolvidos, nos termos e limites previstos neste Capítulo, para pessoas físicas que forem integrantes de famílias de baixa renda:

I – a CBS, pela União; e

II – o IBS, pelos Estados, pelo Distrito Federal e pelos Municípios.

Art. 113. O destinatário das devoluções previstas neste Capítulo será aquele responsável por unidade familiar de família de baixa renda cadastrada no Cadastro Único para Programas Sociais do Governo Federal (CadÚnico), conforme o art. 6º-F da Lei nº 8.742, de 7 de dezembro de 1993,• ou por norma equivalente que a suceder, e que observar, cumulativamente, os seguintes requisitos:

♦ Lei nº 8.742/1993 (Assistência Social).

I – possuir renda familiar mensal *per capita* de até meio salário-mínimo nacional;

II – ser residente no território nacional; e

III – possuir inscrição em situação regular no CPF.

§ 1º. O destinatário será incluído de forma automática na sistemática de devoluções, podendo, a qualquer tempo, solicitar a sua exclusão.

§ 2º. Os dados pessoais coletados na sistemática das devoluções serão tratados na forma da Lei nº 13.709, de 14 de agosto de 2018 (Lei Geral de Proteção de Dados Pessoais), e do art. 198 da Lei nº 5.172, de

25 de outubro de 1966 (Código Tributário Nacional), e somente poderão ser utilizados ou cedidos a órgãos da administração pública ou, de maneira anonimizada, a institutos de pesquisa para a execução de ações relacionadas às devoluções.

Art. 114. A devolução da CBS a que se refere o inciso I do *caput* do art. 112 desta Lei Complementar será gerida pela RFB, a quem caberá:

I – normatizar, coordenar, controlar e supervisionar sua execução;

II – definir os procedimentos para determinação do montante e a sistemática de pagamento dos valores devolvidos;

III – elaborar relatórios gerenciais e de prestação de contas relativos aos valores devolvidos; e

IV – adotar outras ações e iniciativas necessárias à operacionalização da devolução.

§ 1º. A normatização a que se refere o inciso I do *caput* deste artigo definirá, especialmente:

I – o período de apuração da devolução;

II – o calendário e a periodicidade de pagamento;

III – as formas de creditamento às pessoas físicas destinatárias;

IV – a forma de ressarcimento de importâncias recebidas indevidamente pelas pessoas físicas;

V – os mecanismos de mitigação de fraudes ou erros;

VI – o tratamento em relação a indícios de irregularidades;

VII – as formas de transparência relativas à distribuição das devoluções; e

VIII – o prazo para utilização das devoluções, que não poderá ser superior a 24 (vinte e quatro) meses.

§ 2º. Os procedimentos adotados para pagamentos das devoluções priorizarão mecanismos que estimulem a formalização do consumo das famílias destinatárias, por meio da emissão de documentos fiscais, de modo a estimular a cidadania fiscal e a mitigar a informalidade nas atividades econômicas, a sonegação fiscal e a concorrência desleal.

Art. 115. A devolução do IBS a que se refere o inciso II do *caput* do art. 112 será gerida pelo Comitê Gestor do IBS, a quem competirá as atribuições previstas no art. 114 desta Lei Complementar, respeitadas as especificidades.

Art. 116. As devoluções dos tributos previstas neste Capítulo serão concedidas no momento definido em regulamento.

§ 1º. Caso se trate de fornecimento domiciliar de energia elétrica, abastecimento de água, esgotamento sanitário e gás canalizado e de fornecimento de serviços de telecomunicações as devoluções serão concedidas no momento da cobrança.

§ 2º. Caso se trate de fornecimento de bens ou de serviços sujeitos à cobrança com periodicidade fixa, as devoluções serão concedidas, preferencialmente no momento da cobrança.

§ 3º. Os valores serão disponibilizados para o agente financeiro no prazo máximo de 15 (quinze) dias após a apuração, observado o disposto no inciso I do § 1º do art. 114 e no art. 115 desta Lei Complementar.

§ 4º. O agente financeiro deverá transferir os valores às famílias destinatárias em até 10 (dez) dias após a disponibilização de que trata o § 3º deste artigo.

Art. 117. As devoluções previstas neste Capítulo serão calculadas mediante aplicação de percentual sobre o valor do tributo relativo ao consumo, formalizado por meio da emissão de documentos fiscais.

§ 1º. O regulamento estabelecerá regras de devolução por unidade familiar destinatária e por período de apuração das devoluções, de modo que a devolução seja compatível com a renda disponível da família.

§ 2º. Para determinação do tributo a ser devolvido às pessoas físicas, nos termos do *caput* e do § 1º deste artigo, serão considerados:

I – o consumo total de produtos pelas famílias destinatárias, ressalvados os produtos sujeitos ao Imposto Seletivo, de que trata o Livro II desta Lei Complementar;

II – os dados extraídos de documentos fiscais vinculados ao CPF dos membros da unidade familiar, que acobertem operações de aquisição de bens ou serviços exclusivamente para consumo domiciliar;

III – a renda mensal familiar disponível, assim entendida a que resulta do somatório da renda declarada no CadÚnico a valores auferidos a título de transferência condicionada de renda;

IV – os dados extraídos de publicações oficiais relativos à estrutura de consumo das famílias;

V – as regras de tributação de bens e serviços previstas na legislação.

Art. 118. O percentual a ser aplicado nos termos do art. 117 desta Lei Complementar será de:

I – 100% (cem por cento) para a CBS e 20% (vinte por cento) para o IBS na aquisição de botijão de até 13 kg (treze quilogramas) de gás liquefeito de petróleo, nas operações de fornecimento domiciliar de energia elétrica, abastecimento de água, esgotamento sanitário e gás canalizado e nas operações de fornecimento de telecomunicações; e

II – 20% (vinte por cento) para a CBS e para o IBS, nos demais casos.

§ 1º. A União, os Estados, o Distrito Federal e os Municípios poderão, por lei específica, fixar percentuais de devolução da sua parcela da CBS ou do IBS superiores aos previstos nos incisos I e II do *caput*, os quais poderão ser diferenciados:

I – em função da renda familiar dos destinatários, observado o disposto no art. 113 desta Lei Complementar;

II – entre os casos previstos nos incisos I e II do *caput*.

§ 2º. Na ausência da fixação de percentuais próprios, as devoluções previstas neste Capítulo serão calculadas mediante aplicação dos percentuais de que tratam os incisos I e II do *caput*.

§ 3º. O disposto no § 1º deste artigo não se aplica ao percentual de devolução da CBS de que trata o inciso I do *caput*.

Art. 119. Excepcionalmente, nas localidades com dificuldades operacionais que comprometam a eficácia da devolução do tributo na forma do art. 117 desta Lei Complementar, poderão ser adotados procedimentos simplificados para cálculo das devoluções.

§ 1º. O procedimento simplificado de que trata este artigo não se aplica às devoluções concedidas no momento da cobrança da operação, nos termos dos §§ 1º e 2º do art. 116 desta Lei Complementar.

§ 2º. Para fins do disposto no *caput* deste artigo, deverá ser observada a seguinte sequência de cálculos, respeitadas as faixas de renda das famílias destinatárias:

I – determinação do ônus dos tributos suportados nas diferentes faixas de renda, assim entendido como o produto do consumo mensal estimado dos bens e serviços, pelas alíquotas correspondentes;

II – determinação da pressão tributária nas diferentes faixas de renda, obtida pela razão entre o ônus dos tributos suportados, nos termos do inciso I deste parágrafo, e a renda mensal média estimada, expressa em termos percentuais;

III – determinação do ônus dos tributos suportados no nível da unidade familiar nas diferentes faixas de renda, que consiste na multiplicação da pressão tributária da faixa de renda pela renda mensal disponível da família destinatária, nos termos do inciso III do § 2º do art. 117 desta Lei Complementar;

IV – determinação do valor mensal da devolução no nível da unidade familiar, que resulta da multiplicação do ônus dos tributos suportados no nível da unidade familiar pelo percentual de devolução fixado nos termos do art. 118 desta Lei Complementar.

§ 3º. Os dados relativos ao consumo dos bens e serviços e a renda média a que se referem, respectivamente, os incisos I e II do § 2º deste artigo, serão estimados a partir das informações da Pesquisa de Orçamentos Familiares (POF), produzida pela Fundação Instituto Brasileiro de Geografia e Estatística (IBGE), mais atualizada, com base em metodologia definida no regulamento.

§ 4º. A definição das localidades com dificuldades operacionais de que trata o *caput* deste artigo levará em consideração o grau de eficácia da devolução do tributo, mediante metodologia de avaliação definida no regulamento.

Art. 120. Em nenhuma hipótese a parcela creditada individualmente à família beneficiária nos termos deste Capítulo poderá superar o ônus do tributo suportado relativo à CBS, no caso da devolução a que se refere o inciso I do *caput* do art. 112, e o ônus do tributo suportado relativo ao IBS, no caso da devolução a que se refere o inciso II do *caput* do art. 112 desta Lei Complementar, incidentes sobre o consumo das famílias.

Parágrafo único. Para efeito do disposto no *caput* deste artigo, o ônus do tributo suportado pelas famílias destinatárias poderá ser aferido com base em documentos fiscais emitidos ou pelos procedimentos de cálculo detalhados no art. 119 desta Lei Complementar.

Art. 121. As devoluções dos tributos a pessoas físicas de que trata este Capítulo serão deduzidas da arrecadação, mediante anulação da respectiva receita.

Art. 122. A União, por meio da RFB, e os Estados, o Distrito Federal e os Municípios, por meio do Comitê Gestor do IBS, poderão implementar soluções integradas para a administração de sistema que permita a devolução de forma unificada das parcelas a que se referem os incisos I e II do *caput* do art. 112 desta Lei Complementar.

Parágrafo único. A administração integrada inclui o exercício de competências previstas nos arts. 114 e 115 desta Lei Complementar, nos termos de convênio específico para esse fim.

Art. 123. As devoluções previstas no art. 112 desta Lei Complementar serão calculadas com base no consumo familiar realizado a partir do:

I – mês de janeiro de 2027, para a CBS; e

II – mês de janeiro de 2029, para o IBS.

Art. 124. Para os efeitos desta Lei Complementar, entende-se por:

I – devolução geral a pessoas físicas do IBS ou da CBS o valor apurado mediante a aplicação dos percentuais estabelecidos no art. 118 desta Lei Complementar;

II – devolução específica a pessoas físicas do IBS ou da CBS a diferença entre o valor apurado mediante a aplicação dos percentuais fixados pelos entes federativos nos termos do art. 118 desta Lei Complementar e o valor de que trata o inciso I deste *caput*.

Parágrafo único. A devolução geral de que trata o inciso I do *caput* deste artigo deverá ser considerada para fins de cálculo das alíquotas de referência, com vistas a reequilibrar a arrecadação das respectivas esferas federativas.

CAPÍTULO II
DA CESTA BÁSICA NACIONAL DE ALIMENTOS

Art. 125. Ficam reduzidas a zero as alíquotas do IBS e da CBS incidentes sobre as vendas de produtos destinados à alimentação humana relacionados no Anexo

I desta Lei Complementar, com a especificação das respectivas classificações da NCM/SH, que compõem a Cesta Básica Nacional de Alimentos, criada nos termos do art. 8º da Emenda Constitucional nº 132, de 20 de dezembro de 2023•.

♦ Emenda Constitucional nº 132/2023 (Reforma Tributária).

Parágrafo único. Aplica-se o disposto nos §§ 1º e 2º do art. 126 desta Lei Complementar às reduções de alíquotas de que trata o *caput* deste artigo.

TÍTULO IV
DOS REGIMES DIFERENCIADOS DO IBS E DA CBS

CAPÍTULO I
DISPOSIÇÕES GERAIS

Art. 126. Ficam instituídos regimes diferenciados do IBS e da CBS, de maneira uniforme em todo o território nacional, conforme estabelecido neste Título, com a aplicação de alíquotas reduzidas ou com a concessão de créditos presumidos, assegurados os respectivos ajustes nas alíquotas de referência do IBS e da CBS, com vistas a reequilibrar a arrecadação.

§ 1º. Atendidos os requisitos próprios, os regimes diferenciados de que trata este Capítulo aplicam-se, no que couber, à importação dos bens e serviços nele previstos.

§ 2º. A alteração das operações com bens ou com serviços beneficiadas pelos regimes diferenciados de que trata este Capítulo, mediante acréscimo, exclusão ou substituição, somente entrará em vigor após o cumprimento do disposto nos §§ 9º e 11 do art. 156-A da Constituição Federal.

§ 3º. O disposto no § 2º deste artigo não se aplica às hipóteses de que tratam o § 2º do art. 131, o § 2º do art. 132, o art. 134, o § 10 do art. 138, o § 2º do art. 144, o § 2º do art. 145 e o § 3º do art. 146 desta Lei Complementar desde que seus efeitos, considerados conjuntamente a cada período de revisão, não resultem em elevação superior a 0,02 (dois centésimos) ponto percentual da alíquota de referência da CBS, da alíquota de referência estadual do IBS ou da alíquota de referência municipal do IBS.

§ 4º. As reduções de alíquotas de que trata este Título serão aplicadas sobre as alíquotas-padrão do IBS e da CBS de cada ente federativo, fixadas na forma do art. 14 desta Lei Complementar.

§ 5º. A apropriação dos créditos presumidos previstos neste Título fica condicionada:

I – à emissão de documento fiscal eletrônico relativo à operação pelo adquirente, com identificação do respectivo fornecedor; e

II – ao efetivo pagamento ao fornecedor.

CAPÍTULO II
DA REDUÇÃO EM TRINTA POR CENTO DAS ALÍQUOTAS DO IBS E DA CBS

Art. 127. Ficam reduzidas em 30% (trinta por cento) as alíquotas do IBS e da CBS incidentes sobre a prestação de serviços pelos seguintes profissionais, que exercerem atividades intelectuais de natureza científica, literária ou artística, submetidas à fiscalização por conselho profissional:

I – administradores;

II – advogados;

III – arquitetos e urbanistas;

IV – assistentes sociais;

V – bibliotecários;

VI – biólogos;

VII – contabilistas;

VIII – economistas;

IX – economistas domésticos;

X – profissionais de educação física;

XI – engenheiros e agrônomos;

XII – estatísticos;

XIII – médicos veterinários e zootecnistas;

XIV – museólogos;

XV – químicos;

XVI – profissionais de relações públicas;

XVII – técnicos industriais; e

XVIII – técnicos agrícolas.

§ 1º. A redução de alíquotas prevista no *caput* deste artigo aplica-se à prestação de serviços realizada por:

I – pessoa física, desde que os serviços prestados estejam vinculados à habilitação dos profissionais; e

II – pessoa jurídica que cumpra, cumulativamente, os seguintes requisitos:

a) possuam os sócios habilitações profissionais diretamente relacionadas com os objetivos da sociedade e estejam submetidos à fiscalização de conselho profissional;

b) não tenha como sócio pessoa jurídica;

c) não seja sócia de outra pessoa jurídica;

d) não exerça atividade diversa das habilitações profissionais dos sócios; e

e) sejam os serviços relacionados à atividade-fim prestados diretamente pelos sócios, admitido o concurso de auxiliares ou colaboradores.

§ 2º. Para fins do disposto no inciso II do § 1º deste artigo, não impedem a redução de alíquotas de que trata este artigo:

I – a natureza jurídica da sociedade;

II – a união de diferentes profissionais previstos nos incisos I a XVIII do *caput* deste artigo, desde que a atuação de cada sócio seja na sua habilitação profissional; e

III – a forma de distribuição de lucros.

§ 3º. Não se aplicam os §§ 1º e 2º deste artigo à prestação de serviços relacionada à profissão do inciso X do *caput* deste artigo efetuada por pessoa jurídica, desde que submetida à fiscalização de conselho profissional.

CAPÍTULO III
DA REDUÇÃO EM SESSENTA POR CENTO DAS ALÍQUOTAS DO IBS E DA CBS

Seção I
DISPOSIÇÕES GERAIS

Art. 128. Desde que observadas as definições e demais disposições deste Capítulo, ficam reduzidas em 60% (sessenta por cento) as alíquotas do IBS e da CBS incidentes sobre operações com:

I – serviços de educação;

II – serviços de saúde;

III – dispositivos médicos;

IV – dispositivos de acessibilidade próprios para pessoas com deficiência;

V – medicamentos;

VI – alimentos destinados ao consumo humano;

VII – produtos de higiene pessoal e limpeza majoritariamente consumidos por famílias de baixa renda;

VIII – produtos agropecuários, aquícolas, pesqueiros, florestais e extrativistas vegetais *in natura*;

IX – insumos agropecuários e aquícolas;

X – produções nacionais artísticas, culturais, de eventos, jornalísticas e audiovisuais;

XI – comunicação institucional;

XII – atividades desportivas; e

XIII – bens e serviços relacionados à soberania e à segurança nacional, à segurança da informação e à segurança cibernética.

Seção II
DOS SERVIÇOS DE EDUCAÇÃO

Art. 129. Ficam reduzidas em 60% (sessenta por cento) as alíquotas do IBS e da CBS incidentes sobre o fornecimento dos serviços de educação relacionados no Anexo II desta Lei Complementar, com a especificação das respectivas classificações da Nomenclatura Brasileira de Serviços, Intangíveis e Outras Operações que Produzam Variações no Patrimônio (NBS).

Parágrafo único. A redução de alíquotas prevista no *caput* deste artigo:

I – somente se aplica sobre os valores devidos pela contraprestação dos serviços listados no Anexo II desta Lei Complementar; e

II – não se aplica a outras operações eventualmente ocorridas no âmbito das escolas, das instituições ou dos estabelecimentos do fornecedor de serviços.

Seção III
DOS SERVIÇOS DE SAÚDE

Art. 130. Ficam reduzidas em 60% (sessenta por cento) as alíquotas do IBS e da CBS incidentes sobre o fornecimento dos serviços de saúde relacionados no Anexo III desta Lei Complementar, com a especificação das respectivas classificações da NBS.

Parágrafo único. Não integram a base de cálculo do IBS e da CBS dos serviços de saúde de que trata o *caput* deste artigo os valores glosados pela auditoria médica dos planos de assistência à saúde e não pagos.

Seção IV
DOS DISPOSITIVOS MÉDICOS

Art. 131. Ficam reduzidas em 60% (sessenta por cento) as alíquotas do IBS e da CBS incidentes sobre o fornecimento dos dispositivos médicos relacionados no Anexo IV desta Lei Complementar, com a especificação das respectivas classificações da NCM/SH.

§ 1º. A redução de alíquotas prevista no *caput* deste artigo somente se aplica aos dispositivos listados no Anexo IV desta Lei Complementar regularizados perante a Agência Nacional de Vigilância Sanitária (Anvisa).

§ 2º. Sem prejuízo da avaliação quinquenal de que trata o Capítulo I do Título III do Livro III desta Lei Complementar, o Ministro de Estado da Fazenda e o Comitê Gestor do IBS, ouvido o Ministério da Saúde, revisarão, a cada 120 (cento e vinte) dias, por meio de ato conjunto, a lista de que trata o Anexo IV desta Lei Complementar, tão somente para inclusão de dispositivos médicos inexistentes na data de publicação da revisão anterior que atendam às mesmas finalidades daqueles já constantes do referido anexo.

Seção V
DOS DISPOSITIVOS DE ACESSIBILIDADE PRÓPRIOS PARA PESSOAS COM DEFICIÊNCIA

- V. art. 1º, III, da CF.
- V. Lei nº 13.146/2015 (Estatuto da Pessoa com Deficiência).

Art. 132. Ficam reduzidas em 60% (sessenta por cento) as alíquotas do IBS e da CBS incidentes sobre o fornecimento dos dispositivos de acessibilidade próprios para pessoas com deficiência relacionados no Anexo V desta Lei Complementar, com a especificação das respectivas classificações da NCM/SH.

§ 1º. A redução de alíquotas prevista no *caput* deste artigo somente se aplica aos dispositivos de acessibilidade listados no Anexo V desta Lei Complementar que atendam aos requisitos previstos em norma do órgão público competente.

§ 2º. Sem prejuízo da avaliação quinquenal de que trata o Capítulo I do Título III do Livro III desta Lei Complementar, o Ministro de Estado da Fazenda e o Comitê Gestor do IBS, ouvido o órgão público competente, revisarão, a cada 120 (cento e vinte) dias, por meio de ato conjunto, a lista de que trata o Anexo V desta Lei Complementar, tão somente para inclusão de dispositivos de acessibilidade inexistentes na data de publicação da revisão anterior que atendam às mesmas finalidades daqueles já constantes do referido anexo.

Seção VI
DOS MEDICAMENTOS

Art. 133. Ficam reduzidas em 60% (sessenta por cento) as alíquotas do IBS e da

CBS incidentes sobre o fornecimento dos medicamentos registrados na Anvisa ou produzidos por farmácias de manipulação, ressalvados os medicamentos sujeitos à alíquota zero de que trata o art. 146 desta Lei Complementar.

- V. art. 1º, III, c/c art. 6º da CF.

§ 1º. A redução de alíquotas prevista no *caput* deste artigo aplica-se também às operações de fornecimento das composições para nutrição enteral e parenteral, composições especiais e fórmulas nutricionais destinadas às pessoas com erros inatos do metabolismo relacionadas no Anexo VI desta Lei Complementar, com a especificação das respectivas classificações da NCM/SH.

§ 2º. Para fins de assegurar a repercussão nos preços da redução da carga tributária, a redução de que trata este artigo somente se aplica aos medicamentos industrializados ou importados pelas pessoas jurídicas que tenham firmado, com a União e o Comitê Gestor do IBS, compromisso de ajustamento de conduta ou cumpram a sistemática estabelecida pela Câmara de Regulação do Mercado de Medicamentos (CMED), na forma da lei.

Art. 134. Sem prejuízo da avaliação quinquenal de que trata o Capítulo I do Título III do Livro III desta Lei Complementar, o Ministro de Estado da Fazenda e o Comitê Gestor do IBS, ouvido o Ministério da Saúde, revisarão, a cada 120 (cento e vinte) dias, por meio de ato conjunto, a lista de que trata o Anexo VI, tão somente para inclusão de composições de que trata o § 1º do art. 133 desta Lei Complementar inexistentes na data de publicação da revisão anterior e que sirvam às mesmas finalidades daquelas já contempladas.

Seção VII
DOS ALIMENTOS DESTINADOS AO CONSUMO HUMANO

Art. 135. Ficam reduzidas em 60% (sessenta por cento) as alíquotas do IBS e da CBS incidentes sobre o fornecimento dos alimentos destinados ao consumo humano relacionados no Anexo VII desta Lei Complementar, com a especificação das respectivas classificações da NCM/SH.

Seção VIII
DOS PRODUTOS DE HIGIENE PESSOAL E LIMPEZA MAJORITARIAMENTE CONSUMIDOS POR FAMÍLIAS DE BAIXA RENDA

Art. 136. Ficam reduzidas em 60% (sessenta por cento) as alíquotas do IBS e da CBS incidentes sobre o fornecimento dos produtos de higiene pessoal e limpeza relacionados no Anexo VIII desta Lei Complementar, com a especificação das respectivas classificações da NCM/SH.

Seção IX
DOS PRODUTOS AGROPECUÁRIOS, AQUÍCOLAS, PESQUEIROS, FLORESTAIS E EXTRATIVISTAS VEGETAIS *IN NATURA*

Art. 137. Ficam reduzidas em 60% (sessenta por cento) as alíquotas do IBS e da CBS incidentes sobre o fornecimento de produtos agropecuários, aquícolas, pesqueiros, florestais e extrativistas vegetais *in natura*.

§ 1º. Considera-se *in natura* o produto tal como se encontra na natureza, que não tenha sido submetido a nenhum processo de industrialização nem seja acondicionado em embalagem de apresentação, não perdendo essa condição o que apenas tiver sido submetido:

I – a secagem, limpeza, debulha de grãos ou descaroçamento; e

II – a congelamento, resfriamento ou simples acondicionamento, quando esses procedimentos se destinem apenas ao transporte, ao armazenamento ou à exposição para venda.

§ 2º. O regulamento disporá sobre os produtos que não perderão a qualidade de *in natura* quando necessitarem de acondicionamento em embalagem de preservação, com adição de concentração ou conservantes para manter a integridade e características do produto.

§ 3º. Para fins do disposto no *caput* deste artigo, considera-se fornecimento de produto florestal inclusive o fornecimento dos serviços ambientais de conservação ou recuperação da vegetação nativa, mesmo que fornecidos sob a forma de manejo sustentável de sistemas agrícolas, agroflorestais e agrossilvopastoris, em conformidade com as definições e requisitos da legislação específica.

Seção X
DOS INSUMOS
AGROPECUÁRIOS E AQUÍCOLAS

Art. 138. Ficam reduzidas em 60% (sessenta por cento) as alíquotas do IBS e da CBS incidentes sobre o fornecimento dos insumos agropecuários e aquícolas relacionados no Anexo IX desta Lei Complementar, com a especificação das respectivas classificações da NCM/SH e da NBS.

§ 1º. A redução de alíquotas prevista no *caput* deste artigo somente se aplica aos produtos de que trata o Anexo IX desta Complementar♦ que, quando exigido, estejam registrados como insumos agropecuários ou aquícolas no órgão competente do Ministério da Agricultura e Pecuária.

♦ Publicação oficial: "desta Complementar". Entendemos que seria: "desta Lei Complementar". (N.E.)

§ 2º. Fica diferido o recolhimento do IBS e da CBS incidentes nas seguintes operações com insumos agropecuários e aquícolas de que trata o *caput*:

I – fornecimento realizado por contribuinte sujeito ao regime regular do IBS e da CBS para:

a) contribuinte sujeito ao regime regular do IBS e da CBS; e

b) produtor rural não contribuinte do IBS e da CBS que utilize os insumos na produção de bem vendido para adquirentes que têm direito à apropriação dos créditos presumidos estabelecidos pelo art. 168 desta Lei Complementar; e

II – importação realizada por:

a) contribuinte sujeito ao regime regular do IBS e da CBS; e

b) produtor rural não contribuinte do IBS e da CBS que utilize os insumos na produção de bem vendido para adquirentes que têm direito à apropriação dos créditos presumidos estabelecidos pelo art. 168 desta Lei Complementar.

§ 3º. O diferimento de que tratam a alínea "b" do inciso I e a alínea "b" do inciso II, ambos do § 2º, somente será aplicado sobre a parcela de insumos utilizada pelo produtor rural não contribuinte do IBS e da CBS na produção de bem vendido para adquirentes que têm direito à apropriação dos créditos presumidos estabelecidos pelo art. 168 desta Lei Complementar.

§ 4º. (Vetado).

§ 5º. Nas hipóteses previstas na alínea "a" do inciso I e na alínea "a" do inciso II, ambas do § 2º deste artigo, o diferimento será encerrado caso:

I – o fornecimento do insumo agropecuário e aquícola, ou do produto deles resultante:

a) não esteja alcançado pelo diferimento; ou

b) seja isento, não tributado, inclusive em razão de suspensão do pagamento, ou sujeito à alíquota zero; ou

II – a operação seja realizada sem emissão do documento fiscal.

§ 6º. O recolhimento do IBS e da CBS relativos ao diferimento será efetuado pelo contribuinte que promover a operação que encerrar a fase do diferimento, ainda que não tributada, na forma prevista nos §§ 7º e 8º deste artigo.

§ 7º. Na hipótese a que se refere a alínea "a" do inciso I do § 5º deste artigo, a incidência do IBS e da CBS observará as regras aplicáveis à operação tributada.

§ 8º. Na hipótese a que se refere a alínea "b" do inciso I do § 5º deste artigo, fica dispensado o recolhimento do IBS e da CBS caso seja permitida a apropriação de crédito, nos termos previstos nos arts. 47 a 56.

§ 9º. Nas hipóteses previstas na alínea "b" do inciso I e na alínea "b" do inciso II, ambos do § 2º deste artigo, o diferimento será encerrado mediante:

I – a redução do valor dos créditos presumidos de IBS e de CBS estabelecidos pelo art. 168, na forma do § 3º do referido artigo; ou

II – (vetado).

§ 10. Sem prejuízo da avaliação quinquenal de que trata o Capítulo I do Título III do Livro III desta Lei Complementar, o Ministro de Estado da Fazenda e o Comitê Gestor do IBS, ouvido o Ministério da Agricultura e Pecuária, revisarão, a cada 120 (cento e vinte) dias, por meio de ato conjunto, a lista de que trata o Anexo IX, tão somente para inclusão de insumos de que trata o *caput* deste artigo que sirvam às mesmas finalidades daquelas já contempladas e de produtos destinados ao uso exclusivo para a fabricação de defensivos agropecuários.

Seção XI
DAS PRODUÇÕES NACIONAIS ARTÍSTICAS, CULTURAIS, DE EVENTOS, JORNALÍSTICAS E AUDIOVISUAIS

Art. 139. Ficam reduzidas em 60% (sessenta por cento) as alíquotas do IBS e da CBS incidentes sobre o fornecimento dos bens e serviços listados no Anexo X desta Lei Complementar, com a especificação das respectivas classificações da NCM/SH e NBS, nos casos relacionados com as seguintes produções nacionais artísticas, culturais, de eventos, jornalísticas e audiovisuais:

I – espetáculos teatrais, circenses e de dança;

II – *shows* musicais;

III – desfiles carnavalescos ou folclóricos;

IV – eventos acadêmicos e científicos, como congressos, conferências e simpósios;

V – feiras de negócios;

VI – exposições, feiras, galerias e mostras culturais, artísticas e literárias;

VII – programas de auditório ou jornalísticos, filmes, documentários, séries, novelas, entrevistas e clipes musicais; e

VIII – obras de arte.

§ 1º. O disposto nos incisos I, II, III e VII do *caput* deste artigo somente se aplica a produções realizadas no País que contenham majoritariamente obras artísticas, musicais, literárias ou jornalísticas de autores brasileiros ou interpretadas majoritariamente por artistas brasileiros.

§ 2º. No caso das obras cinematográficas ou videofonográficas de que trata o inciso VII do *caput* deste artigo, considera-se produção nacional aquela que atenda aos requisitos para obras audiovisuais nacionais definidos na legislação específica.

§ 3º. O fornecimento de obras de arte de que trata o inciso VIII do *caput* deste artigo contempla apenas aqueles produzidos por artistas brasileiros.

Seção XII
DA COMUNICAÇÃO INSTITUCIONAL

Art. 140. Ficam reduzidas em 60% (sessenta por cento) as alíquotas do IBS e da CBS incidentes sobre o fornecimento dos seguintes serviços de comunicação institucional à administração pública direta, autarquias e fundações públicas:

I – serviços direcionados ao planejamento, criação, programação e manutenção de páginas eletrônicas da administração pública, ao monitoramento e gestão de suas redes sociais e à otimização de páginas e canais digitais para mecanismos de buscas e produção de mensagens, infográficos, painéis interativos e conteúdo institucional;

II – serviços de relações com a imprensa, que reúnem estratégias organizacionais para promover e reforçar a comunicação dos órgãos e das entidades contratantes com seus públicos de interesse, por meio da interação com profissionais da imprensa; e

III – serviços de relações públicas, que compreendem o esforço de comunicação planejado, coeso e contínuo que tem por objetivo estabelecer adequada percepção da atuação e dos objetivos institucionais, a partir do estímulo à compreensão mútua e da manutenção de padrões de relacionamento e fluxos de informação entre os órgãos e as entidades contratantes e seus públicos de interesse, no País e no exterior.

Parágrafo único. Os fornecedores dos serviços de comunicação institucional ficam sujeitos à alíquota-padrão em relação aos serviços fornecidos a adquirentes não mencionados no *caput* deste artigo.

Seção XIII
DAS ATIVIDADES DESPORTIVAS

Art. 141. Ficam reduzidas em 60% (sessenta por cento) as alíquotas do IBS e da CBS incidentes sobre as seguintes operações relacionadas a atividades desportivas:

I – fornecimento de serviço de educação desportiva, classificado no código 1.2205.12.00 da NBS;

II – gestão e exploração do desporto por associações e clubes esportivos filiados ao órgão estadual ou federal responsável pela coordenação dos desportos, inclusive por meio de venda de ingressos para eventos desportivos, fornecimento oneroso ou não de bens e serviços, inclusive ingressos, por meio de programas de sócio-torcedor, cessão dos direitos desportivos dos atletas e transferência de atletas para outra entidade desportiva ou seu retorno à atividade em outra entidade desportiva.

Seção XIV
DA SOBERANIA E DA SEGURANÇA NACIONAL, DA SEGURANÇA DA INFORMAÇÃO E DA SEGURANÇA CIBERNÉTICA

Art. 142. Ficam reduzidas em 60% (sessenta por cento) as alíquotas do IBS e da CBS sobre:

I – fornecimento à administração pública direta, autarquias e fundações púbicas dos serviços e dos bens relativos à soberania e à segurança nacional, à segurança da informação e à segurança cibernética relacionados no Anexo XI desta Lei Complementar, com a especificação das respectivas classificações da NBS e da NCM/SH; e

II – operações e prestações de serviços de segurança da informação e segurança cibernética desenvolvidos por sociedade que tenha sócio brasileiro com o mínimo de 20% (vinte por cento) do seu capital social, relacionados no Anexo XI desta Lei Complementar, com a especificação das respectivas classificações da NBS e da NCM/SH.

CAPÍTULO IV
DA REDUÇÃO A ZERO DAS ALÍQUOTAS DO IBS E DA CBS

Seção I
DISPOSIÇÕES GERAIS

Art. 143. Desde que observadas as definições e demais disposições deste Capítulo, ficam reduzidas a zero as alíquotas do IBS e da CBS incidentes sobre operações com os seguintes bens e serviços:

I – dispositivos médicos;

II – dispositivos de acessibilidade próprios para pessoas com deficiência;

III – medicamentos;

IV – produtos de cuidados básicos à saúde menstrual;

V – produtos hortícolas, frutas e ovos;

VI – automóveis de passageiros adquiridos por pessoas com deficiência ou com transtorno do espectro autista;

- V. art. 1º, III, da CF.
- V. Lei nº 12.764/2012 (Política Nacional de Proteção dos Direitos da Pessoa com Transtorno do Espectro Autista).
- V. Lei nº 13.146/2015 (Estatuto da Pessoa com Deficiência).

VII – automóveis de passageiros adquiridos por motoristas profissionais que destinem o automóvel à utilização na categoria de aluguel (táxi); e

VIII – serviços prestados por Instituição Científica, Tecnológica e de Inovação (ICT) sem fins lucrativos.

Seção II
DOS DISPOSITIVOS MÉDICOS

Art. 144. Ficam reduzidas a zero as alíquotas do IBS e da CBS incidentes sobre o fornecimento dos dispositivos médicos relacionados:

I – no Anexo XII desta Lei Complementar, com a especificação das respectivas classificações da NCM/SH; e

II – no Anexo IV desta Lei Complementar, com a especificação das respectivas classificações da NCM/SH, caso adquiridos por:

a) órgãos da administração pública direta, autarquias e fundações públicas; e

b) as entidades de saúde imunes ao IBS e à CBS que possuam Certificação de Entidade Beneficente de Assistência Social (CEBAS) por comprovarem a prestação de serviços ao SUS, nos termos dos arts. 9º a 11 da Lei Complementar nº 187, de 16 de dezembro de 2021.

§ 1º. A redução de alíquotas prevista no *caput* deste artigo somente se aplica aos dispositivos listados nos Anexos IV e XII desta Lei Complementar que atendam aos requisitos previstos em norma da Anvisa.

§ 2º. Aplica-se aos produtos de que trata esta Seção o disposto no § 2º do art. 131 desta Lei Complementar.

§ 3º. Em caso de emergência de saúde pública reconhecida pelo Poder Legislativo federal, estadual, distrital ou municipal competente, ato conjunto do Ministro de Estado da Fazenda e do Comitê Gestor do IBS poderá ser editado, a qualquer momento, para incluir dispositivos não listados no Anexo XII desta Lei Complementar, limitada a vigência do benefício ao período e à localidade da emergência de saúde pública.

Seção III
DOS DISPOSITIVOS DE ACESSIBILIDADE PRÓPRIOS PARA PESSOAS COM DEFICIÊNCIA

Art. 145. Ficam reduzidas a zero as alíquotas do IBS e da CBS incidentes sobre o fornecimento dos dispositivos de acessibilidade próprios para pessoas com deficiência relacionados:

I – no Anexo XIII desta Lei Complementar, com a especificação das respectivas classificações da NCM/SH; e

II – no Anexo V desta Lei Complementar, com a especificação das respectivas classificações da NCM/SH, quando adquiridos por:

a) órgãos da administração pública direta, autarquias e fundações públicas; e

b) as entidades de saúde imunes ao IBS e à CBS que possuam CEBAS por comprovarem a prestação de serviços ao SUS, nos termos dos arts. 9º a 11 da Lei Complementar nº 187, de 2021.

§ 1º. A redução de alíquotas prevista no *caput* deste artigo somente se aplica aos dispositivos de acessibilidade listados nos Anexos V e XIII desta Lei Complementar que atendam aos requisitos previstos em norma de órgão público competente.

§ 2º. Aplica-se aos produtos de que trata esta Seção o disposto no § 2º do art. 132 desta Lei Complementar.

Seção IV
DOS MEDICAMENTOS

Art. 146. Ficam reduzidas a zero as alíquotas do IBS e da CBS sobre o fornecimento dos medicamentos relacionados no Anexo XIV desta Lei Complementar, com a especificação das respectivas classificações da NCM/SH.

§ 1º. Ficam também reduzidas a zero as alíquotas do IBS e da CBS sobre o fornecimento de medicamentos registrados na Anvisa, quando adquiridos por:

I – órgãos da administração pública direta, autarquias e fundações públicas; e

II – as entidades de saúde imunes ao IBS e à CBS que possuam CEBAS por comprovarem a prestação de serviços ao SUS, nos termos dos arts. 9º a 11 da Lei Complementar nº 187, de 2021.

§ 2º. A redução de alíquotas de que trata o *caput* deste artigo aplica-se também ao fornecimento das composições para nutrição enteral e parenteral, composições especiais e fórmulas nutricionais destinadas às pessoas com erros inatos do metabolismo relacionadas no Anexo VI desta Lei Complementar, com a especificação das respectivas classificações da NCM/SH, quando adquiridas pelos órgãos e entidades mencionados nos incisos do § 1º deste artigo.

§ 3º. Sem prejuízo da avaliação quinquenal de que trata o Capítulo I do Título III do Livro III desta Lei Complementar, o chefe do Poder Executivo da União e o Comitê Gestor do IBS, ouvido o Ministério da Saúde, poderão editar anualmente ato conjunto para revisar a lista de que trata o Anexo XIV desta Lei Complementar, tão somente para inclusão de medicamentos inexistentes na data de publicação da revisão anterior que atendam às mesmas finalidades daqueles constantes do referido anexo e cujos limites de preço já tenham sido estabelecidos pela CMED.

§ 4º. Em caso de emergência de saúde pública reconhecida pelo Poder Legislativo federal, estadual, distrital ou municipal competente, ato conjunto do Ministro de Estado da Fazenda e do Comitê Gestor do IBS poderá ser editado, a qualquer momento, para incluir medicamentos não listados no Anexo XIV desta Lei Complementar, limitada a vigência do benefício ao período e à localidade da emergência de saúde pública.

Seção V
DOS PRODUTOS DE CUIDADOS BÁSICOS À SAÚDE MENSTRUAL

Art. 147. Ficam reduzidas a zero as alíquotas do IBS e da CBS incidentes sobre o fornecimento dos seguintes produtos de cuidados básicos à saúde menstrual:

I – tampões higiênicos classificados no código 9619.00.00 da NCM/SH;

II – absorventes higiênicos internos ou externos, descartáveis ou reutilizáveis, e calcinhas absorventes classificados no código 9619.00.00 da NCM/SH; e

III – coletores menstruais classificados no código 9619.00.00 da NCM/SH.

Parágrafo único. A redução de alíquotas prevista no *caput* deste artigo somente se aplica aos produtos de cuidados básicos à saúde menstrual que atendam aos requisitos previstos em norma da Anvisa.

Seção VI
DOS PRODUTOS HORTÍCOLAS, FRUTAS E OVOS

Art. 148. Ficam reduzidas a zero as alíquotas do IBS e da CBS incidentes sobre o fornecimento dos produtos hortícolas, frutas e ovos relacionados no Anexo XV desta Lei Complementar, com a especificação das respectivas classificações da NCM/SH.

Parágrafo único. Os produtos mencionados no *caput* deste artigo, observadas as regras de classificação da NCM/SH, podem apresentar-se inteiros, cortados em fatias ou em pedaços, ralados, torneados, descascados, desfolhados, lavados, higienizados, embalados, frescos, resfriados ou congelados, mesmo que misturados.

Seção VII
DOS AUTOMÓVEIS DE PASSAGEIROS ADQUIRIDOS POR PESSOAS COM DEFICIÊNCIA OU COM TRANSTORNO DO ESPECTRO AUTISTA E POR MOTORISTAS PROFISSIONAIS QUE DESTINEM O AUTOMÓVEL À UTILIZAÇÃO NA CATEGORIA DE ALUGUEL (TÁXI)

- V. art. 1º, III, da CF.
- V. Lei nº 12.764/2012 (Política Nacional de Proteção dos Direitos da Pessoa com Transtorno do Espectro Autista).

Art. 149. Ficam reduzidas a zero as alíquotas do IBS e da CBS incidentes sobre a venda de automóveis de passageiros de fabricação nacional de, no mínimo, 4 (quatro) portas, inclusive a de acesso ao bagageiro, quando adquiridos por:

I – motoristas profissionais que exerçam, comprovadamente, em automóvel de sua propriedade, atividade de condutor autônomo de passageiros, na condição de titular de autorização, permissão ou concessão do poder público, e que destinem o automóvel à utilização na categoria de aluguel (táxi);

II – pessoas com:

a) deficiência física, visual ou auditiva;

b) deficiência mental severa ou profunda; ou

c) transtorno do espectro autista, com prejuízos na comunicação social e em padrões restritos ou repetitivos de comportamento de nível moderado ou grave, nos termos da legislação relativa à matéria.

§ 1º. Considera-se pessoa com deficiência aquela com impedimento de longo prazo de natureza física, mental, intelectual ou sensorial que, em interação com uma ou mais barreiras, pode obstruir sua participação plena e efetiva na sociedade em igualdade de condições com as demais pessoas, observados os critérios para reconhecimento da condição de deficiência previstos no art. 150 desta Lei Complementar.

§ 2º. As reduções de alíquotas de que trata o *caput* deste artigo somente se aplicam:

I – na hipótese do inciso I do *caput* deste artigo, a automóvel de passageiros elétrico ou equipado com motor de cilindrada não superior a 2.000 cm^3 (dois mil centímetros cúbicos) e movido a combustível de origem renovável, sistema reversível de combustão ou híbrido; e

II – na hipótese do inciso II do *caput* deste artigo, a automóvel cujo preço de venda ao consumidor, incluídos os tributos incidentes caso não houvesse as reduções e não incluídos os custos necessários para a adaptação a que se refere o § 3º deste artigo, não seja superior a R$ 200.000,00 (duzentos mil reais), limitado o benefício ao valor da operação de até R$ 70.000,00 (setenta mil reais).

§ 3º. Na hipótese da alínea "a" do inciso II do *caput* deste artigo, quando a pessoa for fisicamente capaz de dirigir, o benefício alcançará somente automóveis adaptados, consideradas adaptações aquelas necessárias para viabilizar a condução e não ofertadas ao público em geral.

§ 4º. Na hipótese do inciso II do *caput* deste artigo, os automóveis de passageiros serão adquiridos diretamente pelas pessoas que tenham plena capacidade jurídica ou por intermédio de seu representante legal ou mandatário.

§ 5º. O representante legal ou mandatário de que trata o § 4º deste artigo responde solidariamente quanto ao tributo que deixar de ser pago em razão das reduções de alíquotas de que trata esta Seção.

§ 6º. Os limites definidos no inciso II do § 2º deste artigo serão atualizados anualmente, em 1º de janeiro, somente para fins de sua ampliação, com base na variação do preço médio dos automóveis novos neles enquadrados na Tabela da Fundação Instituto de Pesquisas Econômicas (Tabela Fipe), nos termos de ato conjunto do Ministro de Estado da Fazenda e do Comitê Gestor do IBS.

Art. 150. Para fins de reconhecimento do direito às reduções de alíquotas de que trata esta Seção, considera-se pessoa com deficiência aquela que se enquadrar em, no mínimo, uma das seguintes categorias:

I – deficiência física: alteração completa ou parcial de um ou mais segmentos do corpo humano que acarrete o comprometimento da função física, sob a forma de:

a) paraplegia;

b) paraparesia;

c) monoplegia;

d) monoparesia;

e) tetraplegia;

f) tetraparesia;

g) triplegia;

h) triparesia;

i) hemiplegia;

j) hemiparesia;

k) ostomia;

l) amputação ou ausência de membro;

m) paralisia cerebral;

n) nanismo; ou

o) membros com deformidade congênita ou adquirida;

II – deficiência auditiva: perda bilateral, parcial ou total, de 41 dB (quarenta e um decibéis) ou mais, aferida por audiograma nas frequências de 500 Hz (quinhentos hertz), 1.000 Hz (mil hertz), 2.000 Hz (dois mil hertz) e 3.000 Hz (três mil hertz);

III – deficiência visual:

a) cegueira, na qual a acuidade visual seja igual ou menor que 0,05 (cinco centésimos) no melhor olho, com a melhor correção óptica;

b) baixa visão, na qual a acuidade visual esteja entre 0,3 (três décimos) e 0,05 (cinco centésimos) no melhor olho, com a melhor correção óptica;

c) casos em que a somatória da medida do campo visual em ambos os olhos seja igual ou menor que 60 (sessenta) graus;

d) ocorrência simultânea de quaisquer das condições previstas nas alíneas "a", "b" e "c" deste inciso; ou

e) visão monocular, na qual a pessoa tem visão igual ou inferior a 20% (vinte por cento) em um dos olhos, enquanto no outro mantém visão normal;

IV – deficiência mental: funcionamento intelectual significativamente inferior à média, com manifestação antes dos 18 (dezoito) anos de idade e limitações associadas a duas ou mais áreas de habilidades adaptativas, tais como:

a) comunicação;

b) cuidado pessoal;

c) habilidades sociais;

d) utilização dos recursos da comunidade;

e) saúde e segurança;

f) habilidades acadêmicas;

g) lazer; e

h) trabalho.

§ 1º. O disposto nos incisos I, II e III do *caput* deste artigo aplica-se às deficiências de grau moderado ou grave, assim entendidas aquelas que causem comprometimento parcial ou total das funções dos segmentos corpóreos que envolvam a segurança da direção veicular, acarretando o comprometimento da função física e a incapacidade total ou parcial para dirigir.

§ 2º. Não se incluem no rol das deficiências físicas as deformidades estéticas e as que não produzam dificuldades para o desempenho das funções locomotoras da pessoa.

Art. 151. Para fins de concessão das reduções de alíquotas de que trata esta

Seção, a comprovação da deficiência e da condição de pessoa com transtorno do espectro autista será realizada por meio de laudo de avaliação emitido:

I – por fornecedor de serviço público de saúde;

II – por fornecedor de serviço privado de saúde, contratado ou conveniado, que integre o Sistema Único de Saúde (SUS); ou

III – pelo Departamento de Trânsito (Detran) ou por suas clínicas credenciadas.

§ 1º. O preenchimento do laudo de avaliação, nos termos deste artigo, atenderá ao disposto em ato conjunto do Comitê Gestor do IBS e da RFB.

§ 2º. As clínicas credenciadas a que se refere o inciso III do *caput* deste artigo são solidariamente responsáveis pelos tributos que deixarem de ser recolhidos, com os acréscimos legais, caso se comprove a emissão fraudulenta de laudo de avaliação por seus agentes.

Art. 152. As reduções de alíquotas de que trata o art. 149 desta Lei Complementar poderão ser usufruídas:

I – na hipótese do inciso I do *caput* do art. 149 desta Lei Complementar, em intervalos não inferiores a 2 (dois) anos;

II – na hipótese do inciso II do *caput* do art. 149 desta Lei Complementar, em intervalos não inferiores a 4 (quatro) anos.

Parágrafo único. Nas hipóteses de perda total ou desaparecimento por furto ou roubo do automóvel, as reduções de alíquotas podem ser usufruídas a qualquer tempo.

Art. 153. O direito às reduções de alíquotas de que trata o art. 149 desta Lei Complementar será reconhecido pela administração tributária estadual ou distrital de domicílio do requerente e pela RFB, mediante prévia verificação de que o adquirente preenche os requisitos previstos nesta Seção.

Art. 154. Os tributos incidirão normalmente sobre quaisquer acessórios opcionais que não sejam equipamentos originais do automóvel adquirido.

Art. 155. A alienação do automóvel adquirido nos termos desta Seção que ocorrer em intervalos inferiores aos definidos no art. 152, contados da data de sua aquisição, a pessoas que não tenham o reconhecimento do direito de que trata o art. 153 desta Lei Complementar acarretará o pagamento pelo alienante dos tributos dispensados, atualizados na forma prevista na legislação tributária.

§ 1º. A alienação antecipada a que se refere este artigo sujeita ainda o alienante ao pagamento de multa e juros moratórios previstos na legislação em vigor.

§ 2º. O disposto no *caput* deste artigo não se aplica nos casos de:

I – transmissão do automóvel adquirido:

a) para a seguradora, nos casos de perda total ou desaparecimento por furto ou roubo;

b) em virtude do falecimento do beneficiário;

II – alienação fiduciária do automóvel em garantia.

Seção VIII
DOS SERVIÇOS PRESTADOS POR INSTITUIÇÃO CIENTÍFICA, TECNOLÓGICA E DE INOVAÇÃO (ICT) SEM FINS LUCRATIVOS

Art. 156. Ficam reduzidas a zero as alíquotas do IBS e da CBS incidentes sobre a prestação de serviços de pesquisa e desenvolvimento por Instituição Científica, Tecnológica e de Inovação (ICT) sem fins lucrativos para:

I – a administração pública direta, autarquias e fundações públicas; ou

II – contribuinte sujeito ao regime regular do IBS e da CBS.

Parágrafo único. A redução de alíquotas prevista no *caput* deste artigo aplica-se à ICT sem fins lucrativos que, cumulativamente:

I – inclua em seu objetivo social ou estatutário:

a) a pesquisa básica ou aplicada de caráter científico ou tecnológico; ou

b) o desenvolvimento de novos produtos, serviços ou processos;

II – cumpra as condições para gozo da imunidade prevista no inciso III do *caput* do art. 9º desta Lei Complementar para as operações realizadas por instituições de educação e de assistência social sem fins lucrativos.

CAPÍTULO V
DO TRANSPORTE PÚBLICO COLETIVO DE PASSAGEIROS RODOVIÁRIO E METROVIÁRIO DE CARÁTER URBANO, SEMIURBANO E METROPOLITANO

Art. 157. Fica isento do IBS e da CBS o fornecimento de serviços de transporte público coletivo de passageiros rodoviário e metroviário de caráter urbano, semiurbano e metropolitano, sob regime de autorização, permissão ou concessão pública.

Parágrafo único. Para fins do *caput* deste artigo, consideram-se:

I – serviço de transporte público coletivo de passageiros o acessível a toda a população mediante cobrança individualizada, com itinerários e preços fixados pelo poder público;

II – transporte rodoviário o serviço de transporte terrestre realizado sobre vias urbanas e rurais;

III – transporte metroviário o realizado por meio de ferrovias, abrangendo trens urbanos, metrôs, veículos leves sobre trilhos e monotrilhos;

IV – transporte de passageiros de caráter urbano o serviço de característica urbana prestado no território do Município;

V – transporte de passageiros de caráter semiurbano o serviço de deslocamento intermunicipal, interestadual ou internacional entre localidades próximas de característica urbana ou metropolitana; e

VI – transporte de passageiros de caráter metropolitano o serviço prestado entre municípios que pertencem a uma mesma região metropolitana.

CAPÍTULO VI
DA REABILITAÇÃO URBANA DE ZONAS HISTÓRICAS E DE ÁREAS CRÍTICAS DE RECUPERAÇÃO E RECONVERSÃO URBANÍSTICA

Art. 158. Observado o disposto neste Capítulo, ficam reduzidas em 60% (sessenta por cento) as alíquotas do IBS e da CBS sobre operações relacionadas a projetos de reabilitação urbana de zonas históricas e de áreas críticas de recuperação e reconversão urbanística dos Municípios ou do Distrito Federal, a serem delimitadas por lei municipal ou distrital.

Parágrafo único. Na hipótese de locação de imóveis prevista no inciso VI do *caput* do art. 162 desta Lei Complementar, a redução de alíquotas de que trata o *caput* deste artigo será de 80% (oitenta por cento).

Art. 159. A reabilitação urbana de zonas históricas e de áreas críticas de recuperação e reconversão urbanística dos Municípios tem por objetivo a preservação patrimonial, a qualificação de espaços públicos, a recuperação de áreas habitacionais, a restauração de imóveis e melhorias na infraestrutura urbana e de mobilidade.

Parágrafo único. Na utilização dos recursos do fundo de que trata o art. 159-A da Constituição Federal, os Estados e o Distrito Federal considerarão os objetivos de que trata o *caput* deste artigo em relação às suas zonas históricas e áreas críticas de recuperação e reconversão urbanística, inclusive por meio de estímulo à instalação de empresas no local e ao desenvolvimento da atividade econômica.

Art. 160. Para concessão do benefício de que trata o art. 158, os Municípios devem apresentar à Comissão Tripartite de que trata o art. 161 desta Lei Complementar projetos de desenvolvimento econômico e social das respectivas áreas de preservação, recuperação, reconversão e reabilitação urbana e das zonas históricas.

Art. 161. A Comissão Tripartite responsável pela análise dos projetos de que trata o art. 160 desta Lei Complementar será composta de:

I – 2 (dois) representantes do Ministério das Cidades;

II – 2 (dois) representantes do Ministério da Fazenda;

III – 4 (quatro) representantes do Comitê Gestor do IBS, dos quais 2 (dois) oriundos de representação dos Estados ou do Distrito Federal e 2 (dois) oriundos de representação dos Municípios ou do Distrito Federal.

Art. 162. O benefício de que trata o art. 158 restringir-se-á aos projetos aprovados conforme o art. 163 desta Lei Complementar e alcançará as seguintes operações:

I – prestação de serviços de elaboração de projetos arquitetônicos, urbanísticos, paisagísticos, ambientais, ecológicos, de engenharia, de infraestruturas e de mitigação de riscos e seus correspondentes projetos executivos;

II – prestação de serviços de execução por administração, gerenciamento, coordenação, empreitada ou subempreitada de construção civil, de todas as obras e serviços de edificações e de urbanização, de infraestruturas e outras obras semelhantes, inclusive serviços auxiliares ou complementares típicos da construção civil;

III – prestação de serviços de reparação, restauração, conservação e reforma de imóveis;

IV – prestação de serviços relativos a:

a) engenharia, topografia, mapeamentos e escaneamentos digitais, modelagens digitais, maquetes, sondagem, fundações, geologia, urbanismo, manutenção, performance ambiental, eficiência climática, limpeza, meio ambiente e saneamento; e

b) projetos complementares de instalações elétricas e hidráulicas, de prevenção e combate a incêndio e estruturais;

V – primeira alienação dos imóveis localizados nas zonas reabilitadas feita pelo proprietário no prazo de até 5 (cinco) anos, contado da data de expedição do habite-se;

VI – locação dos imóveis localizados nas zonas reabilitadas, pelo prazo de 5 (cinco) anos, contado da data de expedição do habite-se.

Parágrafo único. Os serviços mencionados nos incisos I a IV do *caput* deste artigo farão jus ao benefício até o prazo de conclusão previsto no projeto aprovado.

Art. 163. Lei ordinária federal estabelecerá:

I – os conceitos de preservação, recuperação, reconversão e reabilitação urbana;

II – a vinculação institucional e as competências da Comissão Tripartite;

III – os critérios para aprovação dos projetos apresentados à Comissão Tripartite; e

IV – a governança a ser adotada para recebimento e avaliação dos projetos.

CAPÍTULO VII
DO PRODUTOR RURAL E DO PRODUTOR RURAL INTEGRADO NÃO CONTRIBUINTE

Art. 164. O produtor rural pessoa física ou jurídica que auferir receita inferior a R$ 3.600.000,00 (três milhões e seiscentos mil reais) no ano-calendário e o produtor rural integrado não serão considerados contribuintes do IBS e da CBS.

§ 1º. Considera-se produtor rural integrado o produtor agrossilvipastoril, pessoa física ou jurídica, que, individualmente ou de forma associativa, com ou sem a cooperação laboral de empregados, vincula-se ao integrador por meio de contrato de integração vertical, recebendo bens ou serviços para a produção e para o fornecimento de matéria-prima, bens intermediários ou bens de consumo final.

§ 2º. Caso durante o ano-calendário o produtor rural exceda o limite de receita anual previsto no *caput* deste artigo, passará a ser contribuinte a partir do segundo mês subsequente à ocorrência do excesso.

§ 3º. Os efeitos previstos no § 2º dar-se-ão no ano-calendário subsequente caso o excesso verificado em relação à receita anual não seja superior a 20% (vinte por cento) do limite de que trata o *caput* deste artigo.

§ 4º. No caso de início de atividade, o limite a que se refere o *caput* deste artigo será proporcional ao número de meses em que o produtor houver exercido atividade, consideradas as frações de meses como um mês inteiro.

§ 5º. Para fins do disposto no *caput*, considera-se pessoa jurídica inclusive a associação ou cooperativa de produtores rurais:

I – cuja receita seja inferior a R$ 3.600.000,00 (três milhões e seiscentos mil reais) no ano-calendário; e

II – seja integrada exclusivamente por produtores rurais pessoas físicas cuja receita seja inferior a R$ 3.600.000,00 (três milhões e seiscentos mil reais) no ano-calendário.

§ 6º. Caso o produtor rural, pessoa física ou jurídica, tenha participação societária em outra pessoa jurídica que desenvolva atividade agropecuária, o limite previsto no *caput* deste artigo será verificado em relação à soma das receitas auferidas no ano-calendário por todas essas pessoas.

Art. 165. O produtor rural ou o produtor rural integrado poderão optar, a qualquer tempo, por se inscrever como contribuinte do IBS e da CBS no regime regular.

§ 1º. Os efeitos da opção prevista no *caput* deste artigo iniciar-se-ão a partir do primeiro dia do mês subsequente àquele em que realizada a solicitação.

§ 2º. A opção pela inscrição nos termos do *caput* deste artigo será irretratável para todo o ano-calendário e aplicar-se-á aos anos-calendário subsequentes, observado o disposto no art. 166 desta Lei Complementar.

§ 3º. O produtor rural que tenha auferido receita igual ou superior a R$ 3.600.000,00 (três milhões e seiscentos mil reais) no ano-calendário anterior àquele da entrada em vigor desta Lei Complementar será considerado contribuinte a partir do início da produção de efeitos desta Lei Complementar, independentemente de qualquer providência.

Art. 166. O produtor rural ou o produtor rural integrado poderão renunciar à opção de que trata o art. 165 na forma do regulamento, observado o disposto no § 5º do art. 41 desta Lei Complementar.

Parágrafo único. Na hipótese do *caput* deste artigo, o produtor rural ou o produtor rural integrado deixarão de ser contribuintes do IBS e da CBS a partir do primeiro dia do ano-calendário seguinte à renúncia da opção, observado o disposto no art. 164 desta Lei Complementar.

Art. 167. O valor estabelecido no *caput* do art. 164 desta Lei Complementar será atualizado anualmente com base na variação do IPCA.

Art. 168. O contribuinte de IBS e de CBS sujeito ao regime regular poderá apropriar créditos presumidos dos referidos tributos relativos às aquisições de bens e serviços de produtor rural ou de produtor rural integrado, não contribuintes, de que trata o art. 164 desta Lei Complementar.

§ 1º. O documento fiscal eletrônico relativo à aquisição deverá discriminar:

I – o valor da operação, que corresponderá ao valor pago ao fornecedor;

II – o valor do crédito presumido; e

III – o valor líquido para efeitos fiscais, que corresponderá à diferença entre os valores discriminados nos incisos I e II deste parágrafo.

§ 2º. Na hipótese de bem ou serviço fornecido por produtor integrado, o valor da operação de que trata o inciso I do § 1º deste artigo será o valor da remuneração do produtor integrado determinado com base no contrato de integração.

§ 3º. O valor do crédito presumido de que trata o inciso II do § 1º deste artigo será o resultado da aplicação dos percentuais de que trata o § 4º deste artigo sobre o valor da operação de que trata o inciso III do § 1º deste artigo.

§ 4º. Os percentuais serão definidos e divulgados anualmente até o mês de setembro, por ato conjunto do Ministro de Estado da Fazenda e do Comitê Gestor do IBS, e entrarão em vigor a partir de primeiro de janeiro do ano subsequente.

§ 5º. A definição dos percentuais de que trata o § 4º:

I – será realizada, nos termos do regulamento, com base nas informações fiscais disponíveis;

II – resultará da proporção entre:

a) montante do IBS e da CBS cobrados em relação ao valor total dos bens e serviços adquiridos pelos produtores rurais não contribuintes; e

b) valor total dos bens e serviços fornecidos pelos produtores rurais não contribuintes a que se refere o inciso III do § 1º deste artigo; e

III – tomará por base a média dos percentuais anuais relativos às operações realizadas nos 5 (cinco) anos-calendário anteriores ao do prazo da divulgação previsto no § 4º.

§ 6º. Os percentuais de que trata o § 4º deste artigo poderão ser diferenciados, observadas as categorias estabelecidas em regulamento, em função do bem ou serviço fornecido pelo produtor rural ou pelo produtor rural integrado.

§ 7º. Para efeito do disposto no § 5º deste artigo, não serão consideradas as aquisições de bens e serviços de que trata o inciso I do *caput* do art. 57 desta Lei Complementar, nem a aquisição de bens e serviços destinados ao uso e consumo pessoal do produtor rural ou de pessoas a ele relacionadas, nos termos do inciso II do *caput* do art. 57 desta Lei Complementar.

§ 8º. Os créditos presumidos do IBS e da CBS de que trata o *caput* deste artigo poderão ser utilizados para dedução, respectivamente, do valor do IBS e da CBS devidos pelo contribuinte, permitido o ressarcimento na forma da Seção X do Capítulo II do Título I deste Livro.

§ 9º. O direito à apropriação e à utilização do crédito presumido de que trata este artigo aplica-se também à sociedade cooperativa em relação ao recebimento de bens e serviços de seus associados não contribuintes do IBS e da CBS na forma do art. 164 desta Lei Complementar e não optantes pelo Simples Nacional, inclusive no caso de opção pelo regime específico de que trata o art. 271 desta Lei Complementar, exceto na hipótese em que o bem seja enviado para beneficiamento na cooperativa e retorne ao associado.

§ 10. Excepcionalmente, de 2027 a 2031, o período de que trata o inciso III do § 5º poderá ser inferior a 5 (cinco) anos, a depender da disponibilidade de informações.

CAPÍTULO VIII
DO TRANSPORTADOR AUTÔNOMO DE CARGA PESSOA FÍSICA NÃO CONTRIBUINTE

Art. 169. O contribuinte de IBS e de CBS sujeito ao regime regular poderá apropriar créditos presumidos dos referidos tributos relativos às aquisições de serviço de transporte de carga de transportador autônomo pessoa física que não seja contribuinte dos referidos tributos ou que seja inscrito como MEI.

§ 1º. Os créditos presumidos de que trata o *caput* deste artigo:

I – somente se aplicam ao contribuinte que adquire bens e serviços e suporta a cobrança do valor do serviço de transporte de carga;

II – não se aplicam ao contribuinte que adquire bens e serviços e suporta a cobrança do valor do transporte como parte do valor da operação, ainda que especificado em separado nos documentos relativos à aquisição.

§ 2º. O documento fiscal eletrônico relativo à aquisição deverá discriminar:

I – o valor da operação, que corresponderá ao valor pago ao fornecedor;

II – o valor do crédito presumido; e

III – o valor líquido para efeitos fiscais, que corresponderá à diferença entre os valores discriminados nos incisos I e II deste parágrafo.

§ 3º. O valor do crédito presumido de que trata o inciso II do § 2º deste artigo será o resultado da aplicação dos percentuais de que trata o § 4º deste artigo sobre o valor da operação de que trata o inciso III do § 2º deste artigo.

§ 4º. Os percentuais serão definidos e divulgados anualmente até o mês de setembro, por ato conjunto do Ministro de Estado da Fazenda e do Comitê Gestor do IBS, e entrarão em vigor a partir de primeiro de janeiro do ano subsequente.

§ 5º. A definição dos percentuais de que trata o § 4º:

I – será realizada, nos termos do regulamento, com base nas informações fiscais disponíveis;

II – resultará da proporção entre:

a) montante do IBS e da CBS cobrados em relação ao valor total das aquisições realizadas pelos transportadores referidos no *caput* deste artigo; e

b) valor total a que se refere o inciso III do § 2º deste artigo em relação aos serviços fornecidos pelos transportadores de que trata o *caput* deste artigo; e

III – tomará por base as operações realizadas no ano-calendário anterior ao do prazo da divulgação previsto no § 4º deste artigo.

§ 6º. Para efeito do disposto no § 5º deste artigo, não serão consideradas as aquisições de bens e serviços para uso e consumo pessoal de que trata o inciso I do *caput* do art. 57 nem a aquisição de bens e serviços destinados ao uso e consumo pessoal do transportador ou de pessoas a ele relacionadas, nos termos do inciso II do *caput* do art. 57 desta Lei Complementar.

§ 7º. Os créditos presumidos do IBS e da CBS de que trata o *caput* deste artigo somente poderão ser utilizados para dedução, respectivamente, do valor do IBS e da CBS devidos pelo contribuinte.

§ 8º. O direito à apropriação e à utilização do crédito presumido de que trata este artigo aplica-se também à sociedade cooperativa em relação ao recebimento de serviços de transporte de carga de seus associados transportadores autônomos pessoa física que não sejam contribuintes do IBS e da CBS, inclusive no caso de opção pelo regime específico de que trata o art. 271 desta Lei Complementar.

CAPÍTULO IX
DOS RESÍDUOS E DEMAIS MATERIAIS DESTINADOS À RECICLAGEM, REUTILIZAÇÃO OU LOGÍSTICA REVERSA ADQUIRIDOS DE PESSOA FÍSICA, COOPERATIVA OU OUTRA FORMA DE ORGANIZAÇÃO POPULAR

Art. 170. O contribuinte de IBS e de CBS sujeito ao regime regular poderá apropriar créditos presumidos dos referidos tributos relativos às aquisições de resíduos sólidos de coletores incentivados para utilização em processo de destinação final ambientalmente adequada.

§ 1º. Para fins do *caput* deste artigo, consideram-se:

I – resíduos sólidos: material, substância, objeto ou bem descartado resultante de atividades humanas em sociedade, a cuja destinação final se procede, se propõe proceder ou se está obrigado a proceder, nos estados sólido ou semissólido, bem como gases contidos em recipientes e líquidos cujas particularidades tornem inviável o seu lançamento na rede pública de esgotos ou em corpos d'água ou exijam para isso soluções técnica ou economicamente inviáveis em face da melhor tecnologia disponível;

II – coletores incentivados:

a) pessoa física que executa a coleta ou a triagem de resíduos sólidos e a venda para contribuinte do IBS e da CBS que lhes confere destinação final ambientalmente adequada;

b) associação ou cooperativa de pessoas físicas que executa exclusivamente a atividade mencionada na alínea "a" deste inciso; e

c) associação ou cooperativa que congrega exclusivamente as pessoas de que trata a alínea "b" deste inciso;

III – destinação final ambientalmente adequada: destinação de resíduos sólidos para reutilização, reciclagem, compostagem e recuperação, bem como, na forma do regulamento, outras destinações admitidas pelos órgãos competentes, entre elas a disposição final.

§ 2º. Os créditos presumidos de que trata o *caput* deste artigo somente poderão ser utilizados para dedução, respectivamente, do valor do IBS e da CBS devidos pelo contribuinte e serão calculados mediante aplicação dos seguintes percentuais sobre o valor da aquisição registrado em documento admitido pela administração tributária na forma do regulamento:

I – para o crédito presumido de IBS:

a) em 2029, 1,3% (um inteiro e três décimos por cento);

b) em 2030, 2,6% (dois inteiros e seis décimos por cento);

c) em 2031, 3,9% (três inteiros e nove décimos por cento);

d) em 2032, 5,2% (cinco inteiros e dois décimos por cento);

e) a partir de 2033, 13% (treze por cento); e

II – para o crédito presumido de CBS, 7% (sete por cento).

§ 3º. Os créditos presumidos de IBS e de CBS de que trata o *caput* deste artigo não serão concedidos às aquisições de:

I – agrotóxicos, seus resíduos e embalagens;

II – medicamentos domiciliares, de uso humano, industrializados e manipulados e, observados critérios estabelecidos no regulamento, de suas embalagens;

III – pilhas e baterias;

IV – pneus;

V – produtos eletroeletrônicos e seus componentes de uso doméstico;

VI – óleos lubrificantes, seus resíduos e embalagens;

VII – lâmpadas fluorescentes, de vapor de sódio e mercúrio e de luz mista; e

VIII – sucata de cobre.

§ 4º. Não se aplica o disposto no inciso VI do § 3º deste artigo às aquisições de óleo lubrificante usado ou contaminado por rerrefinador ou coletor autorizado pela Agência Nacional do Petróleo, Gás Natural e Biocombustíveis (ANP) a realizar a coleta, ficando permitida a concessão de créditos presumidos de IBS e de CBS conforme o disposto neste Capítulo.

CAPÍTULO X
DOS BENS MÓVEIS USADOS ADQUIRIDOS DE PESSOA FÍSICA NÃO CONTRIBUINTE PARA REVENDA

Art. 171. O contribuinte de IBS e de CBS sujeito ao regime regular poderá apropriar créditos presumidos dos referidos tributos relativos às aquisições, para revenda, de bem móvel usado de pessoa física que não seja contribuinte dos referidos tributos ou que seja inscrita como MEI.

§ 1º. Os créditos presumidos de que trata o *caput* deste artigo serão calculados mediante aplicação dos seguintes percentuais sobre o valor da aquisição registrado em documento admitido pela administração tributária na forma do regulamento:

I – para o crédito presumido de IBS, o percentual equivalente à soma das alíquotas de IBS aplicáveis às operações com bem móvel de que trata o *caput* deste artigo, fixadas pelo Município e pelo Estado onde estiver localizado o estabelecimento em que tiver sido efetuada a aquisição vigentes:

a) na data da revenda, para aquisições realizadas até 31 de dezembro de 2032;

b) na data da aquisição, para aquisições realizadas a partir de 1º de janeiro de 2033;

II – para o crédito presumido de CBS, a alíquota da CBS aplicável às operações com o bem móvel de que trata o *caput* deste artigo, fixada pela União e vigente:

a) na data da revenda, para aquisições realizadas até 31 de dezembro de 2026;

b) na data da aquisição, para aquisições realizadas a partir de 1º de janeiro de 2027.

§ 2º. Os créditos presumidos de que trata o *caput* deste artigo somente poderão ser utilizados para deduzir, respectivamente, o IBS e a CBS devidos pelo contribuinte, por ocasião da revenda do bem usado sobre o qual tenham sido calculados os respectivos créditos.

§ 3º. O regulamento disporá sobre a forma de apropriação dos créditos presumidos na hipótese de não ser possível a vinculação desses créditos com o bem usado revendido.

§ 4º. Para fins do disposto neste artigo, considera-se bem móvel usado aquele que tenha sido objeto de fornecimento para consumo final de pessoa física e tenha voltado à comercialização.

TÍTULO V
DOS REGIMES ESPECÍFICOS DO IBS E DA CBS

CAPÍTULO I
DOS COMBUSTÍVEIS

Seção I
DISPOSIÇÕES GERAIS

Art. 172. O IBS e a CBS incidirão uma única vez sobre as operações, ainda que iniciadas no exterior, com os seguintes combustíveis, qualquer que seja a sua finalidade:

I – gasolina;

II – etanol anidro combustível (EAC);

III – óleo diesel;

IV – biodiesel (B100);

V – gás liquefeito de petróleo (GLP), inclusive o gás liquefeito derivado de gás natural (GLGN);

VI – etanol hidratado combustível (EHC);

VII – querosene de aviação;

VIII – óleo combustível;

IX – gás natural processado;

X – biometano;

XI – gás natural veicular (GNV); e

XII – outros combustíveis especificados e autorizados pela Agência Nacional do Petróleo, Gás Natural e Biocombustíveis (ANP), relacionados em ato conjunto do Comitê Gestor do IBS e do Poder Executivo da União.

Seção II
DA BASE DE CÁLCULO

Art. 173. A base de cálculo do IBS e da CBS será a quantidade de combustível objeto da operação.

§ 1º. A quantidade de combustível será aferida de acordo com a unidade de medida própria de cada combustível.

§ 2º. O valor do IBS e da CBS, nos termos deste Capítulo, corresponderá à multiplicação da base de cálculo pela alíquota específica aplicável a cada combustível.

Seção III
DAS ALÍQUOTAS

Art. 174. As alíquotas do IBS e da CBS para os combustíveis de que trata o art. 172 desta Lei Complementar serão:

I – uniformes em todo o território nacional, específicas por unidade de medida e diferenciadas por produto;

II – reajustadas no ano anterior ao de sua vigência, observada, para a sua majoração, a anterioridade nonagesimal prevista na alínea "c" do inciso III do *caput* do art. 150 da Constituição Federal;

III – divulgadas:

a) quanto ao IBS, pelo Comitê Gestor do IBS;

b) quanto à CBS, pelo chefe do Poder Executivo da União.

§ 1º. As alíquotas da CBS em 2027 serão fixadas de forma a não exceder a carga tributária incidente sobre os combustíveis dos tributos federais extintos ou reduzidos pela Emenda Constitucional nº 132, de 20 de dezembro de 2023,♦ calculada nos termos do § 2º deste artigo.

♦ Emenda Constitucional nº 132/2023 (Reforma Tributária).

§ 2º. Na apuração da carga tributária de que trata o § 1º deste artigo deverá ser considerada:

I – a carga tributária direta das contribuições previstas na alínea "b" do inciso I e no inciso IV do *caput* do art. 195 da Constituição Federal e da Contribuição para o PIS/Pasep de que trata o art. 239 da Constituição Federal incidentes na produção, importação e comercialização dos combustíveis, calculada da seguinte forma:

a) a carga tributária por unidade de medida das contribuições de que trata este inciso será apurada para cada um dos meses de julho de 2025 a junho de 2026;

b) os valores apurados na forma da alínea "a" deste inciso serão reajustados a preços de julho de 2026, com base na variação do IPCA, somados e divididos por 12 (doze);

c) o valor apurado nos termos da alínea "b" deste inciso será atualizado a preços de 2027 por meio do acréscimo de percentual equivalente à meta para a inflação relativa a 2027, fixada pelo Conselho Monetário Nacional, vigente em julho de 2026; e

II – a carga tributária indireta decorrente das contribuições referidas no inciso I deste parágrafo, do imposto de que trata o inciso IV do *caput* do art. 153 da Constituição Federal e do imposto de que trata o inciso V do *caput* do mesmo artigo sobre operações de seguro, incidentes sobre os insumos, serviços e bens de capital utilizados na produção, importação e comercialização dos combustíveis e não recuperados como crédito, calculada da seguinte forma:

a) os valores serão apurados a preços de 2025 e divididos pelo volume consumido no país do respectivo combustível em 2025, de modo a resultar na carga tributária por unidade de medida;

b) os valores apurados na forma da alínea "a" deste inciso serão reajustados a preços de julho de 2026, com base na variação do IPCA;

c) o valor apurado nos termos da alínea "b" deste inciso será atualizado a preços de 2027 por meio do acréscimo de percentual equivalente à meta para a inflação relativa a 2027, fixada pelo Conselho Monetário Nacional, vigente em julho de 2026.

§ 3º. Para os anos subsequentes a 2027, as alíquotas da CBS serão fixadas de modo a não exceder a carga tributária calculada nos termos do § 2º deste artigo reajustada por percentual equivalente à variação do preço médio ponderado de venda a consumidor final, obtido por meio de pesquisa realizada por órgão competente ou com base nos dados dos documentos fiscais eletrônicos de venda a consumidor, entre:

I – os 12 (doze) meses anteriores a julho do ano anterior àquele para o qual será fixada a alíquota; e

II – o período de julho de 2025 a junho de 2026.

§ 4º. As alíquotas do IBS serão fixadas:

I – em 2029 de forma a não exceder a 10% (dez por cento) da carga tributária incidente sobre os combustíveis dos tributos estaduais e municipais extintos ou reduzidos pela Emenda Constitucional nº 132, de 20 de dezembro de 2023,• calculada nos termos do § 5º deste artigo;

♦ Emenda Constitucional nº 132/2023 (Reforma Tributária).

II – em 2030 de forma a não exceder a 20% (vinte por cento) da carga tributária calculada nos termos do § 5º, reajustada nos termos do § 6º deste artigo;

III – em 2031 de forma a não exceder a 30% (trinta por cento) da carga tributária calculada nos termos do § 5º, reajustada nos termos do § 6º deste artigo;

IV – em 2032 de forma a não exceder a 40% (quarenta por cento) da carga tributária calculada nos termos do § 5º, reajustada nos termos do § 6º deste artigo;

V – a partir de 2033 de forma a não exceder a carga tributária calculada nos termos do § 5º, reajustada nos termos do § 6º deste artigo.

§ 5º. Na apuração da carga tributária de que tratam os incisos I a V do § 4º deste artigo, deverá ser considerada:

I – a carga tributária direta do imposto de que trata o inciso II do *caput* do art. 155 da Constituição Federal incidente na produção, importação e comercialização dos combustíveis, calculada da seguinte forma:

a) a carga tributária por unidade de medida do imposto de que trata este inciso será apurada para cada um dos meses de julho de 2027 a junho de 2028;

b) os valores apurados na forma da alínea "a" deste inciso serão reajustados a preços de julho de 2028, com base na variação do IPCA, somados e divididos por 12 (doze);

c) o valor apurado nos termos da alínea "b" deste inciso será atualizado a preços de 2029 por meio do acréscimo de percentual equivalente à meta para a inflação relativa a 2029, fixada pelo Conselho Monetário Nacional, vigente em julho de 2028; e

II – a carga tributária indireta decorrente dos impostos referidos no inciso II do *caput* do art. 155 e no inciso III do *caput* do art. 156 da Constituição Federal incidentes sobre os insumos, serviços e bens de capital utilizados na produção, importação e comercialização dos combustíveis e não recuperados como crédito, calculada da seguinte forma:

a) os valores serão apurados a preços de 2027 e divididos pelo volume consumido no país do respectivo combustível em 2027, de modo a resultar na carga tributária por unidade de medida;

b) os valores apurados na forma da alínea "a" deste inciso serão reajustados a preços de julho de 2028, com base na variação do IPCA;

c) o valor apurado nos termos da alínea "b" deste inciso será atualizado a preços de 2029 por meio do acréscimo de percentual equivalente à meta para a inflação relativa a 2029, fixada pelo Conselho Monetário Nacional, vigente em julho de 2028.

§ 6º. Para os anos subsequentes a 2029, a alíquota do IBS será fixada de modo a não exceder a carga tributária calculada nos termos do § 5º deste artigo reajustada por percentual equivalente à variação do preço médio ponderado de venda a consumidor final, obtido por meio de pesquisa realizada por órgão competente ou com base nos dados dos documentos fiscais eletrônicos de venda a consumidor, entre:

I – os 12 (doze) meses anteriores a julho do ano anterior àquele para o qual será fixada a alíquota; e

II – o período de julho de 2027 a junho de 2028.

§ 7º. A metodologia de cálculo da carga tributária para a fixação das alíquotas nos termos dos §§ 1º e 4º deste artigo será aprovada por ato conjunto do Ministro de Estado da Fazenda e do Comitê Gestor do IBS.

§ 8º. Os cálculos para a fixação das alíquotas, com base na metodologia de que trata o § 7º deste artigo, serão realizados, para a CBS, pela RFB e, para o IBS, pelo Comitê Gestor do IBS.

§ 9º. A União, os Estados, o Distrito Federal e os Municípios fornecerão ao Comitê Gestor do IBS e ao Poder Executivo da União os subsídios necessários ao cálculo das alíquotas do IBS e da CBS sobre combustíveis, mediante o compartilhamento de dados e informações.

§ 10. A alíquota do IBS calculada na forma dos §§ 4º a 6º deste artigo será distribuída entre a alíquota estadual do IBS e a alíquota municipal do IBS proporcionalmente às respectivas alíquotas de referência.

§ 11. Em relação aos combustíveis de que trata o inciso XII do *caput* do art. 172 desta Lei Complementar, será aplicada a mesma alíquota observada pelo combustível que possua a finalidade mais próxima, entre aqueles previstos nos incisos I a XI do *caput* do referido artigo, ponderada pela respectiva equivalência energética, observado, quando se tratar de biocombustíveis, o disposto no art. 175.

Art. 175. Fica assegurada aos biocombustíveis e ao hidrogênio de baixa emissão de carbono tributação inferior à incidente sobre os combustíveis fósseis, de forma a garantir o diferencial competitivo estabelecido no inciso VIII do § 1º do art. 225 da Constituição Federal.

§ 1º. As alíquotas do IBS e da CBS relativas aos biocombustíveis e ao hidrogênio de baixa emissão de carbono não poderão ser inferiores a 40% (quarenta por cento) e não poderão exceder a 90% (noventa por cento) das alíquotas incidentes sobre os respectivos combustíveis fósseis comparados.

§ 2º. A tributação reduzida de que trata este artigo será estabelecida considerando-se, nos termos do regulamento:

I – a equivalência energética, os preços de mercado e as unidades de medida dos combustíveis comparados;

II – o potencial de redução de impactos ambientais dos biocombustíveis ou do hidrogênio de baixa emissão de carbono em relação aos combustíveis fósseis de que sejam substitutos ou com os quais sejam misturados.

§ 3º. Em relação ao etanol hidratado combustível (EHC), o diferencial de que trata o *caput* deste artigo será, no mínimo, aquele existente entre a carga tributária direta e indireta definida nos §§ 2º e 5º do art. 174 desta Lei Complementar sobre o referido combustível e a gasolina C no período de 1º de julho de 2023 a 30 de junho de 2024 para os seguintes tributos:

I – Contribuição para o PIS/Pasep e Contribuição para Financiamento da Seguridade Social (Cofins), para a CBS; e

II – Imposto sobre Operações relativas à Circulação de Mercadorias e sobre Prestações de Serviços de Transporte Interestadual e Intermunicipal e de Comunicação (ICMS), para o IBS.

§ 4º. O cálculo da carga tributária de que trata o § 3º deste artigo será realizado a partir das alíquotas vigentes em 1º de julho de 2024, ponderadas pelo volume de venda dos respectivos produtos em cada unidade da Federação e considerado o Preço Médio Ponderado ao Consumidor

Final (PMPF) observado no período entre 1º de julho de 2023 a 30 de junho de 2024.

§ 5º. O diferencial de que trata o § 3º deste artigo será:

I – em 2027, para a CBS, e em 2029, para o IBS, a diferença de carga de que trata o § 3º deste artigo em termos percentuais e absolutos por unidade de medida;

II – nos anos-calendário posteriores, atualizado conforme sistemática estabelecida para as alíquotas do IBS e da CBS no art. 174 desta Lei Complementar.

§ 6º. Ato do Poder Executivo Federal poderá reduzir as alíquotas específicas por unidade de medida da CBS para o biodiesel (B100) produzido com matéria-prima adquirida da agricultura familiar.

Seção IV
DA SUJEIÇÃO PASSIVA

Art. 176. São contribuintes do regime específico de IBS e de CBS de que trata este Capítulo:

I – o produtor nacional de biocombustíveis;

II – a refinaria de petróleo e suas bases;

III – a central de matéria-prima petroquímica (CPQ);

IV – a unidade de processamento de gás natural (UPGN) e o estabelecimento produtor e industrial a ele equiparado, definido e autorizado por órgão competente;

V – o formulador de combustíveis;

VI – o importador; e

VII – qualquer agente produtor não referido nos incisos I a VI deste *caput*, autorizado por órgão competente.

§ 1º. O disposto neste artigo também se aplica ao distribuidor de combustíveis em suas operações como importador.

§ 2º. Equipara-se ao produtor nacional de biocombustíveis a cooperativa de produtores de etanol autorizada por órgão competente.

Art. 177. Nas operações realizadas diretamente com os contribuintes de que trata o art. 176 desta Lei Complementar, o adquirente fica solidariamente responsável pelo pagamento do IBS e da CBS incidentes na operação, nos termos previstos neste artigo.

§ 1º. A responsabilidade a que se refere o *caput*:

I – não se aplica na hipótese em que a transação de pagamento tenha sido liquidada por instrumento eletrônico que permita o recolhimento do IBS e da CBS na liquidação financeira da operação (*split payment*), nos termos dos arts. 31 a 35 desta Lei Complementar;

II – restringe-se ao valor do IBS e da CBS não extintos pelo contribuinte, na forma dos incisos I e II do *caput* do art. 27 desta Lei Complementar;

III – estende-se aos demais participantes da cadeia econômica, não referidos no *caput*, que realizarem operações subsequentes à tributação monofásica de que trata este Capítulo, se houver comprovação de que concorreram para o não pagamento do IBS e da CBS devidos pelo contribuinte.

§ 2º. Para fins de definição do valor a que se refere o inciso II do § 1º será observada, em cada período de apuração, a ordem cronológica prevista no inciso I do parágrafo único do art. 27 desta Lei Complementar.

Seção V
DAS OPERAÇÕES COM ETANOL ANIDRO COMBUSTÍVEL (EAC)

Art. 178. Fica atribuída à refinaria de petróleo ou suas bases, à CPQ, ao formulador de combustíveis e ao importador, relativamente ao percentual de biocombustível utilizado na mistura, nas operações com gasolina A, a responsabilidade pela retenção e pelo recolhimento do IBS e da CBS incidentes nas importações de EAC ou sobre as saídas do estabelecimento produtor de EAC.

Art. 179. Nas operações com EAC:

I – o adquirente de EAC destinado à mistura com gasolina A que realizar a saída dos biocombustíveis com destinação diversa fica obrigado a recolher o IBS e a CBS incidentes sobre o biocombustível;

II – a distribuidora de combustíveis que realizar mistura de EAC com gasolina A em percentual:

a) superior ao obrigatório, fica obrigada a recolher o IBS e a CBS de que trata o art. 172 desta Lei Complementar em relação ao volume de biocombustível correspondente ao que exceder ao percentual obrigatório de mistura; e

b) inferior ao obrigatório, terá direito ao ressarcimento do IBS e da CBS de que trata o art. 172 desta Lei Complementar em relação ao volume de biocombustível correspondente ao misturado a menor do que o percentual obrigatório de mistura.

Seção VI
DOS CRÉDITOS NA AQUISIÇÃO DE COMBUSTÍVEIS SUBMETIDOS AO REGIME DE TRIBUTAÇÃO MONOFÁSICA

Art. 180. É vedada a apropriação de créditos em relação às aquisições de combustíveis sujeitos à incidência única do IBS e da CBS, quando destinadas à distribuição, à comercialização ou à revenda.

§ 1º. Excetuadas as hipóteses previstas no *caput* deste artigo, o contribuinte no regime regular poderá apropriar créditos do IBS e da CBS em relação à aquisição de combustíveis, nos termos do § 4º do art. 47 desta Lei Complementar.

§ 2º. Fica assegurado ao exportador de combustíveis o direito à apropriação e à utilização dos créditos do IBS e da CBS relativos às aquisições de que trata esta Seção, na forma do § 1º deste artigo.

CAPÍTULO II
DOS SERVIÇOS FINANCEIROS

Seção I
DISPOSIÇÕES GERAIS

Art. 181. Os serviços financeiros ficam sujeitos a regime específico de incidência do IBS e da CBS, de acordo com o disposto neste Capítulo.

Art. 182. Para fins desta Lei Complementar, consideram-se serviços financeiros:

I – operações de crédito, incluídas as operações de captação e repasse, adiantamento, empréstimo, financiamento, desconto de títulos, recuperação de créditos e prestação de garantias, com exceção da securitização, faturização e liquidação antecipada de recebíveis de arranjos de pagamento, de que tratam, respectivamente, os incisos IV, V e IX do *caput* deste artigo;

II – operações de câmbio;

III – operações com títulos e valores mobiliários, incluídas a aquisição, negociação, liquidação, custódia, corretagem, distribuição e outras formas de intermediação, bem como a atividade de assessor de investimento e de consultor de valores mobiliários;

IV – operações de securitização;

V – operações de faturização (*factoring*);

VI – arrendamento mercantil (*leasing*), operacional ou financeiro, de quaisquer bens, incluídos a cessão de direitos e obrigações, substituição de garantia, alteração, cancelamento e registro de contrato e demais serviços relacionados ao arrendamento mercantil;

VII – administração de consórcio;

VIII – gestão e administração de recursos, inclusive de fundos de investimento;

IX – arranjos de pagamento, incluídas as operações dos instituidores e das instituições de pagamentos e a liquidação antecipada de recebíveis desses arranjos;

X – atividades de entidades administradoras de mercados organizados, infraestruturas de mercado e depositárias centrais;

XI – operações de seguros, com exceção dos seguros de saúde de que trata o Capítulo III deste Título;

XII – operações de resseguros;

XIII – previdência privada, composta de operações de administração e gestão da previdência complementar aberta e fechada;

XIV – operações de capitalização;

XV – intermediação de consórcios, seguros, resseguros, previdência complementar e capitalização; e

XVI – serviços de ativos virtuais.

Parágrafo único. Aplica-se o disposto neste regime específico à totalidade da contraprestação pelos serviços financeiros previstos nos incisos I a XVI do *caput* deste artigo, independentemente da sua nomenclatura.

Art. 183. Os serviços financeiros ficam sujeitos ao regime específico deste Capítulo quando forem prestados por pessoas físicas e jurídicas supervisionadas pelos órgãos governamentais que compõem o Sistema Financeiro Nacional e pelos demais fornecedores de que trata este artigo, observado o disposto no art. 184.

§ 1º. As pessoas físicas e jurídicas supervisionadas de que trata o *caput* deste artigo, na data da publicação desta Lei Complementar, são as seguintes:

I – bancos de qualquer espécie;

II – caixas econômicas;

III – cooperativas de crédito;

IV – corretoras de câmbio;

V – corretoras de títulos e valores mobiliários;

VI – distribuidoras de títulos e valores mobiliários;

VII – administradoras e gestoras de carteiras de valores mobiliários, inclusive de fundos de investimento;

VIII – assessores de investimento;

IX – consultores de valores mobiliários;

X – correspondentes registrados no Banco Central do Brasil;

XI – administradoras de consórcio;

XII – corretoras e demais intermediárias de consórcios;

XIII – sociedades de crédito direto;

XIV – sociedades de empréstimo entre pessoas;

XV – agências de fomento;

XVI – associações de poupança e empréstimo;

XVII – companhias hipotecárias;

XVIII – sociedades de crédito, financiamento e investimentos;

XIX – sociedades de crédito imobiliário;

XX – sociedades de arrendamento mercantil;

XXI – sociedades de crédito ao microempreendedor e à empresa de pequeno porte;

XXII – instituições de pagamento;

XXIII – entidades administradoras de mercados organizados de valores mobiliários, incluídos os mercados de bolsa e de balcão organizado, entidades de liquidação e compensação, depositárias centrais e demais entidades de infraestruturas do mercado financeiro;

XXIV – sociedades seguradoras;

XXV – resseguradores, incluídos resseguradores locais, resseguradores admitidos e resseguradores eventuais;

XXVI – entidades abertas de previdência complementar e fechadas que não atendam aos requisitos mencionados no art. 26, § 9º, desta Lei Complementar;

XXVII – sociedades de capitalização;

XXVIII – corretores de seguros, corretores de resseguros e demais intermediários de seguros, resseguros, previdência complementar e capitalização; e

XXIX –prestadores de serviços de ativos virtuais.

§ 2º. Incluem-se também entre os fornecedores de que trata o *caput* deste artigo, ainda que não supervisionados pelos órgãos governamentais que compõem o Sistema Financeiro Nacional:

I – participantes de arranjos de pagamento que não são instituições de pagamento;

II – empresas que têm por objeto a securitização de créditos;

III – empresas de faturização (*factoring*);

IV – empresas simples de crédito;

V – correspondentes registrados no Banco Central do Brasil; e

VI – demais fornecedores que prestem serviço financeiro:

a) no desenvolvimento de atividade econômica;

b) de modo habitual ou em volume que caracterize atividade econômica; ou

c) de forma profissional, ainda que a profissão não seja regulamentada.

§ 3º. Aplica-se o disposto neste Capítulo aos fornecedores que:

I – passarem a ser supervisionados pelos órgãos governamentais de que trata o *caput* deste artigo após a data de publicação desta Lei Complementar; ou

II – vierem a realizar as operações de que tratam os incisos I a XVI do *caput* do art. 182 desta Lei Complementar, nos termos do inciso VI do § 2º deste artigo, ainda que não supervisionados pelos órgãos governamentais de que trata o *caput* deste artigo.

§ 4º. (Vetado).

Art. 184. Os serviços que, por disposição regulatória, somente possam ser prestados pelas instituições financeiras bancárias e sejam remunerados por tarifas e comissões, incluídos os serviços de abertura, manutenção e encerramento de conta de depósito à vista e conta de poupança, fornecimento de cheques, de saque e de transferência de valores, ficam sujeitos às normas gerais de incidência do IBS e da CBS previstas no Título I deste Livro.

§ 1º. Para fins do disposto no *caput* deste artigo, consideram-se instituições financeiras bancárias os bancos de qualquer espécie e as caixas econômicas, de que tratam os incisos I e II do § 1º do art. 183 desta Lei Complementar.

§ 2º. Os serviços de manutenção e encerramento de conta de pagamento pré-paga e pós-paga prestados por instituições de pagamento e remunerados por tarifa e comissão também ficam sujeitos às normas gerais de incidência do IBS e da CBS previstas no Título I deste Livro.

§ 3º. Também ficam sujeitos às normas gerais de incidência do IBS e da CBS previstas no Título I deste Livro e, se for o caso, aos regimes diferenciados de que trata o Título IV deste Livro e não se sujeitam ao disposto no regime específico deste Capítulo, os demais serviços que forem prestados pelos fornecedores de que trata o art. 183 e não forem definidos como serviços financeiros no art. 182 desta Lei Complementar.

Seção II
DISPOSIÇÕES COMUNS AOS SERVIÇOS FINANCEIROS

Art. 185. A base de cálculo do IBS e da CBS no regime específico de serviços financeiros será composta das receitas das operações, com as deduções previstas neste Capítulo.

Art. 186. As receitas de reversão de provisões e da recuperação de créditos baixados como prejuízo comporão a base de cálculo do IBS e da CBS, desde que a respectiva provisão ou baixa tenha sido deduzida da base de cálculo.

Art. 187. As deduções da base de cálculo previstas neste Capítulo restringem-se a operações autorizadas por órgão governamental, desde que realizadas nos limites operacionais previstos na legislação pertinente, vedada a dedução de qualquer despesa administrativa.

Art. 188. As sociedades cooperativas que fornecerem serviços financeiros e exercerem a opção de que trata o art. 271 desta Lei Complementar deverão reverter o efeito das deduções de base de cálculo previstas neste Capítulo proporcionalmente ao valor que as operações beneficiadas com redução a zero das alíquotas do IBS e da CBS representarem do total das operações da cooperativa.

Art. 189. Caso não haja previsão em contrário neste Capítulo, as alíquotas do IBS e da CBS incidentes sobre os serviços financeiros serão:

I – de 2027 a 2033, aquelas fixadas de acordo com as regras previstas no art. 233 desta Lei Complementar; e

II – a partir de 2034, aquelas fixadas para 2033.

§ 1º. As alíquotas de que trata o *caput* deste artigo serão nacionalmente uniformes.

§ 2º. A alíquota da CBS e as alíquotas estadual, distrital e municipal do IBS serão fixadas de modo a manter a proporção entre as respectivas alíquotas de referência.

Art. 190. Os créditos do IBS e da CBS na aquisição de serviços financeiros, nas hipóteses previstas neste Capítulo, serão apropriados com base nas informações prestadas pelos fornecedores ao Comitê Gestor do IBS e à RFB, na forma do regulamento, e ficarão sujeitos ao disposto nos arts. 47 a 56 desta Lei Complementar.

Art. 191. As entidades que realizam as operações com serviços financeiros de que trata este Capítulo devem prestar, a título de obrigação acessória, na forma do regulamento, informações sobre as operações realizadas, sem prejuízo de um conjunto mínimo de informações previsto nesta Lei Complementar.

Seção III
DAS OPERAÇÕES DE CRÉDITO, DE CÂMBIO, COM TÍTULOS E VALORES MOBILIÁRIOS, DE SECURITIZAÇÃO E DE FATURIZAÇÃO

Art. 192. Nas operações de crédito, de câmbio, e com títulos e valores mobiliários, de que tratam os incisos I a III do *caput* do art. 182 desta Lei Complementar, para fins de determinação da base de cálculo, serão consideradas as receitas dessas operações, com a dedução de:

I – despesas financeiras com a captação de recursos;

II – despesas de câmbio relativas às operações de que trata o inciso II do *caput* do art. 182 desta Lei Complementar;

III – perdas nas operações com títulos ou valores mobiliários de que trata o inciso III do *caput* do art. 182 desta Lei Complementar;

IV – encargos financeiros reconhecidos como despesas, ainda que contabilizados no patrimônio líquido, referentes a instrumentos de dívida emitidos pela pessoa jurídica;

V – perdas incorridas no recebimento de créditos decorrentes das atividades das instituições financeiras e das demais instituições autorizadas a funcionar pelo Banco Central do Brasil nas operações com serviços financeiros de que tratam os incisos I a V do *caput* do art. 182 desta Lei Complementar, e perdas na cessão desses créditos e na concessão de descontos, desde que sejam realizadas a valor de mercado, obedecidas, ainda, em todos os casos, as mesmas regras de dedutibilidade da legislação do imposto de renda aplicáveis a essas perdas para os períodos de apuração iniciados a partir de 1º de janeiro de 2027; e

VI – despesas com assessores de investimento, consultores de valores mobiliários e correspondentes registrados no Banco Central do Brasil, relativas às operações de que tratam os incisos I a III do *caput* do art. 182 desta Lei Complementar, desde que esses serviços não tenham sido prestados por empregados ou administradores da empresa.

§ 1º. O conceito de receitas das operações:

I – não inclui o valor do principal, caso se trate de operações de crédito;

II – corresponde à diferença entre o valor de alienação do ativo e o seu custo de aquisição, caso se trate de alienação de títulos e valores mobiliários.

§ 2º. As despesas financeiras com captação de recursos não incluem o pagamento do principal.

§ 3º. Na hipótese de estorno por qualquer razão, em contrapartida à conta de patrimônio líquido a que se refere o inciso IV do *caput* deste artigo, os valores anteriormente deduzidos deverão ser adicionados na base de cálculo.

§ 4º. O disposto no inciso IV do *caput* deste artigo não se aplica aos instrumentos patrimoniais, como ações, certificados de depósito de ações e bônus de subscrição.

§ 5º. As receitas e despesas computadas na base de cálculo de que trata o *caput* deste artigo incluem as variações monetárias em função da taxa de câmbio, quando o resultado das operações variar conforme a cotação de moeda estrangeira.

§ 6º. As receitas e despesas reconhecidas em contrapartida à avaliação a valor justo, no que exceder ao rendimento produzido nas operações de que trata o inciso III do *caput* do art. 182 desta Lei Complementar, devem ser evidenciadas em subconta e computadas na base de cálculo no momento da realização do respectivo ativo ou passivo.

§ 7º. As receitas e despesas com instrumentos financeiros derivativos contratados pelas entidades que realizam as operações previstas neste artigo também serão computadas na base de cálculo.

§ 8º. Não são consideradas receitas dos serviços de que trata o *caput* deste artigo, vedada a dedução das respectivas despesas financeiras de captação para apuração da base de cálculo, as auferidas em operações de crédito realizadas entre a cooperativa e o associado:

I – com recursos próprios da cooperativa ou dos associados; ou

II – com recursos públicos, direcionados, equalizados ou de fundos oficiais ou constitucionais.

Art. 193. Fica sujeito à incidência do IBS e da CBS pela alíquota prevista nesta Seção as operações de securitização e de faturização (*factoring*) de que tratam os incisos IV e V do *caput* do art. 182.

§ 1º. A base de cálculo do IBS e da CBS corresponderá ao desconto aplicado na liquidação antecipada, com a dedução de:

I – despesas financeiras com a captação de recursos;

II – despesas da securitização, consistindo na emissão, distribuição, custódia, escrituração, registro, preparação e formalização de documentos, administração do patrimônio separado e atuação de agentes fiduciários, de cobrança e de classificação de risco, desde que esses serviços não tenham sido prestados por empregados ou administradores da empresa.

§ 2º. Poderão ser deduzidas da base de cálculo referida no § 1º as perdas incorridas no recebimento de créditos e as perdas na cessão destes créditos e na concessão de descontos, desde que sejam realizados a valor de mercado.

§ 3º. As perdas referidas no § 2º que não puderem ser integralmente deduzidas da base de cálculo de um determinado período de apuração, por excederem os valores tributáveis em tal período, poderão ser deduzidas nos períodos subsequentes.

§ 4º. O Conselho Monetário Nacional e o Banco Central do Brasil, observadas as respectivas competências, regulamentarão as regras de enquadramento e desenquadramento dos requisitos previstos neste artigo.

§ 5º. Aplica-se o disposto neste artigo ao Fundo de Investimento em Direitos Creditórios (FIDC) que liquide antecipadamente recebíveis comerciais por meio de desconto de duplicatas, notas promissórias, cheques e outros títulos mercantis, conforme definidos em regulamentação a ser expedida pelo Conselho Monetário Nacional, caso não seja classificado como entidade de investimento, de acordo com o disposto no art. 23 da Lei nº 14.754, de 12 de dezembro de 2023, e em sua regulamentação.

§ 6º. Não ficam sujeitos à incidência do IBS e da CBS os cotistas dos fundos a que se refere o § 5º deste artigo.

Art. 194. Os contribuintes no regime regular que não estejam sujeitos ao regime específico desta Seção e sejam tomadores de operações de crédito de que trata o inciso I do *caput* do art. 182 desta Lei Complementar poderão apropriar créditos do IBS e da CBS pela mesma alíquota devida sobre essas operações de crédito, aplicada sobre as despesas financeiras relativas a essas operações efetivamente pagas, pelo regime de caixa e calculadas a partir das seguintes deduções sobre o valor de cada parcela, após a data de seu o pagamento♦:

♦ Publicação oficial: "de seu o pagamento". Entendemos que seria: "de seu pagamento". (N.E.)

I – o montante referente ao valor do principal contido em cada parcela, obedecidas as regras de amortização previstas no contrato; e

II – o montante correspondente à aplicação da taxa Selic sobre o principal, calculada com base na taxa de juros média praticada nas operações compromissadas com títulos públicos federais com prazo de 1 (um) dia útil.

Art. 195. Os contribuintes no regime regular que não estejam sujeitos ao regime específico desta Seção e emitam títulos de dívida, incluídas as debêntures e notas comerciais, poderão apropriar créditos na forma do art. 194, durante o período em que o título ou valor mobiliário for detido por contribuinte no regime específico desta Seção.

§ 1º. Na hipótese de que trata o *caput* deste artigo, quando o título de dívida for objeto de oferta pública, na forma regulamentada pela Comissão de Valores Mobiliários:

I – o credor no regime específico de que trata esta Seção excluirá da base de cálculo do IBS e da CBS o valor correspondente à parcela dos juros e dos rendimentos produzidos pelo título de dívida que for superior à taxa SELIC; e

II – o devedor não apropriará créditos.

§ 2º. A sistemática de que trata o § 1º deste artigo também se aplicará ao credor no regime específico de que trata esta Seção que detiver os títulos de dívida por meio de fundo de investimento exclusivo, cuja carteira seja composta por, no mínimo, 95% (noventa e cinco por cento) desses títulos.

Art. 196. O tomador dos serviços de cessão de recebíveis, antecipação, desconto, securitização e faturização (*factoring*) de que tratam os incisos I, IV e V do *caput* do art. 182 desta Lei Complementar que seja contribuinte no regime regular e não esteja sujeito ao regime específico desta Seção poderá apropriar créditos nessas operações, em relação à parcela do deságio aplicado, no momento da liquidação antecipada do recebível, pelo regime de caixa, que for superior à curva de juros futuros da taxa DI, pelo prazo da antecipação.

Art. 197. Não poderão apropriar créditos na forma prevista nos arts. 194 a 196 os associados tomadores de operações de crédito com sociedades cooperativas que fornecerem serviços financeiros e exercerem a opção de que trata o art. 271 desta Lei Complementar.

Art. 198. Os contribuintes no regime regular que não estejam sujeitos ao regime específico desta Seção poderão apropriar créditos do IBS e da CBS, com base nos valores pagos pelo fornecedor, sobre as tarifas e comissões relativas às operações de que tratam os incisos I a V do *caput* do art. 182 desta Lei Complementar.

Parágrafo único. Aplica-se também o disposto no *caput* deste artigo às aquisições realizadas pelas entidades sujeitas ao regime específico desta Seção, desde que a respectiva despesa não seja deduzida da base de cálculo.

Art. 199. Fica vedada a apropriação de créditos do IBS e da CBS na aquisição dos serviços financeiros de que tratam os incisos I a V do *caput* do art. 182 da Lei Complementar que não estiverem permitidos expressamente nos arts. 194 a 198.

Art. 200. Na alienação de bens móveis ou imóveis que tenham sido objeto de garantia constituída em favor de credor sujeito ao regime específico desta Seção, cuja propriedade tenha sido por ele consolidada ou a ele transmitida em pagamento da dívida, deverá ser observado o seguinte:

I – a consolidação da propriedade do bem pelo credor não estará sujeita à incidência do IBS e da CBS; e

II – na alienação do bem pelo credor:

a) não haverá incidência do IBS e da CBS, se o prestador da garantia não for contribuinte desses tributos; ou

b) haverá incidência do IBS e da CBS pelas mesmas regras de apuração que seriam aplicáveis caso a alienação fosse realizada diretamente pelo prestador da garantia, se este for contribuinte do IBS e da CBS.

§ 1º. Aplicam-se ao adquirente as mesmas regras relativas ao IBS e à CBS que seriam aplicáveis caso a alienação fosse realizada pelo prestador da garantia.

§ 2º. Para efeitos de eventual devolução pelo credor ao prestador da garantia do valor da alienação em excesso ao da dívida, deverá ser considerado o valor de alienação do bem líquido do IBS e da CBS.

Seção IV
DO ARRENDAMENTO MERCANTIL

Art. 201. Para fins de determinação da base de cálculo, no arrendamento mercantil de que trata o inciso VI do *caput* do art. 182 desta Lei Complementar:

I – as receitas dos serviços ficarão sujeitas, na medida do recebimento, pelo regime de caixa:

a) em relação às parcelas das contraprestações do arrendamento mercantil operacional, pelas seguintes alíquotas:

1. no caso de bem imóvel, pela alíquota aplicável à locação, no respectivo regime específico; e

2. no caso dos demais bens, pela alíquota aplicável à locação do bem;

b) em relação à alienação de bem objeto de arrendamento mercantil operacional, pelas seguintes alíquotas:

1. no caso de bem imóvel, pela alíquota aplicável à venda, no respectivo regime específico; e

2. no caso dos demais bens, pela alíquota aplicável à venda do bem;

c) em relação às parcelas das contraprestações do arrendamento mercantil financeiro, pela alíquota prevista no art. 189 desta Lei Complementar;

d) em relação ao valor residual do bem arrendado, o valor residual garantido, ainda que parcelado, pactuado no contrato de arrendamento mercantil financeiro, pago por ocasião do efetivo exercício da opção de compra, pelas seguintes alíquotas:

1. no caso de bem imóvel, pela alíquota aplicável à venda, no respectivo regime específico; e

2. no caso dos demais bens, pela alíquota prevista nas normas gerais de incidência de que trata o Título I deste Livro aplicável à venda do bem;

II – a dedução será permitida, na proporção da participação das receitas obtidas em operações que não gerem créditos de IBS e de CBS para o arrendatário em relação ao total das receitas com as operações de arrendamento mercantil:

a) das despesas financeiras com a captação de recursos utilizados nas operações de arrendamento mercantil;

b) das despesas de arrendamento mercantil;

c) das provisões para créditos de liquidação duvidosa relativas às operações de arrendamento mercantil, observado o disposto no inciso V do *caput* do art. 192 desta Lei Complementar.

Parágrafo único. Para fins da incidência do IBS e da CBS no arrendamento mercantil financeiro:

I – as contraprestações tributadas nos termos da alínea "c" do inciso I do *caput* deste artigo deverão ser mensuradas considerando os efeitos dos ajustes a valor presente do fluxo de pagamento do contrato de arrendamento mercantil, pela taxa equivalente aos encargos financeiros, devidamente evidenciados em contas contábeis;

II – a parcela tributada nos termos da alínea "d" do inciso I do *caput* corresponderá, no mínimo, ao custo de aquisição do bem ou serviço arrendado, independentemente do montante previsto no contrato, aplicando-se a mesma regra se o bem for vendido a terceiro;

III – a soma das parcelas tributadas nos termos das alíneas "c" e "d" do inciso I do *caput* deste artigo deverá corresponder ao valor total recebido pela arrendadora pelo arrendamento mercantil financeiro e venda do bem, durante todo o prazo da operação.

Art. 202. Caso a pessoa jurídica apure receitas com serviços financeiros de que tratam os incisos I a VI do *caput* do art. 182 desta Lei Complementar, as despesas financeiras de captação serão deduzidas da base de cálculo na proporção das receitas de cada natureza.

Art. 203. O contratante de arrendamento mercantil que seja contribuinte do IBS e da CBS sujeito ao regime regular e não esteja sujeito ao regime específico desta Seção poderá aproveitar créditos desses tributos com base no valor das parcelas das contraprestações do arrendamento mercantil e do valor residual do bem, na medida do efetivo pagamento, pelo regime de caixa, pela mesma alíquota devida sobre esses serviços.

Seção V
DA ADMINISTRAÇÃO DE CONSÓRCIO

Art. 204. Na administração de consórcio de que trata o inciso VII do *caput* do art. 182 desta Lei Complementar, para fins de determinação da base de cálculo, as receitas dos serviços compreendem todas as tarifas, comissões e taxas, bem como os respectivos encargos, multas e juros, decorrentes de contrato de participação em grupo de consórcio, efetivamente pagas, pelo regime de caixa.

§ 1º. A administradora do consórcio poderá deduzir da base de cálculo os valores referentes aos serviços de intermediação de que trata o inciso XV do *caput* do art. 182 desta Lei Complementar.

§ 2º. As aquisições de bens e de serviços por consorciado com carta de crédito de consórcio ficam sujeitas às regras previstas nas normas gerais de incidência de que trata o Título I deste Livro, exceto no caso de bem imóvel, que fica sujeito ao respectivo regime específico, e de outros bens ou serviços sujeitos a regime diferenciado ou específico, nos termos desta Lei Complementar, não havendo responsabilidade da administradora do consórcio por esses tributos.

§ 3º. Na execução de garantia de consorciado, com recebimento dos valores pelo grupo de consórcio, deverá ser observado o seguinte:

I – a consolidação da propriedade do bem pelo grupo de consórcio não estará sujeita à incidência do IBS e da CBS;

II – na alienação do bem pelo grupo de consórcio:

a) não haverá incidência do IBS e da CBS, se o consorciado não for contribuinte do IBS e da CBS;

b) haverá incidência do IBS e da CBS pelas mesmas regras que seriam aplicáveis caso a alienação fosse realizada pelo consorciado, se este for contribuinte do IBS e da CBS;

III – aplicam-se ao adquirente as mesmas regras relativas ao IBS e à CBS que seriam aplicáveis caso a alienação fosse realizada pelo consorciado; e

IV – a administradora do consórcio ficará sujeita à incidência do IBS e da CBS sobre a remuneração pelo serviço prestado e não será responsável pelos tributos devidos pelo consorciado nos termos da alínea "b" do inciso II deste parágrafo.

Art. 205. O contribuinte do IBS e da CBS no regime regular que adquirir serviços de administração de consórcio poderá apropriar créditos do IBS e da CBS com base nos valores pagos pelo fornecedor sobre esses serviços.

Art. 206. Os serviços de intermediação de consórcio de que trata o inciso XV do *caput* do art. 182 desta Lei Complementar ficarão sujeitos à incidência do IBS e da CBS sobre o valor da operação, pelas mesmas alíquotas aplicáveis aos serviços de administração de consórcios.

§ 1º. Os prestadores de serviços de intermediação de consórcios que forem optantes pelo Simples Nacional:

I – permanecerão tributados de acordo com as regras do Simples Nacional, quando não exercerem a opção pelo regime regular do IBS e da CBS; e

II – ficarão sujeitos às mesmas alíquotas do IBS e da CBS aplicáveis aos serviços de administração de consórcios, quando exercerem a opção pelo regime regular do IBS e da CBS.

§ 2º. Os créditos das operações de intermediação poderão ser aproveitados pelos adquirentes que forem contribuintes no regime regular, desde que o fornecedor da intermediação identifique os adquirentes destinatários, com base nos valores do IBS e da CBS pagos pelo intermediário e aplicando-se o disposto nos arts. 47 a 56 desta Lei Complementar.

Seção VI
DA GESTÃO E ADMINISTRAÇÃO DE RECURSOS, INCLUSIVE DE FUNDOS DE INVESTIMENTO

Art. 207. A gestão e a administração de recursos de que trata o inciso VIII do *caput* do art. 182 desta Lei Complementar ficam sujeitas à incidência do IBS e da CBS em regime específico, de acordo com o disposto nesta Seção.

Art. 208. As alíquotas do IBS e da CBS sobre os serviços prestados aos fundos de investimento que não forem serviços financeiros de que trata o art. 182 desta Lei Complementar seguirão o disposto nas normas gerais de incidência do IBS e da CBS previstas no Título I deste Livro e, se for o caso, nos regimes diferenciados de que trata o Título IV deste Livro.

Art. 209. O fundo de investimento e os seus cotistas não poderão aproveitar créditos do IBS e da CBS devidos pelos fornecedores de quaisquer bens ou serviços ao fundo, ressalvado o disposto no parágrafo único deste artigo.

Parágrafo único. Na hipótese de o fundo de investimento ser contribuinte do IBS e da CBS no regime regular, o fundo poderá apropriar créditos nas suas aquisições de bens e serviços, observado o disposto nos arts. 47 a 56 desta Lei Complementar.

Art. 210. O administrador de fundo de investimento e a distribuidora por conta e ordem de cotas de fundo de investimento deverão apresentar, na forma do regulamento, a título de obrigação acessória, informações sobre o fundo de investimento e cada cotista, ou do distribuidor por conta e ordem, ou do depositário central se a cota for negociada em bolsa de valores, e o valor das suas cotas, sem prejuízo de outras informações que o regulamento requisitar.

Parágrafo único. O Comitê Gestor do IBS poderá celebrar convênio com órgãos da administração pública para ter acesso às informações previstas no *caput*, podendo, nesse caso, dispensar o administrador e a distribuidora da obrigação acessória de que trata o *caput* deste artigo.

Art. 211. Os serviços de gestão e de administração de recursos prestados ao investidor e não ao fundo de investimento, como na gestão de carteiras administradas, ficam sujeitos ao IBS e à CBS pelas alíquotas previstas no art. 189 desta Lei Complementar, vedado o crédito do IBS e da CBS para o adquirente dos serviços.

Seção VII
DO FUNDO DE GARANTIA DO TEMPO DE SERVIÇO (FGTS) E DOS DEMAIS FUNDOS GARANTIDORES E EXECUTORES DE POLÍTICAS PÚBLICAS

Art. 212. As operações relacionadas ao Fundo de Garantia do Tempo de Serviço (FGTS) ficam sujeitas à incidência do IBS e da CBS, por alíquota nacionalmente uniforme, a ser fixada de modo a manter a carga tributária incidente sobre essas operações.

§ 1º. O FGTS não é contribuinte do IBS e da CBS.

§ 2º As operações relacionadas ao FGTS são aquelas necessárias à aplicação da Lei nº 8.036, de 11 de maio de 1990,• realizadas:

♦ Lei nº 8.036/1990 (Lei do FGTS).

I – pelo agente operador do FGTS;

II – pelos agentes financeiros do FGTS; e

III – pelos demais estabelecimentos bancários.

§ 3º. Ficam sujeitas:

I – à alíquota zero do IBS e da CBS, as operações previstas no inciso I do § 2º deste artigo;

II – às alíquotas necessárias para manter a carga tributária, as operações previstas nos incisos II e III do § 2º deste artigo.

Art. 213. Não ficam sujeitas à incidência do IBS e da CBS as operações relacionadas aos demais fundos garantidores e executores de políticas públicas, inclusive de habitação e de desenvolvimento regional, previstos em lei.

§ 1º. As operações relacionadas aos fundos garantidores e executores de que trata o *caput* deste artigo incluem os serviços de administração e operacionalização prestados ao fundo.

§ 2º. Os fundos de que trata o *caput* deste artigo não são contribuintes do IBS e da CBS.

§ 3º. Aplica-se também o disposto neste artigo aos fundos de que trata o *caput* que vierem a ser constituídos após a data de publicação desta Lei Complementar.

§ 4º. Caberá a ato conjunto do Comitê Gestor do IBS e da RFB listar os fundos garantidores e executores de políticas públicas previstos em lei na data da publicação desta Lei Complementar e atualizar a lista com os fundos da mesma natureza que vierem a ser constituídos posteriormente.

Seção VIII
DOS ARRANJOS DE PAGAMENTO

Art. 214. Os serviços de arranjos de pagamento de que trata o inciso IX do *caput* do art. 182 desta Lei Complementar ficam sujeitos à incidência do IBS e da CBS em regime específico, de acordo com o disposto nesta Seção.

§ 1º. Os serviços de que trata o *caput* deste artigo compreendem todos aqueles relacionados ao credenciamento, captura, processamento e liquidação das transações de pagamento e aos demais bens e serviços fornecidos ao credenciado, a outro destinatário do arranjo e entre participantes do arranjo inclusive:

I – os serviços de arranjo remunerados pelo credenciado mediante taxa de desconto nas transações de pagamento;

II – a locação de terminais eletrônicos e o fornecimento de programas de computador (*software*) que viabilizam o funcionamento dos arranjos de pagamento; e

III – bens e serviços fornecidos pelos instituidores de arranjos de pagamento aos demais participantes do arranjo, ainda que a cobrança não esteja vinculada a cada transação de pagamento;

IV – bens e serviços importados das bandeiras de cartões pelos instituidores e participantes de arranjos de pagamentos.

§ 2º. A relação jurídica entre o emissor e o portador do instrumento de pagamento fica sujeita às regras previstas nas normas gerais de incidência de que trata o Título I deste Livro, salvo as operações de crédito de que trata o inciso I do *caput* do art. 182 desta Lei Complementar, que ficam sujeitas ao respectivo regime específico.

§ 3º. A base de cálculo do IBS e da CBS devidos pelos contribuintes sujeitos ao regime específico desta Seção corresponderá ao valor bruto da remuneração recebida diretamente do credenciado, acrescido das parcelas recebidas de outros participantes do arranjo de pagamento e diminuído das parcelas pagas a estes.

§ 4º. Aplica-se o disposto no § 3º deste artigo para fins da determinação da base de cálculo dos participantes dos arranjos de que trata o *caput* do art. 216 desta Lei Complementar.

§ 5º. Integram também a base de cálculo dos serviços de que trata o *caput* do art. 216 desta Lei Complementar os rendimentos auferidos em decorrência da aplicação de recursos disponíveis em contas de pagamento, conforme a regulamentação do Banco Central do Brasil e do Conselho Monetário Nacional, deduzidos os valores de rendimentos pagos em favor dos titulares dessas contas.

Art. 215. O credenciado será considerado como o tomador dos serviços de arranjos de pagamento relacionados ao credenciamento, captura, processamento e liquidação de transações de pagamento.

Art. 216. O destinatário do serviço será considerado como o tomador dos serviços no caso dos arranjos de pagamento que não estejam previstos no art. 215 desta Lei Complementar.

Art. 217. Sem prejuízo de outras informações requeridas em regulamento, os participantes de arranjos de pagamento deverão apresentar, na forma do regulamento, a título de obrigação acessória, as seguintes informações:

I – no caso da credenciadora, a identificação dos credenciados, os valores brutos da remuneração de cada credenciado e os valores repassados a cada um dos demais participantes do arranjo; e

II – no caso dos demais participantes do arranjo, os valores brutos da remuneração recebidos dos destinatários ou de outros participantes do arranjo e os valores pagos para outros participantes do arranjo.

Parágrafo único. No caso de subcredenciadora e de outras empresas que venham a participar de arranjos de pagamento e não estejam previstas nos incisos I e II do *caput* deste artigo, a forma das obrigações acessórias será disposta no regulamento.

Art. 218. O credenciado ou outro destinatário de arranjo que for contribuinte do IBS e da CBS sujeito ao regime regular poderá apropriar créditos do IBS e da CBS calculados com base nos valores brutos de remuneração devidos à credenciadora ou a outro participante do arranjo, pelos mesmos valores do IBS e da CBS pagos pelos participantes do arranjo de pagamentos incidentes sobre as operações.

Art. 219. A liquidação antecipada de recebíveis de arranjos de pagamento será tributada pelo IBS e pela CBS na forma deste artigo.

§ 1º. A base de cálculo do IBS e da CBS corresponderá ao desconto aplicado na liquidação antecipada, com a dedução de valor correspondente à curva de juros futuros da taxa DI, pelo prazo da antecipação.

§ 2º. Poderão ser deduzidas da base de cálculo referida no § 1º as perdas incorridas no recebimento de créditos e as perdas na cessão destes créditos e na concessão de descontos, desde que sejam realizados a valor de mercado.

§ 3º. As perdas referidas no § 2º que não puderem ser integralmente deduzidas da base de cálculo de um determinado período de apuração, por excederem os valores tributáveis em tal período, poderão ser deduzidas nos períodos subsequentes.

§ 4º. A alíquota do IBS e da CBS incidente sobre as operações de que trata o *caput* deste artigo será igual à alíquota aplicada aos demais serviços de arranjos de pagamento.

§ 5º. O tomador dos serviços de liquidação antecipada de recebíveis de arranjos de pagamento que for contribuinte do IBS e da CBS sujeito ao regime regular poderá creditar-se do IBS e da CBS nessas operações, em relação à parcela do desconto aplicado, no momento da liquidação antecipada, pelo regime de caixa, que for superior à curva de juros futuros da taxa DI, pelo prazo da antecipação.

§ 6º. O disposto neste artigo aplica-se também ao FIDC e aos demais fundos de investimentos que liquidem antecipadamente recebíveis de arranjos de pagamento, que serão considerados contribuintes do IBS e da CBS caso não sejam classificados como entidades de investimento, de acordo com o disposto no art. 23 da Lei nº 14.754, de 12 de dezembro de 2023,♦ e em sua regulamentação.

♦ Lei nº 14.754/2023 (Tributação de aplicações em fundos de investimento no País e da renda auferida por pessoas físicas residentes no País em aplicações financeiras, entidades controladas e *trusts* no exterior).

§ 7º. Não ficam sujeitos à incidência do IBS e da CBS os cotistas dos fundos a que se refere o § 6º deste artigo.

Seção IX
DAS ATIVIDADES DE ENTIDADES ADMINISTRADORAS DE MERCADOS ORGANIZADOS, INFRAESTRUTURAS DE MERCADO E DEPOSITÁRIAS CENTRAIS

Art. 220. As atividades das entidades administradoras de mercados organizados, infraestruturas de mercado e depositárias centrais de que trata o inciso X do *caput* do art. 182 ficam sujeitas à incidência do IBS e da CBS sobre o valor da operação de fornecimento de serviços, pelas alíquotas previstas no art. 189 desta Lei Complementar.

Art. 221. O contribuinte do IBS e da CBS sujeito ao regime regular que adquirir serviços de entidades administradoras de mercados organizados, infraestruturas de mercado e depositárias centrais de que trata o inciso X do *caput* do art. 182 poderá apropriar créditos desses tributos, com base nos valores pagos pelo fornecedor.

Art. 222. As entidades administradoras de mercados organizados, infraestruturas de mercado e depositárias centrais deverão prestar, a título de obrigação acessória, na forma do regulamento, informações sobre os adquirentes dos serviços e os valores pagos por cada um.

Seção X
DOS SEGUROS, RESSEGUROS, PREVIDÊNCIA COMPLEMENTAR E CAPITALIZAÇÃO

Art. 223. Para fins de determinação da base de cálculo, nas operações de seguros e resseguros de que tratam, respectivamente, os incisos XI e XII do *caput* do art. 182 desta Lei Complementar:

I – as receitas dos serviços compreendem as seguintes, na medida do efetivo recebimento, pelo regime de caixa:

a) aquelas auferidas com prêmios de seguros, de cosseguros aceitos, de resseguros e de retrocessão; e

b) as receitas financeiras dos ativos financeiros garantidores de provisões técnicas, na proporção das receitas de que trata a alínea "a" nas operações que não geram créditos de IBS e de CBS para os adquirentes e o total das receitas de que trata a alínea "a" deste inciso, observados critérios estabelecidos no regulamento;

II – serão deduzidas:

a) as despesas com indenizações referentes a seguros de ramos elementares e de pessoas sem cobertura por sobrevivência, exclusivamente quando forem referentes a segurados pessoas físicas e jurídicas que não forem contribuintes do IBS e da CBS sujeitas ao regime regular, correspondentes aos sinistros, efetivamente pagos, ocorridos em operações de seguro, depois de subtraídos os salvados e os demais ressarcimentos;

b) os valores pagos referentes e restituições de prêmios que houverem sido computados como receitas, inclusive por cancelamento; e

c) os valores pagos referentes aos serviços de intermediação de seguros e resseguros de que trata o inciso XV do *caput* do art. 182 desta Lei Complementar;

d) os valores pagos referentes ao prêmio das operações de cosseguro cedido;

e) as parcelas dos prêmios destinadas à constituição de provisões ou reservas técnicas referentes a seguro resgatável.

§ 1º. O contribuinte do IBS e da CBS sujeito ao regime regular que adquirir e for segurado de serviços de seguro e resseguro poderá apropriar créditos de IBS e de CBS sobre os prêmios, pelo valor dos tributos pagos sobre esses serviços.

§ 2º. O recebimento das indenizações de que trata a alínea "a" do inciso II do *caput* deste artigo não fica sujeito à incidência do IBS e da CBS e não dá direito a crédito de IBS e de CBS.

§ 3º. Integra a base de cálculo de que trata este artigo a parcela da reversão das provisões ou reservas técnicas que for retida pela entidade como receita própria.

§ 4º. As operações de resseguro e retrocessão ficam sujeitas à incidência à alíquota zero, inclusive quando os prêmios de resseguro e retrocessão forem cedidos ao exterior.

Art. 224. Para fins de determinação da base de cálculo, na previdência complementar, aberta e fechada, de que trata o inciso XIII do *caput* do art. 182 desta Lei Complementar e no seguro de pessoas com cobertura por sobrevivência:

I – as receitas dos serviços compreendem, na medida do efetivo recebimento, pelo regime de caixa:

a) as contribuições para planos de previdência complementar;

b) os prêmios de seguro de pessoas com cobertura de sobrevivência; e

c) o encargo do fundo decorrente de estruturação, manutenção de planos de previdência e seguro de pessoas com cobertura por sobrevivência;

II – serão deduzidas:

a) as parcelas das contribuições e dos prêmios destinadas à constituição de provisões ou reservas técnicas;

b) os valores pagos referentes a restituições de contribuições e prêmios que houverem sido computados como receitas, inclusive cancelamentos;

c) os valores pagos por serviços de intermediação de previdência complementar de que trata o inciso XV do *caput* do art. 182 desta Lei Complementar e de seguro de vida de pessoas com cobertura por sobrevivência; e

d) as despesas com indenizações referentes às coberturas de risco, correspondentes aos benefícios efetivamente pagos, ocorridos em operações de previdência complementar.

§ 1º. Integra a base de cálculo de que trata este artigo a parcela da reversão das provisões ou reservas técnicas retida pela entidade como receita própria.

§ 2º. Não integram a base de cálculo de que trata este artigo os rendimentos auferidos nas aplicações de recursos financeiros destinados ao pagamento de benefícios de aposentadoria, pensão, pecúlio e de resgates.

§ 3º. O disposto no § 2º deste artigo aplica-se aos rendimentos:

I – de aplicações financeiras proporcionados pelos ativos garantidores das provisões técnicas, limitados esses ativos ao montante das referidas provisões; e

II – dos ativos financeiros garantidores das provisões técnicas de empresas de seguros privados destinadas exclusivamente a planos de benefícios de caráter previdenciário e a seguros de pessoas com cobertura por sobrevivência.

§ 4º. Também não integram a base de cálculo de que trata este artigo os demais rendimentos de aplicações financeiras auferidos pelas entidades que prestam as atividades previstas no *caput* deste artigo.

Art. 225. Para fins de determinação da base de cálculo, na capitalização de que trata o inciso XIV do *caput* do art. 182 desta Lei Complementar:

I – as receitas dos serviços compreendem, na medida do efetivo recebimento, pelo regime de caixa:

a) a arrecadação com os títulos de capitalização; e

b) as receitas com prescrição e penalidades;

II – serão deduzidas:

a) as parcelas das contribuições destinadas à constituição de provisões ou reservas técnicas, inclusive provisões de sorteios a pagar;

b) os valores pagos referentes a cancelamentos e restituições de títulos que houverem sido computados como receitas; e

c) os valores pagos por serviços de intermediação de capitalização de que trata o inciso XV do *caput* do art. 182 desta Lei Complementar.

§ 1º. Integra a base de cálculo de que trata este artigo a parcela da reversão das provisões ou reservas técnicas retida pela entidade como receita própria.

§ 2º. Não integram a base de cálculo de que trata este artigo os rendimentos auferidos nas aplicações financeiras destinadas ao pagamento de resgate de títulos e sorteios de premiação.

§ 3º. O disposto no § 2º deste artigo restringe-se aos rendimentos de aplicações financeiras proporcionados pelos ativos garantidores das provisões técnicas, limitados esses ativos ao montante das referidas provisões.

§ 4º. Também não integram a base de cálculo de que trata este artigo os demais rendimentos de aplicações financeiras auferidos pelas entidades que prestam as atividades previstas no *caput* deste artigo.

§ 5º. O contribuinte do IBS e da CBS sujeito ao regime regular que adquira títulos de capitalização poderá apropriar créditos de IBS e de CBS pelo valor dos tributos pagos sobre esse serviço.

Art. 226. Fica vedado o crédito de IBS e de CBS na aquisição de serviços de previdência complementar.

Art. 227. Sem prejuízo de outras informações requeridas em regulamento, as sociedades seguradoras, resseguradores, entidades abertas e fechadas de previdência complementar e sociedades de capitalização deverão apresentar, na forma do regulamento, a título de obrigação acessória, as seguintes informações:

I – as sociedades seguradoras e resseguradores, a identificação dos segurados ou, caso os segurados não sejam identificados na contratação do seguro, dos estipulantes e os valores dos prêmios pagos por cada um;

II – as entidades de previdência complementar, a identificação dos participantes e os valores das contribuições pagos por cada um; e

III – as sociedades de capitalização, a identificação dos titulares, subscritores ou distribuidores dos títulos e os valores da arrecadação com os títulos.

Art. 228. Os serviços de intermediação de seguros, resseguros, previdência complementar e capitalização de que trata o inciso XV do *caput* do art. 182 desta Lei Complementar ficarão sujeitos à incidência do IBS e da CBS sobre o valor da operação, pela mesma alíquota aplicável aos serviços de seguros, resseguros, previdência complementar e capitalização.

§ 1º. Os prestadores de serviços de intermediação de seguros, resseguros, previdência complementar e capitalização que forem optantes pelo Simples Nacional:

I – permanecerão tributados de acordo com as regras do Simples Nacional, quando não exercerem a opção pelo regime regular do IBS e da CBS; e

II – ficarão sujeitos à mesma alíquota do IBS e da CBS aplicável aos serviços de seguros, resseguros, previdência complementar e capitalização, quando exercerem a opção pelo regime regular do IBS e da CBS.

§ 2º. Os créditos das operações de intermediação poderão ser aproveitados pelos adquirentes segurados dos respectivos seguros, resseguros e pelos adquirentes de títulos de capitalização que sejam contribuintes do IBS e da CBS no regime regular, desde que o fornecedor da intermediação identifique os adquirentes e destinatários, com base nos valores do IBS e da CBS pagos pelo intermediário e aplicando-se o disposto nos arts. 47 a 56 desta Lei Complementar.

Seção XI
DOS SERVIÇOS DE ATIVOS VIRTUAIS

Art. 229. Os serviços de ativos virtuais de que trata o inciso XVI do *caput* do art. 182 desta Lei Complementar ficam sujeitos à incidência do IBS e da CBS sobre o valor prestação do serviço de ativos virtuais.

§ 1º. Os ativos virtuais de que trata o *caput* deste artigo são as representações digitais de valor que podem ser negociadas ou transferidas por meios eletrônicos e utilizadas para realização de pagamentos ou com propósito de investimento, nos termos da Lei nº 14.478, de 21 de dezembro de 2022,♦ não incluindo as representações digitais consideradas como valores mobiliários, que ficam sujeitas ao disposto na Seção III deste Capítulo.

♦ Lei nº 14.478/2022 (Serviços de ativos virtuais).

§ 2º. As aquisições de bens e de serviços com ativos virtuais ficam sujeitas às regras previstas nas normas gerais de incidência de que trata o Título I deste Livro ou ao respectivo regime diferenciado ou específico aplicável ao bem ou serviço adquirido, nos termos desta Lei Complementar.

Art. 230. O contribuinte no regime regular que adquirir serviços de ativos virtuais poderá apropriar créditos do IBS e da CBS, com base nos valores pagos pelo fornecedor.

Seção XII
DA IMPORTAÇÃO
DE SERVIÇOS FINANCEIROS

Art. 231. Os serviços financeiros de que trata o art. 182 desta Lei Complementar, quando forem considerados importados, nos termos da Seção II do Capítulo IV do Título I deste Livro, ficam sujeitos à incidência do IBS e da CBS pela mesma alíquota aplicável aos respectivos serviços financeiros adquiridos de fornecedores domiciliados no País.

§ 1º. Na importação de serviços financeiros:

I – a base de cálculo será o valor correspondente à receita auferida pelo fornecedor em razão da operação, com a aplicação de um fator de redução para contemplar uma margem presumida, a ser prevista no regulamento, observados os limites estabelecidos neste Capítulo para as deduções de base de cálculo dos mesmos serviços financeiros prestados no País, quando aplicável;

II – nas hipóteses em que o importador dos serviços financeiros seja contribuinte do IBS e da CBS sujeito ao regime regular e tenha direito de apropriação de créditos desses tributos na aquisição do mesmo serviço financeiro no País, de acordo com o disposto neste Capítulo, será aplicada alíquota zero na importação, e não serão apropriados créditos do IBS e da CBS; e

III – (vetado).

§ 2º. Aplica-se o disposto no Capítulo IV do Título I deste Livro às importações de serviços financeiros, naquilo que não conflitar com o disposto neste artigo.

Seção XIII
DA EXPORTAÇÃO
DE SERVIÇOS FINANCEIROS

Art. 232. Os serviços financeiros de que trata o art. 182 desta Lei Complementar, quando forem prestados para residentes ou domiciliados no exterior, serão considerados exportados e ficarão imunes à incidência do IBS e da CBS, para efeitos do disposto no Capítulo V do Título I deste Livro.

§ 1º. A entidade que prestar serviços financeiros no País e mediante exportação deverá:

I – nas operações de que tratam os incisos I a V do *caput* do art. 182 desta Lei Complementar:

a) calcular a proporção da receita das exportações sobre a receita total com esses serviços financeiros;

b) reverter o efeito das deduções da base de cálculo permitidas para esses serviços financeiros na mesma proporção de que trata este inciso; e

II – nas demais operações sujeitas ao regime específico de serviços financeiros, deverá fazer o mesmo cálculo previsto no inciso I deste parágrafo, consideradas as receitas de operação de cada natureza, conforme o disposto neste Capítulo, e, quando aplicável, a permissão de dedução de despesas da base de cálculo das respectivas operações.

§ 2º. Não são considerados exportados os serviços financeiros prestados a entidades no exterior que sejam filiais, controladas ou investidas, preponderantemente, por residentes ou domiciliados no País que não sejam contribuintes do IBS e da CBS no regime regular, individualmente ou em conjunto com partes relacionadas, conforme definidas no §§ 2º a 6º do art. 5º desta Lei Complementar.

§ 3º. No caso de operações realizadas nos mercados financeiro e de capitais nos termos da regulamentação do Conselho Monetário Nacional, o disposto no § 2º deste artigo aplicar-se-á exclusivamente nos casos em que a informação sobre a entidade no exterior ser controlada ou investida, preponderantemente, por residentes ou domiciliados no País, seja indicada, pelo representante legal de tal entidade no exterior, no cadastro a que se refere o art. 59 desta Lei Complementar, conforme previsto no regulamento.

Seção XIV
DISPOSIÇÕES TRANSITÓRIAS

Art. 233. De 2027 a 2033, as alíquotas do IBS e da CBS incidentes sobre os serviços financeiros de que trata o art. 189 desta Lei Complementar serão fixadas de modo a manter a carga tributária incidente sobre as operações de crédito das instituições financeiras bancárias.

§ 1º. O cálculo da alíquota de que trata o *caput* deste artigo será feito de acordo com os seguintes critérios:

I – será calculada a proporção da base de cálculo da Contribuição para o PIS/Pasep e da Cofins das instituições financeiras bancárias que se refere a:

a) tarifas e comissões; e

b) demais receitas;

II – serão calculados os débitos da Contribuição para o PIS/Pasep e da Cofins das instituições financeiras bancárias sobre as demais receitas a que se refere a alínea "b" do inciso I deste parágrafo;

III – serão calculados os valores do IPI, do Imposto sobre Serviços de Qualquer Natureza (ISS), do ICMS, da Contribuição para o PIS/Pasep e da Cofins incidentes sobre as aquisições pelas instituições financeiras bancárias e não recuperados como créditos, na proporção que as demais receitas a que se refere a alínea "b" do inciso I deste parágrafo representam da base de cálculo total da Contribuição para o PIS/Pasep e da Cofins; e

IV – deverá o montante dos débitos do IBS e da CBS sobre a base de cálculo dos serviços financeiros de que tratam os incisos I a III do *caput* do art. 182 desta Lei Complementar prestado pelas instituições financeiras bancárias, sem levar em consideração as operações com títulos de dívida objeto de oferta pública excluídas da base de cálculo nos termos dos §§ 1º e 2º do art. 195 desta Lei Complementar, ser igual ao somatório do montante dos débitos da Contribuição para o PIS/Pasep e da Cofins de que trata o inciso II e dos valores dos tributos não recuperados como créditos de que trata o inciso III deste parágrafo.

§ 2º. O cálculo de que trata o § 1º deste artigo será feito com base em dados do período de 1º de janeiro de 2022 a 31 de dezembro de 2023.

§ 3º. Observada, a cada ano, a proporção entre as alíquotas da CBS e do IBS nos termos do § 2º do art. 189 desta Lei Complementar, as alíquotas da CBS e do IBS serão fixadas de modo a que o débito conjunto dos dois tributos atenda ao disposto no inciso IV do § 1º deste artigo.

§ 4º. A metodologia de cálculo para a fixação das alíquotas de que trata o *caput* deste artigo será aprovada por ato conjunto do Ministro de Estado da Fazenda e do Comitê Gestor do IBS, após consulta e homologação pelo Tribunal de Contas da União em prazo não superior a 180 (cento e oitenta) dias.

§ 5º. A União, os Estados, o Distrito Federal e os Municípios fornecerão ao Comitê Gestor do IBS e ao Poder Executivo da União os subsídios necessários para o cálculo das alíquotas do IBS e da CBS, mediante o compartilhamento de dados e informações.

§ 6º. As alíquotas da CBS e do IBS serão divulgadas:

I – quanto ao IBS, pelos Estados, pelos Municípios e pelo Distrito Federal, de forma compartilhada e integrada, por ato do Comitê Gestor do IBS; e

II – quanto à CBS, por ato do chefe do Poder Executivo da União.

§ 7º. Para fins do disposto neste artigo, consideram-se instituições financeiras bancárias os bancos de qualquer espécie e as caixas econômicas.

§ 8º. As alíquotas definidas de acordo com o procedimento estabelecido neste artigo, em relação ao disposto no inciso III do § 1º, serão fixadas levando em consideração a regra de transição estabelecida no Título VIII deste Livro, de modo que o respectivo impacto nas alíquotas do IBS e da CBS seja introduzido proporcionalmente à redução e à supressão dos tributos que serão extintos.

CAPÍTULO III
DOS PLANOS DE ASSISTÊNCIA À SAÚDE

Art. 234. Os planos de assistência à saúde ficam sujeitos a regime específico de incidência do IBS e da CBS, de acordo com o disposto neste Capítulo, nos casos em que esses serviços sejam prestados por:

I – seguradoras de saúde;

II – administradoras de benefícios;

III – cooperativas operadoras de planos de saúde;

IV – cooperativas de seguro saúde; e

V – demais operadoras de planos de assistência à saúde.

Art. 235. A base de cálculo do IBS e da CBS no regime específico de planos de assistência de saúde será composta:

I – da receita dos serviços, compreendendo:

a) os prêmios e contraprestações, inclusive por corresponsabilidade assumida, efetivamente recebidos, pelo regime de caixa; e

b) as receitas financeiras, no período de apuração, dos ativos garantidores das reservas técnicas, efetivamente liquidadas;

II – com a dedução:

a) das indenizações correspondentes a eventos ocorridos, efetivamente pagas, pelo regime de caixa;

b) dos valores referentes a cancelamentos e restituições de prêmios e contraprestações que houverem sido computados como receitas;

c) dos valores pagos por serviços de intermediação de planos de saúde; e

d) da taxa de administração paga às administradoras de benefícios e dos demais valores pagos a outras entidades previstas no art. 234 desta Lei Complementar.

§ 1º. Para fins do disposto na alínea "a" do inciso II do *caput* deste artigo, considera-se indenizações correspondentes a eventos ocorridos o total dos custos assistenciais decorrentes da utilização, pelos beneficiários, da cobertura oferecida pelos planos de saúde, compreendendo:

I – bens e serviços adquiridos diretamente pela entidade de pessoas físicas e jurídicas; e

II – reembolsos aos segurados ou beneficiários por bens e serviços adquiridos por estes de pessoas físicas e jurídicas.

§ 2º. As operações a título de corresponsabilidade cedida entre as entidades previstas no art. 234 desta Lei Complementar também serão consideradas custos assistenciais nos termos do § 1º e serão deduzidas da base de cálculo para efeitos do disposto no *caput* deste artigo.

§ 3º. Entende-se por corresponsabilidade cedida de que trata o § 2º deste artigo a disponibilização de serviços por uma operadora a beneficiários de outra, com a respectiva assunção do risco da prestação.

§ 4º. Para efeitos do disposto na alínea "b" do inciso I do *caput* deste artigo, as receitas financeiras serão consideradas efetivamente liquidadas quando houver, cumulativamente:

I – a liquidação ou resgate do respectivo ativo garantidor; e

II – a redução das provisões técnicas lastreadas por ativo garantidor, considerando a diferença entre o valor total de provisões técnicas no período de apuração e no período imediatamente anterior.

§ 5º. Os reembolsos aos segurados ou beneficiários de que trata o inciso II do § 1º deste artigo não ficam sujeitos à incidência do IBS e da CBS e não dão direito a créditos.

§ 6º. Não integrarão a base de cálculo do IBS e da CBS as receitas financeiras que não guardem vinculação com a alocação de recursos oriundos do recebimento de prêmios e contraprestações pagos pelos contratantes dos planos de assistência à saúde.

Art. 236. Os planos de assistência funerária ficam sujeitos ao disposto nos arts. 234 a 242 desta Lei Complementar.

Art. 237. As alíquotas de IBS e de CBS no regime específico de planos de assistência à saúde são nacionalmente uniformes e correspondem às alíquotas de referência de cada esfera federativa, reduzidas em 60% (sessenta por cento).

Art. 238. Fica vedado o crédito de IBS e de CBS para os adquirentes de planos de assistência à saúde.

Parágrafo único. O disposto no *caput* deste artigo não se aplica à hipótese de que trata a alínea "f" do inciso IV do § 2º do art. 57 desta Lei Complementar, em que os créditos do IBS e da CBS a serem aproveitados pelo contratante que seja contribuinte no regime regular:

I – serão equivalentes à multiplicação entre:

a) os valores dos débitos do IBS e da CBS pagos pela entidade sujeita ao regime específico de que trata este Capítulo no período de apuração; e

b) a proporção entre:

1. o total de prêmios e contraprestações correspondentes à cobertura dos titulares empregados do contratante e de seus dependentes, no período de apuração; e

2. o total de prêmios e contraprestações arrecadados pela entidade, no mesmo período de apuração;

II – não alcançam a parcela dos prêmios e contraprestações cujo ônus financeiro tenha sido repassado aos empregados; e

III – serão apropriados com base nas informações prestadas pelos fornecedores ao Comitê Gestor do IBS e à RFB, na forma do regulamento, e ficarão sujeitos ao disposto nos arts. 47 a 56 desta Lei Complementar.

Art. 239. As entidades de que trata este Capítulo deverão apresentar, a título de obrigação acessória, na forma do regulamento, informações sobre a identidade das pessoas físicas que forem as beneficiárias titulares dos planos de assistência à saúde e os valores dos prêmios e contraprestações de cada uma.

§ 1º. Nos planos coletivos em que não houver a individualização do valor dos prêmios e contraprestações por pessoa física titular, a operadora poderá alocar, na obrigação acessória de que trata o *caput* deste artigo, o valor total recebido para cada pessoa física titular de acordo com critério a ser previsto no regulamento.

§ 2º. Nos planos coletivos por adesão contratados com participação ou intermediação de administradora de benefícios, esta ficará responsável pela apresentação das informações previstas no *caput* e no § 1º deste artigo.

Art. 240. Os serviços de intermediação de planos de assistência à saúde ficam sujeitos à incidência do IBS e da CBS sobre o valor da operação pela mesma alíquota aplicável ao plano de assistência à saúde.

Parágrafo único. Os prestadores de serviços de intermediação de planos de assistência à saúde que forem optantes pelo Simples Nacional:

I – permanecerão tributados de acordo com as regras do Simples Nacional, na hipótese de não exercerem a opção pelo regime regular do IBS e da CBS; e

II – ficarão sujeitos à mesma alíquota do IBS e da CBS aplicável aos serviços de planos de assistência à saúde, na hipótese de exercerem a opção pelo regime regular do IBS e da CBS.

Art. 241. Caso venha a ser permitida a importação de serviços de planos de assistência à saúde, deverá haver a incidência de IBS e de CBS pela mesma alíquota aplicável às operações realizadas no País sobre o valor da operação, podendo regulamento prever fator de redução para contemplar uma margem presumida, observados os limites estabelecidos neste Capítulo para as deduções de base de cálculo desses serviços.

Parágrafo único. Aplica-se o disposto no Capítulo IV do Título I deste Livro às importações de que trata o *caput* deste artigo, naquilo que não conflitar com o disposto neste artigo.

Art. 242. Caso venha a ser permitido o fornecimento de serviços de planos de assistência à saúde para residentes ou domiciliados no exterior para utilização no exterior, esse fornecimento será considerado como uma exportação e ficará imune ao IBS e à CBS, para efeitos do disposto no Capítulo V do Título I deste Livro.

Art. 243. Os planos de assistência à saúde de animais domésticos ficam sujeitos ao disposto nos arts. 234 a 242 desta Lei Complementar, com exceção das alíquotas aplicáveis, que serão nacionalmente uniformes e corresponderão à soma das alíquotas de referência de cada esfera federativa, reduzidas em 30% (trinta por cento), vedado o crédito ao adquirente.

CAPÍTULO IV
DOS CONCURSOS DE PROGNÓSTICOS

Seção I
DISPOSIÇÕES GERAIS

Art. 244. Os concursos de prognósticos, em meio físico ou virtual, compreendidas todas as modalidades lotéricas, incluídos as apostas de quota fixa e os *sweepstakes*, as apostas de turfe e as demais apostas, ficam sujeitos a regime específico de incidência do IBS e da CBS, de acordo com o disposto neste Capítulo.

Parágrafo único. Aplica-se o disposto neste Capítulo ao *fantasy sport*.

Art. 245. A base de cálculo do IBS e da CBS sobre concursos de prognósticos é a receita própria da entidade decorrente dessa atividade, correspondente ao produto da arrecadação, com a dedução de:

I – premiações pagas; e

II – destinações obrigatórias por lei a órgão ou fundo público e aos demais beneficiários.

Parágrafo único. As premiações pagas não ficam sujeitas à incidência do IBS e da CBS.

Art. 246. As alíquotas do IBS e da CBS sobre concursos de prognósticos são nacionalmente uniformes e correspondem à soma das alíquotas de referência das esferas federativas.

Art. 247. Fica vedado o crédito de IBS e de CBS aos apostadores dos concursos de prognósticos.

Art. 248. A empresa que opera concursos de prognósticos deverá apresentar obrigação acessória, na forma do regulamento, contendo, no mínimo, informações sobre o local onde a aposta é efetuada e os valores das apostas e das premiações pagas.

Parágrafo único. Caso as apostas sejam efetuadas de forma virtual, na obrigação acessória de que trata o *caput* deste artigo, deverá ser identificado o apostador.

Seção II
DA IMPORTAÇÃO DE SERVIÇOS DE CONCURSOS DE PROGNÓSTICOS

Art. 249. Caso venha a ser permitida a importação de serviços de concursos de prognósticos, ficarão sujeitas à incidência do IBS e da CBS pela mesma alíquota prevista para concursos de prognósticos no País as entidades domiciliadas no exterior que prestarem, por meio virtual, serviços de concursos de prognósticos de que trata este Capítulo para apostadores residentes ou domiciliados no País.

§ 1º. O fornecedor do serviço de que trata o *caput* deste artigo é o contribuinte do IBS e da CBS, podendo o apostador ser responsável solidário pelo pagamento nas hipóteses previstas no art. 24 desta Lei Complementar.

§ 2º. A base de cálculo é a receita auferida pela entidade em razão da operação, com a aplicação de um fator de redução previsto no regulamento, calculado com base nas deduções da base de cálculo dos serviços de concursos de prognósticos no País.

§ 3º. Aplica-se o disposto no Capítulo IV do Título I deste Livro às importações de que trata esta Seção, naquilo que não conflitar com o disposto neste artigo.

Seção III
DA EXPORTAÇÃO DE SERVIÇOS DE CONCURSOS DE PROGNÓSTICOS

Art. 250. Os serviços de concursos de prognósticos prestados, por meio virtual, a residentes ou domiciliados no exterior serão considerados exportados, ficando imunes à incidência do IBS e da CBS, para efeitos do disposto no Capítulo V do Título I deste Livro.

§ 1º. O regulamento disporá sobre a forma de comprovação da residência ou domicílio no exterior para efeitos do disposto no *caput* deste artigo.

§ 2º. Não se consideram exportados os serviços de concursos de prognósticos prestados na presença, no território nacional, de residente ou domiciliado no exterior.

CAPÍTULO V
DOS BENS IMÓVEIS

Seção I
DISPOSIÇÕES GERAIS

Art. 251. As operações com bens imóveis realizadas por contribuintes que apurarem o IBS e a CBS no regime regular ficam sujeitas ao regime específico previsto neste Capítulo.

§ 1º. As pessoas físicas que realizarem operações com bens imóveis serão consideradas contribuintes do regime regular do IBS e da CBS e sujeitas ao regime de que trata este Capítulo, nos casos de:

I – locação, cessão onerosa e arrendamento de bem imóvel, desde que, no ano-calendário anterior:

a) a receita total com essas operações exceda R$ 240.000 (duzentos e quarenta mil reais); e

b) tenham por objeto mais de 3 (três) bens imóveis distintos;

II – alienação ou cessão de direitos de bem imóvel, desde que tenham por objeto mais de 3 (três) imóveis distintos no ano-calendário anterior;

III – alienação ou cessão de direitos, no ano-calendário anterior, de mais de 1 (um) bem imóvel construído pelo próprio alienante nos 5 (cinco) anos anteriores à data da alienação.

§ 2º. Também será considerada contribuinte do regime regular do IBS e da CBS no próprio ano-calendário, a pessoa física de que trata o *caput* do § 1º deste artigo, em relação às seguintes operações:

I – a alienação ou cessão de direitos de imóveis que exceda os limites previsto nos incisos II e III do § 1º deste artigo; e

II – a locação, cessão onerosa ou arrendamento de bem imóvel em valor que exceda em 20% (vinte por cento) o limite previsto na alínea "a" do inciso I do § 1º deste artigo.

§ 3º. Para fins do disposto no inciso II do § 1º deste artigo os imóveis relativos às operações devem estar no patrimônio do contribuinte há menos de 5 (cinco) anos contados da data de sua aquisição.

§ 4º. No caso de bem imóvel recebido por meação, doação ou herança, o prazo de que trata o § 3º deste artigo será contado desde a aquisição pelo cônjuge meeiro, *de cujus* ou pelo doador.

§ 5º. O valor previsto na alínea "a" do inciso I do § 1º será atualizado mensalmente a partir da data de publicação desta Lei Complementar pelo IPCA ou por outro índice que vier a substituí-lo.

§ 6º. O regulamento definirá o que são bens imóveis distintos, para fins no disposto nos incisos I e II do § 1º do *caput*.

§ 7º. Aplica-se, no que couber, as disposições do Título I deste Livro quanto às demais regras não previstas neste Capítulo.

Art. 252. O IBS e a CBS incidem, nos termos deste Capítulo, sobre as seguintes operações com bens imóveis:

I – alienação, inclusive decorrente de incorporação imobiliária e de parcelamento de solo;

II – cessão e ato translativo ou constitutivo onerosos de direitos reais;

III – locação, cessão onerosa e arrendamento;

IV – serviços de administração e intermediação; e

V – serviços de construção civil.

§ 1º. Sujeitam-se à tributação pelo IBS e pela CBS pelas mesmas regras da locação, cessão onerosa e arrendamento de bens imóveis:

I – a servidão, a cessão de uso ou de espaço;

II – a permissão de uso, o direito de passagem; e

III – (vetado).

§ 2º. O IBS e a CBS não incidem nas seguintes hipóteses:

I – nas operações de permuta de bens imóveis, exceto sobre a torna, que será tributada nos termos deste Capítulo;

II – na constituição ou transmissão de direitos reais de garantia; e

III – nas operações previstas neste artigo, quando realizadas por organizações gestoras de fundo patrimonial, constituídas nos termos da Lei nº 13.800, de 4 de janeiro de 2019,• para fins de investimento do fundo patrimonial.

♦ Lei nº 13.800/2019 (Constituição e gestão de fundos patrimoniais para programas de interesse público).

§ 3º. Na hipótese de que trata o inciso I do § 2º deste artigo, o valor permutado não será considerado no valor da operação para o cálculo do redutor de ajuste de que trata o art. 258 desta Lei Complementar.

§ 4º. Para fins do disposto neste Capítulo, as operações com bens imóveis de que trata o inciso III do § 2º deste artigo, não são consideradas operações de contribuinte sujeito ao regime regular do IBS e da CBS.

§ 5º. Nas permutas de imóveis realizadas entre contribuintes do regime regular do IBS e da CBS:

I – fica mantido o valor do redutor de ajuste do imóvel dado em permuta, que poderá ser utilizado em operações futuras com o imóvel recebido em permuta; e

II – no caso de permuta para entrega de unidades a construir, o redutor de ajuste será aplicado proporcionalmente à operação de cada permutante, tomando-se por base a fração ideal das unidades permutadas.

§ 6º. O disposto no inciso I do § 2º e § 5º deste artigo também se aplica às operações quitadas de compra e venda de imóvel seguidas de confissão de dívida e promessa de dação, em pagamento, de unidade imobiliária construída ou a construir, desde que a alienação do imóvel e o compromisso de dação em pagamento sejam levados a efeito na mesma data, mediante instrumento público.

§ 7º. Aplica-se o disposto no § 4º do art. 57 desta Lei Complementar às operações de alienação, locação, cessão onerosa e arrendamento de bem imóvel de propriedade de pessoa física sujeita ao regime regular do IBS e da CBS que não estejam relacionadas ao desenvolvimento de sua atividade econômica.

§ 8º. O disposto no § 6º deste artigo não se aplica caso a quantidade e o valor das operações com os imóveis nele referidos caracterizem atividade econômica do contribuinte, nos termos dos §§ 1º e 2º do art. 251.

§ 9º. Na alienação de imóveis que tenham sido objeto de garantia constituída em favor de credor sujeito ao regime específico deste Capítulo, cuja propriedade tenha sido por ele consolidada ou a ele transmitida em pagamento ou amortização da dívida, deverá ser observado o disposto no art. 200 desta Lei Complementar.

Art. 253. A locação, cessão onerosa ou arrendamento de bem imóvel residencial por contribuinte sujeito ao regime regular do IBS e da CBS, com período não superior a 90 (noventa) dias ininterruptos, serão tributados de acordo com as mesmas regras aplicáveis aos serviços de hotelaria, previstas na Seção II do Capítulo VII do Título V deste Livro.

Seção II
DO MOMENTO DA OCORRÊNCIA DO FATO GERADOR

Art. 254. Considera-se ocorrido o fato gerador do IBS e da CBS:

I – na alienação de bem imóvel, no momento do ato de alienação;

II – na cessão ou no ato oneroso translativo ou constitutivo de direitos reais sobre bens imóveis, no momento da celebração do ato, inclusive de quaisquer ajustes posteriores, exceto os de garantia;

III – na locação, cessão onerosa ou arrendamento de bem imóvel, no momento do pagamento;

IV – no serviço de administração e intermediação de bem imóvel, no momento do pagamento; e

V – no serviço de construção civil, no momento do fornecimento.

§ 1º. Para fins do disposto no inciso I do *caput* deste artigo, considera-se alienação a adjudicação, a celebração, inclusive de quaisquer ajustes posteriores, do contrato de alienação, ainda que mediante instrumento de promessa, carta de reserva com princípio de pagamento ou qualquer outro documento representativo de compromisso, ou quando implementada a condição suspensiva a que estiver sujeita a alienação.

§ 2º. Nas hipóteses de que tratam os incisos III e IV do *caput* deste artigo, o IBS e a CBS incidentes na operação serão devidos em cada pagamento.

Seção III
DA BASE DE CÁLCULO

Subseção I
Disposições Gerais

Art. 255. A base de cálculo do IBS e da CBS é o valor:

I – da operação de alienação do bem imóvel;

II – da locação, cessão onerosa ou arrendamento do bem imóvel;

III – da cessão ou do ato oneroso translativo ou constitutivo de direitos reais sobre bens imóveis;

IV – da operação de administração ou intermediação;

V – da operação nos serviços de construção civil.

§ 1º. O valor da operação de que trata o *caput* deste artigo inclui:

I – o valor dos juros e das variações monetárias, em função da taxa de câmbio ou de índice ou coeficiente aplicáveis por disposição legal ou contratual;

II – a atualização monetária, nas vendas contratadas com cláusula de atualização monetária do saldo credor do preço, que venham a integrar os valores efetivamente recebidos pela alienação de bem imóvel;

III – os valores a que se referem os incisos I a III e VI do § 1º do art. 12 desta Lei Complementar.

§ 2º Não serão computados no valor da locação, cessão onerosa ou arrendamento de bem imóvel:

I – o valor dos tributos e dos emolumentos incidentes sobre o bem imóvel; e

II – as despesas de condomínio.

§ 3º. Nos serviços de intermediação de bem imóvel, caso o ato ou negócio relativo a bem imóvel se conclua com a intermediação de mais de um corretor, pessoa física ou jurídica, será considerada como base de cálculo para incidência do IBS e da CBS a parte da remuneração ajustada com cada corretor pela intermediação, excluídos:

I – os valores pagos diretamente pelos contratantes da intermediação; e

II – os repassados entre os corretores de imóveis.

§ 4º. Na hipótese de que trata o § 3º deste artigo, cada corretor é responsável pelo IBS e pela CBS incidente sobre a respectiva parte da remuneração.

§ 5º. No caso de prestação de serviço de construção civil a não contribuinte do regime regular do IBS e da CBS em que haja fornecimento de materiais de construção, o prestador do serviço só poderá apropriar o crédito de IBS e CBS relativo à aquisição dos materiais de construção até o valor do débito relativo à prestação do serviço de construção civil.

§ 6º. O disposto no § 5º deste artigo não se aplica na prestação de serviço de construção civil para a administração pública direta, autarquias e fundações públicas.

Art. 256. As administrações tributárias poderão apurar o valor de referência do imóvel, na forma do regulamento, por meio de metodologia específica para estimar o valor de mercado dos bens imóveis, que levará em consideração:

I – análise de preços praticados no mercado imobiliário;

II – informações enviadas pelas administrações tributárias dos Municípios, do Distrito Federal, dos Estados e da União;

III – informações prestadas pelos serviços registrais e notariais; e

IV – localização, tipologia, destinação e data, padrão e área de construção, entre outras características do bem imóvel.

§ 1º. O valor de referência poderá ser utilizado como meio de prova nos casos de arbitramento do valor da operação nos termos do art. 13, em conjunto com as demais características da operação.

§ 2º. O valor de referência dos bens imóveis deverá ser:

I – divulgado e disponibilizado no Sistema Nacional de Gestão de Informações Territoriais (Sinter);

II – estimado para todos os bens imóveis que integram o CIB a que se refere o inciso III do § 1º do art. 59 desta Lei Complementar; e

III – atualizado anualmente.

§ 3º. O valor de referência poderá ser impugnado por meio de procedimento específico, nos termos do regulamento.

§ 4º. Para fins de determinação do valor de referência, os serviços registrais e notariais deverão compartilhar as informações das operações com bens imóveis com as administrações tributárias por meio do Sinter.

Subseção II
Do Redutor de Ajuste

Art. 257. A partir de 1º de janeiro de 2027, será vinculado a cada imóvel de propriedade de contribuinte sujeito ao regime regular do IBS e da CBS valor correspondente ao respectivo redutor de ajuste, nos termos do regulamento.

§ 1º. O redutor de ajuste de que trata este artigo será utilizado exclusivamente para reduzir a base de cálculo das operações de alienação do bem imóvel realizadas por contribuinte do regime regular do IBS e da CBS.

§ 2º. O valor do redutor de ajuste é composto:

I – por seu valor inicial, nos termos do *caput* do art. 258; e

II – pelos valores dispostos no § 6º do art. 258.

§ 3º. Os valores de que tratam os incisos I e II do § 2º deste artigo serão corrigidos pelo IPCA ou por outro índice que vier a substituí-lo da data de sua constituição até a data em que são devidos o IBS e a CBS incidentes na alienação do bem imóvel.

§ 4º. Na alienação do bem imóvel, o redutor de ajuste:

I – será mantido com o mesmo valor e o mesmo critério de correção, no caso de o imóvel ser adquirido por contribuinte sujeito ao regime regular do IBS e da CBS;

II – será extinto nos demais casos.

§ 5º. Na fusão, remembramento ou unificação de bens imóveis, o valor do redutor de ajuste do imóvel resultante da fusão, remembramento ou unificação corresponderá à soma do valor do redutor de ajuste dos imóveis fundidos ou unificados.

§ 6º. Na divisão de bens imóveis, inclusive mediante subdivisão, desmembramento e parcelamento, o valor do redutor de ajuste dos imóveis resultantes da divisão deverá ser igual ao valor do redutor de ajuste do imóvel dividido, observados os seguintes critérios:

I – o valor do redutor de ajuste será alocado a cada imóvel resultante da divisão na proporção de seu valor de mercado; ou

II – caso não seja possível a identificação do valor de mercado de cada imóvel resultante da divisão, ou em outras hipóteses previstas em regulamento, o valor do redutor de ajuste será alocado a cada imóvel resultante da divisão na proporção de sua área.

§ 7º. Na atividade de loteamento realizada por meio de contrato de parceria, o redutor de ajuste será aplicado proporcionalmente à operação de cada parceiro, tomando-se por base os percentuais definidos no contrato de parceria.

§ 8º. A ausência de regulamentação da forma de utilização do redutor de ajuste de que trata este artigo não impede sua utilização nos termos desta Lei Complementar.

Art. 258. O valor inicial do redutor de ajuste corresponde:

I – no caso de bens imóveis de propriedade do contribuinte em 31 de dezembro de 2026:

a) ao valor de aquisição do imóvel atualizado nos termos do § 4º deste artigo; ou

b) por opção do contribuinte, ao valor de referência de que trata o art. 256 desta Lei Complementar;

II – no caso de bens imóveis em construção em 31 de dezembro de 2026, à soma:

a) do valor de aquisição do terreno, constante dos instrumentos mencionados na forma do § 1º do art. 254, atualizado nos termos do § 4º deste artigo; e

b) do valor dos bens e serviços que possam ser contabilizados como custo de produção do bem imóvel ou como despesa direta relacionada à produção ou comercialização do bem imóvel adquiridos anteriormente a 1º de janeiro de 2027, comprovado com base em documentos fiscais idôneos, atualizado nos termos do § 4º deste artigo;

III – no caso de bens imóveis adquiridos a partir de 1º de janeiro de 2027, ao valor de aquisição do bem imóvel.

§ 1º. A data de constituição do redutor de ajuste é:

I – no caso dos incisos I e II do *caput* deste artigo, 31 de dezembro de 2026;

II – no caso do inciso III do *caput* deste artigo, a data da operação.

§ 2º. Caso o valor de referência do imóvel não esteja disponível em 31 de dezembro de 2026, o contribuinte que não optar pela fixação do redutor de ajuste na forma do inciso I do *caput* deste artigo, poderá calculá-lo com base em estimativa de valor de mercado do bem imóvel realizada por meio de procedimento específico, nos termos do regulamento.

§ 3º. Caso o valor de aquisição de que tratam os incisos I, alínea "a", II, alínea "a", e III do *caput* deste artigo seja baseado em declarações ou documentos que não estejam condizentes com o valor de mercado ou que não mereçam fé, poderá a autoridade fiscal instaurar processo administrativo, observado o contraditório e a ampla defesa, para determinar o efetivo valor de aquisição, nos termos do regulamento.

§ 4º. Os valores a que se referem os incisos I, alínea "a", e II, alíneas "a" e "b", do *caput* deste artigo serão atualizados até 31 de dezembro de 2026 pelo IPCA ou por outro índice que vier a substituí-lo.

§ 5º. Na hipótese do inciso III do *caput*, o valor do redutor de ajuste fica limitado ao valor de aquisição do bem imóvel pelo alienante, corrigido pelo IPCA ou por outro índice que vier a substituí-lo, caso:

I – alienação ocorra em prazo inferior a 3 (três) anos, contados da data de aquisição do imóvel;

II – o imóvel tenha sido adquirido de contribuinte do regime regular do IBS e da CBS; e

III – não seja comprovado o recolhimento, pelo alienante:

a) do Imposto de Renda sobre ganho de capital em relação à operação; e

b) do Imposto sobre Transmissão de Bens Imóveis, em relação à aquisição pelo alienante.

§ 6º. Integram o redutor de ajuste relativo ao bem imóvel, na data do efetivo pagamento:

I – o valor do Imposto sobre a Transmissão de Bens Imóveis (ITBI) e do laudêmio incidentes na aquisição do imóvel ao qual se refere o redutor de ajuste; e

II – as contrapartidas de ordem urbanística e ambientais pagas ou entregues aos entes públicos em decorrência de legislação federal, estadual ou municipal, inclusive, mas não limitadas, aos valores despendidos a título de outorga onerosa do direito de construir, de outorga onerosa por alteração de uso, e de quaisquer outras contrapartidas devidas a órgãos públicos para a execução do empreendimento imobiliário, desde que não tenham sido incluídas no valor inicial do redutor de ajuste de que trata o *caput*.

§ 7º. Incluem-se no conceito de contrapartidas municipais:

I – o valor correspondente ao percentual destinado a doação de áreas públicas nos termos do art. 22 da Lei nº 6.766, de 19 de dezembro de 1979,• constante do registro do loteamento e de sua matrícula imobiliária, aplicado sobre o valor das operações, desde que o respectivo valor já não tenha sido considerado no redutor de ajuste; e

♦ Lei nº 6.766/1979
(Parcelamento do solo urbano).

II – as contrapartidas estabelecidas no ato de aprovação do empreendimento registradas no cartório de registro de imóveis, nos termos do inciso V do *caput* do art. 18 da Lei nº 6.766, de 19 de dezembro de 1979.

§ 8º. Fica vedada a apropriação de créditos em relação ao IBS e à CBS incidentes sobre os bens e serviços adquiridos para a realização das contrapartidas a que se refere o inciso II do § 6º deste artigo que integrem o redutor de ajuste, nos termos do referido parágrafo.

§ 9º. A data de constituição dos valores incluídos ao redutor de ajuste nos termos do § 6º deste artigo é a data do pagamento dos tributos e das contrapartidas ou da transferência ao poder público dos bens cedidos em contrapartida.

Subseção III
Do Redutor Social

Art. 259. Na alienação de bem imóvel residencial novo ou de lote residencial realizada por contribuinte sujeito ao regime regular do IBS e da CBS, poderá ser deduzido da base de cálculo do IBS e da CBS redutor social no valor de R$ 100.000,00 (cem mil reais) por bem imóvel residencial novo e de R$ 30.000,00 (trinta mil reais) por lote residencial, até o limite do valor da base de cálculo, após a dedução do redutor de ajuste.

§ 1º. Considera-se:

I – bem imóvel residencial a unidade construída em zona urbana ou rural para fins residenciais, segundo as normas disciplinadoras das edificações da localidade em que se situe e seja ocupada por pessoa como local de residência;

II – lote residencial a unidade imobiliária resultante de parcelamento do solo urbano nos termos da Lei nº 6.766, de 19 de dezembro de 1979, ou objeto de condomínio de lotes, nos termos do art. 1.358-A da Lei nº 10.406, de 10 de janeiro de 2002 (Código Civil); e

III – bem imóvel novo aquele que não tenha sido ocupado ou utilizado, nos termos do regulamento.

§ 2º. Para cada bem imóvel, o redutor social de que trata este artigo poderá ser utilizado uma única vez.

§ 3º. O valor do redutor social previsto no *caput* deste artigo será atualizado mensalmente a partir da publicação desta Lei Complementar pelo IPCA ou por outro índice que vier a substituí-lo.

§ 4º. Quando a atividade de loteamento for realizada por meio de contrato de parceria, o redutor social será aplicado proporcionalmente à operação de cada parceiro, tomando-se por base os percentuais definidos no contrato de parceria.

Art. 260. Na operação de locação, cessão onerosa ou arrendamento de bem imóvel para uso residencial realizada por contribuinte sujeito ao regime regular do IBS e da CBS, poderá ser deduzido da base de cálculo do IBS e da CBS redutor social no valor de R$ 600,00 (seiscentos reais) por bem imóvel, até o limite do valor da base de cálculo.

Parágrafo único. O valor do redutor social previsto no *caput* deste artigo será atualizado mensalmente a partir da data de publicação desta Lei Complementar pelo IPCA ou por outro índice que vier a substituí-lo.

Seção IV
DA ALÍQUOTA

Art. 261. As alíquotas do IBS e da CBS relativas às operações de que trata este Capítulo ficam reduzidas em 50% (cinquenta por cento).

Parágrafo único. As alíquotas do IBS e da CBS relativas às operações de locação, cessão onerosa e arrendamento de bens imóveis ficam reduzidas em 70% (setenta por cento).

Seção V
DA INCORPORAÇÃO IMOBILIÁRIA E DO PARCELAMENTO DE SOLO

Art. 262. Na incorporação imobiliária e no parcelamento de solo, o IBS e a CBS incidentes na alienação das unidades imobiliárias serão devidos em cada pagamento.

§ 1º. Considera-se unidade imobiliária:

I – o terreno adquirido para venda, com ou sem construção;

II – cada lote oriundo de desmembramento de terreno;

III – cada terreno decorrente de loteamento;

IV – cada unidade distinta resultante de incorporação imobiliária; e

V – o prédio construído para venda como unidade isolada ou autônoma.

§ 2º. Dos valores de IBS e de CBS devidos em cada período de apuração, o alienante poderá compensar os créditos apropriados relativos ao IBS e à CBS pagos sobre a aquisição de bens e serviços.

§ 3º. Eventual saldo credor poderá ser objeto:

I – de pedido de ressarcimento, desde que o ressarcimento seja realizado diretamente em conta-corrente vinculada ao patrimônio de afetação, na forma dos arts. 31-A a 31-E da Lei nº 4.591, de 16 de dezembro de 1964,♦ e dos arts. 18-A a 18-E da Lei nº 6.766, de 19 de dezembro de 1979,♦♦ até a conclusão, respectivamente, da incorporação ou do parcelamento do solo; ou

♦ Lei nº 4.591/1964
(Condomínio e Incorporações Imobiliárias).

♦♦ Lei nº 6.766/1979
(Parcelamento do solo urbano).

II – de pedido de ressarcimento ou compensação com os valores do IBS e da CBS relativos a outras operações tributadas do contribuinte, após a conclusão da incorporação ou do parcelamento do solo.

§ 4º. Na alienação de imóveis de que trata este artigo, o redutor de ajuste de que trata o art. 258 e, quando cabível, o redutor social de que trata o art. 259 desta Lei Complementar deverão ser deduzidos da base de cálculo relativa a cada parcela, de forma proporcional ao valor total do bem imóvel.

§ 5º. No caso de lotes residenciais e imóveis residenciais novos cujo pagamento tenha sido iniciado antes de 1º de janeiro de 2027, a aplicação dos redutores de que trata o § 4º deste artigo dar-se-a proporcionalmente ao valor total do imóvel, inclusive de parcelas pagas anteriormente à referida data.

Seção VI
DA SUJEIÇÃO PASSIVA

Art. 263. São contribuintes das operações de que trata este Capítulo:

I – o alienante de bem imóvel, na alienação de bem imóvel ou de direito a ele relativo;

II – aquele que cede, institui ou transmite direitos reais sobre bens imóveis, na cessão ou no ato oneroso instituidor ou translativo de direitos reais sobre bens imóveis, exceto os de garantia;

III – o locador, o cedente ou o arrendador, na locação, cessão onerosa ou arrendamento de bem imóvel;

IV – o adquirente, no caso de adjudicação, remição e arrematação em leilão judicial de bem imóvel;

V – o prestador de serviços de construção;

VI – o prestador de serviços de administração e intermediação de bem imóvel.

§ 1º. No caso do inciso IV do *caput* deste artigo, a operação:

I – será tributada como alienação realizada por contribuinte do regime regular do IBS e da CBS, se houver redutor de ajuste vinculado ao imóvel, aplicando-se o disposto no art. 257, § 1º; ou

II – será tratada como alienação realizada por não contribuinte do regime regular do IBS e da CBS, se não houver redutor de ajuste vinculado ao imóvel.

§ 2º. No caso de copropriedade de bem imóvel objeto de condomínio *pro indiviso*, poderão os coproprietários, nos termos do regulamento, optar pelo recolhimento unificado do IBS e da CBS em CNPJ único.

§ 3º. No caso de copropriedade, o IBS e a CBS incidirão proporcionalmente sobre a parte do imóvel relativa ao coproprietário que se enquadrar na condição de contribuinte, nos termos do *caput* e do § 1º do art. 251 desta Lei Complementar.

Art. 264. Nas sociedades em conta de participação, o sócio ostensivo fica obrigado a efetuar o recolhimento do IBS e da CBS incidentes sobre as operações com bens imóveis, vedada a exclusão de valores devidos a sócios participantes.

Seção VII
DISPOSIÇÕES FINAIS

Art. 265. Os bens imóveis urbanos e rurais de que trata esta Seção deverão ser inscritos no CIB, integrante do Sinter, de que trata o inciso III do § 1º do art. 59 desta Lei Complementar.

§ 1º. O CIB é o inventário dos bens imóveis urbanos e rurais constituído com dados enviados pelos cadastros de origem, que deverão atender aos critérios de atribuição do código de inscrição no CIB.

§ 2º. O CIB deverá constar obrigatoriamente de todos os documentos relativos à obra de construção civil expedidos pelo Município.

Art. 266. Ficam estabelecidos os seguintes prazos de inscrição de todos os bens imóveis no CIB:

I – 12 (doze) meses para que:

a) os órgãos da administração federal direta e indireta realizem a adequação dos sistemas para adoção do CIB como código de identificação cadastral dos bens imóveis urbanos e rurais;

b) os serviços notariais e registrais realizem a adequação dos sistemas para adoção do CIB como código de identificação cadastral dos bens imóveis;

c) as capitais dos Estados e o Distrito Federal incluam o código CIB em seus sistemas;

II – 24 (vinte e quatro) meses para que:

a) os órgãos da administração estadual direta e indireta realizem a adequação dos sistemas para adoção do CIB como código de identificação cadastral dos bens imóveis urbanos e rurais;

b) os demais Municípios incluam o código CIB em seus sistemas.

Art. 267. Será emitida certidão negativa de débitos para os bens imóveis urbanos e rurais, nos termos do regulamento.

Art. 268. O Comitê Gestor do IBS e a RFB poderão estabelecer, mediante ato conjunto, obrigações acessórias no interesse da fiscalização e da administração tributária, para terceiros relacionados às operações de que trata este Capítulo, inclusive tabeliães, registradores de imóveis e juntas comerciais.

Art. 269. A obra de construção civil receberá identificação cadastral no cadastro a que se refere o art. 265 desta Lei Complementar.

Art. 270. A apuração do IBS e da CBS será feita para cada empreendimento de construção civil, vinculada a um CNPJ ou CPF específico, inclusive incorporação e parcelamento do solo, considerada cada obra de construção civil, incorporação ou parcelamento do solo como um centro de custo distinto.

Parágrafo único. No caso de apuração do IBS e da CBS nos termos do *caput* deste artigo, o documento fiscal deverá indicar o número do cadastro da obra nas aquisições de bens e serviços utilizados na obra de construção civil a que se destinam.

CAPÍTULO VI
DAS SOCIEDADES COOPERATIVAS

- V. Lei Complementar nº 196/2022 (Sistema Nacional de Crédito Cooperativo).

Art. 271. As sociedades cooperativas poderão optar por regime específico do IBS e da CBS no qual ficam reduzidas a zero as alíquotas do IBS e da CBS incidentes na operação em que:

I – o associado fornece bem ou serviço à cooperativa de que participa; e

II – a cooperativa fornece bem ou serviço a associado sujeito ao regime regular do IBS e da CBS.

§ 1º. O disposto no *caput* deste artigo aplica-se também:

I – às operações realizadas entre cooperativas singulares, centrais, federações, confederações e às originárias dos seus respectivos bancos cooperativos de que as cooperativas participam; e

II – à operação de fornecimento de bem material pela cooperativa de produção agropecuária a associado não sujeito ao regime regular do IBS e da CBS, desde que anulados os créditos por ela apropriados referentes ao bem fornecido.

§ 2º. O disposto no inciso II do *caput* deste artigo aplica-se também ao fornecimento, pelas cooperativas, de serviços financeiros a seus associados, inclusive cobrados mediante tarifas e comissões.

§ 3º. A opção de que trata o *caput* deste artigo será exercida pela cooperativa no ano-calendário anterior ao de início de produção de efeitos ou no início de suas operações, nos termos do regulamento.

§ 4º. O disposto no inciso II do § 1º não se aplica às operações com insumos agropecuários e aquícolas contempladas pelo diferimento estabelecido pelo § 3º do art. 138.

Art. 272. O associado sujeito ao regime regular do IBS e da CBS, inclusive as cooperativas singulares, que realizar operações com a redução de alíquota de que trata o inciso I do *caput* do art. 271 poderá transferir os créditos das operações antecedentes às operações em que fornece bens e serviços e os créditos presumidos à cooperativa de que participa, não se aplicando o disposto no art. 55 desta Lei Complementar.

Parágrafo único. A transferência de créditos de que trata o *caput* deste artigo alcança apenas os bens e serviços utilizados para produção do bem ou prestação do serviço fornecidos pelo associado à cooperativa de que participa, nos termos do regulamento.

CAPÍTULO VII
DOS BARES, RESTAURANTES, HOTELARIA, PARQUES DE DIVERSÃO E PARQUES TEMÁTICOS, TRANSPORTE COLETIVO DE PASSAGEIROS E AGÊNCIAS DE TURISMO

Seção I
DOS BARES E RESTAURANTES

Art. 273. As operações de fornecimento de alimentação por bares e restaurantes, inclusive lanchonetes, ficam sujeitas a regime específico de incidência do IBS e da CBS, de acordo com o disposto nesta Seção.

§ 1º. O regime específico de que trata esta Seção aplica-se também ao fornecimento de bebidas não alcoólicas preparadas no estabelecimento.

§ 2º. Não está sujeito ao regime específico de que trata esta Seção o fornecimento de:

I – alimentação para pessoa jurídica, sob contrato, classificada nas posições 1.0301.31.00, 1.0301.32.00 e 1.0301.39.00 da NBS ou por empresa classificada na posição 5620-1/01 da Classificação Nacional de Atividades Econômicas (CNAE);

II – produtos alimentícios e bebidas não alcoólicas adquiridos de terceiros, não submetidos a preparo no estabelecimento; e

III – bebidas alcoólicas, ainda que preparadas no estabelecimento.

Art. 274. A base de cálculo do IBS e da CBS é o valor da operação de fornecimento de alimentação e das bebidas de que trata o § 1º do art. 273 desta Lei Complementar.

Parágrafo único. Ficam excluídos da base de cálculo:

I – a gorjeta incidente no fornecimento de alimentação, desde que:

a) seja repassada integralmente ao empregado, sem prejuízo dos valores da gorjeta que forem retidos pelo empregador em virtude de determinação legal; e

b) seu valor não exceda a 15% (quinze por cento) do valor total do fornecimento de alimento e bebidas;

II – os valores não repassados aos bares e restaurantes pelo serviço de entrega e intermediação de pedidos de alimentação e bebidas por plataforma digital.

Art. 275. As alíquotas do IBS e da CBS relativas às operações de que trata este Capítulo ficam reduzidas em 40% (quarenta por cento).

Art. 276. Fica vedada a apropriação de créditos do IBS e da CBS pelos adquirentes de alimentação e bebidas fornecidas pelos bares e restaurantes, inclusive lanchonetes.

Seção II
DA HOTELARIA, PARQUES DE DIVERSÃO E PARQUES TEMÁTICOS

Art. 277. Os serviços de hotelaria, parques de diversão e parques temáticos ficam sujeitos a regime específico de incidência do IBS e da CBS, de acordo com o disposto nesta Seção.

Art. 278. Para efeitos do disposto nesta Lei Complementar, considera-se serviço de hotelaria o fornecimento de alojamento temporário, bem como de outros serviços incluídos no valor cobrado pela hospedagem, em:

I – unidades de uso exclusivo dos hóspedes, por estabelecimento destinado a essa finalidade; ou

II – imóvel residencial mobiliado, ainda que de uso não exclusivo dos hóspedes.

Parágrafo único. Não descaracteriza o fornecimento de serviços de hotelaria a divisão do empreendimento em unidades hoteleiras, assim entendida a atribuição de natureza jurídica autônoma às unidades habitacionais que o compõem, sob titularidade de diversas pessoas, desde que sua destinação funcional seja exclusivamente a de hospedagem.

Art. 279. Para efeitos do disposto nesta Lei Complementar, consideram-se:

I – parque de diversão: o estabelecimento ou empreendimento permanente ou itinerante, cuja atividade essencial é a disponibilização de atrações destinadas a entreter pessoas e fruídas presencialmente no local da disponibilização; e

II – parque temático: o parque de diversão com inspiração em tema histórico, cultural, etnográfico, lúdico ou ambiental.

Art. 280. A base de cálculo do IBS e da CBS é o valor da operação com serviços de hotelaria, parques de diversão e parques temáticos.

Art. 281. As alíquotas do IBS e da CBS relativas às operações de que trata este Capítulo ficam reduzidas em 40% (quarenta por cento).

Art. 282. Ficam permitidas a apropriação e a utilização de créditos de IBS e de CBS nas aquisições de bens e serviços pelos fornecedores de serviços de hotelaria, parques de diversão e parques temáticos, observado o disposto nos arts. 47 a 56 desta Lei Complementar.

Art. 283. Fica vedada a apropriação de créditos de IBS e de CBS pelo adquirente dos serviços de hotelaria, parques de diversão e parques temáticos.

Seção III
DO TRANSPORTE COLETIVO DE PASSAGEIROS RODOVIÁRIO INTERMUNICIPAL E INTERESTADUAL, FERROVIÁRIO, HIDROVIÁRIO E AÉREO REGIONAL E DO TRANSPORTE DE CARGA AÉREO REGIONAL

Art. 284. Ficam sujeitos a regime específico de incidência do IBS e da CBS, de acordo com o disposto nesta Seção, os seguintes serviços de transporte coletivo de passageiros:

I – rodoviário intermunicipal e interestadual;

II – ferroviário e hidroviário intermunicipal e interestadual;

III – ferroviário e hidroviário de caráter urbano, semiurbano e metropolitano; e

IV – aéreo regional.

§ 1º. Para fins desta Lei Complementar, consideram-se:

I – transporte coletivo de passageiros o serviço de deslocamento de pessoas acessível a toda a população mediante cobrança individualizada;

II – transporte intermunicipal de passageiros o serviço de deslocamento de pessoas entre Municípios circunscritos a um mesmo Estado ou ao Distrito Federal;

III – transporte interestadual de passageiros o serviço de deslocamento de pessoas entre Municípios de Estados distintos ou de Estado e do Distrito Federal;

IV – transporte rodoviário de passageiros aquele definido conforme o disposto no inciso II do parágrafo único do art. 157 desta Lei Complementar;

V – transporte ferroviário de passageiros o serviço de deslocamento de pessoas executado por meio de locomoção de trens ou comboios sobre trilhos;

VI – transporte hidroviário de passageiros o serviço de deslocamento de pessoas executado por meio de rotas para o tráfego aquático;

VII – transporte de caráter urbano, semiurbano e metropolitano o definido conforme o disposto nos incisos IV a VI do parágrafo único do art. 157 desta Lei Complementar, com itinerários e preços fixados pelo poder público; e

VIII – transporte aéreo regional a aviação doméstica com voos com origem ou destino na Amazônia Legal ou em capitais regionais, centros sub-regionais, centros de zona ou centros locais, assim definidos pelo IBGE, e na forma regulamentada pelo Ministério de Portos e Aeroportos.

§ 2º. Ficam permitidas a apropriação e a utilização de créditos de IBS e de CBS para os adquirentes dos serviços de transporte, obedecido o disposto nos arts. 47 a 56 desta Lei Complementar.

§ 3º. As rotas previstas no inciso VIII do § 1º serão definidas por ato conjunto do Comitê Geral do IBS e do Ministro de Estado da Fazenda, com base em classificação da Agência Nacional de Aviação Civil (ANAC), vedada a exclusão de rotas em prazo inferior a 2 (dois) anos de sua inclusão.

§ 4º. O regime específico de que tratam os incisos I a III do *caput* aplica-se apenas ao transporte público coletivo de passageiros, assim entendido como aquele sob regime de autorização, permissão ou concessão pública.

Art. 285. Em relação aos serviços de transporte público coletivo de passageiros ferroviário e hidroviário de caráter urbano, semiurbano e metropolitano:

I – ficam reduzidas em 100% (cem por cento) as alíquotas do IBS e da CBS incidentes sobre o fornecimento desses serviços;

II – fica vedada a apropriação de créditos de IBS e de CBS nas aquisições pelo fornecedor do serviço de transporte; e

III – fica vedada a apropriação de créditos de IBS e de CBS pelo adquirente dos serviços de transporte.

Art. 286. Em relação aos serviços de transporte coletivo de passageiros rodoviário, ferroviário e hidroviário intermunicipais e interestaduais, as alíquotas do IBS e da CBS do regime específico de que trata essa Seção ficam reduzidas em 40% (quarenta por cento).

Parágrafo único. Ficam permitidas a apropriação e a utilização de créditos de IBS e de CBS nas aquisições de bens e serviços pelos fornecedores dos serviços de transporte de que trata este artigo sujeitos ao regime regular do IBS e da CBS, observado o disposto nos arts. 47 a 56 desta Lei Complementar.

Art. 287. Ficam reduzidas em 40% (quarenta por cento) as alíquotas do IBS e da CBS incidentes sobre o fornecimento do serviço de transporte aéreo regional coletivo de passageiros ou de carga.

Seção IV
DAS AGÊNCIAS DE TURISMO

Art. 288. Os serviços de agências de turismo ficam sujeitos a regime específico de incidência do IBS e da CBS, de acordo com o disposto nesta Seção.

Art. 289. Na intermediação de serviços turísticos realizada por agências de turismo:

I – a base de cálculo do IBS e da CBS é o valor da operação, deduzidos os valores repassados para os fornecedores intermediados pela agência com base no documento que subsidia a operação de agenciamento; e

II – a alíquota é a mesma aplicável aos serviços de hotelaria, parques de diversão e parques temáticos.

§ 1º. O valor da operação de que trata o inciso I do *caput* deste artigo compreende o valor total cobrado do usuário do serviço da agência, nele incluídos todos os bens e serviços prestados e usufruídos com a intermediação da agência, somados a sua margem de agregação e outros acréscimos cobrados do usuário.

§ 2º. Integram também a base de cálculo e sujeitam-se ao disposto neste artigo os demais valores, comissões e incentivos pagos por terceiros, em virtude da atuação da agência.

Art. 290. Fica permitida a apropriação, pelo adquirente, dos créditos de IBS e de CBS relativos ao serviço de intermediação prestado pela agência de turismo, observado o disposto nos arts. 47 a 56 desta Lei Complementar.

Art. 291. Ficam permitidas a apropriação e a utilização de créditos de IBS e de CBS nas aquisições de bens e serviços pelas agências de turismo, vedado o crédito dos valores que sejam deduzidos da base de cálculo, nos termos do inciso I do *caput* do art. 289 desta Lei Complementar, observado o disposto nos arts. 47 a 56 desta Lei Complementar.

CAPÍTULO VIII
DA SOCIEDADE ANÔNIMA DO FUTEBOL – SAF

Art. 292. As operações com bens e com serviços realizadas por Sociedade Anônima do Futebol – SAF ficam sujeitas a regime específico do IBS e da CBS, de acordo com o disposto neste Capítulo.

Parágrafo único. Considera-se como SAF a companhia cuja atividade principal consista na prática do futebol, feminino e masculino, em competição profissional, sujeita às regras previstas na legislação específica.

Art. 293. A SAF fica sujeita ao Regime de Tributação Específica do Futebol – TEF instituído neste Capítulo.

§ 1º. O TEF consiste no recolhimento mensal dos seguintes impostos e contribuições, a serem apurados seguindo o regime de caixa:

I – Imposto sobre a Renda das Pessoas Jurídicas – IRPJ;

II – Contribuição Social sobre o Lucro Líquido – CSLL;

III – contribuições previstas nos incisos I, II e III do *caput* e no § 6º do art. 22 da Lei nº 8.212, de 24 de julho de 1991•;

♦ Lei nº 8.212/1991 (Seguridade Social).

IV – CBS; e

V – IBS.

§ 2º. O recolhimento na forma deste Capítulo não exclui a incidência dos demais tributos federais, estaduais, distritais ou municipais, devidos na qualidade de contribuinte ou responsável, em relação aos quais será observada a legislação aplicável às demais pessoas jurídicas.

§ 3º. A base de cálculo do pagamento mensal e unificado dos tributos referidos no § 1º deste artigo será a totalidade das receitas recebidas no mês, inclusive aquelas referentes a:

I – prêmios e programas de sócio-torcedor;

II – cessão dos direitos desportivos dos atletas;

III – cessão de direitos de imagem; e

IV – transferência do atleta para outra entidade desportiva ou seu retorno à atividade em outra entidade desportiva.

§ 4º. O valor do pagamento mensal e unificado dos tributos referidos no § 1º deste artigo será calculado mediante aplicação das alíquotas de:

I – 4% (quatro por cento) para os tributos federais unificados de que tratam os incisos I a III do § 1º deste artigo;

II – 1,5% (um inteiro e cinco décimos por cento) para a CBS; e

III – 3% (três por cento) para o IBS, sendo:

a) metade desse percentual correspondente à alíquota estadual; e

b) metade desse percentual correspondente à alíquota municipal.

§ 5º. A SAF somente poderá apropriar e utilizar créditos do IBS e da CBS em relação às operações em que seja adquirente de direitos desportivos de atletas, pela mesma alíquota devida sobre essas operações, observado, no que couber, o disposto nos arts. 47 a 56 desta Lei Complementar.

§ 6º. Fica vedada a apropriação de créditos do IBS e da CBS para os adquirentes de bens e serviços da SAF, com exceção da aquisição de direitos desportivos de atletas, pela mesma alíquota devida sobre essas operações, observado, no que couber, o disposto nos arts. 47 a 56 desta Lei Complementar.

§ 7º. Para fins de repartição de receita tributária, o valor recolhido na forma do pagamento mensal unificado de que trata o § 4º deste artigo será apropriado aos tributos abaixo especificados, mediante aplicação dos seguintes percentuais sobre o valor recolhido:

I – 43,5% (quarenta e três inteiros e cinco décimos por cento) ao IRPJ;

II – 18,6% (dezoito inteiros e seis décimos por cento) à CSLL; e

III – 37,9% (trinta e sete inteiros e nove décimos por cento) às contribuições previstas nos incisos I, II e III do *caput* e no § 6º do art. 22 da Lei nº 8.212, de 24 de julho de 1991,• distribuídos conforme disciplinado por ato do Ministro de Estado da Fazenda.

♦ Lei nº 8.212/1991 (Seguridade Social).

§ 8º. Ato conjunto da RFB e do Comitê Gestor do IBS regulamentará a forma de recolhimento do IBS e da CBS devidos na forma deste Capítulo.

Art. 294. De 1º de janeiro de 2027 a 31 de dezembro de 2032, as alíquotas dos tributos que compõem o TEF serão:

I – quanto aos tributos federais de que tratam os incisos I a III do § 1º do art. 293 a alíquota definida no inciso I do § 4º do art. 293 desta Lei Complementar;

II – quanto à CBS, a alíquota definida no inciso II do § 4º do art. 293 desta Lei Complementar, a qual será reduzida em

0,1% (um décimo por cento) para os anos-calendário de 2027 e 2028; e

III – quanto ao IBS:

a) 0,1% (um décimo por cento) em 2027 e 2028;

b) 0,3% (três décimos por cento) em 2029;

c) 0,6% (seis décimos por cento) em 2030;

d) 0,9% (nove décimos por cento) em 2031;

e) 1,2% (um inteiro e dois décimos por cento) em 2032; e

f) o percentual integral da alíquota, de 2033 em diante.

Parágrafo único. Aplica-se o disposto nas alíneas "a" e "b" do inciso III do § 4º e no § 7º do art. 293 desta Lei Complementar para a repartição da receita tributária dos tributos referidos no *caput* deste artigo durante o período de transição.

Art. 295. A importação de direitos desportivos de atletas fica sujeita à incidência do IBS e da CBS pelas mesmas alíquotas aplicáveis às operações realizadas no País, aplicando-se as regras das importações de bens imateriais, inclusive direitos, e de serviços previstas na Seção II do Capítulo IV do Título I deste Livro.

Art. 296. A cessão de direitos desportivos de atletas a residente ou domiciliado no exterior para a realização de atividades desportivas predominantemente no exterior será considerada exportação para fins da imunidade do IBS e da CBS, excluindo-se os percentuais de que tratam os incisos II e III do § 4º do art. 293 desta Lei Complementar da alíquota aplicável para cálculo do pagamento unificado de que trata o referido artigo.

CAPÍTULO IX
DAS MISSÕES DIPLOMÁTICAS, REPARTIÇÕES CONSULARES E OPERAÇÕES ALCANÇADAS POR TRATADO INTERNACIONAL

Art. 297. As operações com bens e com serviços alcançadas por tratado ou convenção internacional celebrados pela União e referendados pelo Congresso Nacional, nos termos do inciso VIII do art. 84 da Constituição Federal, inclusive referentes a missões diplomáticas, repartições consulares, representações de organismos internacionais e respectivos funcionários acreditados, ficam sujeitas a regime específico de incidência do IBS e da CBS, de acordo com o disposto neste Capítulo.

Art. 298. Os valores de IBS e CBS pagos em operações com bens ou serviços destinados a missões diplomáticas e repartições consulares de caráter permanente e respectivos funcionários acreditados, poderão ser reembolsados, nos termos do regulamento, mediante aprovação pelo Ministério das Relações Exteriores após verificação do regime tributário aplicado às representações diplomáticas brasileiras e respectivos funcionários naquele país.

Art. 299. A aplicação das normas referentes ao IBS e à CBS previstas em tratado ou convenção internacional internalizado, inclusive os referentes a organismos internacionais dos quais o Brasil seja membro e respectivos funcionários acreditados, e os vigentes na data de publicação desta Lei Complementar, será regulamentada por ato conjunto do Ministro de Estado da Fazenda e do Comitê Gestor do IBS, ouvido o Ministério das Relações Exteriores.

CAPÍTULO X
DISPOSIÇÕES COMUNS AOS REGIMES ESPECÍFICOS

Art. 300. O período de apuração do IBS e da CBS nos regimes específicos de serviços financeiros, planos de assistência à saúde e concursos de prognósticos a que se referem os Capítulos II, III e IV deste Título será mensal.

Art. 301. Caso a base de cálculo do IBS e da CBS nos regimes específicos de serviços financeiros, planos de assistência à saúde e concursos de prognósticos de que tratam os Capítulos II, III e IV deste Título no período de apuração seja negativa, o contribuinte poderá deduzir o valor negativo da base de cálculo, sem qualquer atualização, das bases de cálculo positivas dos períodos de apuração posteriores.

Parágrafo único. A dedução de que trata o *caput* poderá ser feita no prazo de até 5 (cinco) anos contados do último dia útil do período de apuração.

Art. 302. Os contribuintes sujeitos aos regimes específicos de serviços financeiros, planos de assistência à saúde, concursos de prognósticos e bens imóveis a que se referem os Capítulos II, III, IV e V deste Título poderão apropriar e utilizar o crédito de IBS e de CBS sobre as suas aquisições de bens e serviços, obedecido o disposto nos arts. 47 a 56, salvo quando houver regra própria em regime específico aplicável ao bem e serviço adquirido.

Parágrafo único. A apuração do IBS e CBS nos regimes específicos de que trata o *caput* não implica estorno, parcial ou integral, dos créditos relativos às aquisições de bens e serviços.

Art. 303. Fica vedada a apropriação de crédito de IBS e CBS sobre os valores que forem deduzidos da base de cálculo do IBS e da CBS nos regimes específicos, assim como a dedução em duplicidade de qualquer valor.

Art. 304. Aplicam-se as normas gerais de incidência do IBS e da CBS de que trata o Título I deste Livro para as operações, importações e exportações com bens e serviços realizadas pelos fornecedores sujeitos a regimes específicos e que não forem objeto de um desses regimes específicos.

Art. 305. As obrigações acessórias a serem cumpridas pelas pessoas jurídicas sujeitas a regimes específicos serão uniformes em todo o território nacional e poderão ser distintas daquelas aplicáveis à operacionalização do IBS e da CBS sobre operações, previstas nas normas gerais de incidência de que trata o Capítulo III do Título I deste Livro, inclusive em relação à sua periodicidade, e serão fixadas pelo regulamento.

§ 1º. As obrigações acessórias de que trata o *caput* deverão conter as informações necessárias para apuração da base de cálculo, creditamento e distribuição do produto da arrecadação do IBS, além das demais informações exigidas em cada regime específico.

§ 2º. Os dados a serem informados nas obrigações acessórias de que trata o *caput* poderão ser agregados por município, nos termos do regulamento.

§ 3º. As informações prestadas pelo sujeito passivo nos termos deste artigo possuem caráter declaratório, constituindo confissão do valor devido de IBS e de CBS consignados na obrigação acessória.

§ 4º. O regulamento preverá hipóteses em que o cumprimento da obrigação acessória de que trata este artigo dispensará a emissão do documento fiscal eletrônico de que trata o art. 60 desta Lei Complementar.

Art. 306. No caso de serviços financeiros e de planos de assistência à saúde adquiridos pela União, Estados, Distrito Federal e Municípios, serão aplicadas as mesmas regras previstas no art. 473 desta Lei Complementar para as demais aquisições de bens e serviços pela administração pública direta, por autarquias e por fundações públicas.

Art. 307. Aplicam-se as normas gerais de incidência do IBS e da CBS, de acordo com o disposto no Título I deste Livro, quanto às regras não previstas expressamente para os regimes específicos neste Título.

TÍTULO VI
DOS REGIMES DIFERENCIADOS DA CBS

CAPÍTULO I
DO PROGRAMA UNIVERSIDADE PARA TODOS – PROUNI

Art. 308. Fica reduzida a zero a alíquota da CBS incidente sobre o fornecimento de serviços de educação de ensino superior por instituição privada de ensino, com ou sem fins lucrativos, durante o período de adesão e vinculação ao Programa Universidade para Todos – Prouni, instituído pela Lei nº 11.096, de 13 de janeiro de 2005•.

♦ Lei nº 11.096/2005 (Prouni).

§ 1º. A redução de alíquotas de que trata o *caput* será aplicada:

I – sobre a receita decorrente da realização de atividades de ensino superior, proveniente de cursos de graduação ou cursos sequenciais de formação específica; e

II – na proporção da ocupação efetiva das bolsas devidas no âmbito do Prouni, nos termos definidos em ato do Poder Executivo da União.

§ 2º Caso a instituição seja desvinculada do Prouni, a CBS será exigida a partir do termo inicial estabelecido para a exigência dos demais tributos federais contemplados pelo Prouni.

CAPÍTULO II
DO REGIME AUTOMOTIVO

Art. 309. Até 31 de dezembro de 2032, farão jus a crédito presumido da CBS, nos termos desta Lei Complementar, os projetos habilitados à fruição dos benefícios estabelecidos pelo art. 11-C da Lei nº 9.440, de 14 de março de 1997,• e pelos arts. 1º a 4º da Lei nº 9.826, de 23 de agosto de 1999••.

♦ Lei nº 9.440/1997 (Incentivos fiscais para desenvolvimento regional).

♦♦ Lei nº 9.826/1999 (Incentivos fiscais para desenvolvimento regional e altera a legislação do IPI).

§ 1º. O crédito presumido de que trata o *caput*:

I – incentivará exclusivamente a produção de veículos equipados com motor elétrico que tenha capacidade de tracionar o veículo somente com energia elétrica, permitida a associação com motor de combustão interna que utilize biocombustíveis isolada ou simultaneamente com combustíveis derivados de petróleo; e

II – será concedido exclusivamente a:

a) projetos aprovados até 31 de dezembro de 2024, de pessoas jurídicas que, em 20 de dezembro de 2023, estavam habilitadas à fruição dos benefícios estabelecidos pelo art. 11-C da Lei nº 9.440, de 14 de março de 1997, e pelos arts. 1º a 4º da Lei nº 9.826, de 23 de agosto de 1999; e

b) novos projetos, aprovados até 31 de dezembro de 2025, que ampliem ou reiniciem a produção em planta industrial utilizada em projetos ativos ou inativos habilitados à fruição dos benefícios de que trata a alínea "a" deste inciso.

§ 2º. O benefício de que trata este artigo será estendido a projetos de pessoas jurídicas de que trata a alínea "a" do inciso II do § 1º relacionados à produção de veículos tracionados por motor de combustão interna que utilizem biocombustíveis isolada ou cumulativamente com combustíveis derivados de petróleo, desde que a pessoa jurídica habilitada:

I – inicie a produção de veículos de que trata o inciso I do § 1º até 1º de janeiro de 2028, no estabelecimento incentivado; e

II – assuma, nos termos do ato concessório do benefício, compromissos relativos:

a) ao volume mínimo de investimentos;

b) ao volume mínimo de produção;

c) ao cumprimento de processo produtivo básico; e

d) à manutenção da produção por prazo mínimo, inclusive após o encerramento do benefício.

§ 3º. O benefício de que trata o *caput* fica condicionado:

I – à realização de investimentos em pesquisa, desenvolvimento e inovação tecnológica na região, inclusive na área de engenharia automotiva, correspondentes a, no mínimo, 10% (dez por cento) do valor do crédito presumido apurado, nos termos regulamentados pelo Ministério do Desenvolvimento, Indústria, Comércio e Serviços – MDIC; e

II – à regularidade fiscal da pessoa jurídica quanto a tributos federais.

§ 4º. Ato do Poder Executivo da União definirá os requisitos e condições das exigências contidas no inciso II do § 2º e no inciso I do § 3º.

§ 5º. O cumprimento dos requisitos e condições de que tratam o inciso II do § 2º e o inciso I do § 3º será comprovado perante o MDIC.

§ 6º. O MDIC encaminhará à RFB, anualmente, os resultados das auditorias relativas ao cumprimento dos requisitos referidos no § 4º.

Art. 310. O crédito presumido de que trata o art. 309 não poderá ser usufruído cumulativamente com quaisquer outros benefícios fiscais federais da CBS destinados à beneficiária desse crédito presumido.

Art. 311. Em relação aos projetos habilitados à fruição dos benefícios estabelecidos pelo art. 11-C da Lei nº 9.440, de 14 de março de 1997,• o crédito presumido de que trata o art. 309 desta Lei Complementar será calculado mediante a aplicação dos seguintes percentuais sobre o valor das vendas no mercado interno, em cada mês, dos produtos constantes nos projetos de que trata o art. 309, fabricados ou montados nos estabelecimentos incentivados:

♦ Lei nº 9.440/1997 (Incentivos fiscais para desenvolvimento regional).

I – 11,60% (onze inteiros e sessenta centésimos por cento) até o 12º (décimo segundo) mês de fruição do benefício;

II – 10% (dez inteiros por cento) do 13º (décimo terceiro) ao 48º (quadragésimo oitavo) mês de fruição do benefício;

III – 8,70% (oito inteiros e setenta centésimos por cento) do 49º (quadragésimo nono) ao 60º (sexagésimo) mês de fruição do benefício.

§ 1º. No cálculo do crédito presumido de que trata o *caput* não serão incluídos os impostos e as contribuições incidentes sobre a operação de venda, e serão excluídos os descontos incondicionais concedidos.

§ 2º. O crédito presumido de que trata o *caput* somente se aplica às vendas no mercado interno efetuadas com a exigência integral da CBS, não incluídas:

I – as vendas isentas, imunes, não alcançadas pela incidência da contribuição, com alíquota zero, com redução de alíquotas ou de base de cálculo, ou com suspensão da contribuição; e

II – as vendas canceladas e as devolvidas.

§ 3º. Os percentuais de que tratam os incisos I a III do *caput* serão reduzidos à razão de 20% (vinte por cento) do percentual inicial ao ano, entre 2029 e 2032, até serem extintos a partir de 2033.

Art. 312. Em relação aos projetos habilitados à fruição dos benefícios estabelecidos pelos arts. 1º a 4º da Lei nº 9.826, de 23 de agosto de 1999,• o crédito presumido de que trata o art. 309 desta Lei Complementar corresponderá ao produto da multiplicação dos seguintes fatores:

♦ Lei nº 9.826/1999 (Incentivos fiscais para desenvolvimento regional e altera a legislação do IPI).

I – valor das vendas no mercado interno, em cada mês, dos produtos constantes nos projetos de que trata o art. 309 desta Lei Complementar, fabricados ou montados nos estabelecimentos incentivados;

II – alíquotas do Imposto sobre Produtos Industrializados – IPI vigentes em 31 de dezembro de 2025, conforme a Tabela de Incidência do Imposto sobre Produtos Industrializados – Tipi, inclusive Notas Complementares, referentes aos produtos classificados nas posições 8702 a 8704;

III – fator de eficiência, que será o resultado do cálculo de 1 (um inteiro) diminuído da alíquota referida no inciso II, para cada posição na Tipi; e

IV – fator multiplicador, que será de:

a) 32,00% (trinta e dois por cento) nos anos de 2027 e 2028;

b) 25,60% (vinte e cinco inteiros e sessenta centésimos por cento) no ano de 2029;

c) 19,20% (dezenove inteiros e vinte centésimos por cento) no ano de 2030;

d) 12,80% (doze inteiros e oitenta centésimos por cento) no ano de 2031; e

e) 6,40 % (seis inteiros e quarenta centésimos por cento) no ano de 2032.

Parágrafo único. Aplica-se a este artigo o disposto nos §§ 1º e 2º do art. 311 desta Lei Complementar.

Art. 313. Os créditos apurados em decorrência dos benefícios de que trata o art. 309 somente poderão ser utilizados para:

I – compensação com débitos da CBS; e

II – compensação com débitos próprios relativos a tributos administrados pela RFB, observadas as condições e limites vigentes para compensação na data da declaração.

§ 1º. Os créditos de que trata este artigo:

I – não poderão ser transferidos a outro estabelecimento da pessoa jurídica;

II – devem ser utilizados somente para dedução e compensação de débitos próprios do estabelecimento habilitado e localizado na região incentivada; e

III – não podem ser objeto de ressarcimento.

§ 2º. Consideram-se débitos próprios do estabelecimento habilitado e localizado na região incentivada a parcela dos débitos de impostos e contribuições federais da pessoa jurídica na forma de rateio estabelecida em Ato do Poder Executivo da União.

Art. 314. O descumprimento das condições exigidas para fruição do crédito presumido poderá acarretar as seguintes penalidades:

I – cancelamento da habilitação com efeitos retroativos; ou

II – suspensão da habilitação.

Parágrafo único. A suspensão da habilitação de que trata o inciso II do *caput* poderá ser aplicada na hipótese de verificação do não atendimento, pela pessoa jurídica habilitada, da condição de que trata o inciso II do § 3º do art. 309, ficando suspensa utilização do crédito presumido de que trata este Capítulo enquanto não forem sanados os motivos que deram causa à suspensão da habilitação.

Art. 315. O cancelamento da habilitação poderá ser aplicado na hipótese de descumprimento dos requisitos e condições de que tratam o art. 309, ainda que ocorrido após o período de apropriação do crédito presumido.

§ 1º. O cancelamento da habilitação implicará a devolução de parcela do crédito presumido apurado no período e os seus acréscimos legais, a qual corresponderá ao produto da multiplicação dos seguintes fatores:

I – total do crédito presumido apurado no período fixado no ato concessório;

II – 100% (cem por cento) diminuído do produto da multiplicação dos seguintes valores percentuais:

a) F1%: resultado da divisão do somatório de investimentos realizados pelo estabelecimento no período do crédito, pelo volume mínimo de investimentos no período do crédito fixado no ato concessório do benefício, de modo que F1% não poderá ser superior a 100,0% (cem por cento);

b) F2%: resultado da divisão do somatório dos volumes de produção realizados pelo estabelecimento no período do crédito, pelo volume mínimo de produção no período do crédito fixado no ato concessório do benefício, de modo que F2% não poderá ser superior a 100,0% (cem por cento); e

c) F3%: resultado da divisão do prazo de manutenção da produção no estabelecimento, inclusive após o encerramento do benefício, pelo prazo mínimo de produção fixado no ato concessório do benefício, incluído o período após o encerramento do benefício, de modo que F3% não poderá ser superior a 100,0% (cem por cento).

§ 2º. A parcela do crédito presumido a devolver de que trata o § 1º:

I – será apurada pelo MDIC, no encerramento do processo de cancelamento da habilitação, que deverá ser iniciado em até 5 (cinco) anos contados da ciência do descumprimento dos requisitos e condições de que trata o art. 309;

II – sofrerá incidência de juros de mora na mesma forma calculada sobre os tributos federais, nos termos da lei, contados a partir do período de apuração em que ocorrer o fato que deu causa ao cancelamento da habilitação; e

III – deverá ser recolhida até o último dia útil do mês seguinte ao cancelamento da habilitação.

§ 3º. O direito de a administração tributária cobrar a devolução da parcela do crédito presumido de que trata este artigo será de 5 (cinco) anos contados a partir do primeiro dia do mês seguinte àquele em que o recolhimento deveria ter sido efetuado, na forma do inciso III do § 2º.

Art. 316. Ficam prorrogados, até 31 de dezembro de 2026, os benefícios do IPI instituídos pelo art. 11-C da Lei nº 9.440, de 14 de março de 1997,♦ e pelos arts. 1º a 4º da Lei nº 9.826, de 23 de agosto de 1999,♦♦ nos termos previstos nas referidas normas e neste artigo.

♦ Lei nº 9.440/1997 (Incentivos fiscais para desenvolvimento regional).

♦♦ Lei nº 9.826/1999 (Incentivos fiscais para desenvolvimento regional e altera a legislação do IPI).

§ 1º. Permanecem exigíveis, no prazo de que trata o *caput*, as condições e os requisitos para fruição dos benefícios prorrogados com as mesmas regras aplicáveis à pessoa jurídica beneficiária no ano de 2025, tanto em decorrência de lei quanto do ato concessório do benefício.

§ 2º. O crédito presumido estabelecido pelo art. 11-C da Lei nº 9.440, de 14 de março de 1997,♦ será equivalente ao resultado da aplicação das alíquotas previstas no art. 1º da Lei nº 10.485, de 3 de julho de 2002,♦♦ sobre o valor das vendas no mercado interno, em cada mês, dos produtos constantes dos projetos aprovados para fruição do benefício, multiplicado por 0,75 (setenta e cinco centésimos).

♦ Lei nº 9.440/1997 (Incentivos fiscais para o desenvolvimento regional).

♦♦ Lei nº 10.485/2002 (PIS/Pasep e Cofins).

TÍTULO VII
DA ADMINISTRAÇÃO DO IBS E DA CBS

CAPÍTULO I
DO REGULAMENTO DO IBS E DA CBS

Art. 317. Compete:

I – ao Comitê Gestor do IBS editar o regulamento do IBS; e

II – ao Poder Executivo da União editar o regulamento da CBS.

§ 1º. As disposições comuns ao IBS e à CBS, inclusive suas alterações posteriores, serão aprovadas por ato conjunto do Comitê Gestor do IBS e do Poder Executivo da União e constarão, igualmente, do regulamento do IBS e do regulamento da CBS.

§ 2º. Todas as referências feitas ao regulamento neste Livro consideram-se uma remissão:

I – ao regulamento do IBS, no caso do IBS; e

II – ao regulamento da CBS, no caso da CBS.

CAPÍTULO II
DA HARMONIZAÇÃO DO IBS E DA CBS

Art. 318. O Comitê Gestor do IBS, a RFB e a Procuradoria-Geral da Fazenda Nacional atuarão com vistas a harmonizar normas, interpretações, obrigações acessórias e procedimentos relativos ao IBS e à CBS.

Parágrafo único. Para fins do disposto no *caput*, os referidos órgãos poderão celebrar convênios para fins de prestação de assistência mútua e compartilhamento de informações relativas aos respectivos tributos.

Art. 319. A harmonização do IBS e da CBS será garantida pelas instâncias a seguir especificadas:

I – Comitê de Harmonização das Administrações Tributárias composto de:

a) 4 (quatro) representantes da RFB; e

b) 4 (quatro) representantes do Comitê Gestor do IBS, sendo 2 (dois) dos Estados ou do Distrito Federal e 2 (dois) dos Municípios ou do Distrito Federal; e

II – Fórum de Harmonização Jurídica das Procuradorias composto de:

a) 4 (quatro) representantes da Procuradoria-Geral da Fazenda Nacional, indicados pela União; e

b) 4 (quatro) representantes das Procuradorias, indicados pelo Comitê Gestor do IBS, sendo 2 (dois) Procuradores de Estado ou do Distrito Federal e 2 (dois) Procuradores de Município ou do Distrito Federal.

§ 1º. O Comitê previsto no inciso I do *caput* será presidido e coordenado alternadamente por representante da RFB e por representante do Comitê Gestor do IBS, conforme dispuser o seu regimento interno.

§ 2º. O Fórum previsto no inciso II do *caput* será presidido e coordenado alternadamente por representante da PGFN e por representante dos procuradores indicados pelo Comitê Gestor do IBS, conforme dispuser o seu regimento interno.

Art. 320. Os órgãos colegiados de que trata o art. 319:

I – realizarão reuniões periódicas, observado o quórum de participação mínimo de 3/4 (três quartos) dos representantes;

II – decidirão, na forma de seu regimento, por unanimidade dos presentes;

III – terão seus membros designados pelo Ministro de Estado da Fazenda, quanto aos representantes da União, e pelo Presidente do Comitê Gestor do IBS, quanto aos representantes dos Estados, Distrito Federal e Municípios; e

IV – elaborarão os seus regimentos internos mediante resolução.

Art. 321. Compete ao Comitê de Harmonização das Administrações Tributárias:

I – uniformizar a regulamentação e a interpretação da legislação relativa ao IBS e à CBS em relação às matérias comuns;

II – prevenir litígios relativos às normas comuns aplicáveis ao IBS e à CBS; e

III – deliberar sobre obrigações acessórias e procedimentos comuns relativos ao IBS e à CBS.

Parágrafo único. As resoluções aprovadas pelo Comitê de Harmonização das Administrações Tributárias, a partir de sua publicação no Diário Oficial da União, vincularão as administrações tributárias da União, dos Estados, do Distrito Federal e dos Municípios.

Art. 322. Compete ao Fórum de Harmonização Jurídica das Procuradorias:

I – atuar como órgão consultivo do Comitê de Harmonização das Administrações Tributárias nas atividades de uniformização e interpretação das normas comuns relativas ao IBS e à CBS; e

II – analisar relevantes e disseminadas controvérsias jurídicas relativas ao IBS e à CBS suscitadas nos termos do § 1º.

§ 1º. O Fórum de Harmonização Jurídica das Procuradorias examinará as questões relacionadas a relevantes e disseminadas controvérsias jurídicas relativas ao IBS e à CBS suscitadas pelas seguintes autoridades:

I – o Presidente do Comitê Gestor do IBS; e

II – o Ministro de Estado da Fazenda.

§ 2º. As resoluções aprovadas pelo Fórum de Harmonização Jurídica das Procuradorias, a partir de sua publicação no Diário Oficial da União, vincularão a Procuradoria-Geral da Fazenda Nacional e as Procuradorias dos Estados, do Distrito Federal e dos Municípios.

Art. 323. Ato conjunto do Comitê de Harmonização das Administrações Tributárias e do Fórum de Harmonização Jurídica das Procuradorias deverá ser observado, a partir de sua publicação no Diário Oficial da União, nos atos administrativos, normativos e decisórios praticados pelas administrações tributárias da União, dos Estados, do Distrito Federal e dos Municípios e nos atos da Procuradoria-Geral da Fazenda Nacional e das Procuradorias dos Estados, do Distrito Federal e dos Municípios.

Parágrafo único. Compete ao Comitê de Harmonização das Administrações Tributárias e ao Fórum de Harmonização Jurídica das Procuradorias, no âmbito das suas respectivas competências, propor o ato conjunto de que trata o *caput*.

CAPÍTULO III
DA FISCALIZAÇÃO E DO LANÇAMENTO DE OFÍCIO

Seção I
DA COMPETÊNCIA PARA FISCALIZAR

Art. 324. A fiscalização do cumprimento das obrigações tributárias principais e acessórias, bem como a constituição do crédito tributário relativo:

I – à CBS compete à autoridade fiscal integrante da administração tributária da União;

II – ao IBS compete às autoridades fiscais integrantes das administrações tributárias dos Estados, do Distrito Federal e dos Municípios.

Art. 325. A RFB e as administrações tributárias dos Estados, do Distrito Federal e dos Municípios:

I – poderão utilizar em seus respectivos lançamentos as fundamentações e provas decorrentes do processo administrativo de lançamento de ofício efetuado por outro ente federativo;

II – compartilharão, em um mesmo ambiente, os registros do início e do resultado das fiscalizações da CBS e do IBS.

- V. art. 37, XXII, da CF.

§ 1º. O ambiente a que se refere o inciso II do *caput* terá gestão compartilhada entre o Comitê Gestor do IBS e a RFB.

§ 2º. Ato conjunto do Comitê Gestor e da RFB poderá prever outras hipóteses de informações a serem compartilhadas no ambiente a que se refere o inciso II do *caput*.

§ 3º. A utilização das fundamentações e provas a que se refere o inciso I do *caput*, ainda que relativas a processos administrativos encerrados, não dispensa a oportunidade do contraditório e da ampla defesa pelo sujeito passivo.

Art. 326. A RFB e as administrações tributárias dos Estados, do Distrito Federal e dos Municípios poderão celebrar convênio para delegação recíproca da atividade de fiscalização do IBS e da CBS nos processos fiscais de pequeno valor, assim considerados aqueles cujo lançamento não supere limite único estabelecido no regulamento.

Art. 327. O Ministério da Fazenda e o Comitê Gestor do IBS poderão celebrar convênio para delegação recíproca do julgamento do contencioso administrativo relativo ao lançamento de ofício do IBS e da CBS efetuado nos termos do art. 326.

Seção II
DA FISCALIZAÇÃO E DO PROCEDIMENTO FISCAL

Art. 328. O procedimento fiscal tem início com:

- V. art. 138 do CTN.

I – a ciência do sujeito passivo, seu representante ou preposto, do primeiro ato de ofício, praticado por autoridade fiscal integrante das administrações tributárias da União, dos estados, do Distrito Federal e dos municípios, tendente à apuração de obrigação tributária ou infração;

II – a apreensão de bens;

III – apreensão de documentos ou livros, inclusive em meio digital;

IV – o começo do despacho aduaneiro de mercadoria importada.

§ 1º. O início do procedimento fiscal exclui a espontaneidade do sujeito passivo em relação aos atos anteriores e, independentemente de intimação, a dos demais envolvidos nas infrações verificadas.

§ 2º. Para os efeitos do disposto no § 1º, os atos referidos nos incisos I a III do *caput* valerão pelo prazo de 90 (noventa) dias, prorrogável, sucessivamente, por igual período, com qualquer outro ato que formalize o prosseguimento dos trabalhos.

Art. 329. As ações a seguir não excluem a espontaneidade do sujeito passivo:

I – cruzamento de dados, assim considerado o confronto entre as informações existentes na base de dados das administrações tributárias ou do Comitê Gestor do IBS, ou entre elas e outras fornecidas pelo sujeito passivo ou terceiros;

II – monitoramento, assim considerada a avaliação do comportamento fiscal-tributário de sujeito passivo, individualmente ou por setor econômico, mediante controle corrente do cumprimento de obrigações e análise de dados econômico-fiscais, apresentados ou obtidos pelas administrações tributárias ou pelo Comitê Gestor do IBS, inclusive mediante diligências ao estabelecimento.

Seção III
DO LANÇAMENTO DE OFÍCIO

Art. 330. Para a constituição do crédito tributário decorrente de procedimento fiscal, por lançamento de ofício, a autoridade fiscal integrante da administração tributária da União e as autoridades fiscais integrantes das administrações tributárias dos Estados, do Distrito Federal e dos Municípios deverão lavrar auto de infração.

Parágrafo único. O auto de infração conterá obrigatoriamente:

I – a qualificação do autuado;

II – o local, a data e a hora da lavratura;

III – a descrição do fato;

IV – a disposição legal infringida e a penalidade aplicável;

V – a determinação da exigência e a intimação para cumpri-la ou impugná-la no prazo legal;

VI – a assinatura do autuante, a indicação do cargo e o número de matrícula;

VII – a identificação do ente federativo responsável pelo lançamento, em se tratando de auto de infração relativo ao IBS.

Art. 331. A exigência do crédito tributário e a aplicação de penalidade isolada serão objeto de autos de infração distintos para cada tributo ou penalidade.

Parágrafo único. O disposto no *caput* deste artigo aplica-se também nas hipóteses em que, constatada infração à legislação tributária, dela não resulte exigência de crédito tributário.

Seção IV
DO DOMICÍLIO TRIBUTÁRIO ELETRÔNICO – DTE E DAS INTIMAÇÕES

Art. 332. As intimações dos atos do processo serão realizadas por meio de DTE, inclusive em se tratando de intimação de procurador.

§ 1º. A intimação efetuada por meio de DTE considera-se pessoal, para todos os efeitos legais.

§ 2º. (Vetado).

§ 3º. As administrações tributárias da União, dos Estados, do Distrito Federal e dos Municípios poderão realizar a intimação pessoalmente, pelo autor do procedimento ou por agente do órgão preparador do processo, na repartição ou fora dela, provada com a assinatura do sujeito passivo, seu mandatário, preposto ou representante legal, ou, no caso de recusa, com certidão escrita por quem o intimar, identificando a pessoa que recusou.

§ 4º. A massa falida e a pessoa jurídica em liquidação extrajudicial serão intimadas no DTE da pessoa jurídica, competindo ao administrador judicial e ao liquidante, respectivamente, a atualização do endereço físico e eletrônico daquelas.

Art. 333. A RFB e o Comitê Gestor do IBS poderão estabelecer sistema de comunicação eletrônica, com governança compartilhada, a ser atribuído como DTE, que será utilizado pela RFB e pelas administrações tributárias dos Estados, do Distrito Federal e dos Municípios, para fins de notificação, intimação ou avisos previstos nas legislações da CBS e do IBS.

Art. 334. (Vetado).

Seção V
DAS PRESUNÇÕES LEGAIS

Art. 335. Caracteriza omissão de receita e ocorrência de operações sujeitas à incidência da CBS e do IBS:

I – a ocorrência de operações com bens materiais ou imateriais, inclusive direitos, ou com serviços sem a emissão de documento fiscal ou sem a emissão de documento fiscal idôneo;

II – saldo credor na conta caixa, apresentado na escrituração ou apurado em procedimento fiscal;

III – manutenção, no passivo, de obrigações já pagas ou cuja exigibilidade não seja comprovada;

IV – falta de escrituração de pagamentos efetuados pela pessoa jurídica;

V – ativo oculto, cujo registro não consta na contabilidade no período compreendido no procedimento fiscal;

VI – falta de registro contábil de documento relativo às operações com bens materiais ou imateriais, inclusive direitos, ou com serviços;

VII – valores creditados em conta de depósito ou de investimento mantida em instituição financeira, em relação aos quais o titular, pessoa física ou jurídica, regularmente intimado, não comprove, mediante documentação idônea, a origem dos recursos utilizados nessas operações;

VIII – suprimento de caixa fornecido à empresa por administrador, sócio, titular da firma individual, acionista controlador da companhia, inclusive por terceiros, se a efetividade da entrega e a origem dos recursos não forem satisfatoriamente demonstrados;

IX – diferença apurada mediante o controle quantitativo das entradas e saídas das operações com bens materiais ou imateriais, inclusive direitos, ou com serviços em determinado período, levando em consideração os saldos inicial e final;

X – estoque avaliado em desacordo com o previsto na legislação tributária, para fins de inventário;

XI – baixa de exigibilidades cuja contrapartida não corresponda a uma efetiva quitação de dívida, reversão de provisão, permuta de valores no passivo, bem como justificada conversão da obrigação em receita ou transferência para contas do patrimônio líquido, de acordo com as normas contábeis de escrituração;

XII – valores recebidos pelo contribuinte, informados por instituições financeiras, administradoras de cartão de crédito e de débito, qualquer instituição participante de arranjo de pagamento, entidades prestadoras de intermediação comercial em ambiente virtual ou relacionados com comércio eletrônico, condomínios comerciais ou outra pessoa jurídica legalmente detentora de informações financeiras, superior ao valor das operações declaradas pelo sujeito passivo da obrigação tributária; e

XIII – montante da receita líquida inferior ao custo dos produtos vendidos, ao custo das mercadorias vendidas e ao custo dos serviços prestados no período analisado.

§ 1º. O valor da receita omitida para apuração de tributos federais e do IBS, inclusive por presunções legais específicas, será considerado na determinação da base de cálculo para o lançamento da CBS e do IBS.

§ 2º. Caberá ao sujeito passivo o ônus da prova de desconstituição das presunções de que trata este artigo.

§ 3º. Na impossibilidade de se identificar o momento da ocorrência do fato gerador, nas hipóteses previstas neste artigo, presume-se que esse tenha ocorrido, observada a seguinte ordem, no último dia:

I – do período de apuração;

II – do exercício; ou

III – do período fiscalizado.

§ 4º. Na impossibilidade de se identificar o local da operação, considera-se ocorrida no local do domicílio principal do sujeito passivo.

Seção VI
DA DOCUMENTAÇÃO FISCAL E AUXILIAR

Art. 336. Os comprovantes da escrituração da pessoa jurídica, relativos a fatos que repercutam em lançamentos contábeis de exercícios futuros, serão conservados até que se opere a decadência do direito de a Fazenda Pública constituir os créditos tributários relativos a esses exercícios.

Art. 337. O sujeito passivo usuário de sistema de processamento de dados deverá manter documentação técnica completa e atualizada do sistema, suficiente para possibilitar a sua auditoria, facultada a manutenção em meio digital, sem prejuízo da sua emissão gráfica, quando solicitada.

Seção VII
DO REGIME ESPECIAL DE FISCALIZAÇÃO – REF

Art. 338. Sem prejuízo de outras medidas previstas na legislação, a RFB e as administrações tributárias dos Estados, do Distrito Federal e dos Municípios poderão determinar Regime Especial de Fiscalização – REF para cumprimento de obrigações tributárias, nas seguintes hipóteses:

I – embaraço à fiscalização, caracterizado pela negativa não justificada do fornecimento de documentos ou informações, ainda que parciais, sobre operações com bens ou com serviços, movimentação financeira, negócio ou atividade, próprios ou de terceiros, quando intimado, e demais hipóteses que autorizam a requisição do auxílio da força pública, nos termos do art. 200 da Lei nº 5.172, de 25 de outubro de 1966 – Código Tributário Nacional;

II – resistência à fiscalização, caracterizada pela negativa de acesso ao estabelecimento, ao domicílio fiscal ou a qualquer outro local onde se desenvolvam as atividades do sujeito passivo, ou as atividades relacionadas aos bens ou serviços em sua posse ou de sua propriedade;

III – evidências de que a pessoa jurídica esteja constituída por interpostas pessoas que não sejam os verdadeiros sócios ou acionistas, ou o titular, no caso de firma individual;

IV – realização de operações sujeitas à incidência tributária sem a devida inscrição no cadastro de sujeitos passivos apropriado;

V – prática reiterada de infração da legislação tributária;

VI – comercialização de bens com evidências de contrabando ou descaminho;

VII – incidência em conduta que configure crime contra a ordem tributária.

§ 1º. Nas hipóteses previstas nos incisos IV a VII do *caput*, a aplicação do REF independe da instauração prévia de procedimento de fiscalização.

§ 2º. Para fins do disposto no inciso V do *caput* considera-se prática reiterada:

I – a segunda ocorrência de idênticas infrações à legislação tributária, inclusive de natureza acessória, verificada em relação aos últimos 5 (cinco) anos-calendário, formalizadas por intermédio de auto de infração; ou

II – a ocorrência, em 2 (dois) ou mais períodos de apuração, consecutivos ou alternados, de infrações à legislação tributária, caso seja constatada a utilização de artifício, ardil ou qualquer outro meio fraudulento com o fim de suprimir, postergar ou reduzir o pagamento de tributo.

§ 3º. Não são consideradas para fins de aplicação do disposto no inciso I do § 2º as infrações de natureza acessória que não prejudiquem a apuração e o recolhimento das obrigações principais ou que não sejam requisito para aproveitamento de benefício fiscal, sem prejuízo da aplicação da sanção prevista para a conduta.

§ 4º. A aplicação do REF deve estar fundamentada em relatório circunstanciado elaborado pela autoridade fiscal responsável, no qual deve constar, no mínimo:

I – a identificação do sujeito passivo submetido a procedimento de fiscalização;

II – o enquadramento em uma ou mais hipóteses previstas no *caput*;

III – a descrição dos fatos que justificam a aplicação do regime;

IV – a cópia dos termos lavrados e das intimações efetuadas;

V – a proposta de medidas previstas no art. 339 a serem adotadas e período de vigência do regime; e

VI – a identificação da autoridade fiscal responsável pela execução do procedimento fiscal.

§ 5º. O REF terá início com a ciência, pelo sujeito passivo, de despacho fundamentado, no qual constarão a motivação, as medidas adotadas e o prazo de duração.

Art. 339. O regime especial de fiscalização pode consistir em:

I – manutenção de fiscalização ininterrupta no estabelecimento do sujeito passivo;

II – redução, à metade, dos períodos de apuração e dos prazos de recolhimento da CBS e do IBS;

III – utilização compulsória de controle eletrônico das operações realizadas;

IV – exigência de recolhimento diário da CBS e do IBS incidentes sobre as operações praticadas pelo sujeito passivo, sem prejuízo da utilização dos créditos desses tributos pelo contribuinte, nos termos do art. 53 desta Lei Complementar;

V – exigência de comprovação sistemática do cumprimento das obrigações tributárias; e

VI – controle especial da emissão de documentos comerciais e fiscais e acompanhamento da movimentação financeira.

Art. 340. A aplicação do REF será disciplinada:

I – pela RFB, em relação à CBS; e

II – pelo Comitê Gestor do IBS, em relação ao IBS.

§ 1º. Na regulamentação do REF, a RFB e o Comitê Gestor deverão:

I – exigir que o despacho a que se refere o § 5º do art. 338 seja realizado por autoridade hierarquicamente superior à autoridade fiscal responsável pelo procedimento fiscal, para aplicação do REF; e

II – prever prazo máximo de duração para o REF, o qual só poderá ser renovado, por meio de novo despacho fundamentado, na hipótese de persistirem situações que ensejem a sua aplicação.

§ 2º. Na definição das medidas previstas no art. 339 aplicáveis ao sujeito passivo, a autoridade fiscal deverá:

I – considerar a gravidade e a lesividade da conduta praticada; e

II – limitar-se às medidas necessárias para a atuação fiscal na situação específica.

Art. 341. A imposição do regime especial de fiscalização não elide a aplicação de penalidades previstas na legislação tributária, nem dispensa o sujeito passivo do cumprimento das demais obrigações, inclusive acessórias, não abrangidas pelo regime.

§ 1º. As multas de ofício aplicáveis à CBS e ao IBS terão percentual duplicado para as infrações cometidas pelo sujeito passivo durante o período em que estiver submetido ao REF, sem prejuízo da adoção de outras medidas previstas na legislação tributária, administrativa ou penal.

§ 2º. Na hipótese em que tenham sido aplicadas as medidas a que se referem os incisos II a IV do *caput* do art. 339, deverão ser observados, para o lançamento de ofício, os prazos de recolhimento estabelecidos no REF.

TÍTULO VIII
DA TRANSIÇÃO PARA O IBS E PARA A CBS

CAPÍTULO I
DA FIXAÇÃO DAS ALÍQUOTAS DURANTE A TRANSIÇÃO

Seção I
DA FIXAÇÃO DAS ALÍQUOTAS DO IBS DURANTE A TRANSIÇÃO

Art. 342. A transição para o IBS atenderá aos critérios estabelecidos nesta Seção e nos seguintes dispositivos:

I – art. 501 desta Lei Complementar, no que diz respeito à redução das alíquotas do imposto previsto no art. 155, II, da Constituição Federal, e à redução dos benefícios fiscais relacionados a este imposto entre 2029 e 2032;

II – art. 508 desta Lei Complementar, no que diz respeito à redução das alíquotas do imposto previsto no art. 156, III, da Constituição Federal, e à redução dos benefícios fiscais relacionados a este imposto entre 2029 e 2032;

III – arts. 361 a 365 desta Lei Complementar, no que diz respeito à fixação das alíquotas de referência do IBS de 2029 a 2033; e

IV – arts. 366 e 369 desta Lei Complementar, no que diz respeito à fixação das alíquotas de referência do IBS em 2034 e 2035.

Art. 343. Em relação aos fatos geradores ocorridos de 1º de janeiro a 31 de dezembro de 2026, o IBS será cobrado mediante aplicação da alíquota estadual de 0,1% (um décimo por cento).

Parágrafo único. Durante o período indicado no *caput* deste artigo a arrecadação do IBS não observará as vinculações, repartições e destinações previstas na Constituição Federal, devendo ser aplicada, integral e sucessivamente, para:

I – o financiamento do Comitê Gestor do IBS, nos termos do art. 156-B, § 2º, III, da Constituição Federal; e

II – compor o Fundo de Compensação de Benefícios Fiscais ou Financeiro-Fiscais do ICMS.

Art. 344. Em relação aos fatos geradores ocorridos de 1º de janeiro de 2027 a 31 de dezembro de 2028, o IBS será cobrado à alíquota estadual de 0,05% (cinco centésimos por cento) e à alíquota municipal de 0,05% (cinco centésimos por cento).

Parágrafo único. As alíquotas previstas no *caput*:

I – serão aplicadas com a respectiva redução no caso das operações sujeitas a alíquota reduzida, no âmbito de regimes diferenciados de tributação;

II – serão aplicadas em relação aos regimes específicos de que trata esta Lei Complementar, observadas as respectivas bases de cálculo, exceto em relação aos combustíveis sujeitos ao regime específico de que tratam os arts. 172 a 180 desta Lei Complementar; e

III – em relação aos combustíveis sujeitos ao regime específico de que tratam os arts. 172 a 180 desta Lei Complementar, as alíquotas de que trata o *caput* deste artigo serão aplicadas sobre o valor da operação no momento da incidência da CBS.

Seção II
DA FIXAÇÃO DAS ALÍQUOTAS DA CBS DURANTE A TRANSIÇÃO

Art. 345. A transição para a CBS atenderá aos critérios estabelecidos nesta Seção e nos seguintes dispositivos:

I – arts. 353 a 359 desta Lei Complementar, no que diz respeito à fixação da alíquota de referência da CBS de 2027 a 2033, observado o disposto no art. 368 para o período de 2030 a 2033; e

II – arts. 366 e 369 desta Lei Complementar, no que diz respeito à fixação da alíquota de referência da CBS em 2034 e 2035.

Art. 346. Em relação aos fatos geradores ocorridos de 1º de janeiro a 31 de dezembro de 2026, a CBS será cobrada mediante aplicação da alíquota de 0,9% (nove décimos por cento).

Art. 347. Em relação aos fatos geradores ocorridos de 1º de janeiro de 2027 a 31 de dezembro de 2028, a alíquota da CBS será aquela fixada nos termos do inciso I do *caput* e dos §§ 2º e 3º, todos do art. 14, reduzida em 0,1 (um décimo) ponto percentual, exceto em relação aos combustíveis sujeitos ao regime específico de que tratam os arts. 172 a 180 desta Lei Complementar.

§ 1º. A redução da alíquota prevista no *caput* será:

I – proporcional à respectiva redução no caso das operações sujeitas a alíquota reduzida, no âmbito de regimes diferenciados de tributação;

II – aplicada em relação aos regimes específicos de que trata essa Lei Complementar, observadas as respectivas bases de cálculo.

§ 2º. Durante o período de que trata o *caput* deste artigo, o montante de IBS recolhido nos termos do inciso III do parágrafo único do art. 344 poderá ser deduzido do montante da CBS a recolher pelos contribuintes sujeitos ao regime específico de combustíveis de que tratam os arts. 172 a 180 desta Lei Complementar.

Seção III
DISPOSIÇÕES COMUNS AO IBS E À CBS EM 2026

Art. 348. Em relação aos fatos geradores ocorridos de 1º de janeiro a 31 de dezembro de 2026:

I – o montante recolhido do IBS e da CBS será compensado com o valor devido, no mesmo período de apuração, das contribuições previstas no art. 195, inciso I, alínea "b", e inciso IV, e da contribuição para o PIS a que se refere o art. 239, ambos da Constituição Federal;

II – caso o contribuinte não possua débitos suficientes para efetuar a compensação de que trata o inciso I, o valor recolhido poderá ser:

a) compensado com qualquer outro tributo federal, nos termos da legislação; ou

b) ressarcido em até 60 (sessenta) dias, mediante requerimento;

III – as alíquotas do IBS e da CBS previstas nos arts. 343 e 346 desta Lei Complementar:

a) serão aplicadas com a respectiva redução no caso das operações sujeitas a alíquota reduzida, no âmbito de regimes diferenciados de tributação;

b) serão aplicadas em relação aos regimes específicos de que trata esta Lei Complementar, observadas as respectivas bases de cálculo, exceto em relação aos combustíveis e biocombustíveis de que tratam os arts. 172 a 180;

c) não serão aplicadas em relação às operações dos contribuintes optantes pelo Simples Nacional.

§ 1º. Fica dispensado o recolhimento do IBS e da CBS relativo aos fatos geradores ocorridos no período indicado no *caput* em relação aos sujeitos passivos que cumprirem as obrigações acessórias previstas na legislação.

§ 2º. O sujeito passivo dispensado do recolhimento na forma do § 1º permanece obrigado ao pagamento integral das Contribuições previstas no art. 195, inciso I, alínea "b", e inciso IV, e da contribuição para o Programa de Integração Social a que se refere o art. 239, ambos da Constituição Federal.

Seção IV
DA FIXAÇÃO DAS ALÍQUOTAS DE REFERÊNCIA DE 2027 A 2035

Subseção I
Disposições Gerais

Art. 349. Observadas a forma de cálculo e os limites previstos nesta Seção, resolução do Senado Federal fixará:

I – para os anos de 2027 a 2033, a alíquota de referência da CBS;

II – para os anos de 2029 a 2033:

a) a alíquota de referência do IBS para os Estados;

b) a alíquota de referência do IBS para os Municípios;

c) a alíquota de referência do IBS para o Distrito Federal, que corresponderá à soma das alíquotas de referência previstas nas alíneas "a" e "b" deste inciso;

III – para os anos de 2027 a 2033, o redutor a ser aplicado sobre as alíquotas da CBS e do IBS nas operações contratadas pela administração pública direta, por autarquias e por fundações públicas, inclusive suas importações.

§ 1º. As alíquotas de referência e o redutor de que trata o inciso III do *caput* serão fixados no ano anterior ao de sua vigência, com base em cálculos realizados pelo Tribunal de Contas da União, observado o seguinte:

I – o Tribunal de Contas da União enviará ao Senado Federal os cálculos a que se refere este parágrafo até o dia 15 de setembro do ano anterior ao de vigência das alíquotas de referência e do redutor;

II – o Senado Federal fixará as alíquotas de referência e o redutor até o dia 31 de outubro do ano anterior ao de sua vigência, não se aplicando o disposto no art. 150, inciso III, alínea "c", da Constituição Federal.

§ 2º. Caso o prazo previsto no inciso II do § 1º ultrapasse a data de 22 de dezembro do ano anterior ao de sua vigência, enquanto não ocorrer a fixação das alíquotas pelo Senado Federal ou sua vigência serão utilizadas as alíquotas de referência calculadas pelo Tribunal de Contas da União, observadas as seguintes condições:

I – as alíquotas fixadas pelo Senado Federal vigerão a partir do início do segundo mês subsequente àquele em que ocorrer sua fixação;

II – deverá ser observado o disposto no art. 150, inciso III, alínea "b", da Constituição Federal.

§ 3º. Os cálculos atribuídos ao Tribunal de Contas da União nos termos do § 1º serão realizados com base em propostas encaminhadas:

I – pelo Poder Executivo da União, para os cálculos relativos à alíquota de referência da CBS;

II – pelo Comitê Gestor do IBS, para os cálculos relativos às alíquotas de referência do IBS;

III – em ato conjunto do Poder Executivo da União e do Comitê Gestor do IBS, para o redutor de que trata o inciso III do *caput*.

§ 4º. O Poder Executivo da União e o Comitê Gestor do IBS atuarão em conjunto para harmonizar a metodologia dos cálculos a que se referem os incisos do § 3º.

§ 5º. As propostas de que tratam os incisos do § 3º:

I – serão elaboradas com base na metodologia homologada nos termos do § 7º;

II – deverão ser enviadas ao Tribunal de Contas da União até o dia 31 de julho do ano anterior ao da vigência das alíquotas de referência e do redutor;

III – serão acompanhadas dos dados e informações necessários ao cálculo das alíquotas de referência e do redutor, que deverão ser complementados em tempo hábil, caso assim solicitado pelo Tribunal de Contas da União.

§ 6º. Caso as propostas de que tratam os incisos do § 3º não sejam encaminhadas no prazo previsto no inciso II do § 5º, o Tribunal de Contas da União realizará os cálculos necessários à fixação das alíquotas de referência e do redutor de que trata o inciso III do *caput* com base nas informações a que tiver acesso.

§ 7º. A metodologia de cálculo de que trata o inciso I do § 5º:

I – será elaborada pelo Comitê Gestor do IBS e pelo Poder Executivo da União, no âmbito das respectivas competências, com base nos critérios constantes dos arts. 350 a 369 desta Lei Complementar; e

II – será homologada pelo Tribunal de Contas da União.

§ 8º. Na definição da metodologia de que trata o § 7º, o Poder Executivo da União e o Comitê Gestor do IBS poderão propor ajustes nos critérios constantes dos arts. 350 a 369 desta Lei Complementar, desde que estes sejam justificados.

§ 9º. No processo de homologação da metodologia de que trata o § 7º:

I – o Comitê Gestor do IBS e o Poder Executivo da União deverão encaminhar ao Tribunal de Contas da União a proposta de metodologia a ser adotada até o final do mês de junho do segundo ano anterior àquele de vigência da alíquota de referência calculada com base na metodologia a ser homologada;

II – o Tribunal de Contas da União deverá homologar a metodologia no prazo de 180 (cento e oitenta) dias;

III – o Tribunal de Contas da União poderá solicitar ajustes na metodologia ao Comitê Gestor do IBS e ao Poder Executivo da União, que deverão, no prazo de 30 (trinta) dias:

a) implementar os ajustes; ou

b) apresentar ao Tribunal de Contas da União alternativa aos ajustes propostos.

§ 10. O Tribunal de Contas da União, e, no âmbito das respectivas competências, o Comitê Gestor do IBS e o Poder Executivo da União, poderão, de comum acordo, implementar ajustes posteriores na metodologia homologada nos termos do § 9º.

§ 11. Os entes federativos e o Comitê Gestor do IBS fornecerão ao Tribunal de Contas da União as informações necessárias para a elaboração dos cálculos a que se refere este artigo.

§ 12. O Poder Executivo da União e o Comitê Gestor do IBS fornecerão ao Tribunal de Contas da União todos os subsídios necessários à homologação da metodologia e à elaboração dos cálculos a que se refere este artigo, mediante compartilhamento de dados e informações.

§ 13. O compartilhamento de dados e informações de que trata este artigo observará o disposto no art. 198 da Lei nº 5.172, de 25 de outubro de 1966 – Código Tributário Nacional.

§ 14. Na fixação da alíquota de referência da CBS e das alíquotas de referência estadual, distrital e municipal do IBS, os valores calculados nos termos desta Seção deverão ser arredondados para o décimo de ponto percentual superior ou inferior que seja mais próximo.

Subseção II
Da Receita de Referência

Art. 350. Na elaboração dos cálculos para a fixação das alíquotas de referência entende-se por:

I – receita de referência da União, a soma da receita, antes da compensação de que tratam os incisos I e II do *caput* do art. 348 desta Lei Complementar:

a) das contribuições previstas no art. 195, inciso I, alínea "b", e inciso IV e da contribuição para o PIS, de que trata o art. 239, todos da Constituição Federal;

b) do imposto previsto no art. 153, inciso IV, da Constituição Federal; e

c) do imposto previsto no art. 153, inciso V, da Constituição Federal, sobre operações de seguros;

II – receita de referência dos Estados, a soma da receita dos Estados e do Distrito Federal:

a) com o imposto previsto no art. 155, inciso II, da Constituição Federal;

b) com as contribuições destinadas ao financiamento de fundos estaduais em funcionamento em 30 de abril de 2023 e estabelecidas como condição à aplicação de diferimento, regime especial ou outro tratamento diferenciado relativos ao imposto de que trata o art. 155, inciso II, da Constituição Federal;

III – receita de referência dos Municípios, a soma da receita dos Municípios e do Distrito Federal com o imposto previsto no art. 156, inciso III, da Constituição Federal.

§ 1º. Para fins do disposto neste artigo, a receita dos tributos referidos no *caput* será apurada de modo a incluir:

I – a receita obtida na forma da Lei Complementar nº 123, de 14 de dezembro de 2006•;

♦ Lei Complementar nº 123/2006 (Estatuto Nacional da Microempresa e da Empresa de Pequeno Porte).

II – a receita obtida na forma do art. 82 do Ato das Disposições Constitucionais Transitórias; e

III – o montante total da arrecadação, incluindo os juros e multas, oriunda de valores inscritos ou não em dívida ativa.

§ 2º. A receita das contribuições de que trata a alínea "b" do inciso II do *caput*:

I – não inclui a receita das contribuições sobre produtos primários e semielaborados substituídas por contribuições semelhantes, nos termos do art. 136 do Ato das Disposições Constitucionais Transitórias;

II – corresponderá, a cada período, ao valor médio das contribuições efetivamente arrecadadas de 2021 a 2023, corrigidas pela variação da receita do imposto de que trata o art. 155, inciso II, da Constituição Federal, do respectivo Estado ou Distrito Federal;

III – será calculada segundo metodologia a ser desenvolvida pelo Comitê Gestor do IBS e homologada pelo Tribunal de Contas da União.

§ 3º. Para fins do disposto no inciso III do § 2º:

I – o Comitê Gestor do IBS deverá encaminhar a proposta de metodologia ao Tribunal de Contas da União até 31 de junho de 2026; e

II – serão observados os procedimentos previstos nos §§ 9º e 10 do art. 349.

Subseção III
Do Cálculo das Alíquotas de Referência

Art. 351. Observada a disponibilidade de informações, os cálculos para a fixação da alíquota de referência considerarão a receita de IBS e de CBS discriminada entre:

I – a receita das operações e das importações sujeitas às normas gerais de incidências previstas no Título I deste Livro, discriminando:

a) operações e importações sujeitas à alíquota padrão;

b) operações e importações sujeitas à alíquota reduzida em 60% (sessenta por cento) da alíquota padrão;

c) operações e importações sujeitas à alíquota reduzida em 30% (trinta por cento) da alíquota padrão;

II – a receita das operações e das importações tributadas com base em cada um dos regimes específicos de tributação;

III – a receita das operações tributadas pelo Regime Especial Unificado de Arrecadação de Tributos e Contribuições devidos pelas Microempresas e Empresas de Pequeno Porte – Simples Nacional, de que trata a Lei Complementar nº 123, de 14 de dezembro de 2006,• se necessário discriminadas para cada uma das faixas das tabelas constantes dos anexos da referida Lei Complementar;

♦ Lei Complementar nº 123/2006 (Estatuto Nacional da Microempresa e da Empresa de Pequeno Porte).

IV – a receita auferida por cada esfera federativa nas aquisições de bens e serviços em que a receita é integralmente destinada ao ente federativo adquirente, nos termos do art. 473 desta Lei Complementar, discriminada para cada modalidade de operação e importação de que tratam os incisos I a III do *caput* deste artigo;

V – o valor da redução da receita em decorrência:

a) da concessão de créditos presumidos, discriminada para cada modalidade de crédito presumido prevista nesta Lei Complementar;

b) da devolução geral de IBS e da CBS a pessoas físicas, a que se refere o art. 118 desta Lei Complementar discriminada para cada modalidade de devolução;

VI – outros fatores que elevem ou reduzam a receita de IBS e de CBS não considerados nos incisos anteriores, discriminados por categoria.

§ 1º. As receitas de que tratam os incisos I a III do *caput* deste artigo:

I – não considerarão as operações contratadas pela administração pública direta, por autarquias e por fundações públicas, inclusive suas importações, e sujeitas ao regime de que trata o art. 473 desta Lei Complementar;

II – corresponderão ao valor do IBS e da CBS incidentes nas operações que não geram direito a crédito para os adquirentes.

§ 2º. Para fins da fixação da alíquota de referência, o valor da receita de IBS e de CBS de que trata o *caput*:

I – será apurado de modo a incluir:

a) a receita obtida na forma da Lei Complementar nº 123, de 14 de dezembro de 2006•;

♦ Lei Complementar nº 123/2006 (Estatuto Nacional da Microempresa e da Empresa de Pequeno Porte).

b) a receita obtida na forma do art. 82 do Ato das Disposições Constitucionais Transitórias; e

c) o montante total da arrecadação, incluindo os juros e multas, oriunda de valores inscritos ou não em dívida ativa;

II – não incluirá os valores de IBS retidos para posterior compensação ou ressarcimento.

§ 3º. Os cálculos por categoria de receita ou de redução de receita de que tratam os incisos do *caput* poderão ser realizados com base nos valores constantes dos documentos fiscais, e ajustados posteriormente para que seu valor total corresponda ao apurado na forma do § 2º.

Subseção IV
Do Cálculo da Alíquota de Referência da CBS

Art. 352. O cálculo da alíquota de referência da CBS para cada ano de vigência de 2027 a 2033 será realizado, nos termos dos arts. 353 a 359 desta Lei Complementar, com base:

I – na receita de referência da União em anos-base anteriores;

II – em uma estimativa de qual seria a receita de CBS caso fosse aplicada, em cada um dos anos-base, a alíquota de referência, as alíquotas dos regimes específicos e a legislação da CBS no ano de vigência; e

III – em estimativas de qual seria a receita do Imposto Seletivo e do IPI, caso fossem aplicadas, em cada um dos anos-base, as alíquotas e a legislação desses impostos no ano de vigência.

§ 1º. A estimativa da receita de CBS de que trata o inciso II do *caput* será calculada, em valores do ano-base, para cada categoria de receita ou de redução de receita de que tratam os incisos do *caput* do art. 351 desta Lei Complementar, através da aplicação da alíquota de referência e das demais alíquotas previstas na legislação da CBS para o ano de vigência, sobre uma estimativa da base de cálculo no ano-base.

§ 2º. As estimativas da receita dos impostos que trata o inciso III do *caput* serão calculadas, em valores do ano-base, através da aplicação das alíquotas previstas na legislação desses impostos para o ano de vigência, sobre uma estimativa da base de cálculo no ano-base.

§ 3º. Observados os critérios específicos previstos nos arts. 353 a 359 desta Lei Complementar, a estimativa da base de cálculo de cada categoria de que tratam os §§ 1º e 2º deste artigo poderá tomar por referência, entre outros:

I – dados obtidos no processo de arrecadação de tributos sobre bens e serviços no ano-base;

II – dados públicos relativos a agregados macroeconômicos no ano-base e, em caso de indisponibilidade de dados específicos, dados relativos a agregados macroeconômicos de anos anteriores, corrigidos a valores do ano-base pela variação do valor de agregados macroeconômicos ou de indicadores de preços e quantidades adequados;

III – a base de cálculo de cada categoria de receita da CBS em anos posteriores ao ano-base, apurada a partir de documentos fiscais e da escrituração da CBS, corrigida a valores do ano-base pela variação do valor de agregados macroeconômicos ou de indicadores de preços e quantidades adequados a cada categoria de receita; ou

IV – a base de cálculo dos impostos a que se refere o inciso III do *caput* em anos posteriores ao ano-base, apurada a partir de documentos fiscais e da escrituração desses impostos, corrigida a valores do ano-base pela variação do valor de agregados macroeconômicos ou de indicadores de preços e quantidades específicos.

§ 4º. No caso de alíquotas específicas (*ad rem*) ou de valores fixados em moeda corrente na legislação, os valores previstos na legislação para o ano de vigência serão corrigidos para valores do ano-base de modo a contemplar a variação de preços entre os dois períodos.

Art. 353. A alíquota de referência da CBS para 2027 será fixada com base na estimativa, para cada um dos anos-base de 2024 e 2025:

I – da receita da CBS no ano-base, calculada nos termos do inciso II do *caput* do art. 352 desta Lei Complementar com base na alíquota de referência, nas alíquotas dos regimes específicos e na legislação da CBS de 2027;

II – da receita do Imposto Seletivo no ano-base, calculada nos termos do inciso III do *caput* do art. 352 desta Lei Complementar com base nas alíquotas de 2027; e

III – da receita do IPI no ano-base, calculada nos termos do inciso III do *caput* do art. 352 desta Lei Complementar com base nas alíquotas de 2027.

§ 1º. A alíquota de referência da CBS para 2027 será fixada de forma a que haja equivalência entre:

I – a média da razão entre a soma dos valores de que tratam os incisos do *caput* e o Produto Interno Bruto (PIB) nos anos-base referidos no *caput*; e

II – a média da razão entre a receita de referência da União e o PIB nos anos de 2012 a 2021.

§ 2º. Para fins do disposto no inciso III do § 3º do art. 352 desta Lei Complementar, no ano de 2026, os prazos referidos nos incisos I e II do § 1º e no inciso II do § 5º, ambos do art. 349, serão prorrogados em 45 (quarenta e cinco) dias.

Art. 354. A alíquota de referência da CBS para 2028 será fixada com base na estimativa, para cada um dos anos-base de 2025 e 2026:

I – da receita da CBS no ano-base, calculada nos termos do inciso II do *caput* do art. 352 desta Lei Complementar com base na alíquota de referência, nas alíquotas dos regimes específicos e na legislação da CBS de 2028;

II – da receita do Imposto Seletivo no ano-base, calculada nos termos do inciso III do *caput* do art. 352 desta Lei Complementar com base nas alíquotas de 2028; e

III – da receita do IPI no ano-base, calculada nos termos do inciso III do *caput* do art. 352 desta Lei Complementar com base nas alíquotas de 2028.

Parágrafo único. A alíquota de referência da CBS para 2028 será fixada de forma a que haja equivalência entre:

I – a média da razão entre a soma dos valores de que tratam os incisos do *caput* e o PIB nos anos-base referidos no *caput*; e

II – a média da razão entre a receita de referência da União e ao PIB nos anos de 2012 a 2021.

Art. 355. A alíquota de referência da CBS para 2029 será fixada com base na estimativa:

I – da receita da CBS em 2027, calculada nos termos do inciso II do *caput* do art. 352 desta Lei Complementar com base na alíquota de referência, nas alíquotas dos regimes específicos e na legislação da CBS de 2029;

II – da receita do Imposto Seletivo em 2027, calculada nos termos do inciso III do *caput* do art. 352 desta Lei Complementar com base nas alíquotas de 2029; e

III – da receita do IPI em 2027, calculada nos termos do inciso III do *caput* do art. 352 desta Lei Complementar com base nas alíquotas de 2029.

Parágrafo único. A alíquota de referência da CBS para 2029 será fixada de forma a que haja equivalência entre:

I – a razão entre a soma dos valores de que tratam os incisos do *caput* e o PIB em 2027; e

II – a média da razão entre a receita de referência da União e o PIB nos anos de 2012 a 2021.

Art. 356. A alíquota de referência da CBS para 2030 será fixada com base na estimativa, para cada um dos anos-base de 2027 e 2028:

I – da receita da CBS no ano-base, calculada nos termos do inciso II do *caput* do art. 352 desta Lei Complementar com base na alíquota de referência, nas alíquotas dos regimes específicos e na legislação da CBS de 2030;

II – da receita do Imposto Seletivo no ano-base, calculada nos termos do inciso III do *caput* do art. 352 desta Lei Complementar com base nas alíquotas de 2030; e

III – da receita do IPI no ano-base, calculada nos termos do inciso III do *caput* do art. 352 desta Lei Complementar com base nas alíquotas de 2030.

Parágrafo único. A alíquota de referência da CBS para 2030 será fixada de forma a que haja equivalência entre:

I – a média da razão entre a soma dos valores de que tratam os incisos do *caput* e o PIB nos anos-base referidos no *caput*; e

II – a média da razão entre a receita de referência da União e o PIB nos anos de 2012 a 2021.

Art. 357. A alíquota de referência da CBS para 2031 será fixada com base na estimativa, para cada um dos anos-base de 2028 e 2029:

I – da receita da CBS no ano-base, calculada nos termos do inciso II do *caput* do art. 352 desta Lei Complementar com base na alíquota de referência, nas alíquotas dos regimes específicos e na legislação da CBS de 2031;

II – da receita do Imposto Seletivo no ano-base, calculada nos termos do inciso III do *caput* do art. 352 desta Lei Complementar com base nas alíquotas de 2031; e

III – da receita do IPI no ano-base, calculada nos termos do inciso III do *caput* do art. 352 desta Lei Complementar com base nas alíquotas de 2031.

Parágrafo único. A alíquota de referência da CBS para 2031 será fixada de forma a que haja equivalência entre:

I – a média da razão entre a soma dos valores de que tratam os incisos do *caput* e o PIB nos anos-base referidos no *caput*; e

II – a média da razão entre a receita de referência da União e o PIB nos anos de 2012 a 2021.

Art. 358. A alíquota de referência da CBS para 2032 será fixada com base na estimativa, para cada um dos anos-base de 2029 e 2030:

I – da receita da CBS no ano-base, calculada nos termos do inciso II do *caput* do art. 352 desta Lei Complementar com base na alíquota de referência, nas alíquotas dos regimes específicos e na legislação da CBS de 2032;

II – da receita do Imposto Seletivo no ano-base, calculada nos termos do inciso III do *caput* do art. 352 desta Lei Complementar com base nas alíquotas de 2032; e

III – da receita do IPI no ano-base, calculada nos termos do inciso III do *caput* do art. 352 desta Lei Complementar com base nas alíquotas de 2032.

Parágrafo único. A alíquota de referência da CBS para 2032 será fixada de forma a que haja equivalência entre:

I – a média da razão entre a soma dos valores de que tratam os incisos do *caput* e o PIB nos anos-base referidos no *caput*; e

II – a média da razão entre a receita de referência da União e o PIB nos anos de 2012 a 2021.

Art. 359. A alíquota de referência da CBS para 2033 será fixada com base na estimativa, para cada um dos anos-base de 2030 a 2031:

I – da receita da CBS no ano-base, calculada nos termos do inciso II do *caput* do art. 352 desta Lei Complementar com base na alíquota de referência, nas alíquotas dos regimes específicos e na legislação da CBS de 2033;

II – da receita do Imposto Seletivo no ano-base, calculada nos termos do inciso III do *caput* do art. 352 desta Lei Complementar com base nas alíquotas de 2033; e

III – da receita do IPI no ano-base, calculada nos termos do inciso III do *caput* do art. 352 desta Lei Complementar com base nas alíquotas de 2033.

Parágrafo único. A alíquota de referência da CBS para 2033 será fixada de forma a que haja equivalência entre:

I – a média da razão entre a soma dos valores de que tratam os incisos do *caput* e o PIB nos anos-base referidos no *caput*; e

II – a média da razão entre a receita de referência da União e o PIB nos anos de 2012 a 2021.

Subseção V
Do Cálculo das Alíquotas de Referência do IBS

Art. 360. O cálculo das alíquotas de referência estadual e municipal do IBS para cada ano de vigência de 2029 a 2033 será realizado, nos termos dos arts. 361 a 365 desta Lei Complementar, com base:

I – na receita de referência da respectiva esfera federativa em anos-base anteriores; e

II – em uma estimativa de qual seria a receita de IBS caso fosse aplicada, em cada um dos anos-base, a alíquota de referência, as alíquotas dos regimes específicos e a legislação do IBS do ano de vigência.

§ 1º. A estimativa da receita de IBS de que trata o inciso II do *caput* será calculada, em valores do ano-base, para cada categoria de receita ou de redução de receita de que tratam os incisos do *caput* do art. 351 desta Lei Complementar, através da aplicação da alíquota de referência e das demais alíquotas previstas na legislação do IBS para o ano de vigência, sobre uma estimativa da base de cálculo no ano-base.

§ 2º. Observados os critérios específicos previstos nos arts. 361 a 365 desta Lei Complementar, a estimativa da base de cálculo de cada categoria de que trata o § 1º deste artigo poderá tomar por referência, entre outros:

I – a base de cálculo de cada categoria de receita e de redução de receita da CBS no ano-base, ajustada de modo a contemplar as diferenças entre a legislação da CBS no ano-base e a legislação do IBS no ano de vigência;

II – a base de cálculo de cada categoria de receita e de redução de receita do IBS no ano-base, ajustada de modo a contemplar as diferenças na legislação do IBS entre o ano-base e o ano de vigência.

§ 3º. No caso de alíquotas específicas (*ad rem*) ou de valores fixados em moeda corrente na legislação, os valores previstos na legislação para o ano de vigência serão corrigidos para valores do ano-base de modo a contemplar a variação de preços entre os dois períodos.

Art. 361. As alíquotas de referência estadual e municipal do IBS para 2029 serão fixadas de modo que:

I – a estimativa da parcela estadual da receita do IBS em 2027, calculada com base na alíquota de referência estadual, nas alíquotas estaduais dos regimes específicos e na legislação do IBS de 2029, nos termos do art. 360 desta Lei Complementar, seja equivalente a 10% da receita de referência dos Estados em 2027;

II – a estimativa da parcela municipal da receita do IBS em 2027, calculada com base na alíquota de referência municipal, nas alíquotas municipais dos regimes específicos e na legislação do IBS de 2029, nos termos do art. 360 desta Lei Complementar, seja equivalente a 10% da receita de referência dos Municípios em 2027.

Parágrafo único. Na elaboração dos cálculos a que se refere este artigo, a base de cálculo a ser utilizada nas estimativas tomará por referência:

I – prioritariamente, a receita da CBS em 2027, ajustada de modo a contemplar diferenças entre a legislação da CBS em 2027 e a legislação do IBS em 2029;

II – subsidiariamente, a receita do IBS em 2027, ajustada de modo a contemplar diferenças na legislação do IBS entre 2027 e 2029, ou outras fontes de informação.

Art. 362. As alíquotas de referência estadual e municipal do IBS para 2030 serão fixadas de modo que:

I – a média da estimativa da parcela estadual da receita do IBS em 2027 e em 2028, calculada com base na alíquota de referência estadual, nas alíquotas estaduais dos regimes específicos e na legislação do IBS de 2030, nos termos do art. 360 desta Lei Complementar, seja equivalente a 20% da média da receita de referência dos Estados em 2027 e em 2028;

II – a média da estimativa da parcela municipal da receita do IBS em 2027 e em 2028, calculada com base na alíquota de referência municipal, nas alíquotas municipais dos regimes específicos e na legislação do IBS de 2030, nos termos do art. 360 desta Lei Complementar, seja equivalente a 20% da média da receita de referência dos Municípios em 2027 e em 2028.

Parágrafo único. Na elaboração dos cálculos a que se refere este artigo, a base de cálculo a ser utilizada nas estimativas tomará por referência:

I – prioritariamente, a receita da CBS em 2027 e 2028, ajustada de modo a contemplar diferenças entre a legislação da CBS em 2027 e em 2028 e a legislação do IBS em 2030;

II – subsidiariamente, a receita do IBS em 2027 e 2028, ajustada de modo a contemplar diferenças na legislação do IBS entre esses anos e 2030, ou outras fontes de informação.

Art. 363. As alíquotas de referência estadual e municipal do IBS para 2031 serão fixadas de modo que:

I – a média da estimativa da parcela estadual da receita do IBS de 2028 e em 2029, calculada com base na alíquota de referência estadual, nas alíquotas estaduais dos regimes específicos e na legislação do IBS de 2031, nos termos do art. 360 desta Lei Complementar, seja equivalente a 30% da média:

a) da receita de referência dos Estados em 2028;

b) da receita de referência dos Estados em 2029, dividida por 9 (nove) e multiplicada por 10 (dez);

II – a média da estimativa da parcela municipal da receita do IBS em 2028 e em 2029, calculada com base na alíquota de referência municipal, nas alíquotas municipais dos regimes específicos e na legislação do IBS de 2031, nos termos do art. 360 desta Lei Complementar, seja equivalente a 30% da média:

a) da receita de referência dos Municípios em 2028;

b) da receita de referência dos Municípios em 2029, dividida por 9 (nove) e multiplicada por 10 (dez).

Parágrafo único. Na elaboração dos cálculos a que se refere este artigo, a base de cálculo a ser utilizada nas estimativas tomará por referência:

I – em 2028:

a) prioritariamente, a receita da CBS, ajustada de modo a contemplar diferenças entre a legislação da CBS em 2028 e a legislação do IBS em 2031;

b) subsidiariamente, a receita do IBS em 2028, ajustada de modo a contemplar diferenças na legislação do IBS entre esse ano e 2031, ou outras fontes de informação;

II – em 2029, prioritariamente a receita do IBS, ajustada de modo a contemplar diferenças na legislação do IBS entre esse ano e 2031 e, subsidiariamente, outras fontes de informação.

Art. 364. As alíquotas de referência estadual e municipal do IBS para 2032 serão fixadas de modo que:

I – a média da estimativa da parcela estadual da receita do IBS em 2029 e em 2030, calculada com base na alíquota de referência estadual, nas alíquotas estaduais dos regimes específicos e na legislação do IBS de 2032, nos termos do art. 360 desta Lei Complementar, seja equivalente a 40% (quarenta por cento) da média:

a) da receita de referência dos Estados em 2029, dividida por 9 (nove) e multiplicada por 10 (dez);

b) da receita de referência dos Estados em 2030, dividida por 8 (oito) e multiplicada por 10 (dez);

II – a média da estimativa da parcela municipal da receita do IBS em 2029 e em 2030, calculada com base na alíquota de referência municipal, nas alíquotas municipais dos regimes específicos e na legislação do IBS de 2032, nos termos do art. 360 desta Lei Complementar, seja equivalente a 40% (quarenta por cento) da média:

a) da receita de referência dos Municípios em 2029, dividida por 9 (nove) e multiplicada por 10 (dez);

b) da receita de referência dos Municípios em 2030, dividida por 8 (oito) e multiplicada por 10 (dez).

Parágrafo único. Na elaboração dos cálculos a que se refere este artigo, a base de cálculo a ser utilizada nas estimativas tomará por referência em 2029 e 2030, prioritariamente, a receita do IBS, ajustada de modo a contemplar diferenças na legislação do IBS entre esses anos e 2032 e, subsidiariamente, outras fontes de informação.

Art. 365. As alíquotas de referência estadual e municipal do IBS para 2033 serão fixadas de modo que:

I – a média da estimativa da parcela estadual da receita do IBS em 2030 e em 2031, calculada com base na alíquota de referência estadual, nas alíquotas estaduais dos regimes específicos e na legislação do IBS de 2033, nos termos do art. 360 desta Lei Complementar, seja equivalente à média da:

a) receita de referência dos Estados em 2030, dividida por 8 (oito) e multiplicada por 10 (dez);

b) receita de referência dos Estados em 2031, dividida por 7 (sete) e multiplicada por 10 (dez);

II – a média da estimativa da parcela municipal da receita do IBS em 2030 e em 2031, calculada com base na alíquota de referência municipal nas alíquotas municipais dos regimes específicos e na legislação do IBS de 2033, nos termos do art. 360 desta Lei Complementar, seja equivalente à média:

a) da receita de referência dos Municípios em 2030, dividida por 8 (oito) e multiplicada por 10 (dez);

b) da receita de referência dos municípios em 2031, dividida por 7 (sete) e multiplicada por 10 (dez).

Parágrafo único. Na elaboração dos cálculos a que se refere este artigo, a base de cálculo a ser utilizada nas estimativas tomará por referência em 2030 e em 2031, prioritariamente a receita do IBS, ajustada de modo a contemplar diferenças na legislação do IBS entre esses anos e 2033 e, subsidiariamente, outras fontes de informação.

Subseção VI
Da Fixação das Alíquotas de Referência em 2034 e 2035

Art. 366. Observado o disposto nos arts. 19 e 369 desta Lei Complementar, a alíquota de referência da CBS e as alíquotas de referência estadual e municipal do IBS em 2034 e 2035 serão aquelas fixadas para 2033.

Subseção VII
Do Limite para as Alíquotas de Referência em 2030 e 2035

Art. 367. Para fins do disposto nos arts. 368 e 369 desta Lei Complementar, entende-se por:

I – Teto de Referência da União: a média da receita no período de 2012 a 2021, apurada como proporção do PIB, do imposto previsto no art. 153, inciso IV, das contribuições previstas no art. 195, inciso I, alínea "b", e inciso IV, da contribuição para o PIS de que trata o art. 239 e do imposto previsto no art. 153, inciso V, sobre operações de seguro, todos da Constituição Federal;

II – Teto de Referência Total: a média da receita no período de 2012 a 2021, apurada como proporção do PIB, dos impostos previstos nos arts. 153, inciso IV, 155, inciso II, e 156, inciso III, das contribuições previstas no art. 195, inciso I, alínea "b", e inciso IV, da contribuição para o PIS de que trata o art. 239 e do imposto previsto no art. 153, inciso V, sobre operações de seguro, todos da Constituição Federal;

III – Receita-Base da União: a receita da União com a CBS e com o Imposto Seletivo, apurada como proporção do PIB;

IV – Receita-Base dos Entes Subnacionais: a receita dos Estados, do Distrito Federal e dos Municípios com o IBS, deduzida da parcela a que se refere a alínea "b" do inciso II do *caput* do art. 350 desta Lei Complementar, apurada como proporção do PIB;

V – Receita-Base Total: a soma da Receita-Base da União com a Receita-Base dos Entes Subnacionais, sendo essa última:

a) multiplicada por 10 (dez) em 2029;

b) multiplicada por 5 (cinco) em 2030;

c) multiplicada por 10 (dez) e dividida por 3 (três) em 2031;

d) multiplicada por 10 (dez) e dividida por 4 (quatro) em 2032;

e) multiplicada por 1 (um) em 2033.

Art. 368. A alíquota de referência da CBS em 2030 será reduzida caso a média da Receita-Base da União em 2027 e 2028 exceda o Teto de Referência da União.

§ 1º. A redução de que trata esse artigo, caso existente:

I – será definida de forma a que, após sua aplicação, a média da Receita-Base da União em 2027 e 2028 seja igual ao Teto de Referência da União;

II – será fixada em pontos percentuais;

III – será aplicada sobre a alíquota de referência da União, apurada na forma dos arts. 356 a 359 desta Lei Complementar, para os anos de 2030 a 2033.

§ 2º. O montante da redução de que trata esse artigo será fixado pelo Senado Federal no momento da fixação da alíquota de referência da CBS para os anos de 2030 a 2033, observados os critérios estabelecidos no art. 349 desta Lei Complementar.

§ 3º. A revisão da alíquota de referência da CBS na forma deste artigo não implicará cobrança ou restituição da CBS relativa a anos anteriores.

Art. 369. As alíquotas de referência da CBS e do IBS em 2035 serão reduzidas caso a média da Receita-Base Total entre 2029 e 2033 exceda o Teto de Referência Total.

§ 1º. A redução de que trata esse artigo, caso existente:

I – será definida de forma a que, após sua aplicação, a média da Receita-Base Total entre 2029 e 2033 seja igual ao Teto de Referência Total;

II – será fixada em pontos percentuais;

III – será distribuída proporcionalmente entre as alíquotas de referência da CBS, e as alíquotas de referência estadual e municipal do IBS.

§ 2º. O montante da redução de que trata esse artigo será fixado pelo Senado Federal para o ano de 2035, observados os critérios e os prazos estabelecidos no art. 349 desta Lei Complementar.

§ 3º. A revisão da alíquota de referência da CBS e do IBS na forma deste artigo não implicará cobrança ou restituição de tributo relativo a anos anteriores ou transferência de recursos entre os entes federativos.

Seção V
DO REDUTOR A SER APLICADO SOBRE AS ALÍQUOTAS DA CBS E DO IBS NAS OPERAÇÕES CONTRATADAS PELA ADMINISTRAÇÃO PÚBLICA DE 2027 A 2033

Art. 370. O cálculo do redutor a ser aplicado, em cada ano de vigência, sobre as alíquotas da CBS e do IBS nas operações contratadas pela administração pública direta, por autarquias e por fundações públicas, inclusive suas importações tomará por referência:

I – estimativa da receita de CBS e de IBS nas operações de que trata o *caput* para cada ano-base de 2024 a 2026, calculada nos termos dos arts. 352 e 360 desta Lei Complementar, considerando:

a) estimativa da base de cálculo dessas operações em cada ano-base; e

b) as alíquotas de CBS e de IBS do ano de vigência; e

II – estimativa da receita da União com os tributos de que tratam as alíneas do inciso I do art. 350 desta Lei Complementar sobre as operações de que trata o *caput* deste artigo;

III – estimativa da receita dos Estados, do Distrito Federal e dos Municípios com os impostos de que tratam a alínea "a" do inciso II e o inciso III do art. 350 desta Lei Complementar sobre as operações de que trata o *caput* deste artigo.

§ 1º. Para o ano de vigência de 2027, o redutor de que trata o *caput* será fixado de modo a que haja equivalência entre:

I – a média da estimativa da receita de CBS para os anos-base de 2024 e 2025, calculada nos termos do inciso I do *caput*, aplicando-se sobre as alíquotas da CBS o redutor a ser aplicado em 2027; e

II – a média da estimativa da receita da União para os anos-base de 2024 e 2025, calculada nos termos do inciso II do *caput*.

§ 2º. Para o ano de vigência de 2028, o redutor de que trata o *caput* será fixado de modo a que haja equivalência entre:

I – a média da estimativa da receita de CBS para os anos-base de 2024 a 2026, calculada nos termos do inciso I do *caput*, aplicando-se sobre as alíquotas da CBS o redutor a ser aplicado em 2028; e

II – a média da estimativa da receita da União para os anos-base de 2024 a 2026, calculada nos termos do inciso II do *caput*.

§ 3º. Para o ano de vigência de 2033, o redutor de que trata o *caput* será fixado de modo a que haja equivalência entre:

I – a média da estimativa da receita de CBS e IBS para os anos-base de 2024 a 2026, calculada nos termos do inciso I do *caput*, aplicando-se sobre as alíquotas da CBS e do IBS o redutor a ser aplicado em 2033; e

II – a média da estimativa da receita da União, dos Estados, do Distrito Federal e dos Municípios para os anos-base de 2024 a 2026, calculada nos termos dos incisos II e III do *caput*.

§ 4º. Para os anos de vigência de 2029 a 2032, o redutor de que trata o *caput* será fixado com base em uma média ponderada dos cálculos realizados na forma estabelecida nos §§ 2º e 3º deste artigo, considerando a evolução das alíquotas da CBS e do IBS.

CAPÍTULO II
DO LIMITE PARA REDUÇÃO DAS ALÍQUOTAS DO IBS DE 2029 A 2077

Art. 371. De 2029 a 2077 é vedado aos Estados, ao Distrito Federal e aos Municípios fixar alíquotas do IBS inferiores às necessárias para garantir as retenções de que tratam o § 1º do art. 131 e o art. 132, ambos do Ato das Disposições Constitucionais Transitórias da Constituição Federal.

§ 1º. Para fins do disposto no *caput* deste artigo, as alíquotas do IBS fixadas pelos Estados, pelo Distrito Federal e pelos Municípios não poderão ser inferiores ao valor resultante da aplicação dos percentuais estabelecidos para cada ano no Anexo XVI, sobre a alíquota de referência da respectiva esfera federativa.

§ 2º. Na hipótese de fixação da alíquota pelo ente em nível inferior ao previsto no § 1º, prevalecerá o limite inferior da alíquota, calculado nos termos do § 1º deste artigo.

CAPÍTULO III
DA TRANSIÇÃO APLICÁVEL AO REGIME DE COMPRAS GOVERNAMENTAIS

Art. 372. O regime de destinação integral do produto da arrecadação do IBS e da CBS ao ente federativo contratante nos termos do art. 473 desta Lei Complementar:

I – não se aplica:

a) ao IBS e à CBS, em relação aos fatos geradores ocorridos de 1º de janeiro a 31 de dezembro de 2026;

b) à CBS, em relação aos fatos geradores ocorridos de 1º de janeiro de 2027 a 31 de dezembro de 2028;

II – aplica-se integralmente:

a) ao IBS, em relação aos fatos geradores ocorridos a partir de 1º de janeiro de 2027;

b) à CBS, em relação aos fatos geradores ocorridos a partir de 1º de janeiro de 2033.

Parágrafo único. Em relação aos fatos geradores ocorridos de 1º de janeiro de 2029 a 31 de dezembro de 2032, a aplicação do regime de que trata o *caput* se dará nas seguintes proporções da CBS incidente nas aquisições de bens e serviços pela administração pública direta, por autarquias e por fundações públicas:

I – de 1º de janeiro a 31 de dezembro de 2029, 10% (dez por cento);

II – de 1º de janeiro a 31 de dezembro de 2030, 20% (vinte por cento);

III – de 1º de janeiro a 31 de dezembro de 2031, 30% (trinta por cento);

IV – de 1º de janeiro a 31 de dezembro de 2032, 40% (quarenta por cento).

CAPÍTULO IV
DO REEQUILÍBRIO DE CONTRATOS ADMINISTRATIVOS

Art. 373. Este Capítulo dispõe sobre os instrumentos de ajuste para os contratos firmados anteriormente à entrada em vigor desta Lei Complementar.

§ 1º. Aplica-se o disposto neste Capítulo, no que couber, a contratos administrativos firmados posteriormente à vigência desta Lei Complementar cuja proposta tenha sido apresentada antes de sua entrada em vigor.

§ 2º. O disposto neste Capítulo não se aplica aos contratos privados, os quais permanecem sujeitos às disposições da legislação específica.

Art. 374. Os contratos vigentes na entrada em vigor desta Lei Complementar celebrados pela administração pública direta ou indireta da União, dos Estados, do Distrito Federal e dos Municípios, inclusive concessões públicas, serão ajustados para assegurar o restabelecimento do equilíbrio econômico-financeiro em razão da alteração da carga tributária efetiva suportada pela contratada em decorrência do impacto da instituição do IBS e da CBS, nos casos em que o desequilíbrio for comprovado.

§ 1º. Para os fins deste Capítulo, a determinação da carga tributária efetiva suportada pela contratada deve considerar, inclusive:

a) os efeitos da não cumulatividade nas aquisições e custos incorridos pela contratada, considerando as regras de apuração de créditos, e a forma de determinação da base de cálculo dos tributos de que trata o *caput*;

b) a possibilidade de repasse a terceiros, pela contratada, do encargo financeiro dos tributos de que trata o *caput*;

c) os impactos decorrentes da alteração dos tributos no período de transição previsto nos arts. 125 a 133 do ADCT; e

d) os benefícios ou incentivos fiscais ou financeiros da contratada relacionados aos tributos extintos pela Emenda Constitucional nº 132, de 20 de dezembro de 2023.

§ 2º. O disposto neste Capítulo aplica-se inclusive àqueles contratos que já possuem previsão em matriz de risco que impactos tributários supervenientes são de responsabilidade da contratada.

Art. 375. A administração pública procederá à revisão de ofício para restabelecimento do equilíbrio econômico-financeiro quando constatada a redução da carga tributária efetiva suportada pela contratada, nos termos do art. 374 desta Lei Complementar, assegurada a esta a manifestação.

Art. 376. A contratada poderá pleitear o restabelecimento do equilíbrio econômico-financeiro de que trata o art. 374 desta Lei Complementar verificado no período de transição de que tratam os arts. 125 a 133 do ADCT por meio de procedimento administrativo específico e exclusivo, nos seguintes termos:

I – o pedido de restabelecimento do equilíbrio econômico-financeiro poderá ser realizado:

a) a cada nova alteração tributária que ocasione o comprovado desequilíbrio; ou

b) de forma a já abranger todas as alterações previstas para o período de que tratam os arts. 342 a 347 desta Lei Complementar;

II – o pedido de restabelecimento do equilíbrio econômico-financeiro deverá ser formulado durante a vigência do contrato e antes de eventual prorrogação;

III – o procedimento de que trata o *caput* deverá tramitar de forma prioritária;

IV – o pedido deverá ser instruído com cálculo e demais elementos que comprovem o efetivo desequilíbrio econômico-financeiro, observado o disposto no § 3º;

V – o reequilíbrio poderá ser feito por meio de:

a) revisão dos valores contratados;

b) compensações financeiras, ajustes tarifários ou outros valores contratualmente devidos à contratada, inclusive a título de aporte de recursos ou contraprestação pecuniária;

c) renegociação de prazos e condições de entrega ou fornecimento de serviços;

d) elevação ou redução de valores devidos à administração pública, inclusive direitos de outorga;

e) transferência a uma das partes de custos ou encargos originalmente atribuídos à outra; ou

f) outros métodos considerados aceitáveis pelas partes, observada a legislação do setor ou de regência do contrato.

§ 1º. O pedido de que trata o *caput* deverá ser decidido de forma definitiva no prazo de 90 (noventa) dias contados do protocolo, prorrogável uma única vez por igual período caso seja necessária instrução probatória suplementar, ficando o referido prazo suspenso enquanto não restar atendida a requisição pela contratada.

§ 2º. O reequilíbrio econômico-financeiro será implementado, preferencialmente, por meio de alteração na remuneração do contrato ou de ajuste tarifário, conforme o caso, sendo que formas alternativas apenas poderão ser adotadas pela Administração com a concordância da contratada, observados, em todos os casos, os termos do contrato administrativo.

§ 3º. As pessoas jurídicas integrantes da administração pública com atribuição para decidir sobre procedimentos de reequilíbrio econômico-financeiro poderão regulamentar a forma de apresentação do pedido de que trata o *caput* e metodologias de cálculo recomendadas para demonstração do desequilíbrio, sem prejuízo do direito de a contratada solicitá-lo na ausência de tal regulamentação.

§ 4º. Nos termos da regulamentação, o reequilíbrio econômico-financeiro poderá, a critério da administração pública, ser implementado de forma provisória nos casos em que a contratada demonstrar relevante impacto financeiro na execução contratual decorrente da alteração na carga tributária efetiva, devendo a compensação econômica ser revista e ajustada por ocasião da decisão definitiva do pedido.

§ 5º. Deverá constar na decisão definitiva de que trata o § 4º a forma e os instrumentos de cobrança ou devolução dos valores pagos a menor ou a maior durante a aplicação da medida de ajuste provisório.

Art. 377. Nos casos de omissão deste Capítulo, aplicam-se, subsidiariamente, as disposições da legislação de regência do contrato.

CAPÍTULO V
DA UTILIZAÇÃO DO SALDO CREDOR DO PIS E DA COFINS

Art. 378. Os créditos da Contribuição para o PIS/Pasep e da COFINS, inclusive presumidos, não apropriados ou não utilizados até a data de extinção dessas contribuições:

I – permanecerão válidos e utilizáveis na forma deste Capítulo, mantida a fluência do prazo para sua utilização;

II – deverão estar devidamente registrados no ambiente de escrituração dos tributos mencionados no *caput*, nos termos da legislação aplicável;

III – poderão ser utilizados para compensação com o valor devido da CBS; e

IV – poderão ser ressarcidos em dinheiro ou compensados com outros tributos federais, desde que cumpram os requisitos para utilização nessas modalidades estabelecidos pela legislação das contribuições de que trata o *caput* na data de sua extinção, observados, na data do pedido ou da declaração, as condições e limites vigentes para ressarcimento ou compensação de créditos relativos a tributos administrados pela RFB.

Art. 379. Os bens recebidos em devolução a partir de 1º de janeiro de 2027, relativos a vendas realizadas anteriormente à referida data, darão direito à apropriação de crédito da CBS correspondente ao valor das contribuições referidas no *caput* do art. 378 que tenham incidido sobre as respectivas operações.

Parágrafo único. O crédito de que trata o *caput* somente poderá ser utilizado para compensação com a CBS, vedada a compensação com outros tributos e o ressarcimento.

Art. 380. Os créditos da Contribuição para o PIS/Pasep e da COFINS, que, até a data da extinção desses tributos, estiverem sendo apropriados com base na depreciação, amortização ou quota mensal de valor, deverão permanecer sendo apropriados, como créditos presumidos da CBS, na forma prevista:

I – no inciso III do § 1º e no § 21 do art. 3º da Lei nº 10.637, de 30 de dezembro de 2002•;

♦ Lei nº 10.637/2002 (Não cumulatividade na cobrança da contribuição para os Programas de Integração Social (PIS) e de Formação do Patrimônio do Servidor Público (Pasep), nos casos que especifica; pagamento e parcelamento de débitos tributários federais, compensação de créditos fiscais, declaração de inaptidão de inscrição de pessoas jurídicas, legislação aduaneira, e dá outras providências).

II – no inciso III do § 1º e nos §§ 14, 16 e 29, todos do art. 3º, e no inciso II do *caput* do art. 15, todos da Lei nº 10.833, de 29 de dezembro de 2003•;

♦ Lei nº 10.833/2003 (Não cumulatividade de Cofins).

III – nos §§ 4º e 7º do art. 15 da Lei nº 10.865, de 30 de abril de 2004•; e

♦ Lei nº 10.865/2004 (PIS e Cofins).

IV – no art. 6º da Lei nº 11.488, de 15 de junho de 2007•.

♦ Lei nº 11.488/2007 (Cria o Regime Especial de Incentivos para o Desenvolvimento da Infra-Estrutura – Reidi; reduz para 24 (vinte e quatro) meses o prazo mínimo para utilização dos créditos da Contribuição para o PIS/Pasep e da Contribuição para o Financiamento da Seguridade Social – Cofins decorrentes da aquisição de edificações e dá outras providências).

§ 1º. O disposto no *caput* também se aplica aos créditos que estejam aguardando cumprimento de requisitos para o início de apropriação com base na depreciação, amortização ou quota mensal de valor no dia imediatamente anterior à data da extinção dos tributos.

§ 2º. A apropriação do crédito que trata o *caput* sujeita-se ao disposto na legislação vigente na data da extinção dos referidos tributos, inclusive em relação à alíquota aplicável no cálculo de seu valor, observado o disposto no art. 378 desta Lei Complementar.

§ 3º. Na hipótese de alienação do bem que enseja a apropriação parcelada de créditos de que trata o *caput* antes de completada a apropriação, não será admitido, a partir da data da alienação, o creditamento em relação às parcelas ainda não apropriadas.

Art. 381. O contribuinte sujeito ao regime regular da CBS poderá apropriar crédito presumido sobre o estoque de bens materiais existente em 1º de janeiro de 2027 nas seguintes hipóteses:

I – caso o contribuinte, em 31 de dezembro de 2026, estivesse sujeito ao regime de apuração cumulativa da Contribuição para o PIS/Pasep e da COFINS, estabelecido precipuamente pela Lei nº 9.718, de 27 de novembro de 1998,• em relação aos bens em estoque sobre os quais não houve apuração de créditos da Contribuição para o PIS/Pasep e da COFINS em razão da sujeição ao referido regime de apuração;

♦ Lei nº 9.718/1998
(Altera a legislação tributária federal).

II – em relação aos bens em estoque sujeitos, na aquisição, à substituição tributária ou à incidência monofásica de que tratam os seguintes dispositivos:

a) inciso I do art. 1º da Lei nº 10.147, de 21 de dezembro de 2000•;

♦ Lei nº 10.147/2000 (Dispõe sobre a incidência da contribuição para os Programas de Integração Social e de Formação do Patrimônio do Servidor Público – PIS/Pasep, e da Contribuição para o Financiamento da Seguridade Social – Cofins, nas operações de venda dos produtos que especifica).

b) *caput* do art. 1º, inciso II do art. 3º e *caput* do art. 5º da Lei nº 10.485, de 3 de julho de 2002•;

♦ Lei nº 10.485/2002 (PIS/Pasep e Cofins).

c) art. 43 da Medida Provisória nº 2.158-35, de 24 de agosto de 2001;

d) art. 53 da Lei nº 9.532, de 10 de dezembro de 1997•; e

♦ Lei nº 9.532/1997 (Altera a legislação tributária federal e dá outras providências).

e) inciso II do art. 6º da Lei nº 12.402, de 2 de maio de 2011;

III – em relação à parcela do valor dos bens em estoque sujeita à vedação parcial de creditamento estabelecida pelos §§ 7º a 9º do art. 3º da Lei nº 10.637, de 30 de dezembro de 2002,• e da Lei nº 10.833, de 29 de dezembro•• 2003•••.

♦ Lei nº 10.637/2002 (Não cumulatividade na cobrança da contribuição para os Programas de Integração Social (PIS) e de Formação do Patrimônio do Servidor Público (Pasep), nos casos que especifica; pagamento e parcelamento de débitos tributários federais, compensação de créditos fiscais, declaração de inaptidão de inscrição de pessoas jurídicas, legislação aduaneira, e dá outras providências).

♦♦ Publicação oficial: "dezembro".
Entendemos que seria: "dezembro de". (N.E.)

♦♦♦ Lei nº 10.833/2003
(Não cumulatividade de Cofins).

§ 1º. O direito ao crédito presumido previsto no *caput*:

I – somente se aplica a bens novos adquiridos de pessoa jurídica domiciliada no País ou importados para revenda ou para utilização na produção de bens destinados à venda ou na prestação de serviços a terceiros;

II – não se aplica aos produtos cuja aquisição foi contemplada por alíquota zero, isenção, suspensão ou não sofreu a incidência da Contribuição para o PIS/Pasep e da COFINS;

III – não se aplica aos bens considerados de uso e consumo pessoal de que trata o art. 57 desta Lei Complementar;

IV – não se aplica:

a) a bens incorporados ao ativo imobilizado do contribuinte; e

b) a imóveis.

§ 2º. Ato do Poder Executivo da União disciplinará a forma de verificação do estoque existente em 1º de janeiro de 2027, podendo determinar a realização de inventário e valoração do estoque ou método alternativo.

§ 3º. O valor do crédito presumido de que trata o *caput*:

I – no caso de bens adquiridos no País, será calculado mediante aplicação de percentual de 9,25% (nove inteiros e vinte e cinco centésimos por cento) sobre o valor do estoque;

II – no caso de bens importados, será equivalente ao valor da Contribuição para o PIS/Pasep-Importação e da Cofins-Importação efetivamente pago na importação, vedada a apuração de crédito presumido em relação ao adicional de alíquota de que trata o § 21 do art. 8º da Lei nº 10.865, de 30 de abril de 2004•.

♦ Lei nº 10.865/2004 (PIS e Cofins).

§ 4º. O crédito presumido de que trata o *caput*:

I – deverá ser apurado e apropriado até o último dia de junho de 2027;

II – deverá ser utilizado em 12 (doze) parcelas mensais iguais e sucessivas a partir do período subsequente ao da apropriação; e

III – somente poderá ser utilizado para compensação com a CBS, vedada a compensação com outros tributos e o ressarcimento.

§ 5º. Para os fins deste artigo, também serão considerados bens incorporados ao ativo imobilizado aqueles com a mesma natureza e que, em decorrência das normas contábeis aplicáveis, forem contabilizados por concessionárias de serviços públicos como ativo de contrato, intangível ou financeiro.

Art. 382. A utilização dos créditos das contribuições de que trata este Capítulo para compensação terá preferência em relação aos créditos de CBS de que trata o art. 53 desta Lei Complementar.

Art. 383. O direito de utilização dos créditos de que tratam os arts. 379 a 381 desta Lei Complementar extinguir-se-á após o prazo de 5 (cinco) anos, contado do último dia do período de apuração em que tiver ocorrido a apropriação do crédito.

CAPÍTULO VI
DOS CRITÉRIOS, LIMITES E PROCEDIMENTOS RELATIVOS À COMPENSAÇÃO DE BENEFÍCIOS FISCAIS OU FINANCEIRO-FISCAIS DO ICMS

Seção I
DISPOSIÇÕES GERAIS

Art. 384. As pessoas físicas ou jurídicas titulares de benefícios onerosos relativos ao ICMS, em função da redução do nível desses benefícios prevista no § 1º do art. 128 do ADCT, no período entre 1º de janeiro de 2029 e 31 de dezembro de 2032, serão compensadas por recursos do Fundo de Compensação de Benefícios Fiscais ou Financeiro-Fiscais instituído pelo art. 12 da Emenda Constitucional nº 132, de 20 de dezembro de 2023,• de acordo com os critérios e limites para apuração do nível de benefícios e de sua redução e com os procedimentos de análise dos requisitos para habilitação do requerente à compensação estabelecidos nesta Lei Complementar.

♦ Emenda Constitucional nº 132/2023 (Reforma Tributária).

Parágrafo único. A compensação de que trata o *caput*:

I – aplica-se aos titulares de benefícios onerosos regularmente concedidos até 31 de maio de 2023, sem prejuízo de ulteriores prorrogações ou renovações, observados o prazo de 31 de dezembro de 2032 e, se aplicável, a exigência de registro e depósito estabelecida pelo art. 3º, inciso II, da Lei Complementar nº 160, de 7 de agosto de 2017,• que tenham cumprido tempestivamente as condições exigidas pela norma concessiva do benefício;

♦ Lei Complementar nº 160/2017 (Dispõe sobre convênio que permite aos Estados e ao Distrito Federal deliberar sobre a remissão dos créditos tributários, constituídos ou não, decorrentes das isenções, dos incentivos e dos benefícios fiscais ou financeiro-fiscais instituídos em desacordo com o disposto na alínea "g" do inciso XII do § 2º do art. 155 da Constituição Federal e a reinstituição das respectivas isenções, incentivos e benefícios fiscais ou financeiro-fiscais; e altera a Lei nº 12.973, de 13 de maio de 2014).

II – aplica-se ainda a outros programas ou benefícios que tenham migrado por força de mudanças na legislação estadual entre 31 de maio de 2023 e a data de promulgação da Emenda Constitucional nº 132, de 20 de dezembro de 2023, ou que estavam em processo de migração na data de promulgação da referida Emenda Constitucional, desde que seu ato concessivo seja emitido pela unidade federada em até 90 (noventa) dias após a publicação desta Lei Complementar;

III – não se aplica aos titulares de benefícios decorrentes do disposto no § 2º-A do art. 3º da Lei Complementar nº 160, de 7 de agosto de 2017.

Art. 385. Para os fins da compensação de que trata o art. 384 desta Lei Complementar, consideram-se:

I – benefícios onerosos: as repercussões econômicas oriundas de isenções, incentivos e benefícios fiscais ou financeiro-fiscais concedidos pela unidade federada por prazo certo e sob condição, na forma do art. 178 da Lei nº 5.172, de 25 de outubro de 1966 – Código Tributário Nacional;

II – titulares de benefícios onerosos: as pessoas que detêm o direito à fruição de benefícios onerosos mediante ato ou norma concessiva, caso estejam adimplentes com as condições exigidas pela norma concessiva do benefício, observado o disposto no inciso IIIdo parágrafo único do art. 384 desta Lei Complementar;

III – prazo certo: o prazo estabelecido para auferimento do benefício oneroso, observada a data limite de 31 de dezembro de 2032, nos termos do *caput* do art. 12 da Emenda Constitucional nº 132, de 20 de dezembro de 2023;

IV – condição, na forma do art. 178 da Lei nº 5.172, de 25 de outubro de 1966 – Código Tributário Nacional: as contrapartidas previstas no ato concessivo ou fixadas na legislação estadual ou distrital exigidas do titular do benefício das quais resulte ônus ou restrições à sua atividade, tais como as que:

a) têm por finalidade a implementação ou expansão de empreendimento econômico vinculado a processos de transformação ou industrialização aptos à agregação de valor;

b) estabelecem a geração de novos empregos; ou

c) impõem a limitação no preço de venda ou a restrição de contratação de determinados fornecedores;

V – repercussão econômica:

a) a parcela do ICMS incidente na operação apropriada pelo contribuinte do imposto em razão da concessão de benefício fiscal pela unidade federada, tal como crédito presumido de ICMS, crédito outorgado de ICMS, entre outros;

b) a parcela correspondente ao desconto concedido sobre o ICMS a recolher em função da antecipação do pagamento do imposto cujo prazo de pagamento havia sido ampliado; ou

c) na hipótese do benefício de ampliação do prazo de pagamento do ICMS, o ganho financeiro não realizado em função da redução das alíquotas do ICMS prevista no art. 128 do ADCT, tendo como parâmetros de cálculo, entre outros, a Taxa Selic acumulada entre o mês seguinte ao do vencimento ordinário do débito de ICMS e o mês para o qual o recolhimento foi diferido, limitado a dezembro de 2032;

VI – ato concessivo de benefícios onerosos: qualquer ato administrativo ou enquadramento em norma jurídica pelo qual se concretiza a concessão da titularidade de benefícios onerosos a pessoa física ou jurídica pela unidade federada;

VII – implementação de empreendimento econômico: o estabelecimento de empreendimento econômico para o desenvolvimento da atividade a ser explorada por pessoa jurídica não domiciliada na localização geográfica da unidade federada que concede a subvenção;

VIII – expansão de empreendimento econômico: a ampliação da capacidade, a modernização ou a diversificação do comércio ou da produção de bens ou serviços do empreendimento econômico, inclusive mediante o estabelecimento de outra unidade, pela pessoa jurídica domiciliada na localização geográfica da unidade federada que concede a subvenção.

§ 1º. Para fins do disposto no inciso IV do *caput*, não se enquadram no conceito de condição as contrapartidas previstas em atos ou normas concessivas de benefícios fiscais que:

I – importem mero cumprimento de deveres de observância obrigatória para todos os contribuintes e já previamente estabelecidos em legislação;

II – configurem mera declaração de intenções, sem o estabelecimento de ônus ou restrições efetivos; e

III – exijam contribuição a fundo estadual ou distrital vinculada à fruição do benefício.

§ 2º. Para fins da compensação de que trata este Capítulo, considera-se benefício oneroso, não se aplicando o disposto no inciso III do § 1º deste artigo, o benefício cuja contrapartida seja contribuição a fundo estadual ou distrital cuja totalidade dos recursos sejam empregados em obras de infraestrutura pública ou em projetos que fomentem a atividade econômica do setor privado, inclusive quando exercida por empresas estatais, constituído até 31 de maio de 2023.

§ 3º. Para o cálculo da repercussão econômica decorrente de benefício fiscal ou financeiro-fiscal, devem ser deduzidos todos os valores de natureza tributária correspondentes a direitos renunciados e obrigações assumidas, tais como créditos escriturais de ICMS que deixaram de ser aproveitados ou contribuições a fundos efetuadas para fruição do benefício, inclusive na hipótese do § 2º deste artigo.

§ 4º. Não importam para o cálculo da repercussão econômica decorrente de benefício fiscal ou financeiro-fiscal os custos, despesas e investimentos realizados como condição para fruição dos benefícios onerosos.

§ 5º. A RFB poderá elencar outras hipóteses com repercussões econômicas decorrentes de benefícios fiscais ou financeiro-fiscais relativos ao ICMS equivalentes às previstas no inciso V do *caput*.

Seção II
DAS COMPETÊNCIAS ATRIBUÍDAS À RFB

Art. 386. Em relação às compensações dos benefícios onerosos de que trata o art. 384 desta Lei Complementar, compete a RFB, observando o disposto nesta Lei Complementar:

I – estabelecer a forma e as informações dos requerimentos de habilitação;

II – expedir normas complementares relativas ao cumprimento das exigências a que estão sujeitos os requerentes para sua habilitação;

III – analisar os requerimentos de habilitação efetuados pelos titulares de benefícios onerosos e, se preenchidos os requisitos legais, deferi-los;

IV – estabelecer as informações a serem prestadas na escrituração fiscal e contábil-fiscal e o formato da demonstração de apuração do crédito;

V – processar e revisar as apurações de crédito transmitidas pelos titulares de benefícios onerosos habilitados perante o órgão e, se não constatada irregularidade, reconhecer os respectivos créditos, autorizando os seus pagamentos;

VI – estabelecer parâmetros de riscos com a finalidade de automatizar o reconhecimento do crédito e a autorização de pagamento;

VII – estabelecer critérios de análise para serem aplicados nos procedimentos de revisão;

VIII – disciplinar a forma de retificação das informações prestadas e o tratamento de suas consequências;

IX – disciplinar a forma de devolução do pagamento indevido em função do crédito irregularmente apurado e sobre a retenção de créditos subsequentes para compensar pagamentos indevidos;

X – disciplinar a padronização da representação por unidade federada de que trata o art. 398 desta Lei Complementar;

XI – regulamentar prazos que não estejam previstos neste Capítulo;

XII – regulamentar outros aspectos procedimentais não previstos acima, especialmente os concernentes à garantia do direito à ampla defesa e ao contraditório.

Parágrafo único. Para fins deste Capítulo, aplica-se subsidiariamente a regulamentação do processo administrativo prevista na Lei nº 9.784, de 29 de janeiro de 1999•.

♦ Lei nº 9.784/1999 (Processo administrativo no âmbito da Administração Pública Federal).

Art. 387. No âmbito da competência da RFB e em caráter privativo, compete ao Auditor-Fiscal da Receita Federal do Brasil, em relação ao direito assegurado aos titulares de benefícios onerosos à compensação de que trata o art. 384 desta Lei Complementar:

I – elaborar e proferir decisões ou delas participar em processo ou procedimento de análise do reconhecimento do direito à compensação referida no *caput* e do reconhecimento do crédito dele decorrente;

II – examinar a contabilidade e a escrituração fiscal de sociedades empresariais e de empresários com a finalidade de revisar a apuração do crédito apresentado, não se lhes aplicando as restrições previstas nos arts. 1.190 e 1.191 da Lei nº 10.406, de 10 de janeiro de 2002 – Código Civil, e observado o disposto no art. 1.193 do mesmo diploma legal;

III – proceder a orientação dos titulares do direito à compensação referida no *caput*; e

IV – proceder a constituição do crédito decorrente de indébitos gerados pela sistematização da compensação referida no *caput*.

Seção III
DA HABILITAÇÃO DO REQUERENTE À COMPENSAÇÃO

Art. 388. Poderá ser beneficiário da compensação de que trata o art. 384 desta Lei Complementar o titular de benefício oneroso habilitado pela RFB, exceto o benefício oneroso que, nos termos da Emenda Constitucional nº 132, de 20 de dezembro de 2023,• seja alcançado por compensação prevista nos §§ 2º e 6º, todos do art. 92-B do ADCT, ou, ainda, por qualquer outra forma de compensação prevista na Constituição Federal, mesmo que parcial.

♦ Emenda Constitucional nº 132/2023 (Reforma Tributária).

Parágrafo único. O requerimento para o procedimento de habilitação, na forma a ser regulamentada pela RFB, deverá ser apresentado no período de 1º de janeiro de 2026 a 31 de dezembro de 2028.

Art. 389. São requisitos para a concessão da habilitação ao requerente:

I – ser titular de benefício oneroso concedido por unidade federada;

II – haver ato concessivo do benefício oneroso emitido pela unidade federada:

a) até 31 de maio de 2023, ou no prazo previsto para a hipótese disposta no inciso II do parágrafo único do art. 384 desta Lei Complementar, sem prejuízo de ulteriores prorrogações ou renovações, conforme disposto no § 1º do mesmo artigo;

b) que estabeleça expressamente as condições e as contrapartidas a serem observadas pelo beneficiário;

c) cujo prazo de fruição não ultrapasse a data de 31 de dezembro de 2032; e

d) que esteja vigorando em todo ou em parte do período de que trata o *caput* do art. 384 desta Lei Complementar, ainda que mediante ato de prorrogação ou renovação;

III – ter sido efetuado o registro e o depósito previstos no inciso II do art. 3º da Lei Complementar nº 160, de 7 de agosto de 2017,• se aplicável tal exigência;

- ♦ Lei Complementar nº 160/2017 (Dispõe sobre convênio que permite aos Estados e ao Distrito Federal deliberar sobre a remissão dos créditos tributários, constituídos ou não, decorrentes das isenções, dos incentivos e dos benefícios fiscais ou financeiro-fiscais instituídos em desacordo com o disposto na alínea "g" do inciso XII do § 2º do art. 155 da Constituição Federal e a reinstituição das respectivas isenções, incentivos e benefícios fiscais ou financeiro-fiscais; e altera a Lei nº 12.973, de 13 de maio de 2014).

IV – cumprir, tempestivamente, as condições exigidas pelo ato concessivo do benefício oneroso;

V – apresentar as obrigações acessórias com as informações necessárias à aferição do benefício oneroso objeto de compensação, bem assim as em que conste o registro do próprio benefício, quando for o caso;

VI – inexistir impedimento legal à fruição de benefícios fiscais;

VII – apresentar regularidade cadastral perante o cadastro nacional de pessoas jurídicas – CNPJ.

Parágrafo único. Para fins do preenchimento do requisito de habilitação previsto no inciso IV deste artigo, o titular do benefício oneroso deverá apresentar declaração que atende tempestivamente as condições, sendo obrigatória a manifestação prévia da unidade federada concedente à concessão da habilitação.

Art. 390. Observado o direito à ampla defesa e ao contraditório, a habilitação será:

I – indeferida, na hipótese de o requerente não atender aos requisitos de que trata o art. 389 desta Lei Complementar;

II – suspensa, na hipótese de o requerente deixar de atender temporariamente aos requisitos de que trata o art. 389 desta Lei Complementar;

III – cancelada, na hipótese de o requerente deixar de atender aos requisitos de que trata o art. 389 desta Lei Complementar.

Parágrafo único. A suspensão prevista no inciso II do *caput* será revertida em caso de modificação dos elementos que levaram à suspensão, mantida a mesma habilitação previamente concedida.

Seção IV
DA DEMONSTRAÇÃO E RECONHECIMENTO DO CRÉDITO APURADO E DA REVISÃO DA REGULARIDADE DO CRÉDITO RETIDO

Art. 391. O titular de benefício oneroso habilitado informará mensalmente na escrituração fiscal os elementos necessários para a quantificação da repercussão econômica de cada benefício fiscal ou financeiro-fiscal, conforme regulamentação a ser expedida pela RFB.

§ 1º. O crédito será calculado para cada mês de competência em função do valor da repercussão econômica de cada benefício fiscal ou financeiro-fiscal e da redução de nível dos benefícios fiscais de que trata o *caput* do art. 384 desta Lei Complementar relativamente a cada ato concessivo e tipo de benefício fiscal habilitado.

§ 2º. A apuração do crédito referente à compensação de que trata o art. 384 desta Lei Complementar será demonstrada na escrituração fiscal, de acordo com a regulamentação da RFB.

§ 3º. O direito de pleitear a compensação de que trata o art. 384 desta Lei Complementar extingue-se com o decurso do prazo de 3 (três) anos, contado do vencimento do prazo para transmissão da escrituração fiscal estabelecida em norma regulamentar para conter a apuração do correspondente crédito.

Art. 392. A RFB processará o montante calculado para fins de compensação, na forma do art. 384 desta Lei Complementar, e, exceto se existirem indícios de irregularidade ou o montante incidir em parâmetros de risco, terá seu crédito automaticamente reconhecido e autorizado em pagamento em até 60 (sessenta) dias a contar do vencimento do prazo para transmissão da escrituração fiscal que contenha a sua demonstração.

§ 1º. Caso a RFB não se manifeste no prazo previsto no *caput*, o reconhecimento do crédito e a autorização de pagamento serão tacitamente considerados na data final do prazo.

§ 2º. A entrega dos recursos ao beneficiário ocorrerá em 30 (trinta) dias a contar da data da autorização de que trata o *caput*.

§ 3º. O pagamento em data posterior ao previsto no § 2º será acrescido de juros, à Taxa SELIC para títulos federais, acumulados mensalmente, e de juros de 1% (um por cento) no mês em que a quantia for disponibilizada ao sujeito passivo, a partir do mês seguinte ao término do prazo previsto naquele parágrafo.

§ 4º. Na hipótese de o montante mensal apurado situar-se em patamar superior ao limite tolerável de risco, a parcela superior será retida para revisão da regularidade da apuração.

§ 5º. Na hipótese de existirem indícios de irregularidade, todo o montante apurado será retido para a sua revisão.

§ 6º. As retenções efetuadas nas hipóteses descritas nos §§ 4º e 5º deste artigo devem ser cientificadas ao interessado.

§ 7º. Sobre as retenções a que se referem os §§ 4º e 5º, incidem juros à mesma taxa estabelecida no § 3º, a partir do mês seguinte ao término do prazo de 90 (noventa) dias a contar do vencimento do prazo para transmissão da escrituração fiscal que contenha a sua demonstração.

§ 8º. A revisão da regularidade da apuração de créditos retidos deve ser realizada nos seguintes prazos máximos a contar da data da prestação integral dos elementos de comprovação requeridos pela RFB na data de ciência descrita no § 6º deste artigo:

I – de 120 (cento e vinte) dias, na hipótese prevista no § 4º deste artigo; e

II – de 1 (um) ano, na hipótese prevista no § 5º deste artigo.

§ 9º. A ausência de apresentação integral dos elementos de comprovação mencionados no § 8º deste artigo no prazo de 60 (sessenta) dias a contar da ciência do requerimento de apresentação implica o não reconhecimento da parcela do crédito retida, sem prejuízo do exame da regularidade da parcela do crédito eventualmente já paga.

§ 10. Na hipótese de vencimento do prazo estabelecido no § 8º deste artigo sem o término da revisão da apuração, o crédito retido será tacitamente autorizado em pagamento, devendo este ser realizado no prazo previsto no § 2º deste artigo, sem prejuízo da continuidade do procedimento em curso, se for o caso.

§ 11. Os critérios para definição do limite tolerável de risco não podem resultar em retenção de valores referentes a mais de 20% (vinte por cento) das apurações apresentadas no respectivo período mensal, não ingressando nesse cômputo as apurações sobre as quais existam indícios objetivos de irregularidade ou que pairem suspeitas fundamentadas de fraude.

§ 12. O percentual limitador de retenção previsto no § 11 deste artigo poderá ser ampliado no período em que o montante total dos créditos apurados indicarem que os recursos originalmente determinados para prover o Fundo instituído pelo *caput* do art. 12 da Emenda Constitucional nº 132, de 23 de dezembro• de 2023,•• serão insuficientes para cobrir as compensações de que trata o *caput* do art. 384 desta Lei Complementar até o final do ano de 2032, e desde que o critério indicativo seja regulamentado e publicado pela Secretaria do Tesouro Nacional.

♦ Publicação oficial: "23 de dezembro". Entendemos que seria: "20 de dezembro". (N.E.)

♦♦ Emenda Constitucional nº 132/2023 (Reforma Tributária).

Seção V
DA AUTORREGULARIZAÇÃO DAS INFORMAÇÕES PRESTADAS

Art. 393. Constatada pelo interessado a irregularidade na apuração do crédito apresentado para pagamento, deverá ele proceder imediatamente a sua regularização, retificando as informações prestadas na escrituração fiscal, de acordo com a regulamentação a ser expedida pela RFB.

§ 1º. Tendo recebido valores indevidos decorrentes do crédito apurado a maior na hipótese descrita no *caput*, o beneficiário deverá ainda efetuar a sua imediata devolução ao Fundo de que trata o art. 384 desta Lei Complementar, observado o § 2º deste artigo e na forma a ser regulamentada pela RFB.

§ 2º. O montante recebido indevidamente deve ser acrescido de juros a partir do primeiro dia do mês subsequente à data de seu recebimento, equivalentes à Taxa SELIC, acumulados mensalmente, e de juros de 1% (um por cento) no mês em que a quantia for restituída ao Fundo de que trata o art. 12 da Emenda Constitucional nº 132, de 20 de dezembro de 2023♦.

♦ Emenda Constitucional nº 132/2023 (Reforma Tributária).

§ 3º. Caso o interessado efetue a regularização de que trata o *caput* e não efetue a imediata devolução integral do montante recebido indevidamente de que trata o § 1º deste artigo, a RFB fica autorizada a compensar de ofício o débito com créditos de mesma natureza apresentados em períodos subsequentes até que sejam suficientes para igualar com o montante do débito atualizado na forma do § 2º, sem prejuízo das retenções ordinárias relativas à revisão da regularidade da apuração dos créditos posteriormente apresentados.

§ 4º. O interessado deve ser cientificado das compensações de ofício realizadas em conformidade com o previsto no § 3º deste artigo.

§ 5º. Competirá à RFB constituir o crédito da União na forma do art. 395, caso antes da devolução integral do débito de que trata o § 1º deste artigo:

I – não seja apresentada pelo interessado a apuração de créditos de mesma natureza passíveis de compensação no primeiro período subsequente ao da hipótese descrita no § 3º deste artigo; ou

II – por qualquer motivo, os créditos de mesma natureza passíveis de compensação cessem por três meses consecutivos; ou

III – tiver decorrido o prazo de um ano da primeira compensação autorizada no § 3º deste artigo.

§ 6º. A retificação das informações prestadas na escrituração fiscal de que trata o *caput* que impute ao interessado o dever imediato de devolução de valores recebidos indevidamente, conforme previsto no § 1º deste artigo, configura o dia da ocorrência do recebimento indevido de que trata o § 1º do art. 395, para fins de fixação do termo inicial do prazo decadencial em relação ao montante decorrente da retificação.

Seção VI
DOS PROCEDIMENTOS DE REVISÃO DA APURAÇÃO DO CRÉDITO E DO RITO PROCESSUAL

Art. 394. Caso seja constatada irregularidade em procedimento de revisão da apuração do crédito apresentado para pagamento, a autoridade competente lavrará despacho decisório que será cientificado ao interessado com os fundamentos e os elementos de prova necessários, denegando total ou parcialmente o crédito apresentado.

§ 1º. Aplica-se ao disposto no *caput* o rito processual previsto na Lei nº 9.784, de 29 de janeiro de 1999,• observadas as regras específicas estabelecidas neste capítulo.

- ♦ Lei nº 9.784/1999 (Processo administrativo no âmbito da Administração Pública Federal).

§ 2º. O procedimento de revisão da apuração do crédito poderá também ser efetuado após o pagamento ao beneficiário, de acordo com normas procedimentais a serem estabelecidas por ato da RFB.

§ 3º. No curso do procedimento de revisão da apuração, a autoridade competente realizará atividades de instrução destinadas a averiguar e comprovar os dados necessários, inclusive a realização de diligências, se for o caso.

§ 4º. Na hipótese de ter ocorrido o pagamento de valores para os quais sobrevier despacho decisório que denega total ou parcialmente o crédito apresentado, o interessado será notificado a devolver, no prazo de 30 (trinta) dias, os valores indevidamente recebidos acrescidos de juros calculados na forma do § 2º do art. 393.

§ 5º. Alternativamente ao disposto no § 4º deste artigo, o interessado poderá autorizar a compensação de créditos regulares de mesma natureza a serem apresentados em períodos subsequentes até que sejam suficientes para igualar com o montante do débito atualizado na forma do § 2º do art. 393.

§ 6º. A autorização prevista no § 5º deste artigo implica em confissão irretratável de dívida passível de inscrição em dívida ativa da União, caso, por qualquer motivo, cesse a compensação por três meses consecutivos e o interessado não efetue a devolução da integralidade do saldo residual.

§ 7º. A parte interessada poderá interpor recurso no prazo de 30 (trinta) dias a contar da ciência do despacho decisório.

§ 8º. O recurso interposto não impede a constituição de eventual crédito da União de que trata o art. 395 desta Lei Complementar, inclusive da multa incidente, mas sua exigibilidade ficará suspensa até 30 (trinta) dias a contar da ciência do interessado da decisão do julgamento do recurso, observado ainda o disposto no § 7º do art. 395.

§ 9º. Julgado o recurso em caráter definitivo total ou parcialmente favorável ao interessado, havendo-lhe valor devido, em conformidade com a decisão exarada, deverá ser autorizado o pagamento do montante retido.

§ 10. Após o julgamento do recurso, mantida em caráter administrativo definitivo a denegação total ou parcial do crédito apresentado para pagamento e já tendo sido este efetuado, o interessado será notificado a efetuar a devolução do pagamento indevido acrescido de juros calculados na forma do § 2º do art. 393 no prazo de 30 (trinta) dias contados da ciência da decisão, nos termos dela exarado.

Seção VII
DA CONSTITUIÇÃO DO CRÉDITO DA UNIÃO

Art. 395. Na hipótese do § 5º do art. 393 ou de constatação de irregularidade na apuração do crédito calculado pelo beneficiário após a efetivação do pagamento pela União e não ocorrendo a devolução integral com o acréscimo de juros previstos no § 2º do art. 393, no prazo do § 4º do art. 394, nem a autorização de que trata o § 5º do art. 394, a RFB deverá notificar de ofício, na forma a ser por ela disciplinada, a constituição do crédito da União composto por:

I – valor principal: equivalente ao montante recebido indevidamente que não foi devolvido ou compensado;

II – juros de mora: valor principal multiplicado pela Taxa SELIC para títulos federais, acumulada mensalmente, a partir do primeiro dia do mês subsequente à data do recebimento indevido até o mês que antecede a data da notificação;

III – multa de 20% (vinte por cento): parcela resultante de 0,2 (dois décimos) multiplicado pela soma de juros de mora e valor principal.

§ 1º. O direito de a RFB constituir o crédito decorrente da hipótese prevista no *caput* extingue-se após 3 (três) anos, contados do primeiro dia do exercício seguinte ao da ocorrência do recebimento indevido, observado o disposto no § 6º do art. 393.

§ 2º. Sobre o crédito constituído incidem juros de mora à mesma taxa prevista no inciso II do *caput*, acumulada mensalmente a partir do mês em que foi constituído e de 1% (um por cento) no mês do seu pagamento.

§ 3º. A notificação lavrada seguida da devida ciência do devedor, contendo todos os elementos exigidos pela lei, será instrumento apto para inscrição em dívida ativa da União.

§ 4º. Aplica-se ao disposto no *caput* o rito processual previsto na Lei nº 9.784, de 29 de janeiro de 1999,♦ observadas as regras específicas estabelecidas neste artigo.

♦ Lei nº 9.784/1999 (Processo administrativo no âmbito da Administração Pública Federal).

§ 5º. A parte interessada poderá interpor recurso no prazo de 30 (trinta) dias a contar da ciência da notificação que constituiu o crédito na hipótese prevista no *caput*.

§ 6º. O recurso interposto não suspende a obrigação de pagamento do crédito constituído, exceto se a parte tiver também interposto o recurso de que trata o § 7º do art. 394 e este estiver pendente de julgamento, devendo, neste caso, ser observada a conexão entre ambos os recursos.

§ 7º. Na hipótese de o interessado cumprir tempestivamente a notificação de que trata o § 10 do art. 394, o crédito da União constituído na forma do *caput* deste artigo será cancelado.

§ 8º. Após a ciência da constituição do crédito da União o qual não esteja com a exigibilidade suspensa, haverá a compensação de ofício dos créditos do interessado ainda não pagos até atingido o montante do débito.

§ 9º. Julgado o recurso de que trata o § 5º deste artigo em caráter definitivo total ou parcialmente a favor do interessado, deverá ser reduzido ou cancelado o montante constituído e pagos os valores eventualmente compensados na forma do § 7º deste artigo acrescidos de juros calculados na forma do § 2º do art. 393, em conformidade com a decisão exarada.

§ 10. A parcela do crédito correspondente ao valor principal e juros de mora proporcional que vier a ser arrecadada destina-se ao Fundo de que trata o art. 12 da Emenda Constitucional nº 132, de 23 de dezembro♦ de 2023,♦♦ na hipótese de a arrecadação ocorrer até 31 de dezembro de 2032, e ao Fundo de que trata o art. 159-A da Constituição Federal, se em data posterior.

♦ Publicação oficial: "23 de dezembro". Entendemos que seria: "20 de dezembro". (N.E.)

♦♦ Emenda Constitucional nº 132/2023 (Reforma Tributária).

§ 11. A multa de 20% (vinte por cento) prevista no inciso III do *caput*, acrescida dos juros de mora proporcional, será destinada ao Fundo Especial de Desenvolvimento e Aperfeiçoamento das Atividades de Fiscalização – FUNDAF, instituído pelo art. 6º do Decreto-lei nº 1.437, de 17 de dezembro de 1975♦.

♦ Decreto-Lei nº 1.437/1975 (Dispõe sobre a base de cálculo do imposto sobre produtos industrializados, relativo aos produtos de procedência estrangeira que indica, e dá outras providências).

Seção VIII
DA REPRESENTAÇÃO PARA FINS PENAIS

Art. 396. Em até 10 (dez) dias da lavratura do auto de infração previsto no art. 395 desta Lei Complementar, deverá ser procedida a correspondente representação criminal para o Ministério Público Federal, conforme normatização a ser expedida pela RFB.

Seção IX
DA COMUNICAÇÃO E DA REPRESENTAÇÃO FISCAL PELAS UNIDADES FEDERADAS

Art. 397. Caso a unidade federada constate o não cumprimento das condições exigidas pela norma concessiva do benefício oneroso, deverá comunicar em até 10 (dez) dias à RFB, a fim de que esta efetue a suspensão ou o cancelamento da habilitação.

Art. 398. Nos procedimentos fiscais em que a administração tributária estadual ou distrital constate irregularidade na fruição de benefício oneroso concedido pela unidade federada correspondente, quando a situação se enquadrar na hipótese de compensação de que trata o art. 384 desta Lei Complementar, deverá a autoridade competente, em até 10 (dez) dias do ato de constatação da irregularidade, representar os fatos acompanhados dos elementos de prova ao chefe do seu órgão, para que este providencie o encaminhamento à RFB.

Parágrafo único. É facultado à RFB e à administração tributária de unidade federada, mediante convênio, disciplinar sobre o formato da representação, seu direcionamento e, se for conveniente, pela periodicidade de encaminhamento.

Seção X
DISPOSIÇÕES FINAIS

Art. 399. Mediante ato requisitório por escrito, para fins de verificação do requisito previsto no inciso IV do art. 389 desta Lei Complementar, os órgãos públicos da União, Estados, Distrito Federal e Municípios e quaisquer outras entidades ou pessoas são obrigados a prestar à RFB todas as informações que disponham relacionadas ao cumprimento de condições estabelecidas em ato concessivo do benefício oneroso.

Art. 400. A RFB publicará, em transparência ativa, a relação mensal dos beneficiários da compensação de que trata o art. 384 desta Lei Complementar, identificando o beneficiário, a unidade federada concedente do benefício oneroso, o ato concessivo, o tipo de benefício fiscal, o montante pago em compensação e o valor do crédito eventualmente retido para verificação ou compensação.

Art. 401. Os valores pagos ao titular do benefício oneroso em função da compensação de que trata o art. 384 desta Lei Complementar terão o mesmo tratamento tributário do benefício fiscal concedido pelo Estado ou o Distrito Federal, para fins de incidência de IRPJ, CSLL, PIS e COFINS.

Art. 402. As Secretarias de Fazenda das unidades federadas e a RFB designarão servidores para compor grupo de trabalho com as finalidades de:

I – identificar os tipos de incentivos e benefícios fiscais ou financeiro-fiscais concedidos por prazo certo e sob condições;

II – identificar as respectivas formas de apuração das repercussões econômicas decorrentes;

III – propor ajustes nas obrigações acessórias a serem prestadas pelos titulares dos benefícios onerosos, para que nelas constem a demonstração da repercussão econômica sobre cada benefício fiscal ou financeiro-fiscal que lhes foi concedido.

Art. 403. A RFB especificará sistema eletrônico próprio para o processamento e tratamento das informações, atos e procedimentos descritos nesta Lei Complementar, devendo ser reservados recursos específicos em orçamento da União a partir do ano de 2025.

Art. 404. A União deverá complementar os recursos de que trata o § 1º do art. 12 da Emenda Constitucional nº 132, de 20 de dezembro de 2023,♦ em caso de insuficiência de recursos para a compensação de que trata o § 2º do mesmo artigo, limitado aos montantes previstos no projeto de lei orçamentária anual.

♦ Emenda Constitucional nº 132/2023 (Reforma Tributária).

Parágrafo único. Os recursos de que trata este Capítulo não serão objeto de retenção, desvinculação ou qualquer outra restrição de entrega, nem estarão sujeitos às limitações de empenho previstas no art. 9º e no inciso II do § 1º do art. 31 da Lei Complementar nº 101, de 4 de maio de 2000.

Art. 405. O saldo financeiro do Fundo de que trata o art. 12 da Emenda Constitucional nº 132, de 20 de dezembro de 2023,• existente em 31 de dezembro de 2032, será provisionado no montante correspondente à soma:

♦ Emenda Constitucional nº 132/2023 (Reforma Tributária).

I – da estimativa do valor total dos créditos em fase de processamento e dos créditos habilitados administrativamente e ainda sujeitos aos prazos legais de autorização e pagamento;

II – da estimativa do valor correspondente ao montante total de créditos retidos pela RFB nos termos dos §§ 4º e 5º do art. 392 desta Lei Complementar; e

III – do valor proporcional ao risco judicial relativo a eventuais ações que tenham como objeto o pagamento de compensações indeferidas no âmbito administrativo.

§ 1º. O valor de que trata o inciso III do *caput* será revisado anualmente em ato conjunto do Advogado-Geral da União e do Ministro de Estado da Fazenda.

§ 2º. O saldo do Fundo de que trata o art. 12 da Emenda Constitucional nº 132, de 20 de dezembro de 2023,• existente em 31 de dezembro de 2032 e que exceder o provisionamento de que trata o *caput* será transferido ao Fundo Nacional de Desenvolvimento Regional, instituído pelo art. 159-A da Constituição Federal em 120 (cento e vinte) parcelas mensais de igual valor, sujeitas à atualização prevista no § 3º deste artigo, a partir de julho de 2033.

♦ Emenda Constitucional nº 132/2023 (Reforma Tributária).

§ 3º. O saldo a ser transferido ao Fundo Nacional de Desenvolvimento Regional e as parcelas correspondentes serão atualizados da seguinte forma:

I – a remuneração das disponibilidades e eventual devolução de pagamentos ao Fundo de Compensação de Benefícios Fiscais serão acrescidas ao saldo e as parcelas remanescentes serão aumentadas proporcionalmente;

II – eventual excesso de provisionamento, apurado após as revisões periódicas, será acrescido ao saldo e as parcelas remanescentes serão aumentadas proporcionalmente;

III – eventual insuficiência de provisionamento será descontada do saldo e as parcelas remanescentes serão reduzidas proporcionalmente.

§ 4º. Na ausência de saldo financeiro na data de que trata o *caput*, o Fundo de Compensação de Benefícios Fiscais será dissolvido, sendo que:

I – eventual necessidade de compensação posterior será feita por intermédio de dotação orçamentária específica;

II – recursos que sejam posteriormente devolvidos ao Fundo de Compensação de Benefícios Fiscais serão transferidos diretamente ao Fundo Nacional de Desenvolvimento Regional, descontados dos montantes aportados nos termos do inciso I deste parágrafo.

CAPÍTULO VII
DA TRANSIÇÃO APLICÁVEL AOS BENS DE CAPITAL

Art. 406. A incidência do IBS e da CBS ficará sujeita às alíquotas estabelecidas neste artigo na venda de máquinas, veículos e equipamentos usados adquiridos até 31 de dezembro de 2032:

I – cuja aquisição tenha sido acobertada por documento fiscal idôneo; e

II – que tenham permanecido incorporados ao ativo imobilizado do vendedor por mais de 12 (doze) meses.

§ 1º. Em relação à CBS, as alíquotas previstas neste artigo somente se aplicam na venda dos bens de que trata o *caput* cuja aquisição:

I – tenha ocorrido até 31 de dezembro de 2026; e

II – esteve sujeita à incidência da Contribuição para o PIS/Pasep e da Cofins com alíquota nominal positiva.

§ 2º. A partir de 1º de janeiro de 2027, a alíquota da CBS incidente na venda dos bens de que trata o *caput* e o § 1º:

I – fica reduzida a zero para a parcela do valor da base de cálculo da CBS que seja inferior ou igual ao valor líquido de aquisição do bem; e

II – será aquela prevista para a operação, em relação à parcela da base de cálculo da CBS que exceder o valor líquido de aquisição do bem.

§ 3º. Em relação ao IBS, as alíquotas previstas neste artigo somente se aplicam na venda dos bens de que trata o *caput* cuja aquisição:

I – tenha ocorrido até 31 de dezembro de 2032; e

II – esteve sujeita à incidência do ICMS com alíquota nominal positiva.

§ 4º. A partir de 1º de janeiro de 2029, a alíquota do IBS incidente na venda dos bens de que trata o *caput* e o § 3º:

I – fica reduzida a zero para a parcela do valor da base de cálculo do IBS que seja inferior ou igual ao valor líquido de aquisição do bem multiplicado por:

a) 1 (um inteiro), no caso de bens adquiridos até 31 de dezembro de 2028;

b) 0,9 (nove décimos), no caso de bens adquiridos no ano-calendário de 2029;

c) 0,8 (oito décimos), no caso de bens adquiridos no ano-calendário de 2030;

d) 0,7 (sete décimos), no caso de bens adquiridos no ano-calendário de 2031; e

e) 0,6 (seis décimos), no caso de bens adquiridos no ano-calendário de 2032; e

II – será aquela prevista para a operação, em relação à parcela do valor da base de cálculo do IBS que exceder o valor líquido de aquisição apurado após os ajustes previstos no inciso I deste parágrafo.

§ 5º. Na venda dos bens de que trata o *caput*, observar-se-á o disposto no § 3º do art. 380 desta Lei Complementar, em relação à CBS, e no inciso V do § 5º do art. 20 da Lei Complementar nº 87, de 13 de setembro de 1996,• em relação ao ICMS.

♦ Lei Complementar nº 87/1996 (Lei Kandir).

§ 6º. Para fins deste artigo, considera-se valor líquido de aquisição:

I – para bens adquiridos até 31 de dezembro de 2026, o montante correspondente à diferença entre:

a) o valor total de aquisição do bem registrado na nota fiscal; e

b) o valor do ICMS, da Contribuição para o PIS/Pasep e da Cofins incidentes na aquisição do bem, conforme registrados na nota fiscal, que tenham permitido a apropriação de créditos dos respectivos tributos; e

II – para bens adquiridos de 1º de janeiro de 2027 a 31 de dezembro de 2032, a base de cálculo do IBS e da CBS, conforme registrada na nota fiscal, acrescida do valor do ICMS incidente na aquisição que não tenha permitido a apropriação de créditos.

§ 7º. Para fins do disposto no inciso I do § 6º, caso não haja informação sobre o valor da Contribuição para o PIS/Pasep e da Cofins incidentes na operação de aquisição do bem, utilizar-se-á no cálculo da diferença o valor correspondente à aplicação das alíquotas de 1,65% (um inteiro e sessenta e cinco centésimos por cento) para a Contribuição para o PIS/Pasep e de 7,6% (sete inteiros e seis décimos por cento) para a Cofins sobre o valor de aquisição do bem constante da nota fiscal.

§ 8º. Para os fins deste artigo, também serão considerados bens incorporados ao ativo imobilizado aqueles com a mesma natureza e que, em decorrência das normas contábeis aplicáveis, forem contabilizados por concessionárias de serviços públicos como ativo de contrato, intangível ou financeiro.

Art. 407. A incidência do IBS e da CBS ficará sujeita às alíquotas estabelecidas neste artigo na revenda de máquinas, veículos e equipamentos adquiridos usados.

§ 1º. O disposto neste artigo somente se aplica:

I – a revenda efetuada por contribuinte sujeito ao regime regular do IBS e da CBS; e

II – a máquina, veículo ou equipamento cuja aquisição e cuja revenda sejam acobertados por documento fiscal idôneo.

§ 2º. Na revenda de bens de que trata o *caput* adquiridos até 31 de dezembro de 2026 e que não tenham permitido a apropriação de créditos da Contribuição para o PIS/Pasep e da Cofins, a alíquota da CBS:

I – fica reduzida a zero para a parcela do valor da base de cálculo da CBS que seja inferior ou igual ao valor líquido de aquisição do bem; e

II – será aquela prevista para a operação, em relação à parcela da base de cálculo da CBS que exceder o valor líquido de aquisição do bem.

§ 3º. O disposto no § 2º não se aplica à revenda de bens de que trata o *caput* adquiridos de pessoa física.

§ 4º. Na revenda de bens adquiridos pelo revendedor a partir de 1º de janeiro de 2027 e cuja aquisição tenha sido beneficiada pela redução a zero de alíquotas prevista estabelecida pelo art. 406 desta Lei Complementar:

I – a alíquota da CBS incidente na revenda do bem:

a) fica reduzida a zero para a parcela do valor da base de cálculo da CBS que tenha sido beneficiada pela redução a zero da alíquota da CBS nos termos do inciso I do § 2º do art. 406 desta Lei Complementar quando da aquisição do bem; e

b) será aquela prevista para a operação, em relação à parcela da base de cálculo da CBS que exceder o valor de que trata a alínea "a" deste inciso; e

II – a alíquota do IBS incidente na revenda do bem:

a) fica reduzida a zero para a parcela do valor da base de cálculo do IBS que tenha sido beneficiada pela redução a zero da alíquota do IBS nos termos do inciso I do § 4º do art. 406 desta Lei Complementar quando da aquisição do bem; e

b) será aquela prevista para a operação, em relação à parcela da base de cálculo do IBS que exceder o valor de que trata a alínea "a" deste inciso.

CAPÍTULO VIII
DISPOSIÇÕES FINAIS

Art. 408. Sem prejuízo das demais regras estabelecidas nesta Lei Complementar, durante o período de transição para o IBS e a CBS, observar-se-á o disposto neste artigo.

§ 1º. Caso a mesma situação prevista em lei configure, até 31 de dezembro de 2025, fato gerador da Contribuição para o PIS/Pasep e da Cofins ou da Contribuição para o PIS/Pasep – Importação e da Cofins-Importação, e, a partir de 1º de janeiro de 2026, fato gerador da CBS, deverá ser observado o seguinte:

I – não será exigida a CBS;

II – serão exigidas, conforme o caso:

a) Cofins;

b) Contribuição para o PIS/Pasep;

c) Cofins-Importação;

d) Contribuição para o PIS/Pasep – Importação.

§ 2º. Não se aplicará o disposto no § 1º deste artigo nas hipóteses em que a apuração e o recolhimento da CBS forem realizados nos termos de regimes opcionais previstos nesta Lei Complementar, caso em que será exigida a CBS e não serão exigidas as contribuições sociais de que trata o inciso II do § 1º deste artigo.

§ 3º. Para operações ocorridas até 31 de dezembro de 2026, incluindo aquelas que configurem fato gerador pendente na data de publicação desta Lei Complementar, nas hipóteses em que a Contribuição para o PIS/Pasep e a Cofins forem exigidas à medida que recebida efetivamente a receita pelo regime de caixa:

I – considerar-se-á ocorrido o fato gerador da Contribuição para o PIS/Pasep e da Cofins na data do auferimento da receita pelo regime de competência;

II – serão exigidas a Contribuição para o PIS/Pasep e a Cofins no momento do recebimento da receita, ainda que ocorrido após a extinção das referidas contribuições; e

III – não será exigida a CBS sobre o recebimento da receita decorrente da operação, salvo no caso do § 2º deste artigo, hipótese na qual não serão exigidas a Contribuição para o PIS/Pasep e a Cofins.

§ 4º. Durante o período de 2029 a 2032:

I – caso a mesma operação configure, em anos-calendários distintos, fatos geradores do Imposto sobre operações relativas à Circulação de Mercadorias e sobre prestações de Serviços de Transporte Interestadual e Intermunicipal e de Comunicação (ICMS) ou do Imposto sobre Serviços de Qualquer Natureza (ISS) e do IBS, prevalecerá a legislação vigente no ano-calendário da primeira ocorrência em relação aos referidos impostos; e

II – caso não tenha se aperfeiçoado, até 31 de dezembro de 2032, o elemento temporal da hipótese de incidência do ICMS ou do ISS:

a) os referidos impostos não incidirão na operação; e

b) será devido exclusivamente o IBS na operação.

§ 5º. Na hipótese do inciso II do § 4º, o valor remanescente do IBS devido será apurado com base na legislação vigente em 1º de janeiro de 2033.

Livro II
DO IMPOSTO SELETIVO

TÍTULO I
DISPOSIÇÕES PRELIMINARES

• V. art. 153, § 3º, I, da CF.

Art. 409. Fica instituído o Imposto Seletivo, de que trata o inciso VIII do art. 153 da Constituição Federal, incidente sobre a produção, extração, comercialização ou importação de bens e serviços prejudiciais à saúde ou ao meio ambiente.

• V. arts. 6º e 225 da CF.

§ 1º. Para fins de incidência do Imposto Seletivo, consideram-se prejudiciais à saúde ou ao meio ambiente os bens classificados nos códigos da NCM/SH e o carvão mineral, e os serviços listados no Anexo XVII, referentes a:

I – veículos;

II – embarcações e aeronaves;

III – produtos fumígenos;

IV – bebidas alcoólicas;

V – bebidas açucaradas;

VI – bens minerais;

VII – concursos de prognósticos e *fantasy sport*.

§ 2º. Os bens a que se referem os incisos III e IV do § 1º estão sujeitos ao Imposto Seletivo quando acondicionados em embalagem primária, assim entendida aquela em contato direto com o produto e destinada ao consumidor final.

Art. 410. O Imposto Seletivo incidirá uma única vez sobre o bem ou serviço, sendo vedado qualquer tipo de aproveitamento de crédito do imposto com operações anteriores ou geração de créditos para operações posteriores.

Art. 411. Compete à RFB a administração e a fiscalização do Imposto Seletivo.

Parágrafo único. O contencioso administrativo no âmbito do Imposto Seletivo atenderá ao disposto no Decreto nº 70.235, de 6 de março de 1972•.

♦ Decreto nº 70.235/1972 (Processo administrativo fiscal).

TÍTULO II
DAS NORMAS GERAIS DO IMPOSTO SELETIVO

CAPÍTULO I
DO MOMENTO DE OCORRÊNCIA DO FATO GERADOR

Art. 412. Considera-se ocorrido o fato gerador do Imposto Seletivo no momento:

I – do primeiro fornecimento a qualquer título do bem, inclusive decorrente dos negócios jurídicos mencionados nos incisos I a VIII do § 2º do art. 4º desta Lei Complementar;

II – da arrematação em leilão público;

III – da transferência não onerosa de bem produzido;

IV – da incorporação do bem ao ativo imobilizado pelo fabricante;

V – da extração de bem mineral;

VI – do consumo do bem pelo fabricante;

VII – do fornecimento ou do pagamento do serviço, o que ocorrer primeiro; ou

VIII – da importação de bens e serviços.

CAPÍTULO II
DA NÃO INCIDÊNCIA

Art. 413. O Imposto Seletivo não incide sobre:

I – (vetado);

II – as operações com energia elétrica e com telecomunicações; e

III – os bens e serviços cujas alíquotas sejam reduzidas nos termos do § 1º do art. 9º da Emenda Constitucional nº 132, de 20 de dezembro de 2023•.

♦ Emenda Constitucional nº 132/2023 (Reforma Tributária).

CAPÍTULO III
DA BASE DE CÁLCULO

Art. 414. A base de cálculo do Imposto Seletivo é:

I – o valor de venda na comercialização;

II – o valor de arremate na arrematação;

III – o valor de referência na:

a) transação não onerosa ou no consumo do bem;

b) extração de bem mineral; ou

c) comercialização de produtos fumígenos;

IV – o valor contábil de incorporação do bem produzido ao ativo imobilizado;

V – a receita própria da entidade que promove a atividade, na hipótese de que trata o inciso VII do § 1º do art. 409 desta Lei Complementar, calculada nos termos do art. 245.

§ 1º. Nas hipóteses em que se prevê a aplicação de alíquotas específicas, nos termos desta Lei Complementar, a base de cálculo é aquela expressa em unidade de medida.

§ 2º. Ato do chefe do Poder Executivo da União definirá a metodologia para o cálculo do valor de referência mencionado no inciso III do *caput* deste artigo com base, entre outros, em cotações, índices ou preços vigentes na data do fato gerador, em bolsas de mercadorias e futuros, em agências de pesquisa ou em agências governamentais.

§ 3º. Na comercialização de produtos fumígenos, o valor de referência levará em consideração o preço de venda no varejo.

Art. 415. Na comercialização de bem sujeito à alíquota *ad valorem*, a base de cálculo é o valor integral cobrado na operação a qualquer título, incluindo o valor correspondente a:

I – acréscimos decorrentes de ajuste do valor da operação;

II – juros, multas, acréscimos e encargos;

III – descontos concedidos sob condição;

IV – valor do transporte cobrado como parte do valor da operação, seja o transporte efetuado pelo próprio fornecedor ou por sua conta e ordem;

V – tributos e preços públicos, inclusive tarifas, incidentes sobre a operação ou suportados pelo fornecedor, exceto aqueles previstos no § 2º do art. 12 desta Lei Complementar; e

VI – demais importâncias cobradas ou recebidas como parte do valor da operação, inclusive seguros e taxas.

Parágrafo único. Caso o valor da operação esteja expresso em moeda estrangeira, será feita sua conversão em moeda nacional por taxa de câmbio apurada pelo Banco Central do Brasil, nos termos do regulamento.

Art. 416. Na comercialização entre partes relacionadas, na hipótese de incidência sujeita à alíquota *ad valorem* e na ausência do valor de referência de que trata o § 2º do art. 414, a base de cálculo não deverá ser inferior ao valor de mercado dos bens, entendido como o valor praticado em operações comparáveis entre partes não relacionadas.

Parágrafo único. Para fins do disposto no *caput*, consideram-se partes relacionadas aquelas definidas no §§ 2º a 5º do art. 5º desta Lei Complementar.

Art. 417. Não integram a base de cálculo do Imposto Seletivo:

I – o montante da CBS, do IBS e do próprio Imposto Seletivo incidentes na operação; e

II – os descontos incondicionais.

§ 1º. Para efeitos do disposto no inciso II do *caput*, considera-se desconto incondicional a parcela redutora do preço da operação que conste do respectivo documento fiscal e não dependa de evento posterior.

§ 2º. Não integra a base de cálculo do Imposto Seletivo a bonificação que atenda as mesmas condições especificadas no § 1º para a caracterização dos descontos incondicionais.

§ 3º. O disposto no § 2º não se aplica à tributação por meio de alíquota específica, em que a base de cálculo, expressa em unidade de medida, deve considerar os bens fornecidos em bonificação.

§ 4º. Até 31 de dezembro de 2032, não integra a base de cálculo do Imposto Seletivo o montante do:

I – Imposto sobre operações relativas à Circulação de Mercadorias e sobre prestações de Serviços de Transporte Interestadual e Intermunicipal e de Comunicação (ICMS), previsto no inciso II do art. 155 da Constituição Federal;

II – Imposto sobre Serviços de Qualquer Natureza (ISS), previsto no inciso III do art. 156 da Constituição Federal.

Art. 418. As devoluções de bens vendidos geram direito ao abatimento do valor do Imposto Seletivo cobrado na respectiva operação no período de apuração em que ocorreu a devolução ou nos subsequentes.

CAPÍTULO IV
DAS ALÍQUOTAS

Seção I
DOS VEÍCULOS

Art. 419. As alíquotas do Imposto Seletivo aplicáveis aos veículos classificados nos códigos da NCM/SH relacionados no Anexo XVII serão estabelecidas em lei ordinária.

Parágrafo único. As alíquotas referidas no *caput* deste artigo serão graduadas em relação a cada veículo conforme enquadramento nos seguintes critérios, nos termos de lei ordinária:

I – potência do veículo;

II – eficiência energética;

III – desempenho estrutural e tecnologias assistivas à direção;

IV – reciclabilidade de materiais;

V – pegada de carbono;

VI – densidade tecnológica;

VII – emissão de dióxido de carbono (eficiência energético-ambiental), considerado o ciclo do poço à roda;

VIII – reciclabilidade veicular;

IX – realização de etapas fabris no País; e

X – categoria do veículo.

Art. 420. A alíquota do Imposto Seletivo fica reduzida a zero para veículos que sejam destinados a adquirentes cujo direito ao benefício do regime diferenciado de que trata o art. 149 desta Lei Complementar haja sido reconhecido pela RFB, nos termos do art. 153.

- V. art. 225 da CF.

§ 1º. No caso de o adquirente ser pessoa referida no inciso II do *caput* do art. 149 desta Lei Complementar, a redução de alíquota de que trata o *caput* alcança veículo cujo preço de venda ao consumidor, incluídos os tributos incidentes caso não houvesse as reduções, não seja superior a R$ 200.000,00 (duzentos mil reais).

§ 2º. Observado o disposto no § 1º, aplicam-se ao Imposto Seletivo, no que couber, as disposições aplicáveis ao regime diferenciado de que trata a Seção VII do Capítulo IV do Título IV do Livro I, inclusive em relação à alienação do veículo e ao intervalo para a fruição do benefício.

Seção II
DAS AERONAVES E EMBARCAÇÕES

Art. 421. As alíquotas do Imposto Seletivo aplicáveis às aeronaves e embarcações classificadas nos códigos da NCM/SH relacionados no Anexo XVII serão estabelecidas em lei ordinária e poderão ser graduadas conforme critérios de sustentabilidade ambiental nos termos da lei ordinária.

Parágrafo único. A lei ordinária poderá prever alíquota zero para embarcações e aeronaves de zero emissão de dióxido de carbono ou com alta eficiência energético-ambiental.

Seção III
DOS DEMAIS PRODUTOS SUJEITOS AO IMPOSTO SELETIVO

Art. 422. Observado o disposto nos arts. 419 e 420, as alíquotas do Imposto Seletivo aplicáveis nas operações com os bens e os serviços referidos no Anexo XVII são aquelas previstas em lei ordinária.

§ 1º. Serão aplicadas alíquotas *ad valorem* cumuladas com alíquotas específicas para:

I – produtos fumígenos classificados na posição 24.02 da NCM/SH; e

II – bebidas alcoólicas, em que as alíquotas específicas devem considerar o produto do teor alcoólico pelo volume dos produtos.

§ 2º. As alíquotas do Imposto Seletivo estabelecidas nas operações com bens minerais extraídos respeitarão o percentual máximo de 0,25% (vinte e cinco centésimos por cento).

§ 3º. Lei ordinária poderá estabelecer alíquotas específicas para os demais produtos fumígenos não referidos no inciso I do § 1º, as quais serão aplicadas cumulativamente com as alíquotas *ad valorem*.

§ 4º. As alíquotas *ad valorem* estabelecidas nas operações com bebidas alcoólicas poderão ser diferenciadas por categoria de produto e progressivas em virtude do teor alcoólico.

§ 5º. As alíquotas do Imposto Seletivo incidentes sobre bebidas alcoólicas e produtos fumígenos serão fixadas de forma escalonada, de modo a incorporar, a partir de 2029 até 2033, progressivamente, o diferencial entre as alíquotas de ICMS incidentes sobre as bebidas alcoólicas e os produtos fumígenos e as alíquotas modais desse imposto.

§ 6º. O ajuste de que trata o § 5º:

I – no caso das bebidas alcóolicas poderá ser realizado por estimativa para o conjunto das bebidas ou ser diferenciado por categoria de bebidas; e

II – não condicionará a fixação das alíquotas do Imposto Seletivo à manutenção da carga tributária dos setores ou de categorias específicas.

§ 7º. As alíquotas aplicáveis a bebidas alcoólicas poderão ser estabelecidas de modo a diferenciar as operações realizadas pelos pequenos produtores, definidos em lei ordinária.

§ 8º. Para assegurar o disposto no § 7º, as alíquotas poderão ser:

I – progressivas em função do volume de produção; e

II – diferenciadas por categoria de produto.

Art. 423. Caso o gás natural seja destinado à utilização como insumo em processo industrial e como combustível para fins de transporte, a alíquota estabelecida na forma do § 2º do art. 422 desta Lei Complementar deverá ser fixada em zero.

§ 1º. Para fins de aplicação do disposto no *caput*, o adquirente ou o importador deverá, na forma do regulamento, declarar que o gás natural será destinado à utilização como insumo em processo industrial.

§ 2º. Na hipótese de ser dado ao gás natural adquirido ou importado com redução de alíquota destino diverso daquele previsto no *caput*, o adquirente ou o importador deverá recolher o Imposto Seletivo calculado com a aplicação da alíquota estabelecida na forma do § 2º do art. 422 desta Lei Complementar, acrescida de multa e juros de mora nos termos do § 2º do art. 29 desta Lei Complementar, na condição de:

I – responsável, para o adquirente; ou

II – contribuinte, para o importador.

CAPÍTULO V
DA SUJEIÇÃO PASSIVA

Art. 424. O contribuinte do Imposto Seletivo é:

I – o fabricante, na primeira comercialização, na incorporação do bem ao ativo imobilizado, na tradição do bem em transação não onerosa ou no consumo do bem;

II – o importador na entrada do bem de procedência estrangeira no território nacional;

III – o arrematante na arrematação;

IV – o produtor-extrativista que realiza a extração; ou

V – o fornecedor do serviço, ainda que residente ou domiciliado no exterior, na hipótese de que trata o inciso VII do § 1º do art. 409 desta Lei Complementar.

Art. 425. São obrigados ao pagamento do Imposto Seletivo como responsáveis, sem prejuízo das demais hipóteses previstas em lei e da aplicação da pena de perdimento:

I – o transportador, em relação aos produtos tributados que transportar desacompanhados da documentação fiscal comprobatória de sua procedência;

II – o possuidor ou detentor, em relação aos produtos tributados que possuir ou mantiver para fins de venda ou industrialização, desacompanhados da documentação fiscal comprobatória de sua procedência;

III – o proprietário, o possuidor, o transportador ou qualquer outro detentor de produtos nacionais saídos do fabricante com imunidade para exportação, encontrados no País em situação diversa, exceto quando os produtos estiverem em trânsito:

a) destinados ao uso ou ao consumo de bordo, em embarcações ou aeronaves de tráfego internacional, com pagamento em moeda conversível;

b) destinados a lojas francas, em operação de venda direta, nos termos e condições estabelecidos pelo art. 15 do Decreto-Lei nº 1.455, de 7 de abril de 1976•;

♦ Decreto-Lei nº 1.455/1976 (Bagagem de passageiro procedente do exterior; entreposto aduaneiro; mercadorias estrangeiras).

c) adquiridos pela empresa comercial exportadora de que trata o art. 82 desta Lei Complementar, com o fim específico de exportação, e remetidos diretamente do estabelecimento industrial para embarque de exportação ou para recintos alfandegados, por conta e ordem da adquirente; ou

d) remetidos a recintos alfandegados ou a outros locais onde se processe o despacho aduaneiro de exportação.

Parágrafo único. Caso o fabricante tenha de qualquer forma concorrido para a hipótese prevista no inciso III do *caput*, ficará solidariamente responsável pelo pagamento do imposto.

CAPÍTULO VI
DA EMPRESA COMERCIAL EXPORTADORA

Art. 426. O Imposto Seletivo não incide no fornecimento de bens com o fim específico de exportação a empresa comercial exportadora que atenda ao disposto no *caput* e nos §§ 1º e 2º do art. 82 desta Lei Complementar.

Art. 427. A empresa comercial exportadora fica responsável pelo recolhimento do Imposto Seletivo que não foi pago no fornecimento de bens para a empresa comercial exportadora, nas hipóteses de que trata § 5º do art. 82 desta Lei Complementar.

§ 1º. Para efeitos do disposto no *caput*, considera-se devido o Imposto Seletivo na data de ocorrência do fato gerador, conforme definido no art. 412 desta Lei Complementar.

§ 2º. Os valores que não forem pagos ficarão sujeitos à incidência de multa e juros de mora nos termos do § 2º do art. 29 desta Lei Complementar.

§ 3º. Aplica-se ao Imposto Seletivo o disposto no § 10 do art. 82 desta Lei Complementar.

CAPÍTULO VII
DA PENA DE PERDIMENTO

Art. 428. Sem prejuízo das demais hipóteses legais, aplica-se a pena de perdimento nas hipóteses de transporte, depósito ou exposição à venda dos produtos fumígenos relacionados no Anexo XVII desacompanhados da documentação fiscal comprobatória de sua procedência.

§ 1º. A aplicação da pena de perdimento de que trata o *caput* deste artigo, não prejudica a cobrança do Imposto Seletivo devido.

§ 2º. Na hipótese do *caput* deste artigo, caso os bens estejam em transporte, aplica-se também a pena de perdimento ao veículo utilizado, se as circunstâncias evidenciarem que o proprietário do veículo, seu possuidor ou seus prepostos, mediante ação ou omissão, contribuiu para a prática do ilícito, facilitou sua ocorrência ou dela se beneficiou.

§ 3º. Para fins do disposto no § 2º:

I – considera-se omissão do proprietário do veículo, seu possuidor ou seus prepostos a não exigência de documentação idônea nas situações em que as características, volume ou quantidade de bens transportados por conta e ordem do contratante ou passageiro permita inferir a prática ilícita;

II – presume-se a concorrência do proprietário do veículo, seu possuidor ou seus prepostos na prática do ilícito nas situações em que constatada adaptação da estrutura veicular tendente a ocultar as mercadorias transportadas;

III – é irrelevante a titularidade do veículo e o valor dos bens transportados; e

IV – compete às locadoras de veículos acautelarem-se dos antecedentes dos locatários ou condutores habilitados, sob pena de presunção da sua colaboração para a prática do ilícito.

Art. 429. Ressalvado o caso de exportação, o tabaco em folhas tratadas, total ou parcialmente destaladas, aparadas ou não, mesmo cortadas em forma regular ou picadas, somente será vendido ou remetido a empresa industrializadora de charutos, cigarros, cigarrilhas ou de fumo desfiado, picado, migado ou em pó, em rolo ou em corda.

§ 1º. Fica admitida a comercialização dos produtos de que trata o *caput* deste artigo entre estabelecimentos que exerçam a atividade de beneficiamento e acondicionamento por enfardamento.

§ 2º. O Poder Executivo da União exigirá, para as operações de que trata este artigo, os meios de controle necessários.

§ 3º. Os bens encontrados em transporte, depósito ou exposição a venda em desacordo à determinação do *caput* estão sujeitos à pena prevista no art. 428 desta Lei Complementar.

§ 4º. (Vetado).

CAPÍTULO VIII
DA APURAÇÃO

Art. 430. O período de apuração do Imposto Seletivo será mensal e o regulamento estabelecerá:

I – o prazo para conclusão da apuração; e

II – a data de vencimento.

Art. 431. A apuração relativa ao Imposto Seletivo deverá consolidar as operações realizadas por todos os estabelecimentos do contribuinte.

CAPÍTULO IX
DO PAGAMENTO

Art. 432. O Imposto Seletivo será pago mediante recolhimento do montante devido pelo sujeito passivo.

Art. 433. O pagamento do Imposto Seletivo será centralizado em um único estabelecimento e, na forma do seu regulamento, poderá ocorrer na liquidação financeira da operação (*split payment*), observado o disposto nos arts. 31 a 35 desta Lei Complementar.

TÍTULO III
DO IMPOSTO SELETIVO SOBRE IMPORTAÇÕES

Art. 434. Aplica-se ao Imposto Seletivo, na importação de bens materiais, o disposto:

I – no art. 65 desta Lei Complementar, em relação ao fato gerador;

II – no art. 66 e no inciso III do art. 413 desta Lei Complementar, em relação à não incidência;

III – no art. 67 desta Lei Complementar, em relação ao momento da ocorrência do fato gerador; e

IV – nos arts. 72, 73 e 74 desta Lei Complementar, em relação à sujeição passiva.

§ 1º. As alíquotas do Imposto Seletivo incidentes na importação serão fixadas em lei ordinária.

§ 2º. Caso a alíquota do Imposto Seletivo seja *ad valorem*, a sua base de cálculo, na importação, será o valor aduaneiro acrescido do montante do Imposto sobre a Importação.

§ 3º. O Imposto Seletivo, na importação, deverá ser pago no registro da declaração de importação.

§ 4º. Fica suspenso o pagamento do Imposto Seletivo incidente na importação de bens materiais quando admitidos nos regimes a que se referem os Capítulos I e II do Título II do Livro I, observada a disciplina estabelecida na legislação aduaneira.

§ 5º. No caso de lojas francas, a suspensão de que trata o § 4º deste artigo alcança os bens importados e os bens adquiridos no mercado interno.

§ 6º. No caso de bens admitidos temporariamente no País para utilização econômica, a suspensão do pagamento do Imposto Seletivo será parcial, devendo ser pago proporcionalmente ao tempo de permanência dos bens no País, nos termos do art. 89 desta Lei Complementar.

Art. 435. São isentas do pagamento do Imposto Seletivo na importação de bens materiais:

I – as bagagens de viajantes e de tripulantes, acompanhadas ou desacompanhadas, quando submetidas ao regime de tributação especial; e

II – as remessas internacionais, quando submetidas ao regime de tributação simplificada.

TÍTULO IV
DISPOSIÇÕES FINAIS

Art. 436. As alíquotas específicas referidas neste Livro serão atualizadas pelo IPCA uma vez ao ano, nos termos da lei ordinária.

Art. 437. A RFB poderá estabelecer sistema de comunicação eletrônica a ser atribuído como DTE, que será utilizado para fins de notificação, intimação ou avisos previstos na legislação do Imposto Seletivo.

Art. 438. O regulamento do Imposto Seletivo de que trata este Livro será editado pelo chefe do Poder Executivo da União.

Livro III
DAS DEMAIS DISPOSIÇÕES

TÍTULO I
DA ZONA FRANCA DE MANAUS, DAS ÁREAS DE LIVRE COMÉRCIO E DA DEVOLUÇÃO DO IBS E DA CBS AO TURISTA ESTRANGEIRO

CAPÍTULO I
DA ZONA FRANCA DE MANAUS

Art. 439. Os benefícios relativos à Zona Franca de Manaus estabelecidos neste Capítulo aplicam-se até a data estabelecida pelo art. 92-A do ADCT.

Art. 440. Para fins deste Capítulo, considera-se:

I – Zona Franca de Manaus a área definida e demarcada pela legislação específica;

II – indústria incentivada a pessoa jurídica contribuinte do IBS e da CBS e habilitada na forma do art. 442 desta Lei Complementar para fruição de benefícios fiscais na industrialização de bens na Zona Franca de Manaus, exceto aqueles de que trata o art. 441 desta Lei Complementar;

III – bem intermediário:

a) o produto industrializado destinado à incorporação ou ao consumo em processo de industrialização de outros bens, desde que o destinatário imediato seja estabelecimento industrial;

b) o produto destinado à embalagem pelos estabelecimentos industriais;

IV – bem final, aquele sobre o qual não se agrega mais valor no processo produtivo e que é destinado ao consumo.

Parágrafo único. Para fins deste Capítulo, em todas as operações entre partes relacionadas observar-se-á o disposto no § 4º do art. 12 desta Lei Complementar.

Art. 441. Não estão contemplados pelo regime favorecido da Zona Franca de Manaus:

a) armas e munições;

b) fumo e seus derivados;

c) bebidas alcoólicas;

d) automóveis de passageiros;

e) petróleo, lubrificantes e combustíveis líquidos e gasosos derivados de petróleo, exceto para a indústria de refino de petróleo localizada na Zona Franca de Manaus, em relação exclusivamente às saídas internas para aquela área incentivada, desde que cumprido o processo produtivo básico, permanecendo a vedação para todas as demais etapas; e

f) produtos de perfumaria ou de toucador, preparados e preparações cosméticas, salvo quanto a estes (posições 3303 a 3307 da Nomenclatura Comum do Mercosul), se destinados exclusivamente a consumo interno na Zona Franca de Manaus ou se produzidos com utilização de matérias-primas da fauna e da flora regionais, em conformidade com processo produtivo básico.

Art. 442. Nos termos definidos em regulamento, é condição para habilitação aos incentivos fiscais da Zona Franca de Manaus:

I – a inscrição específica em cadastro da Superintendência da Zona Franca de Manaus – Suframa, para a pessoa jurídica que desenvolva atividade comercial ou fornecimento de serviços; e

II – a inscrição específica e aprovação de projeto técnico-econômico pelo Conselho de Administração da Suframa, com base nos respectivos processos produtivos básicos, para pessoa jurídica que desenvolva atividade industrial.

Parágrafo único. No processo de aprovação dos projetos e dos processos produtivos básicos de que trata este artigo, deverão ser ouvidos o Estado do Amazonas e o Município de Manaus.

Art. 443. Fica suspensa a incidência do IBS e da CBS na importação de bem material realizada por indústria incentivada para utilização na Zona Franca de Manaus.

§ 1º. Não se aplica a suspensão de que trata o *caput* às importações de:

I – bens não contemplados pelo regime favorecido da Zona Franca de Manaus previstos no art. 441 desta Lei Complementar; e

II – bens de uso e consumo pessoal de que trata o art. 57 desta Lei Complementar, salvo se demonstrado que são necessários ao desenvolvimento da atividade do contribuinte vinculada ao projeto técnico-econômico aprovado.

§ 2º. A suspensão de que trata o *caput* converte-se em isenção:

I – quando os bens importados forem consumidos ou incorporados em processo produtivo do importador na Zona Franca de Manaus;

II – após a depreciação integral do bem ou a permanência por 48 (quarenta e oito) meses no ativo imobilizado do estabelecimento adquirente, o que ocorrer primeiro.

§ 3º. Caso os bens importados com a suspensão de que trata o *caput* sejam remetidos para fora da Zona Franca de Manaus antes da conversão em isenção de que trata o § 2º deste artigo, o importador deverá recolher os tributos suspensos com os acréscimos legais cabíveis, na forma dos § 2º♦ do art. 29 desta Lei Complementar, permitida a apropriação e a utilização de créditos na forma dos arts. 47 a 56 desta Lei Complementar em relação aos valores efetivamente pagos, exceto em relação aos acréscimos legais.

♦ Publicação oficial: "dos § 2º".
Entendemos que seria: "do § 2º". (N.E.)

Art. 444. Fica concedido ao contribuinte habilitado na forma do art. 442 e sujeito ao regime regular ou ao Simples Nacional crédito presumido de IBS relativo à importação de bem material para revenda presencial na Zona Franca de Manaus.

§ 1º. O crédito presumido de que trata o *caput* será calculado mediante aplicação de percentual correspondente 50%

(cinquenta por cento) da alíquota do IBS aplicável na importação.

§ 2º. O crédito presumido de que trata este artigo deverá ser deduzido do valor do IBS devido na importação.

§ 3º. Ao importador dos bens de que trata o *caput* sujeito ao regime regular do IBS, é garantida a apropriação e a utilização dos créditos integrais de IBS pelo valor do tributo incidente na importação, observadas as regras previstas nos arts. 47 a 56 desta Lei Complementar.

§ 4º. O importador deverá recolher IBS corresponde ao valor do crédito presumido deduzido do valor devido na importação com os acréscimos legais cabíveis, na forma do § 2º do art. 29, desde a data da importação, caso:

I – a revenda não cumpra a exigência disposta no *caput*;

II – não se comprove o ingresso do bem no estabelecimento de destino na Zona Franca de Manaus nos prazos estabelecidos em regulamento; e

II♦ – o bem seja revendido para fora da Zona Franca de Manaus ou transferido para fora da Zona Franca de Manaus.

♦ Publicação oficial: "II".
Entendemos que seria: "III". (N.E.)

§ 5º. (Vetado).

Art. 445. Ficam reduzidas a zero as alíquotas do IBS e da CBS incidentes sobre operação originada fora da Zona Franca de Manaus que destine bem material industrializado de origem nacional a contribuinte estabelecido na Zona Franca de Manaus que seja:

I – habilitado nos termos do art. 442 desta Lei Complementar; e

II – sujeito ao regime regular do IBS e da CBS ou optante pelo regime do Simples Nacional de que trata o art. 12 da Lei Complementar nº 123, de 14 de dezembro de 2006♦.

♦ Lei Complementar nº 123/2006
(Estatuto Nacional da Microempresa e da Empresa de Pequeno Porte).

§ 1º. O disposto no *caput* não se aplica a operações com bens de que trata o § 1º do art. 443.

§ 2º. O contribuinte sujeito ao regime regular do IBS e da CBS que realiza as operações de que trata o *caput* poderá apropriar e utilizar os créditos relativos às operações antecedentes, observado o disposto nos arts. 47 a 56 desta Lei Complementar.

§ 3º. Deverão ser instituídos controles específicos para verificação da entrada na Zona Franca de Manaus dos bens materiais de que trata o *caput*, nos termos do regulamento.

§ 4º. Caso não haja comprovação de que os bens destinados à Zona Franca de Manaus ingressaram no destino, nos prazos estabelecidos em regulamento, o contribuinte deverá recolher o valor de IBS e de CBS que seria devido caso não houvesse a redução a zero de alíquotas, com os acréscimos legais cabíveis, na forma do § 2º do art. 29 desta Lei Complementar.

§ 5º. O disposto no *caput* se aplica também à operação com bem material intermediário submetido a industrialização por encomenda.

Art. 446. O IBS incidirá sobre a entrada, no estado do Amazonas, de bens materiais que tenham sido contemplados com a redução a zero de alíquotas nos termos do art. 445 desta Lei Complementar, exceto se destinados a indústria incentivada para utilização na Zona Franca de Manaus.

§ 1º. Na hipótese de que trata o *caput*:

I – o contribuinte do IBS será o destinatário da operação de que trata o *caput* do art. 445 desta Lei Complementar;

II – a base de cálculo do imposto será o valor da operação de que trata o *caput* do art. 445 desta Lei Complementar;

III – o IBS será cobrado mediante aplicação de alíquota correspondente a 70% (setenta por cento) da alíquota que incidiria na respectiva operação caso não houvesse a redução a zero estabelecida pelo art. 445 desta Lei Complementar.

§ 2º. O valor do IBS pago na forma do inciso III do § 1º permitirá ao contribuinte a apropriação e a utilização do crédito do imposto, na forma dos arts. 47 a 56 desta Lei Complementar.

Art. 447. Fica concedido ao contribuinte sujeito ao regime regular do IBS e habilitado nos termos do art. 442 desta Lei Complementar crédito presumido de IBS relativo à aquisição de bem material industrializado de origem nacional contemplado pela redução a zero da alíquota do IBS nos termos do art. 445 desta Lei Complementar.

§ 1º. O crédito presumido de que trata o *caput* será calculado mediante aplicação dos seguintes percentuais sobre o valor da operação contemplada pela redução a zero da alíquota do IBS nos termos do art. 445 desta Lei Complementar:

I – 7,5% (sete inteiros e cinco décimos por cento), no caso de bens provenientes das regiões Sul e Sudeste, exceto do Estado do Espírito Santo; e

II – 13,5% (treze inteiros e cinco décimos por cento), no caso de bens provenientes das regiões Norte, Nordeste e Centro-Oeste e do Estado do Espírito Santo.

§ 2º. O crédito presumido deverá ser estornado caso:

I – não se comprove o ingresso do bem no estabelecimento de destino na Zona Franca de Manaus nos prazos estabelecidos em regulamento, exigindo-se os acréscimos legais cabíveis nos termos do § 2º do art. 29 desta Lei Complementar;

II – o bem seja revendido para fora da ZFM ou transferido para fora da ZFM, não se exigindo acréscimos legais caso o estorno seja efetuado tempestivamente.

§ 3º. Quando do retorno ao encomendante, de bens submetidos a industrialização por encomenda, o crédito presumido de que trata o *caput* se aplica, tão somente, ao valor agregado neste processo de industrialização.

Art. 448. Ficam reduzidas a zero as alíquotas do IBS e da CBS incidentes sobre operação realizada por indústria incentivada que destine bem material intermediário para outra indústria incentivada na Zona Franca de Manaus, desde que a entrega ou disponibilização dos bens ocorra dentro da referida área.

§ 1º. O disposto no *caput* não se aplica a operações com bens de que trata o § 1º do art. 443 desta Lei Complementar.

§ 2º. Ficam assegurados ao contribuinte sujeito ao regime regular do IBS e da CBS que realiza as operações de que trata o *caput* a apropriação e a utilização dos créditos relativos às operações antecedentes, nos termos dos arts. 47 a 56 desta Lei Complementar.

§ 3º. O disposto no *caput* se aplica também à operação com bem material intermediário submetido a industrialização por encomenda, em relação ao valor adicionado na industrialização.

Art. 449. Fica concedido à indústria incentivada na Zona Franca de Manaus, sujeita ao regime regular do IBS e da CBS, crédito presumido de IBS relativo à aquisição de bem intermediário produzido na referida área, desde que o bem esteja contemplado pela redução a zero de alíquota estabelecida pelo art. 448 desta Lei Complementar e seja utilizado para incorporação ou consumo na produção de bens finais.

§ 1º. O crédito presumido de que trata o *caput* será calculado mediante aplicação do percentual de 7,5% (sete inteiros e cinco décimos por cento) sobre o valor da operação contemplada pela redução a zero da alíquota do IBS estabelecida pelo art. 448 desta Lei Complementar.

§ 2º. No momento do retorno ao encomendante, de bens submetidos a industrialização por encomenda, o crédito presumido de que trata o *caput* se aplica, tão somente, ao valor agregado neste processo de industrialização.

Art. 450. Ficam concedidos à indústria incentivada na Zona Franca de Manaus créditos presumidos de IBS e de CBS relativos à operação que destine ao território nacional, inclusive para a própria Zona Franca de Manaus, bem material produzido pela própria indústria incentivada na referida área nos termos do projeto econômico aprovado, exceto em relação às operações previstas no art. 447 desta Lei Complementar.

§ 1º. O crédito presumido de IBS de que trata o *caput* será calculado mediante a aplicação dos seguintes percentuais sobre o saldo devedor do IBS no período de apuração:

I – 55% (cinquenta e cinco por cento) para bens de consumo final;

II – 75% (setenta e cinco por cento) para bens de capital;

III – 90,25% (noventa inteiros e vinte e cinco centésimos por cento) para bens intermediários; e

IV – 100% (cem por cento) para bens de informática e para os produtos que a legislação do Estado do Amazonas, até 31 de dezembro de 2023, estabeleceu crédito estímulo de ICMS neste percentual.

§ 2º. O crédito presumido de CBS de que trata o *caput* será calculado mediante aplicação dos seguintes percentuais sobre o valor da operação registrado em documento fiscal idôneo:

I – 6% (seis por cento) na venda de produtos, nos termos do art. 454 desta Lei Complementar; ou

II – 2% (dois por cento) nos demais casos.

§ 3º. O disposto no *caput* não se aplica a operações:

I – não sujeitas à incidência ou contempladas por hipóteses de isenção, alíquota zero, suspensão ou diferimento do IBS e da CBS; e

II – com bens não contemplados pelo regime favorecido da Zona Franca de Manaus, previstos no art. 441 desta Lei Complementar.

§ 4º. Aos adquirentes dos bens de que trata o *caput* sujeitos ao regime regular do IBS e da CBS, é garantida a apropriação e a utilização integral dos créditos relativos ao IBS e à CBS pelo valor dos referidos tributos incidentes sobre a operação registrados em documento fiscal idôneo, observadas as regras previstas nos arts. 47 a 56 desta Lei Complementar.

§ 5º. No caso de vendas para a União em que as alíquotas do IBS estejam sujeitas à redução de que trata a alínea "a" do inciso I do § 1º do art. 473, poderá ser apropriado o crédito presumido de IBS de que trata o § 1º deste artigo, considerando-se, exclusivamente para fins do cálculo do referido crédito presumido, a apuração de saldo devedor de IBS com base nas alíquotas que seriam aplicáveis à operação caso não houvesse a redução a zero.

Art. 451. Ficam reduzidas a zero as alíquotas da CBS incidentes sobre as operações realizadas por pessoas jurídicas estabelecidas na Zona Franca de Manaus com bem material de origem nacional ou com serviços prestados fisicamente, quando destinadas a pessoa física ou jurídica localizadas dentro da referida área.

Parágrafo único. O contribuinte que realizar as operações de que trata o *caput* poderá apropriar e utilizar os créditos relativos às operações antecedentes, observado o disposto nos arts. 47 a 56 desta Lei Complementar.

Art. 452. Os créditos presumidos de IBS e de CBS estabelecidos pelos arts. 444, 447, 449 e 450 desta Lei Complementar somente poderão ser utilizados para compensação, respectivamente, com o valor do IBS e da CBS devidos pelo contribuinte, vedada a compensação com outros tributos e o ressarcimento em dinheiro.

Parágrafo único. O direito à utilização dos créditos presumidos de que trata o *caput* extingue-se após 5 (cinco) anos, contados do primeiro dia do mês subsequente àquele em que ocorrer sua apropriação.

Art. 453. As operações com bens e serviços ocorridas dentro da Zona Franca de Manaus ou destinadas à referida área, inclusive importações, que não estejam contempladas pelo disposto nos arts. 443, 445, 446 e 448 desta Lei Complementar sujeitam-se à incidência do IBS e da CBS com base nas demais regras previstas nesta Lei Complementar.

Art. 454. A partir de 1º de janeiro de 2027, as alíquotas do IPI ficam reduzidas a zero para produtos sujeitos a alíquota inferior a 6,5% (seis inteiros e cinco décimos por cento) prevista na Tabela de Incidência do Imposto sobre Produtos Industrializados – Tipi vigente em 31 de dezembro de 2023 e que tenham:

I – sido industrializados na Zona Franca de Manaus no ano de 2024; ou

II – projeto técnico-econômico aprovado pelo Conselho de Administração da Suframa (CAS) entre 1º de janeiro de 2022 e a data de publicação desta Lei.

§ 1º. Serão beneficiados por crédito presumido de CBS, nos termos do inciso I do § 2º do art. 450 desta Lei Complementar os produtos:

I – de que trata o *caput* deste artigo ou

II – (vetado).

§ 2º. A redução a zero das alíquotas a que se refere o *caput* deste artigo não alcança os produtos enquadrados como bem de tecnologia da informação e comunicação, conforme regulamentação do art. 16-A da Lei nº 8.248, de 23 de outubro de 1991♦.

♦ Lei nº 8.248/1992 (Dispõe sobre a capacitação e competitividade do setor de informática e automação e dá outras providências).

§ 3º. O Poder Executivo da União divulgará a lista dos produtos cuja alíquota de IPI tenha sido reduzida a zero nos termos deste artigo e do art. 126, inciso III, alínea "a", do ADCT.

Art. 455. Em relação a bens sem similar nacional cuja produção venha a ser instalada na Zona Franca de Manaus:

I – o crédito presumido de CBS de que trata o art. 450 desta Lei Complementar será calculado mediante aplicação do percentual estabelecido pelo inciso I do § 2º do referido artigo; ou

II – a alíquota do IPI será de, no mínimo, 6,5% (seis inteiros e cinco décimos por cento), podendo o chefe do Poder Executivo da União majorá-la ou restabelecê-la, atendidas as seguintes condições:

a) a majoração da alíquota será de, no máximo, trinta pontos percentuais;

b) a alíquota resultante do restabelecimento não poderá ser inferior à prevista no inciso II do *caput* deste artigo;

c) a redução ou restabelecimento não poderá ser efetivada antes de decorridos 60 (sessenta) meses da fixação ou majoração da alíquota do IPI;

d) a redução deverá ser feita de forma gradual, limitada a, no máximo, cinco pontos percentuais por ano.

§ 1º. No caso de bens com similar nacional cuja produção venha a ser instalada na Zona Franca de Manaus, ficam assegurados os incentivos tributários de que trata esta Lei, salvo os previstos nos incisos I e II do *caput* deste artigo.

§ 2º. Aplicam-se as condições previstas no inciso II do *caput* e suas alíneas para os produtos industrializados na Zona Franca de Manaus que possuam alíquota positiva de IPI.

Art. 456. A redução da arrecadação do IBS e da CBS decorrente dos benefícios previstos neste Capítulo, inclusive em decorrência dos créditos presumidos previstos nos arts. 444, 447, 449 e 450 desta Lei Complementar, deverá ser considerada para fixação das alíquotas de referência.

Art. 457. O Estado do Amazonas poderá instituir contribuição de contrapartida semelhante àquelas existentes em 31 de dezembro de 2023, desde que destinadas ao financiamento do ensino superior, ao fomento da micro, pequena e média empresa e da interiorização do desenvolvimento, conforme previsão do *caput* do art. 92-B do ADCT da Constituição Federal, devendo observar que:

I – o percentual da contrapartida prevista no *caput* será de 1,5% (um ponto e meio percentual), calculado sobre o faturamento das indústrias incentivadas;

II – a contrapartida a que se refere o *caput* será cobrada a partir do ano de 2033, quando do fim da transição prevista nos arts. 124 a 133 do Ato das Disposições Constitucionais Transitórias;

III – no ano de 2033, a cobrança da contrapartida prevista no *caput* será equivalente a 10% (dez por cento) do percentual previsto no Inciso I, ficando o complemento de 90% (noventa por cento) a cargo da recomposição prevista no art. 131, § 1º, II do Ato das Disposições Constitucionais Transitórias;

IV – de 2034 a 2073, o percentual da cobrança da contrapartida prevista no *caput* será acrescido à razão de 1/45 (um quarenta e cinco avos) por ano ao percentual aplicado no ano de 2033, ficando o complemento à cargo da recomposição prevista no art. 131, § 1º, III do Ato das Disposições Constitucionais Transitórias.

CAPÍTULO II
DAS ÁREAS DE LIVRE COMÉRCIO

Art. 458. Os benefícios relativos às Áreas de Livre Comércio estabelecidos neste Capítulo aplicam-se até a data estabelecida pelo art. 92-A do ADCT.

Art. 459. Para fins do disposto nesta Lei Complementar, as seguintes áreas de livre comércio ficam contempladas com regime favorecido:

I – Tabatinga, no Amazonas, criada pela Lei nº 7.965, de 22 de dezembro de 1989;

II – Guajará-Mirim, em Rondônia, criada pela Lei nº 8.210, de 19 de julho de 1991;

III – Boa Vista e Bonfim, em Roraima, criadas pela Lei nº 8.256, de 25 de novembro de 1991;

IV – Macapá e Santana, no Amapá, criada pelo art. 11 da Lei nº 8.387, de 30 de dezembro de 1991; e

V – Brasiléia, com extensão a Epitaciolândia, e Cruzeiro do Sul, no Acre, criadas pela Lei nº 8.857, de 8 de março de 1994.

Art. 460. Nos termos definidos em regulamento, é condição para habilitação aos incentivos fiscais das Áreas de Livre Comércio:

I – a inscrição específica em cadastro da Superintendência da Zona Franca de Manaus – Suframa, para a pessoa jurídica que desenvolva atividade comercial ou fornecimento de serviços; e

II – a inscrição específica e aprovação de projeto técnico-econômico pelo Conselho de Administração da Suframa para desenvolvimento de atividade de industrialização de produtos em cuja composição final haja preponderância de matérias-primas de origem regional, provenientes dos segmentos animal, vegetal, mineral, exceto os minérios do Capítulo 26 da NCM/SH, ou agrossilvopastoril, observada a legislação ambiental pertinente.

§ 1º. No processo de aprovação dos projetos de que trata este artigo, deverá ser ouvido o Poder Executivo do Estados em que localizada a Área de Livre Comércio.

§ 2º. A Suframa disciplinará os critérios para caracterização da preponderância de matéria-prima de origem regional na composição final do produto de que que trata• o inciso II do *caput*.

♦ Publicação oficial: "de que que trata". Entendemos que seria: "de que trata". (N.E.)

Art. 461. Fica suspensa a incidência do IBS e da CBS na importação de bem material realizada por indústria habilitada na forma do inciso II do *caput* do art. 460 desta Lei Complementar e sujeita ao regime regular do IBS e da CBS para incorporação em seu processo produtivo.

§ 1º. Não se aplica a suspensão de que trata o *caput* às importações de:

I – bens de que trata o art. 441 desta Lei Complementar; e

II – bens de uso e consumo pessoal de que trata o art. 57 desta Lei Complementar, salvo se demonstrado que são necessários ao desenvolvimento da atividade econômica do contribuinte vinculada ao projeto econômico aprovado.

§ 2º. A suspensão de que trata o *caput* converte-se em isenção:

I – quando os bens importados forem consumidos ou incorporados em processo produtivo do importador na respectiva Área de Livre Comércio;

II – após a depreciação integral do bem ou a permanência por 48 (quarenta e oito) meses no ativo imobilizado do estabelecimento adquirente, o que ocorrer primeiro.

§ 3º. Caso os bens importados com a suspensão de que trata o *caput* sejam remetidos para fora da Área de Livre Comércio antes da conversão em isenção de que trata o § 2º, o importador deverá recolher os tributos suspensos com os acréscimos legais cabíveis, na forma do § 2º do art. 29 desta Lei Complementar, permitida a apropriação e utilização de créditos na forma dos arts. 47 a 56 desta Lei Complementar em relação aos valores efetivamente pagos, exceto em relação aos acréscimos legais cabíveis.

Art. 462. Fica concedido ao contribuinte habilitado na forma do art. 460 e sujeito ao regime regular ou ao Simples Nacional crédito presumido de IBS relativo à importação de bem material para revenda presencial na Área de Livre Comércio.

§ 1º. O crédito presumido de que trata o *caput* será calculado mediante aplicação de percentual correspondente 50% (cinquenta por cento) da alíquota do IBS aplicável na importação.

§ 2º. O crédito presumido de que trata este artigo deverá ser deduzido do valor do IBS devido na importação.

§ 3º. Ao importador dos bens de que trata o *caput* sujeito ao regime regular do IBS, é garantida a apropriação e a utilização dos créditos integrais de IBS pelo valor do tributo incidente na importação, observadas as regras previstas nos arts. 47 a 56 desta Lei Complementar.

§ 4º. O importador deverá recolher IBS corresponde ao valor do crédito presumido deduzido do valor devido na importação com os acréscimos legais cabíveis, na forma dos § 2º• do art. 29, desde a data da importação, caso:

♦ Publicação oficial: "dos § 2º". Entendemos que seria: "do § 2º". (N.E.)

I – a revenda não cumpra a exigência disposta no *caput*;

II – não se comprove o ingresso do bem no estabelecimento de destino na Área de Livre Comércio nos prazos estabelecidos em regulamento; e

II• – o bem seja revendido para fora da Área de Livre Comércio ou transferido para fora da Área de Livre Comércio.

♦ Publicação oficial: "II". Entendemos que seria: "III". (N.E.)

§ 5º. (Vetado).

Art. 463. Ficam reduzidas a zero as alíquotas do IBS e da CBS incidentes sobre operação originada fora da área de livre comércio que destine bem material industrializado de origem nacional a contribuinte estabelecido na área de livre comércio que seja:

I – habilitado nos termos do art. 460 desta Lei Complementar; e

II – sujeito ao regime regular do IBS e da CBS ou optante pelo regime do Simples Nacional de que trata o art. 12 da Lei Complementar nº 123, de 14 de dezembro de 2006♦.

♦ Lei Complementar nº 123/2006 (Estatuto Nacional da Microempresa e da Empresa de Pequeno Porte).

§ 1º. O disposto no *caput* não se aplica às operações com bens de que trata o § 1º do art. 461 desta Lei Complementar.

§ 2º. O contribuinte sujeito ao regime regular do IBS e da CBS que realiza as operações de que trata o *caput* poderá apropriar e utilizar créditos relativos às operações antecedentes, observado o disposto nos arts. 47 a 56 desta Lei Complementar.

§ 3º. Deverão ser instituídos controles específicos para verificação da entrada nas Áreas de Livre Comércio dos bens de que trata o *caput*, nos termos do regulamento.

§ 4º. Caso não haja comprovação de que os bens destinados às Áreas de Livre Comércio ingressaram no destino, nos prazos estabelecidos em regulamento, o contribuinte deverá recolher o valor de IBS e de CBS que seria devido caso não houvesse a redução a zero de alíquotas, com os acréscimos legais cabíveis nos termos do § 2º do art. 29 desta Lei Complementar.

Art. 464. O IBS incidirá sobre a entrada, no estado em que localizada a área de livre comércio, de bens materiais que tenham sido contemplados com a redução a zero de alíquotas nos termos do art. 463 desta Lei Complementar, exceto se destinados a indústria incentivada para utilização nas Áreas de Livre Comércio.

§ 1º. Na hipótese de que trata o *caput*:

I – o contribuinte do IBS será o destinatário da operação de que trata o *caput* do art. 463 desta Lei Complementar;

II – a base de cálculo do imposto será o valor da operação de que trata o *caput* do art. 463 desta Lei Complementar;

III – o IBS será cobrado mediante aplicação de alíquota correspondente a 70% (setenta por cento) da alíquota que incidiria na respectiva operação caso não houvesse a redução a zero estabelecida pelo art. 463 desta Lei Complementar.

§ 2º. O valor do IBS pago na forma do inciso III do § 1º permitirá ao contribuinte a apropriação e a utilização do crédito do imposto, na forma dos arts. 47 a 56 desta Lei Complementar.

§ 3º. O valor do IBS pago na forma do § 4º do art. 463 desta Lei Complementar permitirá ao contribuinte a apropriação e utilização do crédito do imposto na forma dos arts. 47 a 57 desta Lei Complementar, exceto em relação aos acréscimos legais.

Art. 465. Fica concedido ao contribuinte sujeito ao regime regular do IBS e da CBS e habilitado na forma do art. 460 desta Lei Complementar crédito presumido de IBS relativo à aquisição de bem material industrializado de origem nacional contemplado pela redução a zero da alíquota do IBS nos termos do art. 463 desta Lei Complementar.

§ 1º. O crédito presumido de que trata o *caput* será calculado mediante aplicação dos seguintes percentuais sobre o valor da operação contemplada pela redução a zero da alíquota do IBS nos termos do art. 463 desta Lei Complementar:

I – 7,5% (sete inteiros e cinco décimos por cento), no caso de bens provenientes das regiões Sul e Sudeste, exceto do Estado do Espírito Santo; e

II – 13,5% (treze inteiros e cinco décimos por cento), no caso de bens provenientes das regiões Norte, Nordeste e Centro-Oeste e do Estado do Espírito Santo.

§ 2º. O crédito presumido deverá ser estornado caso:

I – não se comprove o ingresso do bem no estabelecimento de destino na Área de Livre Comércio nos prazos estabelecidos em regulamento, exigindo-se os acréscimos legais cabíveis nos termos do § 2º do art. 29;

II – o bem seja revendido para fora da Área de Livre Comércio ou transferido para fora da Área de Livre Comércio, não se exigindo acréscimos legais caso o estorno seja efetuado tempestivamente.

Art. 466. Ficam reduzidas a zero as alíquotas da CBS incidentes sobre as operações realizadas por pessoas jurídicas estabelecidas na Área de Livre Comércio com bem material de origem nacional ou serviços prestados fisicamente, quando destinados a pessoa física ou jurídica localizadas dentro da referida área.

Parágrafo único. O contribuinte que realizar as operações de que trata o *caput* poderá apropriar e utilizar os créditos relativos às operações antecedentes, observado o disposto nos arts. 47 a 56 desta Lei Complementar.

Art. 467. Fica concedido à indústria sujeita ao regime regular de IBS e de CBS e habilitada na forma do inciso II do *caput* do art. 460 desta Lei Complementar créditos presumidos de CBS relativo à operação que destine ao território nacional bem material produzido pela própria indústria na referida área nos termos do projeto econômico aprovado.

§ 1º. O crédito presumido de que trata o *caput* será calculado mediante aplicação do percentual de 6% (seis por cento) sobre o valor da operação registrado em documento fiscal idôneo.

§ 2º. O disposto no *caput* não se aplica a operações:

I – não sujeitas à incidência ou contempladas por hipóteses de isenção, alíquota zero, suspensão ou diferimento da CBS;

II – com bens de que trata o art. 441 desta Lei Complementar.

§ 3º. Aos adquirentes dos bens de que trata o *caput*, caso estejam sujeitos ao regime regular do IBS e da CBS, é garantida a apropriação integral dos créditos relativos à CBS pelo valor incidente na operação registrado em documento fiscal idôneo, observadas as regras previstas nos arts. 47 a 56 desta Lei Complementar.

Art. 468. Os créditos presumidos de IBS e de CBS estabelecidos pelos arts. 462, 465 e 467 desta Lei Complementar somente poderão ser utilizados para compensação, respectivamente, com valores de IBS e CBS devidos pelo contribuinte, vedada a compensação com outros tributos e o ressarcimento em dinheiro.

Parágrafo único. O direito à utilização dos créditos presumidos de que trata o *caput* extingue-se após 5 (cinco) anos, contados do primeiro dia do mês subsequente àquele em que ocorrer sua apropriação.

Art. 469. Para fins deste Capítulo, em todas as operações entre partes relacionadas observar-se-á o disposto no § 4º do art. 12 desta Lei Complementar.

Art. 470. A redução da arrecadação do IBS e da CBS decorrente dos benefícios previstos nesta Seção, inclusive em decorrência dos créditos presumidos previstos nos arts. 462, 465 e 467 desta Lei Complementar, deverá ser considerada para fixação das alíquotas de referência.

CAPÍTULO III
DA DEVOLUÇÃO DO IBS E DA CBS AO TURISTA ESTRANGEIRO

Art. 471. Ato Conjunto do Ministério da Fazenda e do Comitê Gestor do IBS poderá prever que o valor do IBS e da CBS incidentes sobre o fornecimento de bens materiais para domiciliado ou residente no exterior, realizado no País durante permanência inferior a 90 (noventa) dias, será devolvido a este no momento em que ocorrer sua saída do território nacional.

§ 1º. A restituição do IBS e da CBS de que trata o *caput* observará o seguinte:

I – será aplicada apenas aos bens adquiridos constantes de sua bagagem acompanhada, durante o período de permanência do residente ou domiciliado no exterior, fornecidos por contribuintes habilitados;

II – será aplicada apenas às saídas por via aérea ou marítima;

III – poderá ser solicitada a comprovação física de que o bem objeto da devolução dos tributos consta na bagagem do domiciliado ou residente no exterior no momento de sua saída do território nacional; e

IV – poderá ser descontada do montante da devolução parcela para pagamento dos custos administrativos relacionados ao benefício de que trata este artigo.

§ 2º. O Ministério da Fazenda e o Comitê Gestor do IBS regulamentarão o disposto neste artigo, inclusive em relação:

I – a outras condições a serem observadas para solicitação da devolução de que trata este artigo;

II – a forma de habilitação dos contribuintes de IBS e CBS de que trata o inciso I do § 1º;

III – a taxa de câmbio aplicável para fins do disposto no inciso IV deste parágrafo;

IV – ao limite da devolução, o qual não poderá ser inferior a US$ 1.000,00 (mil dólares norte-americanos);

V – à devolução, que terá como parâmetro o valor total de bens adquiridos por pessoa.

TÍTULO II
DAS COMPRAS GOVERNAMENTAIS

Art. 472. Nas aquisições de bens e serviços pela administração pública direta, por autarquias e por fundações públicas, as alíquotas do IBS e da CBS serão reduzidas, de modo uniforme, na proporção do redutor fixado:

- V. Lei nº 14.133/2021 (Licitações e contratos administrativos).

I – de 2027 a 2033, nos termos do art. 370 desta Lei Complementar; e

II – a partir de 2034, no nível fixado para 2033.

Parágrafo único. Não se aplica o disposto neste artigo às aquisições que, cumulativamente, sejam efetuadas de forma presencial e sejam dispensadas de licitação, nos termos da legislação específica.

Art. 473. O produto da arrecadação do IBS e da CBS sobre as aquisições de bens e serviços pela administração pública direta, por autarquias e por fundações públicas será integralmente destinado ao ente federativo contratante, mediante redução a zero das alíquotas do IBS e da CBS devidos aos demais entes federativos e equivalente elevação da alíquota do tributo devido ao ente contratante.

§ 1º. Para fins do atendimento ao disposto no *caput* deste artigo:

I – nas aquisições pela União:

a) serão reduzidas a zero as alíquotas do IBS dos demais entes federativos; e

b) será a alíquota da CBS fixada em montante equivalente à soma das alíquotas do IBS e da CBS incidentes sobre a operação, após a redução de que trata o art. 472 desta Lei Complementar;

II – nas aquisições por Estado:

a) serão reduzidas a zero a alíquota da CBS e a alíquota municipal do IBS; e

b) será a alíquota estadual do IBS fixada em montante equivalente à soma das alíquotas do IBS e da CBS incidentes sobre a operação, após a redução de que trata o art. 472 desta Lei Complementar;

III – nas aquisições por Município:

a) serão reduzidas a zero a alíquota da CBS e a alíquota estadual do IBS;

b) será a alíquota municipal do IBS fixada em montante equivalente à soma das alíquotas do IBS e da CBS incidentes sobre a operação, após a redução de que trata o art. 472 desta Lei Complementar; e

IV – nas aquisições pelo Distrito Federal:

a) será reduzida a zero a alíquota da CBS;

b) será a alíquota distrital do IBS fixada em montante equivalente à soma das alíquotas do IBS e da CBS incidentes sobre a operação, após a redução de que trata o art. 472 desta Lei Complementar.

§ 2º. Não se aplica o disposto no *caput* e no § 1º deste artigo às aquisições que, cumulativamente, sejam efetuadas de forma presencial e sejam dispensadas de licitação, nos termos da legislação específica.

§ 3º. Aplica-se o disposto neste artigo às importações efetuadas pela administração pública direta, por autarquias e por fundações públicas, assegurada a igualdade de tratamento em relação às aquisições no País.

TÍTULO III
DISPOSIÇÕES TRANSITÓRIAS

Art. 474. Durante o período compreendido entre 2027 e 2032, os percentuais para incidência ou creditamento de IBS e de CBS previstos nos arts. 447, § 1º, 449, § 1º, e 465, § 1º, desta Lei Complementar serão reduzidos nas seguintes proporções:

I – 9/10 (nove décimos), em 2029;

II – 8/10 (oito décimos), em 2030;

III – 7/10 (sete décimos), em 2031; e

IV – 6/10 (seis décimos), em 2032.

CAPÍTULO I
DA AVALIAÇÃO QUINQUENAL

Art. 475. O Poder Executivo da União e o Comitê Gestor do IBS realizarão avaliação quinquenal da eficiência, eficácia e efetividade, enquanto políticas sociais, ambientais e de desenvolvimento econômico:

I – da aplicação ao IBS e à CBS dos regimes aduaneiros especiais, das zonas de processamento de exportação e dos regimes dos bens de capital do Reporto, do Reidi e do Renaval, de que trata o Título II do Livro I;

II – da devolução personalizada do IBS e da CBS, de que trata o Capítulo I do Título III do Livro I;

III – da Cesta Básica Nacional de Alimentos, de que trata o Capítulo II do Título III do Livro I;

IV – dos regimes diferenciados do IBS e da CBS, de que trata o Título IV do Livro I; e

V – dos regimes específicos do IBS e da CBS, de que trata o Título V do Livro I.

§ 1º. A avaliação de que trata o *caput* deverá considerar, inclusive, o impacto da legislação do IBS e da CBS na promoção da igualdade entre homens e mulheres e étnico-racial.

§ 2º. Para fins do disposto no inciso II do *caput*, a avaliação de que trata o *caput* deverá considerar o impacto sobre as desigualdades de renda.

§ 3º. Para fins do disposto no inciso III do *caput*, a composição dos produtos que integram a Cesta Básica Nacional de Alimentos deve ter como objetivo garantir a alimentação saudável e nutricionalmente adequada, em observância ao direito social à alimentação, devendo satisfazer os seguintes critérios:

I – privilegiar alimentos *in natura* ou minimamente processados; e

II – privilegiar alimentos consumidos majoritariamente pelas famílias de baixa renda.

§ 4º. Para fins do disposto no § 3º, consideram-se:

I – alimentos *in natura* ou minimamente processados, aqueles obtidos diretamente de plantas, de animais ou de fungos e adquiridos para consumo sem que tenham sofrido alterações após deixarem a natureza ou que tenham sido submetidos a processamentos mínimos sem adição de sal, açúcar, gordura e óleos e outros aditivos que modifiquem as características do produto e substâncias de raro uso culinário;

II – alimentos consumidos majoritariamente pelas famílias de baixa renda, aqueles que apresentam as maiores razões entre:

a) a participação da despesa com o respectivo alimento sobre o total da despesa de alimentos das famílias de baixa renda; e

b) a participação da despesa com o respectivo alimento sobre o total da despesa de alimentos das demais famílias.

§ 5º. Para fins de cálculo da razão a que se refere o inciso II do § 4º serão utilizadas as informações da POF do IBGE e, para a delimitação das famílias de baixa renda, será tomado como referência o limite de renda monetária familiar *per capita* de até meio salário-mínimo.

§ 6º. Para fins do disposto no inciso IV do *caput*, para fins do regime diferenciado de tributação, a definição dos alimentos destinados à alimentação humana deverá privilegiar alimentos *in natura* ou minimamente processados, exceto aqueles consumidos majoritariamente pelas famílias de alta renda.

§ 7º. O Tribunal de Contas da União e os Tribunais de Contas dos Estados e Municípios poderão, em decorrência do exercício de suas competências, oferecer subsídios para a avaliação quinquenal de que trata esse artigo.

§ 8º. Caso a avaliação quinquenal resulte em recomendações de revisão dos regimes e das políticas de que tratam os incisos do *caput*, o Poder Executivo da União deverá encaminhar ao Congresso Nacional projeto de lei complementar propondo:

I – alterações no escopo e na forma de aplicação dos regimes e das políticas de que tratam os incisos do *caput*; e

II – regime de transição para a alíquota padrão, em relação aos regimes diferenciados de que trata o inciso IV do *caput*.

§ 9º. A primeira avaliação quinquenal será realizada com base nos dados disponíveis no ano-calendário de 2030 e poderá resultar na apresentação de projeto de lei complementar pelo Poder Executivo da União, com início de eficácia para 2032, a ser enviado até o último dia útil de março de 2031.

§ 10. Na avaliação quinquenal de que trata o § 9º, serão estimadas as alíquotas de referência de IBS e CBS que serão aplicadas a partir de 2033, considerando-se os dados de arrecadação desses tributos em relação aos anos de 2026 a 2030.

§ 11. Caso a soma das alíquotas de referência estimadas de que trata o § 10 resulte em percentual superior a 26,5% (vinte e seis inteiros e cinco décimos por cento), o Poder Executivo da União, ouvido o Comitê Gestor do IBS, deverá encaminhar ao Congresso Nacional projeto de lei complementar propondo medidas que reduzam o percentual a patamar igual ou inferior a 26,5% (vinte e seis inteiros e cinco décimos por cento).

§ 12. O projeto de lei complementar de que trata o § 11 deverá:

I – ser enviado ao Congresso Nacional até 90 (noventa) dias após a conclusão da avaliação quinquenal;

II – estar acompanhado dos dados e dos cálculos que basearam a sua apresentação; e

III – alterar o escopo e a forma de aplicação dos regimes e das políticas de que tratam os incisos do *caput*.

§ 13. As avaliações subsequentes deverão ocorrer a cada 5 (cinco) anos, contados dos prazos estabelecidos no § 9º.

Art. 476. O Poder Executivo da União realizará avaliação quinquenal da eficiência, eficácia e efetividade, enquanto política social, ambiental e sanitária, da incidência do Imposto Seletivo de que trata o Livro II.

§ 1º. A avaliação de que trata este artigo será realizada simultaneamente à avaliação de que trata o art. 475 desta Lei Complementar.

§ 2º. Aplica-se à avaliação de que trata este artigo, no que couber, o disposto no art. 475 desta Lei Complementar.

CAPÍTULO II
DA COMPENSAÇÃO DE EVENTUAL REDUÇÃO DO MONTANTE ENTREGUE NOS TERMOS DO ART. 159, INCISOS I E II, DA CONSTITUIÇÃO FEDERAL EM RAZÃO DA SUBSTITUIÇÃO DO IPI PELO IMPOSTO SELETIVO

- V. art. 156, II, do CTN.

Art. 477. A partir de 2027, a União compensará, na forma deste Título, eventual redução no montante dos valores entregues nos termos do art. 159, incisos I e II, da Constituição Federal, em razão da substituição da arrecadação do IPI, pela arrecadação do Imposto Seletivo, conforme disposto nesta Lei Complementar.

§ 1º. A compensação de que trata o *caput* será apurada mensalmente, a partir de janeiro de 2027, pela diferença entre:

I – o valor de referência para o mês, calculado nos termos do art. 478 desta Lei Complementar; e

II – o valor entregue, no mês, em decorrência da aplicação do disposto nos incisos I e II do *caput* do art. 159 da Constituição Federal sobre o produto da arrecadação do IPI e do Imposto Seletivo.

§ 2º. O valor apurado nos termos do § 1º:

I – quando negativo, será deduzido do montante apurado na forma do § 1º no mês subsequente;

II – quando positivo, será entregue no segundo mês subsequente ao da apuração, na forma prevista nos incisos I e II do *caput* do art. 159 da Constituição Federal.

§ 3º. O valor de que trata o inciso II do § 2º será entregue nas mesmas datas previstas para a entrega dos recursos de que tratam os incisos I e II do *caput* do art. 159 da Constituição Federal, observada sua distribuição em valores iguais para cada uma das parcelas entregue no mês.

Art. 478. O valor de referência de que trata o inciso I do § 1º do art. 477 desta Lei Complementar será calculado da seguinte forma:

I – para os meses de janeiro a dezembro de 2027, corresponderá ao valor médio mensal de 2026, calculado nos termos do § 1º deste artigo, corrigido pela variação do IPCA até o mês da apuração e acrescido de 2% (dois por cento);

II – a partir de janeiro de 2028, será fixado em valor equivalente ao valor de referência do décimo segundo mês anterior, corrigido pela variação em 12 (doze) meses do produto da arrecadação da CBS, calculada com base na alíquota de referência.

§ 1º. O valor médio mensal a preços de 2026 corresponde à soma dos valores entregues de 2022 a 2026 em decorrência da aplicação do disposto nos incisos I e II do *caput* do art. 159 da Constituição Federal sobre o produto da arrecadação do IPI, corrigidos a preços de 2026 pela variação da arrecadação do IPI e divididos por 60 (sessenta).

§ 2º. A correção pela variação do IPCA de que trata o inciso I do *caput* será realizada com base:

I – no índice do IPCA relativo ao respectivo mês de apuração; e

II – no índice médio do IPCA para 2026.

§ 3º. O Tribunal de Contas da União publicará, até o último dia útil do mês subsequente ao da apuração, o valor de referência de que trata o *caput*.

Art. 479. O valor a ser entregue a título da compensação de que trata o art. 477 desta Lei Complementar observará os mesmos critérios, prazos e garantias aplicáveis à entrega de recursos de que trata o art. 159, incisos I e II, da Constituição Federal.

§ 1º. É vedada a vinculação dos recursos da compensação de que trata o *caput* a órgão, fundo ou despesa, ressalvados:

I – a realização de atividades da administração tributária;

II – a prestação de garantias às operações de crédito por antecipação de receita;

III – o pagamento de débitos com a União e para prestar-lhe garantia ou contragarantia;

IV – os percentuais mínimos para ações e serviços de saúde previstos no art. 198, § 2º, da Constituição Federal;

V – os percentuais mínimos a serem aplicados na manutenção e desenvolvimento do ensino conforme art. 212 da Constituição Federal; e

VI – a parcela destinada à manutenção e ao desenvolvimento do ensino na educação básica e à remuneração condigna de seus profissionais, conforme art. 212-A da Constituição Federal.

§ 2º. É vedada a retenção ou qualquer restrição à entrega e ao emprego dos recursos da compensação de que trata o *caput* aos Estados, ao Distrito Federal e aos Municípios, conforme art. 160 da Constituição Federal.

CAPÍTULO III
DO COMITÊ GESTOR DO IBS

Seção I
DISPOSIÇÕES GERAIS

Art. 480. Fica instituído, até 31 de dezembro de 2025, o Comitê Gestor do Imposto sobre Bens e Serviços (CGIBS), entidade pública com caráter técnico e operacional sob regime especial, com sede e foro no Distrito Federal, dotado de independência técnica, administrativa, orçamentária e financeira.

§ 1º. O CGIBS, nos termos da Constituição Federal e desta Lei Complementar, terá sua atuação caracterizada pela ausência de vinculação, tutela ou subordinação hierárquica a qualquer órgão da administração pública.

§ 2º. O regulamento único do IBS definirá o prazo máximo para a realização das atividades de cobrança administrativa, desde que não superior a 12 (doze) meses, contado da constituição definitiva do crédito tributário, após o qual a administração tributária encaminhará o expediente à respectiva procuradoria, para as providências de cobrança judicial ou extrajudicial cabíveis, nos termos definidos no referido regulamento.

§ 3º. O CGIBS, a Secretaria Especial da Receita Federal do Brasil e a Procuradoria-Geral da Fazenda Nacional poderão implementar soluções integradas para a futura administração e a cobrança do IBS e da CBS.

§ 4º. As normas comuns ao IBS e à CBS constantes do regulamento único do IBS serão aprovadas por ato conjunto do CGIBS e do Poder Executivo federal.

§ 5º. O regulamento único do IBS preverá regras uniformes de conformidade tributária, de orientação, de autorregularização e de tratamento diferenciado a contribuintes que atendam a programas de conformidade do IBS estabelecidos pelos entes federativos.

§ 6º. As licitações e as contratações realizadas pelo CGIBS serão regidas pelas normas gerais de licitação e contratação aplicáveis às administrações públicas diretas, autárquicas e fundacionais da União, dos Estados, do Distrito Federal e dos Municípios.

§ 7º. O CGIBS observará o princípio da publicidade, mediante veiculação de seus atos normativos, preferencialmente por meio eletrônico, disponibilizado na internet.

Seção II
DO CONSELHO SUPERIOR DO CGIBS

Art. 481. O Conselho Superior do CGIBS, instância máxima de deliberação do CGIBS, tem a seguinte composição:

I – 27 (vinte e sete) membros e respectivos suplentes, representantes de cada Estado e do Distrito Federal; e

II – 27 (vinte e sete) membros e respectivos suplentes, representantes do conjunto dos Municípios e do Distrito Federal.

§ 1º. Os membros e os respectivos suplentes de que trata:

I – o inciso I do *caput* deste artigo serão indicados pelo Chefe do Poder Executivo de cada Estado e do Distrito Federal; e

II – o inciso II do *caput* deste artigo serão indicados pelos Chefes dos Poderes Executivos dos Municípios e do Distrito Federal, da seguinte forma:

a) 14 (quatorze) representantes eleitos com base nos votos de cada Município e do Distrito Federal, com valor igual para todos; e

b) 13 (treze) representantes eleitos com base nos votos de cada Município e do Distrito Federal, ponderados pelas respectivas populações.

§ 2º. A escolha dos representantes dos Municípios no Conselho Superior do CGIBS, a que se refere o inciso II do *caput* deste artigo, será efetuada mediante realização de eleições distintas para definição dos membros e respectivos suplentes de cada um dos grupos referidos nas alíneas "a" e "b" do inciso II do § 1º deste artigo.

§ 3º. A eleição de que trata o § 2º deste artigo:

I – será realizada por meio eletrônico, observado que apenas o Chefe do Poder Executivo Municipal em exercício terá direito a voto;

II – terá a garantia da representação de, no mínimo, 1 (um) Município de cada região do País, podendo o Distrito Federal ser representante da Região Centro-Oeste;

III – será regida pelo princípio democrático, garantida a participação de todos os Municípios, sem prejuízo da observância de requisitos mínimos para a candidatura, nos termos desta Lei Complementar e do regulamento eleitoral;

IV – será realizada por meio de um único processo eleitoral, organizado pelas associações de representação de Municípios de âmbito nacional, reconhecidas na forma da Lei nº 14.341, de 18 de maio de 2022, cujos associados representem, no mínimo, 30% (trinta por cento) da população do País ou 30% (trinta por cento) dos Municípios do País, por meio de regulamento eleitoral próprio elaborado em conjunto pelas entidades.

§ 4º. Os Municípios somente poderão indicar, dentre os membros a que se refere o inciso II do *caput* deste artigo, 1 (um) único membro titular ou suplente, inclusive para o processo eleitoral.

§ 5º. Cada associação, de que trata o inciso IV do § 3º, para a eleição prevista no § 2º, em relação aos representantes referidos na alínea "a" do inciso II do § 1º deste artigo, apresentará até uma chapa, a qual deverá contar com o apoiamento mínimo de 20% (vinte por cento) do total dos Municípios do País, contendo 14 (quatorze) nomes titulares, observado o seguinte:

I – os nomes indicados e os respectivos Municípios comporão uma única chapa, não podendo constar de outra chapa;

II – cada titular terá 2 (dois) suplentes, obrigatoriamente de Municípios distintos e observado o disposto no inciso I deste parágrafo;

III – em caso de impossibilidade de atuação do titular, caberá ao primeiro suplente sua imediata substituição;

IV – vencerá a eleição a chapa que obtiver mais de 50% (cinquenta por cento) dos votos válidos;

V – caso nenhuma das chapas atinja o percentual de votos indicado no inciso IV deste parágrafo, será realizado um segundo turno de votação com as 2 (duas) chapas mais votadas, hipótese em que será considerada vencedora a chapa que obtiver a maioria dos votos válidos.

§ 6º. Cada associação, de que trata o inciso IV do § 3º, para a eleição prevista no § 2º, em relação aos representantes referidos na alínea "b" do inciso II do § 1º deste artigo, apresentará até uma chapa, a qual deverá contar com o apoiamento de Municípios que representem, no mínimo, 20% (vinte por cento) do total da população do País, contendo 13 (treze) nomes titulares, observado o disposto nos incisos do § 5º deste artigo.

§ 7º. O membro eleito na forma dos §§ 5º e 6º deste artigo poderá ser:

I – substituído, na forma definida pelo CGIBS, por decisão da maioria:

a) dos votos dos Municípios do País, quando se tratar dos representantes a que se refere a alínea "a" do inciso II do § 1º deste artigo; ou

b) dos votos dos Municípios do País ponderados pelas suas respectivas populações, quando se tratar dos representantes a que se refere a alínea "b" do inciso II do § 1º deste artigo;

II – destituído por ato do Chefe do Poder Executivo do Município que o indicou.

§ 8º. Na hipótese de destituição do titular e dos respectivos suplentes, será realizada nova eleição para a ocupação das respectivas vagas, no prazo previsto pelo regimento interno do CGIBS.

§ 9º. Exceto na primeira eleição, prevista no § 2º deste artigo, as demais eleições terão o acompanhamento durante todo o processo eleitoral de 4 (quatro) membros do Conselho Superior do CGIBS, escolhidos pelos 27 (vinte e sete) representantes dos Municípios de que trata o inciso II do *caput* deste artigo.

§ 10. O regulamento eleitoral poderá definir outras atribuições dos membros de que trata o § 9º deste artigo para acompanhamento do processo eleitoral.

§ 11. É vedada a indicação de representantes de um mesmo Município simultaneamente para o grupo de 14 (quatorze) representantes de que trata a alínea "a" do inciso II do § 1º deste artigo e para o grupo de 13 (treze) representantes de que trata a alínea "b" do referido inciso.

§ 12. O foro competente para solucionar as ações judiciais relativas aos processos eleitorais de que trata este artigo é o da comarca de Brasília, no Distrito Federal.

Art. 482. Os membros do Conselho Superior do CGIBS serão escolhidos dentre cidadãos de reputação ilibada e de notório conhecimento em administração tributária, observado o seguinte:

I – a representação titular dos Estados e do Distrito Federal será exercida pelo ocupante do cargo de Secretário de Fazenda, Finanças, Tributação ou cargo similar que corresponda à autoridade máxima da administração tributária dos referidos entes federativos; e

II – a representação dos Municípios e do Distrito Federal será exercida por membro que não mantenha, durante a representação, vínculo de subordinação hierárquica com esfera federativa diversa da que o indicou e atenda, ao menos, a um dos seguintes requisitos:

a) ocupar o cargo de Secretário de Fazenda, Finanças, Tributação ou cargo similar que corresponda à autoridade máxima da administração tributária do Município ou do Distrito Federal;

b) ter experiência de, no mínimo, 10 (dez) anos na administração tributária do Município ou do Distrito Federal;

c) ter experiência de, no mínimo, 4 (quatro) anos como ocupante de cargos de direção, de chefia ou de assessoramento superiores na administração tributária do Município ou do Distrito Federal.

§ 1º. Os membros de que trata o *caput* deste artigo devem, cumulativamente:

I – ter formação acadêmica em nível superior compatível com o cargo para o qual foram indicados;

II – não se enquadrar nas hipóteses de inelegibilidade previstas nas alíneas "a" a "q" do inciso I do *caput* do art. 1º da Lei Complementar nº 64, de 18 de maio de 1990.

§ 2º. Os membros do Conselho Superior do CGIBS serão nomeados e investidos para o exercício da função pelo prazo de que trata o *caput* do art. 480 e poderão ser substituídos ou destituídos:

I – em relação à representação dos Estados e do Distrito Federal, pelo Chefe do Poder Executivo;

II – em relação à representação dos Municípios e do Distrito Federal, na forma prevista no § 7º do art. 481 desta Lei Complementar; e

III – em razão de renúncia, de condenação judicial transitada em julgado ou de pena demissória decorrente de processo administrativo disciplinar.

§ 3º. O suplente substituirá o titular em suas ausências e seus impedimentos, na forma do regimento interno.

§ 4º. Em caso de vacância, a função será exercida pelo respectivo suplente durante o período remanescente, exceto nos casos de substituição.

§ 5º. O membro do Conselho Superior do CGIBS investido na função com fundamento na alínea "a" do inciso II do *caput* deste artigo que vier a deixar de ocupar o cargo de Secretário de Fazenda, Finanças, Tributação ou similar deverá ser substituído ou destituído no prazo de 10 (dez) dias, contado da data de exoneração, caso não preencha outro requisito para ser membro do Conselho Superior do CGIBS.

Seção III
DA INSTALAÇÃO DO CONSELHO SUPERIOR

Art. 483. O Conselho Superior do CGIBS será instalado em até 120 (cento e vinte) dias contados da data de publicação desta Lei Complementar.

§ 1º. Para fins do disposto no *caput* deste artigo:

I – os membros titulares e suplentes do Conselho Superior do CGIBS deverão ser indicados em até 90 (noventa) dias contados da data de publicação desta Lei Complementar, mediante publicação no Diário Oficial da União:

a) pelos Chefes dos respectivos Poderes Executivos, no caso dos Estados e do Distrito Federal; ou

b) nos termos do processo eleitoral previsto nesta Lei Complementar, no caso dos Municípios e do Distrito Federal;

II – para a primeira gestão do Conselho Superior do CGIBS, a posse dos indicados como membros titulares e suplentes considera-se ocorrida:

a) no primeiro dia útil da segunda semana subsequente à publicação no Diário Oficial da União da indicação de todos os membros; ou

b) na data a que se refere o *caput* deste artigo, caso não tenha sido publicada a indicação de todos os membros;

III – os membros titulares do Conselho Superior do CGIBS elegerão entre si o Presidente e os 2 (dois) Vice-Presidentes do CGIBS; e

IV – o Presidente do CGIBS comunicará ao Ministro de Estado da Fazenda a instalação do Conselho Superior do CGIBS, indicando a conta bancária destinada a receber o aporte inicial da União mediante operação de crédito de que trata o art. 484 desta Lei Complementar.

§ 2º. Até que seja realizado o aporte da União de que trata o art. 484 desta Lei Complementar, as despesas necessárias à atuação do Conselho Superior do CGIBS serão custeadas pelos entes de origem dos respectivos membros.

§ 3º. Após o recebimento do aporte da União de que trata o art. 484 desta Lei Complementar, o Conselho Superior do CGIBS adotará as providências cabíveis para a instalação e o funcionamento do CGIBS.

§ 4º. O regimento interno do CGIBS estabelecerá os meios para realizar sua gestão financeira e contábil enquanto não for disponibilizado o sistema de execução orçamentária próprio do CGIBS.

Art. 484. A União custeará, por meio de operação de crédito em 2025, o valor de R$ 600.000.000,00 (seiscentos milhões de reais), reduzido de 1/12 (um doze avos) por mês que haja transcorrido até, inclusive, o mês em que se der a comunicação de que trata o inciso IV do § 1º do art. 483 desta Lei Complementar.

§ 1º. Os valores a serem financiados pela União serão distribuídos em parcelas mensais iguais e sucessivas, de janeiro de 2025 ou do mês subsequente à comunicação a que se refere o inciso IV do § 1º do art. 483 desta Lei Complementar até o último mês do ano.

§ 2º. As parcelas mensais de que trata este artigo serão creditadas até o décimo dia de cada mês, observado, no caso da primeira parcela, o prazo mínimo de 30 (trinta) dias entre a comunicação realizada nos termos do inciso IV do § 1º do art. 483 desta Lei Complementar e a data do crédito.

§ 3º. O financiamento da União ao CGIBS realizado nos termos deste artigo será remunerado com base na taxa Selic da data de desembolso até seu ressarcimento à União.

§ 4º. O CGIBS efetuará o ressarcimento à União dos valores financiados nos termos deste artigo em 20 (vinte) parcelas semestrais sucessivas, a partir de junho de 2029.

§ 5º. O CGIBS prestará garantia em favor da União em montante igual ou superior ao valor devido em razão da operação de crédito de que trata este artigo, que poderá consistir no produto de arrecadação do IBS destinada ao seu financiamento.

§ 6º. O CGIBS sujeitar-se-á à fiscalização pelo Tribunal de Contas da União exclusivamente em relação aos recursos a que se refere este artigo, até o seu integral ressarcimento.

CAPÍTULO IV
DO PERÍODO DE TRANSIÇÃO DAS OPERAÇÕES COM BENS IMÓVEIS

Seção I
DAS OPERAÇÕES INICIADAS ANTES DE 1º DE JANEIRO DE 2029

Subseção I
Da Incorporação

Art. 485. O contribuinte que realizar incorporação imobiliária submetida ao patrimônio de afetação, nos termos dos artigos 31-A a 31-E da Lei nº 4.591, de 16 de dezembro de 1964,♦ que tenha realizado o pedido de opção pelo regime específico instituído pelo art. 1º e tenha o pedido efetivado nos termos do art. 2º, ambos da Lei Federal nº 10.931 de 2004,♦♦ antes de 1º de janeiro de 2029, pode optar pelo recolhimento de CBS, da seguinte forma.

♦ Lei nº 4.591/1964 (Condomínio e Incorporações Imobiliárias).

♦♦ Lei nº 10.931/2004 (Dispõe sobre o patrimônio de afetação de incorporações imobiliárias, Letra de Crédito Imobiliário, Cédula de Crédito Imobiliário, Cédula de Crédito Bancário, altera o Decreto-Lei nº 911, de 1º de outubro de 1969, as Leis nº 4.591, de 16 de dezembro de 1964, nº 4.728, de 14 de julho de 1965, e nº 10.406, de 10 de janeiro de 2002, e dá outras providências).

I – a incorporação imobiliária submetida ao regime especial de tributação prevista nos arts. 4º e 8º da Lei Federal nº 10.931/2004 ficará sujeita ao pagamento de CBS em montante equivalente a 2,08% (dois inteiros e oito centésimos por cento) da receita mensal recebida;

II – a incorporação imobiliária submetida ao regime especial de tributação prevista no § 6º e § 8º do art. 4º e parágrafo único do art. 8º da Lei Federal nº 10.931/2004 ficará sujeita ao pagamento de CBS em montante equivalente a 0,53% (cinquenta e três centésimos por cento) da receita mensal recebida.

§ 1º. A opção pelo regime especial disposto no *caput* afasta qualquer outra forma de incidência de IBS e CBS sobre a respectiva incorporação, ficando sujeita à incidência destes tributos exclusivamente na forma disposta neste artigo.

§ 2º. Fica vedada a apropriação de créditos do IBS e da CBS pelo contribuinte submetido ao regime especial de que trata o *caput* em relação às aquisições destinadas à incorporação imobiliária submetida ao patrimônio de afetação.

§ 3º. A opção pelo regime especial disposto no *caput* impede a dedução dos redutores de ajuste previstos no art. 257 e do redutor social previsto no art. 259 na alienação de imóveis decorrente da incorporação imobiliária.

§ 4º. O contribuinte sujeito ao regime regular do IBS e da CBS que adquirir imóvel decorrente de incorporação imobiliária submetida ao regime específico de que trata o *caput* não poderá apropriar créditos de IBS e CBS relativo à aquisição do bem imóvel.

§ 5º. No caso de aquisição por contribuinte sujeito ao regime regular do IBS e da CBS, as operações tributadas pelo regime opcional de que trata o *caput* constituirão redutor de ajuste equivalente ao que seria constituído caso o imóvel fosse adquirido de não contribuinte do regime regular do IBS e da CBS, nos termos do inciso III do *caput* do art. 258.

§ 6º. Os créditos de IBS e CBS decorrentes dos custos e despesas indiretos pagos pela incorporadora e apropriados a cada incorporação na forma prevista no § 4º do art. 4º da Lei Federal nº 10.931 de 2004• deverão ser estornados pela incorporadora.

- ♦ Lei nº 10.931/2004 (Dispõe sobre o patrimônio de afetação de incorporações imobiliárias, Letra de Crédito Imobiliário, Cédula de Crédito Imobiliário, Cédula de Crédito Bancário, altera o Decreto-Lei nº 911, de 1º de outubro de 1969, as Leis nº 4.591, de 16 de dezembro de 1964, nº 4.728, de 14 de julho de 1965, e nº 10.406, de 10 de janeiro de 2002, e dá outras providências).

§ 7º. No caso da opção de que trata este artigo, aplica-se a Lei Federal nº 10.931 de 2004• naquilo que não for contrário ao disposto neste artigo.

- ♦ Lei nº 10.931/2004 (Dispõe sobre o patrimônio de afetação de incorporações imobiliárias, Letra de Crédito Imobiliário, Cédula de Crédito Imobiliário, Cédula de Crédito Bancário, altera o Decreto-Lei nº 911, de 1º de outubro de 1969, as Leis nº 4.591, de 16 de dezembro de 1964, nº 4.728, de 14 de julho de 1965, e nº 10.406, de 10 de janeiro de 2002, e dá outras providências).

Subseção II
Do Parcelamento do Solo

Art. 486. O contribuinte que realizar alienação de imóvel decorrente de parcelamento do solo, que tenha o pedido de registro do parcelamento, nos termos da Lei Federal nº 6.766, de 19 de dezembro de 1979,• efetivado antes de 1º de janeiro de 2029, pode optar pelo recolhimento de CBS com base na receita bruta recebida.

- ♦ Lei nº 6.766/1979 (Parcelamento do solo urbano).

§ 1º. As operações sujeitas ao regime de que trata este artigo estarão sujeitas ao pagamento de CBS em montante equivalente a 3,65% (três inteiros e sessenta e cinco centésimos por cento) da receita bruta recebida.

§ 2º. A opção pelo recolhimento disposta no *caput* afasta qualquer outra forma de incidência de IBS e CBS sobre o respectivo parcelamento do solo, ficando sujeita à incidência tributária destes tributos exclusivamente na forma disposta no *caput*.

§ 3º. Fica vedada a apropriação de créditos de IBS e CBS pelo contribuinte que realizar a opção de que trata o *caput*.

§ 4º. A opção pelo recolhimento disposta no *caput* impede a dedução dos redutores de ajuste previstos no art. 257 e do redutor social previsto no art. 259 na alienação decorrente de parcelamento do solo.

§ 5º. O contribuinte sujeito ao regime regular do IBS e da CBS que adquirir imóvel decorrente de parcelamento do solo submetido ao regime de tributação de que trata o *caput* não poderá apropriar crédito de IBS e CBS relativo à aquisição do bem imóvel.

§ 6º. No caso de aquisição por contribuinte sujeito ao regime regular do IBS e da CBS, as operações tributadas pelo regime opcional de que trata o *caput* constituirão redutor de ajuste equivalente ao que seria constituído caso o imóvel fosse adquirido de não contribuinte do regime regular do IBS e da CBS, nos termos do inciso III do *caput* do art. 258.

§ 7º. Considera-se receita bruta a totalidade das receitas auferidas na venda das unidades imobiliárias que compõem o parcelamento do solo, bem como as receitas financeiras e variações monetárias decorrentes desta operação.

§ 8º. O pagamento de CBS na forma do disposto no *caput* deste artigo será considerado definitivo, não gerando, em qualquer hipótese, direito à restituição ou à compensação, exceto em caso de distrato da operação.

§ 9º. As receitas, custos e despesas próprios do parcelamento de solo sujeito à tributação na forma deste artigo não deverão ser computados na apuração da base de cálculo da CBS devida pelo contribuinte em virtude de suas outras atividades empresariais.

§ 10. Para fins do disposto no § 7º deste artigo, os custos e despesas indiretos pagos pelo contribuinte no mês serão apropriados a cada parcelamento de solo, na mesma proporção representada pelos custos diretos próprios das operações decorrentes do parcelamento de solo, em relação ao custo direto total do contribuinte, assim entendido como a soma de todos os custos diretos de todas as atividades exercidas pelo contribuinte.

§ 11. Os créditos de IBS e CBS decorrentes dos custos e despesas indiretos pagos pelo contribuinte e apropriados a cada parcelamento do solo na forma prevista no § 10 deverão ser estornados pelo contribuinte.

§ 12. O contribuinte fica obrigado a manter escrituração contábil segregada para cada parcelamento de solo submetido ao regime de tributação previsto neste artigo.

Subseção III
Da Locação, da Cessão Onerosa e do Arrendamento do Bem Imóvel

Art. 487. O contribuinte que realizar locação, cessão onerosa ou arrendamento de bem imóvel decorrente de contratos firmados por prazo determinado poderá optar pelo recolhimento de IBS e CBS com base na receita bruta recebida.

§ 1º. A opção prevista no *caput* será aplicada exclusivamente:

I – para contrato com finalidade não residencial, pelo prazo original do contrato, desde que este:

a) seja firmado até a data de publicação desta Lei Complementar, sendo a data comprovada por firma reconhecida ou por meio de assinatura eletrônica; e

b) seja registrado em Cartório de Registro de Imóveis ou em Registro de Títulos e Documentos até 31 de dezembro de 2025 ou seja disponibilizado para a RFB e para o Comitê Gestor do IBS, nos termos do regulamento;

II – para contrato com finalidade residencial, pelo prazo original do contrato ou até 31 de dezembro de 2028, o que ocorrer primeiro, desde que firmado até a data de publicação desta Lei Complementar, sendo a data comprovada por firma reconhecida, por meio de assinatura eletrônica ou pela comprovação de pagamento da locação até o último dia do mês subsequente ao do primeiro mês do contrato.

§ 2º. As operações sujeitas ao regime de que trata este artigo estarão sujeitas ao pagamento de IBS e CBS em montante equivalente a 3,65% da receita bruta recebida.

§ 3º. A opção pelo recolhimento disposta no *caput* afasta qualquer outra forma de incidência de IBS e CBS sobre a respectiva operação, ficando sujeita à incidência destes tributos exclusivamente na forma disposta no *caput*.

§ 4º. Fica vedada a apropriação de créditos do IBS e da CBS pelo contribuinte que realizar a opção de que trata o *caput*, em relação às operações relacionadas ao bem imóvel sujeito ao regime opcional de que trata este artigo.

§ 5º. A opção pelo recolhimento disposta no *caput* impede a utilização do redutor social previsto no art. 260.

§ 6º. Considera-se receita bruta a totalidade das receitas auferidas nas operações de que trata o *caput*, bem como as receitas financeiras e variações monetárias decorrentes desta operação.

§ 7º. O pagamento de IBS e CBS na forma do disposto no *caput* deste artigo será considerado definitivo, não gerando, em qualquer hipótese, direito à restituição ou à compensação.

§ 8º. As receitas, custos e despesas próprios das operações que tratam o *caput* não deverão ser computados na apuração da base de cálculo do IBS e da CBS devida pelo contribuinte em virtude de suas outras atividades empresariais.

§ 9º. Os custos e despesas indiretos pagos pelo contribuinte no mês serão apropriados a cada operação, na mesma proporção representada pelas receitas dessas operações, em relação à receita total do contribuinte.

§ 10. Os créditos de IBS e CBS decorrentes dos custos e despesas indiretos apropriados pelo contribuinte e alocados às operações sujeitas ao regime opcional de que trata este artigo nos termos do § 9º deverão ser estornados.

§ 11. O contribuinte fica obrigado a manter escrituração contábil segregada com a identificação das operações submetidas ao regime de tributação previsto neste artigo.

Seção II
DAS OPERAÇÕES INICIADAS A PARTIR DE 1º DE JANEIRO DE 2029

Art. 488. A partir de 1º de janeiro de 2029, o contribuinte poderá deduzir da base de cálculo do IBS incidente na alienação de bem imóvel, o montante pago na aquisição de bens e serviços realizada entre 1º de janeiro de 2027 a 31 de dezembro de 2032 que sejam utilizados para a incorporação, parcelamento do solo e construção do imóvel.

§ 1º. A dedução de que trata o *caput* correspondente ao valor das aquisições de bens e serviços:

I – sujeitos à incidência do imposto previsto no art. 155, II ou do imposto previsto no art. 156, III, ambos da Constituição Federal;

II – contabilizados como custo direto de produção do bem imóvel; e

III – cuja aquisição tenha sido acobertada por documento fiscal idôneo.

§ 2º. Na alienação de bem imóvel decorrente de incorporação ou parcelamento do solo poderão ser deduzidos da base de cálculo do IBS os custos e despesas indiretos pagos pelo contribuinte sujeitos ao ICMS ou ISS, os quais serão alocados no empreendimento na mesma proporção representada pelos custos diretos próprios do empreendimento em relação ao custo direto total do contribuinte, assim entendido como a soma dos custos diretos de todas as atividades exercidas pelo contribuinte.

§ 3º. Os valores a serem deduzidos correspondem à base de cálculo do IBS e da CBS relativa à aquisição dos bens e serviços, conforme registrada em documento fiscal, multiplicada por:

I – 1 (um inteiro), no caso de bens e serviços adquiridos entre 1º de janeiro de 2027 e até 31 de dezembro de 2028;

II – 0,9 (nove décimos), no caso de bens e serviços adquiridos no ano-calendário de 2029;

III – 0,8 (oito décimos), no caso de bens e serviços adquiridos no ano-calendário de 2030;

IV – 0,7 (sete décimos), no caso de bens e serviços adquiridos no ano-calendário de 2031; e

V – 0,6 (seis décimos), no caso de bens e serviços adquiridos no ano-calendário de 2032.

§ 4º. A dedução a que se refere o *caput* não afasta o direito à apropriação dos créditos de IBS e CBS pagos pelo contribuinte, assim como a aplicação dos redutores de ajuste previstos no art. 257 e do redutor social previsto no art. 259.

§ 5º. O disposto neste artigo não se aplica caso o contribuinte tenha optado pelo regime especial de que trata o art. 485 ou realizado a opção de que trata o art. 486.

§ 6º. Os valores a serem deduzidos da base de cálculo poderão ser utilizados para ajuste da base de cálculo do IBS de períodos anteriores ou de períodos subsequentes relativos ao mesmo bem imóvel ou ao mesmo empreendimento, quando excederem o valor da base de cálculo de IBS do respectivo período.

Seção III
DISPOSIÇÕES FINAIS

Art. 489. A receita total do IBS e da CBS recolhida nos termos dos art. 487• será distribuída entre a CBS e as parcelas estadual e municipal do IBS na proporção das respectivas alíquotas de referência do momento de ocorrência do fato gerador.

♦ Publicação oficial: "dos art. 487".
Entendemos que seria: "do art. 487". (N.E.)

Art. 490. O disposto no § 2º do art. 6º não se aplica ao Fundo de Arrendamento Residencial – FAR de que trata a Lei nº 10.188, de 12 de fevereiro de 2001, que poderá manter a integralidade dos créditos de IBS e CBS relativos aos bens ou serviços adquiridos pelo FAR, mesmo em caso de doação.

TÍTULO IV
DISPOSIÇÕES FINAIS

Art. 491. Na hipótese de fusão, extinção ou incorporação de quaisquer dos ministérios, secretarias e demais órgãos da administração pública citados nesta Lei Complementar, ato do chefe do Poder Executivo da União definirá o órgão responsável pela assunção das respectivas responsabilidades previstas nesta Lei Complementar.

Art. 492. Para efeito do disposto nesta Lei Complementar:

I – a Nomenclatura Comum do Mercosul/Sistema Harmonizado – NCM/SH corresponde àquela aprovada pela Resolução Gecex nº 272, de 19 de novembro de 2021•;

♦ Resolução Gecex nº 272/2021 (Altera a Nomenclatura Comum do Mercosul – NCM e a Tarifa Externa Comum – TEC para adaptação às modificações do Sistema Harmonizado (SH-2022).

II – a Nomenclatura Brasileira de Serviços – NBS corresponde àquela aprovada pela

Portaria Conjunta RFB/SECEX nº 2.000, de 18 de dezembro de 2018•.

- Portaria Conjunta RFB/SECEX nº 2.000/2018 (Substitui os Anexos I e II da Portaria Conjunta RFB/SCS nº 1.429, de 12 de setembro de 2018, que aprovou a versão 2.0 da Nomenclatura Brasileira de Serviços, Intangíveis e Outras Operações que Produzam Variações no Patrimônio e das Notas Explicativas da Nomenclatura Brasileira de Serviços, Intangíveis e Outras Operações que Produzam Variações no Patrimônio).

§ 1º. Os códigos constantes desta Lei Complementar estão em conformidade com a NCM/SH e com a NBS de que tratam os incisos I e II do *caput*.

§ 2º. Eventuais alterações futuras da NCM/SH e NBS de que trata o *caput* que acarretem modificação da classificação fiscal dos produtos mencionados nesta Lei Complementar não afetarão as disposições a eles aplicadas com base na classificação anterior.

Art. 493. As referências feitas nesta Lei Complementar à taxa SELIC, à taxa DI, ao IPCA e a outros índices ou taxas são aplicáveis aos respectivos índices e taxas que venham a substituí-los.

Art. 494. (Vetado).

Art. 495. (Vetado).

Art. 496. A Lei nº 5.172, de 25 de outubro de 1966 – Código Tributário Nacional, passa a vigorar com as seguintes alterações:

> *"**Art. 9º.** (...)*
>
> ***IV** – cobrar impostos e a contribuição de que trata o inciso V do art. 195 da Constituição Federal sobre:*
>
> ....
>
> ***b)** entidades religiosas e templos de qualquer culto, inclusive suas organizações assistenciais e beneficentes;*
>
> ...." *(NR)*

Art. 497. O Decreto-Lei nº 37, de 18 de novembro de 1966,• passa a vigorar com a seguinte redação:

- Decreto-Lei nº 37/1966 (Imposto sobre importação).

> *"**Art. 44.** (...)*
>
> ***Parágrafo único.** As informações prestadas pelo sujeito passivo na declaração de importação constituem confissão de dívida pelo contribuinte e instrumento hábil e suficiente para a exigência do valor dos tributos incidentes sobre as operações nela consignadas, restando constituído o crédito tributário." (NR)*

Art. 498. A Lei nº 10.931, de 2 de agosto de 2004,• passa a vigorar com as seguintes alterações:

- Lei nº 10.931/2004 (Dispõe sobre o patrimônio de afetação de incorporações imobiliárias, Letra de Crédito Imobiliário, Cédula de Crédito Imobiliário, Cédula de Crédito Bancário, altera o Decreto-Lei nº 911, de 1º de outubro de 1969, as Leis nº 4.591, de 16 de dezembro de 1964, nº 4.728, de 14 de julho de 1965, e nº 10.406, de 10 de janeiro de 2002, e dá outras providências).

> *"**Art. 3º.** O terreno e as acessões objeto da incorporação imobiliária sujeitas ao regime especial de tributação, bem como os demais bens e direitos a ela vinculados, não responderão por dívidas tributárias da incorporadora relativas ao Imposto sobre a Renda das Pessoas Jurídicas – IRPJ, à Contribuição Social sobre o Lucro Líquido – CSLL, à Contribuição para o Financiamento da Seguridade Social – COFINS, à Contribuição para os Programas de Integração Social e de Formação do Patrimônio do Servidor Público – PIS/PASEP, à Contribuição sobre Bens e Serviços – CBS e ao Imposto sobre Bens e Serviços – IBS, exceto aquelas calculadas na forma do art. 4º sobre as receitas auferidas no âmbito da respectiva incorporação.*
>
> ...." *(NR)*

Art. 499. A Lei nº 7.998, de 11 de janeiro de 1990,• passa a vigorar com as seguintes alterações:

- Lei nº 7.998/1990 (Regula o Programa do Seguro-Desemprego, o Abono Salarial, institui o Fundo de Amparo ao Trabalhador (FAT), e dá outras providências).

*"**Art. 11.** (...)*
V – 18% (dezoito por cento) da Contribuição Social sobre Bens e Serviços – CBS; e
VI – outros recursos que lhe sejam destinados." (NR)

Art. 500. A Lei nº 8.019, de 11 de abril de 1990,• passa a vigorar com as seguintes alterações:

♦ Lei nº 8.019/1990 (Fundo de Amparo ao Trabalhador – FAT).

*"**Art. 1º.** A arrecadação correspondente a 18% (dezoito por cento) da Contribuição Social sobre Bens e Serviços – CBS e a decorrente da contribuição para o Programa de Formação do Patrimônio do Servidor Público, criado pela Lei Complementar nº 8, de 3 de dezembro de 1970, será destinada, a cada ano, à cobertura integral das necessidades do Fundo de Amparo ao Trabalhador (FAT), de que trata o art. 10 da Lei nº 7.998, de 11 de janeiro de 1990." (NR)*

*"**Art. 2º.** Conforme estabelece o § 1º do art. 239 da Constituição Federal, pelo menos 28% (vinte e oito por cento) da arrecadação mencionada no artigo anterior serão repassados ao Banco Nacional de Desenvolvimento Econômico e Social (BNDES), para aplicação em programas de desenvolvimento econômico.*

.." (NR)

Art. 501. A Lei Complementar nº 87, de 13 de setembro de 1996,• passa a vigorar com as seguintes alterações:

♦ Lei Complementar nº 87/1996 (Lei Kandir).

*"**Art. 31-A.** Em relação aos fatos geradores ocorridos de 1º de janeiro de 2029 a 31 de dezembro de 2032, as alíquotas do imposto serão reduzidas nas seguintes proporções das alíquotas previstas nas legislações dos Estados ou do Distrito Federal, vigentes em 31 de dezembro de 2028:*
I – 10% (dez por cento), em 2029;
II – 20% (vinte por cento), em 2030;
III – 30% (trinta por cento), em 2031; e
IV – 40% (quarenta por cento), em 2032.
§ 1º. O disposto no caput aplica-se a todas as operações e prestações tributadas pelo imposto, inclusive:
I – aos combustíveis sobre os quais a incidência ocorre uma única vez, a que se refere a Lei Complementar nº 192, de 11 de março de 2022•;

♦ Lei Complementar nº 192/2022 (Definição dos combustíveis para incidência única de ICMS, ainda que as operações se iniciem no exterior).

II – às alíquotas estabelecidas na Resolução nº 22, de 19 de maio de 1989, e na Resolução nº 13, de 25 de abril de 2012, ambas do Senado Federal.
§ 2º. No período de que trata o caput, os benefícios ou os incentivos fiscais ou financeiros relativos ao imposto serão reduzidos na mesma proporção da redução das alíquotas prevista nos incisos do caput.
§ 3º. Para os fins da aplicação do disposto no § 2º, os percentuais e outros parâmetros utilizados para calcular os benefícios ou incentivos fiscais ou financeiros relativos ao imposto serão reduzidos na mesma proporção da redução das alíquotas, em decorrência do disposto no caput deste artigo.
§ 4º. O disposto no § 3º não se aplica caso os benefícios ou os incentivos fiscais ou financeiros relativos ao imposto já tenham sido reduzidos proporcionalmente por força da redução das alíquotas em decorrência do disposto nos termos do caput deste artigo.
§ 5º. Compete ao Conselho Nacional de Política Fazendária (Confaz) estabelecer a disciplina a ser observada na hipótese a que se refere o § 3º.
§ 6º. Para fins do disposto no § 5º, as deliberações serão aprovadas por maioria simples dos votos.
§ 7º. Os benefícios e incentivos fiscais ou financeiros referidos no art. 3º da Lei Complementar nº 160, de 7 de agosto de 2017,• serão reduzidos na forma deste artigo, não se aplicando a

redução prevista no § 2º-A do art. 3º da referida Lei Complementar."

♦ Lei Complementar nº 160/2017 (Dispõe sobre convênio que permite aos Estados e ao Distrito Federal deliberar sobre a remissão dos créditos tributários, constituídos ou não, decorrentes das isenções, dos incentivos e dos benefícios fiscais ou financeiro-fiscais instituídos em desacordo com o disposto na alínea "g" do inciso XII do § 2º do art. 155 da Constituição Federal e a reinstituição das respectivas isenções, incentivos e benefícios fiscais ou financeiro-fiscais; e altera a Lei nº 12.973, de 13 de maio de 2014).

Art. 502. A Lei nº 9.430, de 27 de dezembro de 1996,• passa a vigorar com as seguintes alterações:

♦ Lei nº 9.430/1996 (Dispõe sobre a legislação tributária federal, as contribuições para a seguridade social, o processo administrativo de consulta e dá outras providências).

*"**Art. 64.** Os pagamentos efetuados por órgãos, autarquias e fundações da administração pública federal a pessoas jurídicas, pelo fornecimento de bens ou prestação de serviços, estão sujeitos à incidência, na fonte, do imposto sobre a renda e da Contribuição Social sobre o Lucro Líquido.*

..." (NR)

Art. 503. A Lei nº 9.432, de 8 de janeiro de 1997, passa a vigorar com as seguintes alterações:

*"**Art. 11.** (...)*

__§ 9º-A.__ O disposto no § 9º não se aplica à Contribuição Social sobre Bens e Serviços – CBS.

..." (NR)

Art. 504. A Lei nº 9.718, de 27 de novembro de 1998,• passa a vigorar com as seguintes alterações:

♦ Lei nº 9.718/1998 (Altera a legislação tributária federal).

*"**Art. 9º.** As variações monetárias dos direitos de crédito e das obrigações do contribuinte, em função da taxa de câmbio ou de índices ou coeficientes aplicáveis por disposição legal ou contratual serão consideradas, para efeitos da legislação do imposto sobre a renda e da Contribuição Social sobre o Lucro Líquido, como receitas ou despesas financeiras, conforme o caso." (NR)*

Art. 505. A Lei nº 9.779, de 19 de janeiro de 1999,• passa a vigorar com a seguinte redação:

♦ Lei nº 9.779/1999 (Altera a legislação do Imposto sobre a Renda, relativamente à tributação dos Fundos de Investimento Imobiliário e dos rendimentos auferidos em aplicação ou operação financeira de renda fixa ou variável, ao Sistema Integrado de Pagamento de Impostos e Contribuições das Microempresas e das Empresas de Pequeno Porte – Simples, à incidência sobre rendimentos de beneficiários no exterior, bem assim a legislação do Imposto sobre Produtos Industrializados – IPI, relativamente ao aproveitamento de créditos e à equiparação de atacadista a estabelecimento industrial, do Imposto sobre Operações de Crédito, Câmbio e Seguros ou Relativas a Títulos e Valores Mobiliários – IOF, relativamente às operações de mútuo, e da Contribuição Social sobre o Lucro Líquido, relativamente às despesas financeiras, e dá outras providências).

*"**Art. 11.** (...)*

__Parágrafo único.__ O disposto no caput *também se aplica caso a matéria-prima, produto intermediário e material de embalagem seja utilizado em produto sujeito ao Imposto Seletivo." (NR)*

Art. 506. A Medida Provisória nº 2.158-35, de 24 de agosto de 2001, passa a vigorar com as seguintes alterações:

*"**Art. 30.** A partir de 1º de janeiro de 2000, as variações monetárias dos direitos de crédito e das obrigações do contribuinte, em função da taxa de câmbio, serão consideradas, para efeito de determinação da base de cálculo do imposto sobre a renda e da CSLL, bem assim da determinação do lucro da exploração, quando da liquidação da correspondente operação.*

..." (NR)

Art. 507. A Lei nº 10.637, de 30 de dezembro de 2002,• passa a vigorar com as seguintes alterações:

- ♦ Lei nº 10.637/2002 (Não cumulatividade na cobrança da contribuição para os Programas de Integração Social (PIS) e de Formação do Patrimônio do Servidor Público (Pasep), nos casos que especifica; pagamento e parcelamento de débitos tributários federais, compensação de créditos fiscais, declaração de inaptidão de inscrição de pessoas jurídicas, legislação aduaneira, e dá outras providências).

*"**Art. 35.** A receita decorrente da avaliação de títulos e valores mobiliários, instrumentos financeiros, derivativos e itens objeto de* hedge, *registrada pelas instituições financeiras e demais entidades autorizadas a funcionar pelo Banco Central do Brasil, instituições autorizadas a operar pela Superintendência de Seguros Privados – Susep e sociedades autorizadas a operar em seguros ou resseguros em decorrência da valoração a preço de mercado no que exceder ao rendimento produzido até a referida data será computada na base de cálculo do Imposto sobre a Renda das Pessoas Jurídicas e da Contribuição Social sobre o Lucro Líquido somente quando da alienação dos respectivos ativos.*

.." (NR)

Art. 508. A Lei Complementar nº 116, de 31 de julho de 2003,• passa a vigorar com as seguintes alterações:

- ♦ Lei Complementar nº 116/2003 (Dispõe sobre o Imposto Sobre Serviços de Qualquer Natureza, de competência dos Municípios e do Distrito Federal e dá outras providências).

*"**Art. 8º-B.** Em relação aos fatos geradores ocorridos de 1º de janeiro de 2029 a 31 de dezembro de 2032, as alíquotas do imposto serão reduzidas nas seguintes proporções das alíquotas previstas nas legislações dos Municípios ou do Distrito Federal, vigentes em 31 de dezembro de 2028:*

I – 10% (dez por cento), em 2029;

II – 20% (vinte por cento), em 2030;

III – 30% (trinta por cento), em 2031; e

IV – 40% (quarenta por cento), em 2032.

§ 1º. No período de que trata o caput, *os benefícios ou os incentivos fiscais ou financeiros relativos ao imposto serão reduzidos na mesma proporção da redução das alíquotas prevista nos incisos do* caput.

§ 2º. Para os fins da aplicação do disposto no § 1º, os percentuais e outros parâmetros utilizados para calcular os benefícios ou incentivos fiscais ou financeiros relativos ao imposto serão reduzidos na mesma proporção da redução das alíquotas, em decorrência do disposto no caput deste artigo.

§ 3º. O disposto no § 2º não se aplica, caso os benefícios ou os incentivos fiscais ou financeiros relativos ao imposto já tenham sido reduzidos proporcionalmente por força da redução das alíquotas nos termos do caput *deste artigo."*

Art. 509. A Lei nº 10.833, de 29 de dezembro de 2003,• passa a vigorar com as seguintes alterações:

- ♦ Lei nº 10.833/2003 (Não cumulatividade de Cofins).

*"**Art. 23.** A incidência da CIDE, nos termos do inciso V do art. 3º da Lei nº 10.336, de 19 de dezembro de 2001, sobre os gases liquefeitos de petróleo, classificados na subposição 2711.1 da Nomenclatura Comum do Mercosul – NCM, não alcança os produtos classificados no código 2711.11.00." (NR)*

*"**Art. 30.** Os pagamentos efetuados pelas pessoas jurídicas a outras pessoas jurídicas de direito privado, pela prestação de serviços de limpeza, conservação, manutenção, segurança, vigilância, transporte de valores e locação de mão de obra, pela prestação de serviços de assessoria creditícia, mercadológica, gestão de crédito, seleção e riscos, administração de contas a pagar e a receber, bem como pela remuneração de serviços profissionais, estão sujeitos à retenção na*

fonte da Contribuição Social sobre o Lucro Líquido – CSL.

.." (NR)

*"**Art. 31.** O valor da CSLL de que trata o art. 30 será determinado mediante a aplicação, sobre o montante a ser pago, do percentual de 1% (um por cento).*

.." (NR)

*"**Art. 32.** (...)*

***Parágrafo único.** Será exigida a retenção da CSLL nos pagamentos:*

.." (NR)

*"**Art. 33.** A União, por intermédio da Secretaria da Receita Federal, poderá celebrar convênios com os Estados, Distrito Federal e Municípios, para estabelecer a responsabilidade pela retenção na fonte da CSLL, mediante a aplicação da alíquota prevista no art. 31, nos pagamentos efetuados por órgãos, autarquias e fundações dessas administrações públicas às pessoas jurídicas de direito privado, pelo fornecimento de bens ou pela prestação de serviços em geral." (NR)*

*"**Art. 34.** Ficam obrigadas a efetuar as retenções na fonte do imposto sobre a renda e da CSLL, a que se refere o art. 64 da Lei nº 9.430, de 27 de dezembro de 1996,• as seguintes entidades da administração pública federal:*

.." (NR)

♦ Lei nº 9.430/1996 (Dispõe sobre a legislação tributária federal, as contribuições para a seguridade social, o processo administrativo de consulta e dá outras providências).

*"**Art. 67.** Na impossibilidade de identificação da mercadoria importada, em razão de seu extravio ou consumo, e de descrição genérica nos documentos comerciais e de transporte disponíveis, será aplicada, para fins de determinação dos impostos incidentes na importação, alíquota única de 70% (setenta por cento) relativa ao Imposto de Importação e ao Imposto sobre Produtos Industrializados – IPI.*

..

__§ 3º.__ A alíquota de que trata o caput será distribuída nos seguintes percentuais:

__I__ – 35% (trinta e cinco por cento), a título de alíquota do Imposto de Importação; e

__II__ – 35% (trinta e cinco por cento), a título de alíquota do IPI." (NR)

Art. 510. A Lei nº 10.931, de 2 de agosto de 2004,• passa a vigorar com as seguintes alterações:

♦ Lei nº 10.931/2004 (Dispõe sobre o patrimônio de afetação de incorporações imobiliárias, Letra de Crédito Imobiliário, Cédula de Crédito Imobiliário, Cédula de Crédito Bancário, altera o Decreto-Lei nº 911, de 1º de outubro de 1969, as Leis nº 4.591, de 16 de dezembro de 1964, nº 4.728, de 14 de julho de 1965, e nº 10.406, de 10 de janeiro de 2002, e dá outras providências).

*"**Art. 4º.** Para cada incorporação submetida ao regime especial de tributação, a incorporadora ficará sujeita ao pagamento equivalente a 1,92% (um inteiro e noventa e dois centésimos por cento) da receita mensal recebida, o qual corresponderá ao pagamento mensal unificado do seguinte imposto e contribuições:*

..

__§ 6º.__ Para os projetos de incorporação de imóveis residenciais de interesse social cuja construção tenha sido iniciada ou contratada a partir de 31 de março de 2009, o percentual correspondente ao pagamento unificado dos tributos de que trata o caput deste artigo será equivalente a 0,47% (quarenta e sete centésimos por cento) da receita mensal recebida, desde que, até 31 de dezembro de 2018, a incorporação tenha sido registrada no cartório de imóveis competente ou tenha sido assinado o contrato de construção.

..

__§ 8º.__ Para os projetos de construção e incorporação de imóveis residenciais de interesse social, o percentual correspondente ao pagamento unificado dos tributos de que trata o caput deste artigo será equivalente a 0,47%

(quarenta e sete centésimos por cento) da receita mensal recebida, conforme regulamentação da Secretaria Especial da Receita Federal do Brasil.

.." (NR)

*"**Art. 8º.** Para fins de repartição de receita tributária e do disposto no § 2º do art. 4º, o percentual de 1,92% (um inteiro e noventa e dois centésimos por cento) de que trata o caput do art. 4º será considerado:*

..

***Parágrafo único.** O percentual de 0,47% (quarenta e sete centésimos por cento) de que trata o § 6º do art. 4º será considerado para os fins do caput:*

.." (NR)

Art. 511. A Lei nº 11.033, de 21 de dezembro de 2004,• passa a vigorar com as seguintes alterações:

♦ Lei nº 11.033/2004 (Altera a tributação do mercado financeiro e de capitais; institui o Regime Tributário para Incentivo à Modernização e à Ampliação da Estrutura Portuária – Reporto; altera as Leis nºs 10.865, de 30 de abril de 2004, 8.850, de 28 de janeiro de 1994, 8.383, de 30 de dezembro de 1991, 10.522, de 19 de julho de 2002, 9.430, de 27 de dezembro de 1996, e 10.925, de 23 de julho de 2004; e dá outras providências).

*"**Art. 14.** Serão efetuadas com suspensão do Imposto sobre Produtos Industrializados – IPI, e, quando for o caso, do Imposto de Importação – II, as vendas e as importações de máquinas, equipamentos, peças de reposição e outros bens, no mercado interno, quando adquiridos ou importados diretamente pelos beneficiários do Reporto e destinados ao seu ativo imobilizado para utilização exclusiva na execução de serviços de:*

.." (NR)

Art. 512. A Lei nº 11.051, de 29 de dezembro de 2004,• passa a vigorar com as seguintes alterações:

♦ Lei nº 11.051/2004 (Dispõe sobre o desconto de crédito na apuração da Contribuição Social sobre o Lucro Líquido – CSLL e da Contribuição para o PIS/Pasep e Cofins não cumulativas e dá outras providências).

*"**Art. 32.** Para efeito de determinação da base de cálculo do Imposto sobre a Renda das Pessoas Jurídicas e da Contribuição Social sobre o Lucro Líquido, os resultados positivos ou negativos incorridos nas operações realizadas em mercados de liquidação futura, inclusive os sujeitos a ajustes de posições, serão reconhecidos por ocasião da liquidação do contrato, cessão ou encerramento da posição.*

.." (NR)

Art. 513. A Lei nº 11.079, de 30 de dezembro de 2004,• passa a vigorar com as seguintes alterações:

♦ Lei nº 11.079/2004 (Institui normas gerais para licitação e contratação de parceria público-privada no âmbito da administração pública).

*"**Art. 6º.** (...)*

***§ 6º.** A partir de 1º de janeiro de 2014, para os optantes conforme o art. 75 da Lei nº 12.973, de 13 de maio de 2014,• e de 1º de janeiro de 2015, para os não optantes, a parcela excluída nos termos do § 3º deverá ser computada na determinação do lucro líquido para fins de apuração do lucro real e da base de cálculo da CSLL em cada período de apuração durante o prazo restante do contrato, considerado a partir do início da prestação dos serviços públicos.*

♦ Lei nº 12.973/2014 (Altera a legislação tributária federal relativa ao Imposto sobre a Renda das Pessoas Jurídicas – IRPJ, à Contribuição Social sobre o Lucro Líquido – CSLL, à Contribuição para o PIS/Pasep e à Contribuição para o Financiamento da Seguridade Social – Cofins; revoga o Regime Tributário de Transição – RTT, instituído pela Lei nº 11.941, de 27 de maio de 2009; e dá outras providências).

..

***§ 11.** Ocorrendo a extinção da concessão antes do advento do termo contratual, o saldo da parcela excluída nos termos do § 3º, ainda não adicionado,*

deverá ser computado na determinação do lucro líquido para fins de apuração do lucro real, da base de cálculo da CSLL e da contribuição previdenciária de que trata o inciso III do § 3º no período de apuração da extinção.
.." (NR)

Art. 514. A Lei nº 11.096, de 13 de janeiro de 2005,* passa a vigorar com as seguintes alterações:

♦ Lei nº 11.096/2005 (Prouni).

*"**Art. 8º.** (...)*
§ 1º. A isenção de que tratam os incisos I e II do caput *deste artigo recairá sobre o lucro decorrente da realização de atividades de ensino superior, proveniente de cursos de graduação ou cursos sequenciais de formação específica.*
.." (NR)

Art. 515. A Lei nº 11.196, de 21 de novembro de 2005,* passa a vigorar com as seguintes alterações:

♦ Lei nº 11.196/2005 (Lei do Bem – Institui a utilização de incentivos fiscais pelas pessoas jurídicas que operam no regime fiscal do Lucro Real, que realizam pesquisa tecnológica e desenvolvimento de inovação tecnológica, de forma automática).

*"**Art. 11.** A importação de bens novos relacionados pelo Poder Executivo destinados ao desenvolvimento, no País, de software e de serviços de tecnologia da informação, relacionados em regulamento pelo Poder Executivo, sem similar nacional, efetuada diretamente pelo beneficiário do Repes para a incorporação ao seu ativo imobilizado, será efetuada com suspensão da exigência do Imposto sobre Produtos Industrializados – IPI.*
§ 1º. A suspensão de que trata o caput *converte-se em isenção após cumpridas as condições de que trata o art. 2º desta Lei, observado que:*
I – o percentual de exportações de que trata o art. 2º desta Lei será apurado considerando-se a média obtida, a partir do ano-calendário subsequente ao do início de utilização dos bens adquiridos no âmbito do Repes, durante o período de 3 (três) anos-calendário; e
II – o prazo de início de utilização a que se refere o inciso I deste artigo não poderá ser superior a 1 (um) ano, contado a partir da data de sua aquisição.
.." (NR)

*"**Art. 110.** Para efeito de determinação da base de cálculo do IRPJ e da CSLL, as instituições financeiras e as demais instituições autorizadas a funcionar pelo Banco Central do Brasil devem computar como receitas ou despesas incorridas nas operações realizadas em mercados de liquidação futura:*
.." (NR)

Art. 516. A Lei Complementar nº 123, de 14 de dezembro de 2006,* passa a vigorar com as seguintes alterações:

♦ Lei Complementar nº 123/2006 (Estatuto Nacional da Microempresa e da Empresa de Pequeno Porte).

*"**Art. 1º.** (...)*
IV – ao cadastro nacional único de contribuintes a que se refere o inciso IV do § 1º do art. 146 da Constituição Federal.
.." (NR)

*"**Art. 2º.** (...)*
I – Comitê Gestor do Simples Nacional, vinculado ao Ministério da Fazenda, composto de 4 (quatro) representantes da União, 2 (dois) dos Estados e do Distrito Federal, 2 (dois) dos Municípios, 1 (um) do Serviço Brasileiro de Apoio às Micro e Pequenas Empresas (Sebrae) e 1 (um) das confederações nacionais de representação do segmento de microempresas e empresas de pequeno porte referidas no art. 11 da Lei Complementar nº 147, de 7 de agosto de 2014, para tratar dos aspectos tributários;
..
III – Comitê para Integração das Administrações Tributárias e Gestão da Rede Nacional para Simplificação do Registro e da Legalização de Empresas e Negócios – CGSIM, vinculado

ao Ministério da Fazenda, composto por representantes da União, Estados, Municípios e Distrito Federal e demais órgãos de apoio e de registro, na forma definida pelo Poder Executivo, para tratar dos atos cadastrais tributários e do processo de registro e de legalização de empresários e de pessoas jurídicas.

....

§ 4º-A. O quórum mínimo para a realização das reuniões do CGSN será de 3/4 (três quartos) dos membros, dos quais um deles será necessariamente o Presidente ou seu substituto.

....

§ 8º. Os membros do CGSN e do CGSIM serão designados pelo Ministro de Estado da Fazenda, mediante indicação dos órgãos e entidades vinculados.

§ 8º-A. Dos membros da União que compõem o CGSN, 3 (três) serão representantes da Secretaria Especial da Receita Federal do Brasil e 1 (um) do Ministério do Empreendedorismo, da Microempresa e da Empresa de Pequeno Porte ou do órgão que vier a substituí-lo.

...." (NR)

"**Art. 3º.** (...)

§ 1º. Considera-se receita bruta, para fins do disposto no caput, o produto da venda de bens e serviços nas operações de conta própria, o preço dos serviços prestados, o resultado nas operações em conta alheia e as demais receitas da atividade ou objeto principal das microempresas ou das empresas de pequeno porte, não incluídas as vendas canceladas e os descontos incondicionais concedidos.

....

§ 4º. (...)

V – cujo sócio ou titular de fato ou de direito seja administrador ou equiparado de outra pessoa jurídica com fins lucrativos, desde que a receita bruta global ultrapasse o limite de que trata o inciso II do caput;

....

XII – que tenha filial, sucursal, agência ou representação no exterior.

....

§ 19. Para fins do disposto nesta Lei Complementar, devem ser consideradas todas as atividades econômicas exercidas, as receitas brutas auferidas e os débitos tributários das entidades de que trata o caput e o art. 18-A, ainda que em inscrições cadastrais distintas ou na qualidade de contribuinte individual, em um mesmo ano-calendário." (NR)

"**Art. 12.** (...)

§ 1º. (Vetado).

§ 2º. O Simples Nacional deve observar os princípios da simplicidade, da transparência, da justiça tributária, da cooperação e integração das administrações tributárias da União, dos Estados, do Distrito Federal e dos Municípios e da defesa do meio ambiente.

§ 3º. A União, os Estados, o Distrito Federal e os Municípios exercerão a administração tributária do Simples Nacional de forma integrada, nos termos e limites estabelecidos pela Constituição Federal e por esta Lei Complementar." (NR)

"**Art. 17.** (...)

II – cujo titular ou sócio seja domiciliado no exterior;

....

XV – que realize atividade de locação de imóveis próprios;

...." (NR)

"**Art. 25-A.** Os dados dos documentos fiscais e declarações de qualquer espécie serão compartilhados entre as administrações tributárias da União, dos Estados, do Distrito Federal e dos Municípios, na forma estabelecida pelo CGSN."

"**Art. 25-B.** O MEI, definido no art. 18-A, deverá apresentar anualmente à Secretaria Especial da Receita Federal do Brasil declaração única e simplificada de informações socioeconômicas *e fiscais, observados prazo e modelo aprovados pelo CGSN.*

***Parágrafo único.** As informações da declaração referida no caput têm caráter declaratório, constituindo confissão de dívida e instrumento hábil e suficiente para a exigência dos tributos e contribuições que não tenham sido recolhidos resultantes das informações nela prestadas."*

*"**Art. 26.** (...)*

***II** – manter em boa ordem e guarda os documentos que fundamentaram a apuração dos impostos e contribuições devidos e o cumprimento das obrigações acessórias a que se referem os arts. 25 e 25-B desta Lei Complementar enquanto não decorrido o prazo decadencial e não prescritas eventuais ações que lhes sejam pertinentes.*

....

***§ 3º.** A exigência das declarações a que se referem os arts. 25 e 25-B não desobriga a prestação de informações relativas a terceiros.*

....

***§ 4º-A.** (...)*

***II** – disponibilização por parte da administração tributária estipulante de programa gratuito para uso da empresa optante.*

....

***§ 12-A.** A escrituração fiscal, nos termos do § 4º-A, acarreta a dispensa de prestação da informação prevista no § 12.*

.." (NR)

*"**Art. 38-A.** (...)*

***I** – de 2% (dois por cento) ao mês-calendário ou fração, a partir do dia seguinte ao término do prazo originalmente fixado para a entrega da declaração, incidentes sobre o montante dos impostos e contribuições decorrentes das informações prestadas no sistema eletrônico de cálculo de que trata o § 15 do art. 18, ainda que integralmente pago, no caso de ausência de prestação de informações ou sua efetuação após o prazo, limitada a 20% (vinte por cento), observado o disposto no § 2º deste artigo; e*

....

***§ 1º.** Para fins de aplicação da multa prevista no inciso I do caput, será considerado como termo inicial o dia seguinte ao término do prazo originalmente fixado para a entrega da declaração e como termo final a data da efetiva prestação ou, no caso de não prestação, da lavratura do auto de infração.*

....

***§ 3º.** Observado o disposto no § 2º, as multas serão reduzidas:*

***I** – à metade, quando a declaração for apresentada após o prazo, mas antes de qualquer procedimento de ofício;*

***II** – a 75% (setenta e cinco por cento), caso haja apresentação da declaração no prazo fixado em intimação.*

....

***§ 5º.** Considerar-se-á não entregue a declaração que não atender às especificações técnicas estabelecidas pelo CGSN.*

***§ 6º.** Na hipótese prevista no § 5º, o sujeito passivo será intimado a apresentar nova declaração, no prazo de 10 (dez) dias, contado da ciência da intimação, e sujeitar-se-á à multa prevista no inciso I do caput, observado o disposto nos §§ 1º e 2º." (NR)*

*"**Art. 41.** (...)*

***§ 4º.** Aplica-se o disposto neste artigo aos impostos e contribuições que não tenham sido recolhidos resultantes das informações prestadas nas declarações a que se referem os arts. 25 e 25-B." (NR)*

Art. 517. A Lei Complementar nº 123, de 14 de dezembro de 2006,• passa a vigorar com as seguintes alterações:

♦ Lei Complementar nº 123/2006 (Estatuto Nacional da Microempresa e da Empresa de Pequeno Porte).

*"**Art. 3º** (...)*

*§ **1º-A.** A receita bruta de que trata o § 1º também compreende as receitas com operações com bens materiais ou imateriais, inclusive direitos, ou com serviços.*

...

*§ **11**. Na hipótese de excesso do limite previsto no art. 13-A, caso a receita bruta auferida pela empresa durante o ano-calendário de início de atividade ultrapasse 1/12 (um doze avos) do limite estabelecido multiplicado pelo número de meses de funcionamento nesse período, a empresa não poderá recolher o ICMS, o ISS e o IBS na forma do Simples Nacional, com efeitos retroativos ao início de suas atividades.*

...

*§ **13**. O impedimento de que trata o § 11 não retroagirá ao início das atividades se o excesso verificado em relação à receita bruta não for superior a 20% (vinte por cento) do limite referido naquele parágrafo, hipótese em que os efeitos do impedimento ocorrerão no ano-calendário subsequente.*

...

*§ **15.** Na hipótese do § 14, para fins de determinação da alíquota de que trata o § 1º do art. 18, da base de cálculo prevista em seu § 3º e da aplicação de alíquota sobre a parcela excedente de receita bruta prevista em seus §§ 16, 16-A, 17, 17-A, 17-B e 17-C, serão consideradas separadamente as receitas brutas auferidas no mercado interno e aquelas decorrentes da exportação.*

..." (NR)

*"**Art. 13.** (...)*

***IX** – Imposto sobre Bens e Serviços – IBS;*

***X** – Contribuição Social sobre Bens e Serviços – CBS.*

*§ **1º.** (...)*

***XII-A** – IBS e CBS incidentes sobre:*

***a)** a importação de bens materiais ou imateriais, inclusive direitos, ou de serviços;*

***b)** (vetado);*

...

***XIV-A** – Imposto Seletivo – IS sobre produção, extração, comercialização ou importação de bens e serviços prejudiciais à saúde ou ao meio ambiente;*

...

*§ **10.** É facultado ao optante pelo Simples Nacional apurar e recolher o IBS e a CBS de acordo com o regime regular aplicável a esses tributos, hipótese em que as parcelas a eles relativas não serão cobradas pelo regime único.*

*§ **11.** A opção a que se refere o § 10 será exercida para os semestres iniciados em janeiro e julho de cada ano, sendo irretratável para cada um desses períodos, devendo ser exercida nos meses de setembro e abril imediatamente anteriores a cada semestre." (NR)*

*"**Art. 13-A.** Para efeito de recolhimento do ICMS, do ISS e do IBS no Simples Nacional, o limite máximo de que trata o inciso II do caput do art. 3º será de R$ 3.600.000,00 (três milhões e seiscentos mil reais), observado o disposto nos §§ 9º a 15 do mesmo artigo, e nos §§ 17 a 17-C do art. 18." (NR)*

*"**Art. 16.** (...)*

*§ **2º.** A opção de que trata o caput deste artigo deverá ser realizada no mês de setembro, até o seu último dia útil, produzindo efeitos a partir do primeiro dia do ano-calendário seguinte ao da opção, ressalvado o disposto no § 3º deste artigo.*

..." (NR)

*"**Art. 18.** (...)*

*§ **1º.** Para fins de determinação da alíquota nominal, o sujeito passivo utilizará a receita bruta acumulada nos doze meses antecedentes ao mês anterior ao do período de apuração.*

*§ **1º-A.** (...)*

***I** – RBT12: receita bruta acumulada nos doze meses antecedentes ao mês anterior ao do período de apuração;*

...

§ 3º. Sobre a receita bruta auferida no mês incidirá a alíquota efetiva determinada na forma do caput e dos §§ 1º, 1º-A e 2º.

§ 4º. (...)

I – revenda de mercadorias e da venda de mercadorias industrializadas pelo contribuinte, que serão tributadas na forma do Anexo I desta Lei Complementar, observado o inciso II;

II – venda de mercadorias industrializadas pelo contribuinte sujeitas ao IPI mantido nos termos da alínea "a" do inciso III do art. 126 do Ato das Disposições Constitucionais Transitórias da Constituição Federal, de 1988, que serão tributadas na forma do Anexo II desta Lei Complementar;

....

§ 4º-A. (...)

I – decorrentes de operações ou prestações sujeitas à tributação concentrada em uma única etapa (monofásica), bem como, em relação ao ICMS, ao IBS e à CBS, que o imposto já tenha sido recolhido por substituto tributário ou por antecipação tributária com encerramento de tributação;

....

§ 5º. As atividades industriais serão tributadas na forma do Anexo I desta Lei Complementar, ressalvada a venda de mercadorias industrializadas pelo contribuinte sujeitas ao IPI mantido nos termos da alínea "a" do inciso III do art. 126 do Ato das Disposições Constitucionais Transitórias da Constituição Federal, de 1988, que serão tributadas na forma do Anexo II desta Lei Complementar.

....

§ 5º-K. Para o cálculo da razão a que se referem os §§ 5º-J e 5º-M, serão considerados, respectivamente, os montantes pagos e auferidos nos doze meses antecedentes ao mês anterior ao do período de apuração para fins de enquadramento no regime tributário do Simples Nacional.

....

§ 10. Na hipótese do § 7º, a sociedade de propósito específico de que trata o art. 56 desta Lei Complementar ou a empresa comercial exportadora não poderão deduzir do montante devido qualquer valor a título de crédito de IPI, IBS e CBS, decorrente da aquisição das mercadorias e serviços objeto da incidência.

....

§ 14. Observado o disposto no § 14-A, a redução no montante a ser recolhido no Simples Nacional relativo aos valores das receitas decorrentes da exportação de que trata o inciso IV do § 4º-A deste artigo também corresponderá às alíquotas efetivas relativas ao ICMS e ao ISS, apuradas com base nos Anexos I a V desta Lei Complementar.

§ 14-A. A redução no montante a ser recolhido no Simples Nacional relativo aos valores das receitas decorrentes da exportação de que trata o inciso IV do § 4º-A deste artigo corresponderá às alíquotas efetivas relativas ao IPI, ao IBS e à CBS, apuradas com base nos Anexos I a V desta Lei Complementar.

....

§ 16. Na hipótese do § 12 do art. 3º, a parcela de receita bruta que exceder o montante determinado no § 10 daquele artigo será tributada conjuntamente com a parcela que não o exceder, conforme alíquotas efetivas de que trata o § 1º-A.

....

§ 17. Observado o disposto no § 17-B, na hipótese do § 13 do art. 3º, a parcela de receita bruta que exceder o montante determinado no § 11 daquele artigo, em relação aos percentuais aplicáveis ao ICMS e ao ISS, será tributada conjuntamente com a parcela que não o exceder, conforme alíquotas efetivas de que trata o § 1º-A.

....

§ 17-B. Na hipótese do § 13 do art. 3º, a parcela de receita bruta que exceder o montante determinado no § 11 daquele artigo estará sujeita, em relação aos percentuais aplicáveis ao IBS, será tributada conjuntamente com a parcela que não o exceder, conforme alíquotas efetivas de que trata o § 1º-A.

§ 17-C. O disposto no § 17-B aplica-se, ainda, à hipótese de que trata o art. 13-A, a partir do mês em que ocorrer o excesso do limite da receita bruta anual e até o mês anterior aos efeitos do impedimento.

....

§ 24. Para efeito de aplicação do § 5º-K, considera-se folha de salários, incluídos encargos, o montante pago, nos doze meses antecedentes ao mês anterior ao do período de apuração, a título de remunerações a pessoas físicas decorrentes do trabalho, acrescido do montante efetivamente recolhido a título de contribuição patronal previdenciária e FGTS, incluídas as retiradas de pró-labore.

...." (NR)

"Art. 18-A. (...)

§ 3º. (...)

IV – a opção pelo enquadramento como Microempreendedor Individual importa opção pelo recolhimento:

a) da contribuição referida no inciso X do § 1º do art. 13 desta Lei Complementar na forma prevista no § 2º do art. 21 da Lei nº 8.212, de 24 de julho de 1991•;

♦ Lei nº 8.212/1991 (Seguridade Social).

b) do ICMS, do ISS, do IBS e da CBS nos valores fixos previstos no inciso V deste parágrafo;

V – o MEI, com receita bruta anual igual ou inferior a R$ 81.000,00 (oitenta e um mil reais), recolherá, na forma regulamentada pelo Comitê Gestor, valor mensal correspondente à soma das seguintes parcelas:

....

d) IBS e CBS nos valores discriminados no Anexo VII desta Lei Complementar;

e) ICMS e ISS nos valores discriminados no Anexo VII desta Lei Complementar;

...." (NR)

"Art. 21. (...)

§ 3º-A. Os débitos do IBS e da CBS poderão ser extintos mediante recolhimento:

I – na liquidação financeira da operação (split payment), observado o disposto nos arts. 31 a 35 da lei instituidora do IBS e da CBS;

II – efetuado pelo adquirente, nos termos do art. 36 da lei instituidora do IBS e da CBS.

....

§ 14-A. Em caso de pagamento indevido, a restituição do IBS e da CBS somente será devida ao contribuinte na hipótese em que:

I – a operação não tenha gerado crédito para o adquirente dos bens ou serviços; e

II – tenha sido observado o disposto no art. 166 da Lei nº 5.172, de 25 de outubro de 1966 (Código Tributário Nacional).

...." (NR)

"Art. 23. (...)

§ 1º. As pessoas jurídicas e aquelas a elas equiparadas pela legislação tributária não optantes pelo Simples Nacional terão direito a crédito correspondente ao ICMS, ao IBS e à CBS incidentes sobre as suas aquisições de bens materiais ou imateriais, inclusive direitos, e de serviços de microempresa ou empresa de pequeno porte optante pelo Simples Nacional, em montante equivalente ao cobrado por meio desse regime único.

§ 2º. A alíquota aplicável ao cálculo do crédito de que trata o § 1º deverá ser informada no documento fiscal e corresponderá aos percentuais de ICMS, IBS e CBS previstos nos Anexos I a V desta Lei Complementar para a faixa de receita bruta a que a microempresa ou a empresa de pequeno porte estiver sujeita no mês de operação.

§ 3º. Na hipótese de a operação ocorrer no mês de início de atividades da microempresa ou empresa de pequeno porte optante pelo Simples Nacional, a alíquota aplicável ao cálculo do crédito de que trata o § 1º corresponderá aos percentuais de ICMS, IBS e CBS referentes à menor alíquota prevista nos Anexos I a V desta Lei Complementar.

§ 4º. (...)

I – a microempresa ou empresa de pequeno porte estiver sujeita à tributação do ICMS no Simples Nacional por valores fixos mensais, em relação ao direito de crédito desse tributo ao adquirente;

..." (NR)

*"**Art. 25.** As informações relativas aos fatos geradores do Simples Nacional deverão ser prestadas pela microempresa ou empresa de pequeno porte optante no mês subsequente ao de sua ocorrência, no prazo estabelecido para o pagamento dos respectivos tributos, no sistema eletrônico de cálculo de que trata o § 15 do art. 18, mediante declaração simplificada transmitida à Secretaria Especial da Receita Federal do Brasil, observado, em relação às informações, o modelo aprovado pelo CGSN.*

...

§ 2º. A declaração de trata♦ o caput conterá as informações socioeconômicas e fiscais do optante conforme forma e prazos definidos pelo CGSN.

♦ Publicação oficial: "de trata".
Entendemos que seria: "de que trata". (N.E.)

...

§ 6º. A Secretaria da Receita Federal do Brasil poderá apresentar ao optante declaração assistida no sistema eletrônico de que trata o caput, na forma e prazo previstos pelo CGSN.

§ 7º. A declaração assistida realizada nos termos do § 6º deste artigo, caso o contribuinte a confirme ou nela realize ajustes, constitui confissão de dívida em relação às operações ocorridas no período.

§ 8º. Na ausência de manifestação do contribuinte sobre a declaração assistida no prazo de que trata o caput, presume-se correto o saldo apurado e considera-se constituído o crédito tributário.

§ 9º. O disposto nos §§ 6º a 8º não afasta a prerrogativa de lançamento de ofício de crédito tributário relativo a diferenças posteriormente verificadas pela administração tributária." (NR)

*"**Art. 26.** (...)*

§ 1º. O MEI fará a comprovação da receita bruta mediante apresentação do registro de vendas ou de prestação de serviços na forma estabelecida pelo CGSN.

...

§ 6º. (...)

II – será obrigatória a emissão de documento fiscal nas vendas e nas prestações de serviços realizadas pelo MEI.

...

§ 10. O ato de emissão ou de recepção de documento fiscal por meio eletrônico estabelecido pelas administrações tributárias, em qualquer modalidade, de entrada, de saída ou de prestação, na forma estabelecida pelo CGSN, representa sua própria escrituração fiscal e elemento suficiente para a fundamentação e a constituição do crédito tributário, possuindo caráter declaratório e constituindo confissão do valor devido dos tributos.

..." (NR)

*"**Art. 31.** (...)*

§ 3º. O CGSN regulamentará os procedimentos relativos ao impedimento de recolher o ICMS, o ISS e o IBS na forma do Simples Nacional, em face da ultrapassagem do limite estabelecido na forma do art. 13-A.

..." (NR)

*"**Art. 32.** (...)*

§ 3º. Aplica-se o disposto no caput e no § 1º em relação ao ICMS, ao ISS e ao IBS à empresa impedida de recolher

esses impostos na forma do Simples Nacional, em face da ultrapassagem do limite a que se refere o art. 13-A." (NR)

***"Art. 38.** O Microempreendedor Individual que deixar de apresentar a Declaração Simplificada a que se refere o art. 25-B desta Lei Complementar, no prazo fixado, ou que a apresentar com incorreções ou omissões, será intimado a apresentar declaração original, no caso de não-apresentação, ou a prestar esclarecimentos, nos demais casos, na forma e prazos definidos pelo Comitê Gestor, e sujeitar-se-á às seguintes multas:*

***I –** de 2% (dois por cento) ao mês-calendário ou fração, incidentes sobre o montante dos tributos e contribuições informados na Declaração Simplificada, ainda que integralmente pago, no caso de falta de entrega da declaração ou entrega após o prazo, limitada a 20% (vinte por cento), observado o disposto no § 3º deste artigo;*

....

***§ 3º.** A multa mínima a ser aplicada será de R$ 50,00 (cinquenta reais).*

...." (NR)

***"Art. 38-A.** O sujeito passivo que deixar de prestar as informações previstas no art. 25, no prazo referido em seu caput, ou que as prestar com incorreções ou omissões, será intimado a fazê-lo, no caso de não apresentação, ou a prestar esclarecimentos, nos demais casos, no prazo estipulado pela autoridade fiscal, na forma definida pelo CGSN, e sujeitar-se-á às seguintes multas, para cada mês de referência:*

...." (NR)

***"Art. 41.** (...)*

***§ 5º.** (...)*

***VI –** o crédito tributário relativo ao IBS." (NR)*

***"Art. 65.** (...)*

***§ 4º.** (...)*

***I –** a União, em relação ao IPI;*

...." (NR)

***"Art. 87-B.** Para os efeitos da opção de que trata o § 2º do art. 16, para o ano-calendário de 2027, a opção de que trata o caput do art. 16 será exercida no mês de setembro de 2026." (NR)*

Art. 518. A Lei Complementar nº 123, de 14 de dezembro de 2006,• passa a vigorar com as seguintes alterações:

♦ Lei Complementar nº 123/2006 (Estatuto Nacional da Microempresa e da Empresa de Pequeno Porte).

***"Art. 3º.** (...)*

***§ 11.** Na hipótese de excesso do limite previsto no art. 13-A, caso a receita bruta auferida pela empresa durante o ano-calendário de início de atividade ultrapasse 1/12 (um doze avos) do limite estabelecido multiplicado pelo número de meses de funcionamento nesse período, a empresa não poderá recolher o IBS na forma do Simples Nacional, com efeitos retroativos ao início de suas atividades.*

...." (NR)

***"Art. 13-A.** Para efeito de recolhimento do IBS no Simples Nacional, o limite máximo de que trata o inciso II do caput do art. 3º será de R$ 3.600.000,00 (três milhões e seiscentos mil reais), observado o disposto nos §§ 9º a 15 do mesmo artigo, e nos §§ 17 e 17-A a 17-C do art. 18." (NR)*

***"Art. 18-A.** (...)*

***§ 3º.** (...)*

***IV –** (...)*

***b)** do IBS e da CBS nos valores fixos previstos no inciso V deste parágrafo;*

....

***§ 4º-B.** O CGSN determinará as atividades autorizadas a optar pela sistemática de recolhimento de que trata este artigo, de forma a evitar a fragilização das relações de trabalho.*

...." (NR)

***"Art. 31.** (...)*

***§ 3º.** O CGSN regulamentará os procedimentos relativos ao impedimento* *de recolher o IBS na forma do Simples Nacional, em face da ultrapassagem do limite estabelecido na forma do art. 13-A.*

.." (NR)

*"**Art. 32.** (...)*

§ 3º. Aplica-se o disposto no caput e no § 1º em relação ao IBS à empresa impedida de recolher esses impostos na forma do Simples Nacional, em face da ultrapassagem do limite a que se refere o art. 13-A." (NR)

*"**Art. 35.** Aplicam-se aos impostos e contribuições devidos pela microempresa e pela empresa de pequeno porte, inscritas no Simples Nacional, as normas relativas aos juros e multa de mora e de ofício previstas para o imposto de renda." (NR)*

Art. 519. Os Anexos I a V da Lei Complementar nº 123, de 14 de dezembro de 2006,• passam a vigorar com a redação dos Anexos XVIII a XXII desta Lei Complementar.

- Lei Complementar nº 123/2006 (Estatuto Nacional da Microempresa e da Empresa de Pequeno Porte).

Art. 520. A Lei Complementar nº 123, de 14 de dezembro de 2006,• passa a vigorar acrescida do Anexo VII constante do Anexo XXIII desta Lei Complementar.

- Lei Complementar nº 123/2006 (Estatuto Nacional da Microempresa e da Empresa de Pequeno Porte).

Art. 521. A Lei nº 11.488, de 15 de junho de 2007,• passa a vigorar com as seguintes alterações:

- Lei nº 11.488/2007 (Cria o Regime Especial de Incentivos para o Desenvolvimento da Infra-Estrutura – Reidi; reduz para 24 (vinte e quatro) meses o prazo mínimo para utilização dos créditos da Contribuição para o PIS/Pasep e da Contribuição para o Financiamento da Seguridade Social – Cofins decorrentes da aquisição de edificações e outras providências).

*"**Art. 38.** É concedida isenção do Imposto de Importação, do Imposto sobre Produtos Industrializados e da CIDE-Combustíveis, nos termos, limites e condições estabelecidos em regulamento, incidentes na importação de:*

.." (NR)

Art. 522. A Lei nº 11.508, de 20 de julho de 2007,• passa a vigorar com as seguintes alterações:

- Lei nº 11.508/2007 (Zona de Processamento de Exportação).

*"**Art. 6º-A.** (...)*

§ 4º. (...)

I – contribuinte, nas operações de importação, em relação ao IPI e ao Imposto de Importação;

II – responsável, nas aquisições no mercado interno, em relação ao IPI.

..

§ 7º. (...)

I – alíquota 0% (zero por cento), decorrido o prazo de 2 (dois) anos, contado da data de ocorrência do fato gerador, na hipótese do IPI; e

.." (NR)

*"**Art. 6º-B.** (...)*

§ 2º. (...)

I – alíquota 0% (zero por cento), na hipótese do IPI; e

.." (NR)

Art. 523. A Lei nº 11.898, de 8 de janeiro de 2009,• passa a vigorar com as seguintes alterações:

- Lei nº 11.898/2009 (Institui o Regime de Tributação Unificada – RTU na importação, por via terrestre, de mercadorias procedentes do Paraguai; e altera as Leis nºs 10.637/2002 e 10.833/2003).

*"**Art. 10.** Os impostos e contribuições federais devidos pelo optante pelo Regime de que trata o art. 1º desta Lei serão calculados pela aplicação da alíquota única de 33% (trinta e três por cento) sobre o preço de aquisição das mercadorias importadas, à vista da fatura comercial ou documento de efeito equivalente, observados os valores de referência mínimos estabelecidos pela Secretaria da Receita Federal do Brasil,*

sem prejuízo do disposto no § 3º do art. 9º desta Lei.

.." (NR)

Art. 524. A Lei nº 11.945, de 4 de junho de 2009,• passa a vigorar com as seguintes alterações:

♦ Lei nº 11.945/2009 (Altera a legislação tributária federal e dá outras providências).

*"**Art. 12.** A aquisição no mercado interno ou a importação, de forma combinada ou não, de mercadoria para emprego ou consumo na industrialização de produto a ser exportado poderá ser realizada com suspensão do Imposto de Importação e do Imposto sobre Produtos Industrializados – IPI.*

.." (NR)

Art. 525. A Lei nº 12.249, de 11 de junho de 2010,• passa a vigorar com as seguintes alterações:

♦ Lei nº 12.249/2010 (Institui o Regime Especial de Incentivos para o Desenvolvimento de Infraestrutura da Indústria Petrolífera nas Regiões Norte, Nordeste e Centro-Oeste – Repenec; cria o Programa Um Computador por Aluno - Prouca e institui o Regime Especial de Aquisição de Computadores para Uso Educacional – Recompe; prorroga benefícios fiscais; constitui fonte de recursos adicional aos agentes financeiros do Fundo da Marinha Mercante – FMM para financiamentos de projetos aprovados pelo Conselho Diretor do Fundo da Marinha Mercante – CDFMM; institui o Regime Especial para a Indústria Aeronáutica Brasileira – Retaero; dispõe sobre a Letra Financeira e o Certificado de Operações Estruturadas; ajusta o Programa Minha Casa Minha Vida – PMCMV; altera diversas leis e dá outras providências).

*"**Art. 30.** (...)*

§ 7º. À pessoa jurídica beneficiária do Retaero não se aplica o disposto na alínea "b" do inciso I do § 1º do art. 29 da Lei nº 10.637, de 30 de dezembro de 2002•.

♦ Lei nº 10.637/2002 (Não cumulatividade na cobrança da contribuição para os Programas de Integração Social (PIS) e de Formação do Patrimônio do Servidor Público (Pasep), nos casos que especifica; pagamento e parcelamento de débitos tributários federais, compensação de créditos fiscais, declaração de inaptidão de inscrição de pessoas jurídicas, legislação aduaneira, e dá outras providências).

.." (NR)

*"**Art. 31.** (...)*

§ 3º. (...)

I – de contribuinte, em relação ao IPI incidente no desembaraço aduaneiro de importação;

II – de responsável, em relação ao IPI.

.." (NR)

Art. 526. A Lei nº 12.350, de 20 de dezembro de 2010,• passa a vigorar com as seguintes alterações:

♦ Lei nº 12.350/2010 (Dispõe sobre medidas tributárias referentes à realização, no Brasil, da Copa das Confederações Fifa 2013 e da Copa do Mundo Fifa 2014; promove desoneração tributária de subvenções governamentais destinadas ao fomento das atividades de pesquisa tecnológica e desenvolvimento de inovação tecnológica nas empresas; altera diversas leis e dá outras providências).

*"**Art. 30.** As subvenções governamentais de que tratam o art. 19 da Lei nº 10.973, de 2 de dezembro de 2004,• e o art. 21 da Lei nº 11.196, de 21 de novembro de 2005,•• não serão computadas para fins de determinação da base de cálculo do Imposto sobre a Renda da Pessoa Jurídica – IRPJ e da Contribuição Social sobre o Lucro Líquido – CSLL, desde que tenham atendido aos requisitos estabelecidos na legislação específica e realizadas as contrapartidas assumidas pela empresa beneficiária.*

♦ Lei nº 10.973/2004 (Dispõe sobre incentivos à inovação e à pesquisa científica e tecnológica no ambiente produtivo e dá outras providências).

♦♦ Lei nº 11.196/2005 (Lei do Bem – Institui a utilização de incentivos fiscais pelas pessoas jurídicas que operam no regime fiscal do Lucro Real, que realizam pesquisa tecnológica e desenvolvimento de inovação tecnológica, de forma automática).

§ 1º. O emprego dos recursos decorrentes das subvenções governamentais de que trata o caput não constituirá despesas ou custos para fins de determinação da base de cálculo do IRPJ e da CSLL.

.." (NR)

*"**Art. 31.** A aquisição no mercado interno ou a importação, de forma combinada ou não, de mercadoria equivalente à empregada ou consumida na industrialização de produto exportado poderá ser realizada com isenção do Imposto de Importação e com redução a zero do IPI.*

.." (NR)

Art. 527. A Lei nº 12.431, de 24 de junho de 2011,• passa a vigorar com as seguintes alterações:

♦ Lei nº 12.431/2011 (Dispõe sobre a incidência do imposto sobre a renda nas operações que especifica; altera diversas leis; institui o Regime Especial de Incentivos para o Desenvolvimento de Usinas Nucleares (Renuclear); dispõe sobre medidas tributárias relacionadas ao Plano Nacional de Banda Larga; altera a legislação relativa à isenção do Adicional ao Frete para Renovação da Marinha Mercante (AFRMM); dispõe sobre a extinção do Fundo Nacional de Desenvolvimento; e dá outras providências).

*"**Art. 16-E.** (...)*
***I** – de contribuinte, em relação ao IPI vinculado à importação e ao Imposto de Importação;*
***II** – de responsável, em relação ao IPI.*
.." (NR)

Art. 528. A Lei nº 12.598, de 21 de março de 2012,• passa a vigorar com as seguintes alterações:

♦ Lei nº 12.598/2012 (Estabelece normas especiais para as compras, as contratações e o desenvolvimento de produtos e de sistemas de defesa; dispõe sobre regras de incentivo à área estratégica de defesa; altera a Lei nº 12.249, de 11 de junho de 2010; e dá outras providências).

*"**Art. 9º.** (...)*
§ 3º. (...)
***I** – de contribuinte, em relação ao IPI incidente no desembaraço aduaneiro de importação; e*
***II** – de responsável, em relação ao IPI.*
.." (NR)

Art. 529. A Lei nº 12.599, de 23 de março de 2012,• passa a vigorar com as seguintes alterações:

♦ Lei nº 12.599/2012 (Altera as Leis nºs 10.893/2004, que dispõe sobre o Adicional ao Frete para a Renovação da Marinha Mercante – AFRMM e o Fundo da Marinha Mercante – FMM, 11.434/2006, 11.196/ 2005, 10.865/2004, 8.685/1993, 12.249/2010, 11.775/2008, e 11.49/2007, e a Medida Provisória nº 2.228-1/2001; revoga dispositivos das Leis nºs 9.432/1997 e 10.925/2004; altera a incidência da Contribuição para o PIS/Pasep e da Contribuição para o Financiamento da Seguridade Social – Cofins na cadeia produtiva do café; institui o Programa Cinema Perto de Você; e dá outras providências).

*"**Art. 14.** (...)*
§ 4º. (...)
***I** – de contribuinte, em relação ao IPI incidente no desembaraço aduaneiro e ao Imposto de Importação; ou*
***II** – de responsável, em relação ao IPI de que trata o inciso III do caput.*
.." (NR)

Art. 530. A Lei nº 12.715, de 17 de setembro de 2012, passa a vigorar com as seguintes alterações:

*"**Art. 18.** (...)*
***III** – do IPI, do Imposto de Importação e da Contribuição de Intervenção no Domínio Econômico destinada a financiar o Programa de Estímulo à Interação Universidade-Empresa para o Apoio à Inovação incidentes sobre:*
.." (NR)

*"**Art. 20.** (...)*
***Parágrafo único.** (...)*
***II** – conter a expressão "Venda efetuada com suspensão da exigência do IPI", com a especificação do dispositivo legal correspondente e do número do*

atestado emitido pelo Ministério da Ciência, Tecnologia e Inovação." (NR)

*"**Art. 23.** (...)*

***Parágrafo único.** (...)*

I – contribuinte, em relação ao IPI vinculado à importação; ou

II – responsável, em relação ao IPI e à Contribuição de Intervenção no Domínio Econômico destinada a financiar o Programa de Estímulo à Interação Universidade-Empresa para o Apoio à Inovação." (NR)

Art. 531. A Lei nº 13.097, de 19 de janeiro de 2015,• passa a vigorar com as seguintes alterações:

- ♦ Lei nº 13.097/2015 (Reduz a zero as alíquotas da Contribuição para o PIS/Pasep, da Cofins, da Contribuição para o PIS/Pasep-Importação e da Cofins-Importação incidentes sobre a receita de vendas e na importação de partes utilizadas em aerogeradores; prorroga os benefícios previstos nas Leis n º 9.250/1995, 9.440/1997, 10.931/2004, 11.196/2005, 12.024/2009, e 12.375/2010; altera o art. 46 da Lei nº 12.715/2012, que dispõe sobre a devolução ao exterior ou a destruição de mercadoria estrangeira cuja importação não seja autorizada; altera diversas normas e dá outras providências).

*"**Art. 14.** Observado o disposto nesta Lei, serão exigidos na forma da legislação aplicável à generalidade das pessoas jurídicas o Imposto sobre Produtos Industrializados - IPI devido pelos importadores e pelas pessoas jurídicas que procedam à industrialização e comercialização dos produtos classificados nos seguintes códigos da Tabela de Incidência do Imposto sobre Produtos Industrializados – Tipi, aprovada pelo Decreto nº 7.660, de 23 de dezembro de 2011:*

.." (NR)

*"**Art. 33.** Ficam estabelecidos valores mínimos do IPI em função da classificação fiscal na Tipi, do tipo de produto e da capacidade do recipiente, conforme Anexo I desta Lei.*

.." (NR)

Art. 532. A Lei nº 13.586, de 28 de dezembro de 2017,• passa a vigorar com as seguintes alterações:

- ♦ Lei nº 13.586/2017 (Dispõe sobre o tratamento tributário das atividades de exploração e de desenvolvimento de campo de petróleo ou de gás natural; institui regime tributário especial para as atividades de exploração, de desenvolvimento e de produção de petróleo, de gás natural e de outros hidrocarbonetos fluidos; altera as Leis nº 9.481/1997, e 12.973/2014; e revoga dispositivo do Decreto-Lei nº 62/1966).

*"**Art. 6º.** (...)*

***§ 2º.** (...)*

I – dos tributos federais incidentes na importação a que se referem os incisos I e II do § 1º deste artigo; ou

II – do tributo federal a que se refere o inciso II do § 1º deste artigo.

..

***§ 8º.** A aquisição do produto final de que trata este artigo será realizada com suspensão do pagamento do Imposto sobre Produtos Industrializados.*

.." (NR)

Art. 533. A Lei nº 14.148, de 3 de maio de 2021,• passa a vigorar com as seguintes alterações:

- ♦ Lei nº 14.148/2021 (Dispõe sobre ações emergenciais e temporárias destinadas ao setor de eventos para compensar os efeitos decorrentes das medidas de combate à pandemia da Covid-19; institui o Programa Emergencial de Retomada do Setor de Eventos (Perse) e o Programa de Garantia aos Setores Críticos (PGSC); e altera as Leis nºs 13.756/2018, e 8.212/1991).

*"**Art. 4º.** (...)*

***§ 3º.** Fica dispensada a retenção do IRPJ e da CSLL quando o pagamento ou o crédito referir-se a receitas desoneradas na forma deste artigo.*

.." (NR)

Art. 534. A Lei nº 14.789, de 29 de dezembro de 2023,• passa a vigorar com as seguintes alterações:

- ♦ Lei nº 14.789/2023 (Dispõe sobre o crédito fiscal decorrente de subvenção para implantação ou expansão de empreendimento econômico;

altera as Leis nºs 9.249/1995, 14.592/2023, e 14.754/2023; e revoga dispositivos do Decreto-Lei nº 1.598/1977, e das Leis nºs 10.637/2002, 10.833/2003, e 12.973, de 13 de maio de 2014.

*"**Art. 11.** O valor do crédito fiscal não será computado na base de cálculo do IRPJ e da CSLL." (NR)*

*"**Art. 17.** O disposto nesta Lei não impedirá a fruição de incentivos fiscais federais relativos ao IRPJ e à CSLL concedidos por lei específica, inclusive os benefícios concedidos à Zona Franca de Manaus e às áreas de atuação da Superintendência do Desenvolvimento do Nordeste (Sudene) e da Superintendência do Desenvolvimento da Amazônia (Sudam)." (NR)*

Art. 535. A Lei Complementar nº 101, de 4 de maio de 2000, passa a vigorar com as seguintes alterações:

*"**Art. 2º.** (...)*

IV – (...)

***a)** na União, os valores transferidos aos Estados, Distrito Federal e Municípios por determinação constitucional ou legal, inclusive os valores entregues aos Estados e ao Distrito Federal por meio do Fundo instituído pelo art. 159-A da Constituição, e as contribuições mencionadas na alínea "a" do inciso I e no inciso II do art. 195, e no art. 239 da Constituição;*

.." (NR)

Art. 536. (Vetado).

Art. 537. A Lei nº 9.718, de 27 de novembro de 1998,• passa a vigorar com as seguintes alterações:

- Lei nº 9.718/1998
  (Altera a legislação tributária federal).

*"**Art. 5º.** A Contribuição para o PIS/Pasep e a Cofins incidentes sobre a receita bruta auferida pelo produtor ou importador nas operações com etanol, inclusive para fins carburantes, serão calculadas com base nas alíquotas, respectivamente, de 5,25% (cinco inteiros e vinte e cinco centésimos por cento) e 24,15% (vinte e quatro inteiros e quinze centésimos por cento).*

..

***§ 1º.** (...)*

***IV** – por distribuidor, no caso de venda de etanol combustível.*

***§ 4º.** O produtor e o importador de que trata o caput deste artigo poderão optar por regime especial de apuração e pagamento da Contribuição para o PIS/Pasep e da Cofins, com incidência única, no qual as alíquotas específicas das contribuições são fixadas, respectivamente, em R$ 34,33 (trinta e quatro reais e trinta e três centavos) e R$ 157,87 (cento e cinquenta e sete reais e oitenta e sete centavos) por metro cúbico de etanol combustível.*

..

***§ 4º-C.** Na hipótese de venda de gasolina pelo distribuidor, em relação ao percentual de álcool anidro a ela adicionado, ficam reduzidas a zero as alíquotas da Contribuição para o PIS/Pasep e da Cofins.*

..

***§ 4º-D.** (...)*

***I** – no caso de cooperativa não optante pelo regime especial de que trata o § 4º deste artigo, os valores da Contribuição para o PIS/Pasep e da Cofins devidos serão obtidos pela aplicação da alíquota prevista no caput do art. 5º.*

..

***§ 10.** A aplicação dos coeficientes de que trata o § 8º deste artigo não poderá resultar em alíquotas da Contribuição para o PIS/Pasep e da Cofins superiores a, respectivamente, a 1,65% (um inteiro e sessenta e cinco centésimos por cento) e 7,6% (sete inteiros e seis décimos por cento) do preço médio de venda no varejo.*

***§ 11.** O preço médio a que se refere o § 10 deste artigo será determinado a partir de dados colhidos por instituições idônea, de forma ponderada com base nos volumes de etanol comerciali-*

zados nos Estados e no Distrito Federal nos 12 (doze) meses anteriores ao da fixação dos coeficientes de trata o § 8º deste artigo.

§ 12. No ano-calendário em que apessoa jurídica iniciar atividades de produção ou importação de álcool a opção pelo regime especial poderá ser exercida em qualquer data, produzindo efeitos a partir do primeiro dia do mês em que for exercida.

...." (NR)

Art. 538. A Lei nº 10.637, de 30 de dezembro de 2002,• passa a vigorar com a seguinte redação:

♦ Lei nº 10.637/2002 (Não cumulatividade na cobrança da contribuição para os Programas de Integração Social (PIS) e de Formação do Patrimônio do Servidor Público (Pasep), nos casos que especifica; pagamento e parcelamento de débitos tributários federais, compensação de créditos fiscais, declaração de inaptidão de inscrição de pessoas jurídicas, legislação aduaneira, e dá outras providências).

"Art. 2º. (...)

§ 1º-A. Excetua-se do disposto no caput *deste artigo a receita bruta auferida com a venda de etanol, inclusive para fins carburantes, à qual se aplicam as alíquotas previstas, conforme o caso, no art. 5º da Lei nº 9.718, de 27 de novembro de 1998•.*

♦ Lei nº 9.718/1998 (Altera a legislação tributária federal).

...." (NR)

Art. 539. A Lei nº 10.833, de 29 de dezembro de 2003,• passa a vigorar com a seguinte redação:

♦ Lei nº 10.833/2003 (Não cumulatividade de Cofins).

"Art. 2º. (...)

§ 1º-A. Excetua-se do disposto no caput *deste artigo a receita bruta auferida com a venda de etanol, inclusive para fins carburantes, à qual se aplicam as alíquotas previstas, conforme o caso, no art. 5º da Lei nº 9.718, de 27 de novembro de 1998.*

...." (NR)

Art. 540. Ficam revogados os seguintes dispositivos do art. 5º da Lei nº 9.718, de 27 de dezembro de 1998•:

♦ Lei nº 9.718/1998 (Altera a legislação tributária federal).

I – incisos I e II do *caput*;

II – incisos I e II do § 4º;

III – incisos I e II do § 4º-A;

IV – incisos I e II do § 4º-C;

V – inciso II do § 4º-D;

VI – §§ 9º , 13-A e 14-A; e

VII – §§ 21 e 22.

Art. 541. Fica revogado, a partir de 1º de janeiro de 2025, o inciso VII do § 1º do art. 13 da Lei Complementar nº 123, de 2006•.

♦ Lei Complementar nº 123/2006 (Estatuto Nacional da Microempresa e da Empresa de Pequeno Porte).

Art. 542. Ficam revogados a partir de 1º de janeiro de 2027:

I – a alínea "b" do *caput* do art. 3º da Lei Complementar nº 7, de 7 de setembro de 1970;

II – o art. 1º da Lei Complementar nº 17, de 12 de dezembro de 1973;

III – os seguintes dispositivos da Lei Complementar nº 70, de 30 de dezembro de 1991:

a) os arts. 1º a 6º; e

b) os arts. 9º e 10;

IV – a Lei nº 9.363, de 13 de dezembro de 1996;

V – os seguintes dispositivos da Lei nº 9.430, de 27 de dezembro de 1996•:

♦ Lei nº 9.430/1996 (Dispõe sobre a legislação tributária federal, as contribuições para a seguridade social, o processo administrativo de consulta e dá outras providências).

a) os §§ 7º e 8º do art. 64; e

b) o art. 66;

VI – os arts. 53 e 54 da Lei nº 9.532, de 10 de dezembro de 1997•;

♦ Lei nº 9.532/1997 (Alteração a legislação tributária federal e dá outras providências).

VII – os arts. 11-A a 11-C da Lei nº 9.440, de 14 de março• 1997••;

♦ Publicação oficial: "março". Entendemos que seria: "março de". (N.E.)

♦♦ Lei nº 9.440/1997 (Estabelece incentivos fiscais para o desenvolvimento regional e dá outras providências).

VIII – os arts. 1º a 4º da Lei nº 9.701, de 17 de novembro de 1998;

IX – os seguintes dispositivos da Lei nº 9.715, de 25 de novembro de 1998:

a) do art. 2º:

1. o inciso I do *caput*; e

2. os §§ 1º e 2º;

b) o art. 3º ;

c) os arts. 5º e 6º;

d) os incisos I e II do *caput* do art. 8º ; e

e) os arts. 12 e 13;

X – os arts. 2º a 8º-B da Lei nº 9.718, de 27 de novembro de 1998•;

♦ Lei nº 9.718/1998 (Altera a legislação tributária federal).

XI – a Lei nº 10.147, de 21 de dezembro de 2000;

XII – os seguintes dispositivos da Medida Provisória nº 2.158-35, de 24 de agosto de 2001:

a) o art. 1º;

b) os arts. 4º e 5º;

c) os arts. 12 a 18;

d) o art. 20;

e) o inciso I do art. 23;

f) os arts. 42 e 43; e

g) o art. 81;

XIII – a Lei nº 10.276, de 10 de setembro de 2001;

XIV – a Lei nº 10.312, de 27 de novembro de 2001;

XV – os seguintes dispositivos da Lei nº 10.336, de 19 de dezembro de 2001:

a) o art. 8º ; e

b) o art. 14;

XVI – os seguintes dispositivos da Lei nº 10.485, de 3 de julho de 2002:

a) os arts. 1º a 3º; e

b) os art. 5º e 6º;

XVII – os arts. 2º e 3º da Lei nº 10.560, de 13 de novembro de 2002;

XVIII – os seguintes dispositivos da Lei nº 10.637, de 30 de dezembro de 2002•:

♦ Lei nº 10.637/2002 (Não cumulatividade na cobrança da contribuição para os Programas de Integração Social (PIS) e de Formação do Patrimônio do Servidor Público (Pasep), nos casos que especifica; pagamento e parcelamento de débitos tributários federais, compensação de créditos fiscais, declaração de inaptidão de inscrição de pessoas jurídicas, legislação aduaneira, e dá outras providências).

a) os arts. 1º a 5º-A;

b) os arts. 7º e 8º;

c) os arts. 10 a 12;

d) o art. 32; e

e) o art. 47;

XIX – a Lei nº 10.676, de 22 de maio de 2003;

XX – os arts. 17 e 18 da Lei nº 10.684, de 30 de maio de 2003;

XXI – os seguintes dispositivos da Lei nº 10.833, de 29 de dezembro de 2003•:

♦ Lei nº 10.833/2003 (Não cumulatividade de Cofins).

a) os arts. 1º a 16;

b) o art. 25;

c) o § 1º do art. 31;

d) os arts. 49 e 50;

e) o art. 52;

f) o art. 55;

g) os arts. 57 e 58; e

h) o art. 91;

XXII – o § 4º do art. 5º da Lei nº 10.848, de 15 de março de 2004;

XXIII – os seguintes dispositivos da Lei nº 10.865, de 30 de abril de 2004•:

♦ Lei nº 10.865/2004 (PIS e Cofins).

a) os arts. 1º a 20;

b) os arts. 22 e 23;

c) os arts. 27 a 31;

d) o art. 34;

e) os arts. 36 a 38;

f) o art. 40 e 40-A; e

g) o art. 42;

XXIV – o art. 4º da Lei nº 10.892, de 13 de julho de 2004;

XXV – os seguintes dispositivos da Lei nº 10.925, de 23 de julho de 2004:

a) o art. 1º;

b) os arts. 7º a 9º-A; e

c) os arts. 13 a 15;

XXVI – os seguintes dispositivos da Lei nº 10.931, de 2 de agosto de 2004•:

♦ Lei nº 10.931/2004 (Dispõe sobre o patrimônio de afetação de incorporações imobiliárias, Letra de Crédito Imobiliário, Cédula de Crédito Imobiliário, Cédula de Crédito Bancário, altera o Decreto-Lei nº 911, de 1º de outubro de 1969, as Leis nº 4.591, de 16 de dezembro de 1964, nº 4.728, de 14 de julho de 1965, e nº 10.406, de 10 de janeiro de 2002, e dá outras providências).

a) os incisos II e IV do *caput* do art. 4º ; e

b) do art. 8º:

1. os incisos I e II do *caput*; e

2. os incisos I e II do parágrafo único;

XXVII – os arts. 2º a 5º da Lei nº 10.996, de 15 de dezembro de 2004:

XXVIII – os seguintes dispositivos da Lei nº 11.033, de 21 de dezembro de 2004•:

♦ Lei nº 11.033/2004 (Altera a tributação do mercado financeiro e de capitais; institui o Regime Tributário para Incentivo à Modernização e à Ampliação da Estrutura Portuária – Reporto; altera as Leis nºs 10.865, de 30 de abril de 2004, 8.850, de 28 de janeiro de 1994, 8.383, de 30 de dezembro de 1991, 10.522, de 19 de julho de 2002, 9.430, de 27 de dezembro de 1996, e 10.925, de 23 de julho de 2004; e dá outras providências).

a) o § 2º do art. 14; e

b) o art. 17;

XXIX – os seguintes dispositivos da Lei nº 11.051, de 29 de dezembro de 2004•:

♦ Lei nº 11.051/2004 (Dispõe sobre o desconto de crédito na apuração da Contribuição Social sobre o Lucro Líquido – CSLL e da Contribuição para o PIS/Pasep e Cofins não cumulativas e dá outras providências).

a) o art. 2º;

b) os arts. 7º a 10; e

c) os arts. 30 e 30-A;

XXX – o inciso II do § 3º e o § 12 do art. 6º da Lei nº 11.079, de 30 de dezembro de 2004•;

♦ Lei nº 11.079/2004 (Institui normas gerais para licitação e contratação de parceria público-privada no âmbito da administração pública).

XXXI – o inciso I do art. 50-A da Lei nº 11.101, de 9 de fevereiro de 2005•;

♦ Lei nº 11.101/2005 (Recuperação judicial, extrajudicial e falências).

XXXII – os incisos III e IV do *caput* do art. 8 da Lei nº 11.096, de 13 de janeiro de 2005•;

♦ Lei nº 11.096/2005 (Prouni).

XXXIII – da Lei nº 11.116, de 18 de maio de 2005:

a) arts. 3º a 9º; e

b) o art. 16;

XXXIV – os seguintes dispositivos da Lei nº 11.196, de 21 de novembro de 2005•:

♦ Lei nº 11.196/2005 (Lei do Bem – Institui a utilização de incentivos fiscais pelas pessoas jurídicas que operam no regime fiscal do Lucro Real, que realizam pesquisa tecnológica e desenvolvimento de inovação tecnológica, de forma automática).

a) o arts. 4º a 6º;

b) os §§ 1º, 3º e 5º do art. 8º;

c) o art. 9º;

d) os arts. 12 a 16;

e) os arts. 28 a 30;

f) do art. 31:

1. o inciso II do *caput*; e

2. o § 7º;

g) os arts. 41 a 51;

h) os arts. 55 a 59;

i) os arts. 62 a 65;

j) o art. 109; e

k) o § 4º do art. 110;

XXXV – o art. 10 da Lei nº 11.371, de 28 de novembro de 2006•;

♦ Lei nº 11.371/2006 (Dispõe sobre operações de câmbio, sobre registro de capitais estrangeiros, sobre o pagamento em lojas francas localizadas em zona primária de porto ou aeroporto, sobre a tributação do arrendamento mercantil de aeronaves, sobre a novação dos contratos celebrados nos termos do § 1º do art. 26 da Lei nº 9.491, de 9 de setembro de 1997, altera o Decreto nº 23.258, de 19 de outubro de 1933, a Lei nº 4.131, de 3 de setembro de 1962, o Decreto-Lei nº 1.455, de 7 de abril de 1976, e revoga dispositivo da Medida Provisória nº 303, de 29 de junho de 2006).

XXXVI – os seguintes dispositivos da Lei Complementar nº 123, de 14 de dezembro de 2006•:

• Lei Complementar nº 123/2006 (Estatuto Nacional da Microempresa e da Empresa de Pequeno Porte).

a) os incisos IV e V do art. 13;

b) o parágrafo único do art. 22;

c) o inciso IV do § 4º do art. 23;

d) as alíneas "b" e "c" do inciso V do § 3º do art. 18-A; e

e) os arts. 19 e 20;

f) o § 15-A do art. 18;

g) os §§ 3º a 5º do art. 25;

h) do art. 38:

1. o inciso II do *caput*; e

2. o § 6º;

i) os incisos I e II do § 4º do art. 41.

XXXVII – os seguintes dispositivos da Lei nº 11.484, de 31 de maio de 2007•:

♦ Lei nº 11.484/2007 (Programa de Apoio ao Desenvolvimento Tecnológico da Indústria de Semicondutores – Padis e o Programa de Apoio ao Desenvolvimento Tecnológico da Indústria de Equipamentos para a TV Digital – PATVD e dá outras providências).

a) os incisos I e II do *caput* do art. 3º ;

b) a Seção II à Seção V do Capítulo II;

c) o inciso I do § 2º do art. 4º-B; e

d) o art. 21;

XXXVIII – os seguintes dispositivos da Lei nº 11.488, de 15 de junho de 2007•:

♦ Lei nº 11.488/2007 (Cria o Regime Especial de Incentivos para o Desenvolvimento da Infra-Estrutura – Reidi; reduz para 24 (vinte e quatro) meses o prazo mínimo para utilização dos créditos da Contribuição para o PIS/Pasep e da Contribuição para o Financiamento da Seguridade Social – Cofins decorrentes da aquisição de edificações e outras providências).

a) os incisos I e II do *caput* do art. 3º; e

b) os incisos I e II do *caput* do art. 4º;

c) o art. 6º;

XXXIX – os seguintes dispositivos da Lei nº 11.508, de 20 de julho de 2007•:

♦ Lei nº 11.508/2007 (Zona de Processamento de Exportação).

a) os incisos III a VI do *caput* do art. 6º-A;

b) os incisos III a VI do *caput* do art. 6º-B;

c) o art. 6º-D; e

d) o inciso II do art. 6º-H;

XL – os seguintes dispositivos da Lei nº 11.727, de 23 de junho de 2008:

a) os arts. 5º a 7º;

b) os arts. 9º a 12;

c) os arts. 14 a 16;

d) os arts. 24 e 25; e

e) o art. 33;

XLI – os arts. 1º e 2º da Lei nº 11.774, de 17 de setembro de 2008;

XLII – a Lei nº 11.828, de 20 de novembro de 2008;

XLIII – os seguintes dispositivos da Lei nº 11.898, de 8 de janeiro de 2009•:

♦ Lei nº 11.898/2009 (Institui o Regime de Tributação Unificada – RTU na importação, por via terrestre, de mercadorias procedentes do Paraguai; e altera as Leis nºs 10.637/2002 e 10.833/2003).

a) os incisos III e IV do *caput* do art. 9º; e

b) os incisos III e IV do § 1º do art. 10;

XLIV – os seguintes dispositivos da Lei nº 11.945, de 4 de junho de 2009•:

♦ Lei nº 11.945/2009 (Altera a legislação tributária federal e dá outras providências).

a) o § 2º do art. 1º;

b) o art. 5º;

c) o inciso II do § 1º do art. 12;

d) o art. 12-A; e

e) o art. 22;

XLV – o art. 4º da Lei nº 12.024, de 27 de agosto de 2009•;

♦ Lei nº 12.024/2009 (Dá nova redação aos arts. 4º, 5º e 8º da Lei nº 10.931, de 2 de agosto de 2004, que tratam de patrimônio de afetação de incorporações imobiliárias; dispõe sobre o tratamento tributário a ser dado às receitas mensais auferidas pelas empresas construtoras nos contratos de construção de moradias firmados dentro do Programa Minha Casa, Minha Vida – PMCMV, atribui à Agência Nacional de Telecomunicações – Anatel as atribuições de apurar, constituir, fiscalizar e arrecadar a Contribuição para o Fomento da Radiodifusão Pública; e dá outras providências).

XLVI – os arts. 32 a 37 da Lei nº 12.058, de 13 de outubro de 2009•;

♦ Lei nº 12.058/2009 (Dispõe sobre a prestação de apoio financeiro pela União aos entes federados que recebem recursos do Fundo de Participação dos Municípios – FPM, no exercício de 2009, com o objetivo de superar dificuldades financeiras emergenciais; altera as Leis nºs 11.786, de 25 de setembro de 2008, 9.503, de 23 de setembro de 1997, 11.882, de 23 de dezembro de 2008; altera outras leis e dá outras providências).

XLVII – o art. 4º da Lei nº 12.096, de 24 de novembro de 2009•;

♦ Lei nº 12.096/2009 (Autoriza a concessão de subvenção econômica ao Banco Nacional de Desenvolvimento Econômico e Social – BNDES, em operações de financiamento destinadas à aquisição e produção de bens de capital e à inovação tecnológica; altera as Leis nºs 10.925/2004, 11.948/2009, e 9.818/1999; revoga dispositivos da Medida Provisória nº 462/2009, e do Decreto nº 70.235/1972; e dá outras providências).

XLVIII – os seguintes dispositivos da Lei nº 12.249, de 11 de junho de 2010•:

♦ Lei nº 12.249/2010 (Institui o Regime Especial de Incentivos para o Desenvolvimento de Infraestrutura da Indústria Petrolífera nas Regiões Norte, Nordeste e Centro-Oeste – Repenec; cria o Programa Um Computador por Aluno – Prouca e institui o Regime Especial de Aquisição de Computadores para Uso Educacional – Recompe; prorroga benefícios fiscais; constitui fonte de recursos adicional aos agentes financeiros do Fundo da Marinha Mercante – FMM para financiamentos de projetos aprovados pelo Conselho Diretor do Fundo da Marinha Mercante – CDFMM; institui o Regime Especial para a Indústria Aeronáutica Brasileira – Retaero; dispõe sobre a Letra Financeira e o Certificado de Operações Estruturadas; ajusta o Programa Minha Casa Minha Vida – PMCMV; altera diversas leis e dá outras providências).

a) os arts. 1º a 14;

b) o § 8º do art. 30;

c) do art. 31:

1. os incisos I e II do *caput*; e

2. o inciso I do § 1º; e

d) o art. 32;

XLIX – os seguintes dispositivos da Lei nº 12.350, de 20 de dezembro de 2010•:

♦ Lei nº 12.350/2010 (Dispõe sobre medidas tributárias referentes à realização, no Brasil, da Copa das Confederações Fifa 2013 e da Copa do Mundo Fifa 2014; promove desoneração tributária de subvenções governamentais destinadas ao fomento das atividades de pesquisa tecnológica e desenvolvimento de inovação tecnológica nas empresas; altera diversas leis e dá outras providências).

a) os arts. 1º a 29;

b) o inciso II do § 2º do art. 30;

c) o § 2º do art. 31; e

d) os arts. 54 a 57;

L – os seguintes dispositivos da Lei nº 12.431, de 24 de junho de 2011:

a) os arts. 16-A a 16-C; e

b) o art. 51;

LI – os seguintes dispositivos da Lei nº 12.546, de 14 de dezembro de 2011•:

♦ Lei nº 12.546/2011 (Institui o Regime Especial de Reintegração de Valores Tributários para as Empresas Exportadoras (Reintegra); dispõe sobre a redução do Imposto sobre Produtos Industrializados (IPI) à indústria automotiva; altera a incidência das contribuições previdenciárias devidas pelas empresas que menciona; altera as Leis nº 11.774/2008, nº 11.033/2004, nº 11.196/2005, nº 10.865/2004, nº 11.508/2007, nº 7.291/1984, nº 11.491/2007, nº 9.782/999, e nº 9.294/1996, e a Medida Provisória nº 2.199-14, de 24 de agosto de 2001; revoga o art. 1º da Lei nº 11.529/2007, e o art. 6º do Decreto-Lei nº 1.593/1977, nos termos que especifica; e dá outras providências).

a) os arts. 1º a 3º; e

b) os arts. 47-A e 47-B;

LII – os seguintes dispositivos da Lei nº 12.598, de 21 de março de 2012•:

♦ Lei nº 12.598/2012 (Estabelece normas especiais para as compras, as contratações e o desenvolvimento de produtos e de sistemas de defesa; dispõe sobre regras de incentivo à área estratégica de defesa; altera a Lei nº 12.249, de 11 de junho de 2010; e dá outras providências).

a) do art. 9º:

1. os incisos I e II do *caput*; e

2. o inciso I do § 1º;

b) o art. 9º-A; e

c) o art. 10;

LIII – os seguintes dispositivos da Lei nº 12.599, de 23 de março de 2012•:

♦ Lei nº 12.599/2012 (Altera as Leis nºs 10.893/2004, que dispõe sobre o Adicional ao Frete para a Renovação da Marinha Mercante – AFRMM e o Fundo da Marinha Mercante – FMM, 11.434/2006, 11.196/ 2005, 10.865/2004, 8.685/1993, 12.249/2010, 11.775/2008, e 11.49/2007, e a Medida Provisória nº 2.228-1/2001; revoga dispositivos das Leis nºs 9.432/1997, e 10.925/2004; altera a incidência da Contribuição para o PIS/Pasep e da Contribuição para o Financiamento da Seguridade Social – Cofins na cadeia produtiva do café; institui o Programa Cinema Perto de Você; e dá outras providências).

a) os arts. 5º a 7º-A; e

b) do art. 14:

1. os incisos I e II do *caput*; e

2. o § 1º;

LIV – os seguintes dispositivos da Lei nº 12.715, de 17 de setembro de 2012•:

♦ Lei nº 12.715/2012 (Altera a alíquota das contribuições previdenciárias sobre a folha de salários devidas pelas empresas que especifica; institui o Programa de Incentivo à Inovação Tecnológica e Adensamento da Cadeia Produtiva de Veículos Automotores, o Regime Especial de Tributação do Programa Nacional de Banda Larga para Implantação de Redes de Telecomunicações, o Regime Especial de Incentivo a Computadores para Uso Educacional, o Programa Nacional de Apoio à Atenção Oncológica e o Programa Nacional de Apoio à Atenção da Saúde da Pessoa com Deficiência; restabelece o Programa Um Computador por Aluno; altera o Programa de Apoio ao Desenvolvimento Tecnológico da Indústria de Semicondutores, instituído pela Lei nº 11.484/2007; altera diversas normas e dá outras providências).

a) o inciso II do *caput* do art. 18;

b) os arts. 24 a 33;

c) o inciso I do § 7º do art. 41; e

d) o art. 76;

LV – os seguintes dispositivos da Lei nº 12.794, de 2 de abril de 2013•:

♦ Lei nº 12.794/2013 (Altera a Lei nº 12.546/2011, quanto à contribuição previdenciária de empresas dos setores industriais e de serviços; permite depreciação de bens de capital para apuração do Imposto de Renda; institui o Regime Especial de Incentivo ao Desenvolvimento da Infraestrutura da Indústria de Fertilizantes; altera a Lei nº 12.598/2012, quanto à abrangência do Regime Especial Tributário para a Indústria de Defesa; altera a incidência da Contribuição para o PIS/Pasep e da Cofins na comercialização da laranja; reduz o Imposto de Renda devido pelo prestador autônomo de transporte de carga; altera as Leis nºs 12.715/2012, 7.713/1988, 10.925/2004, e 9.718/1998; e dá outras providências).

a) os arts. 5º a 11; e

b) os arts. 14 a 17;

LVI – os seguintes dispositivos da Lei nº 12.839, de 9 de julho de 2013•:

♦ Lei nº 12.839/2013 (Reduz a zero as alíquotas da Contribuição para o PIS/Pasep, da Cofins, da Contribuição para o PIS/Pasep-Importação e da Cofins-Importação incidentes sobre a receita decorrente da venda no mercado interno e sobre a importação de produtos que compõem a cesta básica; altera as Leis nºs 10.925/2004, 10.147/2000, 10.865/2004, 12.058/2009, 12.350/2010, 12.599/2012, 10.485/2002, 10.438/2002, 10.848/2004, 12.783/2013, 9.074/1995, e 9.427/1996; revoga dispositivo da Lei nº 12.767/2012; e dá outras providências).

a) o art. 2º; e

b) o art. 8º;

LVII – os arts. 1º a 3º da Lei nº 12.859, de 10 de setembro de 2013•;

♦ Lei nº 12.859/2013 (Institui crédito presumido da Contribuição para o PIS/Pasep e da Contribuição para o Financiamento da Seguridade Social (Cofins) na venda de álcool, inclusive para fins carburantes; altera as Leis nºs 9.718/1998, 10.865/2004, 11.196/2005, e 9.532/1997, e a Medida Provisória nº 2.199-14/2001, para dispor sobre a incidência das referidas contribuições na importação e sobre a receita decorrente da venda no mercado interno de insumos da indústria química nacional que especifica; revoga o § 2º do art. 57 da Lei nº 11.196/2005; e dá outras providências).

LVIII – a Lei nº 12.860, de 11 de setembro de 2013•;

♦ Lei nº 12.860/2013 (Dispõe sobre a redução a 0 (zero) das alíquotas da Contribuição para o PIS/Pasep e da Cofins incidentes sobre as receitas decorrentes da prestação de serviços de transporte público coletivo rodoviário, metroviário, ferroviário e aquaviário de passageiros).

LIX – os arts. 29 a 32 da Lei nº 12.865, de 9 de outubro de 2013;

LX – os seguintes dispositivos da Lei nº 12.973, de 13 de maio de 2014•:

♦ Lei nº 12.973/2014 (Altera a legislação tributária federal relativa ao Imposto sobre a Renda das Pessoas Jurídicas – IRPJ, à Contribuição Social sobre o Lucro Líquido – CSLL, à Contribuição para o PIS/Pasep e à Contribuição para o Financiamento da Seguridade Social – Cofins; revoga o Regime Tributário de Transição – RTT, instituído pela Lei nº 11.941, de 27 de maio de 2009; (...) e dá outras providências).

a) os arts. 56 e 57; e

b) o § 2º do art. 69;

LXI – os seguintes dispositivos da Lei nº 13.043, de 13 de novembro de 2014•:

♦ Lei nº 13.043/2014 (Dispõe sobre os fundos de índice de renda fixa, sobre a responsabilidade tributária na integralização de cotas de fundos ou clubes de investimento por meio da entrega de ativos financeiros, sobre a tributação das operações de empréstimos de ativos financeiros e sobre a isenção de imposto sobre a renda na alienação de ações de empresas pequenas e médias; prorroga o prazo de que trata a Lei nº 12.431/2011; altera diversas normas e dá outras providências).

a) a Seção VI do Capítulo I;

b) a Seção XVI do Capítulo I; e

c) o parágrafo único do art. 97;

LXII – os seguintes dispositivos da Lei nº 13.097, de 19 de janeiro de 2015•:

♦ Lei nº 13.097/2015 (Reduz a zero as alíquotas da Contribuição para o PIS/Pasep, da Cofins, da Contribuição para o PIS/Pasep-Importação e da Cofins-Importação incidentes sobre a receita de vendas e na importação de partes utilizadas em aerogeradores; prorroga os benefícios previstos nas Leis n º 9.250/1995, 9.440/1997, 10.931/2004, 11.196/2005, 12.024/2009, e 12.375/2010; altera o art. 46 da Lei nº 12.715/2012, que dispõe sobre a devolução ao exterior ou a destruição de mercadoria estrangeira cuja importação não seja autorizada; altera diversas normas e dá outras providências).

a) os arts. 24 a 32;

b) o art. 34;

c) o art. 36;

d) o art. 147; e

e) o art. 153;

LXIII – o art. 8º da Lei nº 13.169, de 6 de outubro de 2015•;

♦ Lei nº 13.169/2015 (Altera a Lei nº 7.689, de 15 de dezembro de 1988, para elevar a alíquota da Contribuição Social sobre o Lucro Líquido – CSLL em relação às pessoas jurídicas de seguros privados e de capitalização, e às referidas nos incisos I a VII, IX e X do § 1º do art. 1º da Lei Complementar nº 105/2001; altera as Leis nºs 9.808/999, 8.402/1992, 10.637/2002, 10.833/2003, 11.033/2004, 12.715/2012, 9.249/1995, 11.484/2007, 12.973/2014, 10.150/2000, e 10.865/2004; e dá outras providências).

LXIV – os seguintes dispositivos da Lei nº 13.586, de 28 de dezembro de 2017•:

♦ Lei nº 13.586/2017 (Dispõe sobre o tratamento tributário das atividades de exploração e de desenvolvimento de campo de petróleo ou de gás natural; institui regime tributário especial para as atividades de exploração, de desenvolvimento e de produção de petróleo, de gás natural e de outros hidrocarbonetos fluidos; altera as Leis nº 9.481, de 13 de agosto de 1997, e 12.973, de 13 de maio de 2014; e revoga dispositivo do Decreto-Lei nº 62, de 21 de novembro de 1966).

a) do art. 5º:

1. os incisos III e IV do § 1º; e

2. o § 5º ; e

b) do art. 6º:

1. os incisos III a VI do § 1º;

2. o inciso I do § 3º; e

3. o inciso I do § 9º;

LXV – o inciso II do § 12 do art. 11 da Lei nº 13.988, de 14 de abril de 2020;

LXVI – os incisos I e II do *caput* do art. 4º da Lei nº 14.148, de 3 de maio de 2021;

LXVII – os arts. 31 e 32 da Lei nº 14.193, de 6 de agosto de 2021;

LXVIII – os incisos III e IV do art. 13 da Lei nº 14.301, de 7 de janeiro de 2022;

LXIX – o art. 4º da Lei nº 14.374, de 21 de junho de 2022;

LXX – os arts. 9º a 9º-B da Lei Complementar nº 192, de 11 de março de 2022•; e

♦ Lei Complementar nº 192/2022 (Definição dos combustíveis para incidência única de ICMS, ainda que as operações se iniciem no exterior).

LXXI – os arts. 2º a 5º da Lei nº 14.592, de 30 de maio de 2023.

Art. 543. Ficam revogados a partir de 1º de janeiro de 2033:

I – o Decreto-lei nº 406, de 31 de dezembro de 1968•;

♦ Decreto-Lei nº 406/1968 (Normas gerais de direito financeiro, aplicáveis ao ICMS).

II – os seguintes dispositivos da Lei Complementar nº 24, de 7 de janeiro de 1975•:

♦ Lei Complementar nº 24/1975 (Convênios para isenções de ICMS).

a) os arts. 1º a 12; e

b) os arts. 14 e 15;

III – a Lei Complementar nº 87, de 13 de setembro de 1996•;

♦ Lei Complementar nº 87/1996 (Lei Kandir).

IV – a Lei Complementar nº 116, de 31 de julho de 2003•;

♦ Lei Complementar nº 116/2003 (Imposto sobre Serviços de qualquer Natureza da competência dos Municípios e Distrito Federal).

V – os seguintes dispositivos da Lei Complementar nº 123, de 2006•:

♦ Lei Complementar nº 123/2006 (Estatuto Nacional da Microempresa e da Empresa de Pequeno Porte).

a) do art. 13:

1. os incisos VII e VIII do *caput*;

2. os incisos XIII e XIV do § 1º; e

3. o inciso II do § 6º;

b) do art. 18:

1. o § 5º-E;

2. os §§ 14, 17, 17-A, 22-A e 23;

c) a alínea "e" do inciso V do § 3º do art. 18-A;

d) os §§ 4º e § 4º-A do art. 21;

e) o art. 21-B;

f) os incisos I e II do *caput* do art. 22;

g) o § 5º do art. 23;

h) os §§ 12 a 14 do art. 26;

i) o inciso V do § 5º do art. 41;

j) inciso II do § 4º do art. 65;

VI – a Lei Complementar nº 160, de 7 de agosto de 2017•; e

♦ Lei Complementar nº 160/2017 (Convênio para remissão de créditos tributários).

VII – a Lei Complementar nº 192, de 11 de março de 2022•.

♦ Lei Complementar nº 192/2022 (Definição dos combustíveis para incidência única de ICMS, ainda que as operações se iniciem no exterior).

Art. 544. Esta Lei Complementar entra em vigor na data de sua publicação, produzindo efeitos:

I – a partir do primeiro dia do quarto mês subsequente ao da sua publicação, em relação aos arts. 537 a 540;

II – a partir de 1º de janeiro de 2025, em relação aos arts. 35, 58, *caput*, 60, § 3º, 62, 266, 317, 403, 480 a 484, 516 e 541;

III – a partir de 1º de janeiro de 2027, em relação aos arts. 450, exceto os §§ 1º e 5º, 461, 467, 499, 500, 502, 504 a 507, 509 a 515, 517, 519 a 534 e 542;

IV – a partir de 1º de janeiro de 2029, em relação aos arts. 446, 447, 449, 450, §§ 1º e 5º, 464, 465 e 474;

V – a partir de 1º de janeiro de 2033, em relação aos arts. 518 e 543; e

VI – a partir de 1º de janeiro de 2026, em relação aos demais dispositivos.

Brasília, 16 de janeiro de 2025; 204º da Independência e 137º da República.

Luiz Inácio Lula da Silva

DOU de 17.1.2025
Republicação DOU de 23.1.2025

ANEXO I
PRODUTOS DESTINADOS À ALIMENTAÇÃO HUMANA SUBMETIDOS À REDUÇÃO A ZERO DAS ALÍQUOTAS DO IBS E DA CBS (EXCLUSIVE PRODUTOS HORTÍCOLAS, FRUTAS E OVOS, RELACIONADOS NO ANEXO XV)

ITEM	DESCRIÇÃO DO PRODUTO
1	Arroz das subposições 1006.20 e 1006.30 e do código 1006.40.00 da NCM/SH
2	Leite, em conformidade com os requisitos da legislação específica relativos ao consumo direto pela população, classificado nos códigos 0401.10.10, 0401.10.90, 0401.20.10, 0401.20.90, 0401.40.10 e 0401.50.10 da NCM/SH
3	Leite em pó, em conformidade com os requisitos da legislação específica, classificado nos códigos 0402.10.10, 0402.10.90, 0402.21.10, 0402.21.20, 0402.29.10 e 0402.29.20 da NCM/SH
4	Fórmulas infantis, em conformidade com os requisitos da legislação específica, classificadas nos códigos 1901.10.10, 1901.10.90 e 2106.90.90 da NCM/SH

5	Manteiga do código 0405.10.00 da NCM/SH
6	Margarina do código 1517.10.00 da NCM/SH
7	Feijões dos códigos 0713.33.19, 0713.33.29, 0713.33.99 e 0713.35.90 da NCM/SH
8	Café da posição 09.01 e da subposição 2101.1, ambos da NCM/SH
9	Óleo de babaçu do código 1513.21.20 da NCM/SH, em conformidade com os requisitos da legislação específica relativos ao consumo como alimento
10	Farinha de mandioca classificada no código 1106.20.00 da NCM/SH e tapioca e seus sucedâneos do código 1903.00.00 da NCM/SH
11	Farinha, grumos e sêmolas, de milho, dos códigos 1102.20.00 e 1103.13.00 da NCM
12	Grãos de milho classificados no código 1104.19.00 e do código 1104.23.00 da NCM/SH
13	Farinha de trigo do código 1101.00.10 da NCM/SH
14	Açúcar classificado nos códigos 1701.14.00 e 1701.99.00 da NCM/SH
15	Massas alimentícias da subposição 1902.1 da NCM/SH
16	Pão comumente denominado pão francês, de formato cilíndrico e alongado, com miolo branco creme e macio, e casca dourada e crocante, elaborado a partir da mistura ou pré-mistura de farinha de trigo, fermento biológico, água, sal, açúcar, aditivos alimentares e produtos de fortificação de farinhas, em conformidade com a legislação vigente, classificado no código 1905.90.90 da NCM/SH e a pré-mistura ou massa, para preparação do pão comumente denominado pão francês, dos códigos 1901.20.10 e 1901.20.90 da NCM/SH
17	Grãos de aveia dos códigos 1104.12.00 e 1104.22.00 da NCM/SH
18	Farinha de aveia classificada no código 1102.90.00 da NCM/SH
19	Carnes bovina, suína, ovina, caprina e de aves e produtos de origem animal (exceto *foies gras*) dos seguintes códigos, subposições e posições da NCM/SH: a) 02.01, 02.02, 0206.10.00, 0206.2 e 0210.20.00; b) 02.03, 0206.30.00, 0206.4, 0209.10 e 0210.1; c) 02.04 e 0210.99.20, carne caprina classificada no código 0210.99.90 e miudezas comestíveis de ovinos e caprinos classificadas nos códigos 0206.80.00 e 0206.90.00; d) 02.07, 0209.90.00 e 0210.99.1, exceto os produtos dos códigos 0207.43.00 e 0207.53.00

20	Peixes e carnes de peixes (exceto salmonídeos, atuns, bacalhaus, hadoque, saithe e ovas e outros subprodutos) dos seguintes códigos, subposições e posições da NCM/SH: a) 03.02; exceto os produtos das subposições e dos códigos 0302.1, 0302.3, 0302.51.00, 0302.52.00, 0302.53.00 e 0302.9 da NCM/SH; b) 03.03; exceto os produtos das subposições e dos códigos 0303.1, 0303.4, 0303.63.00, 0303.64.00, 0303.65.00 e 0303.9 da NCM/SH; c) 03.04; exceto os salmonídeos, atuns, bacalhaus, hadoque e saithe classificados nas subposições 0304.4, 0304.5, 0304.7, 0304.8 e 0304.9 da NCM/SH
21	Queijos tipo mozarela, minas, prato, queijo de coalho, ricota, requeijão, queijo provolone, queijo parmesão, queijo fresco não maturado e queijo do reino classificados nos códigos 0406.10.10, 0406.10.90, 0406.20.00, 0406.90.10, 0406.90.20 e 0406.90.30 da NCM/SH
22	Sal em conformidade com os requisitos da legislação específica relativos ao teor de iodo enquadrado nos limites próprios para consumo humano classificado nos códigos 2501.00.20 e 2501.00.90 da NCM/SH
23	Mate da posição 09.03 da NCM/SH
24	Farinha com baixo teor de proteína para pessoas com aminoacidopatias, acidemias e defeitos do ciclo da uréia da NCM 1901.90.90
25	Massas com baixo teor de proteína para pessoas com aminoacidopatias, acidemias e defeitos do ciclo da uréia da NCM 1902.19.00
26	Fórmulas Dietoterápicas para Erros Inatos do Metabolismo da NCM 2106.9090

ANEXO II
SERVIÇOS DE EDUCAÇÃO SUBMETIDOS À REDUÇÃO DE 60% (SESSENTA POR CENTO) DAS ALÍQUOTAS DO IBS E DA CBS

ITEM	DESCRIÇÃO DO SERVIÇO	NBS
1	Ensino Infantil, inclusive creche e pré-escola	1.2201.1
2	Ensino Fundamental	1.2201.20.00
3	Ensino Médio	1.2201.30.00
4	Ensino Técnico de Nível Médio	1.2202.00.00
5	Ensino para jovens e adultos destinado àqueles que não tiveram acesso ou continuidade de estudos no ensino fundamental e médio na idade própria	1.2203

6	Ensino Superior, compreendidos os cursos e programas de graduação, pós-graduação, de extensão e cursos sequenciais	1.2204
7	Ensino de sistemas linguísticos de natureza visomotora e de escrita tátil	1.2205.13.00
8	Ensino de línguas nativas de povos originários	1.2205.13.00
9	Educação especial destinada a pessoas com deficiência, transtornos globais do desenvolvimento e altas habilidades ou superdotação, de modo isolado ou agregado a qualquer das etapas de educação tratadas neste Anexo	[–]

ANEXO III
SERVIÇOS DE SAÚDE SUBMETIDOS À REDUÇÃO DE 60% (SESSENTA POR CENTO) DAS ALÍQUOTAS DO IBS E DA CBS

ITEM	DESCRIÇÃO DO SERVIÇO	NBS
1	Serviços cirúrgicos	1.2301.11.00
2	Serviços ginecológicos e obstétricos	1.2301.12.00
3	Serviços psiquiátricos	1.2301.13.00
4	Serviços prestados em Unidades de Terapia Intensiva	1.2301.14.00
5	Serviços de atendimento de urgência	1.2301.15.00
6	Serviços hospitalares não classificados em subposições anteriores	1.2301.19.00
7	Serviços de clínica médica	1.2301.21.00
8	Serviços médicos especializados	1.2301.22.00
9	Serviços odontológicos	1.2301.23.00
10	Serviços de enfermagem	1.2301.91.00
11	Serviços de fisioterapia	1.2301.92.00
12	Serviços laboratoriais	1.2301.93.00
13	Serviços de diagnóstico por imagem	1.2301.94.00
14	Serviços de bancos de material biológico humano	1.2301.95.00
15	Serviços de ambulância	1.2301.96.00

16	Serviços de assistência ao parto e pós-parto	1.2301.97.00
17	Serviços de psicologia	1.2301.98.00
18	Serviços de vigilância sanitária	1.2301.99.00
19	Serviços de epidemiologia	1.2301.99.00
20	Serviços de vacinação	1.2301.99.00
21	Serviços de fonoaudiologia	1.2301.99.00
22	Serviços de nutrição	1.2301.99.00
23	Serviços de optometria	1.2301.99.00
24	Serviços de instrumentação cirúrgica	1.2301.99.00
25	Serviços de biomedicina	1.2301.99.00
26	Serviços farmacêuticos	1.2301.99.00
27	Serviços de cuidado e assistência a idosos e pessoas com deficiência em unidades de acolhimento	1.2302
28	Serviços domiciliares de apoio a pessoas adultas, idosas, crianças, adolescentes, pessoas com transtornos mentais e com deficiências	1.2301.99.00
29	Serviços de esterilização	1.2301.99.0
30	Serviços funerários, de cremação e de embalsamamento	1.2603.00.00

ANEXO IV
DISPOSITIVOS MÉDICOS SUBMETIDOS À REDUÇÃO DE 60% (SESSENTA POR CENTO) DAS ALÍQUOTAS DO IBS E DA CBS

ITEM	DESCRIÇÃO	NCM/SH
1	Bolsa para drenagem	3926.90.30
2	Sistema para drenagem com conjunto intermediário para medição contínua da diurese	9018.90.99
3	Chapas e filmes para raios-X, sensibilizados em uma face	3701.10.10
4	Cimentos para reconstituição óssea	3006.40.20

5	Substitutos de enxerto ósseo	3004.90.99
6	Coletor para unidade de drenagem externa	3926.90.40
7	Conector completo com tampa	3917.40
8	Conector em Y	3917.40
9	Conjuntos de troca e concentrados polieletrolíticos para diálise	3004.90.99
10	Conjunto para autotransfusão	9018.90.10
11	Conjunto para hidrocefalia de baixo perfil	9021.90.19
12	Conjunto para hidrocefalia *standard*	9021.90.19 9021.90.80
13	Eletrodo endocárdico definitivo	9021.90.91
14	Eletrodo epicárdico definitivo	9021.90.91
15	Eletrodo para marcapasso temporário endocárdico	9021.90.91
16	Eletrodo para marcapasso temporário epicárdico	9021.90.91
17	Espaçador de tendão	9021.90.19
18	Filmes especiais para raios-X sensibilizados em ambas as faces	3702.10.20
19	Filmes especiais para raios-X sensibilizados em uma face	3702.10.10
20	Filtro de linha arterial e venoso	8421.29.90
21	Filtro de sangue arterial e venoso para recirculação	8421.29.90
22	Filtro para cardioplegia	8421.29.90
23	Categutes esterilizados, materiais esterilizados semelhantes para suturas cirúrgicas (incluídos os fios absorvíveis esterilizados para cirurgia ou odontologia) e adesivos esterilizados para tecidos orgânicos, utilizados em cirurgia para fechar ferimentos; laminárias esterilizadas; hemostáticos absorvíveis esterilizados para cirurgia ou odontologia; barreiras antiaderentes esterilizadas para cirurgia ou odontologia, absorvíveis ou não	3006.10

24	Hemoconcentrador para circulação extracorpórea	9018.90.40
25	Hemodialisador capilar	8421.29.11
26	Marcapasso cardíaco câmara dupla	9021.50.00
27	Marcapasso cardíaco multiprogramável com telemetria	9021.50.00
28	Outras chapas e filmes para raios-X	3701.10.29
29	Oxigenador de bolha com tubos para circulação extracorpórea	9018.90.99
30	Oxigenador de membrana com tubos para circulação extracorpórea	9018.90.99
31	Reservatório de cardiotomia	9018.90.99
32	Reservatório para cardioplegia com tubo sem filtro	9018.90.99
33	Rins artificiais	9018.90.40
34	*Shunt* lombo-peritonal	9021.90.19
35	Substituto temporário de pele (biológica/sintética) (por cm²)	3005.90.90
36	Tela inorgânica	3006.10.90
37	Válvula para hidrocefalia	9021.90.19 9021.90.89
38	Válvula para tratamento de ascite	9021.90.19
39	Fonte de irídio 192	2844.43.90
40	*Stent* vascular	9021.90.12
41	Reprocessador de filtros utilizados em hemodiálise	8479.89.99
42	Implantes osseointegráveis, na forma de parafuso, e seus componentes manufaturados, tais como tampas de proteção, montadores, conjuntos, pilares (cicatrizador, conector, de transferência ou temporário), cilindros, seus acessórios, destinados a sustentar, amparar, acoplar ou fixar próteses dentárias	9021.29.00 9021.10.10 9021.10.20
43	Cardiodesfibrilador implantável	9021.90.11
44	Espiral para embolização	9021.90.12
45	Imunoglobulina anti-Rh	3002.12.21

46	Outras imunoglobulinas séricas	3002.12.22
47	Concentrado de fator VIII	3002.12.23
48	Outras frações do sangue, exceto as preparadas como medicamentos, as imunoglobulinas séricas, o concentrado de fator VIII e a soroalbumina sob a forma de gel para preparação de reagentes de diagnóstico	3002.12.21 3002.12.29
49	Reagentes de diagnóstico ou de laboratório em qualquer suporte e reagentes de diagnóstico ou de laboratório preparados, mesmo em um suporte, mesmo apresentados sob a forma de estojos, exceto os da posição 30.06; materiais de referência certificados	3822.1
50	Reagentes de diagnóstico concebidos para serem administrados ao paciente, à base de somatoliberina	3006.30.21
51	Produtos para obturação dentária, exceto cimentos	3006.40.12
52	Preparações em gel, concebidas para uso em medicina humana ou veterinária como lubrificante para certas partes do corpo em intervenções cirúrgicas ou exames médicos ou como agente de ligação entre o corpo e os instrumentos médicos	3006.70.00
53	Bolsas para uso em colostomia, ileostomia e urostomia	3006.91.10
54	Equipamentos identificáveis para ostomia, exceto bolsas para uso em colostomia, ileostomia e urostomia	3006.91.90
55	Bolsas para uso em medicina (hemodiálise e usos semelhantes)	3926.90.30
56	Artigos exclusivamente de laboratório de análises clínicas	3926.90.40
57	Acessórios de plástico do tipo utilizado em linhas de sangue para hemodiálise, tais como: obturadores, incluídos os reguláveis (*clamps*), clipes e similares	3926.90.50
58	Luvas cirúrgicas e luvas de procedimento	4015.1
59	Seringas, mesmo com agulhas	9018.31
60	Agulhas tubulares de metal e agulhas para suturas	9018.32
61	Agulhas, exceto as de metal e as para suturas	9018.39.10

62	Sondas, cateteres e cânulas, individualmente ou em conjunto	9018.39.2
63	Lancetas para vacinação e cautérios	9018.39.30
64	Instrumentos semelhantes a seringas, a agulhas, a cateteres e a cânulas	9018.39.9
65	Brocas para odontologia	9018.49.1
66	Limas	9018.49.20
67	Grampos e clipes, seus aplicadores e extratores	9018.90.95
68	Outros instrumentos e aparelhos para medicina, cirurgia e odontologia, excluídas seringas e agulhas, das posições 9018.31 e 9018.32	9018.39.99 9018.90.99
69	Mesas de operação e para exames, camas hospitalares e de uso clínico	9402.90
70	Fotocoagulador a *laser*	9018.20.10
71	Bisturi elétrico	9018.90.21
72	Aparelho de anestesia com monitor multiparâmetros	9018.90.99
73	Autoclave	8419.81.10
74	Retinógrafo	9018.50.90
75	Meios de cultura	3821.00.00
76	Termocicladores utilizados em diagnóstico e na pesquisa científica	8419.89.99
77	Partes e peças de termocicladores	8419.90.40
78	Pipetadores laboratoriais para diagnóstico e pesquisa científica	8479.89.12
79	Cromatógrafo de fase líquida	9027.20.12
80	Sequenciadores automáticos de ADN mediante eletroforese capilar	9027.20.21
81	Aparelhos de eletroforese para diagnóstico e pesquisa científica	9027.20.29
82	Analisadores por espectrofotometria para diagnóstico e pesquisa científica	9027.30

83	Analisadores por fotometria para diagnóstico e pesquisa científica	9027.50.20
84	Citômetro de fluxo	9027.50.50
85	Analisadores por radiações ópticas para diagnóstico e pesquisa científica	9027.50.90
86	Outros analisadores para diagnóstico e pesquisa científica	9027.89.99
87	Espectrômetro de massa	9027.81.00
88	Outros analisadores para diagnóstico	9027.89.99
89	Micrótomo	9027.90.10
90	Partes e peças de equipamentos analisadores laboratoriais	9027.90.9
91	Preservativo	4014.10.00
92	Dispositivo intrauterino (DIU)	9018.90.99
93	Substância para conservação de órgãos e tecidos	3824.99.89
94	Introdutor de punção para implante de eletrodo endocárdico	9021.90.91
95	Enxerto tubular de politetrafluoretileno – PTFE (por cm²)	9021.90.99
96	Enxerto arterial e venoso tubular inorgânico	9021.90.99
97	Botão para crânio	9021.90.99
98	Guia metálico para introdução de cateter duplo lumen	9018.39.29
99	Dilatador para implante de cateter duplo lumen	9018.39.29
100	Guia de troca para angioplastia	9018.39.29
101	Introdutor para cateter com e sem válvula	9018.39.29
102	*Kit* cânula	9018.39.99
		9018.39.91
103	Dreno para sucção	9018.39.29
104	Sistema de drenagem mediastinal	9018.39.29
105	Conjunto descartável de balão intra-aórtico	9018.90.99

ANEXO V
DISPOSITIVOS DE ACESSIBILIDADE PRÓPRIOS PARA PESSOAS COM DEFICIÊNCIA SUBMETIDOS À REDUÇÃO DE 60% (SESSENTA POR CENTO) DAS ALÍQUOTAS DO IBS E DA CBS

ITEM	DESCRIÇÃO	NCM/SH
1	ACESSÓRIOS E ADAPTAÇÕES ESPECIAIS PARA SEREM INSTALADOS EM VEÍCULOS AUTOMOTORES PERTENCENTES OU QUE FOREM DESTINADOS A PESSOAS COM DEFICIÊNCIA FÍSICA	
1.1	Comando de embreagem manual, suas partes e acessórios	8708.99.10
1.2	Comando de freio manual, suas partes e acessórios	8708.99.10
1.3	Comando de acelerador manual, suas partes e acessórios	8708.99.10
1.4	Inversão do pedal do acelerador, suas partes e acessórios	8708.99.10
1.5	Prolongamento de pedais, suas partes e acessórios	8708.99.10
1.6	Empunhadura, suas partes e acessórios	8708.29.99
1.7	Servo acionadores de volante, suas partes e acessórios	8708.99.10
1.8	Deslocamento de comandos do painel, suas partes e acessórios	8708.29.99
1.9	Plataforma giratória para deslocamento giratório do assento de veículo, suas partes e acessórios	8708.29.99
1.10	Trilho elétrico para deslocamento do assento dianteiro para outra parte do interior do veículo, suas partes e acessórios	8708.29.99
1.11	Plataforma de elevação para cadeira de rodas, manual, eletro-hidráulica ou eletromecânica	8428.90.90
1.12	Rampa para cadeira de rodas, suas partes e acessórios	8708.29.99
1.13	Guincho para transportar cadeira de rodas	8425.31.10
2	PRODUTOS DESTINADOS A USO DE PESSOA COM DEFICIÊNCIA VISUAL	
2.1	Bengala inteiriça, dobrável ou telescópica, com ponteira de náilon	6602.00.00

2.2	Relógio em *braille*, com sintetizador de voz e mostrador ampliado	9102.11.10 9102.11.90 9102.91.00
2.3	Termômetro digital com sistema de voz	9025.19.90
2.4	Calculadora digital com sistema de voz, com verbalização dos ajustes de minutos e horas, tanto no modo horário, como no modo alarme, e comunicação por voz dos dígitos de cálculo e resultados	8470.10.00 8470.29.00
2.5	Agenda eletrônica com teclado em *braille*, com ou sem sintetizador de voz	8543.70.99
2.6	Reglete para escrita em *braille*	9017.20.00
2.7	*Display braille* e teclado em *Braille* para uso em microcomputador, com sistema interativo para introdução e leitura de dados por meio de tabelas de caracteres *Braille*	8471.60.90
2.8	Máquina de escrever para escrita em *braille*, manual ou elétrica, com teclado de datilografia comum ou na formação *Braille*	8472.90.99
2.9	Impressora de caracteres em *braille* para uso com microcomputadores, com sistema de folha solta ou dois lados da folha, com ou sem sistema de comando de voz ou sistema acústico	8443.32.22
2.10	Equipamento sintetizador para reprodução em voz de sinais gerados por microcomputadores, permitida a leitura de dados de arquivos, de uso interno ou externo, com padrão de protocolo SSIL de interface com *softwares* leitores de tela	8471.80.00
3	PRODUTOS DESTINADOS AO USO DE PESSOAS COM DEFICIÊNCIA AUDITIVA	
3.1	Aparelho telefônico com teclado alfanumérico e visor luminoso, com ou sem impressora embutida, que permite converter sinais transmitidos por sistema telefônico em caracteres e símbolos	8517.1
3.2	Relógio despertador vibratório e/ou luminoso	9103.10.00 9105.11.00
3.3	Unidades de entrada de dados tipo *mouse* controláveis pelo movimento dos olhos para deficientes	8471.60.53

ANEXO VI
COMPOSIÇÕES PARA NUTRIÇÃO ENTERAL OU PARENTERAL E COMPOSIÇÕES ESPECIAIS E FÓRMULAS NUTRICIONAIS DESTINADAS ÀS PESSOAS COM ERROS INATOS DO METABOLISMO SUBMETIDAS À REDUÇÃO DE 60% (SESSENTA POR CENTO) DAS ALÍQUOTAS DO IBS E DA CBS

ITEM	DESCRIÇÃO	NCM/SH
1	Acetato de dextroalfatocoferol	2936.28.12
2	Acetato de lisina	2922.41.90
3	Acetato de potássio	2915.29.90
4	Acetato de sódio	2915.29.10
5	Acetato de zinco	2915.29.90
6	Acetiltirosina	2922.50.39
7	Ácido acético	2915.21.00
8	Ácido ascórbico	2936.27.10
9	Ácido aspártico	2922.49.90
10	Ácido cítrico	2918.14.00
11	Ácido fólico	2936.29.11
12	Ácido glutâmico	2922.42.10
13	Ácido málico	2918.19.90
14	Ácido selenioso	2811.19.90
15	Água para injeção	2002.10.00
16	Alanilglutamina	2922.49.90
17	Alanina	2922.49.90
18	Albumina humana	3002.12.36
19	Arginina	2925.29.19
20	Asparagina	2922.49.90
21	Bicarbonato de sódio	2836.30.00
22	Biotina	2936.29.31
23	Cianocobalamina	2936.26.10

24	Cistina	2930.90.39
25	Cloreto crômico	2827.39.93
26	Cloreto de cálcio	2827.20.10 2827.20.90
27	Cloreto de magnésio	2827.31.10 2827.31.90
28	Cloreto de manganês	2827.39.95
29	Cloreto de potássio	3104.20.10 3104.20.90
30	Cloreto de sódio	2501.00.90
31	Cloreto de zinco	2827.39.98
32	Cloridrato de piridoxina	2936.25.20
33	Cloridrato de tiamina	2936.22.10
34	Cocarboxilase	2936.22.90
35	Colecalciferol	2936.29.21
36	Ergocalciferol	2936.29.29
37	Fenilalanina	2922.49.90
38	Fitomenadiona	2936.29.40
39	Fórmula para dieta isenta de fenilalanina	2106.90.90
40	Fórmula para dieta isenta demetionina♦ ♦ Publicação oficial: "demetionina". Entendemos que seria: "de metionina". (N.E.)	2106.90.90
41	Fórmula para dieta isenta de lisina e pobre de triptofano	2106.90.90
42	Fórmula para dieta isenta de leucina, de isoleucina ou de valina	2106.90.90
43	Fórmula para dieta isenta de fenilalanina e de metionina	2106.90.90
44	Fórmula para dieta isenta de aminoácidos não essenciais	2106.90.90
45	Fórmula para dieta isenta de metionina, de treonina, de valina e restrita de isoleucina	2106.90.90

46	Fórmula para dieta cetogênica, na proporção de 4 g de gordura para cada 1 g de carboidratos e proteínas	2106.90.90
47	Fórmula hiperlipídica, para suplementação de triglicerídios de cadeia média ou triheptanoína	2202.99.00
48	Preparação líquida, de quatro partes de trioleato de glicerol de ácido para uma parte de trierucato de glicerol	2202.99.00
49	Fosfato de potássio dibásico	2835.24.00
50	Fosfato de potássio monobásico	2835.24.00
51	Fosfato de sódio monobásico	2835.22.00
52	Fosfato de tiamina	2936.22.90
53	Fosfato sódico de riboflavina	2936.23.20
54	Frutose	1702.50.00
55	Glicerofosfato de sódio	2919.90.90
56	Glicina	2922.49.10
57	Gliconato de cálcio	2918.16.10
58	Glicose	1702.30.11
59	Histidina	2933.29.92
60	Icodextrina	3505.10.00
61	Iodeto de potássio	2827.60.12
62	Isoleucina	2922.49.90
63	Lecitina de ovo	2923.20.00
64	Leucina	2922.49.90
65	Levovalina	2922.49.90
66	Lisina	2922.41.10
67	Metionina	2930.40.10
		2930.40.90
68	Nicotinamida	2936.29.52
69	Palmitato de retinol	2936.21.13
70	Prolina	2922.49.90
71	Riboflavina	2936.23.10

72	Selenito de sódio	2842.90.00
73	Serina	2922.50.99
74	Sorbitol	2905.44.00
75	Sulfato de magnésio	2833.21.00
76	Sulfato de zinco	2833.29.70
77	Taurina	2922.49.90
78	Tirosina	2922.50.39
79	Tocoferol	2936.28.11
80	Treonina	2922.50.99
81	Triglicerídeos de cadeia média	1513.19.00 1513.29.11

ANEXO VII
ALIMENTOS DESTINADOS AO CONSUMO HUMANO SUBMETIDOS À REDUÇÃO DE 60% (SESSENTA POR CENTO) DAS ALÍQUOTAS DO IBS E DA CBS

ITEM	DESCRIÇÃO DO PRODUTO
1	Crustáceos (exceto lagostas e lagostim) e moluscos dos seguintes códigos e subposições da NCM/SH: a) 0306.1 e 0306.3, exceto os produtos da subposição 0306.11 e dos códigos 0306.15.00, 0306.31.00, 0306.34.00, 0306.39.10; e b) 0307.31.00, 0307.32.00, 0307.42.00, 0307.43, 0307.51.00, 0307.52.00, 0307.91.00 e 0307.92.00
2	Leite fermentado, bebidas e compostos lácteos, em conformidade com os requisitos da legislação específica, classificados nos códigos 0403.20.00, 0403.90.00 e 2202.99.00 da NCM/SH
3	Mel natural do código 0409.00.00 da NCM/SH
4	Farinha das posições 1101.00, 11.02, 11.05, 11.06 e 12.08 da NCM/SH; ressalvados os produtos relacionados no Anexo I
5	Grumos e sêmolas de cereais dos códigos 1103.11.00 e 1103.19.00 da NCM/SH; ressalvados os produtos relacionados no Anexo I
6	Grãos de cereais das subposições 1104.1 e 1104.2 da NCM/SH; ressalvados os produtos relacionados no Anexo I
7	Amido de milho do código 1108.12.00 da NCM/SH

8	Óleos de soja, de milho, canola e demais óleos vegetais, em conformidade com os requisitos da legislação específica relativos ao consumo como alimento, classificados na subposição 1507.90 e nas posições 15.08, 15.11, 15.12, 15.13, 15.14 e 15.15 da NCM/SH
9	Massas alimentícias dos códigos 1902.20.00 e 1902.30.00 da NCM/SH
10	Sucos naturais de fruta ou de produtos hortícolas sem adição de açúcar ou de outros edulcorantes e sem conservantes classificados na posição 20.09 da NCM/SH
11	Polpas de frutas ou de produtos hortícolas sem adição de açúcar ou de outros edulcorantes e sem conservantes classificadas na posição 20.08 da NCM/SH
12	Pão de Forma do código 1905.90.10 da NCM/SH
13	Extrato de tomate classificado no código 2002.90.00 da NCM/SH
14	Frutas, produtos hortícolas e demais produtos vegetais, sem adição de açúcar ou de outros edulcorantes, classificados nos capítulos 7 e 8 da NCM/SH, ressalvados as frutas de casca rija não regionais e os produtos relacionados nos Anexos I e XV e excetuadas as posições 07.11, 08.12 e 0814.00.00
15	Cereais do capítulo 10 e sementes e frutos oleaginosos classificados no capítulo 12, ambos da NCM/SH, ressalvados os produtos relacionados no Anexo I
16	Produtos hortícolas, mesmo misturados entre si, apenas pré-cozidos ou cozidos em água ou vapor, sem adição de sal ou de quaisquer outros produtos e substâncias, classificados nas posições 20.04 e 20.05 e no código 2002.10.00 da NCM/SH
17	Fruta de casca rija regional, amendoins e outras sementes, mesmo misturados entre si, apenas torrados ou cozidos, sem adição de sal ou de quaisquer outros produtos e substâncias, classificados na subposição 2008.1 da NCM/SH

ANEXO VIII
PRODUTOS DE HIGIENE PESSOAL E LIMPEZA MAJORITARIAMENTE CONSUMIDOS POR FAMÍLIAS DE BAIXA RENDA SUBMETIDOS À REDUÇÃO DE 60% (SESSENTA POR CENTO) DAS ALÍQUOTAS DO IBS E DA CBS

ITEM	DESCRIÇÃO DO PRODUTO
1	Sabões de toucador classificados no código 3401.11.90 da NCM/SH
2	Dentifrícios do código 3306.10.00 da NCM/SH
3	Escovas de dentes do código 9603.21.00 da NCM/SH

4	Papel higiênico do código 4818.10.00 da NCM/SH
5	Água sanitária classificada no código 3808.94.19 da NCM/SH
6	Sabões em barra classificados no código 3401.19.00 da NCM/SH
7	Fraldas e artigos higiênicos semelhantes, de qualquer matéria classificadas no código 9619.00.00 da NCM/SH

ANEXO IX
INSUMOS AGROPECUÁRIOS E AQUÍCOLAS SUBMETIDOS À REDUÇÃO DE 60% (SESSENTA POR CENTO) DAS ALÍQUOTAS DO IBS E DA CBS

ITEM	DESCRIÇÃO	NBS / NCM/SH
1	Biofertilizantes, em conformidade com as definições e demais requisitos da legislação específica	3101.00.00
2	Fertilizantes (adubos), em conformidade com as definições e demais requisitos da legislação específica	Capítulo 31
		3824.99.77
		3824.99.79
		3824.99.89
3	Corretivos de solo (inclusive condicionadores), remineralizadores e substratos para plantas; em conformidade com as definições e demais requisitos da legislação específica	Capítulo 25
4	Inoculantes, meios de cultura e outros microorganismos para uso agrícola; em conformidade com as definições e demais requisitos da legislação específica	3002.49
		3002.90.00
		3821.00.00
5	Bioestimulantes e bioinsumos para controle fitossanitário, em conformidade com as definições e demais requisitos da legislação específica	38.24
		3807.00.00
		12.11
		38.08
6	Inseticidas, fungicidas, formicidas, herbicidas, parasiticidas, germicidas, acaricidas, nematicidas, raticidas, desfolhantes, dessecantes, espalhantes adesivos, estimuladores e inibidores de crescimento (reguladores); todos destinados diretamente ao uso agropecuário ou destinados diretamente à fabricação de defensivo agropecuário; em conformidade com as definições e demais requisitos da legislação específica	38.08
		3824.99.89

7	Calcário, casca de coco triturada, turfa; tortas, bagaços e demais resíduos e desperdícios vegetais das indústrias alimentares; cascas, serragens e demais resíduos e desperdícios de madeira; resíduos da indústria de celulose (dregs e grits), ossos, borra de carnaúba, cinzas, resíduos agroindustriais orgânicos, DL-Metionina e seus análogos, vermiculita e argilas expandidas, palhas e cascas de produtos vegetais, fibra de coco e outras fibras vegetais, silicatos de potássio ou de magnésio, resinas e oleorresinas naturais, sucos e extratos vegetais, aminoácidos e microrganismos mortos, óleos essenciais, argilas e terras, carvão vegetal e pastas mecânicas de madeira; todos destinados diretamente à fabricação de biofertilizantes, fertilizantes, corretivos de solo (inclusive condicionadores), remineralizadores, substratos para plantas, bioestimulantes ou biodefensivos para controle fitossanitário ou utilizados diretamente como biofertilizantes, fertilizantes, corretivos de solo (inclusive condicionadores), remineralizadores, substratos para plantas, bioestimulantes ou biodefensivos para controle fitossanitário; em conformidade com as definições e demais requisitos da legislação específica	05.06 1201.10.00 1213.00.00 1301.90.90 1302.19.9 1401.90.00 1404.90.90 2102.20.00 23.02 23.03 2304.00 2305.00.00 23.06 2308.00.00 2703.00.00 2839.90.10 2839.90.50 2922.4 2930.40 33.01 3802.90.40 3804.00 3824.99.71 4401.39.00 4401.4 4402.90.00 4701.00.00 5305.00.90 6806.20.00

8	Ácido nítrico, ácido sulfúrico, ácido fosfórico, fosfatos de cálcio naturais, enxofre, ácido clorídrico, ácido fosforoso, ácido acético, hidróxido de sódio e carbonato dissódico; todos destinados diretamente à fabricação de fertilizantes	2503.00.10
		2503.00.90
		2510.10.10
		2510.10.90
		2510.20.10
		2510.20.90
		2802.00.00
		2806.10.20
		2807.00.10
		2808.00.10
		2809.20.11
		2809.20.19
		2811.19.20
		2815.11.00
		2815.12.00
		2836.20.10
		2836.20.90
		2915.21.00
9	Enzimas preparadas para decomposição de matéria orgânica animal e vegetal	3507.90.4
10	Semente genética, semente básica, semente nativa *in natura*, semente certificada de primeira geração (C1), semente certificada de segunda geração (C2), semente não certificada de primeira geração (S1), semente não certificada de segunda geração (S2) e sementes de cultivar local, tradicional ou crioula; em conformidade com as definições e demais requisitos da legislação específica	Capítulos 7, 10 e 12
11	Mudas de plantas e demais materiais propagativos de plantas e fungos, inclusive plantas e fungos nativos de espécies florestais; em conformidade com as definições e demais requisitos da legislação específica	06.01
		06.02

12	Vacinas, soros e medicamentos, de uso veterinário, exceto de animais domésticos	3002.12 3002.15 3002.42 3002.90.00 30.04
13	Aves de um dia, exceto as ornamentais	0105.1
14	Embriões e sêmen, congelado ou resfriado	0511.10.00 0511.9
15	Reprodutores de raça pura, inclusive matrizes de animais puros de origem com registro genealógico; em conformidade com as definições e demais requisitos da legislação específica	01.02 01.03 01.04
16	Ovos fertilizados	0407.1
17	Girinos e alevinos	0106.90.00
18	Rações para animais, concentrados, suplementos, aditivos, premix ou núcleo, exceto para animais domésticos	2309.90
19	Sementes e cereais, mesmo triturados, em grãos esmagados ou trabalhados de outro modo; todos destinados diretamente à fabricação de ração para animais ou diretamente à alimentação animal, exceto de animais domésticos	Capítulos 10, 11 e 12
20	Farelos e tortas de produtos vegetais e demais resíduos e desperdícios das indústrias alimentares; todos destinados diretamente à fabricação de ração para animais ou diretamente à alimentação animal, exceto de animais domésticos	23.01 23.02 23.03 2304.00 2305.00.00 23.06 2308.00.00

21	Alho em pó, sal mineralizado, farinhas de peixe, de ostra, de carne, de osso, de pena, de sangue e de víscera, calcário calcítico, gorduras e óleos animais, resíduos de óleo e de gordura de origem animal ou vegetal descartados por empresas do ramo alimentício, e DL-Metionina e seus análogos; todos destinados diretamente à fabricação de ração para animais ou diretamente à alimentação animal, exceto de animais domésticos	02.10 03.09 0712.90.10 Capítulo 15 2501.00 2521.00.00 2930.40
22	Serviços agronômicos	1.1410.90.00
23	Serviços de técnico agrícola, agropecuário ou em agroecologia	1.1410.90.00
24	Serviços veterinários para produção animal	1.1405.21.00 1.1405.22.00 1.1405.90.00
25	Serviços de zootecnistas	1.1410.90.00
26	Serviços de inseminação e fertilização de animais de criação	1.1405.22.00
27	Serviços de engenharia florestal	1.1403.10.00
28	Serviços de pulverização e controle de pragas	1.1901.10.00
29	Serviços de semeadura, adubação, inclusive mistura de adubos, reparação de solo, plantio e colheita	1.1901.10.00
30	Serviços de projetos para irrigação e fertirrigação	1.1403.29.00
31	Serviços de análise laboratorial de solos, sementes e outros materiais propagativos, fitossanitários, água de produção, bromatologia e sanidade animal	1.1404.41.00
32	Licenciamento de direitos sobre cultivares	1.1105.10.00
33	Cessão definitiva de direitos sobre cultivares	1.1109.10.00
34	Melhoramento genético de animais e plantas e biotecnologia, inclusive seus *royalties*	[-]
35	Vinhaça	2303.30.00 2303.20.00

ANEXO X
PRODUÇÕES NACIONAIS ARTÍSTICAS, CULTURAIS, DE EVENTOS, JORNALÍSTICAS E AUDIOVISUAIS SUBMETIDAS À REDUÇÃO DE 60% (SESSENTA POR CENTO) DAS ALÍQUOTAS DO IBS E DA CBS

ITEM	DESCRIÇÃO	NBS/NCM
1	Licenciamento de direitos de autor e de direitos conexos	1.1103
2	Licenciamento de direitos de obras literárias	1.1103.10.00
3	Licenciamento de direitos de autor de obras cinematográficas	1.1103.31.00
4	Licenciamento de direitos de autor de obras jornalísticas	1.1103.32.00
5	Licenciamento de direitos conexos de artistas intérpretes ou executantes em obras audiovisuais	1.1103.34.00
6	Licenciamento de direitos conexos de produtores de obras audiovisuais	1.1103.35.00
7	Licenciamento de direitos de obras audiovisuais destinadas à televisão	1.1103.36
8	Licenciamento de direitos de obras musicais e fonogramas	1.1103.4
9	Cessão temporária de direitos de obras literárias	1.1106.10.00
10	Cessão temporária de direitos de autor de obras cinematográficas	1.1106.31.00
11	Cessão temporária de direitos de autor de obras jornalísticas	1.1106.32.00
12	Cessão temporária de direitos conexos de artistas intérpretes ou executantes em obras audiovisuais	1.1106.34.00
13	Cessão temporária de direitos conexos de produtores de obras audiovisuais	1.1106.35.00
14	Cessão temporária de direitos de obras audiovisuais destinadas à televisão	1.1106.36
15	Cessão temporária de direitos de obras musicais e fonogramas	1.1106.4
16	Cessão definitiva de direitos de obras literárias	1.1107.10.00

17	Cessão definitiva de direitos de obras cinematográficas	1.1107.31.00
18	Cessão definitiva de direitos de obras jornalísticas	1.1107.32.00
19	Cessão definitiva de direitos de obras musicais e fonogramas	1.1107.40.00
20	Serviços de agências de notícias para jornais e periódicos	1.1704.10.00
21	Serviços de agências de notícias para mídia audiovisual	1.1704.20.00
22	Serviços de assistência e organização de convenções, feiras de negócios, exposições e outros eventos	1.1806.6
23	Serviços de gravação de som em estúdio destinados diretamente às produções nacionais artísticas, culturais e audiovisuais	1.2501.11.00
24	Serviços de gravação de som ao vivo destinados diretamente às produções nacionais artísticas, culturais e audiovisuais	1.2501.12.00
25	Serviços de produção de programas de televisão, videoteipes e filmes	1.2501.21.00
26	Serviços de produção de programas de rádio	1.2501.22.00
27	Serviços de edição de obras audiovisuais destinados diretamente às produções nacionais artísticas, culturais e audiovisuais	1.2501.31.00
28	Serviços de duplicação e transferência de obras audiovisuais destinados diretamente às produções nacionais artísticas, culturais e audiovisuais	1.2501.32.00
29	Serviços de correção de cor e restauração digital de obras audiovisuais destinados diretamente às produções nacionais artísticas, culturais e audiovisuais	1.2501.33.00
30	Serviços de efeitos visuais em obras audiovisuais destinados diretamente às produções nacionais artísticas, culturais e audiovisuais	1.2501.34.00
31	Serviços de animação destinados diretamente às produções nacionais artísticas, culturais e audiovisuais	1.2501.35.00
32	Serviços de legendas, títulos e dublagem em obras audiovisuais destinados diretamente às produções nacionais artísticas, culturais e audiovisuais	1.2501.36.00

33	Serviços de projeto e edição de som em obras audiovisuais destinados diretamente às produções nacionais artísticas, culturais e audiovisuais	1.2501.37.00
34	Serviços de projeção de filmes	1.2501.50.00
35	Serviços de produção audiovisual, de apoio e relacionados não classificados em subposições anteriores	1.2501.90.00
36	Serviços de organização e promoção de atuações artísticas ao vivo	1.2502.10.00
37	Serviços de produção e apresentação de atuações artísticas ao vivo, inclusive os ingressos relativos a estes serviços	1.2502.20.00
38	Serviços de atuação artística	1.2503.10.00
39	Serviços de autores, compositores, escultores, pintores e outros artistas, exceto os de atuação artística	1.2503.20.00
40	Serviços de museus, inclusive serviços relativos a mostras e coleções de arte	1.2504.11.00
41	Serviços de reservas de ingressos para eventos de produções nacionais artísticas, culturais e audiovisuais	1.1805.32.00
42	Fotografias artísticas originais	4911.91.00
43	Quadros, pinturas e desenhos, artísticos originais	9701.91.00
44	Gravuras, estampas e litografias, artísticas originais	9702.90.00
45	Produções originais de arte estatutária ou de escultura	9703.90.00
46	Licenciamento de direitos conexos de artistas intérpretes ou executantes	1.1103.42.00
47	Cessão temporária de direitos de autor e de direitos conexos	1.1106
48	Cessão temporária de direitos conexos de artistas intérpretes ou executantes	1.1106.42.00
49	Licenciamento de direitos de autor de obras teatrais	[–]
50	Licenciamento de direitos conexos de produtores de obras teatrais	[–]
51	Licenciamento de direitos conexos de artistas intérpretes ou executantes em obras teatrais	[–]

52	Cessão temporária de direitos de autor de obras teatrais	[-]
53	Cessão temporária de direitos conexos de artistas intérpretes ou executantes em obras teatrais	[-]
54	Cessão temporária de direitos conexos de produtores intérpretes ou executantes em obras teatrais	[-]
55	Serviços de sonorização, iluminação, figurino, videografia e cenografia para atuações artísticas ao vivo, destinados às produções de que trata o art. 139 desta Lei Complementar	1.2502.30.00
56	Serviços de locação, montagem e desmontagem de palcos, destinados às produções de que trata o art. 139 desta Lei Complementar	1.0105.70.00
57	Serviços de apresentação e promoção de atuações artísticas, inclusive gestão de espaços destinados a apresentações de exposições de artes cênicas, espetáculos e demais produções de que trata o art. 139 desta Lei Complementar	1.2502.90.00

ANEXO XI
BENS E SERVIÇOS RELACIONADOS À SOBERANIA E À SEGURANÇA NACIONAL, À SEGURANÇA DA INFORMAÇÃO E À SEGURANÇA CIBERNÉTICA SUBMETIDOS À REDUÇÃO DE 60% (SESSENTA POR CENTO) DAS ALÍQUOTAS DO IBS E DA CBS

ITEM	DESCRIÇÃO	NBS / NCM/SH
1	SERVIÇOS RELACIONADOS À SOBERANIA E À SEGURANÇA NACIONAL, À SEGURANÇA DA INFORMAÇÃO E À SEGURANÇA CIBERNÉTICA	
1.1	Segurança em Tecnologia da Informação (TI)	1.1501.20.00
1.2	Serviços de projeto e desenvolvimento de aplicativos e programas em Tecnologia da Informação (TI) não classificados em subposições anteriores	1.1502.90.00
1.3	Serviços de Tecnologia da Informação (TI) não classificados em subposições anteriores	1.1510.00.00
1.4	(Vetado)	1.1802.90.00
1.5	(Vetado)	1.1802.30.00

1.6	Serviço de localização de dispositivo perdido ou furtado, para proteção de informações pessoais	pendente de classificação
1.7	Serviço de bloqueio de dispositivo perdido ou furtado, para proteção de informações pessoais	pendente de classificação
1.8	(Vetado)	pendente de classificação
1.9	(Vetado)	pendente de classificação
1.10	Serviço de monitoramento de uso de dados pessoais e corporativos em redes do tipo onion	pendente de classificação
1.11	Serviço de conexão protegida e criptografada para dispositivos	pendente de classificação
1.12	Identificação e alerta de arquivos maliciosos ou alterações indevidas em dispositivos, que permitam o acesso a informações	pendente de classificação
1.13	Serviços de manutenção e reparação de veículos militares para uso pela segurança nacional	1.2001.35.00
1.14	Serviços de manutenção e reparação de equipamentos militares para uso pela segurança nacional	1.2001.83.00
2	BENS RELACIONADOS À SOBERANIA E À SEGURANÇA NACIONAL, À SEGURANÇA DA INFORMAÇÃO E À SEGURANÇA CIBERNÉTICA	
2.1	Viatura operacional militar e também suas partes e peças	8709
2.2	Carro blindado e carro de combate, terrestre ou anfíbio, sobre lagartas ou rodas, com ou sem armamento e também suas partes e peças	8710.00.00
2.3	Outros veículos de qualquer tipo, para uso pelos órgãos de Segurança Pública e das Forças Armadas, com especificação própria dos Órgãos Militares e de Segurança Pública e também suas partes e peças	8709
2.4	Simuladores de veículos militares	9031.80.99
2.5	Tratores de baixa ou de alta velocidades, para uso pelos órgãos de Segurança Pública e das Forças Armadas, sobre lagartas ou rodas, destinados às unidades de engenharia ou de artilharia, para obras ou para rebocar equipamentos pesados e também suas partes e peças	8701

2.6	Radares para uso militar	8526.10.00
2.7	Foguetes para uso militar	9301.20.00
2.8	Explosivos de emprego militar	3602.00.00
		9306
2.9	Optrônicos	8525.89.29
2.10	Rações operacionais	2106.90.30
2.11	Minas marítimas	9306
2.12	Cartuchos de munição naval e de artilharia e seus componentes (projétil, estojo, estopilha, espoleta, traçador, pólvora e alto-explosivo), de calibre igual ou superior a 40 mm de diâmetro interno de tubo da arma	9306.2
2.13	Bombas, torpedos, minas, mísseis, foguetes e seus componentes	9306
2.14	Aeronaves, inclusive Veículo Aéreo Não Tripulado (VANT) para uso pela segurança nacional e também suas partes e peças	8802
		8806
2.15	Veículos espaciais para uso pela segurança nacional	8802.60.00
2.16	Paraquedas para uso pela segurança nacional	8804.00.00
2.17	Aparelhos e dispositivos para lançamento e aterrissagem de veículos aéreos e espaciais para uso pela segurança nacional	8805.10.00
2.18	Simuladores de voo e similares para uso pela segurança nacional	8805.21.00
2.19	Equipamentos de apoio no solo para uso pela segurança nacional	8805
2.20	Equipamentos de auxílio à comunicação, navegação e controle de tráfego aéreo para uso pela segurança nacional	9014.20
2.21	Embarcações construídas no País suas peças, partes e componentes utilizados no reparo, conserto e reconstrução de embarcações	8901.20.00
		8906.10.00
2.22	Dispositivos destinados a prover a segurança da informação do tipo Prevenção de Intrusão (IPS)	8517.62.59
2.23	Dispositivos destinados a prover a segurança da informação do tipo de Detecção de Intrusão (IDS)	8517.62.59

2.24	Dispositivos de Autenticação (*tokens*, leitores biométricos) que garantam a segurança da informação/cibernética	8523.52 8471.90.14
2.25	Equipamentos para criptografia para a segurança da informação/cibernética	8471.50.90
2.26	*Firewalls* para a segurança da informação/cibernética	8517.62.59 8471.49.00
2.27	*Switches* e roteadores seguros para a segurança da informação/cibernética	8517.62.34 8517.62.4
2.28	Dispositivos de comunicação criptografada para a segurança da informação/cibernética	8517.62.7
2.29	Unidades de armazenamento criptografadas para a segurança da informação/cibernética	8523.51
2.30	Servidores de armazenamento seguro para a segurança da informação/cibernética	8523.51

ANEXO XII
DISPOSITIVOS MÉDICOS SUBMETIDOS À REDUÇÃO A ZERO DAS ALÍQUOTAS DO IBS E DA CBS

ITEM	DESCRIÇÃO	NCM/SH
1	Aparelhos de eletrodiagnóstico (incluídos os aparelhos de exploração funcional e os de verificação de parâmetros fisiológicos)	
1.1	Eletrocardiógrafos	9018.11.00
1.2	Eletroencefalógrafos	9018.19.80
1.3	Aparelhos de eletrodiagnóstico, exceto os produtos classificados nos códigos 9018.11.00, 9018.12.10, 9018.12.90, 9018.13.00, 9018.14.10, 9018.14.20, 9018.14.90, 9018.19.10 e 9018.19.20	9018.19.80
2	Aparelhos de raios ultravioleta ou infravermelhos	9018.20
3	Artigos e aparelhos ortopédicos	9021.10.10
4	Artigos e aparelhos para fraturas	9021.10.20
5	Artigos e aparelhos de prótese, exceto os dentários e os produtos classificados nos códigos 9021.39.91 e 9021.39.99	9021.3

6	Tomógrafo computadorizado	9022.12.00
7	Aparelhos de raio X, móveis, exceto os produtos classificados no código 9022.19.91	9022.13
		9022.14
		9022.19
8	Aparelho de radiocobalto (bomba de cobalto)	9022.21.10
9	Aparelho de crioterapia	9018.90.99
10	Aparelho de gamaterapia	9022.21.20
11	Aparelhos que utilizem radiações alfa, beta, gama ou outras radiações ionizantes, para usos médicos, cirúrgicos, odontológicos ou veterinários, incluídos os aparelhos de radiofotografia ou de radioterapia, exceto os produtos classificados nos códigos 9022.21.10 e 9022.21.20	9022.21.90
12	Densímetros, areômetros, pesa-líquidos e instrumentos flutuantes semelhantes, termômetros, pirômetros, barômetros, higrômetros e psicômetros, registradores ou não, mesmo combinados entre si	90.25
13	Respirador	9019.20.40
14	Monitor multiparâmetros	9018.19.80
15	Bomba de infusão	9018.90.10
16	Aparelhos de diagnóstico por visualização de ressonância magnética	9018.13.00
17	Aparelhos de ultrassom	9018.12

ANEXO XIII
DISPOSITIVOS DE ACESSIBILIDADE PRÓPRIOS PARA PESSOAS COM DEFICIÊNCIA SUBMETIDOS À REDUÇÃO A ZERO DAS ALÍQUOTAS DO IBS E DA CBS

ITEM	DESCRIÇÃO	NCM/SH
1	Barra de apoio para pessoa com deficiência física	8302.41.00
2	Cadeira de rodas e outros veículos para deficientes, mesmo com motor ou outro mecanismo de propulsão	
2.1	Sem mecanismo de propulsão	8713.10.00

2.2	Cadeiras de rodas com motor ou outro mecanismo de propulsão e outros veículos para pessoas com incapacidade, mesmo com motor ou outro mecanismo de propulsão	8713.90.00
3	Partes e acessórios destinados exclusivamente a aplicação em cadeiras de rodas ou em outros veículos para deficientes	8714.20.00
4	Aparelhos para facilitar a audição dos surdos, exceto partes e acessórios	9021.40.00
5	Partes e acessórios de aparelhos para facilitar a audição dos surdos	9021.90.92
6	Implantes cocleares	9021.90.19

ANEXO XIV
MEDICAMENTOS SUBMETIDOS À REDUÇÃO A ZERO DAS ALÍQUOTAS DO IBS E DA CBS

ITEM	DESCRIÇÃO	NCM/SH
1	ABACAVIR	3004.90.69
2	ABEMACICLIBE	3004.90.69
3	ACALABRUTINIBE	3004.90.69
4	ACEPONATO DE METILPREDNISOLONA	3004.32.10
5	ACETATO DE ABIRATERONA	3004.32.90
6	ACETATO DE CIPROTERONA	3004.39.39
7	ACETATO DE DEGARELIX	3004.39.29
8	ACETATO DE GOSSERRELINA	3004.39.27
9	ACETATO DE LEUPRORRELINA	3004.39.19
10	ACETATO DE MEGESTROL	3004.39.36
11	ACETATO DE OCTREOTIDA	3004.39.29
12	ACETATO DE TRIPTORRELINA	3004.39.18
13	ACETATO DESMOPRESSINA	3004.39.29
14	ÁCIDO FOLÍNICO (FÓLICO)	3004.50.90
15	ÁCIDO TRANEXÂMICO	3004.90.39

16	ÁCIDO ZOLEDRÔNICO	3004.90.69
17	ACITRETINA	3004.90.29
18	AFLIBERCEPTE	3002.15.90
19	ALBINTERFERONA ALFA-2B	3002.15.90
20	ALBUMINA HUMANA	3002.12.39
21	ALENDRONATO DE SÓDIO	3004.90.59
22	ALENTUZUMABE	3002.15.90
23	ALFA-ALGLICOSIDASE	3004.90.19
24	ALFAELOSULFASE	3004.90.19
25	ALFAEPOETINA	3002.12.39
26	ALFAINTERFERONA	3002.15.90
27	ALFAPEGINTERFERONA 2A	3002.15.10
28	ALFAPEGINTERFERONA 2B	3002.15.90
29	ALFATIROTROPINA	3004.39.29
30	ALFAVESTRONIDASE	3004.90.19
31	ALPELISIBE	3004.90.79
32	ALTEPLASE	3004.90.19
33	AMBRISENTANA	3004.90.79
34	AMIFOSTINA	3004.90.59
35	ANASTROZOL	3004.90.69
36	ANFOTERICINA B	3004.20.99
37	ANFOTERICINA B EM LIPOSSOMAS	3004.20.95
38	ANTIMONIAL PENTAVALENTE	3004.90.29
39	APALUTAMIDA	3004.90.69
40	APREPITANTO	3004.90.78
41	ARTEMÉTER	3004.60.00
42	ARTEMÉTER + LUMEFANTRINA	3004.60.00
43	ARTESUNATO + CLORIDRATO MEFLOQUINA	3004.60.00

44	ARTESUNATO DE SÓDIO	3004.60.00
45	ASPARAGINASE	3004.90.12
46	ATENOLOL	3004.90.42
47	ATEZOLIZUMABE	3002.15.90
48	AVELUMABE	3002.15.90
49	AXITINIBE	3004.90.69
50	AZACITIDINA	3004.90.79
51	AZATIOPRINA	3004.90.66
52	BARICITINIBE	3004.90.79
53	BENZONIDAZOL	3004.90.69
54	BESILATO DE ANLODIPINO	3004.90.69
55	BETAEPOETINA	3002.12.39
56	BEVACIZUMABE	3002.15.20
57	BICALUTAMIDA	3004.90.59
58	BIOTINA	2936.29.31
59	BLINATUMOMABE	3002.15.90
60	BORTEZOMIBE	3004.90.68
61	BRENTUXIMABE VEDOTINA	3002.15.90
62	BRIGATINIBE	3004.90.69
63	BROMETO DE IPRATRÓPIO	3004.49.90
64	BUDESONIDA	3004.39.99
65	BUROSUMABE	3002.15.80
66	BUSSULFANO	3004.90.95
67	CABAZITAXEL	3004.90.59
68	CAPECITABINA	3004.90.79
69	CARBIDOPA + LEVODOPA	3004.90.35
70	CARBOPLATINA	3004.90.99
71	CARFILZOMIBE	3004.90.79

72	CARMUSTINA	3004.90.48
73	CEFALOTINA	3004.20.59
74	CEFOXITINA	3004.20.59
75	CEFTAZIDIMA	3004.20.59
76	CELECOXIBE	3004.90.79
77	CETUXIMABE	3002.15.90
78	CICLOFOSFAMIDA	3004.90.79
79	CILASTATINA SÓDICA + IMIPENEM	3004.20.94
80	CISPLATINA	3004.90.99
81	CITARABINA	3004.90.79
82	CITRATO DE IXAZOMIBE	3004.90.59
84	CITRATO DE TAMOXIFENO	3004.90.34
85	CLADRIBINA	3004.90.79
86	CLODRONATO DISSÓDICO	3004.90.58
87	CLOFAZIMINA	3004.90.69
88	CLORAMBUCILA	3004.90.38
89	CLORETO DE RÁDIO (223 RA)	2844.42.00
90	CLORETO DE SÓDIO	2501.00.90
91	CLORETO DE SUXAMETÔNIO	3004.90.99
92	CLORIDRATO DE ALECTINIBE	3004.90.79
93	CLORIDRATO DE ALFENTANILA MONOIDRATADA	3004.90.69
94	CLORIDRATO DE AMINOLEVULINATO DE METILA	3004.90.39
95	CLORIDRATO DE CINACALCETE	3004.90.39
96	CLORIDRATO DE DAUNORRUBICINA	3004.20.69
97	CLORIDRATO DE DOBUTAMINA	3004.90.39
98	CLORIDRATO DE DOXORRUBICINA	3004.20.69
99	CLORIDRATO DE EPIRRUBICINA	3004.20.99
100	CLORIDRATO DE ERLOTINIBE	3004.90.68

101	CLORIDRATO DE FINGOLIMODE	3004.90.39
102	CLORIDRATO DE GENCITABINA	3004.90.78
103	CLORIDRATO DE GRANISSETRONA	3004.49.90
104	CLORIDRATO DE IDARRUBICINA	3004.20.69
105	CLORIDRATO DE IRINOTECANO	3004.49.90
106	CLORIDRATO DE IRINOTECANO TRI-HIDRATADO	3004.49.90
107	CLORIDRATO DE METOCLOPRAMIDA	3004.90.41
108	CLORIDRATO DE MITOXANTRONA	3004.90.39
109	CLORIDRATO DE PALONOSETRONA	3004.90.69
110	CLORIDRATO DE PAZOPANIBE	3004.90.79
111	CLORIDRATO DE PIRIDOXINA	3004.50.90
112	CLORIDRATO DE PONATINIBE	3004.90.69
113	CLORIDRATO DE TOPOTECANA	3004.49.10
114	CLORIDRATO DE ZIPRASIDONA MONOIDRATADO	3004.90.79
115	COMPLEXO PROTROMBÍNICO PARCIALMENTE ATIVADO	3002.12.39
116	CRIZOTINIBE	3004.90.69
117	DACARBAZINA	3004.90.68
118	DAPAGLIFLOZINA	3004.90.59
119	DARATUMUMABE	3002.15.90
120	DAROLUTAMIDA	3004.90.69
121	DASATINIBE	3004.90.79
122	DECITABINA	3004.90.79
123	DEFERASIROX	3004.90.69
124	DENOSUMABE	3002.15.90
125	DEXAMETASONA	3004.32.90
126	DIASPARTATO DE PASIREOTIDA	3004.39.29
127	DIAZEPAM	3004.90.64

128	DICLORIDRATO DE DACLATASVIR	3004.90.69
129	DICLORIDRATO DE PRAMIPEXOL MONOIDRATADO	3004.90.79
130	DICLORIDRATO DE QUININA	3004.49.90
131	DICLORIDRATO DE SAPROPTERINA	3004.90.69
132	DIDANOSINA	3004.90.79
133	DIETILESTILBESTROL	3004.90.95
134	DIFOSFATO DE CLOROQUINA	3004.90.69
135	DIMALEATO DE AFATINIBE	3004.90.79
136	DIMETILSULFÓXIDO DE TRAMETINIBE	3004.90.69
137	DITARTARATO DE VINORELBINA	3004.49.90
138	DOCETAXEL	3004.90.59
139	DOCETAXEL TRI-HIDRATADO	3004.90.59
140	DOLUTEGRAVIR SÓDICO	3004.90.79
141	DOXICICLINA MONOIDRATADA	3004.20.99
142	DURVALUMABE	3002.15.90
143	ECULIZUMABE	3002.15.90
144	EFAVIRENZ	3004.90.78
145	ELEXACAFTOR	3004.90.69
146	ELOTUZUMABE	3002.15.90
147	ELTROMBOPAGUE OLAMINA	3004.90.69
148	EMBONATO DE TRIPTORRELINA	3004.39.18
149	EMICIZUMABE	3002.15.90
150	EMTRICITABINA	3004.90.78
151	ENANTATO DE NORETISTERONA + VALERATO DE ESTRADIOL	3004.30.39
152	ENFLURANO	3004.90.99
153	ENFUVIRTIDA	3004.90.68
154	ENTRICITABINA	3004.90.78

155	ENTRICITABINA + FUMARATO TENOFOVIR DESOPROXILA	3004.90.78
156	ENZALUTAMIDA	3004.90.69
157	ERDAFITINIBE	3004.90.69
158	ESILATO DE NINTEDANIBE	3004.90.69
159	ESPIRONOLACTONA	3004.32.20
160	ESTAVUDINA	3004.90.79
161	ETINILESTRADIOL + LEVONORGESTREL	3004.39.39
162	ETOMIDATO	3004.90.69
163	ETOPOSIDEO	3004.90.78
164	ETRAVIRINA	3004.90.69
165	EVEROLIMO	3004.90.78
166	EXEMESTANO	3004.39.94
167	FATOR IX DE COAGULAÇÃO	3002.12.39
168	FATOR VII DE COAGULAÇÃO ATIVADO RECOMBINANTE	3002.12.39
169	FATOR VIII DE COAGULAÇÃO	3002.12.39
170	FATOR VIII DE COAGULAÇÃO CONTENDO FATOR DE VON WILLEBRAND	3002.12.39
171	FATOR VIII DE COAGULAÇÃO RECOMBINANTE	3002.12.39
172	FENTANILA	3004.90.69
173	FILGRASTIM	3002.15.90
174	FLUORURACILA	3004.90.69
175	FOLINATO DE CÁLCIO	3004.50.10
176	FOSAMPRENAVIR CÁLCICO	3004.90.78
177	FOSFATO DE FLUDARABINA	3004.90.78
178	FOSFATO DE OSELTAMIVIR	3004.90.49
179	FOSFATO DE RUXOLITINIBE	3004.90.69
180	FOSFATO DE SITAGLIPTINA	3004.90.69

181	FOTEMUSTINA	3004.90.58
182	FULVESTRANTO	3004.39.36
183	FUMARATO DE DIMETILA	3004.90.29
184	FUMARATO DE TENOFOVIR DESOPROXILA	3004.90.68
185	FUROSEMIDA	3004.90.76
186	GALSULFASE	3004.90.19
187	GANCICLOVIR SÓDICO	3004.90.69
188	GEFITINIBE	3004.90.79
189	GLICOSE	3004.90.99
190	GOLIMUMABE	3002.15.90
191	GOSSERRELINA	3004.39.27
192	GRANISETRON	3004.49.50
193	HALOPERIDOL	3004.90.69
194	HIDROXIUREIA	3004.90.99
195	HIPOCLORITO DE SÓDIO	3004.90.99
196	IBANDRONATO SÓDIO	3004.90.59
197	IBRUTINIBE	3004.90.69
198	IDARRUBICINA	3004.20.63
199	IDURSULFASE	3004.90.14
200	IFOSFAMIDA	3004.90.79
201	IMUNOGLOBULINA ANTIRRÁBICA	3002.12.39
202	IMUNOGLOBULINA ANTITETÂNICA	3002.12.39
203	IMUNOGLOBULINA HUMANA ANTI-HEPATITE B	3002.12.39
204	INSULINA GLARGINA	3004.31.00
205	INSULINA HUMANA	3004.31.00
206	INTERFERON ALFA-2A E INTERFERON ALFA-2B	3002.15.90
207	IOPAMIDOL	3006.30.13
208	IPILIMUMABE	3002.15.90

209	ISETIONATO DE PENTAMIDINA	3004.90.47
210	ISOFLURANO	3004.90.99
211	ISOTRETINOÍNA	3004.50.90
212	IVACAFTOR	3004.90.69
213	LAMIVUDINA + ZIDOVUDINA	3004.90.79
214	LETROZOL	3004.90.68
215	LEVETIRACETAM	3004.90.69
216	LIDOCAÍNA	3004.90.43
217	LINEZOLIDA	3004.90.79
218	LIPEGFILGRASTIM	3002.15.90
219	LOPINAVIR + RITONAVIR	3004.90.68
220	LOSARTANA POTÁSSICA	3004.90.69
221	LUMACAFTOR	3004.90.69
222	MALEATO DE ACALABRUTINIBE MONOIDRATADO	3004.90.69
223	MALEATO DE SUNITINIBE	3004.90.69
224	MALEATO DE TIMOLOL	3004.90.79
225	MARAVIROQUE	3004.90.49
226	MEPOLIZUMABE	3002.15.90
227	MERCAPTOPURINA	3004.90.63
228	MESILATO DE DABRAFENIBE	3004.90.79
229	MESILATO DE DESFERROXAMINA	3004.90.48
230	MESILATO DE IMATINIBE	3004.90.68
231	MESILATO DE NELFINAVIR	3004.90.68
232	MESILATO DE OSIMERTINIBE	3004.90.69
233	MESILATO DE RASAGILINA	3004.90.39
234	MESNA	3004.90.59
235	METILPREDNISOLONA	3004.90.99
236	METOTREXATO	3004.90.69

237	METOTREXATO DE SÓDIO	3004.90.69
238	MICOFENOLATO DE MOFETILA	3004.90.79
239	MICOFENOLATO DE SÓDIO	3004.90.59
240	MIDAZOLAM	3004.90.69
241	MIDOSTAURINA	3004.90.79
242	MIFAMURTIDA	3004.90.59
243	MITOMICINA	3004.20.91
244	MITOTANO	3004.90.95
245	NEVIRAPINA	3004.90.68
246	NILOTINIBE	3004.90.69
247	NITRENDIPINO	3004.90.69
248	NIVOLUMABE	3002.15.90
249	NUSINERSENA	3004.90.79
250	OCRELIZUMABE	3002.15.90
251	OCTREOTIDA	3004.39.26
252	OLAPARIBE	3004.90.69
253	OLARATUMABE	3002.15.90
254	ONASEMNOGENO ABEPARVOVEQUE	3002.90.00
255	OXALIPLATINA	3004.90.99
256	PACLITAXEL	3004.90.59
257	PALBOCICLIBE	3004.90.69
258	PAMIDRONATO DISSÓDICO	3004.90.59
259	PAMOATO DE PASIREOTIDA	3004.39.29
260	PANCREATINA	3004.90.19
261	PANITUMUMABE	3002.15.90
262	PEG INTERFERON ALFA-2B	3002.15.90
263	PEG INTERFERON ALFA-2A	3002.15.10
264	PEGASPARGASE	3004.90.19

265	PEGFILGRASTIM	3002.15.90
266	PEMETREXEDE DISSÓDICO	3004.90.69
267	PEMETREXEDE DISSÓDICO HEMIPENTAIDRATADO	3004.90.69
268	PEMETREXEDE DISSÓDICO HEPTAIDRATADO	3004.90.69
269	PERTUZUMABE	3002.15.90
270	PIOGLITAZONA	3004.90.79
271	PIRAZINAMIDA + RIFAMPICINA + CLORIDRATO DE ETAMBUTOL + ISONIAZIDA	3002.20.32
272	PLERIXAFOR	3004.90.69
273	PRAZIQUANTEL	3004.90.63
274	PREDNISOLONA	3004.32.10
275	PREGABALINA	3004.90.39
276	PROPOFOL	3004.90.95
277	QUININA	3004.49.90
278	RABEPRAZOL SÓDICO	3004.90.69
279	RALTEGRAVIR	3004.90.49
280	RAMUCIRUMABE	3002.15.90
281	RASBURICASE	3004.90.19
282	REGORAFENIBE	3004.90.69
283	RIBAVIRINA	3004.90.79
284	RIFAMPICINA + ISONIAZIDA	3004.20.32
285	RILUZOL	3004.90.69
286	RISANQUIZUMABE	3002.15.90
287	RISDIPLAM	3004.90.69
288	RISPERIDONA	3004.90.69
289	RITONAVIR	3004.90.78
290	RITUXIMABE	3002.15.20
291	SACUBITRIL VALSARTANA SÓDICA HIDRATADA	3004.90.69

292	SAQUINAVIR	3004.90.68
293	SAXAGLIPTINA	3004.90.69
294	SECUQUINUMABE	3002.15.90
295	SELEXIPAGUE	3004.90.79
296	SINVASTATINA	3004.90.59
297	SOFOSBUVIR	3004.90.79
298	SOMATROPINA	3004.39.29
299	SORO ANTIARACNÍDICO (LOXOSCELES, PHONEUTRIA E TITYUS)	3002.12.11
300	SORO ANTIBOTRÓPICO (PENTAVALENTE)	3002.12.11
301	SORO ANTIBOTRÓPICO (PENTAVALENTE) E ANTICROTÁLICO	3002.12.11
302	SORO ANTIBOTRÓPICO (PENTAVALENTE) E ANTILAQUÉTICO	3002.12.11
303	SORO ANTIBOTULÍNICO AB (BIVALENTE)	3002.12.19
304	SORO ANTICROTÁLICO	3002.12.11
305	SORO ANTIDIFTÉRICO	3002.12.15
306	SORO ANTIELAPÍDICO (BIVALENTE)	3002.12.11
307	SORO ANTIESCORPIÔNICO	3002.12.11
308	SORO ANTILONÔMICO	3002.12.11
309	SORO ANTILOXOSCÉLICO (TRIVALENTE)	3002.12.11
310	SORO ANTIRRÁBICO	3002.12.19
311	SORO ANTITETÂNICO	3002.12.12
312	SUCCINATO DE METOPROLOL	3004.90.39
313	SUCCINATO DE RIBOCICLIBE	3004.90.69
314	SUCCINATO SÓDICO DE HIDROCORTISONA	3004.32.10
315	SULFADIAZINA	3004.90.72
316	SULFAMETOXAZOL + TRIMETROPINA	3004.90.72
317	SULFATO DE ABACAVIR	3004.90.68

318	SULFATO DE ATAZANAVIR	3004.90.68
319	SULFATO DE BLEOMICINA	3004.20.93
320	SULFATO DE INDINAVIR	3004.90.68
321	SULFATO DE LAROTRECTINIBE	3004.90.69
322	SULFATO DE MORFINA	3004.49.90
323	SULFATO DE MORFINA PENTAIDRATADO	3004.49.90
324	SULFATO DE QUININA	3004.49.90
325	SULFATO DE VINCRISTINA	3004.49.10
326	TACROLIMO	3004.90.78
327	TAFAMIDIS MEGLUMINA	3004.90.79
328	TAMOXIFENO	3004.90.34
329	TARTARATO DE VARENICLINA	3004.90.69
330	TARTARATO DE VINORELBINA	3004.49.90
331	TEMOZOLOMIDA	3004.90.68
332	TENECTEPLASE	3004.90.19
333	TENIPOSIDEO	3004.90.78
334	TENOFOVIR	3004.90.68
335	TENSIROLIMO	3004.90.78
336	TERIFLUNOMIDA	3004.90.49
337	TERIZIDONA	3004.90.79
338	TETRACICLINA	3004.20.99
339	TEZACAFTOR	3004.90.69
340	TIOGUANINA	3004.90.68
341	TIPRANAVIR	3004.90.78
342	TOCILIZUMABE	3002.15.90
343	TOSILATO DE SORAFENIBE	3004.90.69
344	TRASTUZUMABE	3002.15.20
345	TRIÓXIDO DE ARSÊNIO	3004.90.99

346	TRIPTORRELINA	3004.39.18
347	UPADACITINIBE HEMI-HIDRATADO	3004.90.69
348	VANCOMICINA	3004.20.71
349	VANDETANIBE	3004.90.69
350	VEDOLIZUMABE	3002.15.90
351	VIMBLASTINA	3004.49.10
352	VINCRISTINA	3004.49.10
353	VINFLUNINA	3004.90.79
354	VINORELBINA	3004.49.90
355	ZIAGENAVIR	3004.90.68
356	ZIDOVUDINA	3004.90.79
357	VACINA ADSORVIDA DIFTERIA E TÉTANO	3002.41.29
358	VACINA ADSORVIDA DIFTERIA, TÉTANO E PERTUSSIS	3002.41.27
359	VACINA ADSORVIDA DIFTERIA, TÉTANO E PERTUSSIS (ACELULAR)	3002.41.27
360	VACINA ADSORVIDA DIFTERIA, TÉTANO, PERTUSSIS, HEPATITE B (RECOMBINANTE) E HAEMOPHILUS INFLUENZAE B (CONJUGADA)	3002.41.29
361	VACINA ADSORVIDA HEPATITE A (INATIVADA)	3002.41.29
362	VACINA BCG	3002.41.29
363	VACINA CÓLERA (INATIVADA)	3002.41.29
364	VACINA COVID-19	3002.41.29
365	VACINA DENGUE 1, 2, 3 E 4	3002.41.29
366	VACINA FEBRE AMARELA (ATENUADA)	3002.41.29
367	VACINA FEBRE TIFÓIDE (POLISSACARÍDICA)	3002.41.29
368	VACINA HAEMOPHILUS INFLUENZAE B (CONJUGADA)	3002.41.29
369	VACINA HEPATITE B (RECOMBINANTE)	3002.41.23
370	VACINA INFLUENZA TRIVALENTE (FRAGMENTADA, INATIVADA)	3002.41.21

371	VACINA MENINGOCÓCICA ACWY (CONJUGADA)	3002.41.25
372	VACINA MENINGOCÓCICA C (CONJUGADA)	3002.41.25
373	VACINA PAPILOMAVÍRUS HUMANO 6, 11, 16 E 18 (RECOMBINANTE)	3002.41.29
374	VACINA PNEUMOCÓCICA 10-VALENTE (CONJUGADA)	3002.41.29
375	VACINA PNEUMOCÓCICA 13-VALENTE (CONJUGADA)	3002.41.29
376	VACINA PNEUMOCÓCICA 23-VALENTE (POLISSACARÍDICA)	3002.41.29
377	VACINA POLIOMIELITE 1 E 3 (ATENUADA)	3002.41.22
378	VACINA POLIOMIELITE 1, 2 E 3 (INATIVADA)	3002.41.22
379	VACINA RAIVA (INATIVADA)	3002.41.29
380	VACINA ROTAVÍRUS HUMANO G1P 8 (ATENUADA)	3002.41.29
381	VACINA SARAMPO, CAXUMBA, RUBÉOLA	3002.41.27
382	VACINA SARAMPO, CAXUMBA, RUBÉOLA E VARICELA (ATENUADA)	3002.41.29
383	VACINA VARICELA (ATENUADA)	3002.41.29

ANEXO XV
PRODUTOS HORTÍCOLAS, FRUTAS E OVOS SUBMETIDOS À REDUÇÃO DE 100% (CEM POR CENTO) DAS ALÍQUOTAS DO IBS E DA CBS

ITEM	DESCRIÇÃO DO PRODUTO
1	Ovos da subposição 0407.2 da NCM/SH
2	Produtos hortícolas das posições 07.01, 07.02.00.00, 07.03, 07.04, 07.05, 07.06, 0707.00.00, 07.08, 07.09 e 07.10, exceto os cogumelos e trufas classificados na subposição 0709.5 e no código 0710.80.00 da NCM/SH
3	Frutas frescas ou refrigeradas e frutas congeladas sem adição de açúcar ou de outros edulcorantes classificadas nas posições 08.03, 08.04, 08.05, 08.06, 08.07, 08.08, 08.09, 08.10 e 08.11 da NCM/SH
4	Plantas e produtos de floricultura relativos à horticultura e cultivados para fins alimentares, ornamentais ou medicinais classificados no Capítulo 6 da NCM/SH

5	Raízes e tubérculos da posição 07.14 da NCM/SH
6	Cocos da subposição 0801.1 da NCM/SH

ANEXO XVI
LIMITE INFERIOR PARA FIXAÇÃO DA ALÍQUOTA PRÓPRIA EM PROPORÇÃO DA ALÍQUOTA DE REFERÊNCIA

ANO	LIMITE INFERIOR PARA FIXAÇÃO DA ALÍQUOTA PRÓPRIA EM PROPORÇÃO DA ALÍQUOTA DE REFERÊNCIA	ANO [*cont.*]	LIMITE INFERIOR PARA FIXAÇÃO DA ALÍQUOTA PRÓPRIA EM PROPORÇÃO DA ALÍQUOTA DE REFERÊNCIA [*cont.*]
2029	81,0%	2048	62,0%
2030	81,0%	2049	60,1%
2031	81,0%	2050	58,2%
2032	81,0%	2051	56,3%
2033	90,5%	2052	54,4%
2034	88,6%	2053	52,5%
2035	86,7%	2054	50,6%
2036	84,8%	2055	48,7%
2037	82,9%	2056	46,8%
2038	81,0%	2057	44,9%
2039	79,1%	2058	43,0%
2040	77,2%	2059	41,1%
2041	75,3%	2060	39,2%
2042	73,4%	2061	37,3%
2043	71,5%	2062	35,4%
2044	69,6%	2063	33,5%
2045	67,7%	2064	31,6%
2046	65,8%	2065	29,7%
2047	63,9%	2066	27,8%

ANO [*cont.*]	LIMITE INFERIOR PARA FIXAÇÃO DA ALÍQUOTA PRÓPRIA EM PROPORÇÃO DA ALÍQUOTA DE REFERÊNCIA [*cont.*]
2067	25,9%
2068	24,0%
2069	22,1%
2070	20,2%
2071	18,3%
2072	16,4%

ANO [*cont.*]	LIMITE INFERIOR PARA FIXAÇÃO DA ALÍQUOTA PRÓPRIA EM PROPORÇÃO DA ALÍQUOTA DE REFERÊNCIA [*cont.*]
2073	14,5%
2074	12,6%
2075	10,7%
2076	8,8%
2077	6,9%

ANEXO XVII
BENS E SERVIÇOS SUJEITOS AO IMPOSTO SELETIVO

Veículos
87.03; 8704.21 (exceto os caminhões); 8704.31 (exceto os caminhões); 8704.41.00 (exceto os caminhões); 8704.51.00 (exceto os caminhões); 8704.60.00 (exceto os caminhões); 8704.90.00 (exceto os caminhões); ressalvados os veículos com características técnicas específicas para uso operacional das Forças Armadas ou dos órgãos de Segurança Pública
Aeronaves e Embarcações
8802, exceto o código 8802.60.00; e embarcações com motor classificadas na posição 8903; ressalvadas as aeronaves e embarcações com características técnicas específicas para uso operacional das Forças Armadas ou dos órgãos de Segurança Pública
Produtos fumígenos
2401; 2402; 2403; 2404
Bebidas alcóolicas
2203; 2204; 2205; 2206; 2208
Bebidas açucaradas
2202.10.00
Bens minerais
2601; 2709.00.10; 2711.11.00; 2711.21.00
Concursos de prognósticos e *Fantasy sport*

ANEXO XVIII
(LEI COMPLEMENTAR Nº 123, DE 14 DE DEZEMBRO DE 2006)

Anexo I
Alíquotas e Partilha do Simples Nacional – Comércio

(Vigência: 1º/1/2027 a 31/12/2028)
Para os anos-calendário 2027 e 2028

RECEITA BRUTA EM 12 MESES (EM R$)		ALÍQUOTA	VALOR A DEDUZIR (EM R$)
1ª Faixa	Até 180.000,00	4,00%	–
2ª Faixa	De 180.000,01 a 360.000,00	7,30%	5.940,00
3ª Faixa	De 360.000,01 a 720.000,00	9,50%	13.860,00
4ª Faixa	De 720.000,01 a 1.800.000,00	10,70%	22.500,00
5ª Faixa	De 1.800.000,01 a 3.600.000,00	14,30%	87.300,00
6ª Faixa	De 3.600.000,01 a 4.800.000,00	18,90%	378.000,00

FAIXAS	PERCENTUAL DE REPARTIÇÃO DOS TRIBUTOS					
	IRPJ	CSLL	CBS	CPP	ICMS	IBS
1ª Faixa	5,50%	3,50%	15,33%	41,50%	34,00%	0,17%
2ª Faixa	5,50%	3,50%	15,33%	41,50%	34,00%	0,17%
3ª Faixa	5,50%	3,50%	15,33%	42,00%	33,50%	0,17%
4ª Faixa	5,50%	3,50%	15,33%	42,00%	33,50%	0,17%
5ª Faixa	5,50%	3,50%	15,33%	42,00%	33,50%	0,17%
6ª Faixa	13,58%	10,06%	34,02%	42,34%		

Alíquotas do Simples Nacional – Comércio

(Vigência: 1º/1/2029)
A partir do ano-calendário 2029

RECEITA BRUTA EM 12 MESES (EM R$)		ALÍQUOTA	VALOR A DEDUZIR (EM R$)
1ª Faixa	Até 180.000,00	4,00%	–
2ª Faixa	De 180.000,01 a 360.000,00	7,30%	5.940,00
3ª Faixa	De 360.000,01 a 720.000,00	9,50%	13.860,00
4ª Faixa	De 720.000,01 a 1.800.000,00	10,70%	22.500,00
5ª Faixa	De 1.800.000,01 a 3.600.000,00	14,30%	87.300,00
6ª Faixa	De 3.600.000,01 a 4.800.000,00	19,00%	378.000,00

Partilha do Simples Nacional – Comércio

(Vigência: 1º/1/2029 até 31/12/2029)
Para o ano-calendário 2029

FAIXAS	PERCENTUAL DE REPARTIÇÃO DOS TRIBUTOS					
	IRPJ	CSLL	CBS	CPP	ICMS	IBS
1ª Faixa	5,50%	3,50%	15,50%	41,50%	30,60%	3,40%
2ª Faixa	5,50%	3,50%	15,50%	41,50%	30,60%	3,40%
3ª Faixa	5,50%	3,50%	15,50%	42,00%	30,15%	3,35%
4ª Faixa	5,50%	3,50%	15,50%	42,00%	30,15%	3,35%
5ª Faixa	5,50%	3,50%	15,50%	42,00%	30,15%	3,35%
6ª Faixa	13,50%	10,00%	34,40%	42,10%		

(Vigência: 1º/1/2030 até 31/12/2030)
Para o ano-calendário 2030

FAIXAS	PERCENTUAL DE REPARTIÇÃO DOS TRIBUTOS					
	IRPJ	CSLL	CBS	CPP	ICMS	IBS
1ª Faixa	5,50%	3,50%	15,50%	41,50%	27,20%	6,80%
2ª Faixa	5,50%	3,50%	15,50%	41,50%	27,20%	6,80%
3ª Faixa	5,50%	3,50%	15,50%	42,00%	26,80%	6,70%
4ª Faixa	5,50%	3,50%	15,50%	42,00%	26,80%	6,70%
5ª Faixa	5,50%	3,50%	15,50%	42,00%	26,80%	6,70%
6ª Faixa	13,50%	10,00%	34,40%	42,10%		

(Vigência: 1º/1/2031 até 31/12/2031)
Para o ano-calendário 2031

FAIXAS	PERCENTUAL DE REPARTIÇÃO DOS TRIBUTOS					
	IRPJ	CSLL	CBS	CPP	ICMS	IBS
1ª Faixa	5,50%	3,50%	15,50%	41,50%	23,80%	10,20%
2ª Faixa	5,50%	3,50%	15,50%	41,50%	23,80%	10,20%
3ª Faixa	5,50%	3,50%	15,50%	42,00%	23,45%	10,05%
4ª Faixa	5,50%	3,50%	15,50%	42,00%	23,45%	10,05%
5ª Faixa	5,50%	3,50%	15,50%	42,00%	23,45%	10,05%
6ª Faixa	13,50%	10,00%	34,40%	42,10%		

(Vigência: 1º/1/2032 até 31/12/2032)
Para o ano-calendário 2032

FAIXAS	PERCENTUAL DE REPARTIÇÃO DOS TRIBUTOS					
	IRPJ	CSLL	CBS	CPP	ICMS	IBS
1ª Faixa	5,50%	3,50%	15,50%	41,50%	20,40%	13,60%
2ª Faixa	5,50%	3,50%	15,50%	41,50%	20,40%	13,60%
3ª Faixa	5,50%	3,50%	15,50%	42,00%	20,10%	13,40%
4ª Faixa	5,50%	3,50%	15,50%	42,00%	20,10%	13,40%
5ª Faixa	5,50%	3,50%	15,50%	42,00%	20,10%	13,40%
6ª Faixa	13,50%	10,00%	34,40%	42,10%		

(Vigência: 1º/1/2033)
A partir do ano-calendário 2033

FAIXAS	PERCENTUAL DE REPARTIÇÃO DOS TRIBUTOS				
	IRPJ	CSLL	CBS	CPP	IBS
1ª Faixa	5,50%	3,50%	15,50%	41,50%	34,00%
2ª Faixa	5,50%	3,50%	15,50%	41,50%	34,00%
3ª Faixa	5,50%	3,50%	15,50%	42,00%	33,50%
4ª Faixa	5,50%	3,50%	15,50%	42,00%	33,50%
5ª Faixa	5,50%	3,50%	15,50%	42,00%	33,50%
6ª Faixa	13,50%	10,00%	34,40%	42,10%	

ANEXO XIX
(LEI COMPLEMENTAR Nº 123, DE 14 DE DEZEMBRO DE 2006)

Anexo II
Alíquotas e Partilha do Simples Nacional – Indústria

(Vigência: 1º/1/2027 a 31/12/2028)
Para os anos-calendário 2027 e 2028

RECEITA BRUTA EM 12 MESES (EM R$)		ALÍQUOTA	VALOR A DEDUZIR (EM R$)
1ª Faixa	Até 180.000,00	4,50%	–
2ª Faixa	De 180.000,01 a 360.000,00	7,80%	5.940,00
3ª Faixa	De 360.000,01 a 720.000,00	10,00%	13.860,00
4ª Faixa	De 720.000,01 a 1.800.000,00	11,20%	22.500,00
5ª Faixa	De 1.800.000,01 a 3.600.000,00	14,70%	85.500,00
6ª Faixa	De 3.600.000,01 a 4.800.000,00	29,90%	720.000,00

FAIXAS	PERCENTUAL DE REPARTIÇÃO DOS TRIBUTOS						
	IRPJ	CSLL	CBS	CPP	IPI	ICMS	IBS
1ª Faixa	5,50%	3,50%	13,85%	37,50%	7,50%	32,00%	0,15%
2ª Faixa	5,50%	3,50%	13,85%	37,50%	7,50%	32,00%	0,15%
3ª Faixa	5,50%	3,50%	13,85%	37,50%	7,50%	32,00%	0,15%
4ª Faixa	5,50%	3,50%	13,85%	37,50%	7,50%	32,00%	0,15%
5ª Faixa	5,50%	3,50%	13,85%	37,50%	7,50%	32,00%	0,15%
6ª Faixa	8,53%	7,53%	25,22%	23,59%	35,13%		

Alíquotas do Simples Nacional – Indústria

(Vigência: 1º/1/2029)
A partir do ano-calendário 2029

RECEITA BRUTA EM 12 MESES (EM R$)		ALÍQUOTA	VALOR A DEDUZIR (EM R$)
1ª Faixa	Até 180.000,00	4,50%	–
2ª Faixa	De 180.000,01 a 360.000,00	7,80%	5.940,00
3ª Faixa	De 360.000,01 a 720.000,00	10,00%	13.860,00
4ª Faixa	De 720.000,01 a 1.800.000,00	11,20%	22.500,00
5ª Faixa	De 1.800.000,01 a 3.600.000,00	14,70%	85.500,00
6ª Faixa	De 3.600.000,01 a 4.800.000,00	30,00%	720.000,00

Partilha do Simples Nacional – Indústria

(Vigência: 1º/1/2029 até 31/12/2029)
Para o ano-calendário 2029

FAIXAS	PERCENTUAL DE REPARTIÇÃO DOS TRIBUTOS						
	IRPJ	CSLL	CBS	CPP	IPI	ICMS	IBS
1ª Faixa	5,50%	3,50%	14,00%	37,50%	7,50%	28,80%	3,20%
2ª Faixa	5,50%	3,50%	14,00%	37,50%	7,50%	28,80%	3,20%
3ª Faixa	5,50%	3,50%	14,00%	37,50%	7,50%	28,80%	3,20%
4ª Faixa	5,50%	3,50%	14,00%	37,50%	7,50%	28,80%	3,20%
5ª Faixa	5,50%	3,50%	14,00%	37,50%	7,50%	28,80%	3,20%
6ª Faixa	8,50%	7,50%	25,50%	23,50%	35,00%		

(Vigência: 1º/1/2030 até 31/12/2030)
Para o ano-calendário 2030

FAIXAS	PERCENTUAL DE REPARTIÇÃO DOS TRIBUTOS						
	IRPJ	CSLL	CBS	CPP	IPI	ICMS	IBS
1ª Faixa	5,50%	3,50%	14,00%	37,50%	7,50%	25,60%	6,40%
2ª Faixa	5,50%	3,50%	14,00%	37,50%	7,50%	25,60%	6,40%
3ª Faixa	5,50%	3,50%	14,00%	37,50%	7,50%	25,60%	6,40%
4ª Faixa	5,50%	3,50%	14,00%	37,50%	7,50%	25,60%	6,40%
5ª Faixa	5,50%	3,50%	14,00%	37,50%	7,50%	25,60%	6,40%
6ª Faixa	8,50%	7,50%	25,50%	23,50%	35,00%		

(Vigência: 1º/1/2031 até 31/12/2031)
Para o ano-calendário 2031

FAIXAS	PERCENTUAL DE REPARTIÇÃO DOS TRIBUTOS						
	IRPJ	CSLL	CBS	CPP	IPI	ICMS	IBS
1ª Faixa	5,50%	3,50%	14,00%	37,50%	7,50%	22,40%	9,60%
2ª Faixa	5,50%	3,50%	14,00%	37,50%	7,50%	22,40%	9,60%
3ª Faixa	5,50%	3,50%	14,00%	37,50%	7,50%	22,40%	9,60%
4ª Faixa	5,50%	3,50%	14,00%	37,50%	7,50%	22,40%	9,60%
5ª Faixa	5,50%	3,50%	14,00%	37,50%	7,50%	22,40%	9,60%
6ª Faixa	8,50%	7,50%	25,50%	23,50%	35,00%		

(Vigência: 1º/1/2032 até 31/12/2032)
Para o ano-calendário 2032

FAIXAS	PERCENTUAL DE REPARTIÇÃO DOS TRIBUTOS						
	IRPJ	CSLL	CBS	CPP	IPI	ICMS	IBS
1ª Faixa	5,50%	3,50%	14,00%	37,50%	7,50%	19,20%	12,80%
2ª Faixa	5,50%	3,50%	14,00%	37,50%	7,50%	19,20%	12,80%
3ª Faixa	5,50%	3,50%	14,00%	37,50%	7,50%	19,20%	12,80%
4ª Faixa	5,50%	3,50%	14,00%	37,50%	7,50%	19,20%	12,80%
5ª Faixa	5,50%	3,50%	14,00%	37,50%	7,50%	19,20%	12,80%
6ª Faixa	8,50%	7,50%	25,50%	23,50%	35,00%		

(Vigência: 1º/1/2033)
A partir do ano-calendário 2033

FAIXAS	PERCENTUAL DE REPARTIÇÃO DOS TRIBUTOS					
	IRPJ	CSLL	CBS	CPP	IPI	IBS
1ª Faixa	5,50%	3,50%	14,00%	37,50%	7,50%	32,00%
2ª Faixa	5,50%	3,50%	14,00%	37,50%	7,50%	32,00%
3ª Faixa	5,50%	3,50%	14,00%	37,50%	7,50%	32,00%
4ª Faixa	5,50%	3,50%	14,00%	37,50%	7,50%	32,00%
5ª Faixa	5,50%	3,50%	14,00%	37,50%	7,50%	32,00%
6ª Faixa	8,50%	7,50%	25,50%	23,50%	35,00%	

ANEXO XX
(LEI COMPLEMENTAR Nº 123, DE 14 DE DEZEMBRO DE 2006)

Anexo III
Alíquotas e Partilha do Simples Nacional – Receitas de locação de bens móveis e de prestação de serviços não relacionados no § 5º-C do art. 18 desta Lei Complementar

(Vigência: 1º/1/2027 a 31/12/2028)
Para os anos-calendário 2027 e 2028

RECEITA BRUTA EM 12 MESES (EM R$)		ALÍQUOTA	VALOR A DEDUZIR (EM R$)
1ª Faixa	Até 180.000,00	6,00%	–
2ª Faixa	De 180.000,01 a 360.000,00	11,20%	9.360,00
3ª Faixa	De 360.000,01 a 720.000,00	13,50%	17.640,00
4ª Faixa	De 720.000,01 a 1.800.000,00	16,00%	35.640,00
5ª Faixa	De 1.800.000,01 a 3.600.000,00	21,00%	125.640,00
6ª Faixa	De 3.600.000,01 a 4.800.000,00	32,90%	648.000,00

FAIXAS	PERCENTUAL DE REPARTIÇÃO DOS TRIBUTOS					
	IRPJ	CSLL	CBS	CPP	ISS (*)	IBS
1ª Faixa	4,00%	3,50%	15,43%	43,40%	33,50%	0,17%
2ª Faixa	4,00%	3,50%	16,91%	43,40%	32,00%	0,19%
3ª Faixa	4,00%	3,50%	16,42%	43,40%	32,50%	0,19%
4ª Faixa	4,00%	3,50%	16,42%	43,40%	32,50%	0,19%
5ª Faixa	4,00%	3,50%	15,43%	43,40%	33,50% (*)	0,17%
6ª Faixa	35,09%	15,04%	19,29%	30,58%		

(*) O percentual efetivo máximo devido ao ISS será de 5%, transferindo-se a diferença, de forma proporcional, aos tributos federais da mesma faixa de receita bruta anual. Sendo assim, na 5ª faixa, quando a alíquota efetiva for superior a 14,92537%, a repartição será:

[Faixa]	IRPJ	CSLL	CBS	CPP	ISS	IBS
5ª Faixa, com alíquota efetiva superior a 14,93%	(Alíquota efetiva - 5%) x 6,02%	(Alíquota efetiva - 5%) x 5,26%	(Alíquota efetiva - 5%) x 23,20%	(Alíquota efetiva - 5%) x 65,26%	Percentual de ISS fixo em 5%	(Alíquota efetiva - 5%) x 0,26%

Alíquotas do Simples Nacional – Receitas de locação de bens móveis e de prestação de serviços não relacionados no § 5º-C do art. 18 desta Lei Complementar

(Vigência: 1º/1/2029)
A partir do ano-calendário 2029

RECEITA BRUTA EM 12 MESES (EM R$)		ALÍQUOTA	VALOR A DEDUZIR (EM R$)
1ª Faixa	Até 180.000,00	6,00%	–
2ª Faixa	De 180.000,01 a 360.000,00	11,20%	9.360,00
3ª Faixa	De 360.000,01 a 720.000,00	13,50%	17.640,00
4ª Faixa	De 720.000,01 a 1.800.000,00	16,00%	35.640,00
5ª Faixa	De 1.800.000,01 a 3.600.000,00	21,00%	125.640,00
6ª Faixa	De 3.600.000,01 a 4.800.000,00	33,00%	648.000,00

Partilha do Simples Nacional – Receitas de locação de bens móveis e de prestação de serviços não relacionados no § 5º-C do art. 18 desta Lei Complementar

(Vigência: 1º/1/2029 até 31/12/2029)
Para o ano-calendário 2029

FAIXAS	PERCENTUAL DE REPARTIÇÃO DOS TRIBUTOS					
	IRPJ	CSLL	CBS	CPP	ISS (*)	IBS
1ª Faixa	4,00%	3,50%	15,60%	43,40%	30,15%	3,35%
2ª Faixa	4,00%	3,50%	17,10%	43,40%	28,80%	3,20%
3ª Faixa	4,00%	3,50%	16,60%	43,40%	29,25%	3,25%
4ª Faixa	4,00%	3,50%	16,60%	43,40%	29,25%	3,25%
5ª Faixa	4,00%	3,50%	15,60%	43,40%	30,15% (*)	3,35%
6ª Faixa	35,00%	15,00%	19,50%	30,50%		

(*) O percentual efetivo máximo devido ao ISS será de 5%, transferindo-se a diferença, de forma proporcional, aos tributos federais da mesma faixa de receita bruta anual. Sendo assim, na 5ª faixa, quando a alíquota efetiva for superior a 14,92537%, a repartição será:

[Faixa]	IRPJ	CSLL	CBS	CPP	ISS	IBS
5ª Faixa, com alíquota efetiva superior a 14,93%	(Alíquota efetiva - 5%) x 6,02%	(Alíquota efetiva - 5%) x 5,26%	(Alíquota efetiva - 5%) x 23,46%	(Alíquota efetiva - 5%) x 65,26%	Percentual de ISS fixo em 4,5%	Percentual de ISS fixo em 0,5%

(Vigência: 1º/1/2030 até 31/12/2030)
Para o ano-calendário 2030

FAIXAS	PERCENTUAL DE REPARTIÇÃO DOS TRIBUTOS					
	IRPJ	CSLL	CBS	CPP	ISS (*)	IBS
1ª Faixa	4,00%	3,50%	15,60%	43,40%	26,80%	6,70%
2ª Faixa	4,00%	3,50%	17,10%	43,40%	25,60%	6,40%
3ª Faixa	4,00%	3,50%	16,60%	43,40%	26,00%	6,50%
4ª Faixa	4,00%	3,50%	16,60%	43,40%	26,00%	6,50%
5ª Faixa	4,00%	3,50%	15,60%	43,40%	26,80% (*)	6,70%
6ª Faixa	35,00%	15,00%	19,50%	30,50%		

(*) O percentual efetivo máximo devido ao ISS será de 5%, transferindo-se a diferença, de forma proporcional, aos tributos federais da mesma faixa de receita bruta anual. Sendo assim, na 5ª faixa, quando a alíquota efetiva for superior a 14,92537%, a repartição será:

[Faixa]	IRPJ	CSLL	CBS	CPP	ISS	IBS
5ª Faixa, com alíquota efetiva superior a 14,93%	(Alíquota efetiva - 5%) x 6,02%	(Alíquota efetiva - 5%) x 5,26%	(Alíquota efetiva - 5%) x 23,46%	(Alíquota efetiva - 5%) x 65,26%	Percentual de ISS fixo em 4,0%	Percentual de ISS fixo em 1,0%

(Vigência: 1º/1/2031 até 31/12/2031)
Para o ano-calendário 2031

FAIXAS	PERCENTUAL DE REPARTIÇÃO DOS TRIBUTOS					
	IRPJ	CSLL	CBS	CPP	ISS (*)	IBS
1ª Faixa	4,00%	3,50%	15,60%	43,40%	23,45%	10,05%
2ª Faixa	4,00%	3,50%	17,10%	43,40%	22,40%	9,60%
3ª Faixa	4,00%	3,50%	16,60%	43,40%	22,75%	9,75%
4ª Faixa	4,00%	3,50%	16,60%	43,40%	22,75%	9,75%
5ª Faixa	4,00%	3,50%	15,60%	43,40%	23,45% (*)	10,05%
6ª Faixa	35,00%	15,00%	19,50%	30,50%		

(*) O percentual efetivo máximo devido ao ISS será de 5%, transferindo-se a diferença, de forma proporcional, aos tributos federais da mesma faixa de receita bruta anual. Sendo assim, na 5ª faixa, quando a alíquota efetiva for superior a 14,92537%, a repartição será:

[Faixa]	IRPJ	CSLL	CBS	CPP	ISS	IBS
5ª Faixa, com alíquota efetiva superior a 14,93%	(Alíquota efetiva - 5%) x 6,02%	(Alíquota efetiva - 5%) x 5,26%	(Alíquota efetiva - 5%) x 23,46%	(Alíquota efetiva - 5%) x 65,26%	Percentual de ISS fixo em 3,5%	Percentual de ISS fixo em 1,5%

(Vigência: 1º/1/2032 até 31/12/2032)
Para o ano-calendário 2032

FAIXAS	PERCENTUAL DE REPARTIÇÃO DOS TRIBUTOS					
	IRPJ	CSLL	CBS	CPP	ISS (*)	IBS
1ª Faixa	4,00%	3,50%	15,60%	43,40%	20,10%	13,40%
2ª Faixa	4,00%	3,50%	17,10%	43,40%	19,20%	12,80%
3ª Faixa	4,00%	3,50%	16,60%	43,40%	19,50%	13,00%
4ª Faixa	4,00%	3,50%	16,60%	43,40%	19,50%	13,00%
5ª Faixa	4,00%	3,50%	15,60%	43,40%	20,10% (*)	13,40%
6ª Faixa	35,00%	15,00%	19,50%	30,50%		

(*) O percentual efetivo máximo devido ao ISS será de 5%, transferindo-se a diferença, de forma proporcional, aos tributos federais da mesma faixa de receita bruta anual. Sendo assim, na 5ª faixa, quando a alíquota efetiva for superior a 14,92537%, a repartição será:

[Faixa]	IRPJ	CSLL	CBS	CPP	ISS	IBS
5ª Faixa, com alíquota efetiva superior a 14,93%	(Alíquota efetiva - 5%) x 6,02%	(Alíquota efetiva - 5%) x 5,26%	(Alíquota efetiva - 5%) x 23,46%	(Alíquota efetiva - 5%) x 65,26%	Percentual de ISS fixo em 3,0%	Percentual de ISS fixo em 2,0%

(Vigência: 1º/1/2033)
A partir do ano-calendário 2033

FAIXAS	PERCENTUAL DE REPARTIÇÃO DOS TRIBUTOS				
	IRPJ	CSLL	CBS	CPP	IBS
1ª Faixa	4,00%	3,50%	15,60%	43,40%	33,50%
2ª Faixa	4,00%	3,50%	17,10%	43,40%	32,00%
3ª Faixa	4,00%	3,50%	16,60%	43,40%	32,50%
4ª Faixa	4,00%	3,50%	16,60%	43,40%	32,50%
5ª Faixa	4,00%	3,50%	15,60%	43,40%	33,50%
6ª Faixa	35,00%	15,00%	19,50%	30,50%	

ANEXO XXI
(LEI COMPLEMENTAR Nº 123, DE 14 DE DEZEMBRO DE 2006)

Anexo IV
Alíquotas e Partilha do Simples Nacional – Receitas decorrentes da prestação de serviços relacionados no § 5º-C do art. 18 desta Lei Complementar

(Vigência: 1º/1/2027 a 31/12/2028)
Para os anos-calendário 2027 e 2028

RECEITA BRUTA EM 12 MESES (EM R$)		ALÍQUOTA	VALOR A DEDUZIR (EM R$)
1ª Faixa	Até 180.000,00	4,50%	–
2ª Faixa	De 180.000,01 a 360.000,00	9,00%	8.100,00
3ª Faixa	De 360.000,01 a 720.000,00	10,20%	12.420,00
4ª Faixa	De 720.000,01 a 1.800.000,00	14,00%	39.780,00
5ª Faixa	De 1.800.000,01 a 3.600.000,00	22,00%	183.780,00
6ª Faixa	De 3.600.000,01 a 4.800.000,00	32,90%	828.000,00

FAIXAS	PERCENTUAL DE REPARTIÇÃO DOS TRIBUTOS				
	IRPJ	CSLL	CBS	ISS (*)	IBS
1ª Faixa	18,80%	15,20%	21,26%	44,50%	0,24%
2ª Faixa	19,80%	15,20%	24,73%	40,00%	0,27%
3ª Faixa	20,80%	15,20%	23,74%	40,00%	0,26%
4ª Faixa	17,80%	19,20%	22,75%	40,00%	0,25%
5ª Faixa	18,80%	19,20%	21,76%	40,00% (*)	0,24%
6ª Faixa	53,71%	21,59%	24,70%		

(*) O percentual efetivo máximo devido ao ISS será de 5%, transferindo-se a diferença, de forma proporcional, aos tributos federais da mesma faixa de receita bruta anual. Sendo assim, na 5ª faixa, quando a alíquota efetiva for superior a 12,5%, a repartição será:

[Faixa]	IRPJ	CSLL	CBS	ISS	IBS
5ª Faixa, com alíquota efetiva superior a 12,5%	(Alíquota efetiva - 5%) x 31,33%	(Alíquota efetiva - 5%) x 32,00%	(Alíquota efetiva - 5%) x 36,27%	Percentual de ISS fixo em 5%	(Alíquota efetiva - 5%) x 0,40%

Alíquotas do Simples Nacional – Receitas decorrentes da prestação de serviços relacionados no § 5º-C do art. 18 desta Lei Complementar

(Vigência: 1º/1/2029)
A partir do ano-calendário 2029

	RECEITA BRUTA EM 12 MESES (EM R$)	ALÍQUOTA	VALOR A DEDUZIR (EM R$)
1ª Faixa	Até 180.000,00	4,50%	–
2ª Faixa	De 180.000,01 a 360.000,00	9,00%	8.100,00
3ª Faixa	De 360.000,01 a 720.000,00	10,20%	12.420,00
4ª Faixa	De 720.000,01 a 1.800.000,00	14,00%	39.780,00
5ª Faixa	De 1.800.000,01 a 3.600.000,00	22,00%	183.780,00
6ª Faixa	De 3.600.000,01 a 4.800.000,00	33,00%	828.000,00

Partilha do Simples Nacional – Receitas decorrentes da prestação de serviços relacionados no § 5º-C do art. 18 desta Lei Complementar

(Vigência: 1º/1/2029 até 31/12/2029)
Para o ano-calendário 2029

FAIXAS	PERCENTUAL DE REPARTIÇÃO DOS TRIBUTOS				
	IRPJ	CSLL	CBS	ISS (*)	IBS
1ª Faixa	18,80%	15,20%	21,50%	40,05%	4,45%
2ª Faixa	19,80%	15,20%	25,00%	36,00%	4,00%
3ª Faixa	20,80%	15,20%	24,00%	36,00%	4,00%
4ª Faixa	17,80%	19,20%	23,00%	36,00%	4,00%
5ª Faixa	18,80%	19,20%	22,00%	36,00% (*)	4,00%
6ª Faixa	53,50%	21,50%	25,00%		

(*) O percentual efetivo máximo devido ao ISS será de 5%, transferindo-se a diferença, de forma proporcional, aos tributos federais da mesma faixa de receita bruta anual. Sendo assim, na 5ª faixa, quando a alíquota efetiva for superior a 12,5%, a repartição será:

[Faixa]	IRPJ	CSLL	CBS	ISS	IBS
5ª Faixa, com alíquota efetiva superior a 12,5%	(Alíquota efetiva - 5%) x 31,33%	(Alíquota efetiva - 5%) x 32,00%	(Alíquota efetiva - 5%) x 36,67%	Percentual de ISS fixo em 4,5%	Percentual de ISS fixo em 0,5%

(Vigência: 1º/1/2030 até 31/12/2030)
Para o ano-calendário 2030

FAIXAS	PERCENTUAL DE REPARTIÇÃO DOS TRIBUTOS				
	IRPJ	CSLL	CBS	ISS (*)	IBS
1ª Faixa	18,80%	15,20%	21,50%	35,60%	8,90%
2ª Faixa	19,80%	15,20%	25,00%	32,00%	8,00%
3ª Faixa	20,80%	15,20%	24,00%	32,00%	8,00%
4ª Faixa	17,80%	19,20%	23,00%	32,00%	8,00%
5ª Faixa	18,80%	19,20%	22,00%	32,00% (*)	8,00%
6ª Faixa	53,50%	21,50%	25,00%		

(*) O percentual efetivo máximo devido ao ISS será de 5%, transferindo-se a diferença, de forma proporcional, aos tributos federais da mesma faixa de receita bruta anual. Sendo assim, na 5ª faixa, quando a alíquota efetiva for superior a 12,5%, a repartição será:

[Faixa]	IRPJ	CSLL	CBS	ISS	IBS
5ª Faixa, com alíquota efetiva superior a 12,5%	(Alíquota efetiva - 5%) x 31,33%	(Alíquota efetiva - 5%) x 32,00%	(Alíquota efetiva - 5%) x 36,67%	Percentual de ISS fixo em 4,0%	Percentual de ISS fixo em 1,0%

(Vigência: 1º/1/2031 até 31/12/2031)
Para o ano-calendário 2031

FAIXAS	PERCENTUAL DE REPARTIÇÃO DOS TRIBUTOS				
	IRPJ	CSLL	CBS	ISS (*)	IBS
1ª Faixa	18,80%	15,20%	21,50%	31,15%	13,35%
2ª Faixa	19,80%	15,20%	25,00%	28,00%	12,00%
3ª Faixa	20,80%	15,20%	24,00%	28,00%	12,00%
4ª Faixa	17,80%	19,20%	23,00%	28,00%	12,00%
5ª Faixa	18,80%	19,20%	22,00%	28,00% (*)	12,00%
6ª Faixa	53,50%	21,50%	25,00%		

(*) O percentual efetivo máximo devido ao ISS será de 5%, transferindo-se a diferença, de forma proporcional, aos tributos federais da mesma faixa de receita bruta anual. Sendo assim, na 5ª faixa, quando a alíquota efetiva for superior a 12,5%, a repartição será:

[Faixa]	IRPJ	CSLL	CBS	ISS	IBS
5ª Faixa, com alíquota efetiva superior a 12,5%	(Alíquota efetiva - 5%) x 31,33%	(Alíquota efetiva - 5%) x 32,00%	(Alíquota efetiva - 5%) x 36,67%	Percentual de ISS fixo em 3,5%	Percentual de ISS fixo em 1,5%

(Vigência: 1º/1/2032 até 31/12/2032)
Para o ano-calendário 2032

FAIXAS	PERCENTUAL DE REPARTIÇÃO DOS TRIBUTOS				
	IRPJ	CSLL	CBS	ISS (*)	IBS
1ª Faixa	18,80%	15,20%	21,50%	26,70%	17,80%
2ª Faixa	19,80%	15,20%	25,00%	24,00%	16,00%
3ª Faixa	20,80%	15,20%	24,00%	24,00%	16,00%
4ª Faixa	17,80%	19,20%	23,00%	24,00%	16,00%
5ª Faixa	18,80%	19,20%	22,00%	24,00% (*)	16,00%
6ª Faixa	53,50%	21,50%	25,00%		

(*) O percentual efetivo máximo devido ao ISS será de 5%, transferindo-se a diferença, de forma proporcional, aos tributos federais da mesma faixa de receita bruta anual. Sendo assim, na 5ª faixa, quando a alíquota efetiva for superior a 12,5%, a repartição será:

[Faixa]	IRPJ	CSLL	CBS	ISS	IBS
5ª Faixa, com alíquota efetiva superior a 12,5%	(Alíquota efetiva - 5%) x 31,33%	(Alíquota efetiva - 5%) x 32,00%	(Alíquota efetiva - 5%) x 36,67%	Percentual de ISS fixo em 3,0%	Percentual de ISS fixo em 2,0%

(Vigência: 1º/1/2033)
A partir do ano-calendário 2033

FAIXAS	PERCENTUAL DE REPARTIÇÃO DOS TRIBUTOS			
	IRPJ	CSLL	CBS	IBS
1ª Faixa	18,80%	15,20%	21,50%	44,50%
2ª Faixa	19,80%	15,20%	25,00%	40,00%
3ª Faixa	20,80%	15,20%	24,00%	40,00%
4ª Faixa	17,80%	19,20%	23,00%	40,00%
5ª Faixa	18,80%	19,20%	22,00%	40,00%
6ª Faixa	53,50%	21,50%	25,00%	

ANEXO XXII
(LEI COMPLEMENTAR Nº 123, DE 14 DE DEZEMBRO DE 2006)

Anexo V
Alíquotas e Partilha do Simples Nacional – Receitas decorrentes da prestação de serviços relacionados no § 5º-I do art. 18 desta Lei Complementar

(Vigência: 1º/1/2027 a 31/12/2028)
Para os anos-calendário 2027 e 2028

RECEITA BRUTA EM 12 MESES (EM R$)		ALÍQUOTA	VALOR A DEDUZIR (EM R$)
1ª Faixa	Até 180.000,00	15,50%	–
2ª Faixa	De 180.000,01 a 360.000,00	18,00%	4.500,00
3ª Faixa	De 360.000,01 a 720.000,00	19,50%	9.900,00
4ª Faixa	De 720.000,01 a 1.800.000,00	20,50%	17.100,00
5ª Faixa	De 1.800.000,01 a 3.600.000,00	23,00%	62.100,00
6ª Faixa	De 3.600.000,01 a 4.800.000,00	30,40%	540.000,00

FAIXAS	PERCENTUAL DE REPARTIÇÃO DOS TRIBUTOS					
	IRPJ	CSLL	CBS	CPP	ISS	IBS
1ª Faixa	25,00%	15,00%	16,96%	28,85%	14,00%	0,19%
2ª Faixa	23,00%	15,00%	16,96%	27,85%	17,00%	0,19%
3ª Faixa	24,00%	15,00%	17,95%	23,85%	19,00%	0,20%
4ª Faixa	21,00%	15,00%	18,94%	23,85%	21,00%	0,21%
5ª Faixa	23,00%	12,50%	16,96%	23,85%	23,50%	0,19%
6ª Faixa	35,10%	15,54%	19,78%	29,58%		

Alíquotas do Simples Nacional – Receitas decorrentes da prestação de serviços relacionados no § 5º-I do art. 18 desta Lei Complementar

(Vigência: 1º/1/2029)
A partir do ano-calendário 2029

RECEITA BRUTA EM 12 MESES (EM R$)		ALÍQUOTA	VALOR A DEDUZIR (EM R$)
1ª Faixa	Até 180.000,00	15,50%	–
2ª Faixa	De 180.000,01 a 360.000,00	18,00%	4.500,00
3ª Faixa	De 360.000,01 a 720.000,00	19,50%	9.900,00
4ª Faixa	De 720.000,01 a 1.800.000,00	20,50%	17.100,00
5ª Faixa	De 1.800.000,01 a 3.600.000,00	23,00%	62.100,00
6ª Faixa	De 3.600.000,01 a 4.800.000,00	30,50%	540.000,00

Partilha do Simples Nacional – Receitas decorrentes da prestação de serviços relacionados no § 5º-I do art. 18 desta Lei Complementar

(Vigência: 1º/1/2029 até 31/12/2029)
Para o ano-calendário 2029

FAIXAS	PERCENTUAL DE REPARTIÇÃO DOS TRIBUTOS					
	IRPJ	CSLL	CBS	CPP	ISS	IBS
1ª Faixa	25,00%	15,00%	17,15%	28,85%	12,60%	1,40%
2ª Faixa	23,00%	15,00%	17,15%	27,85%	15,30%	1,70%
3ª Faixa	24,00%	15,00%	18,15%	23,85%	17,10%	1,90%
4ª Faixa	21,00%	15,00%	19,15%	23,85%	18,90%	2,10%
5ª Faixa	23,00%	12,50%	17,15%	23,85%	21,15%	2,35%
6ª Faixa	35,00%	15,50%	20,00%	29,50%		

(Vigência: 1º/1/2030 até 31/12/2030)
Para o ano-calendário 2030

FAIXAS	PERCENTUAL DE REPARTIÇÃO DOS TRIBUTOS					
	IRPJ	CSLL	CBS	CPP	ISS	IBS
1ª Faixa	25,00%	15,00%	17,15%	28,85%	11,20%	2,80%
2ª Faixa	23,00%	15,00%	17,15%	27,85%	13,60%	3,40%
3ª Faixa	24,00%	15,00%	18,15%	23,85%	15,20%	3,80%
4ª Faixa	21,00%	15,00%	19,15%	23,85%	16,80%	4,20%
5ª Faixa	23,00%	12,50%	17,15%	23,85%	18,80%	4,70%
6ª Faixa	35,00%	15,50%	20,00%	29,50%		

(Vigência: 1º/1/2031 até 31/12/2031)
Para o ano-calendário 2031

FAIXAS	PERCENTUAL DE REPARTIÇÃO DOS TRIBUTOS					
	IRPJ	CSLL	CBS	CPP	ISS	IBS
1ª Faixa	25,00%	15,00%	17,15%	28,85%	9,80%	4,20%
2ª Faixa	23,00%	15,00%	17,15%	27,85%	11,90%	5,10%
3ª Faixa	24,00%	15,00%	18,15%	23,85%	13,30%	5,70%
4ª Faixa	21,00%	15,00%	19,15%	23,85%	14,70%	6,30%
5ª Faixa	23,00%	12,50%	17,15%	23,85%	16,45%	7,05%
6ª Faixa	35,00%	15,50%	20,00%	29,50%		

(Vigência: 1º/1/2032 até 31/12/2032)
Para o ano-calendário 2032

FAIXAS	PERCENTUAL DE REPARTIÇÃO DOS TRIBUTOS					
	IRPJ	CSLL	CBS	CPP	ISS	IBS
1ª Faixa	25,00%	15,00%	17,15%	28,85%	8,40%	5,60%
2ª Faixa	23,00%	15,00%	17,15%	27,85%	10,20%	6,80%
3ª Faixa	24,00%	15,00%	18,15%	23,85%	11,40%	7,60%
4ª Faixa	21,00%	15,00%	19,15%	23,85%	12,60%	8,40%
5ª Faixa	23,00%	12,50%	17,15%	23,85%	14,10%	9,40%
6ª Faixa	35,00%	15,50%	20,00%	29,50%		

(Vigência: 1º/1/2033)
A partir do ano-calendário 2033

FAIXAS	PERCENTUAL DE REPARTIÇÃO DOS TRIBUTOS				
	IRPJ	CSLL	CBS	CPP	IBS
1ª Faixa	25,00%	15,00%	17,15%	28,85%	14,00%
2ª Faixa	23,00%	15,00%	17,15%	27,85%	17,00%
3ª Faixa	24,00%	15,00%	18,15%	23,85%	19,00%
4ª Faixa	21,00%	15,00%	19,15%	23,85%	21,00%
5ª Faixa	23,00%	12,50%	17,15%	23,85%	23,50%
6ª Faixa	35,00%	15,50%	20,00%	29,50%	

ANEXO XXIII
(LEI COMPLEMENTAR Nº 123, DE 14 DE DEZEMBRO DE 2006)

- Anexo XXIII republicado no *DOU* de 23.1.2025 em razão de inexatidão material, quanto ao original, no *DOU* de 16.1.2025, Edição 11-B, Seção 1 – Extra B, p. 64.

Anexo VII
Valores fixos do Microempreendedor Individual (MEI)

(Vigência: 1º/1/2027 a 31/12/2028)
Para os anos-calendário 2027 e 2028

ICMS	ISS	CBS	IBS	TOTAL
R$ 1,00	R$ 5,00	R$ 0,994	R$ 0,006	R$ 7,00

(Vigência: 1º/1/2029 até 31/12/2029)
Para o ano-calendário 2029

ICMS	ISS	CBS	IBS	TOTAL
R$ 0,90	R$ 4,50	R$ 1,00	R$ 0,20	R$ 6,60

(Vigência: 1º/1/2030 até 31/12/2030)
Para o ano-calendário 2030

ICMS	ISS	CBS	IBS	TOTAL
R$ 0,80	R$ 4,00	R$ 1,00	R$ 0,40	R$ 6,20

(Vigência: 1º/1/2031 até 31/12/2031)
Para o ano-calendário 2031

ICMS	ISS	CBS	IBS	TOTAL
R$ 0,70	R$ 3,50	R$ 1,00	R$ 0,60	R$ 5,80

(Vigência: 1º/1/2032 até 31/12/2032)
Para o ano-calendário 2032

ICMS	ISS	CBS	IBS	TOTAL
R$ 0,60	R$ 3,00	R$ 1,00	R$ 0,80	R$ 5,40

(Vigência: 1º/1/2033)
A partir do ano-calendário 2033

CBS	IBS	TOTAL
R$ 1,00	R$ 2,00	R$ 3,00

Presidência da República

DESPACHO DO PRESIDENTE DA REPÚBLICA

MENSAGEM

Nº 88, de 16 de janeiro de 2025.

Senhor Presidente do Senado Federal,

Comunico a Vossa Excelência que, nos termos previstos no § 1º do art. 66 da Constituição, decidi vetar parcialmente, por inconstitucionalidade e contrariedade ao interesse público, o Projeto de Lei Complementar nº 68, de 2024, que "Institui o Imposto sobre Bens e Serviços (IBS), a Contribuição Social sobre Bens e Serviços (CBS) e o Imposto Seletivo (IS); cria o Comitê Gestor do IBS e altera a legislação tributária.".

Ouvidos, o Ministério da Fazenda e a Advocacia-Geral da União manifestaram-se pelo veto aos seguintes dispositivos do Projeto de Lei Complementar:

Incisos V e X do *caput* do art. 26 do Projeto de Lei Complementar

*"**V** – fundos de investimento, observado o disposto nos §§ 5º a 8º deste artigo;"*

*"**X** – fundos patrimoniais instituídos nos termos da Lei nº 13.800, de 4 de janeiro de 2019."*

Inciso III do § 1º do art. 26 do Projeto de Lei Complementar

*"**III** – os fundos de investimento que realizem operações com bens imóveis, observado o disposto no § 6º deste artigo;"*

§ 5º e § 6º do art. 26 do Projeto de Lei Complementar

*"**§ 5º**. Os Fundos de Investimento Imobiliário (FII) e os Fundos de Investimento nas Cadeias Produtivas do Agronegócio (Fiagro) de que trata a Lei nº 8.668, de 25 de junho de 1993, que realizem operações com bens imóveis são contribuintes do IBS e da CBS no regime regular caso:*

***I** – não obedeçam às regras previstas para a isenção do imposto de renda sobre os rendimentos recebidos pelos cotistas, constantes do inciso III do caput e dos §§ 1º a 4º do art. 3º da Lei nº 11.033, de 21 de dezembro de 2004; ou*

***II** – estejam sujeitos à tributação aplicável às pessoas jurídicas, nos termos do art. 2º da Lei nº 9.779, de 19 de janeiro de 1999."*

*"**§ 6º**. Não são contribuintes do IBS e da CBS no regime regular os FII e os Fiagro cujas cotas sejam detidas, em mais de 95% (noventa e cinco por cento), por:*

***I** – FII ou Fiagro que não seja contribuinte do IBS e da CBS;*

***II** – fundo de investimento constituído e destinado, exclusivamente, para acolher recursos de planos de benefícios de previdência complementar e de planos de seguros de pessoas, regulados e fiscalizados pelos órgãos governamentais competentes; e*

***III** – entidades de previdência e fundos de pensão no País, regulados e fiscalizados pelos órgãos governamentais competentes."*

§ 8º do art. 26 do Projeto de Lei Complementar

*"**§ 8º**. Caso, após a data da publicação desta Lei Complementar, venha a ser permitida, conforme regulamentação a ser expedida pelos órgãos governamentais que compõem o Sistema Financeiro Nacional, a realização de novas operações com bens ou com serviços sujeitas à incidência do IBS e da CBS por fundo de investimento,*

esse fundo será considerado contribuinte no regime regular."

§ 4º do art. 183
do Projeto de Lei Complementar

*"**§ 4º.** Não estão sujeitos ao regime especial aplicável aos serviços financeiros as organizações gestoras de fundos patrimoniais constituídas nos termos da Lei nº 13.800, de 4 de janeiro de 2019, cujas receitas, previstas no art. 13 da referida Lei, não sofrem a incidência do IBS e da CBS."*

Razões dos vetos

"Em que pese a boa intenção do legislador, não há autorização constitucional para que os fundos de investimentos e os fundos patrimoniais não sejam considerados contribuintes do Imposto sobre Bens e Serviços – IBS e da Contribuição Social sobre Bens e Serviços – CBS. Ao concederem benefícios financeiros ou fiscais em hipóteses não previstas na Constituição, os dispositivos incorrem em violação aos art. 156-A, § 1º, X, combinado com o art. 195, § 16, da Constituição.

Em face, assim, dos vícios de inconstitucionalidade existentes nos incisos V e X do caput, no inciso III do § 1º, e nos § 5º e § 6º todos do art. 26, o § 8º do art. 26 e o § 4º do art. 183 devem ser vetados por arrastamento."

Ouvido, o Ministério da Fazenda manifestou-se pelo veto ao seguinte dispositivo do Projeto de Lei Complementar:

§ 2º do art. 36
do Projeto de Lei Complementar

*"**§ 2º.** Na hipótese de que trata o caput deste artigo, o adquirente será solidariamente responsável pelo valor do IBS e da CBS incidentes sobre a operação."*

Razões do veto

"Em que pese a boa intenção do legislador, o dispositivo contraria o interesse público ao gerar insegurança jurídica sobre a responsabilidade tributária e desestimular o mecanismo de recolhimento do Imposto sobre Bens e Serviços – IBS e da Contribuição Social sobre Bens e Serviços – CBS pelo adquirente nas hipóteses em que não esteja disponível o split payment."

Ouvido, o Ministério do Desenvolvimento Agrário e Agricultura Familiar manifestou-se pelo veto aos seguintes dispositivos do Projeto de Lei Complementar:

§ 4º do art. 138
do Projeto de Lei Complementar

*"**§ 4º.** O regulamento disciplinará a forma de ajuste anual pelo produtor rural não contribuinte do IBS e da CBS diferidos na forma dos §§ 2º e 3º em relação à parcela de sua produção vendida para adquirentes que não têm direito à apropriação dos créditos presumidos estabelecidos pelo art. 168 desta Lei Complementar, hipótese em que não se aplicarão quaisquer acréscimos legais até o prazo de vencimento do ajuste."*

Inciso II do § 9º do art. 138
do Projeto de Lei Complementar

*"**II** – o recolhimento em razão do ajuste de que trata o § 4º deste artigo."*

Razões dos vetos

"Em que pese a boa intenção do legislador, o dispositivo contraria o interesse público ao conferir tratamento tributário desigual no diferimento de aquisição de insumos entre produtores rurais contribuintes e não contribuintes, o que prejudicaria o desenvolvimento da agricultura fa-

miliar, majoritariamente enquadrada na modalidade não contribuinte."

Ouvidos, o Ministério da Fazenda e a Advocacia-Geral da União manifestaram-se pelo veto ao seguinte dispositivo do Projeto de Lei Complementar:

Inciso III do § 1º do art. 231 do Projeto de Lei Complementar

"III – nas hipóteses em que o importador dos serviços financeiros seja contribuinte que realize as operações de que tratam os incisos I a V do caput do art. 182, será aplicada alíquota zero na importação, sem prejuízo da manutenção do direito de dedução dessas despesas da base de cálculo do IBS e da CBS, segundo o disposto no art. 192 desta Lei Complementar."

Razões do veto

"Em que pese a boa intenção do legislador, ao conceder benefício fiscal para instituições financeiras na importação de serviços financeiros, o dispositivo viola o inciso X do § 1º do art. 156-A e o § 16 do art. 195 da Constituição."

Ouvido, o Ministério da Fazenda manifestou-se pelo veto aos seguintes dispositivos do Projeto de Lei Complementar:

Inciso III do § 1º do art. 252 do Projeto de Lei Complementar

"III – demais casos em que se permita a utilização de espaço físico, quando forem realizados a título oneroso."

Razões do veto

"Em que pese a boa intenção do legislador, o dispositivo contraria o interesse público ao gerar insegurança jurídica e permitir que operações não equiparáveis a aluguel de bens imóveis sejam alcançadas pela alíquota reduzida prevista no regime tributário específico para essa atividade."

§ 2º do art. 332 do Projeto de Lei Complementar

"§ 2º. Na impossibilidade de ser utilizado o DTE ou na hipótese de o sujeito passivo não efetuar a consulta no prazo de 10 (dez dias) contados da data registrada no comprovante de entrega no DTE do sujeito passivo, a intimação será feita, sucessivamente:

I – por via postal, com prova de recebimento no domicílio tributário do sujeito passivo, ainda que o recebedor não seja o representante legal do destinatário;

II – por meio de edital, quando infrutífera a tentativa de intimação pelo meio previsto no inciso I deste parágrafo."

Art. 334 do Projeto de Lei Complementar

*"**Art. 334.** Considera-se feita a intimação:*

I – por meio eletrônico, na data em que o sujeito passivo efetuar consulta no DTE;

II – pessoal, na data da ciência do intimado ou da declaração de recusa lavrada pelo servidor responsável pela intimação;

III – por via postal, na data de recebimento registrada no comprovante de entrega;

IV – por edital, 10 (dez) dias depois de sua publicação.

***Parágrafo único.** Na falta da data registrada no comprovante de entrega, considera-se o recebimento na data disponibilizada na internet pela empresa responsável pela postagem."*

Razões dos vetos

"Em que pese a boa intenção do legislador, os dispositivos contrariam o interesse público ao preverem a aplicação de métodos de comunica-

ção entre os contribuintes e as administrações tributárias que são mais demorados, menos eficazes e mais custosos do que o instituto do Domicílio Tributário Eletrônico – DTE."

Inciso I do *caput* do art. 413 do Projeto de Lei Complementar

*"**I** – as exportações para o exterior de bens e serviços de que trata o art. 409 desta Lei Complementar;"*

Razões do veto

"Em que pese a boa intenção do legislador, ao instituir cláusula geral de não incidência do imposto seletivo na exportação, o dispositivo viola o inciso VII do § 6º do artigo 153 da Constituição, que determina a incidência tributária sobre bens minerais na extração, independentemente de sua destinação.

Registre-se, por oportuno, que a imunidade para exportações para as outras hipóteses do imposto seletivo está garantida pela aplicação direta do regramento constitucional."

§ 4º do art. 429 do Projeto de Lei Complementar

*"**§ 4º**. A venda, remessa ou comercialização dos bens em desacordo com a determinação do caput e do § 1º deste artigo sujeita o infrator à multa em montante equivalente ao valor do imposto devido na operação."*

Razões do veto

"Em que pese a boa intenção do legislador, o dispositivo contraria o interesse público uma vez que não há incidência de imposto seletivo sobre operações com tabaco em folhas. A manutenção do dispositivo geraria insegurança jurídica ao prever multa equivalente ao valor de um imposto que não seria cobrado na operação."

§ 5º do art. 444 do Projeto de Lei Complementar

*"**§ 5º**. No caso do § 4º, será permitida a apropriação de crédito do IBS, exceto em relação aos acréscimos legais, observadas as regras previstas nos arts. 47 a 56 desta Lei Complementar."*

§ 5º do art. 462 do Projeto de Lei Complementar

*"**§ 5º**. No caso do § 4º, será permitida a apropriação de crédito do IBS, exceto em relação aos acréscimos legais, observadas as regras previstas nos arts. 47 a 56 desta Lei Complementar."*

Razões dos vetos

"Em que pese a boa intenção do legislador, os dispositivos contrariam o interesse público, uma vez que permitiriam interpretação equivocada de que seria possível a dupla apropriação de créditos do Imposto sobre Bens e Serviços – IBS no caso de recolhimento do crédito presumido pelo importador da Zona Franca de Manaus e das Áreas de Livres de Comércio, o que geraria insegurança jurídica."

Ouvido, o Ministério da Fazenda manifestou-se pelo veto ao seguinte dispositivo do Projeto de Lei Complementar:

Inciso II do § 1º do art. 454 do Projeto de Lei Complementar

*"**II** – que obedeçam aos critérios previstos nos incisos I e II do caput e estejam sujeitos à alíquota zero de IPI prevista na Tabela de Incidência do Imposto sobre Produtos Industrializados – Tipi vigente em 31 de dezembro de 2023."*

Razões do veto

"Em que pese a boa intenção do legislador, o disposto no inciso II do

§ 1º do art. 454 da proposição introduz uma nova hipótese de benefício aos produtos que já estavam com alíquota zero em 31 de dezembro de 2023. Isso significa que se trata de produtos cuja produção na Zona Franca de Manaus já não apresentava vantagem competitiva em relação ao restante do País. Assim, trata-se da concessão de um benefício adicional à Zona Franca de Manaus, o que contraria o mandamento constitucional de manutenção do diferencial competitivo estabelecido no artigo 92-B do Ato das Disposições Constitucionais Transitórias, inserido pela Emenda Constitucional nº 132, de 20 de dezembro de 2023."

Ouvidos, o Ministério da Fazenda e a Advocacia-Geral da União manifestaram-se pelo veto aos seguintes dispositivos do Projeto de Lei Complementar:

Art. 494 do Projeto de Lei Complementar

"**Art. 494.** *Em relação aos atos conjuntos do chefe do Poder Executivo da União e do Comitê Gestor do IBS de que tratam os arts. 131, § 2º, 132, § 2º, 134, 138, § 10, 144, §§ 2º e 3º, 145, § 2º, e 146, §§ 3º e 4º, deve-se observar o disposto no § 2º do art. 126 desta Lei Complementar e no art. 14 da Lei Complementar nº 101, de 4 de maio de 2000, quando da revisão prevista no art. 475 desta Lei Complementar."*

Razões do veto

"Em que pese a boa intenção do legislador, o dispositivo contraria o interesse público, ao prejudicar a atualização tempestiva de dispositivos médicos, dispositivos de acessibilidade próprios para pessoas com deficiência, medicamentos e insumos agropecuários e aquícolas contemplados por tratamento tributário favorecido em razão da sua essencialidade e sua relevância social. A proposição legislativa viola ainda os incisos I e II do § 9º do art. 156-A da Constituição e o § 2º do art. 130 dos Atos das Disposições Constitucionais Transitórias."

Ouvido, o Ministério da Gestão e da Inovação em Serviços Públicos manifestou-se pelo veto aos seguintes dispositivos do Projeto de Lei Complementar:

Art. 495 do Projeto de Lei Complementar

"**Art. 495.** *Fica recriada, na estrutura básica do Ministério da Fazenda, a Escola de Administração Fazendária – ESAF, com as seguintes competências:*

I *– integrar a rede de escolas de governo do Poder Executivo federal e o sistema de escolas de governo da União, sob a coordenação da Fundação Escola Nacional de Administração Pública – ENAP;*

II *– promover a gestão do conhecimento para o desenvolvimento de profissionais dos órgãos que integram o Ministério da Fazenda, visando ao aperfeiçoamento da gestão das finanças públicas e à promoção da cidadania fiscal;*

III *– promover e intensificar programa de treinamento e capacitação técnico-profissional ajustado às necessidades do Ministério da Fazenda nas suas diversas áreas;*

IV *– sistematizar e planejar o recrutamento e a seleção de pessoal para preenchimento de cargos e funções do Ministério da Fazenda, inclusive processos de remoção;*

V – supervisionar, orientar e controlar os processos seletivos previstos no item anterior;
VI – planejar cursos não integrados no currículo normal da Escola;
VII – executar projetos e atividades de recrutamento, seleção e treinamento que venham a ser convencionados com organismos nacionais e internacionais.
§ 1º. A direção-geral da ESAF será exercida por Auditor-Fiscal da Receita Federal do Brasil.
§ 2º. O Decreto que dispuser sobre a estrutura básica do Ministério da Fazenda disporá sobre as medidas necessárias ao cumprimento do disposto no caput, inclusive a redistribuição de pessoal necessária ao funcionamento da ESAF, o restabelecimento de seu patrimônio e instalações físicas e dotações orçamentárias."

Art. 536 do Projeto de Lei Complementar

*"**Art. 536.** A Lei nº 11.907, de 2 de fevereiro de 2009, passa a vigorar com as seguintes alterações:*
*'**Art. 292.** (...)*
V – Escola de Administração Fazendária – ESAF.
§ 1º. Os titulares de cargos efetivos remunerados por subsídio em exercício nas escolas de que tratam os incisos II, III e V do caput deste artigo não farão jus à percepção da GAEG.
§ 2º. O quantitativo máximo de servidores que poderão perceber a GAEG, independentemente do número de servidores em exercício nas escolas de que tratam os incisos II, III e V do caput e o art. 292-A, será o estabelecido no Anexo CLXI desta Lei.
§ 3º. Respeitado o limite global estabelecido no Anexo CLIX desta Lei, poderá haver alteração dos quantitativos fixados para cada nível, mediante ato do Ministro de Estado do Ministério ao qual a escola de que tratam os incisos II, III e V do caput e o art. 292-A, respectivamente, esteja vinculada, desde que haja compensação numérica de um nível para outro e não acarrete aumento de despesa.
..' (NR)"

Razões dos vetos

"Em que pese a boa intenção do legislador, os dispositivos incorrem em inconstitucionalidade, por violação ao disposto no II do § 1º do art. 61 da Constituição, ao tratarem de organização administrativa de competência do Presidente da República em emenda parlamentar."

Ouvido, o Ministério da Fazenda manifestou-se pelo veto aos seguintes dispositivos do Projeto de Lei Complementar:

Art. 517 do Projeto de Lei Complementar na parte em que inclui a alínea "b" do inciso XII-A do § 1º do art. 13 da Lei Complementar nº 123, de 14 de dezembro de 2006

*"**b)** as operações sujeitas ao regime de substituição tributária no âmbito do IBS e da CBS;"*

Razões do veto

"Em que pese a boa intenção do legislador, o dispositivo contraria o interesse público, uma vez que não há previsão de cobrança do Imposto sobre Bens e Serviços – IBS e da Contribuição Social sobre Bens e Serviços – CBS pelo regime de substituição tributária no autógrafo do Projeto de Lei Complementar nº 68, de 2024, enviado à sanção."

Itens 1.4, 1.5, 1.8 e 1.9 do Anexo XI ao Projeto de Lei Complementar

"

(...)	(...)	(...)
1.4	Serviços de segurança não classificados em subposições anteriores	1.1802.90.00
1.5	Serviços de sistemas de segurança	1.1802.30.00
(...)	(...)	(...)
1.8	Seguro para casos de dispositivos com dados pessoais, furtados ou roubados	pendente de classificação
1.9	Serviço de proteção e ressarcimento de transações bancárias indevidas, motivadas por furto, roubo ou sequestro	pendente de classificação
(...)	(...)	(...)

"

Razões dos vetos

"Em que pese a boa intenção do legislador, o dispositivo viola o inciso X do § 1º do art. 156-A e o § 16 do art. 195 da Constituição ao permitir que bens e serviços não relacionados à soberania e à segurança nacional, à segurança da informação e à segurança cibernética sejam alcançados pela alíquota reduzida prevista no regime tributário favorecido para essa atividade."

Essas, Senhor Presidente, são as razões que me conduziram a vetar os dispositivos mencionados do Projeto de Lei Complementar em causa, as quais submeto à elevada apreciação dos Senhores Membros do Congresso Nacional.

Anexo IV
SÚMULAS DO SUPREMO TRIBUNAL FEDERAL

Disponíveis em: https://portal.stf.jus.br/jurisprudencia/sumariosumulas.asp?base=30. Acesso em: 11.3.2025. (Atualizadas até a Súmula 736.)

Os dispositivos citados entre colchetes remetem à base legal da jurisprudência.

69 • [art. 6º, parágrafo único, do CTN] • A Constituição estadual não pode estabelecer limite para o aumento de tributos municipais.

73 • [art. 12 do CTN] • A imunidade das autarquias, implicitamente contida no art. 31, V, "a", da Constituição Federal, abrange tributos estaduais e municipais.

74 • [arts. 12 e 34 do CTN] • O imóvel transcrito em nome de autarquia, embora objeto de promessa de venda a particulares, continua imune de impostos locais.

76 • [art. 12 do CTN] • As sociedades de economia mista não estão protegidas pela imunidade fiscal do art. 31, V, "a", Constituição Federal.

78 • [art. 13, parágrafo único, do CTN] • Estão isentas de impostos locais as empresas de energia elétrica, no que respeita às suas atividades específicas.

79 • [art. 13, parágrafo único, do CTN] • O Banco do Brasil não tem isenção de tributos locais.

83 • [art. 19 do CTN] • Os ágios de importação incluem-se no valor dos artigos importados para incidência do imposto de consumo.

85 • [art. 19 do CTN] • Não estão sujeitos ao imposto de consumo os bens de uso pessoal e doméstico trazidos, como bagagem, do exterior.

86 • [art. 19 do CTN] • Não está sujeito ao imposto de consumo automóvel usado, trazido do exterior pelo proprietário.

88 • [art. 19 do CTN] • É válida a majoração da tarifa alfandegária, resultante da Lei nº 3.244, de 14.8.1957, que modificou o Acordo Geral sobre Tarifas Aduaneiras e Comércio (GATT), aprovado pela Lei nº 313, de 30.7.1948.

89 • [art. 19 do CTN] • Estão isentas do imposto de importação frutas importadas da Argentina, do Chile, da Espanha e de Portugal, enquanto vigentes os respectivos acordos comerciais.

94 • [art. 45, parágrafo único, do CTN] • É competente a autoridade alfandegária para o desconto, na fonte, do imposto de renda correspondente às comissões dos despachantes aduaneiros.

108 • [arts. 37 e 42 do CTN] • É legítima a incidência do imposto de transmissão *inter vivos* sobre o valor do imóvel ao tempo da alienação e não da promessa, na conformidade da legislação local.

110 • [arts. 35 e 37 do CTN] • O imposto de transmissão *inter vivos* não incide sobre a construção, ou parte dela, realizada pelo adquirente, mas sobre o que tiver sido construído ao tempo da alienação do terreno.

111 • [arts. 35 e 37 do CTN] • É legítima a incidência do imposto de transmissão *inter vivos* sobre a restituição, ao antigo proprietário, de imóvel que deixou de servir à finalidade da sua desapropriação.

112 • [arts. 35 e 38 do CTN] • O imposto de transmissão *causa mortis* é devido pela alíquota vigente ao tempo da abertura da sucessão.

113 • [arts. 35, 37 e 38 do CTN] • O imposto de transmissão *causa mortis* é calculado sobre o valor dos bens na data da avaliação.

114 • [arts. 35 e 38 do CTN] • O imposto de transmissão *causa mortis* não é exigível antes da homologação do cálculo.

115 • [arts. 35 e 38 do CTN] • Sobre os honorários do advogado contratado pelo inventariante, com a homologação do juiz, não incide o imposto de transmissão *causa mortis*.

126 • [art. 77 do CTN] • É inconstitucional a chamada taxa de aguardente, do Instituto do Açúcar e do Álcool.

127 • [art. 77 do CTN] • É indevida a taxa de armazenagem, posteriormente aos primeiros trinta dias, quando não exigível o imposto de consumo, cuja cobrança tenha motivado a retenção da mercadoria.

128 • [art. 77 do CTN] • É indevida a taxa de assistência médica e hospitalar das instituições de previdência social.

129 • [art. 77 do CTN] • Na conformidade da legislação local, é legítima a cobrança de taxa de calçamento.

130 • [art. 77 do CTN] • A taxa de despacho aduaneiro (art. 66 da Lei nº 3.244, de 14.8.1957) continua a ser exigível após o Decreto Legislativo nº 14, de 25.8.1960, que aprovou alterações introduzidas no Acordo Geral sobre Tarifas Aduaneiras e Comércio (GATT).

131 • [art. 77 do CTN] • A taxa de despacho aduaneiro (art. 66 da Lei nº 3.244, de 14.8.1957) continua a ser exigível após o Decreto Legislativo nº 14, de 25.8.1960, mesmo para as mercadorias incluídas na vigente lista III do Acordo Geral sobre Tarifas Aduaneiras e Comércio (GATT).

132 • [art. 77 do CTN] • Não é devida a taxa de previdência social na importação de amianto bruto ou em fibra.

133 • [art. 77 do CTN] • Não é devida a taxa de despacho aduaneiro na importação de fertilizantes e inseticidas.

134 • [art. 77 do CTN] • A isenção fiscal para a importação de frutas da Argentina compreende a taxa de despacho aduaneiro e a taxa de previdência social.

137 • [art. 77 do CTN] • A taxa de fiscalização da exportação incide sobre a bonificação cambial concedida ao exportador.

140 • [art. 77 do CTN] • Na importação de lubrificantes é devida a taxa de previdência social.

141 • [art. 77 do CTN] • Não incide a taxa de previdência social sobre combustíveis.

142 • [art. 77 do CTN] • Não é devida a taxa de previdência social sobre mercadorias isentas do imposto de importação.

302 • [art. 77 do CTN] • Está isenta da taxa de previdência social a importação de petróleo bruto.

324 • [art. 77 do CTN] • A imunidade do art. 31, V, da Constituição Federal♦ não compreende as taxas.

♦ Refere-se à Constituição dos Estados Unidos do Brasil/1946. V. art. 150, VI, da CF/1988.

326 • [arts. 35 e 37 do CTN] • É legítima a incidência do imposto de transmissão *inter vivos* sobre a transferência do domínio útil.

327 • [art. 35 do CTN] • O direito trabalhista admite a prescrição intercorrente.

328 • [arts. 35 e 37 do CTN] • É legítima a incidência do imposto de transmissão *inter vivos* sobre a doação de imóvel.

329 • [arts. 35 e 37 do CTN] • O imposto de transmissão *inter vivos* não incide sobre a transferência de ações de sociedade imobiliária.

330 • [art. 35 do CTN] • O Supremo Tribunal Federal não é competente para conhecer de mandado de segurança contra atos dos Tribunais de Justiça dos Estados.

331 • [art. 35 do CTN] • É legítima a incidência do imposto de transmissão *causa mortis* no inventário por morte presumida.

336 • [art. 12 do CTN] • A imunidade da autarquia financiadora, quanto ao contrato de financiamento, não se estende à compra e venda entre particulares, embora constantes os dois atos de um só instrumento.

348 • [art. 77 do CTN] • É constitucional a criação de taxa de construção, conservação e melhoramento de estradas.

418 • [art. 15, parágrafo único, do CTN] • O empréstimo compulsório não é tributo, e sua arrecadação não está sujeita à exigência constitucional da prévia autorização orçamentária.

435 • [art. 35 do CTN] • O imposto de transmissão *causa mortis* pela transferência de ações é devido ao Estado em que tem sede a companhia.

437 • [art. 77 do CTN] • Está isenta da taxa de despacho aduaneiro a importação de equipamento para a indústria automobilística, segundo plano aprovado, no prazo legal, pelo órgão competente.

439 • [art. 195 do CTN] • Estão sujeitos à fiscalização tributária ou previdenciária quaisquer livros comerciais, limitado o exame aos pontos objeto da investigação.

470 • [arts. 35 e 37 do CTN] • O imposto de transmissão *inter vivos* não incide sobre a construção, ou parte dela, realizada, inequivocamente, pelo promitente comprador, mas sobre o valor do que tiver sido construído antes da promessa de venda.

536 • [art. 46, parágrafo único; e Título III, Capítulo IV, Seção II, do CTN; e LC nº 87/1996] • São objetivamente imunes ao imposto sobre circulação de mercadorias os produtos industrializados, em geral, destinados à exportação, além de outros, com a mesma destinação, cuja isenção a lei determinar.

539 • [art. 34 do CTN] • É constitucional a lei do Município que reduz o imposto predial urbano sobre imóvel ocupado pela residência do proprietário, que não possua outro.

544 • [art. 176 do CTN] • Isenções tributárias concedidas, sob condição onerosa, não podem ser livremente suprimidas.

545 • [art. 3º do CTN] • Preços de serviços públicos e taxas não se confundem, porque estas, diferentemente daqueles, são compulsórias e têm sua cobrança condicionada à prévia autorização orçamentária, em relação à lei que as instituiu.

546 • [art. 165 do CTN] • Cabe a restituição do tributo pago indevidamente, quando reconhecido por decisão, que o contribuinte *de jure* não recuperou do contribuinte *de facto* o *quantum* respectivo.

547 • [art. 162, II, do CTN] • Não é lícito à autoridade proibir que o contribuinte em débito adquira estampilhas, despache mercadorias nas alfândegas e exerça suas atividades profissionais.

560 • [art. 157 do CTN] • A extinção de punibilidade, pelo pagamento do tributo devido, estende-se ao crime de contrabando ou descaminho, por força do art. 18, § 2º, do Decreto-Lei nº 157/1967.

563 • [art. 187 do CTN] • O concurso de preferência a que se refere o parágrafo único do art. 187 do Código Tributário Nacional é compatível com o disposto no art. 9º, inciso I, da Constituição Federal.

569 • [Título III, Capítulo IV, Seção II, do CTN; e LC nº 87/1996] • É inconstitucional a discriminação de alíquotas do imposto de circulação de mercadorias nas operações interestaduais, em razão de o destinatário ser, ou não, contribuinte.

572 • [Título III, Capítulo IV, Seção II, do CTN; e LC nº 87/1996] • No cálculo do imposto de circulação de mercadorias devido na saída de mercadorias para o exterior, não se incluem fretes pagos a terceiros, seguros e despesas de embarque.

573 • [Título III, Capítulo IV, Seção II, do CTN; e LC nº 87/1996] • Não constitui fato gerador do imposto de circulação de mercadorias a saída física de máquinas, utensílios e implementos a título de comodato.

574 • [Título III, Capítulo IV, Seção II, do CTN; e LC nº 87/1996] • Sem lei estadual que a estabeleça, é ilegítima a cobrança do imposto de circulação de mercadorias sobre o fornecimento de alimentação e bebidas em restaurante ou estabelecimento similar.

576 • [Título III, Capítulo IV, Seção II, do CTN; e LC nº 87/1996] • É lícita a cobrança do imposto de circulação de mercadorias sobre produtos importados sob o regime da alíquota "zero".

577 • [art. 19 do CTN] • Na importação de mercadorias do exterior, o fato gerador do imposto de circulação de mercadorias ocorre no momento de sua entrada no estabelecimento do importador.

578 • [Título III, Capítulo IV, Seção II, do CTN; e LC nº 87/1996] • Não podem os Estados, a título de ressarcimento de despesas, reduzir a parcela de 20% do produto da arrecadação do imposto de circulação de mercadorias, atribuída aos Municípios pelo art. 23, § 8º, da Constituição Federal.

579 • [Título III, Capítulo IV, Seção II, do CTN; e LC nº 87/1996] • A cal virgem e a hidratada estão sujeitas ao imposto de circulação de mercadorias.

583 • [arts. 12 e 34 do CTN] • Promitente-Comprador de imóvel residencial transcrito em nome de autarquia é contribuinte do imposto predial territorial urbano.

584 • [art. 44 do CTN] • Ao imposto de renda calculado sobre os rendimentos do ano-base, aplica-se a lei vigente no exercício financeiro em que deve ser apresentada a declaração.

587 • [art. 43, II, do CTN] • Incide imposto de renda sobre o pagamento de serviços técnicos contratados no exterior e prestados no Brasil.

588 • [art. 63, parágrafo único, do CTN] • O imposto sobre serviços não incide sobre os depósitos, as comissões e taxas de desconto, cobrados pelos estabelecimentos bancários.

589 • [art. 33 do CTN] • É inconstitucional a fixação de adicional progressivo do imposto predial e territorial urbano em função do número de imóveis do contribuinte.

590 • [arts. 35 e 37 do CTN] • Calcula-se o imposto de transmissão *causa mortis* sobre o saldo credor da promessa de compra e venda de imóvel, no momento da abertura da sucessão do promitente vendedor.

591 • [art. 195 do CTN] • A imunidade ou a isenção tributária do comprador não se estende ao produtor, contribuinte do imposto sobre produtos industrializados.

595 • [arts. 30 e 77 do CTN] • É inconstitucional a taxa municipal de conservação de estradas de rodagem cuja base de cálculo seja idêntica à do imposto territorial rural.

657 • [art. 9º, IV, "d", do CTN] • A imunidade prevista no art. 150, VI, "d", da Constituição Federal abrange os filmes e papéis fotográficos necessários à publicação de jornais e periódicos.

662 • [art. 9º, IV, "d", do CTN] • É legítima a incidência do ICMS na comercialização de exemplares de obras cinematográficas, gravados em fitas de videocassete.

664 • [art. 63, I, do CTN] • É inconstitucional o inciso V do art. 1º da Lei nº 8.033/1990, que instituiu a incidência do imposto nas operações de crédito, câmbio e seguros – IOF sobre saques efetuados em caderneta de poupança.

665 • [art. 77 do CTN] • É constitucional a Taxa de Fiscalização dos Mercados de Títulos e Valores Mobiliários instituída pela Lei nº 7.940/1989.

667 • [arts. 5º e 77 do CTN] • Viola a garantia constitucional de acesso à jurisdição a taxa judiciária calculada sem limite sobre o valor da causa.

668 • [art. 33 do CTN] • É inconstitucional a lei municipal que tenha estabelecido, antes da Emenda Constitucional nº 29/

2000, alíquotas progressivas para o IPTU, salvo se destinada a assegurar o cumprimento da função social da propriedade urbana.

669 • [art. 104 do CTN] • Norma legal que altera o prazo de recolhimento da obrigação tributária não se sujeita ao princípio da anterioridade.

670 • [arts. 77 e 79 do CTN] • O serviço de iluminação pública não pode ser remunerado mediante taxa.

724 • [arts. 9º, IV, "c"; 32; e 194, do CTN] • Ainda quando alugado a terceiros, permanece imune ao IPTU o imóvel pertencente a qualquer das entidades referidas pelo art. 150, VI, "c", da Constituição, desde que o valor dos aluguéis seja aplicado nas atividades essenciais de tais entidades.

730 • [arts. 9º, IV, "c"; e 194, do CTN] • A imunidade tributária conferida a instituições de assistência social sem fins lucrativos pelo art. 150, VI, "c", da Constituição, somente alcança as entidades fechadas de previdência social privada se não houver contribuição dos beneficiários.

732 • [art. 212, §§ 5º e 6º da CF] • É constitucional a cobrança da contribuição do salário-educação, seja sob a Carta de 1969, seja sob a Constituição Federal de 1988, e no regime da Lei nº 9.424/96.

Anexo V
SÚMULAS VINCULANTES DO SUPREMO TRIBUNAL FEDERAL

Disponíveis em: https://portal.stf.jus.br/jurisprudencia/sumariosumulas.asp?base=26. Acesso em: 11.3.2025. (Atualizadas até a Súmula Vinculante 62.)

Os dispositivos citados entre colchetes remetem à base legal da jurisprudência.

8 • [art. 173 do CTN] • São inconstitucionais o parágrafo único do art. 5º do Decreto-Lei nº 1.569/1977 e os arts. 45 e 46 da Lei nº 8.212/1991, que tratam de prescrição e decadência de crédito tributário.

19 • [art. 77 do CTN] • A taxa cobrada exclusivamente em razão dos serviços públicos de coleta, remoção e tratamento ou destinação de lixo ou resíduos provenientes de imóveis, não viola o art. 145, II, da Constituição Federal.

21 • [art. 151, III, do CTN] • É inconstitucional a exigência de depósito ou arrolamento prévios de dinheiro ou bens para admissibilidade de recurso administrativo.

24 • [art. 142 do CTN] • Não se tipifica crime material contra a ordem tributária, previsto no art. 1º, incisos I a IV, da Lei nº 8.137/1990, antes do lançamento definitivo do tributo.

28 • [art. 151, IV e V, do CTN] • É inconstitucional a exigência de depósito prévio como requisito de admissibilidade de ação judicial na qual se pretenda discutir a exigibilidade de crédito tributário.

29 • [art. 77 do CTN] • É constitucional a adoção, no cálculo do valor de taxa, de um ou mais elementos da base de cálculo própria de determinado imposto, desde que não haja integral identidade entre uma base e outra.

31 • [Título III, Capítulo IV, Seção VI, do CTN] • É inconstitucional a incidência do Imposto sobre Serviços de Qualquer Natureza – ISS sobre operações de locação de bens móveis.

32 • [Título III, Capítulo IV, Seção II, do CTN; e LC nº 87/1996] • O ICMS não incide sobre alienação de salvados de sinistro pelas seguradoras.

41 • [art. 77 do CTN] • O serviço de iluminação pública não pode ser remunerado mediante taxa.

48 • [art. 19 e Título III, Capítulo IV, Seção II, do CTN; e LC nº 87/1996] • Na entrada de mercadoria importada do exterior, é legítima a cobrança do ICMS por ocasião do desembaraço aduaneiro.

50 • [art. 9º, II, do CTN] • Norma legal que altera o prazo de recolhimento de obrigação tributária não se sujeita ao princípio da anterioridade.

52 • [art. 9º, IV, "c", do CTN] • Ainda quando alugado a terceiros, permanece imune ao IPTU o imóvel pertencente a qualquer das entidades referidas pelo art. 150, VI, "c", da Constituição Federal, desde que o valor dos aluguéis seja aplicado nas atividades para as quais tais entidades foram constituídas.

57 • [art. 194 do CTN] • A imunidade tributária constante do art. 150, VI, "d", da CF/88 aplica-se à importação e comercialização, no mercado interno, do livro eletrônico (*e-book*) e dos suportes exclusivamente utilizados para fixá-los, como leitores de livros eletrônicos (*e-readers*), ainda que possuam funcionalidades acessórias.

58 • [art. 49 do CTN] • Inexiste direito a crédito presumido de IPI relativamente à entrada de insumos isentos, sujeitos à alíquota zero ou não tributáveis, o que não contraria o princípio da não cumulatividade.

62 • [art. 150, § 6º, da CF] • É legítima a revogação da isenção estabelecida no art. 6º, II, da Lei Complementar 70/1991 pelo art. 56 da Lei nº 9.430/1996, dado que a LC 70/1991 é apenas formalmente complementar, mas materialmente ordinária com relação aos dispositivos concernentes à contribuição social por ela instituída.

Anexo VI
SÚMULAS DO SUPERIOR TRIBUNAL DE JUSTIÇA

Disponíveis em: https://scon.stj.jus.br/SCON/pesquisar.jsp?b=SUMU&tipo=sumula. Acesso em: 11.3.2025. (Atualizadas até a Súmula 676.)

Os dispositivos citados entre colchetes remetem à base legal da jurisprudência.

20 • [art. 98 do CTN] • A mercadoria importada de país signatário do GATT é isenta do ICM, quando contemplado com esse favor o similar nacional.

71 • [art. 98 do CTN] • O bacalhau importado de país signatário do GATT é isento do ICM.

80 • [art. 77 do CTN] • A taxa de melhoramento dos portos não se inclui na base de cálculo do ICMS.

95 • [Título III, Capítulo IV, Seção II, do CTN; e LC nº 87/1996] • A redução da alíquota do imposto sobre produtos industrializados ou do imposto de importação não implica redução do ICMS.

112 • [art. 151, II, do CTN] • O depósito somente suspende a exibilidade do crédito tributário se for integral e em dinheiro.

124 • [art. 20, II, do CTN] • A taxa de melhoramento dos portos tem base de cálculo diversa do imposto de importação, sendo legítima a sua cobrança sobre a importação de mercadorias de países signatários do GATT, da ALALC ou ALADI.

125 • [art. 43, I e II, do CTN] • O pagamento de férias não gozadas por necessidade do serviço não está sujeito à incidência do imposto de renda.

129 • [Título III, Capítulo IV, Seção II, do CTN; e LC nº 87/1996] • O exportador adquire o direito de transferência de crédito do ICMS quando realiza a exportação do produto e não ao estocar a matéria-prima.

136 • [art. 43, I e II, do CTN] • O pagamento de licença-prêmio não gozada por necessidade do serviço não está sujeito ao imposto de renda.

160 • [art. 33 do CTN] • É defeso, ao município, atualizar o IPTU, mediante decreto, em percentual superior ao índice oficial de correção monetária.

162 • [art. 165 do CTN] • Na repetição de indébito tributário, a correção monetária incide a partir do pagamento indevido.

185 • [art. 63, I, do CTN] • Nos depósitos judiciais, não incide o imposto sobre operações financeiras.

188 • [arts. 165 e 167 do CTN] • Os juros moratórios, na repetição do indébito tributário, são devidos a partir do trânsito em julgado da sentença.

210 • [arts. 173 e 174 do CTN] • A ação de cobrança das contribuições para o FGTS prescreve em trinta (30) anos.

213 • [art. 170-A do CTN] • O mandado de segurança constitui ação adequada para a declaração do direito à compensação tributária.

215 • [art. 43 do CTN] • A indenização recebida pela adesão a programa de incentivo à demissão voluntária não está sujeita à incidência do imposto de renda.

314 • [art. 174 do CTN] • Em execução fiscal, não localizados bens penhoráveis, suspende-se o processo por um ano, findo o qual se inicia o prazo da prescrição quinquenal intercorrente.

334 • [art. 68 do CTN] • O ICMS não incide no serviço dos provedores de acesso à Internet.

350 • [art. 68 do CTN] • O ICMS não incide sobre o serviço de habilitação de telefone celular.

360 • [art. 138 do CTN] • O benefício da denúncia espontânea não se aplica aos tributos sujeitos a lançamento por homologação regularmente declarados, mas pagos a destempo.

386 • [art. 43 do CTN] • São isentas de imposto de renda as indenizações de férias proporcionais e o respectivo adicional.

392 • [art. 202 do CTN] • A Fazenda Pública pode substituir a certidão de dívida ativa (CDA) até a prolação da sentença de embargos, quando se tratar de correção de erro material ou formal, vedada a modificação do sujeito passivo da execução.

399 • [art. 34 do CTN] • Cabe à legislação municipal estabelecer o sujeito passivo do IPTU.

412 • [art. 168 do CTN] • A ação de repetição de indébito de tarifas de água e esgoto sujeita-se ao prazo prescricional estabelecido no Código Civil.

430 • [art. 134, VII, do CTN] • O inadimplemento da obrigação tributária pela sociedade não gera, por si só, a responsabilidade solidária do sócio-gerente.

435 • [art. 134, VII, do CTN] • Presume-se dissolvida irregularmente a empresa que deixar de funcionar no seu domicílio fiscal, sem comunicação aos órgãos competentes, legitimando o redirecionamento da execução fiscal para o sócio-gerente.

436 • [art. 142 do CTN] • A entrega de declaração pelo contribuinte reconhecendo débito fiscal constitui o crédito tributário, dispensada qualquer outra providência por parte do fisco.

437 • [art. 151 do CTN] • A suspensão da exigibilidade do crédito tributário superior a quinhentos mil reais para opção pelo Refis pressupõe a homologação expressa do comitê gestor e a constituição de garantia por meio do arrolamento de bens.

446 • [arts. 142 e 205 do CTN] • Declarado e não pago o débito tributário pelo contribuinte, é legítima a recusa de expedição de certidão negativa ou positiva com efeito de negativa.

447 • [arts. 43 e 165 do CTN] • Os Estados e o Distrito Federal são partes legítimas na ação de restituição de imposto de renda retido na fonte proposta por seus servidores.

460 • [art. 170-A do CTN] • É incabível o mandado de segurança para convalidar a compensação tributária realizada pela contribuinte.

461 • [art. 165 do CTN] • O contribuinte pode optar por receber, por meio de precatório ou por compensação, o indébito tributário certificado por sentença declaratória transitada em julgado.

463 • [art. 43 do CTN] • Incide imposto de renda sobre os valores percebidos a título de indenização por horas extraordinárias trabalhadas, ainda que decorrentes de acordo coletivo.

464 • [art. 170-A do CTN] • A regra de imputação de pagamentos estabelecida no art. 354 do Código Civil não se aplica às hipóteses de compensação tributária.

494 • [art. 49 do CTN] • O benefício fiscal do ressarcimento do crédito presumido do IPI relativo às exportações incide mesmo quando as matérias-primas ou os insumos sejam adquiridos de pessoa física ou jurídica não contribuinte do PIS/PASEP.

495 • [art. 49 do CTN] • A aquisição de bens integrantes do ativo permanente da empresa não gera direito a creditamento de IPI.

498 • [art. 43 do CTN] • Não incide imposto de renda sobre a indenização por danos morais.

509 • [art. 136 do CTN] • É lícito ao comerciante de boa-fé aproveitar os créditos de ICMS decorrentes de nota fiscal posteriormente declarada inidônea, quando demonstrada a veracidade da compra e venda.

523 • [art. 161, § 1º, do CTN] • A taxa de juros de mora incidente na repetição de indébito de tributos estaduais deve corresponder à utilizada para cobrança do tributo pago em atraso, sendo legítima a incidência da taxa Selic, em ambas as hipóteses, quando prevista na legislação local, vedada sua cumulação com quaisquer outros índices.

554 • [arts. 129; 132, parágrafo único; e 133, do CTN] • Na hipótese de sucessão empresarial, a responsabilidade da sucessora abrange não apenas os tributos devidos pela sucedida, mas também as multas moratórias ou punitivas referentes a fatos geradores ocorridos até a data da sucessão.

555 • [art. 173 do CTN] • Quando não houver declaração do débito, o prazo decadencial quinquenal para o Fisco constituir o crédito tributário conta-se exclusivamente na forma do art. 173, I, do CTN, nos casos em que a legislação atribui ao sujeito passivo o dever de antecipar o pagamento sem prévio exame da autoridade administrativa.

560 • [art. 185-A do CTN] • A decretação da indisponibilidade de bens e direitos, na forma do art. 185-A do CTN, pressupõe o exaurimento das diligências na busca por bens penhoráveis, o qual fica caracterizado quando infrutíferos o pedido de constrição sobre ativos financeiros e a expedição de ofícios aos registros públicos do domicílio do executado, ao DENATRAN ou DETRAN.

612 • [art. 9º, IV, "c"; e 14, do CTN] • O certificado de entidade beneficente de assistência social (CEBAS), no prazo de sua validade, possui natureza declaratória para fins tributários, retroagindo seus efeitos à data em que demonstrado o cumprimento dos requisitos estabelecidos por lei complementar para a fruição da imunidade.

614 • [arts. 32, 34, 123 e 166 do CTN] • O locatário não possui legitimidade ativa para discutir a relação jurídico-tributária de IPTU e de taxas referentes ao imóvel alugado nem para repetir indébito desses tributos.

622 • [arts. 142 e 174 do CTN] • A notificação do auto de infração faz cessar a contagem da decadência para a constituição do crédito tributário; exaurida a instância administrativa com o decurso do prazo para a impugnação ou com a notificação de seu julgamento definitivo e esgotado o prazo concedido pela Administração para o pagamento voluntário, inicia-se o prazo prescricional para a cobrança judicial.

625 • [arts. 168; e 174, parágrafo único, do CTN] • O pedido administrativo de compensação ou de restituição não interrompe o prazo prescricional para a ação de repetição de indébito tributário de que trata o art. 168 do CTN nem o da execução de título judicial contra a Fazenda Pública.

626 • [art. 32, § 1º, do CTN] • A incidência do IPTU sobre imóvel situado em área considerada pela lei local como urbanizável ou de expansão urbana não está condicionada à existência dos melhoramentos elencados no art. 32, §1º, do CTN.

627 • [art. 111 do CTN] • O contribuinte faz jus à concessão ou à manutenção da isenção do imposto de renda, não se lhe exigindo a demonstração da contemporaneidade dos sintomas da doença nem da recidiva da enfermidade.

640 • [art. 23 do CTN] • O benefício fiscal que trata do Regime Especial de Reintegração de Valores Tributários para as Empresas Exportadoras (REINTEGRA) alcança as operações de venda de mercadorias de origem nacional para a Zona Franca de Manaus, para consumo, industrialização ou reexportação para o estrangeiro.

649 • Não incide ICMS sobre o serviço de transporte interestadual de mercadorias destinadas ao exterior.

653 • O pedido de parcelamento fiscal, ainda que indeferido, interrompe o prazo prescricional, pois caracteriza confissão extrajudicial do débito.

654 • A tabela de preços máximos ao consumidor (PMC) publicada pela ABC-Farma, adotada pelo Fisco para a fixação da base de cálculo do ICMS na sistemática da substituição tributária, não se aplica aos medicamentos destinados exclusivamente para uso de hospitais e clínicas.

666 • A legitimidade passiva, em demandas que visam à restituição de contribuições de terceiros, está vinculada à capacidade tributária ativa; assim, nas hipóteses em que as entidades terceiras são meras destinatárias das contribuições, não possuem elas legitimidade *ad causam* para figurar no polo passivo, juntamente com a União.

671 • Não incide o IPI quando sobrevém furto ou roubo do produto industrializado após sua saída do estabelecimento industrial ou equiparado e antes de sua entrega ao adquirente.

673 • A comprovação da regular notificação do executado para o pagamento da dívida de anuidade de conselhos de classe ou, em caso de recurso, o esgotamento das instâncias administrativas são requisitos indispensáveis à constituição e execução do crédito.

ÍNDICE REMISSIVO

Para conferir as atualizações publicadas após a data de fechamento desta edição*, acesse:

* Acesso válido até 31.12.2025.

Este livro foi impresso pela Gráfica PifferPrint
em fonte Roboto sobre papel Offset 70 g/m²
para a Edipro.